中国机械工业年鉴系列

2022
中国机械工业集团有限公司年鉴

CHINA NATIONAL MACHINERY INDUSTRY CORPORATION LTD. YEARBOOK

中国机械工业集团有限公司　编

机械工业出版社
CHINA MACHINE PRESS

《中国机械工业集团有限公司年鉴 2022》分为重要文献、集团公司发展概况、子公司发展概况、规章制度选编、荣誉汇编、重大经营项目汇编、大事记、附录和国机集团形象展示九部分，集中反映 2021 年国机集团的总体发展情况，详细记录了国机集团及其主要子公司党的建设、战略布局、生产发展、产品产量、市场销售、科技成果及新产品、标准与质量、基本建设和技术改造，以及国机集团、各子公司及员工个人所获得的荣誉等情况。

《中国机械工业集团有限公司年鉴》主要读者对象为政府决策机构、机械工业相关企业决策者，从事市场分析、企业规划的中高层管理人员以及国内外投资机构、贸易公司、银行、证券、咨询服务部门和科研单位的机电项目管理人员等。

图书在版编目（CIP）数据

中国机械工业集团有限公司年鉴. 2022 / 中国机械工业集团有限公司编. — 北京：机械工业出版社，2023.9
（中国机械工业年鉴系列）
ISBN 978-7-111-73670-7

Ⅰ. ①中… Ⅱ. ①中… Ⅲ. ①机械工业 – 工业企业 – 中国 – 2022 – 年鉴 Ⅳ. ①F426.4–54

中国国家版本馆CIP数据核字（2023）第153186号

机械工业出版社（北京市百万庄大街22号 邮政编码100037）
策划编辑：赵 敏　　责任编辑：赵 敏
责任校对：张昕妍 陈 越　　责任印制：李 昂
河北宝昌佳彩印刷有限公司印刷
2023 年 11月第 1 版第 1 次印刷
210mm × 285mm · 28印张 · 27插页 · 756千字
标准书号：ISBN 978-7-111-73670-7
定价：580.00 元

电话服务　　网络服务
客服电话：010-88361066　机 工 官 网：www.cmpbook.com
010-88379833　机 工 官 博：weibo.com/cmp1952
010-68326294　金 书 网：www.golden-book.com
封底无防伪标均为盗版　机工教育服务网：www.cmpedu.com

编辑说明

一、《中国机械工业集团有限公司年鉴》（以下简称《国机集团年鉴》）于2010年首次出版，由中国机械工业集团有限公司（简称国机集团）主管、主办，《国机集团年鉴》编委会编纂，机械工业出版社编辑出版。

二、《国机集团年鉴》是一部全面记载国机集团改革与发展的大型资料性、工具性年刊。《国机集团年鉴》2022版主要记载上年国机集团的改革、创新和发展情况。

三、《国机集团年鉴》坚持面向市场、面向读者，提供准确、翔实的数据、信息和资料，忠实地反映国机集团和国机人上年度取得的新发展、新进步、新成就和新风貌。

四、《国机集团年鉴》2022版内容分为重要文献、集团公司发展概况、子公司发展概况、规章制度选编、荣誉汇编、重大经营项目汇编、大事记、附录和国机集团形象展示九部分，数据截至2021年12月31日。

五、本年鉴在编纂过程中得到了国机集团总部各职能管理部门和子公司的大力支持和帮助，在此深表谢意。

七、由于编者水平有限，书中难免有疏漏及不足之处，敬请读者批评指正。

中国机械工业集团有限公司年鉴编辑部

2022年5月

合力同行

锻造国机所长

中国机械工业集团有限公司

China National Machinery Industry Corporation

领导工作掠影

2021 年 1 月 18 日，国机集团党委书记、董事长张晓仑会见古巴共和国驻华大使卡洛斯一行，双方就进一步深化经贸合作进行了沟通交流。

2021 年 2 月 1 日，国机集团党委书记、董事长张晓仑到下属企业中国中元国际工程有限公司看望慰问全国抗击新冠肺炎疫情先进个人、全国优秀共产党员、央企楷模、国机精神楷模、归侨代表、中国中元顾问首席总建筑师黄锡璆。

2021 年 6 月 17 日，国机集团党委书记、董事长张晓仑到下属企业中国一拖集团有限公司看望慰问老党员代表闫之初、徐耀达，为他们颁发了“光荣在党 50 年”纪念章。

2021 年 12 月 28 日，国机集团党委书记、董事长张晓仑出席下属企业中国机械工业工程集团有限公司揭牌仪式。

2021 年 6 月 15 日，国机集团总经理、党委副书记吴永杰到下属企业国机汽车股份有限公司讲党史学习教育专题党课。

2021 年 7 月 26 日，国机集团总经理、党委副书记吴永杰到下属企业中国农机院北京金轮坤天特种机械有限公司调研。

2021 年 10 月 15 日，国机集团总经理、党委副书记吴永杰参加中国进出口商品交易会开幕式并视察国机集团参展企业展位。

2021 年 12 月 2 日，国机集团总经理、党委副书记吴永杰会见中国东方电气集团有限公司总经理徐鹏一行。

2021 年 9 月 30 日，国机集团董事宋欣到下属企业邵阳纺织机械有限责任公司调研。

2021 年 10 月 14 日，国机集团董事宋欣到下属企业上海海虹实业（集团）巢湖今辰药业有限公司调研。

2021 年 4 月 29 日，国机集团党委常委、副总经理、总审计师高建设到下属企业桂林电器科学研究院有限公司调研。

2021 年 10 月 14 日，国机集团党委常委、副总经理高建设一行赴定点帮扶河南省淮滨县调研督导工作。

2021 年 8 月 5 日，国机集团党委常委、副总经理白绍桐到下属企业中国机械工业建设集团有限公司调研。

2021 年 12 月 16 日，国机集团党委常委、副总经理白绍桐出席中国贸促会纪念中国入世 20 周年活动。

2021 年 6 月 17 日，国机集团党委常委、副总经理丁宏祥率安全生产检查组赴国机集团在四川下属企业及有关项目现场进行安全生产监督检查。

2021 年 6 月 29 日，国机集团党委常委、副总经理丁宏祥走访慰问下属企业中国福马机械集团有限公司在党 50 年老党员刘效林。

2021 年 4 月 17 日，国机集团党委常委、纪委书记，国家监委驻国机集团监察专员雷光华到下属企业中国机械工业第一建设有限公司调研。

2021 年 11 月 4 日，国机集团党委常委、纪委书记，国家监委驻国机集团监察专员雷光华到下属企业国机资本控股有限公司、国机融资租赁有限公司（国机商业保理有限公司）调研。

2021 年 11 月 16 日，国机集团党委常委、副总经理、总会计师白勇出席国机集团 2022 年度全面预算布置视频会并讲话。

2021 年 11 月 19 日，国机集团党委常委、副总经理、总会计师白勇在集团总部会见了来访的中国建设银行党委委员、副行长王浩一行。

2021 年 7 月 1 日，国机集团党委常委、副总经理、总工程师陈学东走访慰问下属企业北京起重运输机械设计研究院有限公司退休老党员王韵梅，并为其颁发“光荣在党 50 年”纪念章。

2021 年 7 月 28 日，国机集团党委常委、副总经理、总工程师陈学东出席第二届四川装备智造国际博览会并发表主题演讲。

中国机械工业集团有限公司年鉴
编辑工作人员

主　　编： 丁宏祥　中国机械工业集团有限公司　党委常委、副总经理

执行主编： 闫卫红　中国机械工业集团有限公司　党委工作部部长

执行副主编： 冯雪峰　中国机械工业集团有限公司　团委书记

编　　辑： 刘　维

撰稿人（按姓氏笔画排列）：

万成娜	王巧娟	王东善	王变娜	王鹏妍
王颖洁	支春明	石　琼	曲若柳	任紫涵
庄力健	刘　宇	刘　英	刘　跃	刘　维
刘丽霞	许天瑶	孙舒文	杜　实	李　阳
杨耀龙	辛彦龙	张文杰	张录音	张媛媛
陈玉珊	陈利双	畅　娟	郑睿颖	赵明芝
郝建新	姜雅楠	袁　杰	高　洋	蒋　烨
蒋易蓉	詹　佩	蔡　玲		

目　录

第四篇 规章制度选编

第五篇 荣誉汇编

第六篇 重大经营项目汇编

第七篇 大事记

第八篇 附录

第九篇 企业风采

CONTENTS

Chapter Ⅳ Selected Regulations and Rules

Chapter Ⅴ Honors and Awards

Chapter Ⅵ Compilation of Major Business Projects

Chapter Ⅶ Milestones

Chapter Ⅷ Appendices

Chapter Ⅸ SINOMACH Images

2022

中国机械工业集团有限公司年鉴

CHINA NATIONAL MACHINERY INDUSTRY
CORPORATION LTD. YEARBOOK

第一篇

重要文献

稳字当头　稳中求进
坚定不移推动集团高质量发展迈上新台阶

——在国机集团 2022 年工作会议上的讲话

张晓仑

（2021 年 12 月 28 日）

第一部分　关于 2021 年工作

2021 年是党和国家历史上具有里程碑意义的一年。党和国家沉着应对百年变局和新冠肺炎疫情，构建新发展格局迈出新步伐，高质量发展取得新成效，实现了“十四五”良好开局。2021 年也是集团发展历史上极具挑战、极不平凡的一年。一年来，面对复杂严峻的形势，集团在以习近平同志为核心的党中央的坚强领导下，以习近平新时代中国特色社会主义思想为指导，坚决贯彻落实党中央、国务院决策部署及国务院国资委工作要求，攻坚克难、奋力拼搏，做了大量工作，取得了新的重要进展和明显成效。

一、贯彻落实党中央决策部署更加有力

胸怀“两个大局”、牢记“国之大者”，坚持“锻造国机所长、服务国家所需”，积极践行央企责任使命。进一步突出主责主业，不断推进高质量发展。坚持底线思维，牢牢守住不发生重大风险的底线。服务国家战略、践行“六个力量”更加自觉。

二、在国家战略科技力量中的地位更加凸显

发挥集团优势，聚焦产业关键环节，系统梳理核心技术，深入实施攻坚工程，高质量完成 15 项专项攻关任务，解决了一批影响制约长远发展的“卡脖子”问题。优化集团科技创新战略布局，牵头成立中央企业相关领域创新联合体，成功获批两个领域方向原创技术策源地，将成为集团乃至行业原始创新和核心技术供给的重要引擎。

三、生产经营稳增长更加扎实

18 家二级企业实现净利润、营业收入正增长。集团营业收入创历史新高，净利润、经济增加值、全员劳动生产率等主要经营指标完成国务院国资委业绩考核目标，整体运行更加稳固，为保障我国经济运行在合理区间、保持社会大局稳定贡献了力量。

四、管理体系更加优化

深入推进国有资本投资公司试点运行，扎实开展对标世界一流管理提升行动，优化管控架构，创新管理模式，夯实管理基础，切实增强集团总部战略引领、资源配置能力。制修订一批基础性、关键性制度，健全出资人派驻监事会机制，有效提升了战略、投资、预算、考核等管理能力。

五、重大风险防范化解更加有效

谨慎应对重大风险，成立多个专项小组，多措并举化解处置个别企业债务违约、资金链断裂等风险，严防企业风险外溢。主动出击，积极应对业绩下滑、境外新冠肺炎疫情等多重挑战，全力以赴保障生产经营平稳运行。

六、全面从严治党引领保障作用更加彰显

全面贯彻党的十九大和十九届历次全会精神，深入学习贯彻习近平总书记“七一”重要讲话精神，严格贯彻落实“第一议题”制度，不断增强践行“两个维护”政治自觉、思想自觉、行动自觉。扎实开展党史学习教育，全面激发了广大干部职工坚定跟党创业、为党奋斗的精气神。推进全国国有企业党的建设工作会议精神贯彻落实“回头看”，胜利召开集团第二次党代会，完成“党建创新拓展年”各项任务，深入推进全面从严治党，党风廉政建设和反腐败斗争取得新成效，党的政治优势、组织优势进一步转化为竞争优势、发展优势。一年来的工作不容易、不简单、不平凡，一年来的行动有格局、有成效、有进展。成绩的取得，根本在于以习近平同志为核心的党中央的坚强领导，也是集团广大干部职工不懈奋斗的结果。在看到成绩的同时，也要清醒地认识到，集团在改革发展中还存在一些突出的问题。主要表现在：运行质量不高、改革动力不足、海外工程业务下滑趋势尚未止住、部分企业债务风险集聚等方面，这些问题和不足需要高度重视，在实际工作中切实加以解决。

第二部分　关于 2022 年工作

一、深刻认识面临的形势，准确把握 2022 年工作目标要求

当前，集团面临的内外部形势依然严峻复杂。总的来看，我国经济韧性强，长期向好的基本面没有改变，但面临的困难和挑战明显增多。从国际看，2022 年世界经济有望保持恢复性增长，但外部环境更趋复杂严峻，不确定、不稳定、不平衡特点突出，新冠肺炎疫情仍是影响世界经济的重要不确定因素。全球低通胀环境正在发生明显变化，经济全球化遭遇逆流，各国内顾倾向强化，国际市场大型化、规模化竞争态势明显，业务拓展难度提高，项目投资风险加大。从国内看，我国经济发展面临多年未见的需求收缩、供给冲击、预期转弱三重压力。消费和投资增长势头减弱，外需变化存在较大不确定性。企业生产面临要素短缺问题，大宗商品价格持续高位，挤压下游产业生存发展空间。经济金融领域风险有所抬头，一些地方经济困难和金融风险相互交织。市场预期不稳，企业对市场前景存在担忧。从行业看，机械工业经济运行 2021 年总体呈现“前高后低”态势，自三季度以来增速放缓，主要经济指标下滑；预计 2022 年利润水平与 2021 年基本持平，进出口贸易保持基本稳定，实现平稳增长的压力加大。行业龙头企业持续优化产业布局，市场聚集效应愈发显著，给集团装备制造、工程承包等业务的传统优势带来诸多挑战。

当前，集团改革发展正处于顶压前行、积势蓄力、稳中求进的关键阶段，困难挑战明显增多，新的机遇不断呈现。为更好地应对经济下行压力，中央经济工作会议已经明确了七大政策取向，将及时出台有利于经济稳定的系列政策，慎重出台有收缩效应的政策，政策发力会适当靠前，各地方将积极抓紧落实和完善有利于稳增长的政策措施，这些都为集团业务发展提供了十分有利的条件。我们要抢抓政策机遇，保持战略定力，增强必胜信心，调动一切积极因素，努力实现稳增长目标，奋力开创高质量发展新局面。

综合研判形势，2022 年工作的总体要求是：以习近平新时代中国特色社会主义思想为指导，深入贯彻落实习近平总书记关于国有企业改革发展和党的建设重要论述，全面贯彻党的十九大、十九届历次全会和中央经济工作会议精神，贯彻落实中央企业负责人会议部署要求，坚持党的全面领导，坚持稳中求进工作总基调，坚持“锻造国机所长、服务国家所需”，完整、准确、全面贯彻新发展理念，加快融入新发展格局，突出抓好稳增长和防风险，决战决胜国企改革三年行动，强化企业科技创新，优化业务布局，防范化解重大风险，充分发挥党建引领保障作用，努力完成各项目标任务，推动集团高质量发展，加快向具有全球竞争力的世界一流企业迈进，以优异成绩迎接党的二十大胜利召开。

吴永杰同志在报告中提到2022年集团主要经营目标是净利润力争实现6.5%的增速，在实际工作中尽可能争取更好结果。目标的设定，一方面是考虑履行贯彻落实中央经济工作会议及中央企业负责人会议精神、服务“六稳”“六保”、献礼党的二十大的政治责任；另一方面是考虑引导企业发展预期、提振发展信心、凝聚发展合力、落实集团“十四五”发展规划的需要。实现这一目标虽然有挑战、有压力、有难度，但也有基础、有条件、有信心，经过全体干部职工共同努力是能够实现这一目标的。落实2022年工作要求和目标任务，必须增强工作的针对性、有效性，坚决做到稳字当头、稳中求进。

稳字当头，“稳”是主调，是大局。经营工作要“稳”。要突出目标导向，强化责任落实，优化发展结构，稳住发展态势，推动生产经营稳步向好，稳固集团发展“基本盘”。

重点业务要“稳”。装备制造业务要稳中加固，稳市场份额，稳行业影响力；工程承包业务要扭转下滑趋势，企稳回升；贸易业务要高位保稳，巩固提升业务优势，稳住现有发展势头。

稳中求进，“进”是方向，是目标。科技创新要“进”。着力抓好创新联合体、原创技术策源地的建设运行，高质量完成科技攻关重点任务，赋能企业发展。

深化改革要“进”。坚决落实国有资本投资公司改革试点、集团改革三年行动部署要求，激发企业发展活力。

运行质量要“进”。强化管理提升，推进“瘦身健体”，加快提质增效，提高盈利能力，抓实对标世界一流管理提升行动。

新的增长点要“进”。推进业务结构调整，开展商业模式创新，聚焦主责主业，围绕战略性新兴产业，开拓新领域、开辟新空间，培育新的增长点。防风险是稳增长的基础和前提。要做到稳字当头、稳中求进，必须守住不发生重大系统性风险的底线。要防范化解债务风险，把个别企业改革脱困工作摆在更加突出的位置。要防范化解国际化经营风险，做好境外安全形势跟踪研判，稳妥有效应对境外新冠肺炎疫情带来的经济衰退、合同违约次生灾害，做好境外经营安全稳定保障。

二、坚持“锻造国机所长、服务国家所需”，推动集团高质量发展

贯彻落实党中央、国务院决策部署，完成2022年工作目标任务，必须坚持“锻造国机所长、服务国家所需”，努力提高集团运行质量，切实在强化科技创新、服务国家战略、推进“十四五”规划落地、全面深化改革、防范化解重大风险上发力，突出重点、把握关键，扎实做好重点工作。

1. 以“高水平科技自立自强”为方向推进强化科技创新 科技是国家强盛之基，创新是民族进步之魂。要切实强化创新主体意识、主体责任、主体作用，注重顶层谋划，突出抓好关键核心技术攻关，强化战略科技队伍培养，着力取得更多突破性、标志性成果，以科技创新推动提升集团核心竞争力。

（1）积极培育和打造国家战略科技力量。坚持以国家重大战略需求为导向，聚焦国家发展全局和长远利益的重大科技问题，积极对接、深度参与、主动承担国家级战略咨询研究项目，为我国实现高水平科技自立自强建言献策。加速推动国家重点实验室等科研平台优化整合与建设，推进集团高水平科研平台体系化发展。发挥高端引领、关键支撑、示范带动的骨干作用，聚焦关键零部件、高端装备和关键新材料等方向突破关键技术，为工业强基工程作出国机贡献。

（2）积极培育原创技术策源地和产业链链长。集团承担原创技术策源地的有关企业要落实好打造原创技术策源地工作的要求，积极参与国家重大战略实施、重大工程建设，强化顶层设计，稳步提升本领域方向的技术创新能力，多出高水平创新成果、早出可推广工作经验。加强系统谋划，着力培育有条件的企业成为现代产业链链长。

（3）积极推进创新联合体建设和运行。整合创新资源，完善运行机制，强化研发与应用的有效衔接，切实把创新联合体打造成为跨领域、大协作、高强度的创新基地。加强共性技术平台建设，深化协同创新，强化科技成果转化，推进创新联合体第二批项目的稳步实施。打造创新联合体升级版，着力成为国家级创新联合体，参与承担更多国家级重大科技项目，为推动产业基础高级化、产业链现代化、保障产业链安全提供更大支撑。

（4）积极抓好科技人才培养激励工作。“创新之道，唯在得人。”要完善集团创新型科技人才发现、培养、激励机制，形成“用好现有人才、引进急需人才、稳定关键人才、培养未来人才”的良性循环。研究制定体系化措施，建立健全以创新能力、质量、实效、贡献和影响为导向的科技人才评价体系，激发科研人员创新活力动力。大力弘扬科学家精神，培养科学家精神与企业家精神融合的战略科技领军人才，培育具有科学家素质的“卓越工程师”，全面加强技能人才队伍建设。

2. 以“成为贯彻执行党中央决策部署重要力量”的担当主动服务国家战略 服务国家战略，既是重大责任、也是重大机遇。我们要牢记“国之大者”，加快融入新发展格局，在支撑和服务国家重大战略中主动发力、率先行动、展现作为。

（1）围绕服务国家粮食安全，推进农机装备创新发展。中央经济工作会议深刻强调了保障国家粮食安全的重大战略意义。作为我国农业机械装备的“国家队”，我们必须落实好与农业农村部的战略合作，在农机装备“补短板”行动中彰显担当、展现作为，切实增强我国农机装备的自主可控能力，助力保障“中国碗里主要装中国粮”。持续加大丘陵山地农机、关键核心技术、农机智能化、农业大数据等方面的科研投入，加快推动相关业务实现高质量转型升级。加强集团对农机业务发展的整体谋划，统筹整合优质资源，建立健全农机板块的协同、共享机制，塑造高品质农机品牌形象，不断巩固和扩大集团农机业务的技术优势、市场优势。

（2）围绕落实“双碳”战略部署，推动绿色低碳转型。推进碳达峰碳中和是高质量发展的内在要求，绿色低碳发展是企业发展转型升级的长期任务。要落实好国家“双碳”工作指导意见，立足集团实际，稳步推动绿色低碳转型发展。推进绿色低碳技术和重大装备研发融合发展，狠抓绿色低碳关键核心技术攻关，加快先进技术推广应用，持续推进重点领域节能降碳。

（3）围绕高标准、可持续、惠民生目标，高水平共建“一带一路”。深入学习贯彻习近平总书记在第三次“一带一路”建设座谈会上的重要讲话精神，积极梳理防控境外项目风险，坚持危地不往、乱地不去，推动集团国际化经营高质量发展。落实好总书记关于中白工业园建设的重要指示精神，以推进落实园区五年发展规划为牵引，加强园区整体建设的统筹管理，积极推动中医药“走出去”，做好国机火炬园的建设运行。积极开展国际交流合作，深化拓展平台渠道，强化中央企业经贸促进联盟服务保障功能，着力打造央企国际经贸合作新平台。

3. 坚持“一张蓝图绘到底”，持续推进“十四五”规划落地 必须坚持目标不降、力度不减、节奏不变，大力推进规划落地，坚决防止战略规划“议起来重要、干起来次要、忙起来不要”的问题发生，确保规划要求落地生根。

（1）推进重点任务落地。战略讲究取舍，推动战略落地也要抓住重点。抓好布局结构优化，围绕“十四五”规划确定的三大主业、八大板块，从完善产业链、提升竞争力入手，进一步推进专业化整合，做优做强主业。抓好“瘦身健体”，用好内外部专业资产管理平台，建立清单、完善考核，明确时间表，加快非主业、非优势业务剥离和无效资产、低效资产的处置，优化资产质量。提升上市公司质量，坚持问题导向，发挥好上市公司作用，提高价值创造能力和价值实现能力，成为受人尊敬的上市公司。加快数字化转型，选择试点企业、培育示范场景，打造新的增长点。

（2）加强规划的实施联动和评估监督。要强化战略引领，构建规划与计划、投资、预算、考核、分配等联动的实施机制。组织开展好规划执行情况评估，认真研究解决规划实施中的重大问题，持续优化工作目标和任务举措。开展战略质询，围绕目标任务，对战略完成情况进行评估，及时总结分析，提高实施效果。

4. 以“向最难处攻坚、向最关键处挺进”的决心不断推动改革走深走实　要贯彻落实习近平总书记“推进创造性、引领性改革”指示精神，进一步提升改革措施的针对性、穿透力，狠抓改革成效，确保改革三年行动圆满收官。

（1）全面推进中国特色现代企业制度规范化、系统化建设。全面落实在完善公司治理中加强党的领导各项要求，严格执行“三重一大”决策制度及事项清单。强化公司章程的合法合规性审查，持续推进制度体系建设，加强监督检查，确保规范性、有效性。按照规范董事会工作指引，推进第一批8家重要子企业落实董事会职权，加强三四级企业董事会规范化建设，更好发挥董事会“定战略、作决策、防风险”作用。加强派出外部董事队伍建设，严格董事选聘、管理与考核评价，为外部董事履职创造良好条件。

（2）强化集团管控，推动组织变革。按照国有资本投资公司改革试点要求，完善集团管控体系，构建“总部强、二级专、三级优”的组织架构。集团总部要聚焦战略管控、价值创造、服务支撑三大功能定位，强化战略、财务、人力资源、科技、风控、信息化、文化品牌、党建八大能力建设，打造“强”总部。二级企业要推进组织架构调整，去“行政化管理总部”，实现专业化、市场化、证券化、扁平化。

（3）深入推进任期制契约化。要在前期完成经理层任期制契约化签约的基础上，进一步深化实化，增强经理层成员的任期意识、岗位意识和权责意识。要体现强激励、严约束，建立“摸高”机制，坚持薪酬与业绩直接联动，按贡献大小合理拉开薪酬差距。对经理层成员要实行经营业绩考核和领导人员综合考核评价“双达标”，要立下军令状，严格履行契约，刚性考核兑现。

（4）强化正向激励，充分激发改革活力和内生动力。围绕国家和有关部委出台的各项政策，用好中长期激励“政策包”，探索开展超额利润分享、股权激励、跟投机制等激励方式。要做到激励精准有效，调动好积极性，不搞平均主义。进一步强化对业务骨干员工、关键核心技术人员，特别是对创新、盈利直接做出重大贡献岗位人员的激励。

（5）抓好改革专项工程，发挥“领头雁”作用。“双百”“科改示范”企业要围绕落实改革方案，大胆探索、主动作为，积极取得突破，出经验、出成果、作表率。

5. 以“牢牢守住不发生重大风险”的底线着力防范化解风险　习近平总书记在中央经济工作会议上深刻阐述了正确认识和把握防范化解重大风险的问题，强调必须坚持底线思维，见微知著，抓早抓小，做好风险处置工作。古人说:“祸几始作，当杜其萌；疾证方形，当绝其根。”要坚持分类施策、“精准拆弹”的原则，既要警惕“黑天鹅”事件，又要严防“灰犀牛”事件，全面提升重大风险防范化解的能力和水平。

（1）继续抓好重大风险事件应对处置。当前有的企业债务风险问题凸显，资金链面临断裂，相关处置专班要积极应对，全力以赴做好企业债务风险处置工作，严防风险外溢。

（2）继续抓好重大风险防控机制建设。近几年，部分企业发生的风险事件情况复杂、种类多样。要加强风险预判预警与识别分析，做到关口前移、防微杜渐，抓好重点领域各类风险的事前防范。要完善风险防控全过程管控机制，坚持一级抓一级、层层抓落实，持续提高预见、化解重大风险的能力，既要有防范风险的先手，更要有应对和化解风险的高招，切实把防范化解重大风险的责任落到实处。

（3）积极抓好风险协同管控。落实内部控制与风险管理要求，全方位、多角度、立体化推动内控与风控有机融合。加强合规管理制度建设、组织建设、文化建设，牢固树立依法合规经营的理念。强化风险管控协同协作，有效整合信息渠道，推动风险管控工作互补互促，确保实现“强内控、防风险、促合规”管控目标。

（4）继续抓好派驻监事会建设运行。进一步健全制度机制，打造高效、精干、务实的专职监事队伍，推动派驻监事会科学化规范化运行。聚焦重大问题事项，深入践行综合监督职责，持续推进专项监管工作。聚焦投资、担保、“两金”等重点工作，及时发现、提醒和报告相关风险。派驻监事会主席和专职监事要加强学习培训，不断提升履职能力和监管水平。

第三部分　关于坚持和加强党的领导、党的建设

2022 年将要召开党的二十大，保持平稳健康的经济环境、国泰民安的社会环境、风清气正的政治环境极为重要。要突出高质量党建引领保障高质量发展主题，深化党史学习教育成果和全国国企党建会精神落实成果，增强全面从严治党永远在路上的坚定和执着，继续推进新时代党的建设新的伟大工程，为完成生产经营和改革发展任务提供坚强保证，迎接党的二十大胜利召开。

一、全面加强党的政治思想建设，用党的创新理论武装头脑、指导实践、推动工作

坚持以党的政治建设为统领，增强“四个意识”、坚定“四个自信”、做到“两个维护”，持之以恒地深入学习党的创新理论，推动新时代党的创新理论入脑入心。一要进一步完善“第一议题”制度，定期梳理学习习近平总书记重要讲话和指示批示精神，认真研究谋划集团贯彻落实的具体措施，确保总书记重要指示批示和党中央决策部署不折不扣落到实处。二要持续学习贯彻党的十九届六中全会精神，深刻认识“两个确立”的决定性意义，从历史的角度深刻领悟国有企业在党和国家事业中的地位作用，把党的百年奋斗重大成就和历史经验转化为砥砺奋进的务实行动。三要把学习贯彻党的二十大精神作为一项重大政治任务，及早谋划部署、精心组织落实。

二、持续深化基层党组织建设，进一步强基固本、发挥作用

深化落实国有企业基层组织工作条例，加强组织机构、人员队伍和工作体系建设，不断增强党组织政治功能和组织功能。一要夯实基层基础，深入推进党支部标准化、规范化建设，持续加强境外党建工作，强化党对群团工作的领导，进一步健全上下贯通、执行有力的组织体系。二要压紧压实党建责任，适应高质量发展要求，持续深化落实党建责任制，推动党建考核和经营业绩考核结果有效联动，以改革发展成果检验党组织工作成效和战斗力。

三、推动党建与业务深度融合，实现相互促进融合发展

牢牢把握高质量党建与高质量发展的内在关系，坚持围绕发展抓党建、抓好党建促发展。一要把贯彻习近平总书记重要讲话精神和党中央决策部署落地见效、全面高质量完成企业生产经营中心任务、增强党组织政治功能和组织力、提高党员干部能力素质、提振干事创业精气神作为衡量融合成效的重要标准，进一步推动党建工作与生产经营工作深度融合。二要适时开展党建工作与生产经营深度融合相关课题研究和案例评选，深入开展“两优一先”和劳动模范评选工作，选树先进典型，讲好国机故事，不断加强企业文化建设，营造党建与业务深度融合的良好氛围。

四、锻造高素质专业化人才队伍，培育新时代治企兴企的行家里手

深入贯彻新时代党的组织路线，贯彻落实中央人才工作会议精神，坚持党管干部、党管人才原则和市场化选人用人机制相结合，打造高

素质专业化干部人才队伍。一要大力加强企业领导班子建设，突出政治标准，强化重实干、重实绩、重担当的用人导向，优化班子结构，增强班子整体功能。持续加大优秀年轻干部培养选拔使用力度，不断加强干部梯队建设。持续推进干部交流，加强多岗位培养锻炼，强化日常管理监督，不断提升干部的政治能力、战略眼光、专业水平。二要大力加强人才队伍建设，落实好国家重大人才工程，加快建设重要人才中心和创新高地，不断推进高层次科技专家、技能专家等人才队伍建设，点燃想干事的热情、发现能干事的才干、肯定干成事的成绩。三要进一步推进完善市场化选人用人机制，持续推进经理层任期制和契约化管理、经理层竞聘上岗、职业经理人制度试点等工作，进一步激发企业发展活力。

五、切实做好党风廉政建设和反腐败工作，营造风清气正的良好政治生态

2022 年 1 月将召开党的十九届中央纪委六次全会，集团党委将召开全面从严治党工作会议进行部署。一要深入贯彻全面从严治党战略方针，持续深化不敢腐、不能腐、不想腐一体推进，巩固反腐败工作成果，以案促改、吸取教训，努力取得更多制度性成果和更大治理成效。突出强化政治监督，推进深化政治监督具体化、常态化。紧盯企业混改、投资并购、招标采购、境内外工程项目等重点领域，推进深化日常监督清单化、程序化。二要深入推进纪检监察体制改革，推进双重领导体制具体化、程序化、制度化，构建系统集成、协同高效的监督体系。三要锲而不舍地落实中央八项规定精神、纠“四风”树新风，深入整治享乐主义、奢靡之风，坚持“三严三实”，力戒形式主义、官僚主义，防止简单化、乱作为，反对不担当、不作为。四要坚持系统施治、标本兼治，开展巡视“回头看”和提级巡视，切实抓好巡视整改，巩固深化“靠企吃企”专项整治成效，营造干事创业的良好环境。各级领导干部要不断提高治企兴企的能力和水平，在推动企业高质量发展上走在前、作表率。

1. 必须从讲政治的高度把握工作 中央企业是经济建设的国家队、党治国理政的重要力量，要增强政治意识，善于用政治眼光观察分析问题，胸怀“两个大局”、牢记“国之大者”，立足党和国家事业全局思考谋划、部署推动企业工作。要把提高政治判断力、政治领悟力、政治执行力落实到行动上，体现到贯彻落实党的路线方针政策的实际行动上，体现到推动高质量发展的实际行动上，体现到为党分忧、为国尽责、为民奉献的实际行动上，确保习近平总书记重要指示和党中央决策部署在集团一贯到底、落实落地。

2. 必须掌握科学的工作方法 面对新形势新任务，聚焦改革发展“痛点”“堵点”“难点”问题，聚焦影响和制约企业高质量发展的深层次问题，要树立正确的政绩观，慎重决策、慎重用权，决不能穿新鞋走老路，再走粗放型发展的路子。要注重调查研究，多到一线倾听炮火声音、多到基层听取职工意见，真正把情况摸实摸透。要注重学习，坚持在干中学、学中干，把理论知识和企业实际结合起来，注意把握时、度、效，练就解决问题的过硬本领。

3. 必须坚持系统观念 推动企业改革发展是一个复杂的系统工程。要增强系统思维，加强全局规划，坚持一盘棋统筹，进行整体性推进。要坚持统筹兼顾，把改革发展稳定有机结合起来，把应对外部风险挑战和解决自身问题隐患有机结合起来，整体谋划、综合施策，避免单打一，防止顾此失彼，确保协调推进，达到预期效果。

4. 必须勇于担当作为 新冠肺炎疫情的潜在冲击和国内经济面临的三重压力给 2022 年工作提出新的严峻挑战。要完整、准确、全面贯彻新发展理念，“敢”字当先，“干”字为要，进一步增强改革发展的紧迫感和责任感。坚持在困难大、矛盾多的重大斗争中勇于担当，在关键性、全局性的重大任务中善于作为，抓紧抓牢发展机遇，敢于下先手棋、善于打主动仗，做好应对各种风险挑战的准备，努力化危为机，在担当作为中实现自身价值。

矢志不渝重实干 凝心聚力稳增长 奋力推进国机集团高质量发展

吴永杰

（2021 年 12 月 28 日）

这次会议的主要任务是，以习近平新时代中国特色社会主义思想为指导，深入贯彻党的十九大、十九届历次全会以及中央经济工作会议、中央企业负责人会议精神，全面总结 2021 年主要工作，分析研判面临的形势任务，安排部署 2022 年重点工作，动员集团广大干部职工重实干、敢担当、善作为，突出抓好稳增长，奋力推进集团高质量发展。

一、2021 年工作回顾

2021 年是中国共产党成立 100 周年大庆之年，也是“十四五”开局之年。面对前所未有的外部复杂环境和艰巨繁重的改革发展任务，我们深入学习贯彻习近平总书记重要讲话和指示批示精神，全面贯彻落实党中央、国务院决策部署及国务院国资委工作要求，积极践行中央企业责任使命，牢牢把握稳中求进的工作总基调，坚持“锻造国机所长、服务国家所需”，在下行压力下砥砺奋斗，在困难挑战中沉着应对，生产经营实现了稳中有进，工作取得不少新成绩、呈现不少新亮点。

（一）强化目标引领，经营业绩稳中有进

聚焦“两利四率”目标任务，扎实推进提质增效，实现了平稳发展。

1. 规模效益进一步提高 2021 年净利润、经济增加值完成考核目标；营业收入创历史新高。2021 年上交税费同比大幅提升。集团 28 家二级企业中，近 7 成企业的净利润和营业收入实现增长；苏美达股份、中设集团、中国联合、国机重装等企业净利润贡献较大；中国一拖、国机精工、国机智能、国机资本等企业净利润同比增长较大。

2. 运行质量改善提升 全员劳动生产率、资产负债率、研发经费投入强度均完成考核目标。多数企业 3 年治亏目标圆满收官。可归集资金集中度创历史新高。

（二）积极服务国家战略，央企责任进一步彰显

积极践行责任使命，主动在服务国家战略上走在前列，在落实国家部署上做出表率，在引领行业发展上积极有为。

1. 服务制造强国战略取得新进展 围绕核电、石化、冶金、航空航天等领域开展重大装备攻关，成功研制一系列首台（套）高端装备和产品。国机重装成功研制 300MW F 级重型燃气轮机首台样机锻件、亚洲最大负载 125MN 预拉伸机组，国机精工成功研制 7 兆瓦级海上风电主轴轴承，积极助力我国工业强基，有力保障了国家重大工程顺利实施。积极发展大数据、工业互联网、物联网等技术，助推制造业向高端化、智能化、数字化转型。国机智能“重大装备润滑安全数字化运维平台”、中国农机院“农机云服务平台”被评为“国有企业数字化转型优秀案例”。中国恒天开发的“全流程智能化棉纺成套装备及系统”可使生产效率提高 24%，推动纺织行业智能化

转型。

2. 农机装备振兴发展取得新成效 积极争取农业农村部支持，参与国家农机装备“补短板”行动，推进农机装备技术攻关、高端农机装备制造、农机大数据平台建设等工作，为农业现代化提供技术装备支撑。加强农机装备关键核心技术攻关，中国福马开发的无人自动驾驶高速插秧机，实现厘米级插秧控制；中国农机院突破采棉头关键技术，采摘效率提高20%，产品竞争力持续增强。大中型拖拉机、打捆机、手扶插秧机销量同比分别大幅增长。

3. 绿色转型发展迈出新步伐 落实“双碳”目标，加快实施绿色制造、绿色技术、绿色工程，积极培育节能环保、清洁能源等新兴业务。中国浦发、中国电研、国机智能等企业加强绿色低碳技术攻关，在锂电池电极材料、电池电芯、电池密封件等领域取得了一系列突破。中设集团、苏美达股份、中国联合在储能电站、绿色生态工厂等领域承建了一系列重大项目。中工国际承建的孟加拉水厂项目入选“一带一路”绿色发展案例和中国企业国际形象建设案例，成为绿色工程的典范。

（三）积极融入新发展格局，市场开拓成效进一步显现

凝聚合力开拓市场，取得了积极效果，集团新签合同额、合同生效额同比大幅增长，为加快构建新发展格局贡献力量。

1. 把握国内大循环机遇，国内市场开拓成效明显 主动服务粤港澳大湾区、长江经济带、成渝地区双城经济圈等国家区域战略，与贵州省、重庆市等省市签署战略合作协议，不断拓展合作领域和空间。加大国内市场开拓力度，中国联合中标40亿元杭州智能制造产业服务综合体项目，中机建设中标30亿元莱阳开发区基础设施建设项目，积极助力我国区域经济发展。

2. 落实“一带一路”倡议，努力巩固国际市场传统优势 克服境外新冠肺炎疫情的不利影响，积极参与“一带一路”互联互通和全球产业链供应链构建，机电设备、大宗商品等国际贸易呈现较好增长态势。进出口总额较2019年、2020年同比分别大幅增长。中白工业园等重大项目取得进展，着力培育和引入科技研发、中医药、人工智能等产业，2021年新增入园企业18家。新签一批重点工程项目，中设集团签署18亿美元土耳其铁路项目；中工国际签署哈萨克斯坦12亿美元油气工程和近4亿美元纯碱厂等项目，在能源化工领域取得突破。

3. 加快商业模式创新，积极服务“两个市场” 在国务院国资委支持下，集团牵头成立中央企业经贸促进联盟，联合28家中央企业推进央企经贸协作。深度参与第四届中国国际进口博览会，共签署11项、约19亿美元的进口采购合同。自首届中国国际进口博览会以来，累计签约61项、约170亿美元合同。积极服务广交会、中阿博览会、中非博览会、博鳌论坛等国际重要展会，在推动国际经贸合作、强化国际产业协同中彰显央企担当。苏美达股份强化全流程跨境供应链服务，成立跨境交付平台，所属苏美达国际技术贸易有限公司成功入选首批全国供应链创新与应用示范企业。中机国际积极承接集团大型会展服务工作，发展线上会展业务，为宣传集团品牌形象发挥了作用。

（四）全面推进攻坚工程，科技创新能力进一步增强

加大科技创新力度，持续开展关键核心技术攻关，增强承接国家重大科技项目的能力，在国家战略科技力量中的地位更加凸显。

1. 高水平科研平台建设稳步推进 牵头组建相关领域创新联合体。成功获批2个领域方向原创技术策源地。推动7个国家重点实验室重组、争取2个创新中心试点转建、优化4个工程研究中心整合，进一步完善国家级科研平台建设。

2. 关键核心技术攻关取得突破 全面完成央企攻坚工程的攻关任务，合肥通用院、国机智能、国机研究院、国机重装等企业承担的密封、传感器、轴承、蒙皮拉形等15项攻关任务如期完成国务院国资委考核目标。

3. 创新成果不断涌现 获得2020年度国家科学技术进步奖3项。中国浦发参与的400万t/a煤间接液化成套装置获国家科学技术进步奖一等奖，合肥通用院与浙江大学共同完成的氢气规模化提纯与高压储存装备关键技术及工程应用项

目、国机精工与浙江工业大学共同完成的高性能滚动轴承加工关键技术与应用项目分别获国家科学技术进步奖二等奖。获得2021年度中国机械工业科学技术奖35项，其中特等奖1项、一等奖6项。国机精工落地两个国际标委会秘书处，中国电研牵头制定的2项国际标准发布实施，进一步提升了集团在相关行业的国际影响力和话语权。

（五）持续优化布局结构，主责主业更加突出

坚持有所为、有所不为，调整退出不具备竞争优势的业务，推动布局结构优化升级。

1. 业务结构进一步优化 建立业务组合模型，完成集团业务发展顶层设计，对二级企业主业进行“格子化”管理。按照业务的行业竞争力和自身发展潜力进行分析，明确业务发展优先级，引导企业调配优势资源，全面推动发展主责主业。

2. 优势资源进一步集聚 组建实体化工程集团，推动优势资源协同发展，增强承揽重大高端项目的能力。重新定位规划院，着手打造集团及行业智库平台。根据监管要求，推进国机财务与中国一拖财务整合。实施国机租赁、国机保理与国机资本一体化运营，产融结合取得新突破。

3.“瘦身健体”进一步强化 持续压减层级和法人户数，管理层级控制在4级，25家二级企业法人层级压减到5级。剥离52家“两非”企业，超额完成年度目标。持续开展参股投资经营自查与整改。全面完成全民所有制企业改制、剥离办社会等任务，“三供一业”、厂办大集体清算工作取得积极进展。

（六）抓紧抓实改革三年行动，促进改革效能进一步释放

严格落实国务院国资委要求，按照集团改革三年行动方案，扎实推进相关工作，12项改革任务完成国务院国资委年度考核要求。中国特色现代企业制度建设不断推进。把党建工作要求纳入公司章程，全面推行“双向进入、交叉任职”的领导机制，不断规范党组织前置研究讨论程序。持续完善董事会制度机制，董事会运行更加规范有效。推进董事会“应建尽建、配齐配强”，所属企业董事会应建尽建达到100%，其中外部董事占多数达到97.4%。专项工作深入开展，3家“双百”、2家“科改示范”企业推进实施市场化用人机制，发挥了较好的先行示范作用。3项制度改革不断推进，全面实行经理层成员任期制和契约化管理，列入推行范围的548家各级次企业已全部与经理层成员签约。

（七）扎实推进企业管理，集团管控水平进一步提高

以优化集团管控为目标，以提升集团总部管理能力为重点，深入实施对标世界一流管理提升行动，持续加强管理制度体系建设，有效提高集团科学化、规范化管理水平。

1. 战略管理进一步强化 发布实施集团“十四五”规划，明确集团未来5年发展目标与实现路径。加强战略宣贯，凝聚发展共识。颁发战略落地责任书，构建“531”三位一体战略落地机制。

2. 投资管理进一步加强 修订完善投资管理制度，严格执行投资负面清单，严控非主业投资比例和投向，强化投资全过程管控，推动各类资源要素向企业主业集中。

3. 考核管理不断优化 调整经营业绩考核体系，增加考核评级，增设业绩系数，以科学的考核体系引导企业提升运行质量。

4. 财务管控力度不断加强 完善预算管理体系，优化预算管理方法，健全预算管理机制，全面预算管理持续加强。加强资金集中管控，强化大额资金支出监管，资金使用效率进一步提高。科学编制会计信息质量整改方案，推进“清单式”问题整改，会计信息规范化水平有效提高。

5. 信息化建设全面推进 加强集团涉密信息系统建设，推进信息化基础设施升级改造。开展集团“一体化”信息系统平台建设，提升对信息化资源的统筹配置与协同共享水平。推进数字化在线监管平台建设，有效提高数据传输的实时性和安全性。

（八）持续完善风险防控体系，风险管控能力进一步提高

进一步加强风险防控，健全风险防控体系，有效处置重大风险事件，守住了不发生重大风险的底线。

1. 重大风险事件应对处置力度不断加大 提高政治站位，体现责任担当，扎实推动解决部分企业债务问题。专项部署、专项推动，采取有效应对举措，强化责任落实，相关风险得到有效遏制。建立专项工作联系机制，大额合同预付款、资金违规使用等风险事件处置取得积极进展。

2. 监督体系进一步健全 完善内控合规管理体系建设，加强对违规经营投资问题的追责问责，有效发挥警示作用。深化内部审计机制改革，强化审计结果运用与问题整改，审计监督体系建设得到加强，审计质量得到提升，审计价值进一步体现。加强派驻监事会制度体系和运行机制建设，有效发挥综合监督职能，工作规范化水平进一步提升。

3. 境外新冠肺炎疫情及突发事件妥善处置 采取有力有效举措，加强境外新冠肺炎疫情防控，截至2021年年底，集团境外所有项目疑似感染新冠病毒病例阶段性清零。强化境外安全风险预警与管控，完成埃塞俄比亚糖厂项目中方人员的紧急撤离，境外项目和人员安全整体可控。

（九）全面从严治党向纵深推进，党建工作展现新面貌

坚持以习近平新时代中国特色社会主义思想为指导，全面完成党建创新拓展年各项任务，围绕党史学习教育和庆祝中国共产党成立100周年开展系列活动，落实全面从严治党主体责任，党建工作质量和水平有效提升。

1. 践行“两个维护”，政治自觉、思想自觉、行动自觉不断增强 坚决践行习近平总书记关于国企改革发展的重要指示批示精神，坚持把习近平总书记最新发表的重要讲话和指示批示作为党委会“第一议题”、中心组学习首要议题，将“两个维护”体现在学习部署和落地见效上。

2. 党史学习教育高标准高质量开展 按照学史明理、学史增信、学史崇德、学史力行的要求，建立起“1个目标、6项学习内容、9项工作安排、4项保障措施和29项具体任务”的推进实施体系，精心组织实施、有力有序推进，让集团广大党员干部受到了一次深刻的政治教育、思想淬炼、精神洗礼。完成了一批服务国家战略、服务社会公众、服务党员群众的民生项目，创建了一系列有效活动载体，党组织的创造力、凝聚力、战斗力明显提升，实现了学党史、悟思想、办实事、开新局的目的效果。

3. 党建工作与生产经营有效融合 广泛开展“解放思想、推动发展”“育新机、开新局”大讨论，引导各级党组织和广大党员聚焦主责主业，思考谋划工作举措。制定党建工作与生产经营深度融合的指导意见，充分发挥基层党组织的战斗堡垒作用和广大党员的先锋模范作用，聚焦重大项目实施、重大改革推进、重大科技攻关等中心工作，开展课题攻关、项目攻关、党建共建，党建与业务深度融合的氛围日趋浓厚。

4. 党的组织体系不断强化 胜利召开集团第二次党员代表大会，总结回顾集团党委过去一个时期的工作，系统谋划今后5年的安排，选举产生集团新一届党委、纪委。组织开展全国国有企业党的建设工作会议精神贯彻落实情况“回头看”，持续推进“党建强基、队伍建设、制度保障”3个工程，党的基层基础工作不断夯实，为企业改革发展各项任务提供有力保障。

5. 党风廉政建设和反腐败工作进一步深化 深入推进纪检监察体制改革，加大正风肃纪反腐力度。强化政治监督、做实日常监督，持之以恒落实中央八项规定精神，从严执纪，精准问责。加大反腐力度，一体推进不敢腐、不能腐、不想腐。深化政治巡视，推进内部巡视巡察全覆盖。深入整治境外腐败、利益输送、设租寻租、化公为私等靠企吃企问题，风清气正的政治生态不断巩固。

6. 集团社会影响不断扩大 积极承担央企社会责任，巩固脱贫攻坚成果，推进落实乡村振兴工作，投入帮扶资金3 550万元，策划实施50个帮扶项目，高质量完成定点帮扶各项任务。围绕庆祝中国共产党成立100周年，加大新闻宣传工作力度，全面展现集团取得的发展成就。企业文化和品牌建设深入开展，工会等群团工作有声有色，集团文化凝聚力和品牌影响力不断提升。

集团改革发展仍然存在个别企业债务风险突出、传统优势业务竞争力减弱、新的发展动能不足、企业管理层级较多等问题，制约了企业高质

量发展。需要集团上下凝心聚力，重点突破，加快解决。

二、2022 年工作部署

2022 年将召开党的二十大，做好 2022 年工作意义重大。中央经济工作会议、中央企业负责人会议全面分析了当前和今后一个时期面临的经济形势，我们要认真研究、准确把握，抢抓机遇、迎接挑战。2022 年集团工作总的要求是：以习近平新时代中国特色社会主义思想为指导，深入贯彻落实习近平总书记关于国有企业改革发展和党的建设的重要论述，全面贯彻党的十九大、十九届历次全会和中央经济工作会议精神，贯彻落实中央企业负责人会议部署要求，坚持党的全面领导，坚持稳中求进工作总基调，坚持“锻造国机所长、服务国家所需”，完整、准确、全面贯彻新发展理念，加快融入新发展格局，突出抓好稳增长和防风险，决战决胜国企改革三年行动，强化企业科技创新，优化业务布局，防范化解重大风险，充分发挥党建引领保障作用，努力完成各项目标任务，推动集团高质量发展，加快向具有全球竞争力的世界一流企业迈进，以优异成绩迎接党的二十大胜利召开。中央企业负责人会议部署要求中央企业 2022 年“两利四率”指标要努力实现“两增一控三提高”。“两增”，即利润总额和净利润增速高于国民经济增速，达到 6.5% 以上。“一控”，即资产负债率要加强进一步控制。“三提高”，即营业收入利润率、全员劳动生产率、研发经费投入进一步提高。2022 年，集团要努力实现国务院国资委“两利四率”的目标要求，整体净利润要在 2021 年基础上，争取提高 6.5%。集团实现 2022 年全年目标有挑战，需要大家砥砺奋斗，努力争取更好结果。2022 年，我们要认真贯彻党中央决策部署及国务院国资委工作要求，落实集团 2022 年总体要求和目标任务，切实抓好生产经营和改革发展，扎实做好以下七个方面工作。

（一）聚焦全年目标任务，确保生产经营稳健发展

2022 年内外部形势非常严峻，保持集团稳定增长具有特别重要的意义。要深刻认识“稳”是主基调、“稳”是大局的战略思想，确保企业平稳运行，在稳中体现责任担当。

1. 勇担责任自加压力 要坚持目标导向，坚定目标不放松，保市场、抓签约、促生效、重执行，确保全年任务顺利完成。要狠抓提质增效，不断提升运行质量，牢牢把握稳增长的主动权。要自我加压，守住底线，努力完成全年目标。

2. 努力实现一季度“开门红” 开好局、起好步，对于引导预期、完成全年目标任务十分关键。2022 年一季度稳增长会面临较大压力，必须做好全年经营发展各项工作的统筹谋划。早部署、早发力、早落地、早见效，努力实现“开门红”，为完成全年目标任务打下坚实基础。

3. 更加注重形势研判 准确把握国内外形势，对形势的严峻性复杂性要充分估计、精准把握，全面做好应对预案。要加强对大宗商品价格、重要生产经营指标、重要经济运行动态的监测，特别是要紧盯汇率、海运成本等指标的变化，及时发现异常，有效研究应对，确保企业平稳运行。

（二）加强市场开拓，进一步融入新发展格局

牢牢把握新发展格局带来的新机遇，加强市场营销，创新业务模式，在服务国家区域发展战略、高水平对外开放中务实行动、担当作为。

1. 加大国内市场开拓力度 立足国内大循环，积极抢抓实体经济、乡村振兴、“双碳”目标、农机现代化等政策红利，着力在装备制造、技术推广和应用、工程承包等方面深化与地方政府的合作。牢固树立市场意识，强化营销体系和营销能力建设，全力以赴抢市场、抓订单，不断提高市场占有率和行业影响力。深度挖掘消费升级、产业升级新机遇，立足实际找准契合点、明确发力点，在推动产业链价值链迈向中高端过程中，着力打造新的增长点。抢抓 2022 年国家重点推进的国内重大水利建设、城市管道老化更新改造、废弃物循环利用等新机遇，加大项目开发力度，争取尽快落地一批项目。

2. 进一步稳固国际市场竞争优势 持续推动高水平共建“一带一路”，探索推进装备制造、工程承包、贸易与服务等业务的国际化经营

模式创新与机制创新。围绕数字经济、绿色低碳、国际物流等领域持续发力，打造更多“小而美”的民生工程，稳步推进“投融建营”一体化转型升级。围绕国内市场需求，积极引进国外先进技术、关键产品，助力增强我国产业链供应链韧性。区域全面经济伙伴关系协定（RCEP）将于2022年1月生效实施，企业要结合实际，用好零关税、原产地累积等规则，深挖市场发展机遇。

3. 加强业务协同 加快建立内部协同机制，推动内部装备、工程、贸易、产品、服务等业务协同。打造内部业务协同大平台，形成聚合优势，提升整体竞争力。推动国机工程集团高起点起步，进一步整合优质商务、勘察、设计、施工、监理等资源，放大资源集成效应，积极承揽大型项目，推进市场、模式、行业、融资转型。

（三）强化创新主体意识，更好发挥科技创新支撑引领作用

创新是引领发展的第一动力，是企业保持竞争优势的关键。要持续推动科技创新不断取得新成果，以科技创新引领企业健康可持续发展。

1. 推动重要任务落实落地 做好组织协同，高质量推进创新联合体、原创技术策源地阶段性任务，助力工业强基。加强关键核心技术攻关，积极承担攻坚工程二期项目，完成年度攻关任务。加强国家级科研平台的优化整合与新建转建，提升传统业务向高端化发展的科技创新能力。

2. 完善科技创新机制 结合即将出台的国家科技体制改革三年行动方案和基础研究十年规划相关要求，根据企业实际研究落实具体举措，推动“一揽子”创新支持措施落地实施，营造良好的科技创新生态。健全符合科研特点的分类项目管理机制，完善以质量、贡献、绩效为核心的科研评价体系。加大授权放权力度，有效激发各类人才创新创造活力。

3. 发挥科技创新引领支撑作用 切实把科技创新摆在核心位置，坚持实用实效，把科技创新与经营发展紧密结合。遴选部分技术加快产业化，依靠创新链有效赋能主业，推动企业实现迭代、跨越发展，为集团发展注入新动能。

（四）提升制造业务实力，助力增强制造业产业链供应链韧性和竞争力

制造企业要聚集优质资源，大力培育具有核心竞争力的装备和产品，为实体经济发展做出贡献。

1. 增强核心竞争力 重型装备、农机装备、纺机装备等领域企业，要推进传统业务技术改造，加快高端化、智能化、绿色化转型，研制一批技术含量高、性能好的高品质装备和产品，增强提供系统解决方案的能力，不断提高市场竞争力。

2. 推进数字化转型 聚焦重点领域打造若干数字化转型试点企业，培育若干数字化转型示范场景，组建若干数字协同创新平台。加快推动大数据、智能制造等先进数字技术的应用推广，推动装备制造业务转型升级。

3. 培育优秀企业 在重点领域、重点方向打造一批掌握关键核心技术、创新能力强、质量效益好的行业标杆企业。持续打造和培育单项冠军、专精特新“小巨人”企业，为集团高质量发展增添动力。

（五）狠抓改革落地见效，不断激发企业内生活力

2022年是改革三年行动的收官之年。要紧紧围绕增强活力、提高效率，打好改革攻坚战，加快推进改革举措落实落地，努力取得实实在在的效果。

1. 大力推进机制改革 系统掌握国家出台的各项企业激励政策，结合实际，在考核分配、中长期激励等方面形成“政策包”“工具箱”，构建适合企业自身特点、务实管用的正向激励体系。要以“双百”“科改示范”企业为重点，积极推进上市公司股权激励、科技型企业股权和分红激励，推进国机精工、二重万航等企业落地实施相关激励方案。

2. 推动二级企业“去行政化管理总部” 落实“集团业务布局与组织再造思路框架”方案，探索推动二级企业“去行政化管理总部”。针对部分二级企业，制定个性化组织再造实施方案，通过采取股权融资、股权置换等资本运作措施，优化组织架构，推动二级企业总部向专业化发展。

3. 推进“瘦身健体” 启动“十四五”期间压减专项工作，落实压减名单和年度压减计划。纳入资产处置预算的企业要全面完成“两非”剥离任务。

（六）持续加强企业管理，加快建设世界一流企业

持续开展对标世界一流管理提升行动，弥补管理短板，向管理要效益，以管理促发展。

1. 切实发挥考核导向作用 开展集团 2021 年经营业绩考核情况测算，完成考核评价。做好集团“1+3”经营业绩考核体系宣贯，加强考核体系落实落地，切实发挥考核“指挥棒”的导向作用。

2. 推动构建现代财务管控体系 建立健全会计信息质量保证体系，加强会计信息质量检查与考核。深化全面预算管理，完善跨部门协同联动的全面预算组织体系，加强预算过程分析与控制。启动司库系统建设，提升资金集中管理水平，降低综合债务融资成本。优化成本管理，有条件的企业要建立、完善成本定额体系。

3. 加快推进信息化建设 统筹推进财务、投资等管理系统，以及核心业务系统的信息化建设。推进“国机通”一体化系统建设，加强资源共享。加快涉密信息与网络安全管理系统建设，推动集团在线监管信息化二期工程。

（七）强化风险防范化解，不断筑牢行稳致远发展防线

把防范化解重大风险摆在更加突出的位置，加强对各类风险点的梳理排查整改，严防各类风险集聚释放，守住不发生重大风险的底线。

1. 防范化解债务风险 强化投资和负债边界，拓展权益融资渠道，保持企业资本结构平稳可控。实施精准管控，针对债务风险突出企业拟定整体化解方案，强化责任，细化措施，把控节点。优化业务布局，提升盈利能力，力争从根本上防范化解债务风险。

2. 防范国际化经营风险 加快构建境外利益保护和风险预警防范体系，加强对敏感国家地区、敏感行业的风险研判，坚持危地不往、乱地不去。加强境外风险地区资产情况和重大项目逾期情况的排查和监控，提前做好应对预案。认真研判汇率走势，防范汇率波动造成资金损失。高质量推进境外财务资金管控，维护国有资产安全，预防跨国跨境腐败。

3. 防范法律合规风险 完善法律风险防范机制，进一步巩固深化“决策先问法、违法不决策”的管理理念，将法律审核嵌入管理流程，确保重要决策、规章制度、经济合同实现法律审核全覆盖。落实国务院国资委“合规管理强化年”工作部署，强化领导干部合规意识，切实发挥“关键少数”作用；建立完善组织机构及制度机制流程，夯实合规管理工作基础。

在推进企业改革发展进程中，要始终注重坚持党的领导、加强党的建设，把深入学习贯彻习近平新时代中国特色社会主义思想作为最大政治任务，把带头贯彻落实党中央决策部署作为树牢“四个意识”、坚定“四个自信”、坚决做到“两个维护”的检验标尺，把提高企业效益、增强企业竞争力、实现国有资产保值增值作为党组织工作的出发点和落脚点，全面贯彻落实新时代党的建设总要求，切实将党建活力转化为发展活力，把党建优势转化为发展优势。

实干托起梦想，奋斗赢得未来。高举习近平新时代中国特色社会主义思想伟大旗帜，践行央企责任使命，坚持“锻造国机所长、服务国家所需”，矢志不渝重实干，凝心聚力稳增长，奋力推进集团高质量发展，以优异的成绩向党的二十大胜利召开献礼！

第二篇

集团公司发展概况

经济运行概况

2021 年，中国机械工业集团有限公司（简称国机集团）在以习近平同志为核心的党中央坚强领导下，以习近平新时代中国特色社会主义思想为指导，坚决贯彻落实党中央、国务院决策部署及国务院国资委工作要求，牢牢把握稳中求进的工作总基调，坚持“锻造国机所长、服务国家所需”，各项工作取得了新的重要进展和明显成效——贯彻落实党中央决策部署更加有力，在国家战略科技力量中的地位更加凸显，生产经营稳增长更加扎实，管理体系更加优化，重大风险防范化解更加有效，全面从严治党引领保障作用更加彰显。2021 年，国机集团位列世界 500 强第 224 位。

【主要经济指标】

2021 年，国机集团加强市场开拓，推进精益管理，亏损企业治理取得实效，“两资”“两非”剥离进展顺利，完成业绩目标。2021 年年底，国机集团资产总额为 3 644.1 亿元，同比增长 1.5%；净资产 1 257.9 亿元，同比增长 1.4%。国机集团全年营业总收入 3 705.5 亿元，同比增长 28.7%。全年实现利润总额 97.0 亿元，较上年减少 12.2 亿元，同比下降 11.2%；实现净利润 72.6 亿元，较上年减少 7.4 亿元，同比下降 9.3%，减少的原因主要是在全球政治经济环境波动、新冠肺炎疫情等多因素影响下，原材料上涨、人工成本增加。国机集团研发经费投入 87.0 亿元，同比增长 16.0%，在科技研发与服务、先进装备制造、工程承包与供应链的三大主业的研发经费投入规模上均保持稳定增长。国有资产保值增值率 105.0%，同比增加 1.5 个百分点。2021 年国机集团主要经济指标完成情况见表 1。2021 年国机集团获得的各项主要排名见表 2。2021 年国机集团新签合同额和合同成交额见表 3、表 4。

表 1　2021 年国机集团主要经济指标完成情况

指标名称	2020 年	2021 年	同比增长（%）
资产总额（亿元）	3 591.6	3 644.1	1.5
净资产（亿元）	1 240.9	1 257.9	1.4
营业总收入（亿元）	2 878.1	3 705.5	28.7
利润总额（亿元）	109.2	97.0	-11.2
净利润（亿元）	80.0	72.6	-9.3
经济增加值（EVA）	40.3	36.3	-9.9
资产负债率（%）	65.0	65.5	增加 0.5 个百分点
营业收入利润率（%）	3.7%	2.5	减少 1.2 个百分点
研发（R&D）经费投入强度（%）	2.6%	2.4	减少 0.2 个百分点
全员劳动生产率〔万元 /（人·年）〕	28.7	32.3	12.5
流动资产周转率（次）	1.15	1.48	0.33 次
经营活动现金净流量	51.9	151.9	192.7
投资活动现金净流量	-39.7	5.0	—
筹资活动现金净流量	-89.2	-180.8	—

表 2　2021 年国机集团获得的各项主要排名

评选单位	国际工程新闻记录	国际工程新闻记录	中国企业联合会	中国机械工业联合会	世界财富500强
评比项目名称	ENR 全球 250 家最大国际工程承包企业	ENR 全球 225 强国际工程设计咨询企业	中国企业 500 强	中国机械工业百强	美国《财富》杂志
排名	28	61	70	1	224

表 3　2021 年国机集团新签合同额

业务类别	2020 年（万元）	2021 年（万元）	同比增长（%）
工程成套	9 376 446.62	11 748 013.31	25.3
设计咨询	1 203 752.22	1 259 242.24	4.6
进出口贸易	7 250 346.07	10 501 558.59	44.8
国内贸易	9 533 816.51	14 042 523.76	47.3
研发生产	3 491 625.33	3 815 009.75	9.3
合计	30 855 986.74	41 366 347.65	34.1

表 4　2021 年国机集团合同成交额

业务类别	2020 年（万元）	2021 年（万元）	同比增长（%）
工程成套	6 172 438.11	8 617 827.61	39.6
设计咨询	1 180 434.59	1 227 263.44	4.0
进出口贸易	7 199 595.09	10 377 490.64	44.1
国内贸易	9 765 175.53	14 208 759.96	45.5
研发生产	3 348 646.21	3 432 952.53	2.5
合计	27 666 289.53	37 864 294.19	36.9

【主要领导及子公司结构】

2021 年国机集团领导情况见表 5。2021 年国机集团二级子公司见表 6。2021 年国机集团控股上市公司名单见表 7。

表 5　2021 年国机集团领导情况

姓名	职务
张晓仑	董事长、党委书记
吴永杰	董事、总经理、党委副书记
宋　欣	董事
高建设	党委常委、副总经理
白绍桐	党委常委、副总经理
丁宏祥	党委常委、副总经理
雷光华	党委常委、纪委书记、国家监委驻国机集团监察专员
白　勇	党委常委、副总经理、总会计师（2021 年 7 月任）
陈学东	党委常委、副总经理
刘祖晴	总经济师、职工董事、工会主席

（续）

姓名	职务
王锡岩	纪委副书记
孙　淼	董事会秘书
罗　艳	市场总监
黎晓煜	总经理助理（2021 年 11 月任）

表 6　2021 年国机集团二级子公司

序号	企业名称	序号	企业名称
1	中国机械设备工程股份有限公司	16	国机融资租赁有限公司（国机商业保理有限公司）
2	中工国际工程股份有限公司	17	国机集团北京共享服务中心有限公司
3	中国恒天集团有限公司	18	国机重型装备集团股份有限公司
4	中国福马机械集团有限公司	19	中国一拖集团有限公司
5	中国海洋航空集团有限公司	20	苏美达股份有限公司
6	中国地质装备集团有限公司	21	中国浦发机械工业股份有限公司
7	中国机械工业建设集团有限公司	22	中国联合工程有限公司
8	中国自控系统工程有限公司	23	机械工业第六设计研究院有限公司
9	国机财务有限责任公司	24	合肥通用机械研究院有限公司
10	国机汽车股份有限公司	25	国机精工股份有限公司
11	中国机械国际合作股份有限公司	26	中国电器科学研究院股份有限公司
12	国机资产管理有限公司	27	国机智能科技有限公司
13	中国农业机械化科学研究院集团有限公司	28	桂林电器科学研究院有限公司
14	国机集团科学技术研究院有限公司	29	国机海南发展有限公司
15	国机资本控股有限公司		

表 7　2021 年国机集团控股上市公司名单

序号	证券代码	名称	公司全称
1	002051.SZ	中工国际	中工国际工程股份有限公司
2	600335.SH	国机汽车	国机汽车股份有限公司
3	600710.SH	苏美达	苏美达股份有限公司
4	601399.SH	国机重装	国机重型装备集团股份有限公司
5	002046.SZ	国机精工	国机精工股份有限公司
6	688128.SH	中国电研	中国电器科学研究院股份有限公司
7	601038.SH	一拖股份	第一拖拉机股份有限公司
8	600099.SH	林海股份	林海股份有限公司
9	601798.SH	蓝科高新	甘肃蓝科石化高新装备股份有限公司
10	600444.SH	国机通用	国机通用机械科技股份有限公司
11	900953.SH	凯马 B	恒天凯马股份有限公司
12	000666.SZ	经纬纺机	经纬纺织机械股份有限公司
13	00641.HK	中国恒天立信	中国恒天立信国际有限公司

【人员情况】

2021 年，国机集团共有从业人员 133 424 人，其中，管理人员 23 241 人，专业技术人员 53 331（含在管理岗位的 13 727 人），技能人员 39 822 人。

【“十四五”规划发布】

2021 年 4 月 27 日，国机集团董事会审议通过“十四五”规划；6 月 24 日，举行“十四五”规划发布仪式，正式向全集团发布。“十四五”规划明确了国机集团未来五年发展目标与实现路径，以及提出 2035 年远景目标。

国机集团企业愿景为“成为具有全球竞争力的世界一流企业”。

国机集团主责为“履行一个职责，发挥六种作用”。一个职责，即引领中国机械工业高质量发展。六种作用，即成为中国机械工业科技进步的引领者、中国机械工业行业标准的主要制定者、中国机械工业行业发展的主要规划者、国家重大技术装备产业链安全的重要保障力量、中国装备“走出去”的主力军、中国机电产品供应链集成服务的重要平台。

国机集团重点发展“三大主业，八大板块”，即以科技研发与服务、先进装备制造、工程承包与供应链为主业，重点发展高端重型装备、高端农林地质装备、高端纺织装备、工业基础研发、设计咨询与工程承包、供应链集成服务、汽车与会展、产融投资八大业务板块。提出优化布局结构、开展瘦身健体、坚持创新驱动、持续深化改革、强化资本运营、服务两个循环六大举措。

董事会运行情况

2021 年，国机集团董事会坚持以习近平新时代中国特色社会主义思想为指导，认真贯彻落实党中央、国务院决策部署及国务院国资委工作要求，把加强党的领导和完善公司治理统一起来，进一步加强自身规范性、有效性建设，加强战略引领，深化改革创新，重视风险防控，切实维护出资人利益，保障企业稳定运行。

【人员构成及机构设置】

2021 年，国机集团董事会共有董事 9 人，分别为董事长张晓仑，董事吴永杰、宋欣，外部董事尚冰、姜鑫、董学博、沙先华、张希，职工董事刘祖晴。

国机集团董事会下设 4 个专门委员会：战略与投资委员会、提名委员会、薪酬与考核委员会、审计与风险委员会。其中，战略与投资委员会、提名委员会外部董事占多数，薪酬与考核委员会、审计与风险委员会成员全部由外部董事担任。

【制度建设情况】

2021 年，根据《中华人民共和国公司法》等法律法规和国务院国资委系列文件要求，结合实际，国机集团董事会不断健全完善公司治理各项制度和运行规则，形成了以公司章程为核心，董事会工作制度为基础，授权管理、高管考核、议案规范、决议落实等配套文件为支撑的制度体系，全面系统规范董事会的议事规则、运作流程和决策程序，为董事会规范运行提供了制度保障。

国机集团制定“三重一大”决策制度实施办法，明确各治理主体的权责边界，建立各治理主体决策事项清单及动态调整机制。2021 年 12 月，董事会审议通过修订后的集团公司决策事项及权限表（2021 版），结合实际动态完善各治理主体决策事项清单，确保决策事项清单界定科学规范、内容全面完整、执行实用有效。

【董事会主要工作及成效】

2021 年，国机集团董事会坚定自觉在服务落实国家战略大局中找定位、强担当、做贡献，将贯彻落实党中央决策部署与企业改革发展各项工作紧密结合，持续推动企业聚焦主责主业，不断推进高质量发展。

1. 规范高效召开董事会会议 国机集团董事会严格按照公司章程和董事会工作制度规范运行，牢牢把握定战略、作决策、防风险的功能定位，规范性、有效性进一步提升。

2021 年召开董事会会议 13 次，审议议案 42 项，听取各类汇报 4 项；召开董事会专门委员会会议 9 次。其中，战略与投资委员会 2 次、薪酬与考核委员会 3 次、审计与风险委员会 4 次，听取和审议议题 20 项。召开专项汇报会 4 次，外部董事务虚会 1 次，董事会与经理层工作务虚会 1 次。

2. 发挥定战略作用 国机集团董事会主动对接国家战略，聚焦主责主业，重点推进科学编制“十四五”发展规划及规划的落实落地工作。

国机集团于 2020 年启动“十四五”发展规划编制工作，董事会对此高度重视。2021 年 2 月、3 月，国机集团召开领导班子务虚会和领导干部研修班，探讨集团“十四五”改革发展有关工作，集团外部董事全程参加。国机集团“十四五”发展规划编制过程中，董事会两次听取专项汇报，针对规划基本框架及有关重点问题进行研讨。4 月，在国机集团“十四五”发展规划提交董事会正式审议之前，董事会战略与投资委员会对发展规划进行了研究讨论。经过“三下三上”、反复修改完善，董事会最终审议通过了国机集团“十四五”发展规划。董事会提出，国机集团要进一步形成包括集团总体规划、各专项规划、子企业规划的三级规划架构，高度重视规划的落实执行工作。6 月，国机集团“十四五”发展规划正式发布。

3. 发挥作决策作用 国机集团董事会忠实维护出资人意志、公司利益和职工合法权益，围绕落实发展战略，对决策事项论证充分、风险揭示翔实，确保重大经营管理事项得到科学决策。

一是完善董事会会前沟通机制，为科学高效决策提供保障。董事会审议重大复杂议题前，一般召开专门委员会或专项汇报会对有关议题进行汇报沟通。通过会前沟通问询、提出意见建议，外部董事全面了解议案详细情况，加强对决策事项的论证分析、风险揭示，有效提升重大经营管理事项的决策质量和效率。

二是强化基本管理制度的制定，为提升集团管控能力夯实制度基础。在审议基本管理制度议案时，董事会重点研判制度的合法合规性、与出资人要求的一致性、与集团发展战略的契合性以及与上述规章制度的相互关系等问题。2021 年 10 月，董事会审议修订国机集团投资管理办法议案，相关部门根据董事会意见建议对办法认真修改完善，再次提交董事会审议并获得通过。

4. 发挥防风险作用 国机集团董事会严格落实中央“六稳”、“六保”有关要求，牢固树立底线思维，推动完善国机集团风险管理体系、内部控制体系、合规管理体系，有效识别、及时揭示重大经营风险隐患，加强风险态势预研预判，周密制定各类风险应对措施和处置方案，确保集团整体平稳运行。

5. 开展专门委员会工作 国机集团董事会专门委员会根据自身职责定位，认真开展相关工作，为董事会决策提供有效咨询和专业建议。

战略与投资委员会重点关注集团“十四五”发展规划的制定、宣贯和落实执行工作，了解掌握集团重大改革重组方案，听取集团改革三年行动、国机工程集团“实体化”等重大改革事项的汇报并提出意见建议。

审计与风险委员会高度关注企业重大风险事项，多次听取有关重大风险事项汇报，提出针对性的防范化解风险意见建议。

6. 强化董事会监督职能 2021 年，国机集团董事会进一步强化监督职能。定期听取经理层工作汇报，督促检查经理层执行董事会决议情况。加强对内部审计的管理，逐步建立审计工作向董事会直接负责的领导体制。审议通过 2021 年审计工作计划，修订了国机集团审计结果运用办法等制度，着力提升审计项目质量，突破审计问题整改瓶颈，发挥审计“强监督、控风险、促发展”作用。董事会战略与投资委员会听取了国机集团 2020 年度投资完成情况的汇报，强化对投资项目执行效果的跟踪督促。

7. 加强外部董事履职支撑服务保障工作 国

机集团董事会认真落实国务院国资委《关于进一步规范中央企业外部董事履职保障工作的通知》要求，持续加强董事会信息沟通与交流，不断完善外部董事履职保障机制，做好履职支撑服务保障工作。

一是加强信息沟通与交流。2021 年 11 月，召开 2021 年度国机集团外部董事务虚会，听取 2021 年集团经济运行情况和集团改革三年行动实施进展汇报，研讨国机集团“十四五”规划及改革三年行动实施方案等；12 月，董事会组织召开与经理层的工作务虚会，贯彻落实中央经济工作会议及国务院国资委中央企业负责人会议精神，分析国机集团 2021 年经营管理、改革发展工作情况，务虚研讨集团 2022 年重点工作。

国机集团董事长、总经理高度重视与外部董事的日常信息沟通与交流，尽可能使外部董事全面了解掌握集团改革发展动态。针对重大决策事项，国机集团董事会已形成专门委员会、专项汇报会会前听取汇报、会后不定期听取进展情况的沟通交流、监督执行机制，董事会内外部董事双向沟通交流持续加强。

二是做好履职保障与服务。2021 年 4 月，国机集团研究制定外部董事履职保障方案，进一步落实外部董事对企业生产经营情况的问询权，完善信息支撑机制和参与决策保障机制，为推动外部董事掌握集团情况、提升履职水平、充分发挥作用提供支撑。按照方案，集团加强外部董事履职保障工作力量，配齐配强专职工作人员；认真组织外部董事参加集团重要工作会议，并就集团重大事项做好与外部董事的信息沟通；加强对外部董事的信息服务，定期向外部董事报告财务数据、生产经营信息，不定期编制《董事参阅》。外部董事到集团参会期间，集团主要领导与外部董事座谈交流、个别沟通，增强共识、促进工作。

三是认真组织外部董事调研。2021 年，国机集团克服新冠肺炎疫情不利影响，组织外部董事对集团 16 家二级企业、5 家三级企业进行调研，各次调研行程紧凑、内容丰富、务实高效，为外部董事了解企业实际情况、进行科学决策提供有效支撑。

8. 稳步推进下属企业规范董事会建设 结合国企改革三年行动部署要求，国机集团加快推进下属企业董事会规范建设。2021 年，国机集团直接管理二级企业 28 家，其中，建立规范董事会的 27 家；1 家企业因规模较小、业务单一未建立董事会，设 1 名执行董事。国机集团二级企业全部实现董事会应建尽建、外部董事占多数。

一是推动下属企业董事会规范运作，加强考核评价。国机集团加强公司章程审核，发挥章程基础性作用，依托治理结构对企业加强管理，规范企业董事会运作；推动企业动态完善“三重一大”决策事项清单，进一步明确各治理主体的权责边界；加强对下属企业董事会的考核评价，2021 年 6 月，国机集团印发《关于加强国机集团下属企业董事会和外派董事评价工作的通知》，明确评价内容和要求，推动下属企业建设专业规范的董事会。

二是高标准选配集团外派董事，加强外派董事履职服务支撑。国机集团不断健全外派董事选聘和管理制度，明确外派董事选聘标准、工作职权、履职待遇，以及对外派董事的履职评价和薪酬待遇管理等，推动外派董事履职更上台阶。按照董事会“应建尽建、配齐配强”要求，国机集团高标准选聘外派董事，不断拓宽外派董事来源渠道，现有外派董事 44 人，均为政治过硬、责任心强、拥有丰富企业经营管理经验的专业人才。

国机集团加强对外派董事的履职服务支撑。印发外派董事履职指南，提示履职时需关注的重点内容和要求，定期开展外派董事履职培训，提升外派董事履职能力和水平。2021 年 5 月，国机集团印发《关于进一步加强国机集团外派董事履职保障工作的通知》，要求企业强化对集团外派董事的履职服务保障，梳理服务保障任务清单，规范服务保障内容，建立服务保障机制。

生 产 经 营

2021年，面对前所未有的外部复杂环境和艰巨繁重的改革发展任务，国机集团深入学习贯彻习近平总书记重要讲话和指示批示精神，全面贯彻落实党中央、国务院决策部署及国资委工作要求，积极践行中央企业责任使命，牢牢把握稳中求进工作总基调，坚持“锻造国机所长、服务国家所需”，生产经营总体保持了平稳发展，总体完成了国务院国资委下达的经营业绩考核指标，保持了集团整体平稳的发展态势。2021年，国机集团新签合同额累计实现4 136.6亿元，同比增长34.1%；实现合同成交额3 786.4亿元，同比增长36.9%。

【国内市场开拓】

把握国内大循环机遇，国机集团主动服务粤港澳大湾区、长江经济带、成渝地区双城经济圈等国家区域战略，与贵州省、重庆市等省市签署战略合作协议，不断拓展合作领域和空间。加大国内市场开拓力度，中国联合中标40亿元杭州智能制造产业服务综合体项目，中机建设中标30亿元莱阳开发区基础设施建设项目，积极助力我国区域经济发展和重大工程建设。

【国际化经营】

2021年，国机集团在全球102个国家和地区设有361家驻外机构。

1.境外投资 2021年，国机集团共完成境外直接投资4.1亿元人民币，涉及项目10个。其中，固定资产投资项目1个，合计投资金额1.6亿元人民币；股权（产权）类投资项目9个，合计投资金额2.5亿元人民币。2021年境外直接投资主要集中在北美洲、亚洲和欧洲，包括商业服务业、工程矿业、电力生产和园区管理等行业。

2.国际市场传统优势持续巩固 国机集团克服境外新冠肺炎疫情的不利影响，积极参与“一带一路”互联互通和全球产业链供应链构建，机电设备、大宗商品等国际贸易呈现较好增长态势。2021年进出口总额为1 265.4亿元，同比增长36.5%。其中，进口总额为715.8亿元，同比增长34.4%；出口总额为549.6亿元，同比增长39.4%。

中白工业园等重大项目取得进展，着力培育和引入科技研发、中医药、人工智能等产业，全年新增入园企业18家。截至2021年年底，中白工业园园区一期8.5km^{2}基础设施建设已全部完成，形成经营性用地515hm^2。入园企业85家，协议投资总额12.397亿美元。园区建设进入高质量发展阶段，产业集聚效应进一步增强。新签一批重点工程项目，中设集团签署18亿美元土耳其铁路；中工国际签署哈萨克斯坦12亿美元油气工程和近4亿美元纯碱厂等项目，在能源化工领域取得突破。截至2021年年末，国机集团共有188个在执行项目位于共建“一带一路”国家（遍布亚洲、非洲、欧洲、拉丁美洲等66个国家），合同总金额约243.6亿美元。项目涵盖电力、供水排水、公路和铁路建设、一般民用建筑、工业（如纺织业）等行业。

【援外业务】

1.援外工程继续保持高质量发展 2021年，受新冠肺炎疫情及其衍生风险影响，全球经济遭受巨大冲击，境外经济环境形势发生重大变化，国机集团工程设计院所企业在援外业务领域发挥自身优势，克服疫情等不利因素，结合地域性与功能性，严格依据我国援外的规章制度，全力将援外项目打造成为当地标志性建筑景观的精品工程。

2.援外培训创新高 2021年，作为国家援外培训班项目骨干单位，国机集团下属中国农机院结合互联网创新培训形式，充分融合行业优势和技术实力，顺利且圆满执行科技部援外培训项目 1 期和商务部援外培训项目 10 期，培训总时长 248 天，参训总人数 566 人，刷新历年同期各项培训项目记录。获批 13 期项目中，由于外方线上资源不足延期执行 3 期，在手项目执行率 76.9%，计划人数执行率 240.9%。国机集团下属中纺对外公司援贝宁棉花种植技术项目组与贝宁农牧渔业部、棉花协会，共同举办了援贝宁 2021 年度植棉机械化操作技术及农机维护保养培训班。240 名当地学员通过培训掌握专业技能，促进了当地农业机械化发展。

【国际化交流合作】

1. 积极参与多边活动 通过参加 B20 峰会等多边机制下的重大工商活动，国机集团同其他国家工商界代表充分交流，发出中国工商界声音，表达中国工商界在国际经贸规则制定、推广中国经济新模式和发展新技术等方面的立场和诉求，发挥国机所长，推动国际制造、贸易和投资等方面规则完善、标准对接、惯例实施，助力推动全球经济治理体系朝着更加开放、包容、普惠、平衡、共赢的方向发展。

2. 积极参与国际展会 2021 年 11 月，第四届中国国际进口博览会国机集团交易分团签约仪式在上海国家会展中心举行。作为中央企业交易团成员，国机集团与 11 家合作伙伴签署 11 项进口采购合约，涉及高端装备、进口汽车、服务贸易、大宗商品、食品及农产品等，累计签约金额 18.86 亿美元。2021 年 9 月 26 日，主题为“新起点　新机遇　新作为”的第二届中国—非洲经贸博览会，在湖南省长沙市盛大启幕。国机集团积极参与，以丰硕的非洲建设成果，展现中央企业担当作为，让深邃靓丽的“国机蓝”再次闪耀博览会。

【服务“两个市场”】

在国务院国资委支持下，国机集团加快商业模式创新，积极服务“两个市场”。牵头成立中央企业经贸促进联盟，联合 28 家中央企业推进央企经贸协作。深度参与第四届进博会，共签署 11 项、约 19 亿美元进口采购合同。首届进博会以来，累计签约 61 项、约 170 亿美元合同。积极服务广交会、消博会、中阿博览会、中非博览会、博鳌论坛等国际重要展会，在推动国际经贸合作、强化国际产业协同中彰显央企担当。下属企业苏美达股份强化全流程跨境供应链服务，成立跨境交付平台，所属苏美达技贸公司成功入选首批全国供应链创新与应用示范企业。中机国际积极承接大型会展服务工作，探索发展线上会展业务，为宣传国机集团品牌形象发挥了积极作用。

【内外部协同】

2021 年，国机集团积极推进外部协同，创新开展内部协同，聚合优势资源，加强优势互补，带动装备、工程、贸易等各板块业务协同发展。

1. 积极推动外部协同工作，发挥国机所长，深度挖掘协同效应 深入推进与有关地方政府、中央企业、各商协会的协同合作，努力构建全方位、多层次协同发展格局。通过深化合作实现共赢发展。通过积极参与各商协会、政府部门组织活动，为国机集团的业务发展创造良好的外部条件。全年参与贸促会、国际商会、机电商会、承包商会活动近 50 次；加入机电商会绿色低碳国际合作委员会；共同主办中芬智能制造线上对接会；完成国际商会、机电商会、国际工程咨询协会、中国对外经济贸易统计学会等机构会费缴纳工作。

2. 创新开展内部协同，发展业务协同沟通新方式，积极支持企业业务开展 为抓住医疗领域业务发展的契机、整合国机集团医疗领域优势资源、协同国机集团下属企业开拓海内外医疗领域相关业务，完成对国机集团所有下属企业在医疗领域产品、医疗领域规划设计、医疗领域标准制定、医疗领域检测等业务梳理工作，编制并下发《国机医疗》中英文材料。为进一步贯彻落实党的十九届五中全会精神，推动“构建以国内大循环为主体、国际国内双循环相互促进的新发展格局”建设，2021 年上半年，在国机集团内网门户搭建常态化集团业务协同信息发布平台，发布国机集团内部业务协同公告信息，为国机集团内部搭建国际国内两个市场招投标信息沟通平台。2021 年下半年，为进一步促进发挥国机集团内部资源互补优势，国机集团积极推进国机业务协同 APP 建设，建立境内外业务人员直接沟通互动平台，打造业务协同孵化体系，该 APP 已上线试运行。积极支持企业境、内外工程承包业务，自 2021 年 9 月起，国机集团收到并处理项目投标支持文件 92 份，涉及 4 家企业 25 个国别。

【安全生产】

2021 年，国机集团深入贯彻习近平总书记关于安全生产的重要指示批示精神，贯彻落实全国安全生产电视电话会议和中央企业安全生产工作会议精神，按照党中央、国务院决策部署，统筹发展和安全，坚守红线底线，深入推进专项整治三年行动，狠抓风险隐患治理，加强宣传教育培训，进一步夯实基础管理工作。国机集团全年未发生较大及以上生产安全责任事故，安全生产形势总体保持平稳。

1. 进一步完善管理体系 2021 年，国机集团完成安全管理手册 30 个分册的策划编著（其中：工程总承包系列分册 13 个，装备制造系列分册 17 个），系统总结推广制度成果、管理办法、工作机制和预防控制体系，推动管理体制机制不断优化，提升整体管理水平。

2. 强化隐患排查治理 开展为期 40 天的 2021 年安全生产互查活动，组织 15 个互查组，对 11 家下属企业的 27 个工程总承包项目现场、16 家下属企业的 25 个生产制造现场进行了安全生产监督检查，覆盖集团所有二级企业。共下发安全隐患整改通知书 50 个，提出 315 项。

3. 持续完善安全生产管理体系 截至 2021 年年底，国机集团有 176 家企业通过安全生产标准化达标认证。其中，一级企业 2 家，二级 91 家，三级 83 家。124 家企业通过了职业健康安全管理体系认证。

2021 年，国机集团多次对专项整治集中攻坚阶段工作进行再强调、再部署，统筹开展军品及危化危爆品、敏感安全风险、老旧设施等系列专项检查，突出整治重点，加强督导检查，强化隐患治理考核。建立完善的问题隐患清单、制度措施清单，进一步找差距、补短板；在安全生产月期间，共开展各类活动 1 248 场次，项目经理培训 2 586 人次，班组长培训 9 481 人次，特种作业人员 6 654 人次，三级安全教育 18 177 人次，应急培训 39 976 人次，其他安全培训 61 971 人次；全年举办安全生产培训 3 031 班次，共培训 238 990 人次，参加外部安全培训 13 179 人次；举办安全生产应急管理培训 97 098 人次，组织开展安全生产应急演练 1 627 次，参加演练 57 425 人次；全级次开展安全生产专项检查 13 088 次，排查安全生产隐患 47 397 项，完成隐患整改 47 336 项，隐患整改率 99.87%；强化管控措施，压实各级责任，加大人防、物防、技防等管控措施，防范境外安全风险事件。

【节能减排】

2021 年，国机集团坚持以习近平生态文明思想为指导，认真学习贯彻习近平总书记重要指示批示精神，贯彻落实党中央、国务院及国务院国资委有关工作部署，加强风险管控，强化管理措施，集团绿色转型发展迈出新步伐，基础管理工作得到进一步夯实。

完善节能减排工作机制，集团印发的“十四五”发展规划中，明确到“十四五”末期，万元产值综合能耗累计下降 15%，万元产值 CO_2 排放累计下降 20%，持续完善生态环境风险防控机制，提升管理水平，以高质量工作推动集团绿色化发展。

强化生态环境风险排查治理，深入分析企业涉及的环境因素，将不符合国家、地方、集团管控要求的问题，有可能在中央生态环保督察或国家、地方工作检查中被查处的问题，以及有可能导致突发环境事件或重大环境事故的问题，列为待整改的突出问题。

加强能源节约和生态环境保护宣传教育培训，解读节能环保相关法律法规和“双碳”行动工作路径、分析面临的形势和存在的突出问题，全面提升全员节能意识和节能能力，推动集团绿色低碳发展。

推进绿色转型发展，认真落实“双碳”目标，加快实施绿色制造、绿色技术、绿色工程，积极培育节能环保、清洁能源等新兴业务。

截至 2021 年年底，国机集团能源消费量为 61.175 9 万 t 标准煤，万元产值综合能耗（可比价）0.086 7t（标准煤）/ 万元，万元营业收入综合能耗（可比价）0.002 2t（标准煤）/ 万元，SO_2 排放量 98.604 1t，COD 排放量 557.922 9t，全年未发生重大环境污染事件，生态环境风险可控受控。

科 技 发 展

【新增科研机构】

2021 年，国机集团共获批省部级以上科研与服务平台 29 家，涉及装备制造、智能传感、工业基础、工程建筑、检验检测等诸多领域，进一步夯实了技术创新与产业发展基础。2021 年新增省部级以上科技创新及服务平台见表 8。

表 8　2021 年新增省部级以上科技创新及服务平台

序号	平台名称	依托单位
1	中机试验装备有限公司企业技术中心（国家企业技术中心）	中机试验装备有限公司
2	工业（机器人）产品质量控制和技术评价广州实验室	国机智能科技有限公司
3	石油和化工行业装备润滑安全工程实验室	国机智能科技有限公司
4	中国设备管理协会润滑安全工程技术中心	国机智能科技有限公司
5	国家级专精特新“小巨人”企业公共服务示范平台	中国电器科学研究院股份有限公司
6	国家中小企业公共服务示范平台	中国电器科学研究院股份有限公司
7	华南电子电器综合服务平台	中国电器科学研究院股份有限公司
8	国家级工业设计中心	中国电器科学研究院股份有限公司
9	国家中小企业公共服务示范平台	桂林电器科学研究院有限公司
10	广西高价值专利培育示范中心	桂林电器科学研究院有限公司
11	广西知识产权培训基地	桂林电器科学研究院有限公司
12	湖南省技术转移示范机构	中机国际工程设计研究院有限责任公司
13	河南省工业设计中心——恒天重工股份有限公司工业设计中心	中国恒天集团有限公司
14	河南省博士后创新实践基地	中国恒天集团有限公司
15	河南省智能化纺织装备工程研究中心	中国恒天集团有限公司
16	纺织行业智能制造标准试验验证公共服务平台	中国恒天集团有限公司
17	山西省高端纺织机械创新中心	中国恒天集团有限公司
18	经纬智能纺织机械有限公司企业技术中心（山西省）	中国恒天集团有限公司
19	二重（德阳）重型装备有限公司重型高端装备创新设计中心	二重（德阳）重型装备有限公司
20	中国重型机械研究院股份公司工业设计中心	中国重型机械研究院股份公司
21	甘肃省石油化工换热装备行业技术中心	甘肃蓝科石化高新装备股份有限公司
22	影视设备行业中小企业公共服务示范平台	秦皇岛视听机械研究所有限公司
23	天津市产业技术基础公共服务平台	天津电气科学研究院有限公司
24	河南省博士后创新实践基地	白鸽磨料磨具有限公司

（续）

序号	平台名称	依托单位
25	重庆市数字建筑技术创新战略联盟	中机中联工程有限公司
26	河南省智能输送与物流装备工程研究中心	中国汽车工业工程有限公司
27	河南省农机装备产业研究院	中国一拖集团有限公司
28	江苏省企业技术中心	中国海洋航空集团有限公司
29	中地装重庆探矿机械有限公司工业设计中心	中国地质装备集团有限公司

【科技投入与成果】

2021 年，国机集团研发投入强度 2.35%。全年获得省部级和全国性科学技术奖 127 项，其中，下属企业中国二重牵头完成的 8 万 t 模锻压力机关键技术及工程应用获得中国机械工业科学技术奖特等奖。获得授权专利 2 276 件，其中发明专利 436 件，登记软件著作权 469 项。完成制修订国际、国家、行业标准 347 项。2021 年科研成果产出情况见表 9。

表 9　2021 年科研成果产出情况

序号	成果名称	数量（项）
1	获得省部级以上各类成果奖	392
	其中：国家科学技术奖	3
	科学技术奖（含国家科技进步奖）	127
2	申请专利数量	2 524
	其中：发明专利数量	1 043
3	授权专利数量	2 276
	其中：发明专利数量	436
4	制修订标准数量	347
	其中：国际、国家标准数量	232
5	发表论文数量	22 773
6	软件著作权登记数量	469

【获奖科技成果】

2021 年度中国机械工业集团有限公司科学技术奖，共奖励 29 个项目，其中，一等奖 3 项、二等奖 11 项、三等奖 15 项，奖励个人近 200 人。2021 年度中国机械工业集团有限公司科学技术奖奖励项目见表 10。

表 10　2021 年度中国机械工业集团有限公司科学技术奖奖励项目

序号	项目名称	完成单位	主要完成人
一等奖项目（3 项）			
1	锂电高镍三元材料集成式生产工艺及关键设备开发与应用	合肥通用机械研究院有限公司、华友新能源科技（衢州）有限公司、合肥工业大学、合肥通用环境控制技术有限责任公司、衢州华海新能源科技有限公司	张德友　向　波　梁　樑　陈崔龙　朱碧肖　陈道林　沈震雷　李传祥　卓培忠　周勤俭　丁建国　张曼曼　方　毅　王孝猛　刘呈启

（续）

序号	项目名称	完成单位	主要完成人
2	全流程智能化棉纺成套装备及系统	经纬纺织机械股份有限公司	杨华明 刘志峰 田克勤 王丽霞 王　琦 邢成凤 贾　坤 范红勇 陈　峰 齐泽京 郭东亮 申永生 解　华 章国政 杨康康
3	智能精准高效除草关键技术与集成应用	中国农业机械化科学研究院、华南农业大学、江苏大学、中农丰茂植保机械有限公司、河南科技大学	朱立成 齐　龙 魏新华 王　俊 金　鑫 周海燕 王爱臣 张　铁 赵　博 毛文华 方宝林 汪凤珠 吕程序 王长伟 李宏伟
二等奖项目（11 项）			
1	高性能硅基 MEMS 传感器及敏感芯片关键技术研究与应用	沈阳仪表科学研究院有限公司	李永清 李振波 张治国 刘　沁 刘宏伟 祝永峰 刘　波 刘　妍 金　琦 殷　波
2	7 500t 大型筒节轧机研制及应用	二重（德阳）重型装备有限公司	江　浩 漆小虎 邓永泉 盛爱军 邓正华 熊　明 陈新倬 胡孟君 向金华 叶绍斌
3	光伏电池组件及系统环境可靠性评估技术研发与产业应用	中国电器科学研究院股份有限公司、中国质量认证中心、东莞南玻光伏科技有限公司、广州发展新能源股份有限公司	揭敢新 邢合萍 曾湘安 孙小菩 程　威 张　雪 杨江海 康　巍 潘永恒 王　俊
4	除菌毒与高洁净空气处理设备及系统关键技术	合肥通用机械研究院有限公司、南京天加环境科技有限公司、浙江盾安人工环境股份有限公司、安徽省公共卫生研究院	田旭东 吴小泉 葛　坦 童太峰 张　欢 赵盼盼 吴　磊 胡四兵 黄发源 陈二松
5	60 万 t/a 粉煤热解回转反应炉研制	二重（德阳）重型装备有限公司、陕西煤业化工集团神木天元化工有限公司	段启刚 史苏存 吴法明 王远东 胡孟君 彭昭成 李骏骋 毛　凯 曹玉萍 张映宁
6	超长距离大跨距脱挂式客运索道关键技术研究	北京起重运输机械设计研究院有限公司、大连理工大学	黄越峰 姜红旗 宋学官 闫登华 阮建斌 杜俊明 牛　东 宋毅勇 李越秀 温新婕
7	新型轮式拖拉机智能制造新模式应用	中国一拖集团有限公司、国机智能科技有限公司、机械工业第四设计研究院有限公司	王建军 王云飞 温留伟 薛文璞 张雷雷 王裕喆 郭志强 宋世毅 何　兵 黄胜操
8	机械行业智能制造运营管理平台关键技术及应用	国机智能技术研究院有限公司、国机智能科技有限公司、中国一拖集团有限公司、郑州磨料磨具磨削研究所有限公司、宁夏力成电气集团有限公司	高云鹏 孔祥君 刘　曙 周江林 吕海洋 翟永正 王建军 赵延军 徐　志 王裕喆
9	大型医药工厂无人化高效仓储物流系统	北京起重运输机械设计研究院有限公司	滕旭辉 姜延柏 李晋玲 张明瑞 林树茂 邹　丽 闫文猛 赵　峰 孙振勇 孙　静
10	青贮饲料收获关键技术产业化	中机美诺科技股份有限公司	滕绍民 华荣江 赫志飞 李雷霞 朱孔欣 赵　明 杨德秋 李建东 李　洋 杨　薇
11	苏州大学附属第二医院高新区医院扩建医疗项目	中国中元国际工程有限公司	黄晓群 刘　涵 宋延勇 罗浩原 姜　山 陈艳平 国　强 狄玉辉 康万立 张向兵

（续）

序号	项目名称	完成单位	主要完成人
三等奖项目（15项）			
1	高性能高精度双金属复合管液压胀形生产线及核心工艺装备	中国重型机械研究院股份公司、浙江天管久立特材有限公司、重庆大学	刘邯涛 张 超 杨立建 刘录锋 王晓璋
2	LED晶圆高效高品质免修整背减薄金刚石砂轮的开发及应用	郑州磨料磨具磨削研究所有限公司、华侨大学	闫 宁 韩 欣 牛俊凯 王宁昌 张 毅
3	新型铁路单双侧快速卸货矿石漏斗车技术及产业化运用	中国机械设备工程股份有限公司、中车眉山车辆有限公司	尹志新 杨清帆 朱 力 冯创友 栾鸿斌
4	航空用ЭП578难加工高弹性高温合金国产化	重庆材料研究院有限公司、中国航发沈阳黎明航空发动机有限责任公司	万 红 王东哲 吴 畏 宋金贵 于广娜
5	创新五号遥感卫星转台分系统用45Nms平衡轮的研制	洛阳轴承研究所有限公司	杨 虎 谢鹏飞 姜 维 李文超 李鸿亮
6	航空发动机传动部件高可靠性薄膜关键技术与装备研发	北京金轮坤天特种机械有限公司、哈尔滨工业大学、重庆材料研究院有限公司	詹 华 李振东 汪瑞军 田修波 陈德茂
7	低温平衡环境型房间量热计关键技术研究及应用	中国电器科学研究院股份有限公司	刘贵权 顾泽波 毛海莲 郑毅穗 孔 伟
8	XXX用TA15钛合金大型精密承力结构件短流程整体模锻制造技术	中国第二重型机械集团德阳万航模锻有限责任公司	莫安军 余胜峰 闵 武 曾 菁 栗文强
9	高品质钢管多功能高效淬火技术与装备	中国重型机械研究院股份公司、衡阳华菱钢管有限公司、西北工业大学、西安交通大学	马 辉 谷瑞杰 程斯祥 周 勇 李 恒
10	自动化家禽屠宰关键技术装备研发与集成应用	中国农业机械化科学研究院、吉林省艾斯克机电股份有限公司、中国包装和食品机械有限公司、山东新和盛农牧集团有限公司	潘 满 王子戬 郭 峰 翟云波 吴海华
11	SUPERWIN高温筒子纱单向外流染色机	立信染整机械（深圳）有限公司	徐达明 林达明 陈 和 李俊威 王智山
12	JWF0016系列异性纤维分检机	北京经纬纺机新技术有限公司	尹中信 鲍传海 刘尊义 张雁北 崔春杰
13	农作物秸秆机械化处理和利用技术与装备研制	中国农业机械化科学研究院呼和浩特分院有限公司	鲍志亮 贺 刚 高 磊 高晓宏 张 丽
14	山东国舜建设集团有限公司工业烟气超低排放治理装备制造项目	机械工业第六设计研究院有限公司、山东国舜建设集团有限公司	赵玉兰 曾丽强 刘 俊 张广伟 卢家鑫
15	专用车涂装领域KTL+粉末涂装工艺关键技术及应用	中国联合工程有限公司	邹永丰 史德华 范德付 袁瑞龙 冯承华

【知识产权工作】

2021 年，国机集团在知识产权方面投入 7.87 亿元，实现授权专利 2 276 项，其中发明专利 436 项；登记计算机软件著作权 469 项。授权专利、发明专利和登记软件著作权情况见表 11。

表 11　2021 年集团企业授权专利、发明专利和登记软件著作权情况（以发明专利排序）

序号	单位名称	授权专利（项）	发明专利（项）	登记软件著作权（项）
1	国机精工股份有限公司	135	87	12
2	合肥通用机械研究院有限公司	58	47	44
3	国机重型装备集团股份有限公司	169	36	35
4	中国电器科学研究院股份有限公司	97	33	41
5	中国农业机械化科学研究院集团有限公司	112	29	46
6	中国恒天集团有限公司	283	24	27
7	中国海洋航空集团有限公司	73	24	0
8	桂林电器科学研究院有限公司	25	23	2
9	国机智能科技有限公司	74	21	17
10	中国一拖集团有限公司	187	19	2
11	中工国际工程股份有限公司	92	18	13
12	国机集团科学技术研究院有限公司	97	17	22
13	苏美达股份有限公司	187	15	4
14	国机汽车股份有限公司	116	10	34
15	中国联合工程有限公司	205	9	51
16	机械工业第六设计研究院有限公司	45	7	80
17	中国福马机械集团有限公司	99	7	23
18	中国机械设备工程股份有限公司	64	6	7
19	中国地质装备集团有限公司	38	4	0
20	国际资产管理有限公司	5	0	1
21	中国浦发机械工业股份有限公司	54	0	8
22	中国机械工业建设集团有限公司	61	0	0

【创新体系建设】

在国家科技创新体系重构的大背景下，国机集团系统推进国家级科研平台优化整合、转建、新建，支撑国家科技创新基地建设。

1. 推动 4 家国家重点实验室优化重组　组织完成压缩机及系统技术、土壤植物机器系统技术、金属挤压与锻造工艺及装备技术、工业产品环境适应性 4 家国家重点实验室的重组方案、内部评审，通过国务院国资委评审，为进入国家科技部评审阶段奠定了良好基础。

2. 推动 4 家国家工程研究中心优化整合　组织电气传动国家工程研究中心、农业生产机械装备国家工程研究中心、大型铸锻件先进制造技术及装备国家工程研究中心、传感器国家工程研究中心开展多次方案论证，前 3 家经国家发展改革委批复列入新的国家工程研究中心管理序列。

3. 继续深化落实集团科技创新重点任务与措施　加大对现有国家级平台的资金支持力度，

2021 年进一步推动科研平台科研基础条件和能力建设，提升科技创新能力。

4. 着力推进国家企业技术中心建设 围绕带动产业技术进步、提高创新能力，集团持续加强企业技术中心建设。在 2021 年国家发展改革委组织的国家企业技术中心评价中，合肥通用院技术中心获评优秀，另有 14 家企业技术中心获评良好。中机试验被认定为国家企业技术中心。

【科技管理】

2021 年，国机集团科技管理制度体系日臻完善。国机集团加强顶层设计，体系化修订完善《中国机械工业集团有限公司科技管理办法》，进一步明确科技管理工作要求和工作内容，构建科技管理制度架构；制定《中国机械工业集团有限公司研发平台管理办法》，支持高水平研发平台建设；制定《人才基金管理办法》，推进国机集团科研人才培养与创新团队建设；修订国机集团《科研专项管理办法》《科学技术奖励办法》《优秀标准奖励办法》《优秀专利奖励办法》《优秀科技期刊奖励办法》《知识产权管理办法》《科技成果鉴定管理办法》等多项管理办法，为国机集团科技创新工作提供了制度保障。

【重大科技成果及产品】

2021 年，国机集团获省部级及全国行业性协会以上各类成果奖项 392 项，其中科学技术奖 127 项。

1. 400 万 t/a 煤间接液化成套技术创新开发及产业化项目 该项目获得 2020 年度国家科技进步奖一等奖，攻克了大型煤间接液化“卡脖子”关键核心技术，实现了从千吨级中试到 400 万 t/a 的工程放大，在煤间接液化基础理论、关键技术、重大装备及材料、工程放大及系统集成技术、节能节水等方面取得重要创新成果，形成了可复制、可推广的煤间接液化成套技术，建成了全球单体规模最大的 400 万 t/a 煤间接液化项目。装备技术总体处于国际领先水平，对解决我国石油资源短缺、降低对外依存度、应对国际封锁，提升国家能源安全保障能力具有重大战略和现实意义。

2. 氢气规模化提纯与高压储存装备关键技术及工程应用项目 该项目由合肥通用院与浙江大学等合作完成，荣获 2020 年度国家科技进步奖二等奖。项目通过对高压氢脆防控、氢气高效储存和规模化提纯三大世界难题的攻关，突破了高压氢气环境材料性能测试与评价、抗氢脆高压储氢容器与车载气瓶开发、变压吸附氢提纯与设备延寿关键技术，研制了 4 类国产首台（套）重大装备，将我国大容量高压氢气储存装备技术和大型高压氢气提纯装备技术推至国际领先水平，有力推动行业的科技进步及产业发展。

3. 高性能滚动轴承加工关键技术与应用项目 该项目由洛阳轴承研究所与浙江工业大学等合作完成，荣获 2020 年度国家科技进步奖二等奖。项目在高精度滚动体高一致性成形方法、滚动面高表面质量加工技术、轴承加工与性能评测装备方面取得了重大创新与突破，形成了高性能滚动轴承加工新理论和技术体系，突破了轴承加工方面高精度一致性和高表面质量的“卡脖子”技术，在卫星、天宫、神舟等成功应用，市场占有率 90% 以上。大规模产业化的民用精密低噪音轴承国内市场占有率 60%，并出口到欧美国家，产生巨大的社会经济效益。

4. 8 万 t 模锻压力机关键技术及工程应用项目 该项目由中国第二重型机械集团有限公司牵头完成，荣获 2021 年度中国机械工业科学技术奖特等奖。项目在超大承载、高精度大型模锻压机装备的成套设计制造关键技术以及大型、整体、精密模锻件制造方面取得重大突破，成功研制 8 万 t 模锻压力机，为我国新型飞机和发动机提供核心关键锻件。此外，中国二重还以 8 万 t 模锻压力机为依托平台，突破了国产大型精密模锻件瓶颈，攻克了超大航空模锻件高品质锻造难题。

【质量与资质工作】

2021 年，国机集团印发《关于推进装备制造业务质量提升的指导意见》，为集团装备制造企业切实有效开展质量工作提供决策指导。着力建立质量提升长效机制，提出重点工作和提升要求，实施“十项工程”，聚焦重点难点，狠抓薄弱环节，加快补齐短板，推动各相关企业持续开展质量提升行动，形成具体的行动方案和细则，持续打造质量竞争优势，支撑国机集团业务高质量发展。

为进一步深入推进质量提升行动，国机集团鼓励支持下属企业开展质量技术创新，组织2019—2020年度工法评定，下属企业共11项工法通过了集团工法评审。2019—2020年度国机集团工程建设部级工法名单见表12。

表12　2019—2020年度国机集团工程建设部级工法名单

序号	工法名称	完成单位	主要完成人
1	大型工业模块分层建造施工工法	中国机械工业机械工程有限公司	孙文博　姜洪涛　洪　兴　李　冰　赵留强
2	大型正压D型锅炉施工工法	中国机械工业第四建设工程有限公司	路建国　张　鹏
3	钢纤维混凝土地坪施工工法	中国机械工业第二建设工程有限公司	代国斌　焦启蒙　李艳龙
4	饮品生产线BIM技术应用施工工法	中国三安建设集团有限公司	王　鑫　党晓伟　董嘉斌　余红斌　孙绪节
5	大跨度连续钢桁梁桥顶推架设综合施工工法	中机建（上海）钢结构股份有限公司	任治钢　李新雷　陈国顺　郭风斌　石建峰
6	体育场钢屋盖分级同步卸载施工工法	中机建（上海）钢结构股份有限公司	李兆瑞　李子峰　刘元国　任鹏飞
7	LF精炼炉设备安装施工工法	中国三安建设集团有限公司	潘兆祥　付文辉　段鹏辉　韦锋锋　段　清
8	粘胶短纤行业老成鼓安装施工工法	中国三安建设集团有限公司	闫长波　郭云鹏　葛　博　姚宏晅　贺国梁
9	建筑给水铜管银焊施工工法	中机建设（澳门）有限公司	夏　武　陈俊凯　贾长仁　张宝林　贺昆城
10	危废垃圾焚烧环保项目余热锅炉施工工法	中国机械工业第四建设工程有限公司	郭耀攀　金亚鹤
11	城镇大直径供热管道电预热施工工法	中国机械工业第二建设工程有限公司	韩国军　陶　军　王　思

2021年，国机集团获得各类质量荣誉42项，其中国家级荣誉5项，省部级、行业荣誉23项，个人荣誉14项。

中国一拖"以'三个第一'为核心的质量管控"模式获得第四届中国质量奖提名奖，该奖项是中央批准设立，中国质量领域的最高荣誉。合肥通用院以"实施'4+5'关键过程改进质量管理模式的经验"获得2021年"全国质量标杆"称号，其被认定为全国6项科研服务企业典型经验之一。在第四届中央企业QC小组成果发表赛上，国机集团所属郑州三磨所获得一等奖，中国一拖和二重装备分别获得二等奖，经国机集团推荐郑州三磨所接续荣获2021年全国优秀质量管理小组荣誉称号，取得国机集团历届参赛最好成绩。中设集团承建的安哥拉SOYO I联合循环电厂建设与安装项目申报并获评中国建设工程鲁班奖（境外工程）；中机建设下属中国机械工业第四建设工程有限公司参建的通州区再生能源发电厂项目获评中国建设工程鲁班奖（国家优质工程）；中国工程院院士徐建主编的《建筑工程容许振动标准》荣获中国工程建设标准化协会标准科技创新奖一等奖，徐建院士获评标准科技创新奖标准大师奖。郑州三磨所获河南省省长质量奖，排名第一；中国联合、中汽工程、中国一拖、江苏苏美达、中联西北院5家企业获评机械工业质量诚信企业；中国一拖获评机械工业领军企业；中国一拖的"东方红"品牌、国机智能的"广研"品牌获评机械工业优质品牌；苏美达股份董事长杨永清、中国一拖总经理刘继国、中联西北院董事长于文海获评机械工业质量品牌领军人物。

资 本 运 营

【整合重组】

1. 强化战略引领，优化架构布局 根据国机集团总体定位和战略目标，围绕构建“总部强、二级专、三级优”的组织管控架构，以专业化、市场化、证券化、扁平化为原则推动组织再造，制定国机集团组织再造方案。

2. 落实战略规划，整合板块资源 根据国机集团“十四五”规划部署，推动 CMEC 私有化退市，并以退市后的 CMEC 为基础进行产权整合，推进国机工程集团实体化；为加强国机集团规划智库能力建设，对机械规划研究院进行提级管理，建设国机智库及机械工业智库平台；为进一步强化资金集中管控，归拢集团金融业务资源，推动制定国机集团两家财务公司整合方案；为充分运用海南政策及区位优势建设国机集团农业贸易综合平台，组建设立国机海南公司，注入中成套相关业务资产。

【改革工作】

1. 强化统筹协调，推进改革三年行动走深走实 聚焦改革三年行动三个成效目标要求，推动企业加快市场化进程，在提高国有企业活力和效率等方面取得明显成效。国机集团和下属 27 家二级企业编制改革三年行动实施方案及工作台账，以此统领近 2 年的改革工作。2021 年，国机集团扎实推进董事会应建尽建、外部董事占多数、经理层任期制契约化、职业经理人试点、落实重要子企业董事会职权、“两非”剥离等多项改革任务，全面完成国务院国资委重点考核的 12 项任务年度工作目标。

2. 强化董事会行权履职，完善中国特色现代企业制度 强化以公司章程为统领的制度体系建设，2021 年制定、修订制度 30 多项；不断加强董事会建设，明确企业董事会应建标准，推进子企业董事会“应建尽建、配齐配强”。国机集团 310 家应建董事会企业已全面建立董事会；外部董事应占多数的 308 家企业中，302 家企业已实现外部董事占多数，占比 98.1%。制定《国机集团落实重要子企业董事会职权工作方案》，并以 8 家企业为先行试点，深化落实董事职权相关工作。

3. 市场化经营机制不断健全 国机集团系统修订考核分配制度，与二级企业全面签订任期和年度经营业绩考核责任书，出台经理层成员任期制和契约化、职业经理人等相关管理制度，进一步明确经理层的聘任、考核、退出与取酬机制，并在中国电研试点推进职业经理人制度。2021 年，国机集团纳入考核的 548 家企业经理层成员全面签订有关合同或契约。

4. 改革专项工程持续推进 中工国际、中国联合、中国中元、国机精工、中国重型院等“双百”企业、“科改示范企业”进一步聚焦战略与主责主业，在现代企业制度建设、市场化选人用人、中长期激励等方面积极探索，发挥先行示范作用。2021 年，上述 5 家企业全员劳动生产率平均达到 39.09 万元 / 人，较上年增长 16.7%；2019—2021 年管理人员退出比例分别为 2.13%、2.32%、5.51%。

5. 聚焦主责主业，大力推进“两非”剥离工作 确定工作方案及完成标准，针对“两非”及公司制改制的难点，协同国机资产与国投集团、中国电信联合成立资产剥离平台。2021 年，“两非”剥离工作累计完成 58 家。

【投资工作】

2021 年，为实现国机集团高质量发展目标，践行国机集团“十四五”发展战略，国机集团全面提升投资管理水平，积极落实三大主业投资，强化八大板块业务布局，助力聚焦主业发展。

1. 优化与完善投资管理体系，有效防控投资风险 结合国机集团各主要板块业务发展阶段，在原有投资管理制度体系基础上，细化投资项目分类，统一投资决策授权管理，强化针对不同分类二级企业实施差异化投资管控。制定《中国机械工业集团有限公司投资管理办法》，促进集团正确引导投资方向，建立健全投资管理制度体系，推动投资管理治理能力现代化。

2. 完善投资管理信息系统，提升投资管理信息化水平 按照“要进一步加强投中、投后管理”的要求，国机集团将投资全过程管理理念与信息化建设紧密结合，完成投资管理信息系统二期升级改造工作，加强投资基础信息管理。通过投资管理信息系统全面提升对下属企业年度投资计划执行情况、投资项目实施情况进行监控与管理，推动投资管理工作的数字化转型，努力实现对投资项目的管理信息化、高效化。

3. 加强全过程跟踪和监督检查，开展投资项目后评价工作 指导下属企业强化投资项目的事前审查与论证，加强对拟投资布局领域的市场、技术、环境等方面进行审慎调查与分析；组织专项小组完成2020年项目投后评价工作，并根据投资产业布局方向聘请三方机构开展国机集团2021年投后评价工作，努力促进下属企业提高投资决策水平、管理水平和投资效益水平。

综 合 管 理

【人力资源管理】

2021年，国机集团坚持以习近平新时代中国特色社会主义思想为指导，认真践行新时代党的组织路线，坚持党管干部、党管人才原则，不断完善“1+N”选人用人制度体系，加强企业领导班子建设，大力发现培养选拔优秀年轻干部，注重干部培养，积极落实国企改革三年行动方案要求，探索建立市场化选人用人机制，完善激励约束机制，持续推进人才队伍建设，努力打造高素质专业化干部人才队伍，为国机集团高质量发展提供组织保证和人才保障。

1. 不断完善组织人事制度，持续规范选人用人工作 不断完善国机集团“1+N”选人用人制度体系。全年制修订组织人事制度共14项，其中，干部选拔任用和管理监督类6项，包括《干部调整分析研判和动议实施办法》《干部选拔任用工作酝酿小组议事规则》等；薪酬管理类6项，包括《全资、控股企业负责人薪酬管理办法》《总经理嘉奖暂行办法》等；改革管理类2项，包括《经理层成员任期制和契约化管理办法》《推行职业经理人制度的指导意见》。截至2021年年底，国机集团组织人事制度共计77项，覆盖干部选拔任用、考核评价、管理监督、薪酬激励、人才开发、教育培训、总部建设等各个方面，确保各项工作有规可依、有章可循。

2. 严格执行选拔任用程序，持续选优配强干部队伍 国机集团根据干部管理相关规定，严格执行分析研判和动议、民主推荐、组织考察、凡提四必、讨论决定、任职等程序。2021年重点完善3项工作：加强研判，通过制定制度，进一步规范分析研判和动议、酝酿等环节，强化国机集团党委领导和把关作用；提前把关，前移个人有关事项报告查核、干部人事档案审核关口，提前听取纪检监察部门意见，严格执行廉洁意见“双签字”制度；规范承诺，要求干部就本人廉洁从业情况做出书面说明，就本人配偶、子女及其配偶规范经商办企业行为做出承诺，坚决把好人选的政治关、品行关、能力关、作风关、廉洁关，防止“带病上会”“带病提拔”，切实选用好干部。2021年共对99名干部进行任免调整，其中，提拔28人，进一步使用12人，平职交流17人，转任集团党委巡视专员、专职外部董事、派驻监事会主席10人，退出32人。截至2021年年底，国机集团党委管理干部共258人，其中，集团总部49人，二级企业161人，A类企业班子正职24人，2013年以来战略重组企业由集团党委任命的原领导人员24人。

3. 不断规范任期换届工作，持续推进企业班子建设 国机集团从2002年开始实行二级企业领导班子任期换届，形成相对完善且符合自身特点的工作机制。2021年，结合国企改革三年行动方案关于经理层任期制和契约化管理的要求，国机集团研究制定《二级企业领导班子任期换届实施办法》，进一步优化领导班子任期换届的流程和要求。按照新规定，推进16家二级企业领导班子进行换届。通过“全体起立、重新推荐或竞聘”的方式，全面了解和评价领导班子和班子成员任期内的表现，并结合日常了解的情况，调整优化产生新一届班子，使干部能上能下、有序进出成为常态。2021年，共有18名干部在换届时退出班子，7名干部补充进入班子，各企业领导班子年龄结构、专业结构、经历结构得到持续优化。除二级企业外，继续扩大干部选拔使用的视野，出台《关于进一步明确对集团下属部分二级以下企业领导班子管理程序和要求的意见》，将国机集团党委履行过考察和任职决策程序的A类企业班子正职作为集团党委管理的副职干部，对A、B类企业的管理更加规范。

4. 不断加大选拔使用力度，持续推进优秀年轻干部队伍建设 国机集团认真贯彻落实中央关于大力发现培养选拔优秀年轻干部的精神，持续加强优秀年轻干部队伍建设。

一是不断完善国机集团党委优秀年轻干部人员库。通过班子任期换届、年度考核、集中报送等方式，及时调整和补充优秀年轻干部，扩大年轻干部“蓄水池”。

二是不断加大优秀年轻干部培养、选拔、使用力度。国机集团举办中青年干部行动学习研修班，组织召开年轻干部座谈会、中青班学员座谈会，使优秀年轻干部及早进入组织视野，集团党委战略部署要求直达优秀年轻干部。选派年轻干部参加国机集团党委巡视、党委讲师团巡回宣讲等工作，不断加强理论学习和实践锻炼。大力选拔年轻干部，2021年提拔的28名干部中，1970年以后出生干部22人，占比78.6%，其中1975年以后出生干部12人，占比42.9%。截至2021年年底，集团党委管理的258名干部中，1970年以后出生干部109人，占比42.2%，同比增长27.9%；其中，1975年以后出生干部49人，占比19.0%，同比增长50.8%，干部队伍年龄结构进一步优化。

5. 不断加强交流培养锻炼，持续提升干部能力素质 一是不断深化干部交流管理工作。国机集团将交流任职作为培养锻炼干部、优化班子结构、加强协同发展的重要抓手。全年选派22名集团党委管理的干部交流任职，其中，正职9人，集团总部和下属企业之间交流9人，1970年以后出生干部10人，其中，1975年以后出生干部5人，既锻炼干部，又推进企业改革发展。此外，积极选派干部人才参加援藏援疆、援西部地区、援老工业基地、扶贫和乡村振兴、博士服务团等工作，在基层和艰苦地区挂职锻炼。

二是不断加强干部教育培训工作。国机集团组织48人参加中组部、国务院国资委等上级单位举办的培训，其中中组部调训25人；组织443人参加中国干部网络学院“党史百年”专题培训。同时，充分发挥国机集团党校作用，深化与中共中央党校（国家行政学院）的合作，举办新任职领导干部培训班、中青年干部培训班、青年人才暨青马工程培训班3个班次，持续开展在线培训，国机集团在线学习平台学员规模已达1.4万人。干部教育培训工作切实提高了干部把握新发展阶段、贯彻新发展理念、构建新发展格局的政治能力、战略眼光、专业水平。

6. 坚持严管和厚爱相结合，持续强化干部管理监督 一是严格落实个人有关事项报告“两项法规”要求，组织国机集团党委直接管理干部开展年度集中填报，并对各项填报信息认真审核校对、汇总分析，形成专项报告，认真开展随机抽查，严格落实“凡提必核”。

二是加大对企业选人用人工作的监督检查力度，认真组织开展“一报告两评议”工作，结合集团党委巡视对企业进行选人用人专项检查，不断规范企业选人用人工作。

三是不断强化日常管理监督，特别是对“一把手”监督，充分运用提醒、函询、诫勉等措施，抓早抓小、防微杜渐。此外，完成规范领导干部配偶、子女及其配偶经商办企业行为等专项工作，完善企业负责人履职待遇、业务支出制度，制定国机集团总部干部插手干预重大事项记录报告制度，从多个方面加强干部管理监督。

7. 不断完善市场化选人用人机制，持续激发企业发展活力动力 按照国企改革三年行动方案的要求，不断推进党管干部原则与市场化选人用人机制相结合。

一是配齐建强董事会。列入董事会应建清单的 310 家企业均已建立董事会，并完成外部董事占多数。不断加强外部董事队伍建设，2021 年选派 8 名有丰富经营管理经验或有较高专业素养的干部转任专职外部董事，向下属企业派出外部董事 44 人，其中专职外部董事 9 人。积极推进 8 家重要子企业落实董事会职权，不断提升企业治理效能。

二是大力推进经理层成员任期制和契约化管理。列入推行清单的 548 家企业均已完成与经理层成员的签约，建立以契约为核心的激励约束机制。

三是积极稳妥推动 2 家二级企业开展经理层成员公开竞聘。选取中国电研作为试点单位探索推进职业经理人制度建设。

8. 不断加强收入分配管理，持续完善激励约束机制 一是修订完善下属企业负责人薪酬管理制度。根据国机集团业绩考核管理的新要求，2021 年对下属企业负责人薪酬管理办法先后进行 2 次修订，完善薪酬基准值调整机制，调整薪酬计算系数，进一步强化薪酬与业绩考核结果的联动衔接，推动考核分配一体化，发挥考核分配的引导激励作用。

二是积极推进下属企业开展中长期激励工作。举办中长期激励专题培训，并指导相关企业推进上市公司股权激励和科技型企业分红激励，指导符合条件且有意愿的企业制定中长期激励方案。

三是有序推进工资总额管理、企业负责人薪酬管理等日常工作。根据国务院国资委要求，编制完成 2020 年度国机集团工资总额清算方案和 2021 年度工资总额预算方案，完成下属企业工资总额预算和清算批复工作。

9. 认真编制人才队伍规划，持续加强人才队伍建设 一是根据中央人才工作会议精神和国机集团“十四五”规划要求，编制国机集团“十四五”人才队伍建设规划及相关配套措施，明确国机集团人才队伍建设的方向、目标和实施路径。

二是深挖人才潜力，开展院士人才队伍建设、工程师人才队伍建设、“双碳”人才培养、校企联合培养硕博士、现代职业教育、新型学徒制等一系列人才调研工作，为实施有效的前瞻性、计划性人力资源规划奠定基础。

三是围绕国机集团主责主业，积极落实国家重大人才工程，着力建设创新型科技人才队伍，积极参与海外高层次人才、国家高层次科技领军人才、青年拔尖人才、全国杰出专业技术人才、专业技术集体、国家高技能人才等评选，新增全国技术能手 3 人，国家技能人才培育突出贡献单位 1 个。

四是完善人才保障机制，认真落实有关服务专家的制度，切实提高高层次人才的政治待遇和经济待遇，2021 年兑现各类人才津贴 2 200 余万元。

五是扎实推进教育培训工作，认真贯彻落实全国干部教育培训规划精神，持续提升干部人才政治判断力、政治领悟力、政治执行力，大力开展党史学习教育，大力开展专业能力培训，2021 年培训 29 万余人次。

10. 不断推进总部建设，持续强化集团管控职能 一是修订印发国机集团总部部门职责、部门内设机构职责及岗位说明书，进一步明晰工作职责，提高总部组织机构运行效能；二是统筹推进国机集团招聘工作，开发国机集团招聘信息管理平台，开通“国机招聘”微信公众号，为企业发布招聘需求提供统一平台，组织 180 多家企业开展公开招聘，较好履行稳就业、惠民生的社会责任；三是启动总部管培生招聘培养计划，进一步优化总部人才队伍。

【战略管理】

1. 构建“531”战略落地机制 颁发战略落地责任书，压实国机集团总部各部门和二级企业的战略责任。初步建立起五年战略落地责任书、三年任期经营责任书、年度经营责任书相衔接的“531”落地体系。

2. 推进与政府和企业战略合作 2021 年，国机集团先后与 27 家单位探讨开展战略合作，累计签订战略合作协议 11 份，涉及农机装备、工程、会展、中医药走出去等领域。特别是在农机装备领域，国机集团抓住行业发展机遇，积极与农业农村部、重庆市政府、贵州省政府、四川省德阳市政府、江苏大学等开展一系列务实合作，取得良好成效。

【财务管理】

2021 年，国机集团紧密围绕“促发展、夯基础、控风险”的主题，一方面不断夯实财务信息质量等基础工作，另一方面在打造财务“十四五”核心能力上迈出坚实步伐。全面预算、资金管理、财务信息化、风险防控、财会队伍建设等工作卓有成效，规范化、标准化明显提高，前瞻性、有效性稳步增强，有力地支撑了集团持续健康发展。

1. 优化全面预算管理，推动集团提质增效 全面预算管理是落实集团战略的重要手段和有效工具。2021 年，国机集团大力推动预算管理工作，预算在保障战略落实、突出价值创造、优化资源配置、管控经营风险等方面发挥了重要作用。

一是预算体系更为完善，真正突出了“全面”。财务预算与业务预算、专项预算衔接更为紧密，信息化、科技、投资预算模块修订后更为完善；二是预算体制更加健全。有效发挥预算办公室、预算管理委员会的关键作用，充分落实核查、审定方面的职责，同时加大宣贯力度，组织覆盖全级次企业的预算启动会，统一思想、凝聚共识；三是预算管理流程更为优化。加强顶层设计，制定了 2022 年全面预算编报方案。明确“统一申报、归口审核、集中报批、过程控制”总体预算编报原则，细化编报要求和关键时间节点安排，推动预算流程规范化、标准化。

2. 创新方式方法，持续提升会计信息质量 一是优化决算流程，提升决算工作效率和数据质量。稳步推进流程优化和方式创新，高质量制定 2021 年财务决算工作方案，不断优化组织保障和过程管理，按照“统一思想、统一目标、统一标准、统一进度、统一方法”五统一的工作原则，深化部门协同，压实二级主责，要求二级企业决算工作要落实财务总监负责制，开展二级决算会审，把握决策进度时间，聚焦关键环节做好任务分解和时间进度安排，保障决算工作有序开展。

二是狠抓问题整改，深入推进财务会计信息虚假专项整治和 2020 年财务决算批复整改。创新工作机制，通过联合“大监督”力量重点督办，强化预审跟踪，开展现场督导等方式，坚持“穿透式”的工作方案，多维度、深层次查找症结，大力推进“清单式”问题整改，保障问题整改到位、责任追究到位、制度完善到位、日常监管到位。

3. 持续强化资金管控，有效支撑业务发展 一是积极对接融资渠道，增强国机集团融资能力。精准把握债市利率下行窗口，发行 20 亿元债券，获得 3.14% 的低票面利率。发债资金用于子企业替换外部高息负债 11.1 亿元。通过“总对总”的合作模式，持续巩固和扩大银行合作，授信规模稳定在 4 000 亿元。发挥集团融资优势，帮助企业进一步降低融资成本。上述一系列资金管控手段，为集团节约了资金成本，2021 年国机集团财务费用同比减少 9.6 亿元，下降 28.3 个百分点。

二是持续增强资金风险管控能力，提升精细化管理水平。以专项预算为抓手提高对各类风险业务的管控能力。截至 2021 年年末，全集团共开立银行账户 8 033 户，总数较上年末压降 961 户，降幅 10.9%，户均账户数量为 7.2 个；持续加强担保管理，大力清理不合规担保，不合规担保较 2020 年同期下降 67.9 亿元，压降比例 40.6%，继续巩固担保清理工作成果。组织资金专项检查，建立资金风险点台账。上线久其软件货币资金结构分析功能模块，精准掌握和分析资金动态。

4. 持续完善制度体系，提升财务管理水平 围绕高质量发展要求，完善制度建设，严格规范管理。2021 年，国机集团新制定境外财务管理办法，完善对外捐赠管理办法、财务总监管理办法。

一是出台境外财务管理办法，旨在完善境外财务管理体系和境外资产监督制度，对于实现境外企业全覆盖、深层次管理，防范国有资产流失具有重大意义。

二是对外捐赠管理办法旨在进一步规范对外捐赠事项行为、维护国有股东权益、发挥企业董事会科学决策职能、提高决策效率。

三是完善财务总监管理办法，制定评价考核实施细则，旨在严格财务总监管理及评价指标体系，根据不同时期重点任务及时调整优化，激励财务总监履职尽责，助力集团高质量发展。

5. 优化产权管理，保障国有资产权益 一是高度重视产权登记管理工作。2021 年，国机集团共审核产权登记事项 236 次，为下属企业确权、挂牌交易、理顺企业产权归属关系提供了强有力的支撑；二是对评估备案流程进行全面梳理优化，提升评估工作效率及质量；三是规范资产评估监管及完成备案审核工作，2021 年资产评估项目 131 项，评估备案 75 项，对应净资产账面值 57.3 亿元，评估值 86.6 亿元，评估增值 29.4 亿元，增值率为 51.3%。强化评估备案审核，对 51 个项目报审评估值进行了调整，共调增国有权益 3.5 亿元；四是严格把握国有资产处置法律法规，推进压减和资产处置工作有序推进，2021 年集中批复资产处置项目 124 项，推进 7 家无存续必要的个人代持和特殊目的公司的清理。

6. 优化管控制度体系，夯实境外财务管理基础 国机集团有效落实国务院国资委对中央企业提出的加强境外资金监管，向境外单位派出财务主管人员全覆盖的工作要求，高效完成 207 户境外单位委派，实现了全集团境外单位“应派尽派”目标。持续强化资金关键环节监管，完成境外资金专项模块上线，对境外资金、网银、U 盾实行动态跟踪，确保“看得到，管得住”。境外财务管理办法的制定和发布，也为深化境外财务管理起到重要的引导和规范作用。

【审计监督】

2021 年，国机集团审计工作围绕服务集团改革发展大局，立足“经济监督”、加强顶层设计，制定“十四五”审计战略规划，不断提高内部审计工作水平，发挥审计“强监督、控风险、促发展”作用。

1. 扎实推进体制机制改革 成立国机集团党委领导下的审计工作领导小组；集团党委书记、董事长具体分管审计工作；内部审计重要事项纳入集团“三重一大”决策程序；通过开展审计调研及内部审计工作质量评估、组织下属企业内部审计工作汇报，助推集团审计改革落地见效。

2. 丰富完善审计制度体系 2021 年，针对重要事项、重点领域和关键环节，有序开展制度制修订工作。

一是聚焦经济监督主责，规范经济责任审计程序。发布国机集团《经济责任审计规定（试行）》，严格落实经济责任审计关于“主动立项”“任中审计”及“责任界定”的重要原则，修订《经济责任审计工作细则》，进一步细化经济责任审计范围和内容、组织实施。

二是聚焦统一审计资源调配，规范审计人员管理。修订国机集团《审计中心管理暂行规定》，统筹管理审计中心人员，增强人员调用的计划性；制定《“交叉审计”工作细则》，规范“交叉审计”工作程序。

三是聚焦重点监督领域，规范专项审计程序。组织编制国机集团《境外经营投资审计操作指南》《公司治理审计操作指南》和《资金审计操作指南》，为开展具体审计项目提供统一标准，初步形成靠制度管人、靠制度管事、靠制度规范运转的良好局面。

3. 高质量完成各类审计项目 一是将审计工作融入党和国家重点专项任务和重大工作部署，融入集团改革发展重要领域，2021 年首次统一制定全集团审计项目计划，实现国机集团审计项目“一盘棋”。通过“审计方案审前会商、项目现场过程监控、审计底稿三级复核、审计报告多轮会商”的审计项目全过程管控体系提升审计项目质量，通过 PDCA 动态管理机制实现对全集团审计计划完成情况的动态跟踪、过程管控。2021 年全集团完成审计项目 549 个，审计资产总额 3 775 亿元，发现问题 2 766 项，完善规章制度

199 个。二是加强融合协同，整合集团监督资源，提升审计管理效能。

4. 推动审计整改落实到位 一是健全审计整改责任机制，发布国机集团《审计结果运用办法》和《审计发现问题整改工作实施细则》，健全审计整改的领导、监督和落实机制。通过压实被审计单位整改主体责任、主管部门监督管理责任、审计机关督促检查责任，构建“各司其职、各负其责”的整改工作体系。

二是健全审计整改工作运行机制，针对集团审计发现问题，分类施策、实事求是地提出整改要求，按照“三不放过”原则，组织验收销号，督促企业举一反三、完善管理。

三是健全审计结果运用和贯通协作机制，开展普遍性、典型性分析，强化审计结果运用；将审计报告和《审计要情》提交集团党委常委、通报相关部门；建立与巡视巡察、追责部门的资料共享通道，对审计发现的问题线索移交纪委办公室、违规经营投资追责部门；将审计结果和整改情况及时提供给组织人事部门，作为干部任免、考核奖惩的重要参考。

5. 打造高素质审计队伍 一是持续推进落实审计机构负责人任免备案机制，审核把关审计机构负责人胜任能力，组织下属企业审计机构负责人向集团进行工作报告。

二是继续推进“交叉审计”以审代训锻炼队伍。2021 年共 18 家二级企业 111 人（114 人次）参加了集团公司组织的审计项目，累计工作 1 875 天，各企业审计力量得到了锻炼和提升。

三是传承“担当、价值、专业、创新、廉洁”的国机集团审计文化，打造研究型审计团队。开展评先评优活动，利用多媒体平台分享最新政策、前沿理论、实务经验。《中国审计报》刊发对国机集团董事长张晓仑的专题采访——《内部审计护航国机集团深化改革》；审计署《审计工作通讯》摘发《国机集团关于“十四五”开局之年部署谋划内部审计高质量发展的思路举措》，及国机集团在审计结果运用方面开展的一系列思路举措。

【法律管理】

2021 年，国机集团持续深化“法治国机”建设，扎实推进法律服务保障工作。

1. 坚持融入中心、服务大局，为集团经营工作做好法律支撑保障 一是全面参与《中国机械工业集团有限公司“十四五”发展规划》编制、建立现代企业制度、投资并购、科技创新、国际化经营、国企改革三年行动等重点工作任务，审核集团重大经营决策、经济合同、规章制度，出具法律意见，提供法律咨询，为集团经营决策提供全面有力的法律支撑。

二是大力推进下属企业合同、规章制度、重大决策法律审核的制度化、流程化、信息化管理，重要二级企业基本均实现“制度、合同、重大决策法律必审”进规章制度、进信息系统、进业务流程，法律审核制度化、流程化、信息化建设成效明显，“决策先问法、违法不决策”理念日益巩固、深入人心。

2. 加强案件跟踪管理，化解诉讼风险，保障集团合法权益 一是抓好案件日常备案管理，落实“有案必报、大案专报”制度，以重大案件管理台账为抓手，加强重大案件的跟踪督办。主动跟进、关注下属企业案件进展，组织会议听取汇报并提出处理建议，压实涉案企业的案件处置主体责任。

二是积极主动作为，持续为下属企业重大案件处理提供支持、协助。组织开展案件外部律师专业论证，商讨案件应对思路和建议。采取多种手段和方式，最大程度协助下属企业维权，协助企业挽回损失，有效发挥法律工作“控制风险、减少损失就是创造价值”的功能。

三是以案为鉴、以案释法，组织开展典型案例交流、宣讲。通报典型案例，深刻总结案例发生的原因和教训，以案为鉴、以案释法、以案促改，起到良好的普法宣传教育和风险防范作用。

四是做好年度案件的综合分析和风险提示工作。通过对案件数据信息的收集和汇总整理，分析案件趋势和类型分布，总结发案原因和经验教训，形成案件综合分析报告，反馈案件全貌，揭示管理缺陷，警示和预防潜在法律风险。

五是加强对知识产权等无形资产的保护和管理。清理违规挂靠、假冒国企的企业，协助配合市场监督管理局打击假冒、仿冒国机系列注册商标的不法行为，对窃取、侵犯下属企业专利技术的行为提起刑事指控及民事诉讼，切实维护国机商标、国机字号、专利技术的资产价值，保障集团无形资产安全及合法权益。

3. 推进制度建设，加强普法宣传，以信息化为依托提升依法治企水平 一是持续完善国机集团规章制度体系建设，对法律管理规章制度进行全面修订。正式印发《中国机械工业集团有限公司商标管理办法》《中国机械工业集团有限公司法律纠纷案件管理办法》《中国机械工业集团有限公司律师事务所及外聘律师选聘管理办法》《中国机械工业集团有限公司违规经营投资责任追究实施办法》《中国机械工业集团有限公司违规经营投资问题线索处置工作规则》《中国机械工业集团有限公司规章制度管理办法》等制度，形成《中国机械工业集团有限公司法律工作管理办法》《中国机械工业集团有限公司授权书管理办法》《中国机械工业集团有限公司法律意见书管理规定》新增、修订草案，不断健全完善法律管理的制度体系。

二是做好政策法规的研究和宣贯。制定《国机集团开展法治宣传教育的第八个五年规划》，突出普法重点领域，大力加强《中华人民共和国民法典》《中华人民共和国公司法》以及党内法规等有关法律法规的普法宣传。增强普法针对性，结合集团业务领域有针对性开展相关领域法律法规规范性文件学习。创新普法形式，通过视频会的形式举办“国机法律讲堂”和“国机法律圆桌会”，以独立保函和工程索赔为重点，组织法务人员以及有关业务人员参加法律专业培训。

三是推进法律管理信息化建设。对法律信息系统进行升级改造，将案件管理等功能向下延伸覆盖至下属三四级企业。牵头建立国机集团第三方服务机构管理系统，保障集团各企业聘用第三方服务机构的业务合规性、数据安全性和风险可控性，基本实现对集团第三方服务机构有关数据资源的全面筛查及有效监管。

4. 持续强化合规管理，推动集团合规经营管理水平稳步提升 一是完善合规管理制度体系，夯实合规管理工作基础。修订印发《国机集团合规管理办法》，突出“海外投资经营行为合规管理”，首编《合规监督评价指标》纳入制度当中，编制完成《集团合规手册》初稿，印发第四批《中央企业合规管理系列指南》，推动将法律法规等外部监管要求转化为集团内部规章制度，构建相互融合、协同有效的合规管理体系。

二是组织召开国机集团合规经营工作推进会，发布《违规警示函》《违规事件通报函》《关于推进合规经营 加强集团涉外工程项目合规管理工作的通知》《国机集团境外廉洁风险防控经验总结介绍》等文件，对已发生的合规制裁事件进行充分的警示教育，明确提出合规整改工作要求，对涉外工程项目招投标、项目执行提出合规指导建议，组织各企业开展有关制度落实情况自查自纠，推动企业落实整改措施、建立长效机制、完善管理流程。

三是聚焦重点领域，开展合规检查及境外合规风险排查。对下属企业合规管理体系建设情况进行抽查和调研，对存在的问题提出具体工作建议。组织各企业重点排查多边开发银行项目招投标、商业贿赂、境外投资、各国出口管制及第三方中介服务等合规风险高发领域，排查各类合规风险，推动有关企业积极整改，及时将合规风险事件控制在萌芽状态。

【风险管控】

2021年，国机集团以风险管理为导向、合规管理监督为重点，全面系统推进内控体系建设，强化风险防控机制建设，加快推动企业高质量发展。

1. 重点加强内控体系制度建设，夯实内控管理基础 一是按照国务院国资委、财政部等上级单位对企业内部控制的要求，同时，参考国内外关于内部控制和风险管理的标准体系，结合集团实际，重新梳理制定了《中国机械工业集团有限公司内部控制与风险管理办法》，将“企业主要领导人员是内控体系监管工作第一责任人”纳入制度当中，进一步整合集团内控及风险合规管理组织体系，明确管理职能、工作程序等，推动了内控与风控二者的有机融合，逐步形成以内控体系制度为统领，相关具体规章制度为支撑的“1+N”内控制度体系。

二是针对下属企业的规模、业务特点，系统

研究、更新制定了《内控评价标准》和《风险评估标准》，将风险损失对企业净资产的影响等同步纳入相关标准当中，使得内控与风险管控的相关标准更加因地制宜、更加科学量化、更加有机统一，同时积极推动下属企业开展内控体系制度建设，推动内控体系向各级子企业纵深发展。

三是落实“三个区分开来”要求，编制出台《中国机械工业集团有限公司尽职合规免责事项清单》，进一步完善集团经营投资容错纠错机制，服务集团改革发展，为企业合规经营和高质量发展提供有力保障。

2. 加强内控监督检查，推动全级次企业全面开展内控体系评价 一是编制印发国机集团《关于做好 2021 年企业内部控制体系建设与监督工作有关事项的通知》，组织各企业以“规范流程、消除盲区、有效运行”为重点，广泛全面开展内控体系自评价工作，二级企业实现 100% 自评价，除新成立的、清算的企业外，可实现全级次企业内控自评价 100% 覆盖。通过全面梳理汇总企业各项内控缺陷及整改措施情况，深入分析内控方面的共性问题和突出问题，形成《2021 年度国机集团内控体系工作报告》。

二是积极对照国务院国资委《关于 15 家中央企业 2020 年内控体系有效性抽查评价情况的通报》所列五大领域的具体内控体系问题，主动组织国机集团全级次企业进行内控体系有效性自查自纠，针对所列全部内控问题强化落实整改。

三是系统化组织实施国机集团内控监督检查评价，近 2 年覆盖率已达 65%，计划 2022 年年底完成对全部二级企业的重点监督检查，确保达到 3 年 100% 全覆盖，进一步促进集团内控体系有效运行。

3. 加强重大风险评估和动态监测，推进“风险管理体系”数字化转型 一是坚持问题导向和底线思维，全面系统梳理、分析国机集团内外部风险情况，深挖风险形成背后的原因，评估研判国机集团 2022 年度六项重大风险，形成《中国机械工业集团有限公司 2022 年度重大风险评估报告》，运用报告引导企业聚焦年度重大风险，制定全面综合应对预案。

二是强化风险动态监控，持续健全完善“集团风险分类监测指标体系”，按季度对五大领域的风险指标进行动态监控，定期跟踪更新状态，提升风险监测信息的准确性、规范性、及时性。

三是发挥风控职能牵头部门作用，积极构建协同工作机制，建立风险报告信息联系人工作机制，打通风险信息获取渠道，有效整合信息资源，推动风险管控协调配合与互补互促，进一步完善风险早发现、早预警、早处置工作机制。

4. 加强重大风险事件应对处置力度，防范化解重大风险 一是通过风险排查、风险提示、风险通报和风险预警等多种措施，加大对债务风险、合规风险、大额合同预付款风险、资金违规使用风险、境外项目风险和子企业管控风险等重大风险的处置力度。专项部署、专项推动，建立专项工作联系机制，采取有效应对举措，强化责任落实，相关风险得到有效遏制。

二是加强境外项目风险排查及风险化解处置，组织相关企业开展境外项目全面风险排查及应对工作，从新冠肺炎疫情风险、经济风险、法律风险等 9 个方面进行梳理，建立健全境外项目风险防范化解工作机制，全面系统梳理风险现状。

三是以“重大案件和重大风险事件问题线索”为导向，加强“事前评估、事中监控检查、事后落实责任整改机制”建设，构建国机集团内控及风险合规体系监管全流程闭环管理，组织妥善应对重大案件及重大风险事件，对违规经营投资事项严肃追责问责，有效发挥事后倒查原因、促进整改机制和举一反三堵塞管理漏洞机制的作用。

【信息化建设】

一是加强信息化工作的顶层设计，组织编制国机集团“十四五”网络安全和信息化建设规划；二是落实国资监管数字化、智能化工作任务，完成国机集团第三方服务机构管理系统、监督追责系统、企业改革“三年行动”指标填报系统开发上线工作，搭建国机集团采购管理、总部组织机构管理填报模块，不断提升国机集团国资监管应用深度和广度；三是强化国机集团数据管理，编制数据治理标准，建立组织机构、人员、会计科目等 5 类主数据标准，搭建主数据管理信息化系统，打通合并报表、资金管理、投资管理数据通道，持续提升集团数据集成共享水平。

四是贯彻落实《中华人民共和国网络安全法》《中华人民共和国数据安全法》《中华人民共和国个人信息保护法》等法律法规要求，持续推进国机集团重要信息系统网络安全等级保护工作；完善网络安全应急管理机制，定期开展网络安全应急演练和网络安全专项检查，圆满完成“庆祝建党 100 周年”等重要活动和重大节假日网络安全重点保障工作；加强人才队伍建设和宣传培训，组织开展 2021 年国家网络安全宣传周活动，开展国家“网络安全万人计划”培训中央企业专项培训（国机专班），进一步强化网信工作者安全意识和专业技能。推进国务院国资委国资国企网络信息安全在线监管平台建设，构建国资监管网络安全新格局。推进 1108 和 1126 网络安全专项治理工作。组织评选和报送国家网络安全先进集体候选单位和先进个人候选人。

五是推进国机集团产业数字化、数字产业化转型升级，组织下属企业申报国务院国资委数字化转型应用场景项目，国机集团下属国机智能（广州机械院）的基于工业互联网的重大装备润滑安全智能运维平台入选应用场景项目。组织申报工业和信息化部信息技术外包和制造业融合发展重点企业。推动集团参加基于区块链技术的“长安链”联盟，进一步提升国机集团信息化基础设施应用水平。组织集团下属国机智能参与中国电子牵头组织的基于国产化系统的联合创新工作，进一步提升集团数字化产品在自主可控应用环境下的适配能力。

【品牌管理与建设】

1. 多平台展现国机品牌形象 2021 年，国机集团着重规范品牌 VI（视觉识别）应用、在重要节点开展品牌传播策划活动，内外并举增强全员品牌意识、传播品牌形象。

一是持续巩固各企业品牌形象一体化落地实效，不断巩固品牌形象一体化成果。二是大力传播国机品牌形象，在 2021 年 5 月 10 日“中国品牌日”精彩亮相中国自主品牌博览会、中国智造品牌论坛暨中央企业高端装备制造创新成就展，在国家级展会平台、央企阵容中全面展示国机集团在支撑制造强国建设、带动科技创新、服务保障民生、推动高质量发展中的国机品牌力量。以创新形式首次举办品牌发展线上论坛，坚持“锻造国机所长、服务国家所需”，分享国机集团在践行习近平总书记“三个转变”重要指示和有关制造业发展的重要论述中的经验做法，传递国机集团赓续优良传统的家国情怀。论坛在新华网云平台播出，约 108.2 万人在线观看，国机品牌影响力持续增强。

2. 挖掘和讲好国机品牌故事 深入挖掘品牌优秀因子，组织参加国务院国资委年度品牌建设典型案例和优秀品牌故事大赛，作品《同心聚合力，开创新未来——国机集团大力实施品牌一体化战略》《化被动为主动——FIRMAN 品牌保护壁垒构筑》2 个品牌建设案例被评为优秀典型案例；微电影《水——生命之源 孟加拉帕德玛水厂建设》、图画《硬核国机——全国抗疫先进》2 件作品入选优秀品牌故事。通过深挖内部潜力、借力外部大平台，使国机品牌认同感进一步增强，品牌知名度进一步提升。

【社会责任】

1. 编制发布国机集团 2020 年社会责任报告（中英文版） 2021 年 8 月、9 月正式发布国机集团 2020 年社会责任报告（中英文版），聚焦履责核心、凸显国机特色，内容上全面系统呈现国机集团在可持续发展领域做出的积极探索和取得的阶段性成果，外观上融合新颖生动的定制插画设计，并坚持采用大豆油墨印刷、可再生环保纸制作纸质报告，体现生态环保理念，再次荣获金蜜蜂 2021 优秀企业社会责任报告长青奖二星级奖。

2. 责任案例入选国务院国资委年度央企社会责任蓝皮书 全面梳理国机集团及下属企业在社会责任管理、海外履责、新冠肺炎疫情防控、公益慈善、生态文明等方面的履责成效，组织申报社会责任优秀案例，海外履责案例《生命之缘——中工国际孟加拉帕德玛水厂项目》获评《中央企业海外社会责任蓝皮书（2021）》优秀案例。

3. 积极参加“大爱无国界”国际义卖活动 国机集团在保持自身持续发展的同时，积极履行社会责任，热心支持公益事业，彰显央企担当。2021 年参加第 13 届“大爱无国界”国际义卖活动，携下属企业中国机械设备工程股份有限公司共计捐款 80 万元，为云南省金平县和麻栗坡县筹集善款，改善当地医疗条件，通过热心支持公益事业，打造集团责任品牌形象。

【企业文化建设】

1. 编制印发《中国机械工业集团有限公司“十四五”企业文化建设规划》 《中国机械工业集团有限公司“十四五”企业文化建设规划》于 2021 年 9 月印发。该规划全面总结了近年来国机集团企业文化建设工作的成效和不足，确定未来五年企业文化建设的指导思想、基本原则、方法途径等内容，为集团各级企业开展企业文化工作提供了工作指南。规划全文包括企业文化建设的重要意义，面临的形势和新要求，成绩和不足，指导思想和基本原则，总体目标，重点任务，保障、评估与应用，共 7 部分。

2. 国机集团干部教育基地投入使用 围绕用好红色资源，拓展企业文化传播平台载体，以阳早寒春故居为基础筹建国机集团干部教育基地，弘扬阳早寒春纯粹的革命信仰、艰苦朴素的作风和忘我奉献的精神。该基地由阳早寒春故居、阳早寒春生平事迹展室、纪念广场、缅怀广场、现代化养牛场等部分组成。2021 年 4 月 9 日，基地正式启用，受到各界参观人士好评，并入选国务院国资委“百年峥嵘　初心见证”中央企业红色资源网络展览首批 50 个精选中央企业红色展馆。

3. 荣获中央企业党建思想政治工作研究会 2021 年优秀课题研究成果三等奖 全面梳理总结国机集团红色文化资源，以国机集团干部教育基地筹建、运行过程为核心内容，撰写完成研究报告《新时代国企红色资源挖掘和红色基因传承研究——以中国机械工业集团有限公司为例》，从 5 方面系统阐述了国机集团如何深入挖掘红色资源，传承红色基因。该报告得到中央企业党建思想政治工作研究会专家好评，并荣获 2021 年优秀课题研究三等奖，为国机集团企业文化建设工作模式总结、工作成果转化积累经验。

【新闻宣传】

2021 年，国机集团新闻宣传工作坚持守正创新、服务大局，加强科学化、规范化、制度化建设，创新工作思路和管理方法，推进媒体融合发展，新闻宣传质量显著提升，为集团发展营造了良好舆论氛围。

1. 推进融合发展，构建大宣传格局 2021 年，国机集团进一步加强新闻宣传制度建设、平台建设，着力构建全系统一盘棋的新闻宣传体系。在总部设立融媒体中心、开设楼宇电视新闻；在全系统定期召开宣传工作例会，扎实开展自有宣传阵地统计工作；发布《中国机械工业集团有限公司自有新闻宣传平台管理办法》和《中国机械工业集团有限公司对外新闻发布管理办法》。进一步完善宣传制度，健全媒体矩阵，加强统一管理，有效提升了宣传合力和凝聚力，为建强宣传队伍、建设高水平宣传阵地、打造宣传精品奠定坚实基础。

2. 突出重点、亮点，提升宣传质量 坚持围绕中心、服务大局开展宣传工作。重点围绕中国共产党成立 100 周年、党史学习教育等重大主题，聚焦改革发展、乡村振兴、“一带一路”建设等重点工作，策划开展主题宣传，开设专题、专栏，创新手段方法，推动融合传播，营造浓厚氛围。其中，党史学习教育主题宣传能有力引导广大职工感悟思想伟力，将党史学习教育成果转化为企业高质量发展的不竭动力。《国机集团党史学习教育简报》整体编发量和被上级简报采用量在国资央企中均名列前茅。基于优质内容的推动转化，国机集团微信公众号、网站、学习强国等平台浏览量、订阅人数等指标持续增长。

3. 统筹内外资源，多维推进海外宣传 国机集团建好用好国机集团多语种网站和海外社交媒体账号，构建了多维联动、统筹发力的外宣格局。不断拓宽发声渠道，海外社交媒体账号和外文网站同步发声，持续提升账号影响力，推特、脸谱粉丝量同比增长 17.85%，覆盖海外约 50 万受众；加强正面信息供给，积极推广中国文化理念、促进文明互鉴，开展“我和我的外国朋友”等主题策划，以企业视角阐释互惠共赢发展理念、展示发展成就，积极融入对外宣传大格局。

4. 强化对外宣传，扩大集团影响 加强与外部媒体的合作，2021 年累计在《人民日报》、新华社、中央广播电视总台《新闻联播》等中央主流媒体和国务院国资委微信公众号“国资小新”等平台发稿68篇。其中，在中央广播电视总台录制的2期《信物百年》专题节目，讲述了国机集团自主研制生产新中国第一批拖拉机、第一颗人造金刚石和六面顶压机的故事，产生了广泛良好的社会影响。深入推进海外项目宣传，在《人民日报》《中国日报》等主流媒体积极传播国机集团国际化经营成果，反响良好。

5. 加强舆情管理，舆情管理平稳有序 紧控舆情源头，举办舆情管理培训班，强化干部职工舆情风险意识；坚持7×24小时舆情监测预警，推进监测关口前移，做好负面舆情评估、预判，稳妥处置。数据显示，2021年国机集团舆论环境整体平稳。

党 建 工 作

【党建工作】

1. 党组织基本情况 截至2021年12月31日，国机集团共有党组织2 122个，其中党委185个、党总支120个、党支部1 817个；共有党员38 258人，其中在岗党员31 784人、女性党员10 155人。

2. 全面从严治党向纵深推进，党建工作展现新面貌 国机集团坚持以习近平新时代中国特色社会主义思想为指导，全面完成“党建创新拓展年”各项任务，围绕党史学习教育和庆祝中国共产党成立100周年开展系列活动，落实全面从严治党主体责任，党建工作质量和水平有效提升。

一是践行“两个维护”，政治自觉、思想自觉、行动自觉不断增强。坚决践行习近平总书记关于国企改革发展的重要指示批示精神，坚持把习近平总书记最新发表的重要讲话和指示批示作为党委会“第一议题”、中心组学习首要议题，将“两个维护”体现在学习部署和落地见效上。

二是党史学习教育高标准高质量开展。按照学史明理、学史增信、学史崇德、学史力行的要求，建立起“1个目标、6项学习内容、9项工作安排、4项保障措施和29项具体任务”的推进实施体系，让集团广大党员干部受到了一次深刻的政治教育、思想淬炼、精神洗礼。完成了一批服务国家战略、服务社会公众、服务党员群众的民生项目，创建了一系列有效活动载体，党组织的创造力、凝聚力、战斗力明显提升，实现了学党史、悟思想、办实事、开新局的目的效果。

三是党建工作与生产经营有效融合。广泛开展“解放思想、推动发展”“育新机、开新局”大讨论，引导各级党组织和广大党员聚焦主责主业，思考谋划工作举措。制定党建工作与生产经营深度融合的指导意见，聚焦重大项目实施、重大改革推进、重大科技攻关等中心工作，开展课题攻关、项目攻关、党建共建，党建与业务深度融合的氛围日趋浓厚。

四是党的组织体系不断强化。胜利召开国机集团第二次党员代表大会，总结回顾国机集团党委过去一个时期的工作，系统谋划今后5年的安排，选举产生国机集团新一届党委、纪委。组织开展全国国有企业党的建设工作会议精神贯彻落实情况“回头看”，持续推进“党建强基、队伍建设、制度保障”3个工程，党的基层基础工作不断夯实，为企业改革发展各项任务提供有力保障。

【巡视巡察】

2021年，国机集团党委以习近平新时代中国特色社会主义思想为指导，全面贯彻党中央巡视工作方针，强化政治监督，不断推动巡视工作取得新进展、新成效。

1. 持续深化中央巡视整改 坚持把持续深化中央巡视整改与落实“十四五”规划、推进国企改革三年行动实施方案、“靠企吃企”问题专项整治、党史学习教育等结合起来，与加强政治监督、落实日常监督结合起来，与内部巡视发现的普遍性、倾向性问题整改结合起来，既全面落实好“当下改”的举措，集中解决巡视发现的突出问题，又着力建立健全“长久立”的机制。2021年度，根据中央巡视反馈意见制定的477项整改措施已全部完成。制修订涉及“三重一大”决策、选人用人、干部监督管理、内控及风险管理、追责问责等相关规章制度57项，进一步深化标本兼治，持续巩固中央巡视整改成效。

2. 持续开展政治巡视 国机集团党委采取多种方式方法，统筹推进内部巡视巡察。

一是国机集团党委组织开展对国机重装党委的常规巡视、对国机智能党委和中机国际党委的巡视“回头看”和对25家企业的违规挂靠专项巡视，有力发挥了巡视监督的权威性、震慑力、推动力。国机集团已完成对二级企业的巡视全覆盖。巡察方面，国机集团二级企业党委对所属党组织开展巡察，巡察全覆盖率达78%，巡察发现问题即向纪检机构移交问题线索，有力推动巡察工作质量提升。

二是全面推进巡视带巡察，坚持以上促下、联动贯通，抓好巡视工作，推动下属企业巡察工作深化发展，着力构建系统集成、协同高效的巡视巡察工作格局。有针对性地开展巡视巡察联动，发挥巡视对巡察的示范、指导、推动作用，巡察对巡视的补充、拓展、延伸作用；在全系统开展违规挂靠专项巡视巡察，统筹联动目标、监督重点、具体要求，实现联动全覆盖，推动解决普遍性、系统性问题，不断推动全面从严治党向基层延伸。

3. 持续完善制度机制 制修订《国机集团党委关于加强巡视巡察上下联动的实施意见》《国机集团党委巡视工作规程》《国机集团党委巡视组管理细则》《国机集团党委巡视成果运用暂行办法》，编制“巡视工作操作流程”手册，实行全流程、全方位、全要素管理。二级企业制修订有关巡察制度。针对内部巡视发现的问题，集团层面建立规章制度25项；下属企业建立规章制度428项，优化流程265个。进一步优化完善问题底稿制度、巡视组与被巡视单位主要负责人沟通、中期调研、重大事项报告、组办会商、巡视反馈、巡视移交及情况通报、巡视整改等工作机制。初步建立了相互衔接配合的巡视工作制度体系，进一步优化完善工作机制，为不断提升巡视工作的科学化、规范化水平提供有力保障。

4. 持续推动内部巡视整改落实 坚持立行立改，巡视期间，对违反中央八项规定精神等方面的问题坚持边巡边改，遇到问题迅速移交办理，形成立竿见影的效果。深化标本兼治，推动企业不断提升治理效能。坚持集中整改与持续深化整改相结合，建立持续深化整改情况报告及检查机制，防止虎头蛇尾、前紧后松。实现以下看上，把解决共性问题、突出问题与完善治理结合起来，推动监管水平不断提升。形成有力震慑，对巡视发现的重大风险问题，深挖细查，挂牌督办重点问题线索，坚决查处风险背后的责任和腐败问题；严肃处理违规违纪违法问题，彰显巡视利剑作用。

5. 加强队伍建设 按照政治过硬、本领高强、忠诚干净担当的要求，强化巡视干部队伍建设。坚持把政治建设摆在首位，成立党委巡视办党支部，全面加强巡视机构党建工作。建立完善巡视巡察干部准入机制，明确要求提拔使用巡视巡察机构专职干部应当听取巡视巡察办意见，建立下属企业巡察办主任任免上报备案机制。加强巡视巡察干部教育培训，强化“以干代训”“跟班锻炼”，让干部在巡视“熔炉”中得到淬炼成长。

【纪检监察】

2021年，国机集团纪委监察专员办全面落实十九届中央纪委五次全会部署和集团党委工作要求，聚焦“国之大者”、“企之要者”紧盯中心任务，充分发挥监督保障执行、促进完善发展作用，纪检监察工作高质量发展取得新进展新成效。

1. 抓学习，联系实际深学细悟砺初心 始终把深入学习领会习近平新时代中国特色社会主义思想作为首要政治任务，深入贯彻落实党的十九届六中全会和中央纪委五次全会精神，扎实开展党史学习教育，始终把握好纪检监察工作的正确政治方向。制定落实国机集团纪委监察专员办2021年工作要点，明确分工、细化措施，全年工作任务高质量完成。中央纪委国家监委杂志、网站 4 次推介了国机集团纪检监察工作特色做法。

2. 抓监督，围绕中心服务大局见实招 围绕国机集团改革发展、生产经营等重点工作，出台《有效推进政治监督具体化常态化意见》，明确 18 项重点任务和 18 项监督措施。紧盯国机集团“十四五”规划制定实施和三年改革行动方案、贯彻落实创新引领决策部署、深化中央巡视问题整改、常态化新冠肺炎疫情防控、巩固拓展脱贫攻坚成果等重点任务跟进监督，深入 97 家企业开展现场监督，确保集团重大决策部署落实见效，并形成高质量政治监督调研报告，在中央纪委国家监委《党风廉政建设》杂志刊载。

3. 抓惩治，“三不”一体推进拓深度 聚焦企业混改、投资并购、境内外工程项目等重点领域，严肃查处违规经营投资、靠企吃企及各种风险背后的责任问题、作风问题、腐败问题，监督执纪执法的成效进一步巩固拓展。深化“制度建设年”专项行动，督促国机集团总部以下看上，制修订制度 30 项、全系统制修订党风廉政建设和反腐败工作制度 631 项，加强制度执行和监督检查。连续 4 年开展以“六个一”为主要内容的“廉洁宣传教育月”活动，每年一个主题，不断推陈出新，把廉洁宣传与纪律教育、警示教育结合起来，不断增强教育的针对性、有效性。

4. 抓作风，全面从严锲而不舍严到底 国机集团从总部改起、从领导班子做起，深入联系企业开展调研，直插一线，杜绝“指尖上的形式主义”，以上率下引领作风建设更加务实。持续发力纠治公车私用、违规公款吃喝、违规公款送礼等易发多发“节日病”，“四不两直”对二级企业、京津地区重点三级企业节日检查、抽查全覆盖。修订《国机集团党委关于深入落实中央八项规定精神 进一步改进工作作风的实施意见》，督促完善集团总部履职待遇、业务支出提醒清单，实行负面清单管理，健全作风建设长效机制。

5. 抓协助，同向发力贯通联动一盘棋 协助、督促推动持续深化中央巡视整改，开展常规巡视和巡视“回头看”，制定巡视整改和成果运用办法，通过参加反馈会、审核报告、跟进督促、专项检查等落实监督责任，统筹谋划巡视巡察任务，实现有形覆盖和有效覆盖相统一。制定和落实《国机集团党委加强“一把手”和领导班子监督办法》，认真回复党风廉政意见，建立健全党委管理领导人员廉政档案并动态更新，强化同级监督。充分发挥党风廉政建设和反腐败工作协调小组作用，进一步建立健全违规经营投资责任追究和审查调查协同联动等工作机制，构筑全方位立体式监督格局。

6. 抓改革，固本强基自身建设显成效 持续深化国机集团纪检监察体制改革，落实“三项改革”要求，建立、完善国机集团纪检监察系统 18 项沟通协调、服务保障等制度机制，探索建立“室企地”三方联合、集团内部三级联动办案工作机制，建立“四位一体”基层企业纪检工作责任体系。全面落实“打铁必须自身硬”要求，始终把政治建设摆在首位，统筹开展全员培训，持续推动“以干代训”工作，优化内部机制，从严监督管理，不断加强干部队伍素质建设和作风养成，全面提升规范化、法治化、正规化水平。

【统战工作】

1. 召开国机集团领导与集团系统出席全国两会代表委员座谈会 2021 年国机集团党委书记、董事长张晓仑等集团领导与参加全国两会的集团系统内代表、委员（政协委员：石柯；人大代表：罗艳、吴继发、赵剡水）亲切会谈，学习全国两会精神，共话高质量发展。

2. 进一步引导广大统战成员凝聚高质量发展之力 为喜迎中国共产党成立 100 周年，国机集团在 2021 年 3 月至 11 月间开展“庆百年、爱国机、献良策、做贡献”主题系列活动，通过理论学习、主题征文、建言与座谈等形式，大力营造统战成员凝心聚力、融入中心、建功立业的良好氛围。其中，主题征文活动收到投稿 623 篇，一篇文章被国务院国资委党委统战部收录于主题活动优秀征文汇编。

3. 开展审核评价工作 研究制定国机集团《关于加强对党外代表人士建言献策工作室审核评价工作的指导意见》，启动对下属企业建言献策工作室的审核评价工作，提升建言献策工作室凝心聚力的平台作用。

4. 开展主题实地践学活动 为深入学习贯彻

《中国共产党统一战线工作条例》和习近平总书记在庆祝中国共产党成立100周年大会上的重要讲话精神，国机集团侨联于2021年10月14日开展京津侨联委员“学讲话 悟思想 凝侨心 创新绩”主题实地践学（扩大）活动。通过学习研讨与实地参观相结合的方式，进一步凝聚侨心、汇集侨智、发挥侨力，为集团高质量发展贡献归侨、侨眷力量。

5. 加强统战工作 学习贯彻落实中共中央正式印发的《中国共产党统一战线工作条例》精神，国机集团党委研究修订《国机集团党委关于进一步加强和改进统一战线工作的实施意见》，为加强和改进集团统战工作奠定了基础。

【精神文明建设工作】

深化精神文明建设工作。积极参加2020年度全国学雷锋志愿服务“四个100”先进典型宣传推选活动，推荐最佳志愿服务组织和最佳志愿服务项目；推动引导首都精神文明单位紧密围绕党史学习教育和“我为群众办实事”实践活动，开展工会、党建、企业文化宣传等活动，汇聚正能量、振奋精气神，带动广大职工群众主动投身精神文明建设。

【复转军人、老干部工作】

2021年7月29日，国机集团召开“学讲话 悟初心 发扬传统 再立新功”——庆“八一”复转军人座谈会。开展国机集团总部退休党员“庆百年 学党史”在线答题活动等，全年为总部退休干部提供医药费报销、生日祝福、两节慰问等全天候细致周到的服务。

【共青团工作】

截至2021年12月底，国机集团团组织共有936个，其中，团委97个，支部（总支）839个。团干部2 321名，其中专职15名。共有35岁以下青年39 135人，其中28岁以下团员14 177人。2021年，国机集团坚持党建带团建，以“双服务”为工作主线，不断提升共青团引领力、组织力、服务力，汇聚青年合力，为集团高质量发展做出贡献。

1. 坚持党建带团建，强化共青团的政治引领 2021年制定出台国机集团《关于加强党建带团建工作的实施方案》，进一步建立党委研究部署共青团工作重大事项的制度，加强了党委对共青团工作的指导。将团建工作纳入党建责任制考核，确保基层党建带团建工作的落实落地。

2. 推行“三学联动”，加强团员青年思想引领 通过“传统媒介与创新载体结合学、典型引领与宣讲示范结合学、红色沉浸与联系实际结合学”，建立国机集团团委、基层团委、基层团支部（总支）三级同步联动的青年大学习机制。一是围绕党史学习教育，党的十九届四中、五中、六中全会精神、“七一”讲话等内容广泛开展各类专题辅导。二是组织开展各类知识竞赛活动。2021年开展共青团“学党史、强信念、跟党走”党史知识竞赛活动，共计1.2万名青年党员和团员青年参加活动，以学促赛、以赛促学的互动式学习充分激发了大家的学习热情，掀起了党史学习的热潮。三是组织团员青年参加“机械工业纪念日”活动，“国机青年跟党走”参观东方红农耕博物馆、“缅怀先烈 传承红色精神”等主题团日活动。

3. 搭建青年成长成才平台，加强团员团干部队伍建设 一是关心关怀青年，“五四”前夕，国机集团党委书记、董事长张晓仑向广大青年讲团课，为青年成长指明方向。二是高度重视团干部培训和选拔，开展团干部培训班，搭建学习充电、业务交流、思维碰撞的平台。三是实施“青马工程”。根据中央企业团工委部署安排，2021年起草制定印发《国机集团“青年马克思主义者培养工程”工作方案》，对全集团进行分批次、分步骤部署安排。积极协调党委组织部、国机党校等部门，联合举办首期集团层面的“青马工程”培训班并完成一阶段的学习。指导、推动下属企业实施“青马工程”，累计21家具备条件的二级企业按期推行“青马工程”，覆盖率达80%，超额完成中央企业团工委要求的任务目标。

4. 坚持“双服务”，激发青年岗位建功内驱力 聚焦责任引领，围绕集团主责主业和中心任务，将岗位建功贯穿共青团工作全过程。

一是积极开展创新创客大赛、科技论文比赛，组织各级企业建立青年创新工作室16个，创建创新团队97支，取得省部级以上重要创新成果57项。

二是强化青年榜样选树。开展国机集团青年岗位能手、青年文明号、青年安全生产示范岗的评选表彰。积极推进全国、中央企业青年文明号，全国、中央青年岗位能手，全国青年安全示范岗的建设工作。2021 年，国机集团共有 2 个青年集体、2 名个人获得全国级表彰，16 个青年集体、16 名个人获得省部级表彰。

三是积极开展“我为青年办实事”实践活动成果，结合党史学习教育“我为青年办件事”活动，部署、推动各级团组织和团干部切实为团员青年解难题、办实事，推动累计解决实际困难 296 件，着力提升团组织服务力。深入开展“我与雷锋同行”志愿服务活动，“手挽手微心愿”活动，6 513 名国机职工子女向 4 个定点帮扶地区小朋友送去了 1 万余本书籍，完成了 72 个结对帮扶“微心愿”，并送去跳绳、羽毛球拍、足球等体育用品。捐赠金额近 30 万元。

5. 坚持“从严治团”，加强团组织建设 一是持续加强基础规范化建设。起草《国机集团基层团委换届选举工作指导手册》，督促指导所属企业团委有序规范地推进基层团组织的组建整合、换届选举等工作，确保基层团组织健全，不断提升基层团支部的组织功能。

二是及时制定印发国机集团团委年度工作要点，为全系统共青团工作做出指导；以“智慧团建”为抓手，确保学习教育等专项工作落地落实；认真落实“三会两制一课”、组织生活等基本制度；举办共青团工作片区交流研讨会，分享团青经验、交流工作心得、不断凝聚力量，积极推动各项任务落实见效。

【工会工作】

2021 年，国机集团各级工会组织围绕“建功‘十四五’、奋进新征程”这一主题，积极发挥桥梁纽带作用，各项工作取得了新的进展。

1. 抓住建党百年重大契机，不断坚定广大职工听党话跟党走的信念信心 一是突出政治引领，强化理论武装。2021 年，各级工会组织带领广大职工深入学习贯彻习近平新时代中国特色社会主义思想。工会主席带头讲党课，开展专题辅导，近百名工会干部参加学习。组织各级工会干部学习贯彻习近平总书记“七一”重要讲话和党的十九届六中全会精神。

二是围绕百年华诞开展主题活动。国机集团工会组织开展“百年党旗红，国机在行动”演讲比赛，在 12 个城市开展 12 场专题演讲，超 5 000 名职工现场参与活动。举办“印象国机·百年荣光”职工书画、摄影作品网络展，评选百幅优秀作品并出版成册。推荐劳动模范朱恺真、杨宏哲现场参加庆祝中国共产党成立 100 周年系列庆祝活动。各单位工会围绕百年华诞开展的主题活动超百个。

三是弘扬劳模精神，推动建功立业。制定印发《中国机械工业集团有限公司劳动模范评选表彰管理办法》。靖学闯等 10 名职工获评 2021 年度国机集团劳动模范。中国恒天经纬智能纺织公司荣获“全国五一劳动奖状”，中国三安张家港热卷板车间检修班组、二重德阳万航模锻压力机班组荣获“全国工人先锋号”，恒天嘉华曹仁广、苏美达股份蔡秋燕等职工荣获“全国五一劳动奖章”。组织各类劳动竞赛 192 场次。

2. 搭建职工技能提升平台，持续推动新时期产业工人队伍建设 一是职工技能竞赛精彩纷呈。国机集团工会不断探索新领域技能竞赛。第二届 BIM 技能大赛有 7 家单位的 112 人次报名参赛，第一届钳工技能大赛有 12 家单位的 37 名职工报名参赛，活动影响力进一步彰显。2021 年，国机集团各单位组织技能竞赛 186 场次，参与职工超 1.5 万人次。同时，国机集团各单位积极参加行业技能大赛，中机六院在中国勘察设计协会举办的 BIM 应用大赛中斩获一等奖 1 项，三等奖 2 项。国机重装在四川省职工职业技能大赛工具钳工大赛上有 2 名职工获“优秀选手”称号。

二是职工素质提升扎实推进。2021 年，国机集团工会积极推进产业工人队伍建设改革工作，对班组建设情况进行拉网式调查，全面梳理了存在的主要问题，提出了意见和建议。举办第 13 期优秀班组长能力提升培训班，17 家企业的优秀班组长参加培训。组织各单位参加中央企业班组长岗位管理能力资格认证远程培训。

三是创新平台建设成果显著。国机集团工会重视群众性创新工作，支持各单位通过建立劳模创新工作室、“双创”活动等打造创新平台。

3. 切实履行依法维权基本职责，有效解决职工关注的热点难点问题 一是充分发挥职代会作用。国机集团各级工会组织从源头参与上狠下功夫，共审议涉及职工切身利益的事件 392 个，充分保障了职工的知情权、参与权、表达权和监督权。

二是民主管理水平进一步提升。2021 年年初，国机集团工会把民主管理和厂务公开工作作为职工之家考评的重要项目。各单位通过定期收集职工建议和民主管理诉求，运用厂务公开栏将各项规章制度、解决办法进行宣贯，集体协商集体合同、工资集体协议、女职工特殊保护专项，组织职工代表进行民主巡视，不断推动民主管理水平提升。国机汽车中汽工程强化民主管理宣传工作，《我和中汽工程民主管理的故事》入选全国企业民主管理微视频大赛。

三是协商协调机制更加完善。各单位采取座谈会、专题调研、谈心谈话、设立主席信箱等方式，广泛听取职工意见和愿望诉求，疏通化解相关问题和矛盾。

4. 充分发挥职工服务体系作用，扎实开展“我为群众办实事”实践活动 “我为群众办实事”实践活动是党史学习教育的重要内容，2021 年，国机集团各级工会为职工群众办实事、解难题 1 303 项，实践活动取得积极成效。

一是困难职工帮扶力度加大。修订爱心基金管理办法，加大困难职工和子女助学救助力度。继续开展爱心一日捐活动，累计收到爱心基金捐款 824 万元。为关怀驻外职工，爱心基金先后向海外受新冠肺炎病毒感染的职工发放慰问金 77 万元，向坚守海外项目现场的 18 家单的 1 858 名职工发放慰问金 185.8 万元，集团工会向相关企业拨付慰问金 115.35 万元。集团各单位投入帮扶资金 856 万元，帮扶人数 29 530 人次。

二是职工需求服务不断满足。河南郑州等地发生特大暴雨灾害后，国机集团工会第一时间组织货源和运输车辆，将应急物资送到集团在郑州的 5 家单位受灾职工手中。中国一拖幸福 10 号托管班获得“全国工会爱心托管班”称号。国机重装胡应华家庭在寻找“最美家庭”活动中，被全国妇联评选为“2021 年全国最美家庭”。

三是普惠平台作用更加彰显。国机集团工会联合保利中丝集团，开设了国机集团内部会员网上专区。国机集团 CMEC 乡村振兴电商平台整合各帮扶县既有电商平台资源，形成集团电商帮扶统一品牌，2021 年共有 10 家单位通过电商平台采购职工慰问品，累计销售帮扶产品 11.5 万余件，金额达 700 余万元。

5. 广泛开展职工文化体育活动，不断提高职工建设“幸福国机”的积极性 一是品牌活动影响持续提升。国机集团组织参加了央企第五届“神软杯”羽毛球邀请赛、航天科工乒羽友谊赛和央企机关羽毛球邀请赛以及第六届中央企业篮球邀请赛并荣获亚军。在新冠肺炎疫情常态化防控情况下，充分发挥小型区域赛事灵活的优势，组织开展了“中机六院杯”羽毛球邀请赛、“国机重装杯”乒羽区域对抗赛和杭州乒羽友谊赛。

二是小微活动更加深入人心。为扩大职工参与面，从 2020 年开始，国机集团工会要求各单位重视小微活动，2021 年对如何开展小微活动进行专项培训。各工会开展各项小微活动，不断增强职工的幸福感和团队凝聚力。

三是对活动内涵的把握进步明显。国机集团各单位在策划文体活动时，更加重视对活动内涵的把握。国际劳动妇女节来临之际，国机集团工会举办“塑造优雅形象，成就智慧人生”专题讲座。

四是文体协会的作用不断提高。截至 2021 年年底，国机集团建有 317 个各类文体协会，协会会员达 16 918 人，文体协会发挥的作用越来越大，有效推动了工会工作的有序开展。

6. 夯实基础提升工会工作水平，有序推进学习型、服务型、创新型“职工之家”建设 一是加强工会规范化管理。国机集团工会召开 2 次委员会会议，完成 11 家单位换届审批等工作。集团各单位工会不断加强“职工之家”建设，已建职工书屋 113 个，妈咪屋 63 个。二是推进“智慧工会”建设。突出“互联网 + 工会”工作的思路，充分利用各类应用软件开设线上意见征集、考试竞赛、网上练兵竞赛、直播学习和各类事务预约、审批等端口，进一步提升工会工作效率。三是加大工会考评力度。修订“职工之家”考评办法，细化考评项目，2021 年，20 个单位获得工会先进工作集体称号，30 名职工获得优秀工会工作者称号。

【乡村振兴工作】

1. 推动巩固拓展脱贫攻坚成果同乡村振兴有效衔接 2021 年，国机集团深入贯彻习近平总书记关于乡村振兴重要讲话和指示精神，全面落实党中央、国务院决策部署，深刻领会和把握巩固拓展脱贫攻坚成果的战略任务、乡村振兴的战略定位，围绕巩固脱贫攻坚成果、全面推进乡村振兴，将自身优势所长与当地资源禀赋相结合，科学谋划、主动作为，及时调整工作思路、优化帮扶举措、注重补齐短板、做好有序衔接，实现政策平稳过渡、机构及时调整、干部队伍稳定、工作扎实推进，高质量完成了定点帮扶各项工作任务。国机集团在 2021 年中央单位定点帮扶工作成效考核中被评为“好”（最高等次）。

2. 高质量完成定点帮扶各项考核指标 2021 年，在 4 个定点帮扶县（区）投入无偿帮扶资金 3 549.99 万元，比上年增加 163.37 万元；引进无偿帮扶资金 239 万元，比上年增加 169.6 万元。引进有偿帮扶资金 1.8 亿多元，实现招商引资 3 460 万元。培训乡村基层干部 812 人，完成计划的 281%；培训乡村振兴带头人 926 人，完成计划的 189%；培训专业技术人才 5 916 人，完成计划的 265.29%。围绕助力“五大振兴”，从农业装备、特色产业、教育培训、基础设施、公共服务等方面，谋划实施了 50 个帮扶项目。购买脱贫地区农副产品 2 279.19 万元，帮助销售脱贫地区农副产品 1 151.81 万元。对地方政府安排的 19 个脱贫村，投入帮扶资金 257 万余元，实施帮扶项目 30 个，购买和帮助销售当地价值 336.7 万元的农副产品，选派 12 名驻村第一书记、18 名驻村工作队员，直接惠及脱贫人口 5 816 人。

3. 加强组织领导，认真落实中央和国务院国资委部署要求 2021 年，国机集团党委组织召开各类专题会 24 次（6 次党委会、18 次专题工作会），深入贯彻习近平总书记关于乡村振兴的重要讲话和指示精神，全面落实党中央、国务院决策部署，专题研究安排定点帮扶工作、制定定点帮扶计划，推动高质量完成定点帮扶任务。国机集团主要负责人和分管负责人 5 人次分别到 4 个定点帮扶县（区）全覆盖开展调研和督促检查工作，全年累计组织 191 人次赴 4 个定点帮扶县（区）开展考察调研 21 次；组织开展 15 次督促指导活动，形成 10 份督促检查报告，全力推动帮扶计划有序实施，督促指导定点帮扶县（区）贯彻落实中央决策部署，督促运行好防止返贫动态监测和帮扶机制，落实过渡期各项帮扶政策措施，全力推动责任落实、政策落实、工作落实和任务落实。

4. 选派优秀帮扶干部 2021 年，按照中央有关要求，继续向 4 个定点帮扶县（区）各选派 1 名挂职帮扶干部挂任所在县（区）常委或政府副县（区）长职务，分管或协助分管乡村振兴工作；并向 4 个定点帮扶县（区）各派驻 1 名驻村第一书记。同时，按照“压茬交接、不留空档”的要求，对 7 名已到帮扶工作期限的帮扶干部进行了轮换，并将轮换情况及时报有关部门备案。2021 年，国机集团选派的帮扶干部中，1 名驻村第一书记获评省级脱贫攻坚先进个人，2 名第一书记获评省级优秀驻村第一书记。

5. 加强总结宣传，营造良好氛围 国机集团淮滨苏美达服装科技发展有限公司荣获全国脱贫攻坚先进集体，2 家下属企业荣获省级脱贫攻坚先进集体。国机集团组织召开脱贫攻坚总结表彰会暨乡村振兴工作动员部署大会，全面总结脱贫攻坚工作成果，对表现突出的 24 名脱贫攻坚先进个人和 23 个脱贫攻坚集体进行了表彰，对巩固拓展脱贫攻坚成果同乡村振兴有效衔接工作进行再动员、再部署。国机集团党委书记、董事长张晓仑在《学习时报》发表署名文章《在乡村振兴中发挥顶梁柱作用》，全面阐述国机集团的脱贫攻坚经验和落实乡村振兴战略的深刻思考。

6. 宣传报道定点帮扶工作动态 充分利用网站、报纸、微信公众号、学习强国等宣传平台，宣传报道定点帮扶工作动态。积极协调定点帮扶县（区）各类媒体资源，及时宣传报道定点帮扶工作成效，讲好国机帮扶故事。帮扶朝天区的山地单轨运输车项目，有效化解了山地人力运输劳动强度高、效率低、成本高这一历史难题，先后在 CCTV1、CCTV13、今日头条、四川在线等多家主流媒体进行宣传报道。国机集团定点帮扶工作获得四川、河南、山西等地方媒体 35 次宣传报道。

第三篇

子公司发展概况

中国机械设备工程股份有限公司

【基本概况】

2021年，中国机械设备工程股份有限公司（简称中设集团、CMEC）坚决落实国机集团战略部署，积极应对严峻复杂的外部环境，极力克服新冠肺炎疫情带来的重重挑战，坚定转型升级步伐，保证了公司经营平稳发展。

1. 营业收入逆势增长 公司控制并扭转了业绩下滑态势，2021年度实现营业收入232.24亿元，同比增长21.46%。其中，建造合同收入增长20.0%，贸易业务收入增长19.6%，服务业务收入增长24.8%。

2. 利润总额企稳回升 公司2021年实现利润总额为17.28亿元，同比增长9.34%；实现净利润13.22亿元，同比增长9.22%。

3. 工程业务境内外同时发力 公司2021年营业收入中建造合同收入147.8亿元，同比增长21.6%，这主要是由于公司努力克服新冠肺炎疫情影响，持续推动境外建造合同业务新生效以及在执行项目进度逐步恢复，同时努力开拓国内建造合同市场，促进国内合同的执行。

4. 贸易与服务收入大幅回升 公司2021年贸易业务实现收入57.44亿元，同比增长19.9%。这主要是由于2020年贸易业务受到疫情影响较为严重，2021年国际、国内业务均呈现逐步恢复的态势。此外，物流服务业务有较大幅度的增长，2021年公司服务业务收入27.0亿元，同比增长23.85%。

5. 国际业务市场地位持续稳固 2021年公司境外工程成套业务新签合同额45.75亿美元，同比增长53%；境外工程成套业务成交额21.23亿美元，同比增长288%，大幅高于行业平均水平。

6. 国内市场开发取得重要进展 公司各经营单位积极开拓国内市场，业务业绩已涉及全国25个省、自治区、直辖市；2021年公司国内工程总承包签约额突破75.06亿元，形成业务领域新的增长点。

【“十四五”重点发展方向】

1. 总体战略

（1）总体目标。定性目标：“三个领先、三个一流”，即经济成长、结构布局、科技创新行业领先；体制机制、人才队伍、党的建设行业一流。定量目标：到2025年，营业收入达到300亿元，利润总额25亿元。

（2）主营业务。工程承包、设计咨询、贸易与服务、投资与资产运营。

2. 关键战略举措 加快国际国内区域中心建设，支撑国际国内两个市场。积极稳健、统筹开展国内外并购整合，促进公司“一体化”转变。对标世界一流，积极建设“价值创造型总部”，提升总部管控和服务能力。加快推动科技创新和数字化转型，努力向“科技型”公司转变。大力推动业务协同发展，提升公司综合竞争能力。持续深化国企改革和体制机制创新，提高公司活力和效率。

3. 业务战略

（1）工程承包业务。优化市场布局、拓展细分行业、升级业务模式、开展并购整合、加强市场营销、加强多方合作、推进属地化运营、推进技术“中心”建设、推进绿色项目管理。

（2）设计咨询业务。推动产业延伸、优化业务领域、加强科技赋能、加快区域扩张、开展并购整合、加强业务协同、加强市场开拓、创新体制机制。

（3）贸易与服务业务。深入推进“4+2”整合、积极开展贸易模式创新、推进内外贸一体化发展、谨慎开展大宗商品贸易、大力打造明星产品。

（4）投资与资产运营业务。明确投资原则、明确投资类型、明确投资领域、明确投资区域、明确投资机制、加强投资管理、创新资产运营。

【主要指标】

2020—2021 年中设集团主要经济指标完成情况见表 1。

表 1　2020—2021 年中设集团主要经济指标完成情况

指标名称	2020 年	2021 年	同比增长（%）
资产总额（万元）	5 101 922.54	5 362 268.82	5.10
净资产（万元）	1 831 042.08	1 950 534.75	6.53
营业收入（万元）	1 911 973.79	2 322 455.26	21.47
利润总额（万元）	157 789.99	172 812.38	9.52
技术开发投入（万元）	60 814.65	82 386.95	35.47
利税总额（万元）	214 478.25	199 011.23	-7.21
EVA 值（万元）	13 180.25	22 741.19	72.54
全员劳动生产率〔万元 /（人 • 年）〕	48.30	54.89	13.64
净资产收益率（%）	6.60	6.99	增加 0.39 个百分点
总资产报酬率（%）	3.17	3.41	增加 0.24 个百分点
国有资产保值增值率（%）	104.36	106.66	增加 2.30 个百分点

注：变动原因：

1. 资产总额同比增长，一方面是由于公司工程项目收款使货币资金增加，另一方面是由于公司工程项目进展使“两金”净额增加。净资产同比增加 11.95 亿元，主要是由于公司经营积累使净资产增加。
2. 营业收入同比增加 41.05 亿元，一方面是由于公司努力克服新冠肺炎疫情影响，持续推动境外建造合同生效以及在执行项目的进度，同时努力开拓国内建造合同市场，推动国内合同的逐步执行；另一方面是由于 2020 年贸易业务受到疫情影响较为严重，2021 年国际、国内业务均呈现逐步恢复的态势。
3. 利润总额同比增加 1.50 亿元，一方面是由于公司克服疫情影响，收入同比增加；另一方面是由于收益汇率波动使本期汇兑损失同比下降。
4. 技术开发投入同比增加 2.16 亿元，主要是由于随着收入提升，相应的业务技术服务费、设计费支出增加。
5. 利税总额同比减少 1.55 亿元，主要是由于 2021 年缴纳增值税同比下降。
6. EVA 值同比增加 0.96 亿元，主要是由于公司 2021 年净利润同比上升。
7. 全员劳动生产率同比上升 6.59 万元 /（人 · 年），主要是由于 2021 年利润同比上升。
8. 净资产收益率增加 0.39 个百分点，主要是由于利润总额同比上升幅度高于净资产上升幅度。
9. 总资产报酬率增加 0.24 个百分点，主要是由于利润总额同比上升幅度高于总资产上升幅度。
10. 国有资产保值增值率增加 2.30 个百分点，主要是由于利润总额同比上升。

【改革发展】

1. 国机工程集团正式挂牌　中国机械工业工程集团有限公司（简称国机工程集团、CMEC Group）于 2021 年 12 月 28 日正式挂牌运行。中设集团作为国机工程集团总部，开启了发展的新篇章。

2. 国企改革三年行动　2021 年年初，按国机集团统一部署，在广泛征求意见的基础上，结合自身实际，公司制定并发布了“CMEC 改革三年行动实施方案及工作清单”，具体工作共计 6 大类 41 项，每项工作都落实了责任单位和时间进度。

2021 年全年，公司认真参加了国务院国资委、国机集团组织的相关会议和活动，组织了多次工作推进会，重点推进了国机集团 2021 年重点考核的 9 个方面的工作，即制定“三重一大”决策事项清单，并列明党委会前置研究事项清单；推进董事会应建尽建，全面建立董事会向经理层授权的管理制度；董事会中外部董事原则上占多数；全面依法落实董事会各项权利；对标世界一流企业管理提升行动；压缩管理层级、减少法人户数；“两非”企业剥离；企业经理层成员任期制和契约化管理；全面推进用工市场化。9个方面的工作已基本达到国机集团2021年的要求。

此外，改革工作中其他各项工作也在按计划有序推进。

3. 人力资源改革 深入推进3项制度改革，2021年年底已全面推行员工市场化招聘工作，并在系统内推行使用统一的招聘平台，规范招聘工作的流程，公开招聘率达到100%。

初步建立干部、员工综合绩效测评体系，修订完善公司薪酬管理制度，并对薪酬水平进行了调整和优化。修订高管薪酬管理办法与绩效管理办法，严格对公司领导人的考核，充分激发企业领导人担当作为。同时，公司出台员工待岗位管理办法，实施末位淘汰，将考核与薪酬分配挂钩。

公司还创建了“中设网络培训中心”，初步实现了中设集团所属企业培训资源的共享和互通，已累计内部课程200余门，为员工创造了自主自助、不间断的学习条件。

【重大项目】

1. 海外项目克服新冠肺炎疫情影响，扭转低迷局面 成功签约土耳其铁路、莫桑比克电站、哈萨克斯坦医院、伊拉克谢伊詹水泥厂、巴基斯坦国家电网调度系统改造、尼泊尔马克乔克和马塔蒂塔变电站等一批海外项目。乌拉圭500kV输变电环网、秘鲁水厂、俄罗斯聚丙烯，以及中国电工泰国垃圾发电、吉尔吉斯斯坦和乌兹别克斯坦水电站等项目实现当年签约、当年生效，刚果（金）英加2水电改造项目取得实质性突破。

2. 国内项目开发与建设取得重要进展 主动融入“国内大循环”，成功签约了一大批国内重点项目，包括连州市210MW等一系列光伏电站项目，浙江衢江区科教产业园（一期）、张家界市传染病医院、新航国际物流贸易中心等多个工程总承包项目；中科院透平试验台、顺义屋顶光伏、广宗生物质热电、河南能化10万t PBT等创新性项目。此外，江西崇仁县渔光互补、德阳片区开发、成都片区开发等一批国内项目也在陆续开发、落地，并取得实质性进展。

3. 新市场、新领域探索取得重要突破 公司依靠丰富的业务资源，成功拓展制氢、储能、农业、化工等新业务领域。在国外，签约公司第一个大型化工项目——俄罗斯聚丙烯项目，巴基斯坦农业项目取得试种成功；中标葡萄牙150MW光伏项目，标志着公司进入了欧盟新能源市场。在国内，平顶山压缩空气储能电站项目实现了公司在新型储能业务领域的突破，山西鹏湾氢港制氢项目成为公司在国内工程承包市场氢能领域的第一个重大突破。

4. 海外“投建营”一体化项目取得新成效 巴基斯坦塔尔一期燃煤电站项目运行正常；塔尔二期ThalNova1×330MW燃煤电站项目、TEL1×330MW燃煤电站项目正稳步建设。孟加拉北达卡市垃圾发电项目，2021年8月完成项目公司的设立，2021年11月通过集团董事会审批。项目建成后，将成为孟加拉第一座也是南亚地区最大的垃圾电站，不仅将提高公司在南亚地区市场的影响力，也将提升公司在国内外垃圾处理、环保及可再生能源领域的品牌形象。

5. 项目履约突出“稳”字当头 截至2021年年底，公司在手执行项目129个（含中国电力工程有限公司、中国成套工程有限公司），总规模176.61亿美元。2021年，多个项目完成里程碑工作：伊拉克萨拉哈丁燃油气电站1号机组在伊拉克总理见证下实现并网发电；塞尔维亚电站二期项目取得煤矿扩容工程FAC证书；伊拉克巴士拉电站项目1号汽轮机系统管道碱洗开始；巴基斯坦吉航电站项目开关站设备和主变一次性送电成功；巴基斯坦N-J水电项目整体移交证书正式签署；巴基斯坦塔尔煤矿项目完成煤炭开采1 000万t里程碑；尼日利亚宗格鲁水电站项目进度达80%。秘鲁总统、赤道几内亚总统、喀麦隆水利能源部部长、安哥拉能源水利部部长等多国政府官员视察项目现场，高度赞赏了公司的项目执行能力。

【国际合作】

1. 国际工程承包业务基础地位愈加坚实 通过积极调整业务布局，搭建境外采购平台和EPC管理平台，加强专业化能力建设，不断尝试行业、市场、模式的创新转型。公司的海外市场已拓展到160多个国家和地区，在巴基斯坦、安哥拉、阿根廷、伊拉克、阿联酋等 8 个国家和地区形成了合同额 5 亿美元以上的规模市场。在巩固传统市场的同时，2021 年，公司还成功开拓了乌拉圭、俄罗斯、赤道几内亚、秘鲁、葡萄牙等新市场。

2. 区域化、属地化建设继续加强 公司在中东、东盟、中亚等重点市场试点建设了 10 个区域中心并取得阶段性成果。以阿根廷、玻利维亚等市场为基础，开发了乌拉圭和秘鲁等新市场。在项目执行阶段，积极与当地企业合作，提升项目实施、采购和人力资源等属地化成分占比。巴基斯坦系列输变电、巴林保障房、中白工业园内厂房建设等项目采用全属地化施工，在降低新冠肺炎疫情对海外生产经营影响的同时，有效解决了员工雇用问题，也为项目所在国当地人员提供了就业与培训机会，打造了一支有竞争力的员工队伍。

3. 海外投资运营业务继续深化 着力打造海内外投资和资产管理平台，围绕主业，大力推动相关投资业务。截至 2021 年年底，公司最早投资的巴基斯坦塔尔煤电一体化项目实际上网电量达到 100 亿 kW · h，已成为巴基斯坦最可靠的低成本电力来源之一。以投融建营模式推进的孟加拉北达卡垃圾发电项目 2021 年年底成功签约。

【科技创新】

1.“科技型工程公司”转型发展取得实效 公司设计咨询板块继续维持高速增长态势。工程承包项目已成为板块的主要业务来源，通过不断延伸国内市场布局，核心行业领域已达 10 个。中机国际工程设计研究院有限责任公司（简称中机国际设计院）持续深化工业、民用建筑、市政等六大业务，打造“研发 + 设计 + 总包”的全业务链；机械工业勘察设计研究院有限公司（简称机勘院）持续推进岩土工程一体化业务，通过设计带动 EPC，推动乡村振兴、城市更新改造等总承包项目。两院（中机国际设计院、机勘院）作为公司国内市场开发主平台的地位更加牢固。

2. 通过技术创新培育新业务 依托光储、输变电、水务工程、垃圾固废处理 4 个技术中心，公司陆续推出了光储产品包、加氢产品包、压缩空气储能产品包等技术解决方案，有效增强了对新技术的研发和应用推广，提升了科技对业务的支撑和服务作用。由公司科研基金孵化支持的智慧鹰、地下停车系统等科研成果，拥有自主知识产权、技术含量较高。

2021 年，公司还有多项科技创新成果实现应用：中设集团装备制造有限责任公司（简称中设装备）利用自身的设计研发优势助力徐州工程机械集团有限公司制造完成中国首台 700t 液压挖掘机；两院科技创新成果丰硕，海绵城市建设关键技术与专利产品、智慧水务、地下智能停车等一批技术实现应用。山西中设华晋铸造有限公司成功入选工业和信息化部“制造业单项冠军示范企业”名单。

【安全生产】

2021 年，中设集团没有发生人身死亡事故、设备事故、火灾事故、责任交通事故、环境污染事故。

1. 编制细化分级管控清单 公司编制出台了建筑工程、电力工程、水电工程、输变电工程《安全生产风险分级管控清单》4 个分册，共计 60 万字。针对具体施工工序和作业活动，列明了风险辨识、管控措施、应急处置措施，作为公司境内外安全生产管理人员开展项目现场风险辨识和风险分级管控的工作手册。

2. 强化隐患排查治理 结合境外工程项目新冠肺炎疫情常态化防控的实际情况，公司开展了 13 个项目的安全生产视频巡察。巡察过程中同时把项目现场的疫情防控措施列为安全生产检查重要内容。另外，公司加强对境外工程项目（机构）安保措施到位情况的巡察，确保措施到位，切实保障员工的生命财产安全。

3. 细化实化集中攻坚专项行动工作方案 公司在新冠肺炎疫情防控常态化标准下，坚持问题导向，细化实化集中攻坚专项行动工作方案，建立健全从主要负责人到一线岗位员工，覆盖所有管理和操作岗位的全员安全生产责任制，明确所有人员承担的安全生产责任，建立内部安全生产监督考核机制，推动各个岗位安全生产责任落实到位；通过教育培训进一步提升企业员工安全素质，推动每一个员工“明职责、会操作、知风险、能应急、除恶习”；各级安全管理机构和管理人员加强对集中攻坚专项行动工作的督促检查，综合运用通报、约谈、警示、提醒等手段推动相关工作。

【党建工作】

2021年，在国机集团党委的坚强领导下，中设集团党委深入学习贯彻习近平新时代中国特色社会主义思想和党的十九届六中全会精神，扎实推进党史学习教育，推动党建业务深度融合，以高质量党建引领高质量发展取得显著成绩。

1. 以党的政治建设引领公司发展 中设集团党委始终把党的政治建设摆在首位，以践行“两个维护”为首要任务，贯彻落实“两个一以贯之”，把党的领导落实到了公司治理、业务发展和改革创新各个环节。充分发挥党委理论学习中心组的领学促学作用，全年共召开10次中心组学习会议和集中研讨；认真落实“第一议题”制度，2021年党委会14次专题研究贯彻落实习近平总书记对本行业本企业重要指示批示精神的“第一议题”，形成了贯彻学习、跟进督办和定期报告的常态机制；全面贯彻落实《关于中央企业在完善公司治理中加强党的领导的意见》，从制度和执行2个层面确保了公司党委“把方向、管大局、促落实”、董事会“定战略、作决策、防风险”和经理层“谋经营、抓落实、强管理”的有机统一。

2. 以党史学习教育凝聚强大动能 根据国机集团党委部署，中设集团党委立足实际，按照“学党史、悟思想、办实事、开新局”的要求，构建了“一套方案、两项原则、三个层面、四种机制、八大课堂”的系统体系，精心部署、全面推进。党委领导班子带头开展党课宣讲17场次，全系统各级党组织共开展了党课宣讲400多场次，开展“我为群众办实事”重点民生项目207项，使党史学习教育成为促进公司新时期改革发展的一次强有力的思想洗礼和政治动员，获得中央企业党史学习教育第二指导组的充分肯定。

3. 以党建经营深度融合促进强基固本 制定颁布了《关于加强党建与业务深度融合的指导意见》，开展了“党建经营融合特色品牌”创建评比活动，近40个基层党组织上报了品牌项目56个，12个品牌项目进入复赛，内容涵盖境外党建、内部融合、联学共建、楼宇党建、机制融合、岗位融合、创新融合7大主题，在推动职能部门破解管理服务难题、发挥事业部项目现场党支部攻关作用、子公司之间开展协同等方面，彰显了融合成效。

4. 以建强干部人才队伍激发组织活力 中设集团党委始终坚持贯彻新时代党的组织路线，坚持党管干部、党管人才原则，通过全面优化干部管理、持续激发人才活力、不断推动制度完善等系统化措施，以严管厚爱的工作理念和正向激励的鲜明导向，不断激发干部人才队伍干事创业的激情和活力。

5. 以制度体系建设提升标准化规范化水平 持续推进公司“三基建设”，制定颁布《基层党组织党建工作考核评价暂行办法》，完善季度例会制度和常态化督导机制，开展年度党建考核，首次建立起比较完备的党建工作闭环体系；充分结合公司业务特点和组织特点，编制公司的《境外党建工作指导意见》《党建制度汇编》《党支部规范性文件汇编》《基层党组织工作指导手册》，带动公司各级党组织建设的标准化、规范化，使党建工作更加符合发展实际、业务实际。

6. 以贯通“两个责任”打造清朗环境 中设集团党委、纪委始终坚持一体推进不敢腐、不能腐、不想腐，切实履行党风廉政建设主体责任，靶向治疗、精准惩治，坚定不移推进全面从严治党、加强党风廉政建设和反腐败工作，持续打造风清气正的政治生态和“亲清”的业务发展环境。

7. 扎实推进党风廉政建设和反腐败工作 强化政治监督，做实做细日常监督，持续抓好新冠肺炎疫情常态化防控监督，强化统筹、协同推进专项治理，切实强化重要节点廉洁提醒，切实强化“八规四风”联合监督检查，切实强化工作作风检查。认真推进张淳案整改，组织基层纪检委员上讲台讲警示教育专题党课，围绕严格遵守中央八项规定精神以及严格履职待遇拍摄录制廉洁提醒系列小视频，组织参观北京市全面从严治党党性教育基地，进一步建立健全监督体系，强化标本兼治，积极构建一体推进“三不腐”长效治理机制。2021年，组织开展“学史守初心、廉洁作表率”主题征文，收集甄选66篇形式多样的征文报送国机集团纪委，有 10 篇入选国机集团纪委征文集。

8. 扎实推进巡察和“大监督”工作 全面贯彻中央巡视工作方针，认真落实中设集团巡察工作 5 年规划，2021 年开展第 6 轮、第 7 轮常规巡察，巡察 4 家企业。同时，在公司党委领导下，纪委办、巡察办、审计部 3 个核心监督部门，立足“巡审结合”“巡纪结合”的模式，积极探索联动的途径和方式，开展境外项目“大监督”工作，把常规监督和重点项目监督结合起来，切实提高境外项目管控水平。

【信息化与数字化建设】

1. 信息项目立项及评审机制 通过建立信息化项目立项、初审、评审、专家库等机制，实现信息化项目全生命周期管理，从技术标准、商务洽谈、实施建设、运营维护等角度进一步规范了信息化建设过程。

2. 信息系统整合 结合规划成果，重塑信息化应用架构，完成 OA、内网、文档、流程等平台的搭建，推进报销、NC、友报账、经管系统的集成，实现超过 81 个流程的统一审批，有效提高审批效率及用户体验。

3. 重大活动安全、网络安全保障 以中国共产党成立 100 周年、国庆节等专题活动为契机，陆续完成安全漏扫、渗透测试、安全加固等保测评、安全宣传等专项工作，持续推进网络安全保障常态化，进一步提高网信安全防护水平。

【履行社会责任】

2021 年，中设集团积极履行社会责任，不断完善可持续发展管理体系，提升可持续管理能力建设，创新责任沟通形式，加强与社会各界、有关行业企业的交流和合作，不断增强公司履责实践的透明度，推动公司可持续发展工作的优化提升。

发布了《中国机械设备工程股份有限公司 2021 年可持续发展报告》。这是公司发布的第 2 份可持续发展报告、第 9 份社会责任报告。

在生态环境部对外合作与交流中心等 12 家单位共同征集的《2021 年“一带一路”减污降碳协同增效典型案例》活动中，中设集团承建的安哥拉索约联合循环电厂项目被评选为典型案例之一。

在国际 SOS 基金会组织举办的 2021 年度全球企业“员工关照义务奖”评选中，公司凭借喀麦隆雅温得市萨纳加饮用水处理厂及其配套工程项目荣获“可持续发展奖”二等奖。

在 2021 年全球企业可持续竞争力高峰论坛中，公司荣获海外可持续实践卓越企业奖。

中工国际工程股份有限公司

【基本概况】

2021 年，中工国际工程股份有限公司（简称中工国际）围绕国家重点区域建设和“一带一路”建设，聚力构建国内国际双循环相互促进的新发展格局，积极应对各种风险挑战，聚焦设计咨询与工程承包、先进工程技术装备开发与应用、工程投资与运营三大业务板块，抢抓市场机遇，项目执行稳定恢复、稳中向好。同时，中工国际强化科技引领和协同融合，力推各项改革和经营举措，有效激发内部活力，经营业绩持续向好，在国内国际两个市场取得较好成绩，实现“十四五”的良好开局。

1. 设计咨询与工程承包

（1）国际工程承包业务触底反弹。中工国际克服新冠肺炎疫情带来的人力、运输、施工成本增加及融资收紧等困难，各在执行项目进展良好。在市场开发方面，在“一带一路”沿线广结硕果，签署哈萨克斯坦苏克天然气综合开发等多个项目。

（2）设计咨询与国内工程承包向好发展。国内工程承包业务坚持以设计为引领开展优势领域工程总承包业务。在医疗建筑、能源、生态环保、物流与工业、民用建筑等领域，实现多点开花。医疗康养建筑设计持续繁荣发展；持续探索向智慧医疗等数字化业务转型之路；民用建筑设计业务在细分领域持续发力，专注特色发展之路，商业综合体项目有新斩获；助力现代化空中交通管理体系建设及现代化口岸建设；超算中心领域的绝对领先地位不断巩固；生物实验板块取得新突破；在文化设施和文化演艺领域，紧盯国家重点文化类工程；在物流与工业设计业务领域，承揽多个机场项目；能源环保设计业务在传统领域保持良好发展态势；在重大科技基础设施领域继续保持竞争优势；绿色建筑咨询业务开拓取得新成效；完成多个智慧平台建设项目。

中工国际在全过程工程咨询领域中凭借在医疗康养、公共卫生、文化教育等领域积累的技术优势，斩获一批重点全过程工程咨询项目，展现了雄厚的咨询设计能力和高质量的服务水平。

（3）贸易物流加快转型升级。在贸易业务方面，中工国际积极进军新市场、新领域，不断丰富业务模式和供货来源。将所属企业中工资源贸易有限公司迁址到江苏省南京市，启航长三角地区，打造工贸平台，积极为行业及地区头部企业“走出去”提供全链条专业化综合服务。在物流业务方面，全力做好系统内“协同履约”服务，为中工国际国际工程项目和贸易业务提供物流保障。

2. 先进工程技术装备开发与应用

（1）关键核心装备研发与制造。凭借客运索道业务在国内领先的技术实力和质量信誉，签约多条景区索道项目，持续开拓新疆地区冰雪产业市场。自动化物流仓储业务紧跟业内焦点技术，加大仓储数字化平台开发力度，取得新突破。在起重机械业务方面，将传统起重机与现代物流技术有效结合，开拓智能起重机系统在智慧港口、智能制造领域的市场，不断研发新型环保物料输送产品，深耕水泥生产、垃圾处理、秸秆发电等市场领域。

（2）先进工程技术的研发与应用。中工国际的咨询设计能力不断朝国际先进方向发展，所属企业中国中元国际工程有限公司承担设计任务的民航三中心项目荣获 2020 年 Active House Award 中国区竞赛卓越奖。中国驻慕尼黑总领馆馆舍新建工程荣获中国建设工程鲁班奖（境外工程），FAST 项目获第十八届中国土木工程詹天佑奖。参与多项行业重要技术课题及指导文件编制工作，大大提升了中工国际的行业影响力和引领力。

3. 工程投资与运营 2021 年，中工国际“投建营”业务深耕环境工程领域，取得较大突破。同时，充分发挥在索道、能源等领域专业优势，密切跟踪相关领域项目，形成一定项目储备。

【“十四五”重点发展方向】

中工国际在全系统开展 168 次“解放思想、推动发展”大讨论及“育新机、开新局”专题研讨的基础上，高质量完成“十四五”战略规划编制，确定了新的愿景、使命和核心价值观，明确了“转型发展、融合发展和高质量发展”三大战略主线和未来五年的战略目标，搭建“1+3+7”的整体战略执行体系，即 1 个中工国际全系统整体战略 +3 个重要子公司战略 +7 个职能管理子规划，各子规划编制对公司“十四五”规划的目标任务进行具体的分解，与公司战略有很强的一致性、协同性和支撑性，保障战略规划的可执行、可实施、可落地。

“十四五”战略规划的总体目标：围绕国家战略，紧贴市场需求，调整国内国外市场布局结构，坚持科技创新引领，协同促进融合发展，提升专业化服务能力，优化业务结构，借势国企改革深化，加快推进转型升级，技术做精、专业做强、总量做大，构建国内国际双循环相互促进的新发展格局，奋力实现“二次创业”新目标。

到 2025 年，市场布局明显优化，积极稳妥推进国际化经营，探索实践“投建营”一体化项目新模式；加大国内市场开拓力度，融入国家区域发展战略。实现国际国内市场均衡发展，国内国际双循环相互促进。

业务模式显著转变，在巩固传统工程承包、

设计咨询业务基础上，积极推动以咨询规划设计能力为牵引，先进工程技术和装备为支撑，投资、融资、建设运营整体解决方案为特色的全价值链发展模式，“投建营”业务取得较好进展。

科技支撑力显著增强，建立覆盖全系统的科技创新管理体系，促进数字化、信息化技术与业务深度结合，推进数字化转型，科研成果对业绩形成有力支撑，优势领域行业领先地位继续巩固。

管理效能显著提升，协同化管理体系有效运行，管理制度更加完备，管理流程更加高效，融合发展取得明显成效，协同效应充分体现；深化人才强企战略，制定人才规划，打造能够支撑企业实现战略目标的人才队伍。

上市公司质量持续提高，治理体系和经营质量进一步优化，实现公司市值与内在价值的长期匹配和相互促进，实现高质量发展。

【主要指标】

2020—2021 年中工国际主要经济指标完成情况见表 1。

表 1　2020—2021 年中工国际主要经济指标完成情况

指标名称	2020 年	2021 年	同比增长（%）
资产总额（万元）	2 168 285.14	2 204 636.93	1.68
净资产（万元）	1 069 463.08	1 082 716.03	1.24
营业收入（万元）	796 599.01	863 976.45	8.46
利润总额（万元）	-9 953.61	27 939.84	380.70
技术开发投入（万元）	50 533.48	50 209.83	-0.64
利税总额（万元）	5 607.69	51 879.62	825.15
EVA 值（万元）	-59 790.12	-21 696	63.71
全员劳动生产率〔万元 /（人 • 年）〕	25.52	37.28	46.08
净资产收益率（%）	-0.94	2.42	增加 3.36 个百分点
总资产报酬率（%）	-0.37	1.47	增加 1.84 个百分点
国有资产保值增值率（%）	98.90	102.64	增加 3.74 个百分点

【改革发展】

1. 国企改革三年行动方案　中工国际贯彻落实国务院国资委和国机集团国企改革三年行动方案部署，聚焦公司三年行动改革方案中 7 大类具体措施和 21 项具体任务，不断健全法人治理结构，把加强党的领导和完善公司治理相统一，制定完善“三重一大”决策制度和董事会相关制度。子公司董事会实现应建尽建、外部董事占多数、经理层任期制和契约化等改革任务均 100% 完成。

2. 推进三项制度改革，强化干部队伍建设　结合改革工作部署，坚持价值创造导向，从优从严进行干部选拔任用，通过市场化选聘，引入中工资源贸易有限公司（简称中工资源）长三角开发团队，围绕事业部公司化改革完成事业部管理层的竞聘上岗，完成北京起重运输机械设计研究院（简称北起院）领导班子提级考核及中工环境科技有限公司、中工资源经理层公开竞聘，结合部门职责调整完成相关部门负责人调整。2021 年，共对 90 名干部进行职务调整，其中，提任 13 人，免职/降职 15 人。中工国际各级领导班子结构年轻化、合理化，干部队伍的能力素质得到提升。坚持业绩导向原则，实施工资总额动态管理，拉开员工薪酬分配差异，不断优化人员结构，进一步降本增效。中工国际本部主动采取措施减员优化 38 人。

3. 落实事业部主体责任，建立海外业务组织新模式　撤销经营业绩不好或不适应战略要求的部门。成立科技发展部，对相关职责进行重大调整，构建覆盖全系统的科研管理体系。按照专业精干高效的原则开展职能部门职责梳理和定岗定编，打造价值服务型总部，实现总部对业务的支撑、保障和赋能。

4. 启动工程事业部公司化改革 一是打破原有“画地为牢”的区域限制，成立第一、二、三、四、五工程事业部，激发组织活力；二是按公司管理模式，搭建事业部管理架构，推动决策向市场端前移；三是撤销原有的成套工程部门和区域中心，实现组织机构扁平化，提高运作效率；四是在事业部设置总工程师岗位，落实财务总监职责，在市场开发和项目执行中进行把关，守住风险底线。

【重大项目】

1. 中白工业园稳步发展 截至2021年12月末，中白工业园入园企业达85家，协议投资额超过12亿美元。白俄罗斯首个中医药项目入驻中白工业园，推动了与白俄罗斯及周边国家科研机构、卫生医疗机构的进一步交流，为中白两国在卫生医疗领域的务实合作提供了新动力。

2. 完成项目 2021年，中工国际共有7个项目实现竣工，累计合同金额为5.40亿美元。7个项目分别为乌兹别克PVC生产综合体建设项目、厄瓜多尔乔内医院项目、埃塞俄比亚的斯亚贝巴城网改造3A包项目、老挝博拉帕胶合板厂项目、菲律宾中国电信海缆项目、尼加拉瓜科林多港BZ油罐厂扩建项目和华为菲律宾通信基站建设项目。斯里兰卡延河农业灌溉项目、厄瓜多尔蒙特西纳伊医院建设项目正式移交并取得最终验收证书。

3. 在执行项目 2021年，中工国际在执行国际工程承包类项目有40个，其中重大在执行项目2个：埃塞俄比亚瓦尔凯特糖厂项目一期工程收尾，但由于埃塞俄比亚局势动荡，仍处于停工状态；乌兹别克PVC生产综合体建设项目实现整体移交，取得临时验收证书，并顺利投产运行。

4. 援外项目 2021年，援外项目有序推进，运行顺利平稳。援厄瓜多尔乔内医院项目通过验收并完成交接，援老挝玛霍索医院一期工程项目交付验收并投入使用，援白俄罗斯国家足球体育场项目、援塔吉克斯坦政府办公大楼项目等有序推进，援巴布亚新几内亚西太平洋大学等项目顺利开工，援柬埔寨特本克蒙省医院等7个项目竣工，援塞内加尔竞技摔跤场等3个项目检查验收质量评为优良，受到商务部表彰。

5. 股权投资 2021年，中工国际境外股权投资2 757.57万元，即国机火炬园项目（投资金额1 605.53万元）和中白产业投资基金项目（投资金额1 152.04万元）。

【海外市场建设】

1. 国际市场开发取得积极进展 中工国际聚焦基础设施建设、工业工程与民生工程，在“一带一路”沿线广结硕果。哈萨克斯坦市场实现重大突破，成功签约油气工程EPC项目（12亿美元）以及纯碱厂项目（3.36亿美元）；斩获几内亚NJMC金矿选矿厂建设项目、菲律宾米沙鄢变电站升级改造项目；在乌兹别克斯坦连续中标、新签3个市政供热网修复项目，巩固海外专业市场优势。孟加拉DESWSP输水管线项目、中联重科中白工业园工程机械生产基地项目等实现当年签约当年生效。此外，中工国际在加拿大接连签署3个大型矿业工程合同，有力稳固了当地矿业市场传统地位。

2. 稳步扎实推进海外项目执行 重大援建项目顺利移交：援厄瓜多尔乔内医院、厄瓜多尔蒙特西纳伊医院先后投入使用，为当地抗击新冠肺炎疫情做出重大贡献，并获国家国际发展合作署官网报道；援老挝玛霍索综合医院项目一期工程顺利移交，作为迄今为止中国对外卫生领域援助建设中投资规模最大、床位数最多（600床）的综合性医院建设项目，将极大改善老挝人民的就医条件；柬埔寨国家体育场历经4年建设后在柬埔寨首都金边正式移交，为中柬友谊再添新丰碑。重大民生项目投入使用：斯里兰卡延河农业灌溉项目圆满完成履约，极大缓解了项目所在地水资源分配不均的困局；中联重科中白工业园工程机械生产基地项目正式移交投运，在园区打造了一座“智能制造”的旗舰；老挝博拉帕胶合板厂项目顺利移交并投产，将为当地创造1 000多个就业岗位；乌兹别克斯坦PVC生产综合体建设项目获得竣工验收证书，大大促进了当地经济和社会发展；埃塞俄比亚贝雷斯1号糖厂续建项目顺利投产，埃塞俄比亚总理对中工国际给予充分肯定和赞赏，新华社以《中企承建埃塞俄比亚糖厂正式投产》为题对此进行宣传报道；乌干达工业园区输变电项目 132kV 变电站成功送电，大大缓解了工业园区的用电紧张情况。

3. 转型升级逐步迈向高质量发展 探索实践“投建营”一体化项目新模式，逐步向以整体解决方案为特色的全价值链发展模式转变，不断加强先进工程技术的应用，努力成为绿色低碳、卓越工程的引领者；着力构建覆盖全系统的科技创新管理体系，成立科技创新委员会。推动系统内科研项目协同创新，组织申报“政府间国际科技创新合作”重点专项课题，主编国际标准化组织 ISO《应急医疗设施建设导则》IWA38，完成 ISO/TC 96 起重机技术委员会主席接任工作，牵头制修订国际标准 2 项。中工国际承建的中国驻慕尼黑总领馆馆舍新建工程荣获中国建设工程鲁班奖（境外工程），援塞内加尔竞技摔跤场、援瓦努阿图总理府办公楼扩建、援巴布亚新几内亚国际会议中心升级改造 3 个项目检查验收质量评为优良，受到商务部表彰。国机火炬园项目入选开放合作展区“科技互联互通共促‘一带一路’创新之路发展”。

4. 积极践行绿色发展理念 中工国际积极履行社会责任，融入全球绿色发展，始终秉承践行共商共建共享原则，弘扬开放、绿色、廉洁理念，努力实现高标准、惠民生、可持续目标。公司承建的孟加拉帕德玛水厂项目是高质量、可持续、惠民生、绿色环保精品工程典范，入选《“一带一路”绿色发展案例报告（2020）》、“2021 中国企业国际形象建设案例”以及中国上市公司协会 ESG 案例汇编。公司同时入选《A 股公司 ESG 百强榜》，受到资本市场广泛关注和认可。

5. 持续完善海外风险防控体系 中工国际持续优化海外合规管理体系，广泛深入开展合规培训，强化合规管理海外全覆盖，完善大合规体系建设。根据法律法规变化和内外部监管动态，及时将外部合规要求转化为内部规章制度或行为规范指引。充分调动海外资源，组织开展中央企业重点境外项目风险排查处置工作，涵盖新冠肺炎疫情风险、政治风险、法律风险、安全风险、运营风险等，并有针对性地提出十余项风险应对处置措施。不断完善项目事前、事中、事后全链条式风险防范机制。

【科技创新】

中工国际坚持把创新作为引领发展的重要动力，着力建设覆盖中工国际全系统的科技创新体系和科技人才队伍。2021 年，成立科技发展部和中工国际科技创新委员会，完成《“十四五”科技发展规划》，修订并发布《中工国际科技管理办法》和《中工国际研发项目管理细则》。中工国际召开系统内科技创新和成果推广应用研讨会，深入挖掘系统内科技研发课题，组织申报“政府间国际科技创新合作”重点专项课题。

中工国际加大知识产权申报力度，全年共申请专利 92 项，其中发明专利 28 项；授权专利 92 项，其中发明专利 18 项；登记软件著作权 13 项。2021 年，中工国际牵头组织或参与 161 项国际、国家及行业标准的制修订工作，其中 39 项标准得以批准发布，充分发挥标准示范引领作用。

中工国际坚持以市场为导向，以促进科技成果的工程化、产业化、标准化为主攻方向，积极开展工程技术创新和特色高技术产品研发，取得丰硕成果。全年获得省部级以上各类奖项 134 项，其中，科技类奖项 8 项，勘察设计咨询类奖项 126 项。其中“超长距离大跨距脱挂式客运索道关键技术研究”分获中国机械工业科学技术奖二等奖和国机集团科学技术奖二等奖；“大型医药工厂无人化高效仓储物流系统”和“苏州大学附属第二医院高新区医院扩建医疗项目”获得中国机械工业科学技术奖三等奖和国机集团科学技术奖二等奖；“一种有轨巷道堆垛机”获得中国专利优秀奖；“一种基于二维码的起重机运行机构定位装置及定位方法”获得国机集团优秀专利奖三等奖。

起重运输装备等技术引领行业发展。北起院荣膺“中国重型机械行业‘十三五’科技创新 10 大领军企业”“2021 年度智能物流产业优秀案例”“2021 年度智能物流产业菁英”等奖项。在国家重大科技设施咨询领域处于领先地位，中国中元申报的“极深地下极低辐射本底前沿物理实验设施项目可行性研究报告”等 3 项咨询成果获得 2020 年度全国优秀工程咨询成果奖，列入国家“十四五”规划和 2035 年远景目标纲要。设计业务取得优异成绩，“北京积水潭医院新龙泽院区”等 11 个项目获得北京市优秀工程设计一等奖，“北京大学第一医院西南楼设计工程”等 3 个项目获得中国建筑学会建筑设计奖一等奖，“厦门市心脏中心”项目获得福建省优秀工程勘察设计成果一等奖。

【安全生产与境外新冠肺炎疫情】

2021 年，中工国际未发生生产安全主体责任事故，未发生不良影响的境外安全突发事件，安全生产形势总体保持平稳。

1. 修订安全生产专项管理制度 2021 年 5 月，中工国际根据公司业务模式和管理需求的变化，及时修订颁布《安全生产责任目标考核办法》和《生产安全事故报告和调查处理管理制度》等安全生产专项管理制度，使公司整体安全生产管理制度进一步完善。

2. 完善安全生产组织架构建设 调整更新公司安全生产委员会和应急指挥中心机构人员。所属子公司中国中元和北起院分别于 3 月份和 9 月份成立安全生产部，配备专职安全生产管理人员，公司整体安全生产组织架构进一步完善。

3. 全系统开展新《安全生产法》轮训活动 2021 年 7—10 月，中工国际全系统开展线上、线下新《安全生产法》轮训活动，使全体员工能够准确理解法律条款内容，增强学法、懂法、守法的自觉性。

4. 加强境外新冠肺炎疫情防控体系建设 加强组织领导、督导落实，协助境外机构（项目）对接国内线上医疗资源，解决员工“看病难”的问题。持续加强境外机构（项目）新冠肺炎疫情防控体系建设，充实境外防疫药品及物资储备，高度重视境外散发疫情的防控和报送工作，在保障境外机构（项目）有序运行的前提下，全年实现零死亡、零重症、无聚集性感染的优异成绩。

【党建工作】

1. 坚持以政治建设为统领，以实际行动做到“两个维护” 深入学习习近平新时代中国特色社会主义思想，将深入学习贯彻习近平总书记重要讲话精神以及关于本行业本企业的重要指示批示精神作为党委会“第一议题”，抓好习近平总书记指示批示的中白工业园投资、建设、招商及运营等工作，援厄瓜多尔乔内医院项目实现竣工移交，持续推动党中央决策部署和上级党委工作要求落地见效。

2. 深入开展党史学习教育，传承红色基因，汲取奋进力量 聚焦“深、细、实、新”，制定贯穿全年的工作计划，将深入开展党史学习教育同落实习近平总书记重要讲话精神及指示批示精神相结合、同聚焦主责主业践行央企三大责任相结合、同推动企业“二次创业”落实全年各项工作任务相结合，组织开展“知史爱党、初心如磐”书记讲党史系列专题活动，掀起党员干部讲学党史热潮；开展党史学习教育与深化“学习身边榜样”相结合，组织学习黄锡璆博士先进事迹；将党史学习教育纳入驻外干部行前“必修课”，把学习阵地延伸到海外项目一线；在内网及微信公众号开设“党史学习教育专栏”、制作发布“百年党史大事记电子书”和“百日学习卡”，多举措营造党史学习浓厚氛围；设计推出“追寻初心使命、重走奋斗征程”微信小程序，让国内外员工跨越时间空间学党史、健康行；推出“听中工青年说党史故事”音频节目联播，优秀青年代表深情讲述“十一人，十一书”革命先烈感人故事；打造固定化常态化观影阵地“红色影院”，激发党员干部爱党爱国热情；打造“红色精神走廊”，设立形式多样的百年党史宣传展板和党史知识海报，营造浓厚的学习教育氛围。

以庆祝中国共产党成立 100 周年活动为引领，厚植爱党爱国情怀。中工国际党委举办“风雨二十载，同行心向党”主题活动；中国中元党委设立党史展厅、院史展区，发布百篇文集、百张图片集和百个项目集，举办庆祝中国共产党成立 100 周年活动，为老党员颁发“光荣在党 50 年”纪念章；北起院党委举办“奋进新时代 永远跟党走”庆祝中国共产党成立 100 周年主题文艺会演，提振干事创业精气神。

深入开展“我为群众办实事”实践活动，聚焦“急难愁盼”，着力解决驻外员工困难事、烦心事、揪心事。改造员工宿舍和床位，解决在北京无固定住房的临时回国驻外员工及在京住宿困难的员工住宿难题。开通监测、预警、防护、诊治“四位一体”的境外医疗服务平台“杏树林”，为驻外员工撑起“新冠肺炎疫情防护伞”。定制驻外员工商业保险服务，完善境外医疗保障和紧急救援保障。关注驻外员工心理健康，开展适应性心理支持服务及群体身心健康评测。聚焦“服务基层”，为基层单位及员工提供更加完善的支持服务。为全体员工投保北京普惠保，开通“党建答疑窗口”，提供面对面“窗口式”交流指导，组织开展社保公积金政策及实操解析培训，制作发布员工商业保险解析手册，升级改造“爱心小屋”，打造女职工专属保护服务平台。聚焦“民生项目”，在保障和改善民生上做出新贡献。发挥医疗建筑设计咨询优势，助力国内基础医疗服务体系及公共卫生事业完善发展；坚持绿色发展，助力乡村振兴，四川凉山彝族自治州西昌市餐厨垃圾处理项目建成投入使用；多个工业废水零排放项目先后通过竣工验收，创造了良好的经济效益和社会效益。

3. 健全党管干部、选贤任能制度，着力打造高素质专业化干部队伍 坚持价值创造导向，从优从严进行干部选拔任用，严格把好政治关、品行关、能力关、作风关、廉洁关。加强干部交流力度，鼓励干部多岗位锻炼，培养复合型干部队伍，开展系统内干部交流工作。强化干部监督约束机制，严格对领导干部和关键岗位人员的管理。完善干部考核评价和干部选任机制，形成优者上、庸者下、平者让、劣者汰的用人导向。通过制度约束和思想引导，领导干部“四个意识”切实得到增强，敢于负责、勇于担当、善于作为的干部作风得到锤炼。

4. 进一步深化“三基”建设，确保基层组织全面建强、全面过硬 深入落实全国国有企业党的建设工作会议精神，做好国有企业党建工作会五周年“回头看”有关工作，严格执行基层党组织工作经常性督查指导意见。以“互联网 +”方式开展教育培训，组织党员集中教育培训、党务工作专题培训等，进一步提升党员党性修养和党务干部履职能力。开展公司“两优一先”表彰工作，充分发挥先进典型示范作用。持续推进党建与生产经营深度融合，围绕公司“十四五”战略规划开展交流研讨，着力解决生产经营重点、难点问题。开展“岗位建功”实践活动，充分发挥基层党组织的战斗堡垒作用和广大党员的先锋模范作用。

5. 凝聚共识、强化担当，坚守意识形态阵地 认真贯彻落实党中央及国务院国资委党委关于网络意识形态工作的决策部署及指示精神，不断完善网站和新媒体信息发布管理制度。积极宣传并践行“锻造国机所长，服务国家所需”发展理念，搭建中文内外网，各语种外文网站，微信公众号、视频号，抖音等网络平台，加大着眼投身“双循环”业绩、科研技术实力、改革发展成果等各方面宣传力度以及一线员工和先进典型人物事迹宣传，为奋斗新征程凝聚磅礴力量。

6. 严格落实全面从严治党责任，纵深推进党风廉政建设和反腐败工作 制定《中工国际党风廉政建设责任制实施办法（试行）》等制度文件，强化机制保障，推动作风建设向纵深发展、向基层延伸。发挥监督协调组作用，构建中工系统“大监督”格局，进一步完善公司党风廉政建设和反腐败工作协调机制。常态化开展廉洁宣传和警示教育，营造风清气正的政治生态。紧盯重大节日期间的“四风”问题，自编自演制作廉洁宣传短视频，做到关键节点、关键岗位提醒全覆盖。落实国机集团党委巡视整改，接受国机集团巡视整改督导检查，巡视整改工作整体得到肯定。

7. 坚持党建引领群团，营造同心同力同行的文化氛围 举办 2021 年团干部教育培训班，有效提升团干部的政治理论水平和工作履职能力；完成“小太阳”志愿服务队注册及授旗，积极投身社会公益服务事业；依托青年思想大讲堂、青年马克思工程，多元化多层次开展青年大学习；举办“书香润心灵 共话七夕情”青年线上联谊活动、第一届“同心杯”羽毛球邀请赛，展现团结协作和积极向上的精神风貌。加强工会组织建设和制度建设，维护职工合法权益。持续推进驻外员工家属“一对一”关爱帮扶长效机制；开展“三八”国际妇女节、“六一”国际儿童节、开学季驻外员工子女助学、国庆节驻外家属慰问等主题活动；组织多个职工文体协会，开展丰富多彩的群众活动，切实提高职工的获得感和幸福感。高度重视团结统战人士，发挥统战人士作用，开展“庆百年、爱国机、献良策、做贡献”主题活动。开展走访慰问工作，让老干部切实感受到组织的关怀和温暖。

【信息化与数字化建设】

1. 编制公司“十四五”信息化子规划 公司“十四五”信息化战略定位是：服务管理提升，助力融合发展，推动数字化转型；3 条工作主线是：加强在线管控、共享优势资源、赋能价值创造。建立健全网络安全与信息化治理体系、标准体系和安全体系 3 个保障体系。以集团化在线管控为重点，统筹业务管控平台、数据中台、基础设施以及业务赋能类平台 4 类主题建设工作，打造全级次在线管控能力、资源共享能力、高效协同能力、业务创新能力 4 种新型能力，形成中工国际系统信息化建设“一盘棋”的新格局。

2. 信息化平台建设 启动业财一体化平台项目，解决系统“信息孤岛”局面；升级档案系统版本，理顺并优化档案归档流程。

3. 制定数据安全五年规划 启动数据库审计工作；启动统一认证系统和财务系统两个系统测评工作；启动公司等级保护工作，包括邮件系统备案变更工作、业财一体化平台备案工作；升级服务器、会议系统和网络，并启动机房动环监控系统。

【履行社会责任】

中工国际在海内外项目所在地积极履行企业责任，在用心打造精品工程、绿色工程的同时，积极参与各项公益事业，在抢险救灾、农村支援、教育支援、社会福利等诸多领域进行捐助。

1. 履行央企社会责任，提升责任管理水平 2021 年，中工国际连续第 4 次获得中国对外承包工程企业社会责任评价中的最高级——社会责任领先型企业；承建的斯里兰卡延河农业灌溉项目入选对外承包工程企业社会责任优秀案例；ESG 实践案例《创造中国工程价值 用行动践行使命担当》成功入选中国上市公司协会汇编的《上市公司 ESG 优秀实践案例》。

2. 落实定点帮扶乡村振兴工作责任 2021 年，中工国际投入 95 万元帮扶资金到定点帮扶片区。持续推进消费扶贫，中工国际及下属子公司集中采购扶贫产品累计支出 253 052 元。由于在脱贫攻坚工作中的突出表现，中工国际荣获国机集团“脱贫攻坚先进集体”称号。

2021 年，中工国际分别获评 2021 年度对外承包工程行业 A 级企业、对外承包工程行业 AAA 级信用企业、2018—2020 年度“首都文明单位标兵”荣誉称号；中工国际所属中国中元获评“首都文明单位”荣誉称号；中工国际获深圳证券交易所 2020 年度信息披露考核 A 级评定。

中国恒天集团有限公司

【基本概况】

2021 年，中国恒天集团有限公司（简称中国恒天）实现营业收入 462.75 亿元，完成年度指标的 107.62%，同比增长 9.89%；实现利润总额 9.78 亿元，完成年度指标的 42.50%，同比下降 62.15%；实现净利润 4.55 亿元，完成年度指标的 27.97%，同比下降 75.22%；全员劳动生产率 35.83 万元 /（人 • 年），同比增长 6.86%；研发经费投入强度 1.89%，同比下降 0.22 个百分点。

【“十四五”重点发展方向】

2021 年 9 月，中国恒天印发了《中国恒天集团有限公司“十四五”发展规划》，明确了

“十四五”期间，中国恒天要聚焦发展纺机核心主业，加快构建形成以纺织机械为核心主业，涵盖现代纺织贸易、先进医卫材料在内的“大纺织”产业链上下游业务协同发展格局，努力打造“大纺织”生态圈创新发展平台。

【主要指标】

2020—2021 年中国恒天主要经济指标完成情况见表 1。

表 1　2020—2021 年中国恒天主要经济指标完成情况

指标名称	2020 年	2021 年	同比增长（%）
资产总额（万元）	9 449 126	9 691 163	2.56
净资产（万元）	2 037 211	2 352 370	15.47
营业收入（万元）	4 210 952	4 627 512	9.89
利润总额（万元）	258 298	97 755	-62.15
技术开发投入（万元）	89 013	87 646	-1.54
利税总额（万元）	350 182	375 897	7.34
EVA 值（万元）	67 931	-8 572	-112.62
全员劳动生产率〔万元 /（人・年）〕	33.53	35.83	6.86
净资产收益率（%）	8.00	1.99	下降 6.01 个百分点
总资产报酬率（%）	2.11	0.52	下降 1.59 个百分点
国有资产保值增值率（%）	-535.21	49.53	增加 584.74 个百分点

【改革发展】

中国恒天按照国机集团改革三年行动部署要求，加快推动重点改革任务落地落细。修订完善了党委（党组）前置研究事项清单，进一步厘清了各治理主体之间的权责边界；加快推进董事会应建尽建工作，26 家应建尽建企业全部建立健全了董事会；统筹推进外部董事占多数，25 家企业实现了外部董事占多数；持续推动市场化经营机制改革，63 家企业全面实现了经理层成员任期制和契约化管理并完成了签约；组织抓好对标提升行动，全年完成 31 项提升任务，阶段任务完成率 80%；持续开展“压减”工作，全年实现控股企业退出 54 家，参股企业退出 30 家；加快推进“两非”剥离工作，全年完成 23 家“两非”企业退出，超额完成国务院国资委要求的 70% 的目标。

任期制和社会化管理方面：制定发布中国恒天任期制和契约化管理制度，在纳入改革范围的企业中，全面推行经理层成员任期制和契约化管理。扎实推进退休人员社会化管理、集团总部退休人员社会化管理，确保 2021 年年底前本部退休人员全部移交到街道和社区实施社会化管理；督促在京直管企业 2021 年年底前实现退休人员社会化管理，督导京外直管企业积极与地方政府做好对接沟通工作，力争 2022 年年底前全面完成退休人员社会化管理。

考核分配及薪酬方面：健全直管企业负责人薪酬激励与约束机制，是激发企业发展活力的重要手段。2021 年修订了中国恒天直管企业负责人薪酬管理办法，建立与考核评价结果紧密挂钩、与承担责任相匹配的薪酬机制，充分发挥薪酬管理对调动企业负责人积极性的重要作用。

【重大项目】

1. 组织开展“瘦身健体”管理提升工作　2021 年，为有效化解债务危机，中国恒天组织制定了《恒天集团瘦身健体管理提升工作方案》，并成立了“三资”结构优化调整专班、亏损企业治理专班、存量土地处置专班、巡视巡察及审计发现问题整改专班，督导、推动解决制约中国恒天经营发展过程中突出的难点、痛点。全年完成存量土地处置回款 19.72 亿元，参股企业退出实现回笼资金 7.21 亿元；实现减员 2 964 人；2021 年年末中国恒天总部担保余额较预算减少 34.88 亿元，不合规担保额较 2021 年年初减少 25.72 亿元；加大所属企业借款清收力度，共清收借款本息10.68亿元，累计净销银行账户175户。

2. 湖北新楚风债务危机化解工作取得关键性成果 中国恒天变被动为主动，系统谋划，科学计划，扎实推进，通过协调地方政府、管理人，积极推进湖北新楚风汽车股份有限公司（简称湖北新楚风）债务危机化解工作。截至2021年12月，湖北新楚风战略投资人协议已经谈妥，2022年上半年完成第二次债权人大会表决等程序后提交法院批准执行，湖北新楚风司法重整工作即告完成。

【科技创新】

中国恒天不断加大科技投入力度，持续推进新产品开发和关键核心技术攻关，科技创新工作取得了较好的成绩，科技奖项质量获得提升。2021年获得省部级和全国性行业科学技术奖9项、专利奖6项、质量奖2项。其中，国机集团科技进步奖一等奖1项（全流程智能化棉纺成套装备及系统）、三等奖2项，中国纺织工业联合会科技进步奖5项，山西省科技进步奖二等奖1项；中国专利奖优秀奖1项（一种高效节能分体式抽吸辊筒），国机集团优秀专利奖一等奖1项（一种自动络筒机插管装置及插管方法）、三等奖2项，中国纺织工业联合会优秀专利奖金奖1项、银奖1项。恒天重工股份有限公司（简称恒天重工）非织造开发部QC小组凭借降低水刺法非织造布生产线疵点率获全国优秀质量管理小组荣誉称号，青岛宏大纺织机械有限责任公司（简称青岛宏大）质量部质量管理科获全国质量信得过班组荣誉称号。经纬纺机的全流程智能化棉纺成套装备及系统项目获得促进金砖工业创新合作大赛一等奖、首届智能制造创新大赛二等奖。

积极推进创新平台建设，宜昌经纬纺机有限公司（简称宜昌纺机）荣获第三批专精特新“小巨人”企业称号；青岛宏大清梳联合机荣获“第六批制造业单项冠军产品”称号；经纬智能纺织机械有限公司（简称经纬智能）入选全国先进制造业与现代服务业融合发展试点单位。恒天重工获批“河南省工业设计中心”“河南省博士后创新实践基地认定”“河南省智能化纺织装备工程研究中心”和“河南省服务型制造示范企业”。

持续推进21项纺机技术难题和短板、“卡脖子”问题等关键核心技术攻关。承担的工业强基工程项目——年产3万t纤维素短纤维实施方案通过了工业和信息化部验收。承担的2项重点研发计划项目通过了科技部组织的综合绩效评价验收；面向纺织典型行业的机器人自动化生产线示范应用项目实现了纺纱领域自动化生产装备与机器人系统融合、机器人与自动化生产线作业协同以及纺纱全流程自动化生产，提高了生产效率，降低了生产成本；高品质聚乳酸纤维及其纺织品规模化制备及应用项目研制了熔体直纺工艺技术装备，建成了年产1万t的连续聚合纺丝示范生产线，研发了耐热、抗水解、原液着色等差别化聚乳酸纤维的制备技术，提升了我国在聚乳酸及生物基材料领域技术的创新能力，推动了生物基降解材料布局及产业进程。K3503F型三股节能直捻机和CGKV549F型玻璃纤维捻线机2项成果通过了中国纺织工业联合会的科技成果鉴定。新承担国机集团科研专项任务1项（水刺法非织造布成套装备及智能工厂技术创新项目），参与工业和信息化部2021年产业技术基础公共服务平台——纺织行业智能制造标准试验验证公共服务平台项目。

【安全生产】

中国恒天2021年度安全生产指标控制良好，未发生重大伤亡事故、重大责任事故和重大火灾事故，实现了“三无”目标，未发生不良影响的境外安全突发事件，全年无新增职业病，安全生产形势总体保持平稳。高效处置墨西哥公司突发新冠肺炎疫情，全年未发生防疫违规事项和重大疫情情况。

2021年共发生重伤1起1人次，各类轻伤事故32起，轻伤事故数量较上年同期下降17%，千人轻伤率约为1.17‰，较上年同期基本持平，低于同行业千人轻伤率4‰的行业平均水平。35家主要生产型企业中有21家未发生生产安全责任事故，占60%。

【党建工作】

1. 坚持以党的政治建设为统领 制定《中国恒天党委“第一议题”学习制度（试行）》，完善学习机制，全面落实“第一议题”制度；推动全级次重点企业严格执行“三重一大”决策和前置研究程序，修订“三重一大”决策事项清单，推动贯彻落实习近平总书记重要指示批示精神规范化、制度化。坚持以党的思想建设为根基，全年深入开展党史学习教育、习近平总书记“七一”重要讲话精神、全面从严治党、学习贯彻党的十九届六中全会精神等专题学习；各级企业多形式举办庆祝中国共产党成立100周年系列主题活动；集团总部组织参加国机集团党史学习教育知识竞赛荣获第一名，推动开展“我为群众办实事”72项，统筹年度思想宣传工作，让党旗在基层一线高高飘扬。

2. 坚持以党的组织建设为保障 坚持党管干部、党管人才，强化干部提拔选任、考核与监督工作，保证新提任干部纪实材料完整率100%、人事档案专项审核覆盖率100%。深入开展“党建创新拓展年”专项行动，推动党建工作标准化；加强“三基”建设，“树导向、抓样板、定模式”，选树1个党建标准化企业、3个标准化基层党支部，充分发挥标杆作用，将党建工作转化为企业改革发展优势；宏大研究院有限公司（简称宏大研究院）党支部荣获“中央企业先进基层党组织”，中国恒天集团党委荣获“全国纺织行业党建工作先进单位”称号。

3. 推动党建与经营工作深度融合 制定完善《关于推进党建与经营工作深度融合指导意见》，推动党建工作融入公司治理、引领改革创新取得实效，实现党的优势在企业治理能效中的成功转化。以面向一线职工直播的方式成功举办第八届职工技能大赛，经纬智能的裴宝林、青岛宏大的车社海荣获“中国纺织大工匠”荣誉称号。

4. 坚持全面从严治党 压紧压实管党治党主体责任和监督责任，建强“大监督”体系并制定实施意见；认真开展肃清张杰案件恶劣影响专项工作回头看、四个专项整治、民企挂靠、影子公司、影子股东等专项整治工作及国机集团党委第一巡视组反馈问题整改工作，推进深化中央巡视整改与抓实内部巡察，深化问题整改，牵头组建整改专班，对22家往年被巡察企业整改情况逐项督导检查再梳理，充分发挥巡察利剑作用，以问题为导向，突出政治巡察，把发现问题、形成震慑作为主要任务，推动巡视巡察上下联动、同频共振；持之以恒正风肃纪，成立中国恒天党风廉政建设和反腐败工作协调小组，制定和落实工作规则，统筹协调推动党风廉政建设和反腐败工作，强化不敢腐、不能腐、不想腐一体推进，运用“四种形态”营造风清气正的政治生态。

5. 助力平陆县脱贫攻坚和乡村振兴取得全面胜利 中国恒天荣获国机集团脱贫攻坚突出贡献奖，恒天重工、经纬智能荣获国机集团脱贫攻坚先进集体，1人荣获中央企业优秀共产党员、国机集团脱贫攻坚标兵，3人荣获国机集团脱贫攻坚先进个人荣誉称号。

【信息化与数字化建设】

中国恒天利用信息化手段，聚焦制造工艺、加工设备及生产线，加速工艺改造、技术改造、物联网建设，推动新一代信息技术与先进制造技术深度融合。具体来说就是以MES（生产过程执行管理系统）为基础，打通生产过程数据流，构建虚实融合、动态优化、安全高效的数字化制造体系；以ERP（企业资源管理系统）为基础，补齐各企业管理信息化短板，加强信息系统应用的广度深度，实现人财物全要素数据化，打通企业资源计划的数据流。加速企业计划层、生产控制层、执行层的数据融合，强化供应链、市场需求的协同共享和敏捷反应，逐步实现高质量、低成本、高效率、精益化的生产运营体系。

【履行社会责任】

1. 全力推进重点项目 主动联系国机集团和平陆县有关单位，认真制定修改国机集团2021年定点帮扶平陆县计划项目9项，总预算933.87万元，需投入帮扶资金700万元。组织召开了平陆片区乡村振兴工作会议，及时向平陆支付了帮扶资金260万元。积极推进国机平陆现代农业产业示范园（二期）、采摘示范园配套设备、农产品加工中心建设、后地村饮水安全和文化广场、教育培训、同舟工程“救急难”行动等9个重点项目的落实，与项目建设方签订了项目合同，加大推进力度。

2. 积极开展消费扶贫 积极主动完善平陆地

区消费扶贫措施，组织各企业开展消费扶贫。在中国恒天党委的倡议下，公司扶贫办和工会加强与平陆电商的联系，动员各企业与平陆电商先签订协议再办理购买农副产品，要求企业在购买农副产品时要优先购买定点帮扶的平陆地区农产品。中国恒天所属企业2021年1—9月采购平陆地区农产品计306.85万元。

3. 推进扶贫攻坚工作 严格落实“四个不摘”总体要求，巩固和拓展脱贫攻坚成果。调整中国恒天定点帮扶工作领导小组，制定、完善改进方案。做好脱贫攻坚先进个人和先进集体的评选和上报工作，中国恒天获得国机集团脱贫攻坚突出贡献奖，恒天重工、经纬智能被表彰为国机集团脱贫攻坚先进集体。

中国福马机械集团有限公司

【基本概况】

2021年是“十四五”开局之年，中国福马机械集团有限公司（简称中国福马）以“十四五”规划战略落地责任书为引领，加快产业结构调整，深化企业内部改革，聚焦目标任务，努力开拓市场，克服新冠肺炎疫情影响，经营工作平稳有序运行。

2021年，中国福马主要经济指标出现恢复性增长。全年完成营业收入22.39亿元，较上年同期的19.71亿元增长13.6%，完成率为123.09%，利润总额3 816万元，较上年同期的2 845万元增长34%，预算完成率为146.77%。

【“十四五”重点发展方向】

1. 农业机械方面 做精做优特色装备，走中高端、绿色、环保、智能、高效、差异化发展方向，开展丘陵山区水田农机需求的调研、宜机化改造。持续加大技术投入，提升研发费用比重。研究水稻插秧机领域关键技术，掌握其核心技术，拥有自主知识产权，加强关键技术的产学研合作，提高农机农艺的融合度。探索公司农机装备与互联网的融合方案，推进公司农机装备与互联网的融合。

2. 动力装备和车辆方面 巩固、扩大在特种车辆业务领域的已有优势，持续加大新品研发投入，积极开发符合更高节能环保要求的产品和技术，加大国际市场开拓和营销模式创新的力度，力争达到和保持国内领先、国际知名的特种车辆供货商的市场地位。以林区防火装备和城市社区消防机械为重点，拓展产品系列、提升满足防火需求的能力，成为国家森林消防细分市场的领先者。

3. 人造板机械方面 聚焦发展连续压机、砂光、锯切、热磨机系统四大应用技术平台，连续平压和铺装技术跟紧世界领先水平；坚定追求砂光、锯切技术及产品比肩国际一流水平，持续保持市场占有率领先；热磨机备料装备向集成化、工段化方向发展，每年以工段销售收入30%以上的增长率向备料工段集成商发展，初步成为人造板行业备料工段优质集成供应商。

4. 工程贸易方面 利用中国福马在林业系统和国内外光伏圈的知名度和影响力，整合行业资源，推进木材加工企业的分布式光伏电站开发、建设、转让，逐步形成中国福马特色的“林业新能源”工程贸易模式。

5. 托管国机重工方面 在风险排查、摸清家底的基础上，按照国机集团对中国国机重工集团有限公司（简称国机重工）改革调整的思路，明确战略定位，通过“瘦身健体”、调整资产结构、减轻债务负担来化解重大风险，解决存在的突出问题。

【主要指标】

2020—2021 年中国福马主要经济指标完成情况见表 1。

表 1 2020—2021 年中国福马主要经济指标完成情况

指标名称	2020 年	2021 年	同比增长（%）
资产总额（万元）	273 745.75	361 654.10	32.11
净资产（万元）	150 254.29	153 205.58	1.96
营业收入（万元）	197 129.15	223 951.28	13.61
利润总额（万元）	2 845.72	3 816.15	34.10
技术开发投入（万元）	5 526.34	8 634.76	56.25
利税总额（万元）	4 612.86	4 802.92	4.12
EVA 值（万元）	-4 512.24	-3 284.31	-27.21
全员劳动生产率〔万元 /（人・年）〕	13.02	13.71	5.30
净资产收益率（%）	1.52	1.73	增加 0.21 个百分点
总资产报酬率（%）	1.89	1.77	下降 0.12 个百分点
国有资产保值增值率（%）	101.40	101.55	增加 0.15 个百分点

【改革发展】

中国福马积极贯彻落实国企改革三年行动计划，确保年度任务目标完成。中国福马国企改革三年行动重点任务完成情况见表 2。

表 2 中国福马国企改革三年行动重点任务完成情况

序号	工作任务	具体要求	国机集团要求	完成情况
1	中国福马和重要子企业是否结合实际制定本单位党委（党组）前置研究讨论重大经营管理事项清单，厘清各治理主体权责边界	制定“三重一大”决策事项清单，并列明党委前置研究事项清单	年内 30 家重要子企业需 100% 完成，并根据重要制度修订进行更新	已完成
2	到 2022 年，国有企业实现董事会应建尽建，全面建立董事会向经理层授权的管理制度	在应建范围内已建立董事会的子企业户数比例（不含仅设立执行董事的情况）达到 70%；已建立董事会的子企业建立董事会向经理层授权的管理制度完成 100%	2021 年 10 月 30 日前完成 70%；12 月 30 日前完成 100%	已完成
3	到 2022 年，国有企业实现董事会配齐建强，董事会中外部董事原则上占多数	已建立董事会的各级子企业中，外部董事占多数的企业户数占比达到 100%	年内 100% 完成	已完成
4	国有企业重要子企业在实现董事会规范运作基础上，全面依法落实董事会各项权利	中国福马制定落实董事会职权有关工作实施方案	根据国机集团出台的方案要求推进	中国福马与林海股份均已制定，并上报国机集团
5	对标世界一流企业管理提升行动	提升任务清单目标完成率；提升行动覆盖所有重点子企业	2021 年完成率要求确保达到 50%，力争达到 70%；要求 100% 全覆盖	2021 年度完成率为 85%，2022 年 7 月完成 96%

（续）

序号	工作任务	具体要求	国机集团要求	完成情况
6	提高中央企业研发投入强度	工业企业研发投入强度不低于3%，其中重点企业达到5%以上	2021年目标责任书指标为2.8%；2022年中国福马指标为3.3%	2021年中国福马完成3.86%
7	进一步深化压缩管理层级、减少法人户数工作	推进中央企业压缩管理层级、减少法人户数	年内实现4级管控	已完成
8	“两非”剥离工作，2021年完成不低于70%清退处理，到2022年基本完成存量清退	完成3家企业的“两非”剥离工作	年内3家企业全部完成	已完成
9	经理层成员全面实行任期管理，签订聘任协议和业绩合同，按照约定严格考核，实施聘任或解聘、兑现薪酬	按照制度规定与经理层成员签订了聘任协议和业绩合同的户数所占比例达到100%	2021年10月30日前完成70%；12月30日前完成100%	已完成
10	全面推进用工市场化，大力推行员工公开招聘等制度，到2022年国有企业全面推行	公开招聘比例（当期公开招聘的人员数量/当期新进员工数量）；员工市场化退出率〔当期解除（终止）劳动合同人数/平均职工数量〕；管理人员退出率（当期退出管理人员数/期初在岗人数）	公开招聘率为100%	2021年中国福马（含重工）公开招聘率为100%；员工退出率为1.5%；管理人员退出率为2.6%
11	开展党建责任制考核，积极推动党建责任制和生产经营责任制有效联动	结合实际对所属企业开展党建责任制考核	制定党建责任制考核制度，并开展考核；考核结果与经营业绩考核结果衔接、与企业领导人员薪酬奖惩挂钩	已完成
12	制定尽职合规免责事项清单	制定尽职合规免责事项清单	国机集团尚未发布	不需要二级企业完成

【科技创新】

2021年，中国福马深入实施创新驱动战略，持续加大在农业机械、动力装备和车辆、人造板机械、工程机械等领域的科技创新力度，取得了一定的成果。

1. 农业机械板块 高速插秧机完成窄8行项目、汽油机版及铝合金后桥版开发定型并量产。获批牵头承担国家发展改革委“2021年重大技术装备攻关工程项目”——先进农机领域“自走式红枣采收机攻关”项目。

2. 动力装备和车辆板块 完成3种型号特种车辆产品欧五认证、延伸认证、T类认证。8马力（1马力=735.5W）单级泵改进款、四级泵一体化电启动改进款、倒三轮摩托车、五代目摩托车等产品完成开发投产。完成申报江苏省重点技术创新计划1项，江苏省重点推广新产品新技术1项。摩托车、发动机、多功能全地形车、森林消防泵4种新产品通过江苏省省级鉴定。

3. 人造板机械板块 完成V4i全自动宽幅砂光机及新一代纵锯的试制；完成首套砂锯拣包全自动一体化项目，SCIP-MES制造执行系统正式上线应用，并如期通过达标达产验收，产品向智能化转型迈出坚实的一步；完成BX5618筛环式打磨机的开发设计；完成新型15m^{2}木片筛技术的提升整改和20m^{2}摆动筛的开发设计；完成BM1115/15/58EX磨机试制，进行销售并发货。

4. 工程机械板块 初步建立电动工程机械产品“矩阵”，产品序列涵盖电动装载机、电动挖掘机、电动压路机3种机型共6款产品；小型多功能装载机完成A53与B25 2款产品的研制与CE认证并已有新增批量订单，出口至芬兰、法国、德国等多个欧盟国家和地区；726t大功率平地机样机在内蒙古地区、GE520H大吨位挖掘机样机在湖南地区分别开展工业性试验；国机重工天津工程机械研究院有限公司（简称天工院）智能制造业务参加“首届智能制造创新大赛”，成为系统集成解决方案创新领域全国TOP10企业，获三等奖，土方机械再制造国际标准（ISO 10987-2：2017）项目获得中国机械工业科技进步奖二等奖。

【安全生产】

2021年，中国福马以较大危险因素辨识、安全生产专项整治三年行动工作方案以及“双重预防机制”建设等工作为抓手，加强安全生产风险管控，严防生产安全事故发生，安全生产形势平稳。一是制定完善的防范措施，并严格组织落实，确保较大及重大危险因素安全风险始终处于受控状态；二是开展较大及重大危险因素管控情况检查。公司通过分区域和公司领导带队的“四不两直”检查、9月安全生产综合检查、老旧设备及压力容器管道检查等专项检查的方式，对主要生产制造企业较大及重大危险因素管控措施落实情况进行监督检查，确保较大及重大危险因素安全风险可控；三是开展危险因素辨识防范知识培训，提高员工安全技能和意识；四是加强生产现场可视化管理；五是严格审批危险作业，确保作业安全。2021年，中国福马及下属企业未发生轻伤及以上级别安全生产事故，安全生产工作成效显著。

【党建工作】

1. 以政治建设为统领，全面落实从严治党责任 认真学习贯彻习近平新时代中国特色社会主义思想。中国福马及下属企业严格落实党委会“第一议题”制度，通过召开党委会、党委理论学习中心组等形式，组织学习研讨习近平总书记重要讲话精神和关于本行业的重要指示批示精神，使“第一议题”制度有效落实；认真抓好全国国有企业党建工作会议精神重点任务和国企改革三年行动工作落实，严格履行“三重一大”事项党委会前置研究，全年召开35次党委会前置研究讨论129项“三重一大”事项议题；落实全面从严治党责任，按照党建工作要点和时间节点，有计划地推进落实相关工作；将全面从严治党的要求不断延伸到基层企业，完成对江苏林海动力机械集团有限公司（简称林海集团）党委和天津林工机械有限公司（简称天津林工）党委的巡察工作；积极履行党风廉政建设主体责任，国机集团党委与中国福马全体领导班子成员、总部全体中层干部和各下属企业党组织负责人签订党风廉政建设责任书，认真开展党风廉政建设责任制考核工作；深入学习贯彻党的十九届六中全会精神，全级次152人次参加国机集团十九届六中全会精神集中培训。

2. 扎实开展党史学习教育，激发干事激情 中国福马党委第一时间制定实施方案和任务清单，部署29项重点任务、59项具体工作安排，做到各级领导班子成员全覆盖、全级次党员干部全覆盖，推动党史学习主题教育全面走深走实。坚持学懂、弄通、做实习近平新时代中国特色社会主义思想；召开学习贯彻习近平总书记“七一”重要讲话精神专题会，举办为期3天的党史学习教育专题读书班，深入学习贯彻“七一”重要讲话精神，同时把党史学习教育与推动企业“十四五”规划战略落地的交流研讨结合起来，集中开展专题学习和研讨，统一思想，凝聚共识。中国福马及下属企业党员领导干部到分管领域、联系企业或所在支部讲授党史学习教育专题党课共计53人次；按要求召开党史学习教育专题组织生活会，57个基层党支部全部按时完成专题组织生活会；组织开展“向党报告工作”活动，挑选10篇优秀党员报告书上报国机集团，2篇入选国机集团《向党报告工作征文集》；积极组织员工参加国机集团“百年党旗红、国机在行动”演讲比赛，1人入围复赛并参加巡回演讲，获优胜奖；开展主题鲜明的党日活动39次，实现党史教育“活起来”；扎实推进“我为群众办实事”实践活动，通过各种形式征集到各类意见建议34条，经过党委会审议讨论，形成8条重点民生项目清单；共制定38条重点民生项目清单，按照短、中、长期任务的时间节点有序推进各项目完成。

3. 抓实“党建创新拓展年”专项行动，着力推进党建与生产经营融合 以“党建创新拓展年”为目标和重点任务，不断推进党建工作理念创新、机制创新、方式创新；以“党建创新拓展年”为抓手，推动党建与生产经营深度融合。林海集团党员突击队到用户一线解决插秧过程中遇到的问题，以优质的服务和高效的维修能力深得经销商和用户的好评；苏州苏福马机械有限公司（简称苏福马公司）党委持续深入开展“稳质量、反浪费、正习惯、增效益”主题活动，不断丰富“1+N”党建与业务融合工作模式，降本增效和精益管理取得实效；镇江中福马机械有限公司（镇江中福马公司）党委开展“‘两在两同’建新功，‘三转三高’争先锋”活动，助力全年目标任务完成。

4. 宣传工作呈现新局面 新闻宣传紧紧围绕生产经营、改革发展稳定等中心工作，重点就开门红、奋战“双过半”、深入开展党史学习教育、我为群众办实事、科技创新、安全生产、冲刺年终目标、党的建设等工作加强宣传报道；其中国机重工集团常林有限公司（简称常林公司）研制的国内首套全电气化隧道施工机械投入运营一事被中央电视台和国务院国资委网站报道；中工工程机械成套有限公司（简称中工成套）报送的《建议推进 DPF 主动再生装置在工程机械尾气污染治理中的应用》的信息稿件被国务院国资委采用。2021 年，中国福马各企业和总部各部门报送的新闻稿件共计 532 篇，“中国福马”微信公众号推送各类信息 203 条，其中原创 113 条。新闻采用及评分在国机集团的 29 家单位中排名第 10 位。

【纪检工作】

一是聚焦“两个维护”，不断推进政治监督具体化常态化。持续深入学习习近平新时代中国特色社会主义思想，开展集体学习 7 次，各级纪检机构开展党史学习 42 次，各级纪委书记讲专题党课 12 次，在党委中心组理论学习上做主题发言 11 次。各级纪检机构围绕常态化疫情防控开展监督检查 43 次；围绕重点工作和重大法律风险事件，各级纪检机构组织开展监督检查 34 次；各级纪检机构开展巡视巡察整改监督 16 次，对整治不力的 3 名领导干部严肃问责。进一步完善工作机制，制定“党风廉政建设和反腐败工作协调小组工作规则”。二是始终保持高压态势，不断推进正风肃纪从严从紧。2021 年共接受信访和线索举报 15 件，处置问题线索 7 件，立案 1 件，给予诫勉谈话 6 人，党纪政务处分 2 人，组织处理 2 人。三是加强自身建设，不断推进纪检监察体制改革持续深化。新引进 8 名业务骨干充实到中国福马纪检队伍，2 名纪委书记实现交流任职。落实纪委书记（纪检委员）、纪检部门负责人、纪检干部和党风监督员“四位一体”纪检工作责任体系。

【信息化与数字化建设】

1. 砂锯拣包一体化助力人造板工厂数字化转型升级 中国福马深耕人造板机械研发与制造多年，随着人造板行业需求的不断增长，以及对生产效率提升的要求，刺激了相关技术不断迭代进步，逐步向数字化方面迈进。2021 年 9 月，苏福马公司与江苏新东方木业有限公司签署的在线智能分拣系统和自动打包生产线的各项指标均达到合同验收要求，设备完成正式移交。标志着国内首套砂锯拣包一体化生产线正式投入商业化运营。苏福马公司绿色、智能的砂锯拣包数字生产线，积极助力人造板工厂数字化转型发展。

2. 信息化系统为传统企业向智能化和数字化转型赋能 天工院针对汽车企业生产基地，部署自主研发的信息化系统，引入物联网、机器视觉、边缘计算、大数据分析等新技术，形成以信息化平台为核心，生产、设备、品质、能源 4 个维度为主体的整厂级信息化系统平台，帮助企业降本提效、提升质量。近年来，天工院充分发挥技术优势，通过物联网与制造业的深度融合，加快制造产业不断优化升级。

【履行社会责任】

中国福马积极履行央企社会责任，坚决贯彻党中央关于全面推进乡村振兴战略的决策部署，投入帮扶资金 35 万元，消费扶贫 7.44 万元；支援河南省抗洪救灾捐款 15 万元；积极参加国机集团爱心日并捐款 21.5 万元。

中国海洋航空集团有限公司

【基本概况】

2021 年是“十四五”开局、全面建设社会主义现代化国家新征程开启之年，中国海洋航空集团有限公司（简称中国海航）站在“两个一百年”奋斗目标的历史交汇点上，满怀豪情迎来党的百年华诞。中国海航以习近平新时代中国特色社会主义思想为指导，深入贯彻党的十九大、十九届六中全会及中央经济工作会议、中央企业负责人会议精神，按照国机集团各项工作部署，在集团党委、董事会的正确领导下，扎实做好“六稳”工作、全面落实“六保”任务，以“七个统筹”为经营举措，改革创新、凝神聚力，攻坚克难、担当实干，圆满完成了全年目标任务。

2021 年，中国海航各主要指标均大幅增长且全面完成了年度预算，实现了预算目标与考核目标的有效衔接，战略目标落地支撑作用明显。实现营业收入 49.65 亿元，同比增长 11.30%，完成年度预算指标的 110.42%。实现利润总额 6 732 万元，同比增长 24.62%，完成年度预算指标的 120.32%。实现净利润 4 792 万元，同比增长 49.38%，完成国机集团年度考核基准值的 242.39%。实现经济增加值 2 122 万元，同比增加 204 万元，比国机集团下达的年度考核基准值高 2 676 万元。实现归母净利润 568 万元，同比增长 43.08%，比国机集团下达的年度考核基准值高 448 万元。

【“十四五”重点发展方向】

2021 年 9 月《中国海洋航空集团有限公司“十四五”战略规划（2021—2025 年）》印发。

中国海航“十四五”规划业务定位是“一个主导业务、两大核心业务、三大特色业务”，即做强做大工程承包主导业务，做专做优医药健康和国际贸易两大核心业务，做精做好文化旅游、航运物流和置业管理三大特色业务。

做强做大工程承包主导业务，就是要心无旁骛，集中中国海航优势资源，大力发展工程承包业务。在继续发挥港口与航道工程优势、打造国机水工平台的同时，进一步拓展建筑工程和市政工程业务。通过激励政策引导和人才队伍培养，提升工程业务市场开拓能力和项目管理水平，打造业务特色，树立公司品牌，提高核心竞争力和品牌影响力。

做专做优医药健康和国际贸易两大核心业务，就是在精准决策和风险可控的前提下，继续发挥中国海航现有优势，进一步挖掘自身潜力，加大资本运作，提高产品研发能力和商业模式创新能力，做专做精细分市场，打造高附加值产品和服务，持续提升医药健康和国际贸易业务盈利能力。

做精做好三大特色业务，就是以文化旅游、航运物流、置业管理业务为特色，加大资产优化力度，提高数字化服务能力，提升三大服务领域的品牌影响力，向社会提供专业化咨询和精细化服务，打造区域化特色服务品牌。

到 2025 年，企业实现以下 5 个目标：

一是实现跨越式发展，企业主要经营指标基本实现翻一番。到 2025 年，中国海航实现营业收入 100 亿元，利润总额 2.5 亿元，净利润 1.25 亿元的目标。争取实现营业收入 120 亿元，利润总额 3 亿元，净利润 1.3 亿元的目标。

二是形成高质量发展态势。工程承包的主导业务地位更加凸显，到 2025 年，工程承包业务力争实现收入利润占比双 80% 的目标，工程业务对中国海航的拉动作用更加凸显。两个核心业务的市场优势更加显著，医药健康板块在细分市场的优势地位更加显著，高附加值创新药品加入产品梯队，并努力推动医药生产企业进入资本市场，至少打造一个控股上市平台。国际贸易业务形成医疗器械、机电设备、特种设备等优势贸易品类，并通过数字化赋能形成较高附加值。文化旅游、航运物流、置业管理 3 个特色业务实现营收平衡、现金流稳定，对主业业务和核心业务形成较好的辅助作用。

三是完成总部从纯管理型向经营型转变。推进中国海航集团总部功能建设，不断提高集团总部经营能力、资源配置能力和管控能力，打造价值总部，围绕业务重构集团职能部门和业务部门，业务部门按照市场化要求实行绩效考核，到 2025 年，总部实现收支平衡，取消管理费的收取，总部业务收入实现 10 亿元的经营目标。

四是企业改革取得明显突破。全面完成国企改革三年行动任务，治理结构更加合理，经理层契约化管理和中长期激励取得实效，混合所有制改革有序推进，对条件成熟的企业推行员工持股，企业风险防控体制更加健全，员工获得感和幸福感显著提升。

五是党建和经营的融合作用更加深入。坚持以习近平新时代中国特色社会主义思想为指导，全面贯彻党的十九大和十九届历次全会精神，深入落实全国国有企业党的建设工作会议、全国组织工作会议、全国宣传思想工作会议精神，紧紧围绕新时代党的建设总要求和新时代党的组织路线，以政治建设为统领，以建强企业党的组织体系为重点，坚持把提高企业效益、增强企业核心竞争能力、实现国有资产保值增值作为党的建设各项工作的出发点和落脚点，全面深化党的基本组织、基本队伍、基本制度的“三基建设”，全面推进党建工作和生产经营中心工作深度融合，以高质量党建引领高质量发展，为建设成为国机集团工程、贸易服务板块的重点骨干企业，成为国内一流、国际知名的工程承包与综合服务企业集团提供坚强保证。

全年各项经营指标的完成均有较大幅度增长，创历史新高。工程业务的主导地位不断凸显，医药健康和国际贸易业务的核心优势显著提升，文化旅游、航运物流、置业管理三大特色业务持续巩固，总部职能管理和业务开拓能力逐步加强。

【主要指标】

2020—2021 年中国海航主要经济指标完成情况见表 1。

表 1　2020—2021 年中国海航主要经济指标完成情况

指标名称	2020 年	2021 年	同比增长（%）
资产总额（万元）	515 553	512 715	-0.55
净资产（万元）	104 297	107 966	3.52
营业收入（万元）	446 146	496 560	11.30
利润总额（万元）	5 402	6 732	24.62
技术开发投入（万元）	5 967	5 131	-14.01
利税总额（万元）	19 243	22 939	19.21
EVA 值（万元）	1 918	3 121	62.72
全员劳动生产率〔万元 /（人·年）〕	16.12	21.41	32.82
净资产收益率（%）	3.30	5.17	增加 1.87 个百分点
总资产报酬率（%）	1.71	1.70	下降 0.01 个百分点
国有资产保值增值率（%）	100.46	101.22	增加 0.76 个百分点

【改革发展】

1. 混合所有制改革工作取得成效　中国海航通过混合所有制改革制度体系建设，在有效放大国有资本功能、促进公司治理优化、激发企业活力、强化企业科技创新、带动各种所有制经济发展、加强企业党建引领等多方面都取得了积极的成效。

（1）促进公司治理优化、激发企业活力。在健全公司治理机制方面，混改企业均设立股东会、董事会、监事会、经理层等法人治理结构，修订完善公司章程、“三重一大”清单和内控制度，各治理主体权责明晰，公司治理进一步完善。公司全面推行经理层成员任期制和契约化管理，董事会加大对经理层的激励机制，优化调整经营业绩考核政策，加大了激励力度和强度，进一步明确了约束机制。引入外部董事，优化董事会构成，充分发挥外部董事的积极作用。经营层将董事会的激励约束政策向各层级传导，形成了“想干事、能干事、干成事”的实干创业氛围。企业通过体制变革和制度创新，逐步形成了高效的决策机制和管理流程，提升了企业对市场的快速反应能力，同时有效激发了企业和员工活力。

（2）强化企业科技创新、带动各种所有制经济发展。

1）今辰药业。混改后，今辰药业加快营销模式转型和品牌培育，建立具有市场控制力的营销体系，形成多层次、可控的市场网络，提升了战略品种的市场规模和终端覆盖率。近年来，今辰药业调整销售品种结构，突出氯化钾缓释片、黄连上清胶囊、阿莫西林克拉维酸钾等高技术重点产品，抓住重点市场，筛选战略客户，持续深化产品、市场和客户结构调整，取得了较好的成效。2021 年氯化钾缓释片单品种市场销售 1.6 亿元，该产品在 2021 年国家第五批药品集采招标中成功中标，为企业经营稳定和高质量发展奠定了较好的基础。自混改以来，企业营业收入年均增长 13%，净利润由 2017 年的亏损到 2021 年盈利 5 000 万元以上，盈利能力大幅提升。在品牌建设上，强化中国驰名商标“今辰”的推广和宣传，加大宣传投入力度，在央视等主流媒体和全国重点医药交流会宣传推广“今辰”品牌，企业品牌知名度和美誉度进一步提升。

今辰药业整合股东资源，实现资源共享，建立以市场为导向的，规范、严谨、前瞻的研发体系，提升企业研发能力。公司不断加大研发投入，根据行业要求和企业产品结构特点，将产品一致性评价工作作为近年来科技研发的重点，周密计划，精心组织，全力推进重点产品的一致性评价工作。截至目前，已有氯化钾缓释片、阿奇霉素胶囊等 4 个品种 5 个品规通过国家仿制药质量和疗效一致性评价，公司研发投入强度 2021 年已达到 10%。公司拥有发明专利 15 项，实用新型专利 13 项。

2）广州设计院。经过 4 年多的培育，广州设计院已初步储备与甲级资质相适应的设计人才和专业技术人才，拥有一支可以完成水运工程、渔港 / 渔业工程、生态建设和环境工程、农业工程、建筑工程等专业的咨询、设计及 EPC 总承包业务的技术队伍。现有人员 54 人，其中，研究生 6 人，本科生 34 人，专科生 14 人。有各类注册类人员 16 人，各专业技术人员 44 人。

渔港/渔业行业属于小众专业，全国拥有乙级以上资质的企业仅有 6 家（3 家甲级，3 家乙级），广州设计院是广东省唯一一家。设计院虽然成立时间短，仍处于需要大力开拓市场的阶段，但已在业内占据一定的市场份额。

3）强化党建引领，促进党建与业务深度融合。中国海航所属混改企业切实把加强党的领导与完善公司治理有机统一起来，将党的领导全面融入公司治理，建立健全党的组织，完成党建进章程，充分发挥党建引领作用，建立健全“三重一大”决策机制，将党组织研究讨论作为企业决策重大事项前置程序，正确定位党组织、董事会、经理层等各个治理主体的责任，发挥党委“把方向、管大局、促落实”作用，把好方向关、政治关和政策关，有效划分各治理主体权责边界，充分发挥党组织领导作用、董事会决策作用、经理层经营管理作用，切实做到各司其职、各负其责、协调运转、有效制衡，为企业改革发展提供了坚强保障。

2. 国企改革三年行动工作 国有企业改革三年行动的 6 大类 35 项工作内容已基本完成 27 项，完成比例为 77%，实现了全年完成改革三年行动 70% 的工作任务目标。

资产财务方面，一是积极制定亏损企业治理专项工作方案，全面推进重点亏损企业的综合治理。被列入重点亏损治理企业名单的广州市领海国际酒店有限公司已实现扭亏。截至 2021 年 12 月 31 日，中国海航已顺利完成亏损企业全面出清的任务目标。二是进一步梳理系统内不动产信息，督促企业加强存量土地的盘活效率。持续强化存量土地的产权管理，完善产权变更信息，全面提高不动产管理的顶层设计和统筹规划，切实推进企业存量土地的盘活利用。

人力资源方面，一是完善中国特色现代企业制度。按照国机集团《关于全面推进集团下属各级企业董事会应建尽建、经理层成员任期制和契约化管理工作的通知》的要求，中国海航应建范围内的所属二级、三级企业已全部完成董事会应建尽建，并达成外部董事占多数的要求。二是健全市场化经营机制。按照国机集团《关于全面推进集团下属各级企业董事会应建尽建、经理层成员任期制和契约化管理工作的通知》要求，应签范围内的 25 家所属企业，63 位经理层成员已全部完成签约工作。大力推进员工公开招聘，截至 2021 年年末，中国海航新进员工公开招聘比例达到 100%，在岗职工绩效考核率 100%。

【重大项目】

1. 投资并购方向 2021 年，中国海航实际完成投资总额 2.11 亿元，较 2020 年增加 0.81 亿元。其中，固定资产投资完成 1.75 亿元，较上年度增加 0.96 亿元；股权投资完成 0.36 亿元，较上年度减少 0.15 亿元。

（1）固定资产投资与股权投资结构。2021 年，在已完成的固定资产投资中，按照投资方向划分，主业投资 0.5 亿元，占比 28.57%，较上年度增加 0.27 亿元。其中，境内主业投资 0.5 亿元。非主业投资 1.25 亿元，占比 71.43%，较上年度增加 0.69 亿元。

2021 年，在已完成的股权投资项目中，按投资方向划分，主业投资 0.36 亿元，较上年度减少 0.15 亿元，其中，境内主业投资 0.36 亿元。按项目资金来源划分，使用国有资本金等其他资金 0.36 亿元，占比 100%。

（2）主业投资与非主业投资结构。中国海航完成主业投资 0.86 亿元，占 2021 年投资完成总额的 40.76%；非主业投资 1.25 亿元，占 2021 年投资完成总额的 59.24%。中国海航按照国务院国资委关于非主业投资管理的有关要求，严格执行投资管理制度和审批决策程序，从严控制下属企业非主业投资，不断加大非主业投资的风险管控力度。

（3）新开工项目与续建项目结构。按项目阶段划分，2021 年新开工固定资产项目投资 0.76 亿元，占比 43.43%；2021 年新开工股权投资 0.36 亿元，占比 32.21%。均为境内新开工项目，投资金额共 1.12 亿元。续建固定资产项目投资 0.99 亿元，占比 56.57%。其中，均为境内续建项目，投资金额 0.99 亿元。

（4）投资资金来源结构。按照项目资金来源划分，企业自有资金 1.52 亿元，占完成投资额的 72.38%，无贷款，国有资本金等其他资金 0.59 亿元，占比 27.62%。

2. 投资并购决策

（1）投资管理制度建设、修订及执行情况。2021 年为进一步健全完善公司投资管理制度体系，规范投资审批流程，把控投资风险，公司调整修订了“中国海航投资审查委员会委员名单”。下一步计划根据国机集团投资管理办法相关要求，进一步健全完善公司投资管理制度体系，规范投资审批流程，把控投资风险。

（2）投资风险控制情况。加强投资风险管理，建立和完善投资全过程风险管理体系，将投资风险管理作为企业实施全面风险管理、加强廉洁风险防控的重要内容。强化投资前期风险评估和风控方案制定，做好项目实施过程中的风险监控、预警和处置，防范投资后项目运营风险，做好项目退出时点与方式安排。

3. 投资并购执行及效益

（1）各板块经营及投资完成情况。2021 年，中国海航积极落实“双循环”战略，深挖国内国际两个市场潜力，抓市场、抓项目、抓落实，取得多项成果。全年实现新签合同额 85.06 亿元，同比增长 8.36%。流动资产周转率为 1.33 次，同比增加 0.06 次，低于国机集团 1.4 次的年度考核基准值。带息负债率为 17.23%，同比减少 3.36 个百分点，优于国机集团 25.6% 的年度考核基准值。

（2）重大投资项目推进情况。巢湖医药产业园一期项目于 2020 年 5 月正式开工，截至 2021 年年底，综合楼、综合制剂车间、青霉素车间、动力中心、综合库房、前处理提取车间 6 个单体主体结构已完工并通过验收，目前消防、溶媒罐区、污水处理、人流室、道路管网等附属设施已进入收尾阶段，机电和净化安装工程进入全面安装阶段，生产设施设备陆续进场安装，整个工程计划 2022 年 7 月底验收完工，2022 年年底投入使用。

该项目计划投资总额为 27 200 万元，截至 2021 年年底，累计投入金额为 14 678.09 万元，其中：2020 年度投入金额为 4 783.64 万元，2021 年度投入金额为 9 894.45 万元。该项目已收到政府拆迁补偿款 12 083.3 万元。

【安全生产】

一是全面落实安全生产责任制，持续推进安全风险分级管控和隐患排查治理双重预防机制建设。二是严格执行“三管三必须”工作方针，不断强化党政领导干部的安全理念和责任意识。三是保证安全投入，全年全系统计提安全生产费用 4 312.32 万元，支出安全生产费用 4 969.87 万元，同比增长 13.3%。2021 年，公司较好地完成了国机集团下达的安全生产责任目标，年度未发生生产安全事故。

【党建工作】

2021 年，中国海航党委坚持以习近平新时代中国特色社会主义思想武装头脑、指导实践、推动工作，全面推进落实“第一议题”制度，学懂弄通做实新思想、新要求。聚焦贯彻落实中央决策部署和国务院国资委、国机集团工作部署，坚持规划引领，从主责主业出发，不断优化布局结构，完成了“十四五”战略规划编制。2021 年，中国海航党委持续深化全国国有企业党的建设工作会议精神，修订完善《中国海洋航空集团有限公司党委会议事规则》，推动进一步厘清党委会、总经理办公会、董事会决策事项清单，前置研究讨论程序不断完善，公司治理机制进一步优化。

1. 全面推进党史学习教育，传承创新的思想理念不断走深走实

（1）抓实内容。坚持以习近平新时代中国特色社会主义思想作为开展党史学习教育的总的指导思想，以树牢“四个意识”、坚定“四个自信”和做到“两个维护”的政治高度，安排部署党史学习教育各项工作。用实方法，注重深入发掘自身红色党史资源，用身边鲜活的人物故事，引领广大党员干部职工传承红色基因。

（2）抓实成效。重点围绕干部职工在工作、生活等方面存在的困难事、烦心事，通过“线上 + 线下”开通征集通道，广泛听取“民生”意见建议，制定《中国海航“我为群众办实事”重点民生项目清单》，明确 11 项重点项目。过程中，领导班子通过调研和巡回指导分别前往各自联系点企业召开座谈会，了解跟进推进情况。

2. 抓干部选育管用，不断健全完善选人用人机制

（1）优化干部年龄结构，打造高素质专业化领导人员队伍，落实党管干部原则，按照“20 字”标准和“五大体系”建设的有关要求，鲜明树立“论业绩、讲贡献”的用人导向，着力培养、选拔、锻炼 75 后、80 后年轻干部，优化领导干部梯队建设，实现由重视近期需要逐步向重视战略发现培养的转变。

（2）优化干部管理方式，提高选人用人质量，在工作中坚持党管干部，按照规定的原则、标准和程序，紧密结合企业实际，严把酝酿动议、推荐考察、会议讨论、公示任职、工作纪实“五关”，切实保证干部选任质量。

（3）优化考核监督，坚持严管厚爱，深化干部的考核和日常管理工作，做到考核全覆盖。

3. 深入贯彻落实“党建创新拓展年”专项行动，“三基建设”的整体质量不断改善巩固　持续推进全国国有企业党的建设工作会议贯彻落实情况“回头看”工作，围绕落实中国海航实施方案 30 项重点任务制定的《中国海航贯彻落实全国国有企业党的建设工作会议精神重点任务实施方案》中的 75 条措施基本完成。增强党性意识，推进党员立足岗位发挥作用。紧扣中国海航改革发展实际及“十四五”新征程，推进领导干部专题调研和成果交流，开展“砥砺奋进‘十四五’，创新求变谱新篇”解放思想大讨论，召开全级次年轻干部座谈会，就进一步聚焦主责主业、做强做优做大主导业务进行深入研讨，把学习党的六中全会精神融入年度任务收官和“十四五”战略规划落地。制定党建与中心工作易发生问题清单，将中心工作易发生问题融入党建重点推进项目。发挥海南区域化党建中心作用，推动区域党建工作质量整体协同提高，为后续转型发展和资源整合奠定基础。强化融合意识，深入推进党建与中心工作融合。

4. 持续压实“两个责任”，党风廉政建设和反腐败工作成效不断显现 抓“两个责任”，进一步强化管党治党政治责任，认真履行全面从严治党主体责任清单和领导班子履职尽责清单，坚持签订党风廉政建设目标责任书，强化上下两级班子成员“一岗双责”意识。严抓监督效能，做实做细日常监督。制定《中国海航关于建立“大监督”工作体系的实施办法》，推动党内监督与企业管理监督深度融合。严抓落实中央八项规定精神，持之以恒纠治“四风”。

5. 加强改进群团工作，企业和谐发展的思想合力不断汇聚壮大 深化集团工会标准化规范化管理，组织召开集团工会第三次会员代表大会暨职工代表大会，顺利完成集团工会、职工董监事换届选举工作。实施“青年马克思主义者培养工程”，开展第二届中国海航“最美青年”评选活动，引导青年树立崇尚先进、争取先进的良好氛围。

【信息化与数字化建设】

企业在推进信息技术应用、信息化建设和数字化建设方面取得了成绩和重要的管理经验。

（1）广泛使用视频会议系统，组织全系统召开视频会议 67 次，参加及转播国机集团视频会议 111 次，确保常态化新冠肺炎疫情防控新形势下的上传下达。

（2）严格落实网络安全主体责任，制定《网络安全保障方案》，开展网络安全检查，确保信息传递安全可靠。

（3）组织互联网出口、企业软件使用和数据资源调研核查，并推进 IPv6 规模部署和应用、网信领域国产化替代等工作。

【履行社会责任】

2021 年中国海航落实定点帮扶资金 30 万元，为河南省抗洪救灾捐款 20 万元，消费帮扶投入资金 9 万多元。各企业组织开展了义务献血、文明交通劝导、社区服务、慰问社区老人、环境保护、服务企业内外部重大活动等多种形式的志愿服务活动，其中，天龙制药志愿者、广东海俊志愿服务队挺身战“疫”一线，助力新冠疫苗接种和核酸检测工作，为接种的市民提供引导、咨询等志愿服务。

中国地质装备集团有限公司

【基本概况】

2021 年，围绕庆祝中国共产党成立 100 周年和“十四五”开局起步，中国地质装备集团有限公司（简称中地装集团）坚持“融合引领、聚焦主业、深化改革、创新发展”16 字工作方针，努力克服市场波动、行业变化、新冠肺炎疫情反复等影响，积极推进“十四五”规划落实落细，在抢抓机遇、开源创收、提质增效等方面下功夫，确保改革发展以及生产经营各项目标任务的顺利完成。

战略规划有力推进。中地装集团正式发布“十四五”规划，确立了“12345”的发展目标路径，“专精特新”的战略导向更加清晰明确。逐级签订了战略落地责任书，启动实施分析仪器跨越计划、物探仪器登高计划、钻探装备提升计划、环保业务拓展计划、海洋勘察装备突破计划。

改革管理彰显效力。制定改革三年行动工作台账和重点任务清单，规范了公司治理，修订完善了“三重一大”决策事项和制度，3 家企业董事会实现“应建尽建”，全级次落实了 14 家企业、42 名经理层成员任期制和契约化管理，整治“总部机关化”、对标一流提升管理、“三项制度”改革、总部薪酬管理、下属企业负责人业绩考核等改革工作取得进展。

党建工作取得较好成效。强化党建责任，严格落实“第一议题”制度，把学习贯彻习近平新时代中国特色社会主义思想和“七一”重要讲话精神、十九届六中全会精神作为重要政治任务，开展了党史学习教育、迎接中国共产党成立100周年、“党建创新拓展年”等各项工作，不断增强“四个意识”，坚定“四个自信”，坚决做到“两个维护”，推动了党建与生产经营深度融合。

【主要指标】

截至2021年12月31日，中地装集团实现营业收入62 543.32万元，同比增加730.94万元，同比增长1.18%。营业总成本为68 810.30万元，同比增加6 631.12万元，同比增长10.66%。其中：营业成本38 635.84万元；期间费用27 746.75万元；税金及附加2 427.71万元。成本费用总额占营业收入比110.02%。利润总额3 904.56万元，比上年同期减少3 433.43万元，同比下降46.79%。2020—2021年中地装备集团主要经济指标完成情况见表1。

表1　2020—2021年中地装备集团主要经济指标完成情况

项目	2020年	2021年	同比增长（%）
资产总额（万元）	176 749.56	162 697.74	-7.95
净资产（万元）	66 197.92	68 246.08	3.09
营业收入（万元）	61 812.38	62 543.32	1.18
利润总额（万元）	7 337.99	3 904.56	-46.79
技术开发投入（万元）	4 394.01	5 077.41	15.55
利税总额（万元）	16 529.03	8 989.02	-45.62
EVA值（万元）	2 550.52	2 434.97	-4.53
全员劳动生产率〔万元/（人·年）〕	15.82	18.44	16.56
净资产收益率（%）	3.79	4.10	增加0.31个百分点
总资产报酬率（%）	4.60	2.86	下降1.74个百分点
国有资产保值增值率（%）	103.96	105.44	增加1.48个百分点

【重大项目】

推进张家口、重庆两个产业园建设收尾、竣工决算、固定资产转固和达产工作，3家企业陆续实现搬迁改造；中地装研究院中试基地在张家口产业园建成投用；重探公司、重仪公司的土地盘活有序推进；重庆产业园A区闲置土地盘活方案获得国机集团批准；张探公司收回了老厂土地部分余款。

【市场营销】

1. 积极开展市场开拓　各企业紧紧围绕完成年度目标的任务，在强化运营、提质增效方面下功夫，市场开发工作取得了积极成效。海光公司扩大新型原子荧光光度计、连续流动分析仪、原子吸收光度计等新产品销售比重，同比增长12%，占本企业年度营业收入的42%，弥补了老型号产品销售下滑的空缺。中地装研究院、张探公司等企业加强协同，以5 000m钻机交付使用为契机，举办深部地质钻探和油气地热钻井自动化技术装备研讨会，做好新产品推广工作，实现了大口径顶驱钻机的销售；衡探公司销售大流量泥浆泵、海洋钻机等新产品110余台，为完成经营目标起到了关键支撑作用；无锡公司地勘产品订单稳定、煤田用定向产品订单增加，为实现扭亏做出了贡献；重探公司通过老产品应用改良和新产品合作开发，开拓了河道治理、电网改造、地铁施工等新领域；重仪公司成功获得自然资源部的水下声学记录仪、海底地震仪订单，实现极地科考领域零的突破；奥地公司电子重力仪成功中标并顺利交付“中国地质调查局地球物理调查中心相对重力仪（国产）”项目，成功进入民品市场；北仪公司积极克服新冠肺炎疫情和城市整治的影响，持续改善提升园区环境，深入挖掘物业潜力，新签合同19份，收入同比增长8.2%；中机商科（重庆）环保工程有限公司（简称中机环保）积极拓展业务，新增在建项目陆续扩大；衡阳职大适应教育改革形势要求，以市场需求和人才就业为导向，积极创建试点专业和精品课程，做好招生育人和职业培训、学历教育等工作。

2. 积极培育新的增长点 海光公司连续14年荣获“科学仪器行业领军企业”，为保障全运会、2022年北京冬奥会的食品安全和环境监测提供服务；多工艺钻机、微型履带环境调查钻机、油气顶驱钻机投用于新疆地质勘查、河南土壤调查、山西油气勘探等工程项目；高密度电法仪、电子重力仪等物探仪器在国家应急装备能力建设、区域地质调查等重大任务中发挥了效能；渝中区菜园坝垃圾中转站环保提升整治项目获得专家好评，物联网智控垃圾渗滤液处理系统设备纳入重庆市首台（套）重大技术装备推广应用目录；海洋地质勘查装备和触探仪器的研发工作持续推进，先后与中国交通建设股份有限公司（简称中国交建）、中国船舶重工集团有限公司（简称中船重工）、中国长江三峡集团有限公司（简称三峡集团）等单位就海洋钻机、水下声学记录系统、海底地震仪等产品设备开展了产研用合作。衡探公司、海光公司、奥地公司、中地装研究院获评为“专精特新”中小企业或小巨人企业、行业匠心企业。

积极走访交流行业重要客户、省市地勘地矿系统、科研院校和兄弟单位，深化了业务协同与战略合作。发挥行业协会作用，组织举办了全国地质与矿山装备展示交流会暨第十届全国地质勘探技术研讨会，交流了新成果；成立了地质勘查技术方法和装备标准分委会，为开展团体标准工作奠定了基础。

【科技创新】

1. 科技项目顺利实施 油页岩资源评价与综合利用技术创新及应用项目获得教育部科学技术进步奖一等奖；深部矿产资源勘探技术——金属矿小口径地下物探技术与设备项目课题荣获中国地质调查局地质科技奖一等奖。国家重点研发计划深地资源勘查开采专项5 000m地质岩心钻机关键技术与装备研制、地面电磁系统产业化研究、智能重力与磁法测量系统研发、高精度光热电位分析仪开发及应用示范、高性能薄壁绳索取心钻杆研制、大深度地质钻探技术装备集成及示范6个项目课题通过绩效评价和验收。

2. 积极参与新课题项目 合作承担了中国交建重大科技专项“基于北斗的远海智能综合勘测系统研发及应用”项目；成功联合申报了国家重点研发计划“重大自然灾害监测预警与防范”重点专项，并参与了“石窟岩体裂隙渗流精细探测与多源数据处理解释系统研究”课题任务。

3. 积极实施科技发展基金项目 遴选实施了海洋工程勘察钻探系统研制、全液压多工艺中深孔钻机研究及工程化、多工艺钻进配套机具研发试制、气举反循环岩样收集缩分站、OBN节点式海底地震仪、LC-600形态分析单元6个项目，并对上年度4个项目进行了验收。

【改革改制】

1. 深入贯彻国企改革三年行动方案 对标分解6大类46项具体改革任务和措施，量化事项、建立台账、明确责任、按月督导推进，按年度完成改革行动任务70%以上的总体目标要求。全面落实了经理层任期制和契约化管理，进一步规范完善了“权责法定、权责透明、协调运转、有效制衡”的治理机制。“总部机关化”整治和对标一流管理提升行动取得阶段性成果，进一步强化了总部“运营管控、价值创造、服务支撑”和下属企业“战略执行、生产运营、效益贡献”功能。

2. 深入推进企业改革改制工作 积极探索推进重探公司托管重庆地装，对中机环保提级管理，制定海光公司骨干员工持股方案，完成了北京金冠出租汽车有限公司、北京地质旅社有限公司“两非”剥离处置。中地装集团和下属企业围绕探索市场化经营机制和中长期激励机制、修订完善考核激励机制、调整组织结构、推进薪酬改革等方面做了大量工作，营造了良好的发展环境和条件。

【主要管理经验】

1. 全面加强精细化管理和预算管控 梳理各项基本管理制度，修订 24 项、新建 17 项、废止 9 项，现行的 11 类 181 项管理制度上线入库，供各级管理人员在线查用。规范完善了“三重一大”112 项决策事项权限和决策程序要求，其中增删调补相关事项权限 39 项。严明要求、严加管控，进一步规范了资金管理、采购管理、合规管理、投标管理、重大经营项目管理、内部控制与风险管理及违规经营责任约谈、责任追究和问题线索处置工作。持续强化预算管理，确保无预算不支出，有效保障企业资金需求。

2. 严格投资管理和全面风险排查 执行投资项目 18 项，投资额同比下降 51%。突出重点抓好风险防控与跟踪监测，对日常经营行为做好合法合规性审查，组织开展了相关审计工作，跟踪指导有关诉讼案件处理。

3. 加强安全生产和节能减排工作 集中攻坚专项整治取得突出成效，有效整治了相关企业的放射源和老旧厂房、车间的安全隐患；密切抓好新冠肺炎疫情常态化防控，做到无感染、无传输。

【党建工作】

1. 加强政治建设，坚决做到“两个维护” 充分发挥党的政治建设对各项工作的统领作用，坚定不移贯彻落实中央和国机集团党委的决策部署，在思想上行动上同党中央保持高度一致，不断增强“四个意识”，坚定“四个自信”，做到“两个维护”。

一是深入贯彻落实习近平总书记重要讲话和重要指示批示精神。学习贯彻习近平新时代中国特色社会主义思想，把习近平总书记重要讲话和指示批示精神作为党委会第一议题、党委理论学习中心组首要议题，累计落实第一议题、首要议题 51 次，累计组织学习习近平总书记“七一”重要讲话、党的十九届六中全会精神培训及学习研讨 12 次。制定贯彻落实习近平总书记重要指示批示精神和党中央决策部署工作规定以及督查办法，建立贯彻落实习近平总书记“向地球深部进军”“增强制造业技术创新能力”指示批示台账。

二是压紧压实管党治党政治责任。召开全面从严治党工作会议、制定党委工作要点，明确 11 个方面 40 项具体任务。党委全年专题研究党建工作 8 次，不断强化全面从严治党任务的督导落实。开展领导班子成员、各下属企业党组织书记党建工作述职评议，不断增强各级党员干部的党建责任意识。严格落实党委班子成员联系点制度，督查指导 30 余次，压实班子成员“一岗双责”。梳理优化、调整补充党建考核评价项目 13 项，让党建软约束成为硬指标。严格落实意识形态责任制，定期研究意识形态工作，加强信息发布审核，牢牢掌控意识形态领域主动权。

三是贯彻落实国有企业党建工作会议精神。围绕 26 项重点任务和 70 项具体措施，开展贯彻会议精神“回头看”，目前已全部完成“回头看”检视问题整改。修订完善“三重一大”决策制度及决策事项权限表，明确前置研究事项 100 项，进一步厘清各治理主体的权责界限。将最新的党建工作要求纳入企业章程，进一步明确党组织在决策、执行、监督各环节的权责和工作方式。加大优秀年轻干部选拔培养，积极向国机集团推荐“青年高潜”建议人选。修订企业负责人和总部员工绩效考核评价与薪酬管理办法，不断完善干部担当作为激励机制。

2. 加强思想建设，扎实推动党史学习教育 研究制定党史学习教育工作安排以及重点任务清单，建立“日常沟通、定期梳理、交流互动、督导并行”的工作机制，扎实推进党史学习教育各项工作。

一是强化工作部署与跟踪督导。建立“日常沟通、定期梳理、交流互动、督导并行”的工作机制，让党委、党支部在党史学习教育中唱主角，各基层党组织自觉加压，形成人人有任务、事事有反馈的良好氛围。列出重要活动清单 85 项和“我为群众办实事”重点民生项目清单 45 项。专项调研、随机抽查、实地督导 31 次，切实把中央、国机集团党委的部署落到实处。

二是强化氛围营造与载体创新。广泛运用报纸、网站等宣传阵地强化氛围营造，累计编发《党史教育简报》107 期、新闻稿件 183 篇、《中地装报》12 期。积极参加“百年党旗红、国机在行动”演讲选拔，组织演讲16场次。下属企业选送“向党报告工作”42篇，中地装内部交流13篇。组织党史知识竞赛12场次，引导广大党员在党史学习中交流感悟，在党史学习中砥砺奋进。

三是强化解决“职工群众急难愁盼”问题。鲜明“强服务、改作风、解难题”导向，关注职工群众身心健康，营造科技创新、绿色发展、注重实效的办实事氛围。海光公司组建保障团队，助力2022年北京冬奥会食品安全、环境监测保障。北仪公司为居民疏通管道133次，解决长期以来难以解决的问题。涉及的重点民生项目45项已完成43项，持续推进2项，2022年3月、6月前各完成1项。

3. 加强三基建设，扎实推动基层党组织全面过硬 研究制定“党建创新拓展年”专项行动工作方案，持续推进基层党支部标准化、规范化建设，加强基层党组织建设，推动基层党组织全面进步、全面过硬。

一是持续规范基层组织生活。全面落实组织生活会制度。严格落实“三会一课”、主题党日活动、组织生活会、民主评议党员等规定动作，进一步增强党组织的凝聚力、影响力。规范召开组织生活会。结合党史学习教育，通过自己查、相互找、群众提的方式，查摆存在的问题，并督促查摆问题的落实整改，进一步增强组织生活的政治性、时代性、原则性和战斗性。持续落实基层党组织经常性督查指导机制。以工作调研、专题党课、党建信息平台维护以及支部书记微信群为抓手，督促指导基层党组织落实重点工作任务。

二是持续做好示范党支部选树培育。对照组织健全、制度完善、运行规范、活动经常、档案齐备、作用突出6条标准系统总结支部标准化、规范化建设。在选树6个示范党支部的基础上，开展“示范党支部”交流分享活动，梳理总结出一批好的经验做法，不断提高基层党支部推进实际工作的组织能力与治理水平，实现基层党支部整体跃升、全面过硬。

三是持续推动基层党组织建设。做好基层党组织按期换届督促提醒，共有1个党委14个基层党支部完成按期换届选举。根据实际党员人数情况，及时调整北仪公司党委建制，设立党支部。落实混合所有制企业中机环保的党支部设立，实现基层党组织全覆盖。紧紧把握工作目标、实践载体、队伍建设3条主线，紧紧围绕“12345”战略规划目标路径，按照“融合引领、聚焦主业、深化改革、创新发展”方针，扎实推动党建与生产经营深度融合，主动适应“把握新发展阶段、贯彻新发展理念、融入新发展格局”对党建工作提出的新要求。海光公司被评为工业和信息化部“小巨人”企业，中地装研究院、衡探公司、奥地公司被评为省级“小巨人”企业。

4. 加强党风廉政建设和反腐败工作，推动正风肃纪 认真贯彻落实中纪委五次全会精神，坚决扛起管党治党的政治责任，持之以恒正风肃纪，党风廉政建设取得明显成效。

一是压紧压实“两个责任”。制定党风廉政建设和反腐败工作要点，明确全年任务和责任分工。及时调整党风廉政建设和反腐败工作协调小组成员，明确工作规则，定期召开会议，一体推进不敢腐、不能腐、不想腐。签订“党风廉政建设责任书”“廉洁承诺书”32份，开展廉洁教育活动2次。

二是持之以恒加强作风建设。制定进一步改进工作作风实施意见，明确8个方面25条措施，锲而不舍纠治“四风”，坚决整治形式主义、官僚主义。加强节假日期间的抽查、暗访，每逢过节前，发布廉洁提醒。开展业务招待费、企业负责人履职待遇、业务支出制度落实情况监督检查。深入开展“廉洁宣传教育月”活动，组织党员干部观看警示教育片以及参观廉政文化基地，教育引导党员干部永葆清正廉洁的政治本色，营造廉洁从业的良好氛围。深入学习贯彻中共中央《关于加强对“一把手”和领导班子监督的意见》，制定领导干部配偶、子女及其配偶经商办企业禁业范围的划分，严格防止靠企吃企不正之风。积极做好反馈意见整改推进。落实国机集团党建考核评价以及专项整治反馈意见全面整改，做好下属企业违规挂靠专项巡察和“四个专项整治”工作，跟踪督促被巡察企业，落实巡察反馈意见整改。

5. 加强群团统战工作，扎实推动合力汇聚 充分发挥广大职工在企业改革发展中主力军作用，不断激发职工的工作积极性和热情。深入学习贯彻《中国共产党统一战线工作条例》，组织开展统战人员献良策、做贡献主题活动。选举产生新一届工会、团委，健全群团组织，为更好开展群团工作奠定组织基础。举办迎新春乒乓球、扑克牌、飞镖、跳绳、踢毽子等多项趣味活动，丰富职工精神生活。积极巩固脱贫攻坚成果，落实山西平陆消费帮扶项目资金 28 万元。不断强化团员青年的思想淬炼，启动“青马工程”培训工作。

中国机械工业建设集团有限公司

【基本概况】

2021 年是中国共产党成立 100 周年，也是“十四五”开局之年。中国机械工业建设集团有限公司（简称中机建设）深入学习贯彻习近平总书记重要讲话和指示批示精神，全面贯彻落实党中央、国务院决策部署，以及国机集团工作要求，统筹经营发展和新冠肺炎疫情防控，生产经营稳中有进，各项重点工作全面完成。

强化组织引领，推动“十四五”发展战略落地见效。中机建设紧密契合国家战略布局和区域发展战略，编制发布中机建设“十四五”发展规划；为推进总体战略的有效落地，编制发布专项子规划；编制《发展战略与规划评价细则》，建立以战略规划为导向的绩效管理体系；开展“推动‘十四五’发展规划落实落地，我们怎么做”解放思想大讨论，为“十四五”时期发展凝聚共识。

持续完善中国特色现代企业建设，修订公司章程，确保党委、董事会、监事会、经理层等治理主体的权责边界清晰，重大事项议事规则科学规范；持续完善董事会、监事会制度机制，加强董事会、监事队伍建设；开展规章制度合规情况自查，启动线上制度模块，建立规章制度库。

服务构建新发展格局，创新区域经营模式。

“两非”（非主业、非优势）专项工作按照既定的工作计划，按时完成。

运用人力资源信息化系统，建立各类人才库；完善分层级、分阶段人才培养体系，实行双导师制；补充选拔优秀年轻干部，完善干部梯队建设；修订《业务职级管理办法》，拓宽员工职业发展渠道。

稳步推进数字化转型，构建业财融合的财务信息化系统平台，全面深入财务管理；持续提升科技能力，光明文化艺术中心项目荣获中国施工企业管理协会 BIM 大赛三等奖及“中国钢结构金奖”，乌兹别克斯坦 PVC 项目等项目荣获“全国优秀焊接工程奖”。

持续落实常态化新冠肺炎疫情防控工作。按照中央和国机集团的统一决策部署，实行常态化疫情防控，建立全系统疫情监测报告平台，对全部境外项目进行防疫风险评级，做好疫情信息的监测和管控；成立疫情应急处置工作机构，监督指导施工现场开展疫情防控应急处置和应急救援等工作，成功处置白俄罗斯、伊拉克、突尼斯等地项目中出现的疫情，实现感染人员“清零”。

【主要指标】

2021 年，企业资产总额为 70.21 亿元，全年实现营业收入 115.03 亿元，利润总额 1.58 亿元。成本费用占主营收入比重为 99.75%，经济增加值（EVA）21 927.64 万元，净资产收益率 9.44%，2021 年完成进出口总额 262.3 万美元，合同成交额 132.26 亿元。2020—2021 年中机建设主要经济指标完成情况见表 1。

项目履约情况良好，截至 2021 年年底，全系统在建项目 972 项，实现企业总产值 107.15 亿元，其中境内项目实现产值占总产值的 88.76%，境外项目实现产值占总产值的 11.24%。完工项目获得项目业主好评。

表 1 2020—2021 年中机建设主要经济指标完成情况

指标名称	2020 年	2021 年	同比增长（%）
资产总额（万元）	764 126.20	702 062.40	-8.12
净资产（万元）	121 736.80	119 103.30	-2.16
营业收入（万元）	1 105 000	1 150 298	4.10
利润总额（万元）	11 236.29	15 801.10	40.63
技术开发投入（万元）	22 741.47	24 450.57	7.52
利税总额（万元）	13 380.71	18 497.67	38.24
EVA 值（万元）	19 261.11	21 927.64	13.84
全员劳动生产率〔万元 /（人 • 年)〕	148 981.50	183 924	23.45
净资产收益率（%）	9.02	9.44	增长 0.42 个百分点
总资产报酬率（%）	3.64	3.68	增长 0.04 个百分点
国有资产保值增值率（%）	107.66	110.04	增长 2.38 个百分点

【重大事件】

1. 召开 2021 年工作会 2021 年 1 月 21 日，中机建设以视频会议形式召开 2021 年工作会议。会议以习近平新时代中国特色社会主义思想为指导，全面贯彻党的十九大和十九届二中、三中、四中、五中全会以及中央经济工作会议、国机集团工作会议精神，总结中机建设 2020 年和“四五”规划工作，分析面临的形势与存在的问题，研究中机建设“五五”规划总体发展思路，部署 2021 年重点工作，动员全系统立足新发展阶段、贯彻新发展理念、服务新发展格局，全面加强党的建设，持续深化转型发展，扎实推进改革创新，奋力开创集团公司高质量发展新局面。

2. 召开 2021 年全面从严治党工作会 3 月 6 日，中机建设党委召开 2021 年全面从严治党工作会，系统总结 2020 年全面从严治党工作开展情况，安排部署 2021 年全面从严治党各项工作，传达国机集团党史学习教育动员部署大会会议精神，并对中机建设开展党史学习教育、下属单位党组织书记抓基层党建述职评议和纪委工作述职提出要求，动员广大党员干部砥砺奋进、务实有为，努力开创中机建设高质量发展新局面。

3. 召开宣布领导班子大会 10 月 21 日，中机建设领导班子宣布大会召开。国机集团党委常委、副总经理高建设，人力资源部（党委组织部）副部长孟超出席会议。中机建设党委书记、董事长徐衍林主持会议。公司领导班子成员、总部中层干部及部分代表、下属单位领导班子成员及中层干部参加会议。

孟超宣布了国机集团党委对中机建设干部任免的决定：赵拥军任中机建设党委书记、董事长。周军任中机建设董事、党委副书记，为总经理建议人选。毛卫东、徐昭曦为中机建设副总经理建议人选。王二龙、方贤朝、黄建洲职务不变。徐衍林、杜正义、王剑锋退出领导班子。

4. 召开学习贯彻习近平总书记“七一”重要讲话精神专题会暨 2021 年年中工作会 7 月 26 日，中机建设召开学习贯彻习近平总书记“七一”重要讲话精神专题会暨 2021 年年中工作会，认真学习贯彻习近平总书记在庆祝中国共产党成立 100 周年大会上发表的重要讲话精神，回顾总结中机建设上半年工作，研究部署下半年任务，动员广大干部职工凝心聚力、攻坚克难，努力完成全年目标任务，确保实现“十四五”良好开局，奋力谱写中机建设高质量发展新篇章。

5. 2021 年投融建业务专题培训班（第一期）成功举办 为进一步加快业态转型，明晰投融建业务的指导方针、决策程序和管控要点，有效防范投融建项目风险，提高投融建能力和管理水平，针对当前全系统在投融建项目开发中遇到的共性问题，公司战略投资部与人力资源部于 3 月 25—27 日在中机建设干部培训学校（德阳安装技师学院）组织开展了投融建业务培训，培训取得圆满成功。

6. 2020 年度党建工作考核荣获优秀 中机建设党委在国机集团党委 2020 年度党建工作考核评价中荣获“优秀”。

2020 年，中机建设党委深入学习贯彻习近平新时代中国特色社会主义思想，坚持以政治建设为统领，全面贯彻落实新时代党的建设总要求，围绕“党建巩固深化年”专项行动，持续巩固和深化党建工作成效，将党组织的政治优势和组织优势转化为抗击新冠肺炎疫情、决战决胜脱贫攻坚、努力完成全年经营指标的工作优势，生产经营平稳增长，全面超额完成国机集团下达的主要经济指标，为“十四五”开好局起好步提供了坚强保证。

7. 中机建设援外项目被《人民日报》报道 自 2013 年 9 月我国提出建设“一带一路”倡议以来，“一带一路”由理念化为行动，由愿景化为现实，亚洲、非洲、拉丁美洲等发展中地区积极响应，正在加大基础设施建设力度，加强互联互通，推动沿线国家经济发展。

由中机建设承建的援赞比亚玉米粉厂是当地民众盼望已久的民生项目，项目建成后能有效地缓解当地粮食供应问题，提升玉米粉加工水平、提供就业岗位并带动当地经济发展。

《人民日报》报道了中机建设援赞比亚玉米粉厂项目当地员工在工作中感受到中国关怀的生动事例，展现中机建设为推动共建“一带一路”，推动全球减贫事业发展，构建人类命运共同体做出的贡献。

8. 赵拥军出席湖南省“三高四新”战略大会并签约衡阳粮油科技产业园项目 9 月 25 日，由全国工商联及湖南省人民政府共同举办的 2021 中国民企 500 强峰会暨全国知名企业助推湖南省实施“三高四新”战略大会在长沙盛大启幕。全国政协副主席、工商联主席高云龙及湖南省、长沙市主要领导出席并见证签约仪式。中机建设与衡阳市政府共同签署了《衡阳粮油科技产业园战略合作框架协议》。

协议签订后，双方将本着“优势互补、资源共享，政企共建、共同发展”的原则，在基础设施、重大项目建设、招商引资、粮油贸易等领域继续开展深入务实的合作，稳步推进，促进衡阳市粮油产业转型升级及经济社会高质量发展。

9. 多位员工获国家级、省部级荣誉 2021 年，中机建设多位员工荣获国家级、省部级荣誉，他们始终以新时代奋斗者的姿态积极投身社会主义现代化建设事业，以坚定的理想信念、精湛的专业能力和高度的敬业精神，体现了责任担当、创造了突出业绩、赢得了崇高荣誉。

时任中机建设总经理、党委副书记赵拥军荣获 2020 年度全国工程勘察设计大师，被聘为国机集团突出贡献专家；中国机械工业第二建设工程有限公司胡凤群被评为享受政府特殊津贴专家；时任中机建设总法律顾问徐昭曦被聘为国机集团工程承包、诉讼仲裁项目组专家；中国三安建设集团有限公司总法律顾问齐晓特、法务经理徐菲菲被聘为国机集团诉讼仲裁项目组专家；中国机械工业机械工程有限公司崔惠峰被聘为国机集团首席技师。

10. 荣获宜昌市点军区政府经济社会发展突出贡献企业奖 2021 年，中机建设获得宜昌市点军区政府经济社会发展突出贡献企业荣誉称号。

该荣誉旨在表彰 2020 年面对突如其来的新冠肺炎疫情和汛情，贯彻习近平总书记重要指示精神，全面落实中央、湖北省委、宜昌市委部署，在经济社会发展、项目建设、精准扶贫和抗疫抗汛各项事业中主动作为，并做出突出贡献的优秀企业。

11. 中机四建参与建设的通州再生能源发电项目荣获中国建设工程鲁班奖 中机建设下属中国机械工业第四建设工程有限公司（简称中机四建）参与建设的通州循环经济产业园（通州区再生能源发电厂）荣获中国建设工程鲁班奖（国家优质工程），这也是年度国内唯一入选的垃圾焚烧发电厂。一直以来，中机建设坚持绿色、低碳发展理念，以匠心建设节能环保项目，加快构建资源节约、环境友好的生产方式和运营模式，为实现碳达峰、碳中和目标、推动机械制造业的环保低碳发展贡献力量。

12. 中机建设两个项目荣获中国钢结构金奖 2021 年，由中机建设总承包的深圳光明文化艺术中心项目和由中机钢构承建的上海铁狮门 F1-C 项目获得中国建筑金属结构协会第十四届“中国钢结构金奖”。

中国钢结构金奖每年评选一次，是中国建筑钢结构行业工程质量的最高荣誉，评选对象为我国从事建筑钢结构制作、安装企业承建的各类建筑钢结构工程，工程质量达到国内领先水平。

13.“质量＋科技”双轮驱动 跑出转型发展“加速度” 2021 年，中机建设获得多项“质量”“科技”奖项，在“质量＋科技”双轮驱动下全力提升公司核心竞争力，跑出转型发展加速度。“光明文化艺术中心工程”“乌兹别克斯坦钾肥项目”“赛得利原液车间 MEI 安装工程”3 个项目荣获全国优秀焊接工程一等奖；“浮体平台中间水密闸门建造项目”“伊拉克萨拉哈丁电站项目”“滨恒民生热电联产项目”3 个项目荣获全国优秀焊接工程优秀奖；“威盛（武汉）研发中心 BIM 技术综合应用”荣获双料 BIM 奖项——2021“SMART BIM”智建 BIM 大赛施工组三等奖以及 2021 年“三局科创杯”武汉建筑业 BIM 技术应用成果大赛新锐奖。

14. 中机建设荣获中建协 AAA 级信用企业称号 2021 年，中机建设凭借稳健的经营实力，强大的资源整合能力、优秀的品牌形象以及良好的信用记录，获得“AAA 级信用企业”殊荣。信用等级证书是市场准入、招标投标、评选评优等活动的重要参考依据，是基于企业经营、管理、财务、质量、安全、合同履约等方面进行的综合评价。“AAA 级”为建筑业企业信用评级三级五等中的最高级别，同时也是申报条件最为严格的等级。荣获 AAA 级信用企业，代表着企业实力雄厚、财务实力强大、资信状况良好、抗风险能力强大。

【生产经营】

1. 经营转型多措并举取得新成效 2021 年，中机建设聚焦国家重大战略机遇，瞄准目标市场需求，多措并举推进经营转型，市场开发亮点纷呈，新签合同额创历史新高。

（1）区域经营转型落地见效。发布《中机建设区域经营规划》，设立八大区域总部，制定《区域总部年度业绩奖励暂行规定》，下达了 2021 年区域总部年度经营指标。成立“重大项目推进督导领导小组”，建立重大项目推进督导机制。新设 6 家分支机构和 4 家平台分支机构，整合区域经营资源，全面推进区域经营转型。

（2）工程总承包转型成果丰硕。印发《工程总承包业务发展规划》和《推进提升实施方案》，设立工程总承包管理中心，确定 2021 年工程总承包示范项目，组织了工程总承包项目经验交流和项目管理培训，提高工程总承包项目组织策划能力。

2021 年，累计立项工程总承包项目 137 个，完成中国机械工业工程集团有限公司下达的国内工程总承包签约目标的 195.42%，比 2020 年增长 138.64%。

（3）板块转型稳步推进。板块转型的基础进一步夯实，工业工程板块签约占比 32.29%；公用与民用建筑板块签约占比 38.87%；基础设施工程板块持续发力，签约占比 26.17%，三大业务板块呈现三足鼎立之势。

（4）投融建项目实现新突破。发布《投融建业务发展规划》，组织开展全系统投融建业务培训，明晰投融建业务的指导方针、决策程序和管控要点，梳理防范投融建项目风险。全年跟踪对接投融建项目 90 余项，业务模式包括 PPP、保障房建设以及投资人 +EPC 的片区综合开发等。

（5）国际业务持续滚动开发。面对复杂严

峻的境外新冠肺炎疫情形势，中机建设各单位积极响应“一带一路”倡议，加强境外项目履约和老客户维护工作，实现了国际市场的滚动开发。全系统境外签约占签约总额的4.92%。12月末，全系统有境外项目48个，实现境外产值12亿元，占产值总额的11.24%，促进了境外业务的稳定发展。

2. 工程项目管理持续加强 中机建设建立健全项目管理制度体系，优化项目分供商签证、变更、结算流程，逐步实现项目全过程管理制度化、标准化。推进采购合规化管理，推进重点物资年度区域集中招标采购，引入零星材料物资线上采购平台，加强分散采购的监管。强化对重点项目执行监管的全覆盖，加大项目巡检，及时发现项目问题，配合并监督责任单位采取有效措施。加快遗留项目关闭工作，全年累计关闭遗留项目117项。

中机建设下属中机一建印尼氧化铝项目克服雨季施工、新冠肺炎疫情等诸多困难，顺利达产达标。河北前进机械厂项目及将军山机械修理线建设工程项目圆满实现各项业主要求，得到业主感谢。中机四建凯傲叉车项目首台叉车于2021年12月正式下线，该项目的顺利完工助力济南市提升城市形象和产业吸引力。中机澳门高效完成澳门天桥项目施工，收到中央政府澳门联络办公室感谢信，展现了国有企业的责任担当。

【改革发展】

按照国企改革三年行动方案重点任务，中机建设制定全系统改革实施方案和工作台账，针对改革方案中的15类共59项任务目标，完成54项深化改革任务，5项深化改革任务按照国企三年改革行动方案持续推进，全面完成年度改革目标。

不断推进完善中国特色现代企业建设。中机建设总部及7家子公司完成公司章程修订，全系统100%落实董事会应建尽建、外董占多数要求。23家企业实现经理层任期制契约化管理，涉及经理层成员74人，完成率达100%。

中机建设以“两非”专项治理工作为契机，加快清理退出不具备竞争优势、缺乏发展潜力、非主业、非优势主业的企业。被列入退出的3家“两非”企业，中机一建下属德阳钢结构有限公司按时完成清算注销，2家被列入国投资产管理平台托管，按国务院国资委考核口径，全面完成3家“两非”企业剥离专项工作。

【科技创新】

2021年，中机建设继续加大科技投入力度，提高技术工程有效性。科技活动投入2.58亿元，中国安装协会科委会鉴定通过13项科技成果，省部级工程建设工法认定通过11项。

一批优秀项目获得国家级工程质量奖，品牌效益进一步提升。中机建设下属中机四建参建的通州区再生能源发电厂项目荣获“中国建设工程鲁班奖”，中国三安参建的CMEC总部综合楼荣获“国家优质工程奖”，中国三安印尼赛得利项目荣获“中国安装之星”，深圳光明文化艺术中心项目荣获“中国钢结构金奖”，乌兹别克斯坦PVC项目等6个项目荣获“全国优秀焊接工程奖”。

持续加强BIM技术在项目实施全过程的应用，分别在成都重组凝血因子生产车间、福建柘荣项目和衡阳电池项目应用BIM5D技术。深圳光明艺术中心、威盛（研发）中心、内黄三馆等项目获得各类BIM技术应用奖。

【主要管理经验】

1. 财务管控持续强化优化 2021年，中机建设严格执行全面预算管理，建立预算管理与考核体系、制度，建立成本费用预算管理、分析和反馈工作制度。开展资金内控情况检查，制定“清单式”整改计划，深入推进资金集中管理专项工作。取得银行授信129亿元，比2020年增长5.7%，连续3年授信规模保持稳步增长。实施贷款浮动利率的比价磋商，节约融资成本2 200多万元，为企业稳定发展提供了资金保障。

持续强化“两金”管理，中机建设全口径“两金”净值较上年同期降低8.76%，改善了“两金”和负债双高的状况。

全面排查备用金情况，修订《备用金管理规定》，全系统备用金较年初压减50.3%。

2. 信息化建设助力管理提升 2021年，中机建设全力推进“十四五”数字化转型规划落实落地，启动项目管理信息化系统建设，努力构建业财一体化信息系统平台，争取实现项目进度、成本、资金等主要环节和要素的信息化管控目标。建成人力资源管理信息系统，实现人力资源信息共享。启用智能印控系统，落实公章使用全过程管理。搭建督察督办模块，推动重点工作落实见效。制定网络安全应急预案，加强网络安全防护。

3. 企业信用等级进一步提升 2021 年，中机建设荣获中国建筑业协会“2021 年度建筑业工程 AAA 级信用企业”和中国施工企业管理协会“五星级企业”称号，中机四建荣获中国施工企业管理协会授予的“2021 年度 AAA 级信用企业”称号，全面深化企业诚信经营。

4. 人才强企提升企业发展竞争力 2021 年，中机建设结合五支人才队伍建设，建立了覆盖全系统的经营管理、营销、投融建及各级各类专业技术人才库。

加大优秀年轻干部选拔入库力度，补充选拔优秀年轻干部 27 人，青年骨干人才 10 人。高度重视注册人员引进和考试取证工作，全年新增一级建造师 137 人、注册造价师 28 人、注册安全工程师 9 人。

持续加强培训工作，修订培训管理办法，全年开展各类培训 300 多次，2 万余人次参训，持续提高员工业务能力。

2021 年，中机工程郑虎荣获“中央企业大国工匠”推荐人选、崔惠峰荣获“国资委优秀技能人才”推荐人选、中国三安杨纪文和中机四建李永超荣获“国机集团技术能手”推荐人选。杨纪文被授予“2021 年度国机集团劳动模范”和“2020—2021 年度西安市职业技能带头人”荣誉称号。

5. 风险防控保障企业行稳致远

（1）全力防控生产风险。一是继续推动安全生产专项整治三年行动工作，动态更新制度清单和隐患整改清单。二是通过联合检查、领导带班检查、各类专项检查活动、班组自查等，实现在建项目安全监督检查全覆盖。三是落实安全生产“双重预防”机制，通过辨识重大安全风险分级管控，加强安全隐患排查治理行动。四是落实安全生产培训责任，全系统项目管理人员培训 2 853 人次，推进安全生产标准化建设。全年生产平稳运行，无重伤以上安全事故发生。一批项目获得省市级安全文明标准化工地。中国三安胜利饭店项目荣获“陕西省建筑业绿色施工工程”称号。

（2）防范化解经营和投资风险。2021 年，中机建设从工程投标、境外佣金、合同管理、项目风险评估、境内外分支机构管理等六大方面修订完善制度，加强项目承接风险评审、投资和投融建项目评审，防范经营和投资风险。全面梳理经营备案、企业电子锁、企业账户等情况，摸排 34 家境内分支机构管理情况，签订 17 家分支机构管理责任书。制定《境外机构财务管理办法》，完成境外机构派出财务负责人提级管理和全覆盖工作。

（3）持续防范法律合规风险。2021 年，中机建设扎实开展规章制度、经济合同、重要决策 3 项法律审核，确保法律审核率达到 100%。持续推进涉诉项目、潜亏项目、长期未结算项目的专项整改工作，加大诉讼仲裁案件处理力度，防范化解合同履约风险。新疆庆华案、越南项目工行保函案等重大案件取得积极进展。围绕“一带多”系列诉讼集中处置，根据案件实际情况分别采取协商和解撤诉、调解结案、积极应诉，减少公司损失数百万元。

公司完善合规管理体系，狠抓世界银行制裁专项治理，开展全系统合规风险评估工作，对中机建设存在的及潜在的合规风险进行评估分析。顺利完成世界银行监督人对公司总部、中机二建的实地核查，为如期解禁奠定了基础。

（4）持续加强财务风险管理。2021 年，中机建设落实会计信息质量检查反馈问题的整改工作，其中：国机集团下发的 17 项重点问题已全面整改完成；“回头看”问题 12 项，已完成整改 11 项，持续整改 1 项；资产质量问题等自查发现问题 9 项，已全部整改完成，整改中消化历史潜亏约 1.3 亿元。

通过专项整治工作，公司认真总结反思，对于发现的共性问题进行研究，组织系统性整改，修订完善了包括经营管理、工程项目管理、财务管理等 10 多项管理制度，建立长效机制，堵塞管理漏洞，提高会计信息质量，保障国有资产保值增值。

6. 监督问责助推规范性和执行力

（1）全面提升审计监督能效。2021 年，中机建设建立健全内部审计领导体制，公司总部及下属 7 家重要子公司均已完成内部审计领导体制的改革，由董事长负责内部审计监督工作，分管审计部门。

积极推动内部审计监督无死角、全覆盖，加大对重要子企业、固定资产投资、存在亏损风险项目等内部审计监督力度，全年完成审计工作 20 项。强化整改跟踪审计及审计结果运用，实行审计问题台账管理。

（2）建立健全违规追责体系。公司成立“违规经营投资责任追究领导小组”，增设违规追责工作专门机构，统筹全系统违规经营投资责任追究工作。2021 年，责任追究 14 人（其中组织处理 9 人次、扣减薪酬 4 人次）。

（3）扎实开展执纪问责工作。公司开展问责 2 人次，对下属单位领导班子成员问责 7 人次、对总部中层干部问责 3 人次。执纪问责综合运用第一种形态 15 人次、运用第二种形态 13 人次（党内警告 12 人次、党内严重警告 1 人次），达到“以案为鉴、以案促改”的效果。

【党建工作】

深入学习贯彻习近平总书记“七一”重要讲话精神和党的十九届六中全会精神，坚持“第一议题”制度，坚决做到“两个维护”；扎实推进全国国有企业党建工作会议精神贯彻落实情况“回头看”工作，确保做到两个“一以贯之”，不断完善公司治理结构，健全“三重一大”决策制度和事项清单。党委主抓全面深化改革，完成国有企业改革三年行动方案年度目标，推动“十四五”发展规划落实落地；制定《党建工作要点》，切实推进责任落实；强化“三基建设”，进一步建强基本组织、基本队伍、基本制度。深入开展干部交流与监督，落实从严治党责任。

扎实开展党史学习教育活动和党建创新拓展年行动，制定实施方案和任务清单，确保党史学习教育高质量全覆盖，深入开展“我为群众办实事”实践活动，完成 15 项重点民生项目，建立完善 3 项长效机制。开展各类专题培训，开展“百年党旗红、国机在行动”演讲比赛、参观红色教育基地、“央企百年跟党走”主题党日活动、党史知识竞赛、专题组织生活会、“向党报告工作”等。

【履行社会责任】

中机建设成立乡村振兴工作领导小组。为四川省广元市朝天区投入帮扶资金 70 万元；全系统累计消费帮扶 68 万元。德阳安装技师学院开展免费职业教育，在朝天片区、甘孜藏族自治州，对贫困户及适龄就读人员建档立卡，享受免费帮扶教育。中国三安驻陕西省商洛市丹凤县峦庄镇元潭村工作队先后协助村委完成换届选举，健全村党组织。助力乡村基础设施建设，实施“雪亮工程”——通组路光伏灯安装项目。中国三安荣获“陕西省驻村联户扶贫工作考核优秀单位”；中国三安、德阳安装技师学院荣获“国机集团脱贫攻坚先进集体”称号。

中国自控系统工程有限公司

【基本概况】

2021 年，中国自控系统工程有限公司（简称中国自控）前身是成立于 1980 年的原国家机械工业部直属的中国自动化控制系统总公司，现隶属于国务院国有资产监督管理委员会管理的国机集团，是以工程承包为核心业务，集贸易、研发以及技术服务为一体的国有独资公司。

中国自控自成立以来，完成工程承包、设备

成套、进出口贸易、软件开发、技术服务等国内外项目数千余项，市场遍及亚洲、非洲、美洲等100多个国家和地区，业务范围涵盖输变电工程、新能源与环境工程、自动化工程、智能建筑工程、安防工程及信息系统集成等，业务领域涉及交通、石化、建材、电力、市政、信息处理与应用、智能制造和智慧行业。其工程业绩曾多次荣获国家及省（市）级各类奖项。

【“十四五”规划摘要】

1. 总体思路 结合技术型工程公司的定位，坚持内强“专、精、特”能力，外塑“国”字号企业形象，以国内做专细分行业、海外做深优势区域为发展思路，在巩固成熟业务的同时，瞄准战略新兴业务，主动放弃低端、巩固中端、占领高端，努力成为领先的智能、智慧系统解决方案提供商，新价值创造的定义者。

2. 业务定位 为实现将中国自控打造成为信息时代变革者、智慧工程引领者的发展愿景，从需求、市场潜力、公司技术积累等几个方面综合分析，围绕工业自动化、建筑智能化、安防工程、输变电、可再生能源电力5个领域，对业务进行精准定位。

【主要指标】

2021年，中国自控实现营业收入4.26亿元，利润总额871.93万元。2021年中国自控主要经济指标完成情况见表1。

表1　2021年中国自控主要经济指标完成情况

指标名称	2020年	2021年	同比增长（%）
资产总额（万元）	58 010.20	62 496.03	7.73
净资产（万元）	19 305.84	21 259.29	10.12
营业收入（万元）	44 693.96	42 649.65	-4.57
利润总额（万元）	−3 411.58	871.93	125.56
技术开发投入（万元）	118.96	165.40	39.04
利税总额（万元）	−3 166.65	1 037.33	132.76
EVA值（万元）	−3 932.90	−719.24	81.71
全员劳动生产率〔万元/（人·年）〕	11.41	23.11	102.54
净资产收益率（%）	−10.85	2.54	增加13.39个百分点
总资产报酬率（%）	−4.11	2.34	增加6.45个百分点
国有资产保值增值率（%）	88.34	100.07	增加11.73个百分点

【改革发展】

1. 坚持创新驱动发展 下属中自控自动化技术有限公司（简称技术公司）研发油品、液化品储运的自控、安防和GIS综合管控软件平台，为客户提供“平台+数据+服务”的多角度、多种业务需求组合的解决方案和实施策略。创新无人化、智慧化、数字化油品库区顶层设计，完善无人库区示例工程洞察系统。下属中国电缆工程有限公司（简称中缆公司）和公司本部工程四部共同研发混能微电网系统，目前已运抵项目现场，进入试运行阶段，切实为公司海外业务布局提供了技术保障。

2. 完善公司治理体系 发挥党委把方向、管大局、促落实的领导作用，不断完善“三重一大”制度的规范文件，细化决策事项及程序，实现各治理主体决策权限、决策责任、决策流程等方面的制度化和规范化。加强董事会授权，实现董事会应建尽建，全面建立董事会向经理层授权的管理制度，实现董事会配齐建强，董事会中外部董事占多数。推行经理层成员任期制和契约化管理，全系统经理层成员全部完成签约，深化企业管理人员能上能下机制。

3. 积极清理无效资产 严格按照国务院国资委和国机集团参股经营投资自查和整改工作部

署，确认 9 家参股公司为低效无效资产清理范围，成立股权处置专项工作领导小组，制定公司本部和下属中缆公司参股企业处置方案。已有 3 家参股公司清退工作取得明显进展，对退出确实存在实际困难的，公司坚决按照国务院国资委和国机集团的要求，在保障合法利益的前提下，根据实际情况，采取“一企一策”方式，积极推进参股清理退出工作。

4. 加强干部队伍建设 持续重视党员领导干部队伍建设。开展国有企业混合制改革及党风廉政建设培训。坚持正确的选人用人导向，坚持德才兼备、以德为先的用人标准选拔聘用干部。积极推进用工市场化，丰富招聘渠道，全系统年内市场化招募人员 39 人。创新人才引进模式，组建市场开发团队，进一步扩大区域市场竞争优势，增强企业运营活力。加强专业技术人员培养，全系统中级职称以上人员达到 40%。

【重大项目】

（1）深耕航空油库自控工程领域细分市场，重点服务油品储运领域智能化、信息化建设，继承建的中国航油标准化建设项目陆续竣工投入运行后，2021 年成功签约航空燃料过滤设备综合性能评定中心项目，并顺利通过竣工验收，助力公司打造航油领域的高端供应链。

（2）持续拓展医疗、教育行业优质客户，依托建筑智能化、信息化领域的技术优势和行业经验承建的北京航空航天大学沙河校区基础信息化提升项目、兰州市第二中学雁滩分校智能化项目，2021 年已顺利投入使用，获得各方积极评价。2021 年连续签约中国计量科学研究院、沂源县人民医院、中核·科创园项目，中标及新签合同额稳步增长，年度新签合同额突破 1 亿元。

（3）深入服务国家战略，聚焦军队后勤保障、国家战略储备等行业的智能化工程，2021 年签约中央储备粮某直属库项目等多个国家物资储备系统工程。不断探索应用物联网技术提升，签约部队某研究院油料物联网实验室科研条件建设工程，厚植公司油品、液化品储运细分行业优势。

（4）优化业务布局，围绕公司“十四五”期间优势区域及重点客户群的业务要求，推动业务链条向液化品储运领域延伸，主导开拓和承建的青岛港董家口港区液体化工码头及仓储工程已于 2021 年顺利投产，该项目可扩大青岛港货物装卸种类，提升客户综合服务优势，为公司在油品、液化品储运行业做大增量、做强存量引入新发展机遇。

（5）凭借公司在港口码头大宗散货装卸、各类油品、液化品储运库自动化及信息系统集成的优势地位和丰富经验，连续中标并签约青岛海业摩科瑞仓储有限公司、大鼎油储罐改造、青岛港董家口港区粮食筒仓二期控制通信工程等项目，中标唐山港曹妃甸港区液体化工码头续建项目，进一步完善港区综合性功能，奠定技术公司在油品储运领域和智能管控建设方面的领先地位。围绕优质客户，积极开拓日照港、烟台港以及宁波舟山相关区域业务，培育业务增长点。

【国际合作】

1. 积极开拓“一带一路”业务 2021 年成功签约并执行柬埔寨磅清扬 60MW 光伏发电 EPC 项目，项目金额 3 500 万美元。该项目是柬埔寨当地最大的新能源单体项目，也是公司在柬埔寨可再生能源领域第一个 EPC 项目，可对解决当地电力结构、促进节能减排起到积极作用，对公司海外新能源业务的进一步开拓和持续发展具有重要意义。

2. 中缆公司属地化经营成效明显 科威特分公司继续保持电缆维护业务优势地位，2021 年成功签约 10 个总计约 2 550 万美元的维护项目合同，另有 2 个维护项目中标待签，金额总计约 1 400 万美元。努力克服新冠肺炎疫情影响，积极推进斯里兰卡 220kV 线路项目建设进度，同时深入拓展非洲、亚洲及南美市场。

【科技创新】

1. 科技人才队伍建设 在队伍建设方面，强化科技创新人才培养，深化高层次科技创新人才引进，建设需求引领的高质量科技创新人才队伍。加强科技创新人才培养引进平台建设。健全科技人才流动配置机制，创新科技人才服务机制，完善科技创新人才发展机制。

公司拥有从事主营业务多年的技术人员团队，经验丰富，技术人员有着较高的技术水平，良好的教育背景，硕士以上学历人员占比 32%，工程系列高级职称人员和拥有国家注册资格证书的人员占比近20%。此两项数据比例均提高10%以上，为开展科技工作打下良好基础。

2. 科技项目组织管理 2021年11月，公司经国机集团科技部向国家科技部申领了本年度人工智能“揭榜挂帅”项目。申报方向：智能制造关键技术装备与系统；申报产品名称：油气管线、库站智慧管控系统平台；申报内容：油气管线、库站智慧管控系统平台通过建设管控中心和“感知”系统，将油气管线、库站各个系统间实现“互联”，并通过多维度“智能”分析，借助数据计算、物联网等IT技术，使油气管线、库站基础设施运行、维护管理更加智能、便捷，实现运营管理更加规范与高效。

为业务应用层提供统一的安全防护平台，实时获取所监管油库的安保实际情况、实时数据、图片视频等各类信息，集成到一张态势图中，并指挥协调各系统协同工作，完成报警和应急处置，实现联动调度指挥中心的场景。

公司从事油气储运相关行业的业务部门已成立攻关小组，力保任务顺利完成。

3. 知识产权成效 2021年，公司全系统共申请软件著作权6项：数字化指挥校园信息系统V1.0、油料物联网生产管控一体化系统V1.0、智慧社区边缘云系统、驻船调度APP v1.0、生产执行控制系统v3.0、仓储库区智慧生产管理平台。

4. 创新文化建设情况 公司鼓励员工参加创新大赛等活动，在业务领域多次开展项目方案经验交流与技术提升培训会，提高公司整体技术基础和攻坚克难的能力。同时加强科技创新与科普的宣传力度，打造员工科技创新的氛围。

同时，公司在薪酬结构方面进行调整，在岗位设置、薪资系数等环节专门针对科研技术人员有所倾斜，以鼓励员工向技术型人才发展。

【安全生产】

1. 强化领导，细化职责 在2021年度安全生产工作中，公司健全安全生产责任制，层层签订责任书，明确安全生产管理责任、目标、要求、考核和奖惩等，全面落实“党政同责、一岗双责、失职追责”的要求，做到“纵向到底、横向到边”，把安全生产责任制落实到企业生产经营、管理全过程和公司全部岗位。

2. 狠抓预防，严查隐患 公司建立健全安全生产组织机构，成立安全生产委员会，下设安全生产办公室和应急指挥中心，安全生产委会主任由公司执行董事担任，办公室主任由公司分管安全生产工作的副总经理担任，要求每个工程项目至少配备1名安全生产管理人员。

公司2021年年初制订年度安全生产工作计划、安全生产投入计划和安全生产教育培训计划。强化项目安全生产管理工作，以现场检查与视频督查的方式多次对项目现场进行检查；强化风险分级管控和隐患排查治理。年内公司对所有在施项目进行全面排查，建立问题隐患清单和制度措施清单，并及时跟踪问题整改进度，确保整改、复验及时。

3. 开展安全生产宣传教育活动 2021年，公司共举办安全生产培训20次，组织新冠肺炎疫情防控专题讲座、观看安全警示教育片、开展消防培训和应急演练等活动，有效提高公司职工的安全意识。

2021年，公司完成与国机集团签订的“2021年度安全生产责任书”责任内容和目标要求，全年未发生安全生产事故，安全生产管理机构健全，人员配到到位，未发生突发性群体事件，未发生在国内外相关媒体或平台被曝光的行为。

【党建和文化建设工作】

1. 抓基层组织建设，凝聚发展动力

（1）持续深化党建强基工程。公司党委围绕组织健全、制度完善、运行规范、活动经常、档案齐备、作用突出“六条标准”，持续推进示范党支部创建工作，通过听取汇报、查看材料、座谈访谈等形式开展支部标准化规范化验收。

（2）持续深化能力提升工程。深化“双培养一输送”，选送2名党务干部积极参加集团党务干部上讲台活动，分别提任1名优秀兼职党务干部为部门副职，2名年轻专兼职党务干部为部门助理；2021年，全系统保质保量接收11名预备党员，发展党员数量达到历史新高，其中中层及以上干部3名，大幅提高了中层及以上领导中党员比例。

（3）持续深化制度保障工程。落实巩固深化

“不忘初心、牢记使命”主题教育成果的长效机制，一是年初专题研究全面从严治党及党风廉政建设工作，统筹谋划、研究解决重点难点问题。二是结合日常谈心谈话、基层联系点调研、中干例会、党建例会的沟通部署压实责任。三是优化党建“述评考用”有效贯通的工作机制，实现日常性工作和集中性检查评估有机结合，基层党组织书记述职评议和党建工作考核评价有机结合，企业党建工作考评和经营业绩考核有机结合。

（4）持续深化党建与业务融合。一是将“我为群众办实事”作为党史学习教育的重要抓手，在边学边做边改的基础上，就“强管理、转作风”等方面梳理、完成 27 项任务，增强职工获得感和满意度。二是围绕编制实施公司“十四五”战略发展规划及子规划，各基层党组织以“把握新发展阶段、贯彻新发展理念、服务构建新发展格局”为主题开展讨论，从规划落地的具体操作层面思考谋划，推进规划的具体实施。三是在紧盯制约公司发展的资金问题上，结合“两金”压降、子公司和参股企业清理等急、难、重任务抓党建成效，各党支部牵头推进项目应收账款催缴工作，2021 年累计收回近亿元，压降比例达 56%，有效缓解公司资金压力。

（5）在中心工作任务中发挥“主力军”作用。一是在攻坚克难上，面对协调难度大、技术要求高、现场条件艰苦的实际情况以及境外项目面临新冠肺炎疫情防控不确定的风险，党员带头亮身份、鼓士气，尤其是在斯里兰卡输电线路项目、柬埔寨磅清扬光伏项目及中航油供油系统升级改造项目等重点项目中，基层党组织和年轻党员充分发挥了先锋模范作用。二是在联系群众上，党支部注重工作方法、关心群众生活，通过谈心谈话、党员联系群众以及党支部书记列席所辖部门例会及述职会议等方式，充分掌握所辖部门党员、青年、群众思想动态和工作状况，及时准确传达公司各项决策意图，及时疏导、反馈员工思想困惑，基层党组织政治功能和组织力得到提升。

2. 坚持全面从严治党，为企业经营管理保驾护航

（1）纪律建设有的放矢。结合国机集团专项巡视和“四个专项整治”专项检查反馈意见，聚焦重点领域、重要事项、关键环节和关键少数，深入排查整改，对靠企吃企、化公为私等行为形成有力震慑。

（2）作风建设持续深入。落实中央八项规定精神，修订《中国自控企业负责人履职待遇、业务支出管理办法》，在节日期间对公车封存情况、违反中央八项规定精神和“四风”问题开展检查。

（3）一体推进不敢腐、不能腐、不想腐。深入开展警示教育，组织中层及以上干部、党支部书记、关键岗位人员签订“党风廉政建设责任书”和“廉洁承诺书”，集体参加国机集团年度警示教育大会，把党风廉政建设贯穿于党员干部教育培训和日常监督管理，持续加大执纪办案力度，精准运用监督执纪“四种形态”，做好党风廉政意见回复工作，通过多部门参与的协调联动机制打造大监督格局。

3. 坚持凝心聚力，培育干事创业氛围

（1）宣传思想工作重心向基层“下沉”。以部门周培训、每月主题党日为契机，开展宣传教育，引导广大党员群众筑牢共同思想基础。

（2）开展对全系统各层级媒体平台，尤其是海外社交媒体账号的摸底统计工作，强化对各级各类宣传发布媒体和平台的监督检查。

（3）落实保密工作要求，严格新闻审批程序，全面推进企业官网、微信公众号、OA 系统、企业微信、党群活动中心等阵地的建设，更好地弘扬主旋律、传递正能量。

（4）与时俱进完成公司本部党支部活动宣传栏更新工作，通过党员“亮身份”抓关键少数、带动大多数，营造良好企业氛围。

（5）关注员工体检指标，设立“全员健康日”，成立活动小组，支持员工开展健身运动，丰富业余生活，争取以更健康的身体、更饱满的精神投入工作。

【信息化与数字化建设】

1. 推进体系化的业务管理模块建设 整合党建、人力资源管理、制度体系建设、“三重一大”决策、固定资产等 OA 模块，拓展项目管理模块，不断提高 OA 系统用户体验，全面提升办公智能化水平。

2. 加强制度建设 修订《中国自控系统工程有限公司本部网络安全和信息化管理办法》，加入个人信息保护、供应链、互联网信息发布管控、信息技术应用创新相关内容。制定《中国自控系统工程有限公司本部网络事件应急响应和事故上报管理办法》以及有关数据安全、主机安全、网信事项审批、网信资产安全等14项细则。

【社会责任】

积极响应乡村振兴工作号召，对境外员工及家属、困难职工进行有效帮扶，全年共组织约33万元用于职工防疫、消费扶贫和各类捐赠。同时，公司与所辖团结湖街道联合开展结对帮扶，助力内蒙古察右后旗巩固脱贫攻坚成果；支援河南省救灾工作5万元。

国机财务有限责任公司

【基本概况】

2021年，国机财务有限责任公司（简称国机财务公司）于2003年7月经中国银行业监督管理委员会批准成立，是具有企业法人地位的非银行金融机构。股东为中国机械工业集团有限公司及其下属25家成员单位，注册资本15亿元。公司以“依托集团资源，服务集团发展”为宗旨，坚持“规范、服务、发展、创新”的经营理念，不断深入国机集团成员企业经营链条，努力为集团和成员企业提供优质高效的特色金融服务，成功开发并推广融资租赁、买方信贷、票据承兑与贴现、厂商一票通、转开函证、母子公司资金池等一系列创新金融产品，为成员企业的发展提供有力金融支持，深化公司与成员企业合作。

【主要指标】

2020—2021年国机财务公司主要经济指标完成情况见表1。

表1 2020—2021国机财务主要经济指标完成情况

指标名称	2020年	2021年	同比增长（%）
资产总额（万元）	3 832 300.00	4 552 728.16	18.80
净资产（万元）	307 727.00	328 334.64	6.70
营业收入（万元）	84 288.00	70 085.39	-16.85
利润总额（万元）	39 528.00	40 058.96	1.34
利税总额（万元）	42 440.00	41 671.83	-1.81
EVA值（万元）	10 479.73	9 952.88	-5.03
全员劳动生产率〔万元/（人·年）〕	687.00	720.43	4.87
净资产收益率（%）	10.05	9.63	下降0.42个百分点
总资产报酬率（%）	1.03	0.96	下降0.07个百分点
国有资产保值增值率（%）	110.65	110.66	增加0.01个百分点

【经营发展】

1. 服务集团的能力不断强化 根据国机集团业务组合矩阵不同区域分别制定信贷策略，将信贷资源向国机集团战略导向的重点领域、重点企业、重点业务倾斜，全面助推集团主责主业发展；向相关企业发放专项贷款，助力企业化解债务风险；助力集团资金可视化管控，有序推进境内账户查询授权，可查询人民币资金余额达70%，WIFT平台搭建成功，并实现首个境外账户查询运用；通过网银白名单支付系统、大额资金落地问询、监控U盾使用等方式，加强资金支付监管；协助完成100亿元发债额度注册，协助国机集团成功发行20亿元债券，并发挥杠杆功能帮助国机集团降低融资成本。

2. 服务成员企业的能力不断提高 国机财务公司以满足国机集团成员企业需求为己任，努力提升服务水平和能力，积极让利成员企业，累计为成员企业节约费用8 000万元；进一步扩大代开业务规模；进一步降低企业服务费率，积极向银行争取保函费率优惠，为相关企业提供代理外币远期询价服务时争取优惠价格；进一步提高服务效率，开通财企直联电子回单功能，开发上线信贷业务在线办理，简化票据贴现流程等，提升业务办理效率；进一步提升服务质效，协助相关企业成功发行永续债券，助力降低融资成本，并通过“自营+委投”模式提高相关企业资金收益，实现“三方共赢”；为国机集团和成员企业提供金融市场资讯，参与国机集团汇率风险管理，宣传风险中性理念，提升企业汇率风险管理意识。

3. 存款规模量质齐升 国机财务公司把资金集中作为首要功能，努力提升存款规模。聚焦重点客户稳存款，坚持“一户一策”策略，为重点成员企业制定吸存方案；聚焦高潜客户稳存款，逐一对接可归集资金集中度低于80%、存款偏离度高、资金量1亿元以上的高潜客户，制定归集方案，提升资金归集规模；紧盯关键时期稳存款，密切关注春节前后等重要时期大额资金动态，做好沟通对接，缓解阶段性资金压力；紧盯相关企业退市完成的时点，制定专项方案开展专项吸存；紧盯关联交易稳存款，提升可归集资金规模。

4. 结算主渠道地位稳步提升 结算渠道进一步拓宽，成功上线人民币跨境支付系统（CIPS），新增跨境人民币支付结算新通道，公司至此已具备网上银行服务系统、财企直连系统、电子商业汇票系统、跨境本外币资金池、SWIFT、CIPS等系统，结算渠道走在行业前列；结算覆盖面进一步扩大，黏性进一步增强，提前完成账户“应开尽开”年度目标，开户覆盖率达85%，较上年提高13个百分点，大力推动财务公司结算系统进企业，全年新开通网银、电票、代理收款账户的成员企业数分别为66家、68家和100家，同比分别增长61%、386%、185%，新开通3家财企直连，推动6家企业财企直连开发，为相关企业搭建母子公司资金统一管理平台；外汇结算业务规模进一步增长，全年累计开展即期结售汇金额3.73亿美元，同比增长27%。

5. 信贷业务快速发展 在“锻造国机所长、服务国家所需”中拓展，支持重型装备制造，深入了解重装企业需求，为其提供贷款、票据、保函等综合服务，支持农业机械现代化，累计为农机企业提供各类业务支持7.8亿元，支持制造业发展，制造业贷款余额32.5亿元，同比增长34.9%；在抢抓市场机会中拓展，抓住大宗贸易、粮食贸易等企业阶段性融资需求，投放44.3亿元专项融资，带动经营合同超过100亿元，为相关企业提供10.7亿元过桥贷款，满足企业阶段性资金需求；在贯彻新发展理念中拓展，对小微企业各类贷款余额从2020年年末的25.7亿元提高至2021年年末的45.7亿元，护航小微企业发展，对接置换企业外部融资累计90亿元，助力国机集团降杠杆减负债。

6. 资产负债管理增收益能力增强 多管齐下保障流动性安全，一方面建立更加有效的部门协同管控机制，在客户资金动态、资金需求、收益诉求等方面信息共享、协同配合，做实做细头寸管理，减少流动性剧烈波动，另一方面积极利用同业拆借、正回购等渠道扩大外部融资，细化融资节奏安排，保障流动性安全和信贷资金需求；多措并举提升资金收益，将备付资金转为活期稳存，以带量活期存款询价议价方式开展约期或类定期存款，用国债、货币基金等免税产品置换利率债，研究探索利用金融机构和实体企业两个平台配置资源的途径和方案，为提高资产配置收益奠定基础。

【抗疫保供】

落实新冠肺炎疫情防控常态化工作要求，关注疫情动态，及时向员工传递防疫信息，严格遵守属地管理要求。加强宣传引导，做好疫苗接种动员工作，做到应接尽接。定期向员工提供口罩、消毒巾等防护物资，加强办公场所、会议、外来人员的管理，全力保障员工的身体健康。受疫情影响居家办公期间，通过不断完善远程办公、线上会议等方式保证公司正常经营运转，同时，各部门通力配合，尽最大努力满足成员企业的需求，保证企业日常支付和各项业务不中断。

【改革发展】

1. 战略实施稳步推进 开展多层级的战略研讨和意见征集，统一思想；制定发布以“合作共赢、专业致臻”为核心内涵的企业文化规划，将企业文化建设提升到战略层面；制定发布信息化规划，完成信息化建设顶层设计；制定公司战略落实计划表以及服务国机集团战略的行动方案，使战略推动落实更具体、更细化。

2. 三年改革行动基本完成 完成绩效薪酬考核体系改革，强化绩效考核，以及考核结果与薪酬、工资调档、晋级的关联度，激发员工活力，形成干部能上能下、员工能进能出、薪酬能高能低机制；设置管理与专业技术双通道，打开员工的职业发展通道；完成经理层契约化和任期制改革，强化董事会对经理层的考核与激励；完成“三重一大”决策制度梳理，完善党委会重大事项前置研究讨论机制以及董事会授权机制，各主体职责权限更加明确，决策机制更加明晰高效。

3. 积极稳妥应对风险 完善风险管理工具和手段，优化客户信用评级体系，客户评价更为精准；开展投资风险、流动性风险、押品估值风险压力测试，形成常态化风险压力测试机制。持续跟踪重点风险企业，敦促企业加快资产处置进度，逐户研究制定风险化解方案。强化法律法规的研究，提前制定法律风险管控措施，防范业务风险。推动内部审计改革，强化审计整改落实机制，促进完善公司内控机制建设。

4. 加大信息化建设投入力度 年度信息化建设投入完成 1 064 万元，同比增长 57%；按照轻重缓急分类管理的方式，有序推进 22 个项目的实施和 19 个项目的建成投产；开展数据治理，为智能监管、数据驱动经营奠定基础。坚持“日巡月检按季演练”，配置安全设备，全面提升系统和网络安全防护水平，系统中断率、故障率处于行业较低水平。

5. 持续研究财务公司整合方案 针对中国一拖集团有限公司业务调整，成立整合工作专班，与国机集团和监管部门经过多轮深入沟通，开展政策研究及同业调研学习，全面了解中国一拖集团有限公司诉求，制定完善整合方案，并完成国机集团审批和监管部门备案；开展业务、信息系统等对接，研究细化对接方案，制定详细工作计划，明确工作时间节点，为稳妥推进整合工作打下坚实基础。

【党建工作】

1. 坚持思想引领，改革发展开启新篇章 坚持以习近平新时代中国特色社会主义思想为指引，坚持以习近平新时代中国特色社会主义思想为“第一议题”，全年学习“第一议题”21 个，推动党委中心组月度学习 12 次；从党史学习教育中汲取力量，举办 4 期专题读书班，4 场专题培训，结合金融企业特点，学习《中国共产党领导下的金融发展简史》，参观阳早寒春爱国主义教育基地、前往北京东交民巷游学、观看红色影片、举办“七一”文艺演出等，教育引导党员进一步增强党性修养以及新时代下的责任感和使命感；贯彻党的十九届六中全会精神，勇开新局，组织召开党委会和中心组学习，研究制定学习落实举措，掀起公司上下学习高潮，不断提高党员“三力”，牢固树立“四个意识”，坚定“四个自信”，做到“两个维护”。

2. 坚持固本强基，党的建设开拓新局面 以“党建创新拓展年”为主线，结合开展全国国企党建会五周年“回头看”，公司党委会认真“盘点”各项工作，补短板、强弱项，进一步夯实党建工作根基。示范党支部创建有成效，选树公司二支部为示范党支部，推出“345 支部工作法”，初步创建基层支部工作新模式；“党建带团建”有起色，与团员青年开展形势任务座谈，开展演讲比赛、健步走，职工精神面貌焕然一新；“我为群众办实事”有实效，既坚持为群众办实事、又为成员企业办实事，开通党委书记、总经理信箱，倾听职工心声，制定的28项民生清单全部完成，圆满解决如青年廉租房审批流程冗长等具体问题。

3.坚持服务中心，党建融合迈上新台阶 按照“四同步”（党的建设和国有企业改革同步谋划、党的组织及工作机构同步设置、党组织负责人及党务工作人员同步配备、党的工作同步开展。），探索“五围绕”（围绕资源抓融合，组织与国机集团、CMEC、国机资产进行联学联建，实现“党建搭台、经营唱戏”，推进与上级单位、成员企业及金融板块沟通协作；围绕发展抓融合，对公司卡脖子问题开展“头脑风暴”，提出破解对策。开展“党员业务攻关实践活动”，党员带领群众成立攻关小组，9个课题得到党委验收，成效显著；围绕机制抓融合，固化党建工作例会、党建考核机制，形成“定清单、重实效、双向述职、年终考评”全过程工作链，确保党建闭环管理；围绕队伍抓融合，制定干部管理制度、后备干部管理制度，启动制定人才战略规划，形成干部人才梯队。），推进党建经营融合，取得很好成效。

4.坚持正风肃纪，全面从严治党呈现新面貌 强化执纪震慑，落实相关干部处理要求，开展警示教育大会，坚定不移正风肃纪；压实主体责任，制定《落实加强“一把手”和领导班子监督的责任清单》，建立“一岗双责”履职台账、领导班子成员和部门负责人全面从严治党责任清单“任务卡”；加强制度建设，加强制度分层和修编计划管理，新增、修订制度近50项，公司内控制度体系中生效制度245项，对权力运行形成有效的制约监督；构建清廉文化，将清廉金融文化纳入公司“十四五”规划，与公司治理相结合、与廉洁宣传教育月相结合，在党史学习教育中将教育延伸至职工家庭，引导干部职工清廉守正。

国机汽车股份有限公司

【基本概况】

2021年，国机汽车股份有限公司（简称国机汽车）是中国机械工业集团有限公司（简称国机集团）公司控股的A股上市公司（股票代码：600335）。

国机汽车是行业领先的进口汽车贸易服务商，业务涵盖多品牌汽车进口贸易服务、汽车零售、整车及零部件出口、汽车租赁和二手车、汽车金融服务等领域，是国内业务链完整的服务于汽车行业的工程公司之一，从事“技术+服务”的工程设计、装备及系统供货和EPC工程总承包业务，拥有国家颁发的工程设计综合甲级以及咨询、勘察、监理、施工总承包、规划、工程造价、特种设备等涵盖建设工程全领域的国家最高等级资质证书，是我国实力强的工业设计院和机械行业规模最大、拥有甲级资质最多的工程公司之一。

截至2021年年底，国机汽车注册资本为14.57亿元，股本总数14.57亿股，拥有全资及控股企业87家、参股企业15家，员工7 000余人。2021年，国机汽车营业收入为439.45亿元，在中国汽车流通协会发布的“中国汽车经销商集团百强排行榜”中位列第9。

【“十四五”重点发展方向】

国机汽车聚焦高质量发展和围绕主责主业，编制形成《国机汽车股份有限公司“十四五”规划》。“十四五”期间，公司将坚持“为造车人服务，为用车人服务，让汽车生活更美好”的使命愿景；明确“打造行业领先、具有核心能力和行业综合优势的汽车贸易服务和技术服务企业”的战略定位；确立汽车进口贸易服务、汽车工程及装备、汽车零售服务、汽车租赁及其他汽车后市场服务、整车及零部件产业出口五大业务板块。

【主要指标】

2020—2021 年国机汽车主要经济指标完成情况见表 1。

表 1　2020—2021 年国机汽车主要经济指标完成情况

指标名称	2020 年	2021 年	同比增长（%）
资产总额（万元）	3 219 760.59	3 009 265.57	-6.5
净资产（万元）	1 044 442.30	1 053 886.17	0.9
营业收入（万元）	4 413 481.08	4 394 525.23	-0.4
利润总额（万元）	49 878.52	42 835.22	-14.1
技术开发投入（万元）	60 560.03	61 251.83	1.1
利税总额（万元）	257 710.51	284 198.77	10.3
EVA 值（万元）	2 059.95	5 588.00	171.3
全员劳动生产率〔万元 /（人 • 年）〕	48.32	61.69	27.7
净资产收益率（%）	2.42	2.65	增加 0.23 个百分点
总资产报酬率（%）	2.01	1.76	下降 0.25 个百分点
国有资产保值增值率（%）	104.92	102.51	下降 2.41 个百分点

截至 2021 年年底，公司存货余额为 35.41 亿元，占资产总额的 11.77%，较 2020 年年末减少 31.79 亿元，主要原因是公司进口车型库存车辆减少。国机汽车所有者权益为 105.39 亿元，较 2020 年年末增加 0.95 亿元。2021 年 EVA 值较 2020 年增长 171.3%，主要是由于利润上升和研发投入增加所致。净资产收益率同比增加 0.23 个百分点，主要是净利润同比增长所致。总资产报酬率同比下降 0.25 个百分点，主要是利息支出同比下降所致。

【改革发展】

2021 年，国机汽车继续全面深入贯彻落实国企改革精神，突出“注重实效、价值创造”，通过实施业务重组、深化总部改革、大力“瘦身健体”、健全市场化经营机制等多项措施，狠抓“国企改革三年行动方案”各项任务落地见效，企业各项经营指标企稳向好，活力和发展信心有效激发，开启高质量发展新征程。截至 2021 年 12 月 31 日，按照国务院国资委《中央企业改革三年行动重点任务考核实施方案（试行）》和国机集团考核要求，国机汽车改革三年行动方案考核指标完成率达到 100%。

【重大项目】

1. 重大决策　2021 年，国机汽车完成 3 个投资项目的审批决策，即中国进口汽车贸易有限公司（简称中进汽贸）设立独立法人公司经营上汽奥迪项目、中国汽车工业工程有限公司（简称中汽工程）设立匈牙利子公司项目、中汽工程中北基地二期项目。

2021 年度国机汽车完成投资 70 111 万元，同比减少 25.84%，完成年度投资计划的 60.44%；其中，固定资产投资 66 186 万元，同比增长 60.24%；股权投资 3 925 万元，同比减少 92.63%。

2. 重大项目

（1）汽车批售与贸易服务项目。各汽车批售与贸易服务项目稳健运营，继续强化与汽车厂商的战略合作关系，核心品牌捷豹路虎、阿斯顿马丁、菲亚特克莱斯勒、进口大众、福特、林肯的进口批售、港口服务、物流服务及认证服务合同都正常到期续签，确保了业务的持续性和稳定性；不断延伸服务链条，开拓新的业务增长点，捷豹路虎项目新增缓税业务，特斯拉物流项目承运方式从仅有陆路运输，拓展为陆路、铁路和水路多种运输方式，菲克项目协助厂家开展出口工作。努力寻求机遇拓展新品牌、开拓新业务，中标并开展奔驰（中国）广州黄埔综合保税区进口车辆服务业务，中标进口大众、宾利、兰博基尼天津港进口清关及仓储管理服务项目，中标沃尔沃天津港报关业务；与依维柯（中国）商用车销售有限公司签订5年战略合作备忘录，在救护车、商务车、房车、汽车金融等多领域开展全面合作。

（2）汽车工程项目。

1）巩固汽车工程板块核心业务，全力做好老客户维护、新客户开拓。新签广汽本田新能源车产能扩大建设项目，首次承接日系车企全厂性工程设计项目，新签比亚迪抚州、合肥、长沙、西安、常州等多个基地装备总承包项目，合同额超25亿元。新签陕汽重型载货汽车扩能EPC总承包一期项目，年度单体合同额最高。焊装业务发展厚积薄发，合同额超36亿元，业务量上升至国内第一并首次跻身国际市场。

2）持续强攻发展业务。海外业务“逆势保稳”，新签合同额8.88亿元。持续深耕高端品牌业务，新签华晨宝马工程设计服务框架合同并成功中标2个涂装车间总承包项目；积极把握新能源汽车快速发展的市场机遇，与汽车制造新势力蔚来、小鹏、理想的项目合同额27.85亿元，其中凯得新能源产业化生产基地（小鹏）项目是公司首次与“造车新势力”开展EPC模式合作。非主业EPC业务再获突破，新签江苏英伟医疗等EPC项目；全过程工程咨询业务快速发展，新签全过程工程咨询业务项目4个。

3）积极推广培育业务。智能装备AGV产品持续研发迭代，销售319台，销售额约2亿元，覆盖众多乘用车品牌，成功进入德国、美国市场。继续探索轨道交通业务，与洛阳轨道交通集团签订合同，实现“从0到1”。继续发力三电业务，承担三电项目26项，同比增长160%，在锂电、氢燃料电池项目领域取得突破。

（3）汽车租赁项目。汽车租赁业务全年参与投标323次，中标157次，投标渠道获取的新签合同额与新增客户均实现同比翻倍增长。“高端客户长期租赁”业务模式不断巩固发展，与维斯塔斯等重点客户续签租赁合同，新增上海中远海运物流、上海宝冶等重要客户，沃尔沃、一汽商贸等“厂商通”重点项目用车需求进一步增加。

【国际合作】

公司国际化业务克服新冠肺炎疫情反复的不利影响“逆势保稳”。截至2021年12月31日，国机汽车下属企业中汽工程累计新签合同额为8.8亿元；核心装备和土建EPC业务在德国、美国、泰国、印度等国多点开花，中标国际知名车企德国、美国等系列装备供货项目；焊装业务首次进入美国市场；智能装备AGV产品成功进入海外市场，应用于多个国际高端品牌车企海外项目。

【科技创新】

国机汽车坚持创新驱动，保持高水平研发投入力度，着力提升核心技术能力，驱动效应不断增强，创新成果不断涌现。全年获得授权专利136件，其中，发明专利11件，专利合作协定（PCT）国际发明专利1件；软件著作权55项。参编或主编标准27项，包括主编国际标准1项、国家标准8项、行业标准18项；国机汽车下属企业中汽工程作为第一参编单位编制的国家标准GB 50868—2013《建筑工程容许振动标准》荣获2021年度“标准科技创新奖”一等奖。国机汽车获得“中国机械工业集团科学技术奖二等奖”等相关科技成果奖励9项，申报并中标国家及省部级课题项目5个。

2021年3月19日，国机汽车下属企业中汽工程牵头承担的工业和信息化部“高档数控机床与基础制造装备”科技重大专项——“乘用车多材质车身高效柔性涂装生产线”课题通过综合绩效评价。该课题根据国家战略需求与汽车涂装产业现状，在传统汽车产业面临转型升级的背景下，对涂装工艺系统、高效静电旋杯与机器人匹配性、多材质车身涂装材料与工艺、涂装线节能技术、新一代输送系统等方面进行研究，达到了国际同类产品技术水平，形成了与国外产品同质竞争的能力。课题建成1条乘用车多材质车身柔性涂装生产线，年产能10万辆，并在国机智骏汽车有限公司进行应用验证，关键研究成果在大众、比亚迪、蔚来、小鹏等多个汽车行业用户推广应用，具有良好的示范效果和推广意义。

2021 年 12 月 15 日，国机汽车下属企业中汽工程牵头承担的科技部国家重点研发计划智能机器人专项——“新能源汽车全铝车身制造柔性机器人自动化生产线关键技术研究与示范应用”项目通过综合绩效评价。该项目在新能源汽车高速发展的背景下，对铝合金铆接、全铝车身生产制造、车身铆接质量在线无损检测 3 项关键工艺进行攻关，在伺服铆枪系统、铆接机器人系统、在线检测系统、铝合金铆接工艺、全铝车身生产制造工艺及技术、铆接质量检测技术标准体系建立等方面取得创新成果。在此基础上，研制伺服铆枪系统、铆接机器人系统及在线检测系统 3 套关键装备，形成 1 套铆接质量检测技术标准体系，构建了 1 套新能源汽车全铝车身制造柔性机器人生产线关键技术体系。

国机汽车下属企业中汽工程作为天津市科技领军企业承担的重大科技专项——“新能源汽车智慧制造解决方案”项目立足我国汽车工业发展规划和当前实际，以智慧制造模式和技术体系为指导，通过研发突破关键技术，掌握自主知识产权和技术集群，形成新能源汽车智慧制造解决方案。通过智能化工艺过程感知系统及相关控制算法，大量采集各种数据，实施精准驱动和调节，探索关键设备的预诊断；建设了一体化智能管控平台，使新能源汽车厂涂装车间的生产管理信息化、可视化、透明化，为企业提供决策支持；开发出自动高压滑橇清洗系统，实现了滑橇的机器人自动清洗。

国机汽车下属企业中汽工程作为牵头单位承担的天津市智能制造重大专项——“智能化汽车柔性装配生产示范系统”项目适应汽车行业消费者个性化需求，完成了 AGV 定位优化及路线分析、多机械臂动力学建模、优化及控制研究、客户个性化需求的装配引导柔性装配生产线的控制研究、智能化汽车柔性装配生产示范系统标准化解决方案研究、智能化汽车柔性装配生产示范系统工程示范应用，完成了 1 台以天津市自主供应商为体系的机器人产品，同时建成了 1 套基于客户个性化需求的装配工序引导、机器人应用、全自动带升降旋转吊具和 AGV 物流系统支持的高速、精密、智能化汽车柔性装配生产示范系统。

【安全生产】

国机汽车牢固树立以人为本、安全发展理念，以夯实全员安全生产责任制，构建安全风险分级管控和隐患排查治理双重预防机制，健全风险防范化解机制，持续提升安全生产管理从业人员专业技能，培育公司安全生产文化，深化安全生产标准化建设等作为国机汽车安全生产工作的重要抓手，全面夯实安全生产责任。一是建立健全安全生产管理体系，国机汽车成立安全生产委员会、安全生产办公室、应急指挥小组，国机汽车下属二级企业成立安全生产管理机构。截至 2021 年 12 月 31 日，公司及各级企业注册安全工程师 39 人。二是严格落实各项安全生产管理举措，夯实安全生产全员责任制，完善安全风险分级管控，落实隐患排查治理，完善安全生产应急管理体系，推进安全生产标准化，开展安全生产专项整治三年行动集中攻坚行动，开展境外安全生产管理。2021 年，国机汽车及各下属企业未发生生产安全事故及突发事件。

【党建工作】

2021 年，坚持以习近平新时代中国特色社会主义思想和党的十九届二中、三中、四中、五中、六中全会精神为指导，以“重塑信心、激发活力”为主题，紧密围绕公司中心任务扎实开展“党建创新拓展年”专项行动，持续提升党建工作质量，以高质量党建引领企业高质量发展。

1. 深入贯彻落实中央及上级党组织重大决策部署 认真开展党史学习教育，从百年党史汲取推动改革发展的强大动力，创新开展“五个系列百年活动”。深入学习贯彻党的十九届六中全会精神，党委理论学习中心组举行专题研讨会开展研讨交流，积极参加集团党的十九届六中全会精神培训班，引导广大党员干部认识“两个确立”的决定性意义。推动国企改革三年行动落实落地，制定《国机汽车企业改革三年行动方案》，组织总部、二级企业开展自查，完成《国机汽车党委国有企业党的建设工作会议精神贯彻落实情况“回头看”自查报告》。推进乡村振兴与精准扶贫有效衔接，积极主动承接集团交办项目任务，消费扶贫较2020年增长159%。认真推动巡视整改，先后6次召开党委会推进巡视整改，220项整改措施已完成202项，完成率91.8%。持续推进“我为群众办实事”活动，公司层面34项民生清单任务全面完成，全级次党组织为群众办实事209项，切实解决群众最关心、最直接、最现实的利益问题。

2. 持续深入学习习近平新时代中国特色社会主义思想 规范化落实党委会“第一议题”和中心组“首要议题”，紧密结合公司战略梳理、风险化解、人才培养等重点工作抓好贯彻落实。全年开展“第一议题”学习13次，组织中心组学习9次。以“五个结合”不折不扣开展党史学习教育，即与公司2021年工作会部署的重点任务结合起来；与提高领导干部领导力、执行力结合起来；与加强优秀年轻干部选拔培养结合起来；与改进工作作风特别是总部机关作风结合起来；与干部职工最关心最期盼的实事结合起来，把学习成效体现在增进员工对企业发展的信心和岗位建功的实际行动上。深入学习贯彻习近平总书记“七一”重要讲话精神，班子成员深入基层开展专题党课宣讲。贯彻落实新发展理念，按照集团“锻造国机所长、服务国家所需”的战略指引，聚焦主责主业，明确“努力打造行业领先、具有核心能力和行业综合优势的汽车贸易服务和技术服务企业”的战略定位。

3. 有效发挥党委“把方向、管大局、促落实”作用 提高党委决策质量和效率，完善“三重一大”（重大事项决策、重要干部任免、重要项目安排、大额资金的使用）决策事项及权限清单，“三会”决策边界更加清晰。全年召开党委会38次，议题276个，涉及“三重一大”事项101项，深度参与公司重大决策、重点项目、重要谈判。推进良法善治，制定修订干部选用、员工晋级、外派人员管理等8项制度办法，激发干部员工干事创业内生动力。完善公司治理，完成全部79家企业经理层成员任期制和契约化管理。逐一排查风险敞口，力争守住不发生新风险的底线。关爱帮扶员工体现真情，通过总部办公楼食堂升级改造、慰问海外员工及困难群众等10余项具体举措，筑同心、暖人心、聚民心、强信心。

4. 深化干部人事制度改革，激发组织活力 以建强总部、建强制度为目标，制定修订公司《总部部门负责人绩效管理办法》《总部员工绩效管理办法》《员工岗级聘任管理办法》《外派人员管理办法》《财务人员管理办法》《因私事出国（境）管理规定》《企业负责人履职待遇、业务支出管理实施细则》《全资、控股企业负责人履职待遇、业务支出管理办法》8项制度，进一步完善了干部人事管理与监督体系，畅通员工晋升与成长通道，推动建立能者上、优者奖、庸者下、劣者汰的管理机制。选优配强各级领导干部，增强干部战斗力。组织3家二级企业领导班子任期考核、新领导班子成员考察推荐及部分干部岗位提任。开展4家下属企业整合重组，落实相关领导人员配备，推行下属企业财务负责人委派，加大年轻干部选拔使用力度等一系列举措，选优配强各级领导干部，增强干部队伍战斗力。经调整，总部中层干部平均年龄得到明显优化，二级企业均已配备至少1名45岁以下班子成员，且配备80后干部的二级企业户数达60%。

5. 强化“三基”建设，夯实党建根基 巩固基层党支部标准化规范化建设成果，全系统选树了11个示范党支部，推广交流党建和业务工作方法路径。加强党建信息系统平台建设，利用党建信息系统现代化手段，提升支部工作质量，督促、检查全系统党支部开展“三会一课”、发展党员、主题党日活动等情况。参加国机集团“党务干部上讲台”活动，2名参赛人员均入选国机集团党委讲师团党务干部师资库。引导党组织把经营管理重点难点作为党建着力点，全系统组建411个党员责任区、示范岗和突击队，党旗在一线高高飘扬。

6. 加强纪检监督，深化作风纪律建设 坚定不移推进全面从严治党，持之以恒正风肃纪反腐，精准运用“四种形态”，坚定不移一体推进不敢腐、不能腐、不想腐战略目标。配合国机集团第四巡视组开展违规挂靠专项巡视和“四个专项整治”专项检查，落实“巡视巡察上下联动”要求，组建2个专项巡察组，对所属7家二级企业和3家托管企业开展违规挂靠专项巡察和“四个专项整治”专项检查。贯彻落实国机汽车集团巡视巡察部署和国机汽车党委巡察工作安排，对下属二级企业汇益融资租赁（天津）有限公司（简称汇益融资）开展常规巡察，并强化巡察成果运用，规范移交问题线索和情况通报，督促被巡察企业对整改情况向党内通报和对外公开。编制《国机汽车党委巡察工作操作手册》，巡察工作质量显著提升。

7. 加强党对统战及群团工作的领导 加强统战工作，组织召开“爱企业、献良策、做贡献”主题座谈活动，其中在公司层面统战工作座谈会上就征集涉及企业科技自主创新、“双碳”业务开发、优势业务拓展、投资经营管理、统战成员培养等方面的意见建议近20条。组织开展统战人士征文活动，全系统共收集统战征文16篇，择优向集团报送3篇。加强群团组织桥梁纽带作用，执行中央和上级决策部署，结合职工需求，全面推进消费帮扶，赢得职工掌声；党建带工建，借助节日假期，将思想引领与文体活动相结合，寓教于乐，换来职工笑声；通过强化职工素质，加强民主管理，开展职工慰问，提升职工获得感、幸福感；党建带团建，不断提升共青团组织力、引领力、服务力。举办“青年大讲堂”，公司党委书记、董事长彭原璞作青年形势任务教育专题辅导报告，举办青年“学党史、强信念、跟党走”主题团日活动，110余名青年团员代表参加活动。

【信息化与数字化建设】

国机汽车高度重视网络安全和信息化工作，信息化投入逐年提升，2021年信息化投入同比增长17%。业务和管理信息化方面完成两个系统的建设上线；网络安全方面顺利完成中国共产党成立100周年重保工作和OA系统等保测评。

1. 业务和管理信息化建设 2021年6月30日，国机汽车下属企业汇益融资B2B业务系统正式上线，实现了公司B2B业务全流程、多层级、多部门可视化管理，进一步提升决策效率，夯实风控能力，为未来智能精细化管理提供载体。该系统在满足业务和管理需求的同时，积极探索数字化时代的新技术应用，率先采用阿里公有云和微服务架构，为未来沉淀和打造业务中台打下坚实的基础。

2021年9月16日，国机汽车下属企业中进汽贸进项发票管理系统上线。该系统实现了进项发票的下载、认证、签收、分类等的全流程管理，以及数据统计等功能。随着进项发票管理系统上线，中进汽贸的进销项发票均纳入系统管理范畴。

2. 网络安全 2021年5月12日至7月12日，国机汽车顺利完成中国共产党成立100周年重大活动网络安全保障专项工作。在此期间，国机集团带领专业的网络安全测评机构到各下属企业现场进行安全检查，对系统进行渗透测试，国机汽车在此次检查中名列前茅。

2021年12月30日，国机汽车完成OA系统的等保测评，并由专业测评机构出具正式的测评报告。通过等保测评，进一步提升了国机汽车信息安全管理的规范性、合规性。

【履行社会责任】

1. 价值国机汽车——拥抱可持续发展 国机汽车建立完善“横向到边、纵向到底”的信息披露管理体系，开展重大风险事件信息披露专题培训会，保证公司内部重大信息的快速传递、归集和有效管理，确保资本市场和广大投资者享有充分知情权。持续优化投资者关系管理模式，建立多元化沟通机制，有效提升资本市场的认知度和认同度。

2. 创新国机汽车——驱动变革转型 国机汽车坚持“重塑信心、激发活力”，不断巩固核心业务优势，积极拓展创新业务，妥善应对风险挑战，实现企业稳定经营和稳健发展。公司积极响应“中国制造2025”和“碳达峰、碳中和”战略，强化科研创新，深化企业改革，推动数字化、智能化、工业化建造、绿色低碳等新技术与现有业务融合发展。在汽车制造工艺和工厂建设领域，打造以“高效、智能、绿色、柔性”为核心的系统解决方案，做出大量智能制造技术探索和技术储备，研制出一批具有核心自主知识产权的关键装备，取得国内领先、国际同步的突破。

3. 绿色国机汽车——建设美丽中国 国机汽车坚持创新、协调、绿色、开放、共享的发展理念，逐步建立以碳排放、污染物排放、能耗总量为依据的存量约束机制，实施工业低碳行动和绿色制造工程，着力提升能源利用效率，加速低碳技术研发推广，健全低碳发展机制，提高绿色国际竞争力，推动工业文明与生态文明和谐共融，实现人与自然和谐相处。

4. 责任国机汽车——夯实管理基础 国机汽车持续加强责任管理，不断推进公司治理体系与治理能力建设，确保依法合规经营，加强风险管控，提高财务管理、投资管理和信息化管理水平，落实安全生产，强化党风廉政建设，为企业可持续发展保驾护航。2021 全年缴纳各类税金 241 364 万元。组织全系统企业通过线上线下途径广泛开展宣讲会、招聘会等工作，为稳就业、惠民生做出实实在在的贡献。

5. 幸福国机汽车——成就人生梦想 国机汽车坚持“共创、共建、共享、共赢”的理念，建立与公司发展、业绩增长相适应的员工分享激励机制。公司将党史学习教育和“我为群众办实事”同员工快乐成长、快乐工作、快乐生活有机结合。坚持以具体举措做好员工关爱，让企业改革发展成果惠及员工，努力打造“国机汽车大家庭”，为员工“一心一意谋发展，心无旁骛干事业”创造有利条件，解决后顾之忧，回应员工心声，不断增强员工获得感、幸福感、安全感。

中国机械国际合作股份有限公司

【基本概况】

2021 年，中国机械国际合作股份有限公司（简称中机国际）隶属于国机集团。作为国机集团的会展平台，中机国际积极践行国家战略，匠心打造中国品牌，带领中国企业“走出去”，推动中国装备企业全球化进程。

中机国际拥有 20 多家分子公司，商业会展是中机国际的核心主业。公司拥有超过 60 年办展经验的专业化团队，已形成境内外自主办展、代理出国展览、展览工程服务等完整的展览业务体系。

2021 年，从经营工作整体上看，中机国际面对前所未有的外部复杂环境和艰巨繁重的发展任务，各经营实体在新冠肺炎疫情的影响下坚守岗位，积极进取，均取得了一定的成绩。中机国际坚决贯彻落实习近平总书记重要指示批示精神和国务院国资委、国机集团的决策部署，主动求变、化危为机，以高水平党建引领高质量发展，实施“资源、业务、管理”三大协同，融合发展线上线下会展项目，积极服务双循环经济，坚守疫情和风险防控底线，实现了公司经营和管理工作的稳步发展。

2021 年，中机国际以客户为导向，将原有的境内自办展、境外自办展、出国代理展览、会议论坛组织、会展工程、会展运营、定制服务七大会展业务体系整合梳理形成“展览组织、会议活动、运营搭建”的会展全产业链服务体系；提出公司是国机集团“1+8”会展公共服务平台的定位，成为集团系统内吸引人流、信息流、资源流等的“流量入口”。

2021 年，中机国际全面加强党的建设，扎实推进改革发展。

中机国际秉承“责任、创新、协同、共享”的核心价值观，将进一步发挥作为技术交流与贸易促进综合服务平台的作用。

【主要指标】

2021 年，中机国际实现营业收入 2.44 亿元，同比下降 44.84%；亏损 9 026.31 万元（含新冠肺炎疫情冲击、地方政策变化等非经营因素），经济增加值减值 11 030.23 万元。2020—2021 年中机国际主要经济指标完成情况见表 1。

表 1　2020—2021 年中机国际主要经济指标完成情况

指标名称	2020 年	2021 年	同比增长（%）
资产总额（万元）	76 383.16	72 525.67	-5.05
净资产（万元）	46 165.13	36 399.81	-21.15
营业收入（万元）	44 372.46	24 476.68	-44.84
利润总额（万元）	1 095.12	-9 026.31	-924.23
利税总额（万元）	1 834.23	-8 202.20	-547.17
EVA 值（万元）	-2 435.62	-11 030.23	-352.87
全员劳动生产率〔万元 /（人·年）〕	29.24	8.13	-72.20

【业务发展】

1. 做优做强做大会展业务　2021 年，根据国机集团对中机国际聚焦会展主业的指示精神，公司把优势资源向会展业务倾斜，公司会展业务进一步做强做优做大。境内自办展项目、境外会展项目、会展运营服务项目、大客户定制服务项目等各层次会展项目稳定发展，资源共享逐渐形成良性互动。公司会展产业链进一步完善，会展价值链进一步提升。

2021 年，中机国际自办展项目 42 个，服务国家、区域重大战略项目 20 个，展出面积 233.9 万 m^2，同比增长 15.63%，同时举办线上展会及活动 22 个，新开拓自办展项目 10 个。

商业展项目中，利润超过 200 万元且同比增长率超 10% 的有 4 个，分别为全国汽配会、全国摩配会、沈阳汽博会、呼和浩特车展，持续保持了细分市场领先地位。机制性展会项目如进博会、广交会、消博会等服务国家、区域重大战略项目 20 个，均受到商务部、国务院国资委等多个单位的赞誉。主场运营展览工程项目共 29 项，圆满完成青岛农机展、中国一拖企业展厅搭建等复杂项目。贸易业务稳步推进，中国机床外资外贷驻马店中心医院项目业务顺利执行，实现千万元利润收入，开启服务性贸易新模式。各部门和子公司积极探索线上线下融合模式，业务数字化转型取得了一定成效。

面对新冠肺炎疫情，公司迎难而上，加大会展市场开拓力度，2021 年新增展览项目 10 个，涉及汽车、智能制造、饮品、塑料机械等多个领域；成功进军成渝经济圈，加速京津冀区域布局；开发齐鲁、西北市场，区域布局持续扩张。全年会展项目展出面积 233.9 万 m^2，同比实现增长 15.63%，在会展行业的市场占有率进一步提高，会展头部企业地位进一步凸显，有力提升了公司品牌影响力和核心竞争力。

2. 持续开拓展览市场，数字化赋能行业展览　2021 年，展览一部新开拓项目占比 40%，开拓的德阳装备展等新市场新项目，取得了较好的社会效益；主办完成的澳门车展是公司 2021 年唯一举办的境外会展项目。展览二部顶住新冠肺炎疫情压力，执行多个地方车展项目，呼和浩特车展细化指标大幅提升，在执行各项目的同时，充分利用平台功能宣传集团及公司品牌形象。展览三部优化线上平台，推进数字化应用，广州国际汽车零部件及售后市场展览会（AAG）邀请 28 家意大利优质供应商通过线上展示等方式亮相展会，双线展示效果良好；亚洲再制造展质量不断提升。展览四部探索举办青岛车展，积极开发厦门市场，进军新市场、新兴行业领域。

数据中心深挖行业，加强邀请专业买家工作，搭建的线上系统获得多项国家软著权，为展会高质量赋能；西麦克国际展览有限责任公司（简称西麦克展览公司）开发众多国内新项目，创新利用线上平台开展数字化会展，牵头发起成立中央企业经贸促进联盟。

3. 下属企业稳步发展　中国机床总公司（简称中国机床）加强了公司全方位的管理，有序完成了业务部门机构调整，包括中层干部续聘、干部提拔、专机公司领导班子调整以及领导层离任交接等工作，有效激发了企业活力；中汽成都配件有限公司（简称中汽配件）高质量完成了汽配会、摩配会等项目，利润名列各经营实体首位，展会质量也有了很大提升；辽宁中汽会展有限公司（简称辽宁中汽）逆势而上，沈阳车展利润大幅提升，在新冠肺炎疫情冲击下超额完成了公司下达的各项经营指标；北京国机联创广告有限公司（简称国机联创）完成的农机展、洛阳农业装备展厅等多个主场运营、展览工程类项目均频获业界好评；北京国机展览有限公司（简称国机展览）、国机环球（北京）展览有限公司（简称国机环球）利用资源优势协同多个经营实体开展多个项目的招商招展工作；广州中汽服务贸易有限公司（简称广州中汽）积极作为，加强与政府的合作，助力中国机械工业百强发布会 2022 年落地广州；中汽人才交流中心有限公司（简称中汽人才）积极走出去，在集团系统外开展社会化职业技能课程推广工作，打造出新的利润增长点。

4. 核心类项目取得新成绩

（1）汽车类项目。2021 佛山春季、秋季两届车展面积共达到 10 万 m^2。经历 3 年的发展，佛山车展已成为佛山地区最具权威的品牌车展，与东莞车展、深港澳国际车展已经一起实现了公司在粤港澳大湾区的合理车展布局。

2021 年，AAG 展出面积达 10 万 m^2，迎来 13 个国家和地区的近 1 500 家参展企业。经过 6 年的深耕细作，AAG 已发展成为华南地区规模最大的汽车后市场品牌展览，是粤港澳大湾区零部件行业国际技术交流及综合性商贸合作的高效平台，受到跨国展览公司的高度关注。

（2）服务国家战略项目获得广泛赞誉。在进博会上，中机国际负责难度最大、产品水平最高的智能及高端装备馆的招展工作，承担国机集团等中央企业的整体组织工作，服务进博会期间中白工业园、招商局等多家单位的展台搭建工作。其中，西麦克公司负责 98 家央企、1 249 家单位、14 993 人证件的审核，负责 60 余家央企的集中签约活动；中国机床积极为技术装备展区招展，推动国际机床企业紧密合作。中机国际为进博会的高水平服务得到了国务院国资委、商务部和进口博览局的书面表扬和高度评价。

西麦克公司针对线上举办的广交会推出专场视频直播培训，受邀为湖北、辽宁、陕西、内蒙古、宁夏、宁波、绍兴、沧州等地方交易团进行专场直播培训，直播累计有数万人次观看，并服务企业顺利参展。西麦克公司作为中国国际消费品博览会的官方合作伙伴，积极响应国家战略，成功举办了苏格兰、白俄罗斯、泰国、比利时 4 场海南自贸港线上推介会。在境外大型车展集体按下“暂停键”的情况下，澳门车展顺利举行，面积达 6.5 万 m^2，吸引近 40 个主流乘用车品牌参展。不仅为澳门会展业复苏注入了强心剂，也将会展业打造成为推动澳门乃至粤港澳大湾区经济高质量发展的新引擎，进一步加快了粤港澳大湾区建设。

5. 自办展取得新升级 公司自办展涉及汽车及配件类、摩托及摩配类、机械装备及智能制造类、新能源类、安全生产类等领域。

2021 年，在新冠肺炎疫情防控的同时，公司率先启动多地首展，拉动地方市场和经济复苏，推动汽车、机床、智能制造、消防安全等多个产业快速复苏，为区域经济和全球供应链注入强劲动力。

（1）2021 年 6 月份举办的佛山春季车展是疫情以来广东省“第一展”、粤港澳大湾区“第一展”，同时也是疫情以来国机集团“第一展”、中机国际“第一展”，为粤港澳大湾区会展业和消费市场吹响复苏号角。

（2）第 89 届全国汽车配件交易会是 2021 年国内举办的首场大型汽配行业展会，参展企业 1 500 多家，展位近 2 200 个，有 3 万多名国内外汽配专业采购商参展，持续保持行业领先地位。

（3）第 81 届全国摩配会是疫情之后摩配行业举办的首场大型展会，展览面积达 4 万 m^2，是一场摩配行业的高质量展会。全国摩配会创办于 1981 年，每年举办春秋两届，迄今有 40 年的历史。经过多年的积累和沉淀，全国摩配会已发展成为享誉全球的品牌展会，深受境内外采购商的信任和青睐。

（4）粤港澳大湾区车展前身为深港澳国际车展，已成功举办 24 届，2021 年站在粤港澳大湾区一体化的战略高度，展会升级迭代为粤港澳大湾区车展，展出面积达 13 万 m^2，共有 102 个汽车品牌参展，展出新车近 1 000 辆，现场举办近 50 场新闻发布会。

（5）呼和浩特车展作为内蒙古地区 2021 年首场大型国际展览盛会，总展览面积超过 7 万 m^2，接待观众突破 15 万人次，现场销售及订单量 5 670 台，意向成交额达 11.3 亿元，在内蒙古汽车行业及上下游相关产业链引发了广泛的关注。

（6）沈阳车展全面打响辽沈地区会展业复苏第一枪，展会规模达 13 万 m^2，吸引 110 余个品牌、1 000 余辆车辆参展，继续保持辽沈第一大展的地位。

（7）杭州秋季车展有近 60 个汽车品牌参展。自2000年创办至今，杭州车展已成功举办20届，是中外汽车厂商开拓浙江市场的桥头堡。

（8）华南地区最受瞩目的年终汽车盛宴——东莞车展，展出面积 16 万 m^2，参展汽车品牌超 100 个，1 500 台全新整车展出，有力地拉动了华南地区汽车消费市场。

（9）广州新能源车展经过 5 年的培育和发展，已经正式列为商务部经贸类展会序列，成为粤港澳大湾区新能源汽车及供应链领域最大的专业展览盛会。

（10）石家庄车展，展会面积超过 5 万 m^2，有超过 50 个主流品牌参展。车展还首创了云观车展，聚合运用“云端 + 实地”的观展模式，实现线上线下共享盛宴。石家庄车展为河北省汽车消费市场点亮新的风向标，并进一步促进了公司在京津冀地区会展行业的布局。

（11）柳州车展、包头车展、洛阳车展分别成为中机国际在当地会展行业重启的大型国际性展会。

6. 境外展会依旧亮点突出 2021 年，公司原计划出展 100 多个项目，在正常出展的项目中：4 个项目未受新冠肺炎疫情影响，2 个项目受到疫情的影响，团组规模大幅下降。其余展览会均宣布取消，或延期至2022年或2023年举办。

虽然境外展几乎全部停办，但正常组织的展会仍有突出亮点。三年一届的印度国际塑料橡胶展览会，中机国际组织 300 余家企业赴印度参展，组展面积超过 5 000m^2，中国展团面积创历届新高，并成为该展最大海外展团；同时，已在中国广州、上海两地连续举办 5 届的中印塑料产能对接会首次到印度孟买举办，参会代表超过 500 人。

7. 同期会议活动实现双线融合 2021 年，公司共有超过 60% 的项目实现了双线办展。公司持续提升展览项目同期活动质量和数量，开发培育行业内和国内外具有一定影响力的会议论坛，将会议论坛发展成为公司新型的盈利业务。2021 年，公司将部分会议论坛转移到云上和线上，使得会议论坛受众数量迅速增长。

佛山车展在新冠肺炎疫情下开发“云看车”项目，是 2021 年第一个实现线上线下双线会展的会展项目，访问量达 83 万人次。佛山车展展会期间将线下车展移植到线上，成功打造“云车展”，创新推出线上线下同步办展的模式，取得了良好的效果。佛山车展开幕当天登上了“学习强国”广东学习平台的媒体推荐。

北京机床展在举办前期，持续发起多场线上论坛，引起行业高度关注。北京机床展结合互联网、视频直播、虚拟现实及数据分析等技术，成功将线下展会的功能和场景转移到线上，作为专业类展会线上点击量超过 5 万人次。

【战略合作】

公司先后同多家中央企业兄弟单位、地方政府签署战略合作协议 30 余份，内容涵盖进口消费品、文旅、非物质文化遗产、大健康、乡村振兴等领域，目前，部分协议已转化成为具体项目落地实施。2021 年，公司作为牵头单位发起成立中央企业经贸促进联盟。总共 46 家中央企业加入联盟，发起单位 29 家，会员单位 17 家。

【改革发展】

2021 年，公司进一步加强党建、经营、财务“三大体系”建设，并取得显著成效。

1. 加强党建体系 中机国际全面贯彻党的十九大和十九届二中、三中、四中、五中全会以及中央经济工作会议、集团工作会议精神；落实党中央、国务院的决策部署，国务院国资委和集团的工作要求。动员全公司立足新发展阶段、贯彻新发展理念、推进高质量发展、服务新发展格局，全面加强党的建设，扎实推进改革发展，不断为打造世界领先的会展企业而努力奋斗。

2. 优化经营管理体系 公司完善经营管理组织建设，设立经营管理部。建立健全公司经营管理体系，多维度动态展现公司的运行状态；完善内部协调机制，形成监督检查合力，完善风险识别和评估体系，保障公司经营业务安全运营；改进管理方式，通过经营管理制度和业务流程，对重大项目加强经济运行监管；进一步制定和完善经营管理制度，持续加强项目评审、集采等方面的工作。

3. 提升财务管理体系 公司审计工作由被动向主动转变，实现审计工作全覆盖。完成专项审计、任期审计、交叉审计等多项工作，为公司决策提供可靠依据；法律与风控合规工作以风险管理为导向，合规管理监督为重点，完善规章制度体系，严格审核合同范本，进一步提升公司的风险防控能力，同时全力推进重大案件和诉讼处理进展；财务工作方面，在做好财务核算督导决算的同时，全面升级更新财务系统和报表系统，落实两金压减、亏损企业治理，完成财务预算，加强财务环节控制，资金和财务管理与业务更为融合。

【管理经验】

2021 年，公司加强基础管理，为业务发展提供良好环境；提高职能部门服务意识，增强对业务发展的服务保障能力。

综合管理工作围绕“上传下达、服务保障”这一核心，细化制度管理，加强会议管理、公文管理、外事管理；人力资源管理工作围绕“人力资本”这一核心，加强干部管理、打造培训体系，提升公司人力资源价值；信息管理工作贴近业务一线，确保信息系统稳定运行，为公司会展业务提供数字化保障；董事会办公室工作紧扣公司发展战略，深入推进建立责权明确的现代企业法人治理结构；法律工作针对公司业务相关的不可抗力风险，提前研判、有效防范因应对新冠肺炎疫情引发的合同违约、项目逾期等风险，通过实施法律诉讼准备申请止付令、深入研究讨论保函条款和证据文件、持续履行质保义务等一系列措施，成功解除印度电站项目 362 万美元的质量保函风险，帮助中国汽车工业国际合作总公司（简称中汽国际）成功完成 11 台平行进口库存车的销售，收回资金 600 万元，积极应对特种石油管道、方家胡同 46 号院等法律诉讼，在各级领导大力支持下，经过法律团队的艰苦努力部分诉讼取得胜诉或不同程度的积极进展；纪检和巡察管理工作围绕关键少数，精准运用监督执纪四种形态，惩前毖后，为公司加强党风廉政建设提供了保障；数据中心努力推进公司数据库平台搭建工作，为会展项目提供多渠道宣传、多种形式的现场增值服务，取得了卓有成效的进展。

【党建工作】

1.突出首位意识，政治建设不断巩固

（1）坚持党的领导，强化理论武装，贯彻落实党中央重大决策部署，认真执行国资委和集团党委工作要求，党委领导作用发挥到位。一是深入学习宣传贯彻习近平新时代中国特色社会主义思想，以习近平新时代中国特色社会主义思想武装头脑、指导实践、推动工作。二是及时传达、学习中央及上级党组织的重大决策部署、重要会议和文件精神，坚决抓好贯彻落实。三是完善并严格落实党委会（党总支、党支部）、董事会和总经理办公会的议事规则。

（2）认真履行全面从严治党主体责任，党委书记履行党建第一责任，班子成员履行“一岗双责”。一是认真贯彻落实国机集团党建工作会议精神和国机集团党委 2021 年党建工作要点。公司党委根据集团会议精神及时制定并下发 2021 年党建工作要点、纪委工作要点以及党委中心组学习计划，指导所属党组织制定年度工作计划。二是坚决落实国机集团《各级党委履行全面从严治党主体责任清单》。公司党委制定《党建工作责任清单》《基层党建工作督查制度》，及时明确、细化党建责任主体及分工，并通过相应的指导帮助督促机制，保证责任落实。三是党委书记认真履行党建第一责任，班子成员履行“一岗双责”。党委领导班子成员分别签订党建及党风廉政建设责任书、廉洁承诺书，均按要求落实党建工作责任，严格落实党组织研究讨论“三重一大”事项前置程序要求，按时参加党委中心组学习，落实党建工作联系点的工作要求，参加双重组织生活，开展谈心谈话。

2. 抓实理论武装，思想建设不断加强

（1）抓好以党委理论学习中心组为重点、以党支部组织全体党员集中学习教育为根本的政治理论学习。2021 年，公司党委中心组组织集体学习研讨 6 次，完成 12 个专题的学习内容。所属党组织根据各自情况组织形式多样的学习活动，推进理论教育与业务学习的有机融合。

（2）重视加强意识形态工作。公司党委严格按照意识形态工作责任制实施细则，做好舆情监测和舆情报告工作，规范突发事件的新闻应急处置工作，及时清理负面新闻，正确引导舆论，维护、提升公司品牌形象。

（3）努力做好宣传报道工作。新闻宣传围绕党的建设工作展开，从具体业务和服务模式出发，讲述各支部党建活动的亮点、经验及效果。数据中心探索线上展览模式，完善系统基本功能，丰富线上服务内容，实现线上线下联动。

（4）因地因时制宜开展形势任务教育。先后开展“学习‘十四五’”等系列主题宣教活动，凝聚了强烈的发展共识。

3. 打基础、固根基，干部队伍和“三基”建设有力推进

（1）深入贯彻全国组织工作会议精神，严格落实党管干部、党管人才原则，全面加强干部管理各项工作。一是贯彻落实全国组织工作会议精神和集团党委部署要求。公司党委通过专题会议，迅速传达会议精神，使各级领导干部深刻领会新时代党的组织路线、组织工作的纲领方向以及干部管理的原则、标准、要求、程序。二是严格落实党管干部、党管人才各项要求，对现有干部管理相关规章制度进行修订和补充；严格落实“凡提四必”工作要求、“一报告两评议”工作制度，增加选人用人工作的透明度，实现监督工作融入干部工作始终。

（2）加强党组织“三基”建设，配齐配强党务人员和党务工作机构。一是严格按照集团党委部署，深入学习领会、加强组织领导、充分发扬民主、严格程序要求，高标准完成“两委”换届选举工作。二是夯实党的基本组织，依托生产经营基本单位持续推进基层党组织全覆盖。三是建强党的基本队伍，进一步加强基层党组织书记、委员的培养选拔、教育培训、管理监督和激励保障，加大党务干部和业务干部双向交流力度。四是全面健全基本制度，推动基层党建规范化、科学化水平不断提升。

4. 提高政治站位、落实管党治党责任，扎实做好公司党风廉政建设、反腐败工作和作风建设

（1）扎实履行“两个责任”。公司党委、纪委于 2021 年年初、年中分别召开党建暨党风廉政建设和反腐败工作会，学习贯彻落实十九届中央纪委三次全会、中央企业党风廉政建设和反腐败工作会议、集团 2021 年党风廉政建设和反腐败工作会、集团 2021 年年中工作会与基层党建工作交流会精神。公司党委书记与领导班子成员、总部各部门和子公司负责人、各基层党组织书记签订《党风廉政建设责任书》，将主体责任及“一岗双责”落实情况纳入年度履职考评范围。公司党委定期听取纪委关于公司党风廉政建设和反腐败工作情况报告。

（2）作风建设常抓常严。公司党委、纪委强化日常监督与开展专项检查相互配合，持续发力，确保履职待遇和业务支出符合规定。注重日常宣传学习教育，强化监督提醒力度，坚持节假日廉洁提醒，积极发挥党员群众监督作用，促进公司党员干部带头弘扬优良作风，确保风清气正的节日氛围。

（3）持续营造健康向上的廉洁文化。及时开展警示教育，传达集团警示教育大会及巡视整改警示教育大会精神；积极开展“廉洁宣传教育月”活动，通过廉洁主题读书会、警示教育专题纪录片、廉洁主题征文等形式，充分运用公司微信工作群、宣传展板、公司报刊等多种媒介，促使廉洁文化入脑入心。

5. 高度重视以党建带群团工作，为公司改革发展稳定营造良好氛围　重视共青团团委工作。指导公司团委召开会议，传达集团团委相关会议精神，制定年度团委工作计划，定期听取团委工作汇报。组织开展“我与党委书记面对面”主题团日活动，勉励公司青年员工培养“建功必定有我，功成不必在我”的精神境界。

支持工会开展工作。组织开展庆“三八”、庆“六一”等专项主题活动等，及时开展送温暖活动，不断增强员工获得感、幸福感。

6. 强化制度建设，不断提升制度执行力 围绕打造党建工作体系，不断健全完善公司党建工作制度建设。一是及时梳理修订相关制度。2021年共出台17项工作制度。二是抓好制度宣贯和落实。通过党组织会议、主题教育中检视问题等方式抓宣贯工作，明确每项制度相应的程序、流程、责任主体，有效提高制度的执行力。

国机资产管理有限公司

【基本概况】

2021年，国机资产管理有限公司（简称国机资产）聚焦主责主业，实现净利润1 937万元，完成国机集团考核指标的127%。资产管理工作有序开展，重大项目取得实质进展。

资产处置方面，完成了厦门华隆进出口有限公司、上海华隆进出口有限公司、国机东方前海资产管理（杭州）有限公司、耀眼行星、中汽国华文化发展有限公司等多项资产处置，王府井、欧德宝、华联等项目取得实质性进展。产权经纪业务全年服务标的108项，服务金额累计约26亿元。其中，完成交易28项，正式披露42项，尚未披露38项。新增山东、广东、深圳等地多家合作交易所，资源整合能力进一步提升。

资产运营方面，发挥子公司专业优势，不动产管理取得新业绩。2021年国机西南大厦市场全年累计新增出租面积15 096.91m^2，出租率达85.76%。成都置业（含成都投资）全年净利润大幅提升至700.56万元，扭亏固盈成效明显。北京置业根据公司总部托管资产适时调整招租策略，顺利实现华普大厦全面出租，管理资产出租率达100%。

资产托管方面，全面开展托管企业接收、运营及处置工作。2021年4月30日正式完成中汽胜嘉（天津）物业管理有限公司（简称中汽胜嘉）、广州电器科学研究院有限公司（简称广电院）及下属武汉电器科学研究所有限公司（简称武汉所）接收工作。就中汽胜嘉所属洛阳四院旧改前区三期盘活项目成立专项工作组，与西苑国有资本投资有限公司达成基本合作意向。广电院名下擎天大厦实现溢价80%出租，年收入约400万元，广电院北京办事处完成注销。就中元国际工程设计研究院有限公司（简称中元国际）托管资产租赁方案与中国中元国际工程有限公司（简称中国中元）达成一致。

服务国机集团方面，主动以服务国机集团战略所需为目标，充分发挥资产管理平台作用。一是围绕国机集团“两非”剥离专项工作，发挥国机资产的资产处置专业能力。二是主动承接国机集团不动产管理系统搭建工作，完成调研、方案制定以及招标采购。三是参与国机集团“瘦身健体”方案设计，提出“应接尽接”的资产承接思路、机制和方案。

【“十四五”重点发展方向】

2021年6月，《国机资产“十四五”规划》（简称《规划》）正式发布，《规划》进一步明确了国机资产“十四五”期间“三个强化”（强化对集团的服务功能、强化服务集团的专业性、强化业务发展的创新性）、“三个提升”（提升处置效率、提升专业能力、提升创新能力）的发展思路。

1.“十四五”规划目标 管理资产规模方面，累计新增管理资产㊀100亿元。产权经纪方面，累计服务国机集团标的60亿元。净利润方面，累计实现净利润1.25亿元。

㊀ 管理资产：包括但不限于划拨、增资、协议转让、委托管理、合作管理等方式。

2. 强化对集团的服务功能、提升处置效率 一是落实处置效率提升工程，提升资产处置效率，全力完成“十四五”期间集团下达的国机资产内部存量资产处置任务。突出服务集团拟退出资产处置，重点服务集团“两非”剥离、“瘦身健体”等专项工作。二是通过不动产价值挖掘工程、受托资产强化工程，对资产加强管理，通过专业化的租赁、物业服务、改良等盘活闲置、低效资产；通过完善权证等解决权属不清、权证不齐等问题资产；通过集中处置清退无效资产；通过 REITs 等资产证券化方式盘活优质存量资产。

3. 强化服务集团的专业性、提升专业能力 一是借助资产管理的专业优势，通过数字转型创新工程服务集团资产管理信息化建设，推动集团资产管理信息化、信息数据化、数据可视化。二是借助资产盘活处置专业积累，通过优化资产结构工程服务集团“两非”剥离和“瘦身健体”、退出资产的调研分析等工作，为集团提供思路和方案建议，同时建立集团内部的专业化咨询平台和机制。

4. 强化业务发展的创新性、提升创新能力 一是通过创新服务举措探索市场资源合作新方式，服务集团产业布局和与央企战略合作协议；探索退出资产分类管理模式，服务集团“瘦身健体”。二是通过创新发展举措探索不动产分类盘活运营方案，服务集团内不动产集中、分类管理，建立数字化、标准化、智能化、绿色化国机物业标准服务架构和不动产管理体系；探索以碳交易的方式培育新利润增长点。

【主要指标】

2021 年国机资产合并口径决算净利润为 7 353 万元，剔除中国汽车工业进出口重庆公司破产清算，不再纳入合并范围转回超额亏损 5 415 万元后，考核净利润完成值为 1 937 万元，完成集团考核指标的 127%。2020—2021 年国机资产主要经济指标完成情况（合并报表口径）见表 1。

表 1 2020—2021 年国机资产主要经济指标完成情况（合并报表口径）

指标名称	2020 年	2021 年	同比增长（%）
资产总额（万元）	255 715	237 705	-7.04
净资产（万元）	189 025	189 985	0.51
营业收入（万元）	9 668	6 992	-27.68
利润总额（万元）	39 239	8 005	-79.60
技术开发投入（万元）	524	0	-100.00
利税总额（万元）	41 234	9 165	-77.77
EVA 值（万元）	22 458	-4 961	-122.09
全员劳动生产率〔万元 /（人·年）〕	155.30	103.14	-33.59
净资产收益率（%）	18.42	3.88	下降 14.54 个百分点
总资产报酬率（%）	14.51	3.26	下降 11.25 个百分点
国有资产保值增值率（%）	105.56	104.05	下降 1.51 个百分点

【改革发展】

1. 国企改革三年行动专项工作 2021 年，根据国务院国资委和国机集团国企改革三年行动方案要求，国机资产成立“国企改革三年行动”专项工作领导小组、工作小组及工作小组办公室，按照国机集团企业改革三年行动实施方案的 8 个方面 52 项举措的要求，以“打造一流资产平台，服务集团战略所需”为主攻方向，以聚焦主业、增强企业活力、提高效率、激发内生动力为原则，结合国机资产实际情况，制定《国机资产国企改革三年行动实施方案》，涉及“完善公司治理体系，提升公司治理能力”等 5 大方面改革任务方向，总计 25 项行动举措。同时，建立专项工作台账、第一责任人制度以及月报机制，挂图作战、打表推进，在全年具体工作举措落地实施过程中，定期汇总梳理改革工作推进情况，协调解决改革中存在的问题，安排下一步的工作；根据需要召开不定期会议，研究审议改革相关事项，压实各责任单位工作目标、责任，确保了全年工作上下贯通，层层落实。此外，及时把各级相关政策精神及要求传达到相关单位，全面贯彻落实国机资产三年改革行动方案，通过公司通信、微信公众号、网站等自有平台，加强政策及优秀经验案例的宣传力度，推广好的经验和做法，及时公布、宣传进展及成效，激励企业扎实推进各项工作，为专项工作营造了良好的内外部环境。截至 2021 年年底，国机资产国企改革三年行动专项工作整体进展超 80%，2021 年任务全面完成。

2. 持续深化人力资源管理

（1）推动干部队伍年轻化，培养优秀青年干部。国机资产始终坚持把政治标准作为第一标准，坚持党管干部、党管人才原则不动摇，以组织选拔和公开招聘方式选任 7 名中层干部、1 名子公司领导班子成员，其中 85 后中层干部 1 名。通过改善干部队伍结构，切实加强青年干部培养，激发干部队伍生机活力。

（2）完善人才管理体系，强化人才队伍建设。国机资产始终把引才、育才、用才、留才作为公司可持续发展的关键，围绕“人才强企”目标，拓宽高端人才、重点人才、急需人才的招收聘用渠道，2021 年通过社会招聘各类人才 12 人。注重个性化培养，根据不同层级、不同岗位按需施教，全面提升员工综合素质和业务技能。认真履行导师制制度，通过传帮带，快速提升新员工的工作水平。

（3）优化薪酬激励，全面建立价值导向的考核评价机制。修订国机资产《薪酬管理办法》，引导分配体系向做出突出贡献的人才倾斜，加大对高层次管理人才、高水平专业人才、高绩效营销人才等关键性人才的激励力度。切实保证贡献大、责任重、素质高的员工多劳多得，充分体现薪酬“能增能减、有效激励”的分配机制。

3. 完善流程，财务管控能力持续增强

（1）严格预算管理。实施以预算编制、关键财务指标分析、预算执行监控、结果评价为一体的全面预算管理体系。

（2）加强资金管理。资金支付严格按照“三重一大”和日常管控制度执行；开展月度现金流量分析，监控资金风险，拓展和深化与财务公司的合作，取得财务公司 3 亿元综合授信，确保国机资产重大项目的资金保障。

（3）加强产权管理。完成境内外企业产权管理梳理，国有资产产权管理得到有效规范。

（4）加强税务管理。合理组织，统筹安排，高效完成“千户企业”财务数据采集。

（5）提升会计信息质量。以年度会计信息质量整改为抓手，全面夯实会计信息质量基础，提升信息管理水平。

4. 强基固本，加强合规管理和内控建设

（1）加强内控监督评价。通过开展内部控制自我评价、深化重大风险评估预测、加强审计项目实施等举措，挖掘公司经营管理过程中存在的薄弱环节，实现内部控制的强基固本作用。全年开展审计项目 10 项，发现问题 21 个，内控自评共发现一般缺陷 9 项，目前正持续跟进审计问题和内控缺陷整改，持续推进国机资产各项制度落实、执行到位，降低合规风险。

（2）完善合规管理体系。通过系统梳理、完善国机资产制度体系建设，查漏补缺，补盲点、堵漏点，全年共修订、新增《法律纠纷案件管理办法》《YJ 管理办法》等多项管理、业务制度，全面促进国机资产合规管理水平提升。

【重大项目】

1. 重大决策

（1）审议通过企业“十四五”规划。2021 年 4 月 29 日，国机资产第二届董事会第五次会议审议通过《国机资产“十四五”发展规划（征求意见稿）》

（2）股权项目。2021 年 4 月 29 日，审议通过清理处置中汽国华文化发展有限公司 30% 股权项目、同意挂牌转让托管企业广州电器科学研究院有限公司持有的智骏置业 7% 股权项目。

7 月 20 日，国机资产第二届董事会第六次会议审议通过转让中汽进出口南通有限公司 100% 股权项目、同意收购国机重工亦庄办公楼项目、同意挂牌转让华联汽车发展有限公司 30% 股权项目。

10月12日，国机资产第二届董事会第七次会议审议通过调整广州电器科学研究院有限公司持有智骏置业7%股权处置方案、同意调整江西中汽房产转让挂牌底价。

（3）修订国机资产章程。2021年12月2日，国机资产第三届董事会第一次会议审议通过修订公司章程。

（4）成立“两非”资产剥离平台。与国家开发投资集团有限公司（国投集团）、中国电信集团有限公司（中国电信）合资成立“两非”资产剥离平台公司，服务集团“两非”资产剥离专项工作。11月获国机集团批复。该平台将为国机集团加速“两非”资产剥离提供更多、更丰富的渠道选择。

2. 重大项目

（1）中元国际托管市场化运营项目。2020年完成中元国际接收工作，2021年全面转入运营管理。经国机集团批准最终形成租金调整方案，新增租赁面积18 200m^2，租金增长1 709万元。北京置业积极开展各处房产污水管线、消防、配电室、电梯、屋顶防水等大中维修工作，确保房产及设备设施正常使用，排除了相关安全隐患，托管以来无安全事故发生；完成雍和宫大街52号院锅炉临时改造，保证了居民温暖过冬。2021年7月收到政府改造通知，8月先后与热力、燃气、电力3家单位对接，经与政府有关部门多次协调，最终确定柴油临时供暖方案并在供暖开始前完成改造任务。

（2）中汽胜嘉托管接收项目。2020年12月，根据《关于国机资产对中汽胜嘉实施托管的决定》（国机战投〔2020〕339号），国机集团委托国机资产对中汽胜嘉100%股权进行管理。2021年年初，国机资产成立接收工作组，与中汽工程对接，编制托管工作方案上报国机集团，并与国机集团签署托管协议；以4月30日为基准日，完成资产接收工作。2021年中汽胜嘉实现净利润2 100万元，超额完成当年目标。

（3）河南中昌置业有限公司（简称河南中昌）股权转让。与国机汽车、中汽工程组成专项工作组，推动河南中昌股权转让。通过向河南中昌下发“基坑安全整改通知”并多次现场督导整改工作，确保基坑未出现安全生产事故；及时安抚上访群众、化解风险；河南中昌5.16亿元债权、天津电气院1.71亿元债权、中汽珠海6 000万元债权等的偿债方案均有实质性进展并部分收回。

（4）广电院及武汉所托管项目。2020年12月，根据《关于国机资产对广州电器院及下属武汉电科所实施托管的决定》（国机战投〔2020〕337号），国机集团委托国机资产对广电院100%股权及广电院所持武汉所100%股权进行管理。2021年年初国机资产成立接收工作组，全力做好接收托管工作，以4月30日为时点，实现对广电院及武汉所的正式接管，并与国机集团签署托管协议。同时，完成广电院组织架构搭建与高管任命，完善制度体系，确保运营管理平稳有序。完成擎天大厦出租、智骏置业7%股权处置及北京办事处注销。

（5）王府井项目。一方面，通过法律手段推动解决历史遗留问题，2021年取得了实质性进展。机翔房地产开发有限公司（简称机翔公司）起诉北京好友世界商场有限责任公司（简称好友公司），要求好友公司腾退王府井大街277号院并返还给机翔公司一案，年内进行庭审，并在法院组织下聘请评估机构对王府井大街277号院市场化租金进行评估；北京天信广厦经济开发有限公司（简称天信公司）诉机翔公司，要求机翔公司继续履行合作经营协议一案，2021年12月一审判决驳回了天信公司的全部诉讼请求。另一方面，双方尝试通过和解谈判解决历史遗留问题，经过多次沟通协商，和解方案渐趋明朗。

（6）服务国机集团不动产管理系统建设专项。2021年，国机集团为强化土地、房产等不动产管理，摸清底数、提高管理效率，决定搭建不动产管理系统。国机资产协助承办该项目。国机资产通过深入调研分析集团不动产现状，瞄准管理痛点，制定工作方案。先后走访了近10家系统供应商，通过实施方案比对、报价方案洽商，最终遴选出业内成熟的备选供应商，并配合集团按照招投标程序完成供应商选聘。

【安全生产】

1. 完善组织建设，安全生产体系进一步强化 一是逐级建立安全生产管理体系。根据国机资产总部组织机构调整的情况，对国机资产安委会、应急指挥中心、安全生产三年行动领导小组等机构组成及时进行调整，安委会定期召开会议，研究国机资产安全生产事项，将安全生产内容纳入中心组学习范围，确保安全生产管理体系及时高效运转。二是建立安全生产责任制，进行安全生产责任分解落实。国机资产主要负责人与集团领导，国机资产主要负责人与各分管领导、总部各部门、各子公司签订安全生产责任书 15 份，国机资产与总部全体员工签订安全生产承诺书 55 份，确保安全生产责任横向到边、纵向到底、具体到人。

2. 完善风险管控和隐患排查双重预防机制，力抓安全生产前端治理和过程控制 公司总部发挥在安全生产方面的监督指导作用，针对下属企业主要从事不动产管理的业务实际，定期深入开展安全生产监督检查和专项整治工作，由公司领导亲自带队深入各子公司管理现场，重点检查薄弱环节和隐患问题，强化对整改情况的深入落实，重点检查了成都置业、北京置业的生产和项目现场，对重大风险隐患现场督察，要求限时提出整改方案。针对河南中昌、广电院以及武汉所等托管企业不断增加、管理的项目和生产现场不断增加的情况，列席项目例会、研究制定不定期检查指导机制，加强对托管企业安全生产工作的监督检查。

3. 扎实开展安全生产月各项工作 加强应急预案演练，组织开展火灾事故疏散逃生、消防器材使用、防汛、电梯故障等应急演练，增强突发事故应急处理的响应能力，进一步完善了突发事故应急处理机制；加大安全知识培训力度，组织开展多种形式的安全知识宣传学习活动，充分利用 OA 办公平台、网站、宣传展板、通讯内刊等方式普及安全知识，邀请消防专家开展培训，学习掌握消防安全和应急救援知识技能，提升了职工安全生产防范意识和安全生产责任意识。同时，组织公司系统加强应急值守和应急处置力量，夯实了两节、两会以及中国共产党成立 100 周年庆祝活动期间等关键时间节点的安全基础。

【党建工作】

2021 年，国机资产党委以习近平新时代中国特色社会主义思想为指导，围绕庆祝中国共产党成立 100 周年，以开展党史学习教育为主线，以“党建创新拓展年”专项行动为重点，深入推进党的建设和生产经营深度融合，为“十四五”开局起步提供了坚强政治保证。

1. 加强党的政治建设，把稳公司改革发展方向 一是坚决做到“两个维护”，制定印发《贯彻落实习近平总书记重要指示批示和党中央决策部署的工作办法》，严格执行“第一议题”制度，全年学习 14 次。二是全面落实主体责任，制定全面从严治党主体责任清单“任务卡”，明确细化 54 项职责任务。三是融入公司治理体系，制定国机资产“十四五”发展规划，梳理“三重一大”决策事项清单，组织召开党委会 15 次，研究审议议题 124 个，其中“三重一大”议题 76 个，充分发挥党委领导核心作用。

2. 开展党史学习教育，持续提高理论指导实践推动工作的能力 一是周密组织部署，成立领导机构和工作机构，印发党史学习教育工作方案和重点任务清单 30 项，统一印发学习资料，开辟微信公众号专栏。二是创新学习形式，通过组织参加集中培训、“第一议题”学习、党委中心组专题读书班、“党课大讲堂”等实现学习全覆盖；通过参加集团党委讲师团巡回宣讲、参加党史知识竞赛、举行主题党日活动、参观中国共产党历史展览馆等拓宽学习渠道。三是注重总结提炼。开展贯彻落实全国国有企业党的建设工作会议精神“回头看”自查工作，全面梳理总结。通过党委中心组学习、中层干部“头脑风暴会”、中青年员工座谈会等形式开展“三新大讨论”，共同研究推动公司改革发展新举措。四是开展办实事活动。制定《“我为群众办实事”实践活动工作方案》和重点民生项目清单，明确责任部门、责任人、完成时限和效果，重点民生清单 14 个项目中，短、中期 10 个项目已全部完成；长期项目共 4 项，年底已形成阶段性成果。

3. 加强思想宣传和文化建设，发挥凝心聚力作用 一是强化思想武装，组织党委理论中心组学习（扩大）12 次，每位中层干部平均交流发言 3 次；班子成员深入开展调查研究，提交调查报告 5 篇，理论文章 10 余篇；各级党组织围绕习近平总书记七一重要讲话和党的十九届六中全会精神开展重点专题学习培训。二是强化阵地建设，围绕宣传思想工作要点，加强舆论引导，定期对国机资产全系统各宣传阵地进行排查，抓好意识形态工作；积极报道国机资产改革发展动态，集团各类媒体采稿 41 篇，在学习强国平台登载 3 篇。三是强化党建带群团，围绕关键时间节点，开展形式丰富、内容多样的形势任务教育；发挥民主管理作用，做好工会换届选举工作；组织开展书画摄影作品展、集体观影等主题活动，创建和谐企业。

4. 加强党的基层组织建设，推动党建工作与企业发展深度融合 一是深化项目周期管理机制，开展“党建创新拓展年”专项行动，突出三项工作，深化“三个融入”，加强“三个工程”；深化党建信息系统日常监督、党建工作季度例会通报和党建工作年度督导“三位一体”的督导检查模式，紧盯工作计划实施闭环管理。二是优化“党建 +”工作载体，开展“党员服务队”等岗位建功活动，大力发挥组织功能和先锋作用；国机资产各级党组织分别与集团总部、兄弟单位、业务合作单位党组织开展联建共建活动，持续深化业务合作交流。三是探索托管企业党建工作模式。实施全过程托管项目管理，指定党建指导员，避免出现空白班组（企业），完成“党建入章”等工作，坚决把稳政治方向。

5. 加强党风廉政建设，持续打造良好政治生态 一是压实政治责任，制定《国机资产党委 2021 年党风廉政建设和反腐败工作要点及任务分工》，组织签订《2021 年度党风廉政建设责任书》和《廉洁承诺书》，坚决落实党风廉政建设责任制。二是做实政治监督，加强对落实“第一议题”制度、新冠肺炎疫情防控、国企改革三年行动、落实集团战略部署、托管企业管理、制度建设等方面的监督，推动重大决策部署落地；做实做细日常监督，加强企业政治生态分析，建立并更新领导干部廉政档案，对新提拔干部开展任职廉政谈话，确保党风廉政建设不放松。三是开展专项检查，对履职待遇、业务支出、公车使用情况等进行专项检查，深入开展“影子公司”“影子股东”问题专项整治；上下联动对 5 家子公司及托管企业开展违规挂靠专项巡察和“四个专项整治”检查工作，全面查找问题，有力发挥巡察监督的权威性和震慑力。四是加强作风建设，开展廉洁警示教育活动，通过组织参观廉政教育基地，开展《警示录》集体学习和廉政谈话、向员工家属发送“树清廉家风、创廉洁家庭”倡议书、聆听专题党课、开辟党风廉政微课堂等形式，进一步增强党员领导干部廉洁从业的思想自觉、政治自觉和行动自觉。2021 年，国机资产开展廉洁警示教育活动 10 场次，接受反腐倡廉教育 192 人次。

【信息化与数字化建设】

2021 年，国机资产进一步完善信息化管理工作，优化相关工作流程。协调物业及供应商，全力保障了迁址办公网络通信无缝衔接。根据工作需要，开发全新 OA 办公系统，10 月份正式上线。加强网络安全建设，与集团同步推进 IPV6 网络升级。持续推进软件国产化进程，完成软件正版化工作。

【履行社会责任】

1. 社会责任

（1）爱心基金捐赠。国机资产组织全系统职工参与“国机爱心日”捐助活动，共募集爱心基金 3.11 万元。

（2）定点帮扶。2021 年 4 月，国机资产为河南省信阳市淮滨片区提供 30 万元帮扶资金，用于淮滨县基础教育设施、教育培训等项目；采购定点帮扶地区价值 14.9 万元的农产品，比上年增长 25%，促进了贫困片区经济增长。

（3）抗洪救灾。2021 年 7 月，国机资产积极响应国机集团倡议，为河南省“7 • 20”特大暴雨捐赠抗洪救灾款 20 万元。

（4）新冠肺炎疫情防控。积极响应“应接尽接”原则，推进员工接种新冠疫苗工作。加强新冠肺炎疫情防控常态化管理，严格落实员工外出情况登记审批备案要求，对员工健康状况、行程及接触史情况进行动态管理。定期为员工发放防护物资，做好物资保障。

2. 离退休人员管理服务

（1）稳步推进退休人员社会化管理工作。国机资产成立退休人员社会化管理工作小组，通过召开片组长座谈会、片组沟通会、一对一电话沟通、上门拜访等方式，宣贯退休人员社会化管理政策、发放承诺书、组织信息表签字确认并答疑解惑。国机资产坚持政策宣传引导，积极做好思想政治工作，消除退休人员的心理顾虑和抵触情绪，引导退休人员形成合理的改革预期，确保社会秩序安全稳定。

（2）提升退休员工归属感。国机资产工作人员走访慰问“光荣在党 50 年”老党员，送上中共中央颁发的“光荣在党 50 年”纪念章。邀请中国工程与农业机械进出口有限公司（简称中农机）原总经理姜承勋以“一讲初衷、二求改革、三惠员工、四敢担当”为主线，讲授中农机从“一穷二白”到“共奔小康”的发展历程。充分发挥“银发资源”作用，助力培育时代新人。

（3）保障生活待遇，提升幸福感。国机资产按时足额发放离退休人员统筹外费用，切实维护离退休人员合法权益。坚持定期组织离退休人员进行健康体检，开展重大节日走访看望和慰问生活困难老党员，使老同志切实感受党组织和单位的温暖和关怀。

（4）保障社会待遇，提升成就感。国机资产与离退休人员时刻保持联系，鼓励离退休人员在属地继续发光发热，积极参与全国文明城市创建、新冠肺炎疫情防控、人居环境整治等工作，引导离退休人员传递正能量、传播好声音。

中国农业机械化科学研究院集团有限公司

【基本概况】

2021 年，中国农业机械化科学研究院集团有限公司（简称中国农机院）坚持稳中求进工作总基调，统筹推进常态化新冠肺炎疫情防控和生产经营各项工作，以坚持推动高质量发展为主题，推进“十四五”时期战略落地，运营管理稳中有进，经济效益明显改善，发展韧劲持续显现。

改革创新持续推进。改制工作进展顺利，以股权管理和董监事管理为核心的公司治理体系建设进一步加强。统筹完善企业董事会规范化运行，有序推进经理层任期制和契约化管理。牢牢把握改革发展方向，建立健全现代企业管理体系，制度建设如期推进。

战略落地逐步深入。“十四五”战略规划正式发布，机构调整到位，职能部门、业务中心运行稳健，管理综合效率得到提升。所属单位积极开展子战略编制，支撑公司总体战略落地落实。

科技创新取得成效。关键技术攻关取得阶段性进展，重大装备创制能力持续增强，累计完成 20 项科技成果，其中 13 项成果整体达到国际先进水平。多方发力主动参与重大科技攻关，申报国家及省部级项目 36 项。

【“十四五”重点发展方向】

“十四五”时期，中国农机院将坚持以习近平新时代中国特色社会主义思想为指导，全面贯彻落实习近平总书记“要大力推进农业机械化、智能化，给农业现代化插上科技的翅膀”重要论述精神，按照“锻造国机所长，服务国家所需”战略部署，不断提高服务国家和集团战略及行业发展的质量和水平，为实现集团“十四五”战略目标做出积极贡献。

中国农机院将坚持推进农机科技产业高质量发展的新理念，围绕“1346”总体战略，以价值创造为中心，致力于行业服务、科技创新与科技产业发展，以科技创新支撑建设农机行业科技和产业融合发展的新格局，以中国特色现代国有企业制度建设驱动农机产业高质量发展，推动我国农业机械技术进步及产业升级，努力打造农业装备原创技术“策源地”。

“1346”总体战略：“1”一个中心，以价值创造为中心；“3”三大业务板块，创新与服务、高端装备、农业工程；“4”四轮驱动，使命驱动、人才驱动、创新驱动、资本驱动；“6”六化举措，机制市场化、人才专业化、服务平台化、科技产业化、发展集约化、资产证券化。

中国农机院的定位是农机行业“战略策源、技术创新、数字赋能、产品孵化、国际交流”中心，以科技研发与服务为引领，通过科技创新不断提高服务国家、集团战略和行业发展的质量和水平。结合集团战略，公司进一步优化结构布局，形成创新与服务、高端装备和农业工程和三大业务板块，坚持高端服务和研发，适度多元化发展。创新与服务领域：科研创新与技术服务、国际交流与合作、信息与媒体、智能技术与应用。高端装备领域：农机装备及零部件、特种装备、试验装备。农业工程领域：能源管理工程、工厂系统集成、冷链与环境工程、农产品与食品设备与工程。三大板块分类施策，促进协同，为行业提供农业生产机械化技术、产品、服务及全程解决方案，为保障粮食安全及农业可持续发展做出积极贡献。

【主要指标】

2020—2021 年中国农机院主要经济指标完成情况见表 1。

表 1　2020—2021 年中国农机院主要经济指标完成情况

指标名称	2020 年	2021 年	同比增长（%）
资产总额（万元）	544 436	533 662	-1.98
净资产（万元）	121 092	160 399	32.46
营业收入（万元）	324 247	326 508	0.70
利润总额（万元）	8 555	10 835	-26.65
技术开发投入（万元）	22 575	25 018	10.82
利税总额（万元）	26 343	26 322	-0.08
EVA 值（万元）	20 297	18 509	-8.81
全员劳动生产率〔万元 /（人·年）〕	23.27	25.56	9.84
净资产收益率（%）	4.50	6.98	增加 2.48 个百分点
总资产报酬率（%）	3.22	3.41	增加 0.19 个百分点
国有资产保值增值率（%）	100.07	107.07	增加 7 个百分点

注：2020 年主要经济指标为扣除重大资产重组事项后数据。

【改革发展】

1. 全面深化改革，综合管理能力稳固提高

（1）完成公司制改制。2021 年 9 月 30 日，中国农机院顺利完成公司制改制，成为法人独资的一人有限责任公司。遵照《公司章程》，制定《董事会议事规则》《董事会授权管理办法》《总经理工作规则》《监事会议事规则》，顺利召开了公司一届一次董事会和一届一次监事会，标志着中国农机院公司治理迈入新的历史阶段。为进一步理顺党委（党组）和董事会、经理层等治理主体关系，完善修订中国农机院《“三重一大”管理制度实施办法》及《企业决策事项及权限表》，厘清党委（党组）、董事会、监事会、经理层等各治理主体的权责边界，落实董事会职权，建立起各司其职、各负其责、协调运转、有效制衡的公司治理机制。

（2）组织完成《中国农机院改革三年行动实施方案（2020—2022 年）》，梳理形成 36 项重点改革任务，明确改革内容、预期目标、职责分工、时间节点等；按月对账总结进展，完成 2021 年全部工作目标。组织对标世界一流专项工作，对标对表促落实，汇总梳理阶段性工作任务完成情况，实现了 2021 年达标 70% 的目标。

2. 勇于攻坚克难，科研创新体系稳步构建

（1）深化科研体系与平台建设，提升可持续创新能力。强化基础性、原创性技术布局，着力打造农业机械原创技术策源地和高端农机装备现代产业链链长。谋划构建农业装备创新联合体，推进产业深度融合，助力构建企业牵头、高校院所支撑、各创新主体相互协同的产业创新体系。围绕重大装备关键核心、战略前沿、产业基础技术优化体系布局，设立科技创新中心、规划咨询中心等，成立耕种、植保和种业生产装备 3 个专业创新团队。

（2）集聚行业力量，推进协同创新，特聘汪懋华、罗锡文等院士为中国农机院特聘首席科学家，聘任应义斌、何勇等为中国农机院特聘研究员。

（3）深化科技体制机制改革，优化创新创业生态环境。制定《中国农机院关于新时期推进科技创新发展的指导意见》等制度，遴选“十四五”第一批重点领域创新团队和专业技术带头人工作，凝聚核心研发力量，强化人才梯队培养，打造科技与人才高地，全面提升创新引领能力，增强科技产业化能力，强化产业支撑能力，构建科技产业创新发展新格局，推动公司高质量发展进入新阶段。

（4）深化科研平台能力建设。将农业生产机械装备国家工程实验室整合组建为农业生产机械装备国家工程研究中心。持续巩固以国家重点实验室、国家工程实验室研究中心、国家工程技术研究中心为核心的产业技术创新平台体系，强化引领、支撑、服务行业创新的能力，组织申报工业和信息化部制造业高质量发展专项、国务院国资委国有资本经营预算支出项目、发展改革委农业机械领域攻关工程项目。组织申请 5 个国家级研发平台 9 项研发任务。围绕农业装备信息感知技术、农机装备智能作业技术、自主作业机器人技术、高性能零部件关键技术、 产业科技发展战略研究 5 个重点方向征集 2021 年度国家重点实验室开放合作课题 96 项。

（5）加强行业科技工作。农业装备产业技术创新战略联盟在 2020 年度活跃度评价中排名前列且连续多年排名前列，获评 A 级活跃度产业技术创新战略联盟；农业 - 食品领域国家工程技术研究中心协同创新战略联盟组织召开第二十三届农口国家工程技术研究中心主任联席会；组织 2021 年全国农机科研院所长会会议，集聚行业科研院所、优势高校和骨干企业，共同探索行业发展与合作。中国农机学会承办的主题为“聚焦设施农业 助力乡村振兴”的第三届中国乡村振兴战略推进大会，被中国科协列为 2021 年度重要品牌会议。

3. 人才强企兴企，积极营造价值创造活力

（1）按照国企改革三年行动方案总体要求，全力推进公司全级次企业董事会应建尽建，外部董事占多数和经理层成员任期制和契约化管理。按期推进 33 家企业共 97 名经理层成员如期完成契约化管理，激发经理层经营活力，为健全完善现代企业法人治理体系奠定基础。全面完成干部人事档案专项审核全覆盖工作，大力推进中青年干部选拔培养， 2021 年选拔提任的干部中，75 后、80 后占到 80% 以上，成为选用干部的主体，进一步激发干部干事创业热情，释放干部队伍和企业发展活力。

（2）根据“十四五”战略规划，同步编制人力资源专项规划，确立新时期干部队伍、人才队伍建设路线图，健全企业人力资源管理体系。加强国家级与集团高层次科技人才队伍建设，入选国家科技领军人才 2 人，入选农业农村部农业科研杰出人才培养计划 1 人，入选集团公司高级专家 5 人、“青马工程” 2 人，做实研究生院，加强研究生教育，打造人才培养高地。

（3）强化考核激励约束机制。严格贯彻落实国务院国资委和集团公司工资总额管理各项政策，编制年度人工成本和工资总额预算，定期跟踪和监测执行情况，进行有效监督和管控。修订《中国农机院职能部门员工薪酬管理暂行办法》，调整年薪制人员范围、薪酬构成、绩效分配系数，提高干部队伍整体合力；提高岗位工资制员工基本收入，调整绩效薪酬发放形式，按月考核确定员工绩效工资，完善优化薪酬管理结构，增强薪酬制度的规范性和公平性。在落实董事会职权、推进经理层任期制和契约化管理运行基础上，建立健全对企业主要负责人和经理层成员的年度和任期经营业绩考核，建立与考核结果紧密挂钩、与承担风险和责任相匹配的薪酬机制，建立任期激励机制，强化刚性考核兑现，充分发挥薪酬管理对调动负责人积极性的重要作用。

（4）加强科技人才激励与托举工作。评选表彰“十三五”科技创新先进个人和优秀创新团队，多名专家参与国家科技计划、国家科技奖、工业和信息化部制造业高质量发展专项、人才计划等评审。

【重大项目】

完成中机检测有限公司（简称中机检测）增资，中机试验装备股份有限公司（简称中机试验）利用募集资金对全资子公司中机检测增资4 200万元，用于中机检测增项扩建项目，注册资本提高到5 000万元。完成中机试验江苏公司增资，中机试验利用募集资金对全资子公司中机试验江苏公司增资2 500万元，用于无锡基地建设和运营，注册资本由1 200万元增加到3 700万元。完成《中国汽车市场》杂志社收购与增资，北京卓众出版有限公司（简称卓众出版）以60万元对价收购国机资产所属《中国汽车市场》杂志社100%股权，完成收购后再以现金出资方式增加投资70万元，目前正在工商变更。

【国际合作】

探索新时期国际科技合作，与泰国马哈沙拉堪大学签署全面合作谅解备忘录，双方在农业装备、智慧农业、农业工程等领域深度合作。

援外培训业务逆势上扬，首次开展线上援外培训项目，项目数量与参训人数创新纪录；创新培训模式并增加“云逛展，寻农机”等线上参观内容，向学员实时展示2021年国际农机展，首创援外培训征文品牌活动，获政府主管部门大力宣传推广。强化海外市场开拓，成功续签印度ECL生产线配件项目，积极跟进科特迪瓦腰果和粮食仓储项目、哈萨克斯坦设施农业等几个重点国际项目。

【科技创新】

1. 推进关键核心技术攻关和重大装备创制 在高性能农机装备、试验装备、军工特种装备等方面取得一批科技成果，取得蔬菜小苗高速定植、免耕精量播种、变量静电喷雾、青饲料收获金属探测、玉米穗茎兼收、高效摘棉、秸秆高效打捆、多功能自走式底盘、关键零部件薄膜制备等一批关键技术突破，开发20/24/32行气流输送式播种机、650/1000型自走式喷杆喷雾机、3/6行圆包式采棉机、9360/9458型大型青饲机、马铃薯智能联合收获机、食用菌生产成套装备、薯类/山茶籽分选加工装备、农机装备智能管控平台等创新，28项科技成果通过鉴定评价，技术水平国际国内领先。

2. 推进主导产品、重点方向专利布局 2021年申请专利126件（发明66件）；2021年授权专利110件（发明25件）。总部有效专利310项（发明162项、实用新型130项、外观11项、国际专利8项）；2021年授权专利36项（发明15项、PCT4项）；申请专利56项（发明37项、PCT专利3项）。获得中国专利奖2项、国机集团专利奖4项。

3. 标准制修订 制修订标准121项，其中，国际标准37项、行业标准15项、团体标准36项、企业标准33项。《农林机械无人驾驶航空喷雾系统第3部分：ISO/AWI23117-3植保无人飞机喷雾漂移的田间测量方法》获国际标准立项，实现农机国际标准零的突破，进一步发挥标准引领作用。

4. 推进科技成果宣传与推介 组织重大成果参加国家重大展览，免耕精量播种系统入选“不忘初心 牢记使命”中国共产党历史展览、农业农村部“百年伟业 三农华章”展览。6行高效智能采棉机、饲草低损圆捆卷捆机、玉米免耕智能精量播种系统及装备、大型自走式青饲料收获机、马铃薯智能联合收获机等成果实物参加国家“十三五”科技创新成就展。聚焦信息与农机的深度融合，“农机云服务平台”领跑农机数字化转型，成功入选国企数字化转型典型案例。

【安全生产】

注重关口前移，安全环保常抓不懈。落实主体责任，深化安全生产责任制，横向到边、纵向到底，做到责任落实100%全覆盖。深化源头治理，打好“安全生产专项整治三年行动”攻坚战，全面开展隐患排查治理，全级次企业累计排查一般隐患383项，整改完成379项，整改率 98.96%。加强创新模式，开展形式新颖的“安全生产月”宣教活动，创新开展“主播走一线”“安全生产知识竞赛”“安全快闪”等活动，其中“主播走一线”3 场活动累计在线 7.8 万人次，展现良好企业形象，受到集团表扬。夯实安全基础，开展 2021 年度安全生产系列培训，累计 5 000 多人次。

【党建工作】

2021 年，中国农机院党委以习近平新时代中国特色社会主义思想为指导，以政治建设为统领，聚焦党史学习教育，深入学习贯彻党的十九大和十九届历次全会精神，以“党建创新拓展年”专项行动为抓手，有效推进党建与生产经营深度融合，全面完成全年各项目标任务。坚持推进党风廉政建设和反腐败斗争，发挥纪委监督作用，为企业高质量发展营造风清气正的政治生态。

1. 提高政治站位，以实际行动服务国家战略 落实习近平总书记有关“三农”工作的重要指示批示精神，围绕高标准农田建设、黑土地保护、智慧农业等，申报国家项目，加强技术攻关。积极参与国家部委的行业战略研究，形成“农业装备产业基础创新发展目录”等专项报告 20 余项。

2. 党建工作规范化、模块化，提升工作效力 将标准化、模块化、清单化工作理念融入重点项目，系统梳理党委重点工作、党史学习教育任务清单、创新拓展年专项行动方案、“我为群众办实事”工作方案等重要文件，形成 61 条党建重点项目清单，明确工作任务、完成时间、责任单位，便于基层党组织实际操作，提升工作效率和水平。

3. 党史学习教育有特色，凝聚奋进力量 深入挖掘用好自有红色资源，完成阳早寒春故居改建，挂牌国机集团干部教育基地。举行“寒春诞辰百年纪念活动”，围绕“坚定信仰 传承精神 为农业机械化奋斗终身”的主题，深切缅怀寒春不平凡的一生，追思和学习她的崇高精神，邀请国机集团领导、原机械工业部老领导参加并得到肯定，提升了中国农机院的美誉度和社会影响力。组织参观中国共产党历史展览等，深刻感悟党的百年奋斗历程，汲取精神滋养和前进力量。组织编制《器利农桑——中国农机院科技文集》，献礼中国共产党成立 100 周年和建院 65 周年。

4. 精心谋划部署“我为群众办实事”实践活动，办实事求实效 制定了包括研发推广农机装备、黑土地保护、志愿服务、关心员工身心健康等内容的 12 项重点民生项目清单，按时完成并及时向职工通报完成情况。组织开展走访慰问活动，使党员群众深切感受党组织的关怀和温暖；组织开展立足岗位为群众服务，志愿服务活动常态化。

5. 激发党建活力，党建与业务深度融合 多个党组织与合作单位党组织通过协同开展主题党日活动、学习教育、业务合作等方式，广泛开展联学联建、党建共建，将党建软实力转化为科研生产硬实力。

6. 强化宣传引导，筑牢意识形态阵地 《中国农机院报》、微信公众号、公司网站、楼宇电视四位一体宣传矩阵架构更加稳固；设计发布“播种绿色、收获健康”企业愿景主题标识；制作先进团队及个人短片 20 余条，汇聚发展正能量。中央电视台、国资小新、《科技日报》《农民日报》等多家媒体对采棉机、阳早寒春、建院 65 周年等进行报道。

7. 压紧压实全面从严治党主体责任，切实履行党风廉政建设“两个责任” 深入落实全面从严治党责任清单，签订党风廉政责任书。制定《中国农机院党委关于深入落实中央八项规定精神进一步改进工作作风的实施意见》，坚持在节假日前畅通监督渠道、重申纪律要求。一体推进不敢腐、不能腐、不想腐。2021 年完成 3 家单位的常规巡察工作。与集团“违规挂靠”专项巡视和“四个专项”专项检查同期开展对 11 家所属单位的专项巡察和专项检查。推动整改落实，形成上下联动齐抓共管的工作格局。

【信息化与数字化建设】

1. 基础设施和信息服务稳步提升 北京北沙滩院区日网络在线人数达 1 200 人，中心机房近百台服务器和网络设备平稳运行。外部接入院区网络 VPN 客户端数量超 300 个。

2. 关键信息系统高质量运行 2021年，共解决ERP问题600余项。OA系统覆盖职能部门等19个公司总部机构、13家公司所属企业，OA各类流程超过300个，完成流程新增或调整700余次。

3. 夯实网信工作安全基础 统一部署防病毒软件，落实网络安全合规责任。升级建设中心机房动环监控系统，在线实时监控机房状态，提高故障定位和处置效率，同时降低机房值守人工成本。

4. 数字化转型效果显现 所属卓众出版获批建设“科技期刊数字出版及全流程管理重点实验室”，围绕生产技术与装备、内容表达与呈现、产品传播与营销等方向建设跨领域综合性实验室，重点开展科技期刊数字出版、数字发布与数字传播研究。所属中机试验建设实施PLM系统和车间MES系统。

【履行社会责任】

1. 助力乡村振兴 按照集团乡村振兴帮扶点朝天区工作要求，组织公司专家团队赴朝天实地调研，持续推进朝天区核桃及高山蔬菜收获机械的研发落地。协调专家研发了核桃收获机、树根清土机和采收清土一体机3款机器，助推科创中心签订购机合同200余万元，不折不扣落实集团党委工作部署，帮助农户实现便捷、高效、安全的机械化作业，助力朝天区乡村振兴。

2. 挖掘红色教育资源 由阳早寒春故居改造的国机集团干部教育基地入选中央企业红色资源网络展览首批50个展馆，2021年已经接待各界参观者近万人，为社会公众提供了爱国主义教育资源。发挥所长，开展面向公众的学农教育活动，进行劳动教育，社会反响良好。

国机集团科学技术研究院有限公司

【基本概况】

2021年，国机集团科学技术研究院有限公司（简称国机研究院）源于2010年12月批准成立的国机集团中央研究院，2013年4月注册为现名。国机研究院是中国机械工业集团有限公司向“创新型国机”迈进的重要战略部署，是充分发挥国机集团科技资源行业优势的高层战略执行平台，是增强国机集团整体技术创新能力的重要创新主体。

国机研究院现拥有二级企业9家，其中8家为原机械工业部直属研究院（所）。截至2021年年底，国机研究院资产总额为39.07亿元，净资产为17.57亿元；员工总数2 198人，其中，工程技术人员941人，研发人员579人；3人入选“国家百千万人才工程”，36人享受国务院政府特殊津贴，123人具有正高级职称，352人具有高级工程师职称，有博士研究生24人。2021年，国机研究院实现营业收入18.72亿元、利润总额4 402万元。

国机研究院现有国家工程（技术）中心3家，国家重点实验室1家，国家企业技术中心2家，国家地方联合工程实验室1家，博士后工作站3家，国家和行业生产力促进中心各1家，行业质检中心8个（其中国家级6个），国际标准化委员会1家，全国标准化委员会8家，全国标准化委员会分委会2家，行业标委会4家，各类省部级科研平台25家。

【“十四五”重点发展方向】

将“培育技术策源地、打造专精特新、强化行业服务引领”三大战略落实到产品与服务的具体行动计划上，将70%的资源配置给核心业务，20%的资源分配给新兴产品，10%的资源投在全新产品研发上，开发出具有竞争力的产品和服务，以科技洞见来支撑产品研发和服务提升。

到2025年，打造5家以上省部级专精特新企业，3家以上国家级专精特新小巨人企业；累计组织实施省部级以上重大、重点科研项目（任务）40项，纵向签约超过3亿元；开发各类新产品、新技术150项，年主营业务收入25亿元；累计申请专利400项，获得授权专利300项，发表论文400篇，获省部级及以上各类成果奖25项，制修订国家或行业标准数量120项，其中，国际标准5项。打造国家级创新创业服务平台3个，省部级公共服务平台5个，科技服务收入达到1.5亿元/年。

【主要指标】

2020—2021年国机研究院主要经济指标完成情况见表1。

表1 2020—2021年国机研究院主要经济指标完成情况

指标名称	2020年	2021年	同比增长（%）
资产总额（万元）	235 793.57	390 687.59	65.69
净资产（万元）	108 052.11	175 747.25	62.65
营业收入（万元）	139 916.36	187 183.07	33.78
利润总额（万元）	−8 316.07	4 402.28	152.94
技术开发投入（万元）	34 876.98	25 335.30	−27.36
利税总额（万元）	−3 214.41	10 590.92	429.48
EVA值（万元）	2 743.52	8 268.63	201.39
全员劳动生产率〔万元/（人·年）〕	13.32	23.98	80.03
净资产收益率（%）	−7.70	2.39	增加10.09个百分点
总资产报酬率（%）	−2.18	2.07	增加4.25个百分点
国有资产保值增值率（%）	91.98	108.68	增加16.70个百分点

注：1. 2020年合并口径：院本部、北强所、沈阳仪表院、重材料院、哈成套（1—4月）。2020年亏损增加原因：一是因拨付集团重大科技专项研发经费1.44亿元，二是因合并抵消转让哈成套股权投资收益7 027.97万元。

2. 2021年合并口径：院本部、北强所、沈阳仪表院、重材料院；托管企业天津电气院、兰电所。

【改革发展】

抓紧抓实国企改革三年行动，促进改革效能进一步释放。

（1）中国特色现代企业制度建设不断推进。把党建工作要求纳入公司章程，全面推行“双向进入、交叉任职”的领导机制，推进各级党委完善“三重一大”决策制度及事项清单，不断规范党组织前置研究讨论程序。

（2）推进董事会“应建尽建、配齐配强”。调整沈阳仪表科学研究院（简称沈阳仪表院）、重庆材料研究院有限公司（简称重材院）、天津电气科学研究院有限公司（简称天津电气院）3家A类企业董事会，实现外部董事占多数，拓宽外部董事渠道，推进规范化运作；B类企业调整为设立执行董事。

（3）推行差异化考核。根据各企业的资产规模和业务特点，“一企一策”制定差异化考核指标，考核指标完成情况与企业负责人薪酬、企业工资总额挂钩，引导所属企业进一步提质增效、转型升级，向高质量发展迈进。

（4）2021年，将沈阳真空技术研究所有限公司（简称沈真所）、杭州照相机械研究所有限公司、秦皇岛视听机械研究所有限公司（简称秦皇岛视听所）进行提级管理。推行扁平化管理以来，有效减少了国家、集团有关政策信息传递链条，提高了对“三所”的管理效率，尤其是国机研究院对“三所”实施的专业化管理，在创新团队建设、业务协同、科技项目申报方面取得了积极进展。

【重大决策】

2021年国机研究院持续优化顶层设计，主责主业更加突出。

（1）战略管理进一步强化。制定完成院“十四五”战略规划，明确未来五年发展目标与实现路径；推进“十四五”科技发展规划制定，进一步发挥国机研究院对国机集团高质量发展的科技支撑作用。

（2）业务结构进一步优化。加强与国机集团“十四五”规划的衔接，进一步明确“科技研发与服务”的主业，引导企业调配优势资源，全面推动做强主责主业，退出贸易类非主业业务。

（3）完成“两非”剥离专项工作。2家四级企业（天传新能源电气公司、重庆贝锡金属材料有限公司）被纳入国务院国资委的“两非”剥离名单，并按期完成“两非”剥离任务。

【科技创新】

1. 服务国家战略的作用进一步凸显

（1）对接国家“十四五”科技需求。对接工业和信息化部、科技部、国家发展改革委、国防科工局等主管部门以及重大装备总体单位，跟踪各类重点科技专项最新政策；组织召开了“2021年配套科研生产专题研讨会”，谋划“十四五”重点科技项目，推动各院所优势产品和技术进入重点专项指南。

（2）申报国家级科技项目。组织落实2021年中央企业国有资本经营预算资金项目，获批国拨经费；参与工业和信息化部“高质量发展专项和产业链再造工程”项目的联合投标4项，均获得批准，获批国防科工局“××工程”项目；另外，重材院获批国家重点研发计划青年科学家项目，沈阳仪表院获批集团重大科技专项项目，天津电气院、国机振控中心参研集团重大专项项目。

（3）组织关键核心技术攻关。2021年，国机研究院共组织实施各类科技项目、课题、任务共计近200项，其中，国家级科技项目20余项，省部级科技项目80余项。国机研究院承担的某重大工程项目全面完成项目任务。完成纵向科技项目验收20余项，整体研发投入强度达到13.52%。

（4）取得一批重要科技成果。2021年，完成科技成果鉴定10余项，获得各类科技奖20余项。其中，沈真所参与的“新一代发动机用高性能钛合金关键件精密铸造技术”项目获得中国机械工业科学技术奖一等奖；天津电气院的“超宽幅铝板带轧机控制关键技术与应用”项目获得中国机械工业科学技术奖二等奖；沈阳仪表院的“高性能硅基MEMS传感器及敏感芯片关键技术研究与应用”获得集团科技进步奖二等奖；重材院“核级温度传感器”和沈阳仪表院“生物医学检测精密滤光片”获得全国机械工业产品质量创新大赛金奖和银奖。

2. 打造“专精特新”企业，提升行业服务能力

（1）组建专业组。在国机研究院技术委员会基础上，成立基础材料、重要元器件、高端装备、智能制造、科技服务5个专业组。各专业组依托研究院平台及所属院所资源开展战略研究，并与重大需求对接，促进业务协同与资源整合。

（2）打造“专精特新”企业。面向行业需求，所属各院所积极探索“专精特新”特色发展之路。2021年，天津电气院、沈阳仪表院入选工业和信息化部第三批专精特新“小巨人”企业名单；重材院入选工业和信息化部“专精特新”首批重点支持的国家中小企业公共服务示范平台，秦皇岛视听所获批“机械行业中小企业公共服务示范平台”，济南铸锻所检验检测科技有限公司获批“济南市中小企业公共服务示范平台”，兰州电源车辆研究所有限公司（简称兰电所）获批“兰州市中小企业公共服务示范平台”。

（3）加强行业服务交流协同。研究院组织各院所的标委会秘书处、科技期刊编辑部工作交流会，提升各院所行业服务能力。2021年全院行业服务收入增长17.48%。

（4）国际标准取得新突破。2021年，天津电气院参与的《IEC 61800-1：2021调速电气传动系统第1部分：一般要求低压直流调速电气传动系统额定值的规定》正式发布，这是我国在IEC调速电气传动领域主导的首项国际标准。济南铸锻所检验检测科技有限公司主导的国际标准

ISO 23472-3：2021《铸造机械术语第 3 部分：压铸机及其他永久型铸造设备》也正式发布。这是国机研究院在国际标准化活动上取得的新突破。

3. 新产品开发取得突破，科技成果转化显著 天津电气院自主研发的大功率中压交直交变频器产品在太钢不锈冷轧厂 3# 二十辊轧机改造项目中成功应用，在进口替代领域填补了国内空白；拓展储能微网业务，开发的集装箱分布式储能系统，实现了兆瓦级大功率储能并联系统非计划性离网无缝切换技术的实际工程应用，属海外首例。

沈阳仪表院的实时荧光 PCR 核酸检测设备用光学薄膜片产品实现批量生产，保障了国家新冠肺炎疫情防控物资产业链安全；全息管道内检测智能机器人成功进入国家管网油气管道检测领域；激光划片机新签合同成倍增长。

重材院研制生产的核级铠装电缆、1E 级铂电阻温度传感器中标多个三代核电工程；光伏及半导体行业用系列多点偶温度传感器、汽车火花塞及航空领域用新型铂铱基电极材料和器件顺利开发应用。

沈真所开发的真空高压氢气烧结炉（8MPa）、真空高压感应熔炼炉（5MPa）、等离子熔炼炉均为国内该领域的首台套关键设备，已进入示范应用阶段。秦皇岛视听所对探针台全自动测试工作站功能进一步优化，设备测试效率提高了 30%。

【经营管理】

沈阳仪表院光学器件、弹性元件两个板块均首次实现营业收入过亿元。

重材院全年新签核电合同，合金合同及纯镍（N4/N6）合同，铂铑偶丝及贵金属制品合同。

天津电气院冶金系统工程项目签约业务保持稳定，试验装备业务签约同比增长 25%。

北京飞机强度研究所有限公司（简称北强所）正在承担某战斗机载荷谱研制任务，中标商飞 ARJ21 飞机客改货测试任务，开辟了民用航空业务市场。

兰电所中标冬奥会电源保障车辆任务，签订 5 台 1 000kW 救险车合同。振控中心积极开展工程振动控制科技研发与成果转化。

【党建工作】

1. 坚持以政治建设为统领 深入学习宣传贯彻习近平新时代中国特色社会主义思想，增强“四个意识”、坚定“四个自信”、坚决做到“两个维护”。完善党委发挥把方向、管大局、保落实领导作用的机制，落实党委在“三重一大”事项中的决策权、把关权、监督权。

2. 党史学习教育高标准高质量开展 院党委全面履行主体责任，制定《实施方案》统筹安排学习教育活动；把控节奏，召开党史学习教育部署会和推进会；深入推进“我为群众办实事”实践活动，《首批重点民生项目清单》重点任务全部完成；组队参加集团团委组织的党史知识竞赛，组织领导干部参加（列席）党支部专题组织生活会等。

3. 深入开展党建和业务融合专项工作 广泛开展“解放思想、推动发展”“育新机、开新局”大讨论，引导各级党组织和广大党员聚焦主责主业，思考谋划工作举措。推动“共产党员工程 +”，召开“行业服务能力提升”系列专项研讨会。设立“共产党员先锋岗”，充分发挥先进典型在重点科研项目实施过程中的示范引领作用。

4. 坚持党管干部原则 严格遵循干部选拔、任用、考核和评议制度，完成沈阳仪表院、天津电气院行政换届，天津电气院、兰电所党委换届，北强所党支部换届；完成所属 3 家 A 类企业纪委书记调整工作。对提任的干部严格执行“凡提四必”，加大优秀年轻干部选拔使用力度，向集团推荐优秀年轻干部 6 名、2021 年度“青年干部”6 名、“青年高潜”6 名。

5. 持续推进基层党支部标准化规范化建设 持续巩固扩大全国国有企业党的建设工作会精神，院党委全面对标《实施方案》进行“回头看”自查自纠。夯实基层基础，以消除“党建盲点”为重点，解决济南铸锻所检验检测科技有限公司党支部建设难题；积极推进各级党组织按期换届工作；举办党支部书记党史学习教育专题培训班。

6. 扎实推进巡视整改工作 建立健全领导班子党风廉政建设责任制，签订《党风廉政建设责任书》。进一步制定完善纪检制度体系，汇编完成《纪检工作手册》《巡察工作手册》；组建院党委巡察人才库，完成对北强所的常规巡察。压紧压实巡察整改责任，推动重材院党委加强对集团提级巡视反馈问题整改；督促天津电气院党委完成巡察反馈问题整改。

【履行社会责任】

2021 年，足额落实定点帮扶资金 30 万元。院党委经过集中整改，完成集团党委扶贫专项巡视反馈意见整改任务。

国机资本控股有限公司

【基本概况】

1. 企业概况 2021 年，国机资本控股有限公司（简称国机资本）成立于 2015 年 8 月，由国机集团联合部分所属企业共同发起设立，注册资本 23.7 亿元。国机资本定位于集团的投资平台，通过募投管退的形式，主要开展投资融资、战略并购、资源整合、产业孵化等业务，已逐步形成股权投资、基金管理、证券投资等业务线条。目前下属 2 家子公司，分别为国机资本香港有限公司（简称香港公司）和国机（北京）投资基金管理有限责任公司（简称基金公司）。

2. 成立背景 为适应国内外经济发展方式、增长动力与产业结构发生的重大变化，深化集团产融结合，进一步控制投资风险，完善产业布局，优化资源配置，促进集团企业转型升级，不断增强可持续发展能力，集团在调研兄弟央企的基础上，决定设立国机资本。成立目的：一是学习兄弟央企经验，深化产融结合，以融促产、以产兴融；二是建立统一的资本运作平台，优化资源配置，为集团培育新兴产业；三是打造国机集团的产业金融投资管理平台。

3. 运营原则 经国机集团董事会明确，国机资本坚持 3 个运营原则：一是坚持以集团战略为导向，紧密围绕集团发展战略所确定的重点产业和领域开展投资。二是坚持“自担风险、自负盈亏”的市场化原则，做到投资业务的专业化、市场化。三是坚持集团内外部业务、战略投资与财务投资业务共同发展原则。在“市场化”原则下，既要投资于促进集团及国机资本自身长远发展的长期战略性投资项目，也要投资于以退出为手段，以经济效益为目标的短期财务性投资项目。

【主要指标】

2020—2021 年国机资本主要经济指标完成情况见表 1。

表 1 2020—2021 年国机资本主要经济指标完成情况

指标名称	2020 年	2021 年	同比增长（%）
资产总额（万元）	291 321	333 908	14.62
净资产（万元）	235 850	267 321	13.34
营业收入（万元）	530	0	-100.00
利润总额（万元）	4 425	5 657	27.84
利税总额（万元）	4 550	5 708	25.45
全员劳动生产率〔万元 /（人·年）〕	171	694	305.85
净资产收益率（%）	1.52	2.72	增加 1.2 个百分点
总资产报酬率（%）	2.14	2.29	增加 0.15 个百分点
国有资产保值增值率（%）	98.84	114.69	增加 15.85 个百分点

2021 年，国机资本实现净利润 6 826 万元，完成年度预算目标 3 710 万元的 184%，同比增长 87%。年末资产总额 33.39 亿元，负债总额 6.66 亿元，资产负债率 19.95%，基本与上年持平。年末国有资本权益 266 396 万元，实现国有资本保值增值率 114.69%。

【改革改制】

2021 年 4 月，国机资本临时党委成立后，国机资本、国机融资租赁有限公司（简称国机租赁）、国机商业保理有限公司（简称国机保理）形成了“一个班子、两套人马、三家公司”的局面。按照“优化组织架构，高效有序，一体化管理”原则，结合 3 家公司的业务特点和监管要求，对现有组织架构进行了优化调整，3 家公司的中台和后台部门实现“一体化”管理；对前台业务部门进行了优化整合，达到了后台服务保障更高效、中台管理监督更科学、前台业务开拓更专业的效果。

【业务发展】

国机资本坚持“服务集团战略，助力主业发展”主线，积极融入国家新发展格局，践行央企所属金融企业责任使命，“以融促产、以产兴融、产融结合”成效初显。

1. 业务不断创新，拓展创利赛道 国机资本、国机租赁与中国机械设备工程股份有限公司（简称中设集团）共同探索开拓的集团首个“投融建营”一体化项目——顺义 20 兆瓦级农村分布式户用光伏项目，已实现首批用户并网发电，该项目存续期内预计将减少二氧化碳排放 48 万 t，为用户节约电费 9 200 万元，是践行国家“3060”目标和“乡村振兴”战略的具体实践。

国机资本参与中国铁建重工集团股份有限公司（简称铁建重工）科创板战略配售项目，获得 958 万股的战略配售额度，截至 2021 年年末浮盈 75%。同时，在铁建重工股票禁售期开展转融通业务，提高项目收益水平；国机资本积极与华安基金管理有限公司（简称华安基金）合作，设立华安基金资管计划，实现无风险套利和打新收益，同时节约税务成本 70 万元。

加强国机资本存量资产收益属性分析，为平滑投资收益曲线，积极研究现金打新、底仓打新、大宗交易套利、ETF、“雪球”、REITs 等金融产品。结合公司现状，重新优化华安基金打新资管计划，加强大宗交易套利；开拓公募 REITs 投资，开展 2 000 万元建信基金 - 中关村产业园公募 REIT 申购，实现年化收益率约 6%。

2. 盘活存量资产，增加交易收益 国机资本积极把握趋势，坚决落实交易计划，灵活择时增厚收益：采用人工与算法相结合的减持方式，对航天电子、国机精工、盾安环境等证券资产进行减持。2021 年处置证券投资实现投资收益 9 818 万元，收回投资本金 2.18 亿元。此外，积极研究利用股票资产认购 ETF 的方式体现国机集团内股价波动收益及底仓打新业务。加强存量非上市公司股权投资项目管理，主动与被投企业沟通落实年度分红，按要求梳理整改项目，落实退出计划。

3. 蓄力基金业务，加速产业投资 国机资本围绕“做优、做强、做大”基金公司，立足集团内科技成果转化、集团产业链上下游先进制造企业整合、集团外新兴战略产业培育、国家战略基础设施投资机会四大领域，联合国机集团内核心企业，主动对接外部投资人，与苏美达股份、金浦投资控股集团有限公司（简称金浦投资）达成 3 亿元国机战略新兴产业基金合作意向，与中设集团、京能科技达成 5 亿元国机双碳产业基金合作意向，为后续开展基金产业投资奠定良好基础。

4. 提升市值管理，发挥参谋作用 为进一步发挥在国机集团市值管理中的作用，国机资本围绕国机集团市值管理三年规划成立市值管理领导小组和工作组，加强对集团内上市公司的研究工作，每周撰写市值管理报告，研究集团内上市公司的市值变化和提升策略；主动开展转融通业务，针对集团内部上市公司专门制定转融通证券出借业务方案，完成多批次航天电子（600879.SH）等 5 只股票的转融通证券出借；主动定制集团内上市公司市值提升服务方案，助力提高集团上市公司质量。

【经营管理】

1. 完善制度体系，实现规范管理 2021年，国机资本以“制度建设年”为契机，以建章立制为抓手，制定和修订了8大类81项制度，基本形成了一套适应国资管理、行业监管和市场竞争要求的现代企业制度体系，建立了“按制度办事、靠制度管人”的机制。

2. 完善薪酬管理，加强人才队伍建设 一是实行经理层成员任期制和契约化管理，完成了经理层任期制和契约化签约工作。二是修订了薪酬管理、定岗定编、绩效考核等薪酬管理考核制度，有效激发了员工干事创业的积极性。三是加强人才队伍建设，强化重实干、重实绩、重担当的用人导向，着力打造一支政治素质高、业务精通、敢于创新、勇于担当、能为公司发展做出贡献的人才队伍，持续向国机集团青年人才库推荐人选，多渠道给年轻员工提供发展机会。

3. 科学制定“十四五”发展规划，为公司未来发展指明方向 国机资本立足高质量发展，在环境分析、对标研究基础上制定发布“十四五”规划。明确了公司“汇聚产融资源，服务集团战略，助力实业发展”的使命，确定了公司“专业、稳健、创新、共赢”的价值观。将“打造中国机械工业行业极具价值创造力的产业投资公司”作为国机资本的愿景，公司业务定位于国机集团的投资平台，明确“做优股权投资、做大基金管理、做强市值管理、做专投资咨询，实现利润总额5亿元，比‘十三五’翻一番”的目标。

4. 强化财务管理，提升融资能力 一是强化预算管理，科学分解年度目标，保证预算指标落实落地；加强预算过程控制和执行分析，保证预算执行不偏离，提升预算管理水平。二是强化资金流动性管理，全年实现理财收益1 280万元，公司利息支出降低了27%；加强与政府部门沟通，争取优惠政策，实现税收返还和财政补贴306万元。三是积极应对会计政策变化，科学建立公司投资资产公允价值评估模型，实现了公司新旧会计准则转换的平稳过渡。

5. 强化风险管控，构筑风控体系，严控运营风险

（1）构建全面的风险管理体系。完善风险控制组织架构，形成了分层管控、集中管控、分类管控和监督管控“三纵一横”的管理架构。加强风险监测评估和过程管理，定期从5个维度对项目开展风险评估和风险评级。建立风险预警机制，对发现的重要、重大风险事件、触发风险预警指标和风险应对不到位的情况及时进行风险提示。提高依法维权能力，以和解方式解决公司诉讼华融证券股份有限公司案件。

（2）不断提升合规管理水平。做到合规管理全覆盖，将合规管理要求嵌入到决策、执行、监督公司生产经营的全过程，并与风险管理、内部控制、审计监察等工作有机衔接。

（3）充分发挥审计监督功能。落实集团关于内部审计工作的要求，建立了内部审计向党委和董事会负责、董事长分管的领导体制，严格按照年度计划对项目开展审计，认真整改，逐一落实，逐一销号。

6. 加强党的建设，引领高质量发展

（1）党建工作与生产经营有效融合。开展“学党史、做承诺”，劳动竞赛，优秀项目评比等活动，充分展现党员和积极分子风采。开展“回首六年创业奋斗路 共谋未来发展新蓝图”大讨论，引导广大员工共同规划“十四五”发展目标。

（2）强化“三基”建设，夯实党建工作基础。落实“三会一课”制度和主题党日制度，严格党员发展程序，加强党员教育和发展，组织支委专业能力培训等，通过多措并举，全面提升基层党建工作质量，筑牢党支部发展根基。

（3）党风廉政建设和反腐败工作进一步巩固。加大反腐力度，深化政治巡视、专项治理，持之以恒落实中央八项规定精神，风清气正的政治生态不断巩固。国机资本两个党支部开展的廉洁小剧场“好戏廉台”主题党日活动，编制的情景短剧《警钟咒》《特殊任务》，在国机集团上下获得了广泛好评。

国机融资租赁有限公司和国机商业保理有限公司

【基本概况】

2021 年，国机融资租赁有限公司（简称国机租赁）是国机集团在产融投资板块打造的融资租赁平台，2018 年 5 月在天津市自贸区东疆港区成立，注册资本金约 2.14 亿美元，其中国机集团持股 92.53%。国机租赁积极响应国家“金融服务实体经济”的号召，以“服务集团战略，助力主业发展”为宗旨，致力于为集团产业链上下游客户提供优质的金融服务解决方案，定位于存量业务的“推进器”、增量业务的“孵化器”、业务风险的“降压器”和内部协同的“链接器”，努力实现“以融促产、以融助产、产融结合”，打造具有国机特色的融资租赁服务平台。

国机商业保理有限公司（简称国机保理）是国机集团供应链金融服务平台，2020 年 12 月在北京市通州区成立，注册资本金为 5 亿元，是国机集团全资子公司。国机保理聚焦国机集团科技研发与服务、先进装备制造、工程承包与供应链三大主业，致力于挖掘集团内成员单位及其供应链贸易中上下游企业的融资需求，为供应链上的企业提供融资服务。

国机租赁和国机保理（以下简称公司）依托国机集团的产业资源优势，以良好的品牌、风险管控和信用状况与多家银行、金融机构等建立战略合作关系，注重打造专业化的人才团队和“融资、融物、融智、融合、融汇、融通”的服务理念，不断塑造公司的核心竞争力，为客户提供全方位、专业化、多元化的金融服务。

【主要指标】

2020—2021 年国机租赁和国机保理主要经济指标完成情况见表 1。

表 1　2020—2021 年国机租赁和国机保理主要经济指标完成情况

指示名称	2020 年	2021 年	同比增长（%）
资产总额（万元）	244 032.02	214 183.94	−12.23
净资产（万元）	203 875.00	208 244.82	2.14
营业收入（万元）	1 760.73	4 918.17	179.33
利润总额（万元）	2 014.46	6 645.45	229.89
利税总额（万元）	2 081.64	6 844.58	228.81
全员劳动生产率〔万元 /（人・年）〕	174.55	323.8	85.51

2021 年，国机租赁坚持集团国内国际“双循环”的发展思路，在严控风险的情况下，稳步拓展业务，新增投放额 11.6 亿元，平均生息资产规模 5.65 亿元，同比增长 345%。全年实现营业收入 3 161.44 万元，同比增长 81.49%；实现净利润 3 170.39 万元，同比增长 122%。

2021 年，国机保理主要围绕集团内部企业的应收应付账款开展保理业务。通过应收账款保理业务促进集团内部企业提前回笼资金，提高客户违约成本，降低回款风险，通过应付账款保理缓减集团内企业现金流，增加客户黏性。全年新增投放额 2.28 亿元，平均生息资产规模 2.6 亿元。全年实现营业收入 1 756.73 万元，实现净利润 1 810.89 万元。在公司成立后的第一个完整会计年度实现了良好开局。

【改革改制】

2021 年 4 月，国机资本临时党委成立后，国机资本、国机租赁、国机保理形成了“一个班子、两套人马、三家公司”的局面。按照“优化组织架构，高效有序‘一体化管理’”的原则，结合 3 家企业的业务特点和监管要求，对现有组织架构进行了优化调整，3 家企业的中台和后台部门实现“一体化”管理；对前台业务部门进行了优化整合，实现了后台服务保障更高效、中台管理监督更科学、前台业务开拓更专业的效果。

【重大项目】

2021 年，国机租赁新增投放项目 7 个，累计投放资金 11.6 亿元，其中集团内协同业务 4 个，集团外同业合作业务 3 个，集团内业务占比 51%。国机保理新增投放项目 6 个，累计投放资金 2.28 亿元，全部为集团内协同业务，集团内业务占比 100%。

1. 天顺长城产品销售直租授信项目 中国农机院下属企业北京天顺长城液压科技有限公司（简称天顺长城）主打产品为摊铺机，其下游客户主要为小微企业，资金实力有限，国机租赁针对天顺长城业务特点，设计了厂商租赁模式，为天顺长城授信 5 000 万元。该业务是国机租赁对集团内企业的首笔主体授信，大幅提高了审批效率，一周内即可完成签约放款，既能促进天顺长城的摊铺机销售，又满足了小微企业的融资需求，发挥了协同集团主业的“推进器”作用。

2. 经纬纺机有追保理项目 国机保理以上市公司经纬纺织机械股份有限公司（简称经纬纺机）9 个纺机销售合同形成的应收账款，为其提供保理融资服务，金额 1 亿元。该项目将经纬纺机原本 1 年后才能收回的货款提前变现，使公司的现金流得到明显改善，有效缓解了经纬纺机的资金压力，起到了协同集团主业的“降压器”作用。

3. 中机建设保理项目 国机保理以有追明保理方式为中国机械工业第二建设工程有限公司（简称中机二建）提供保理融资服务，共计向中机二建融资 1 亿元，帮助回收应收账款约 1.17 亿元。通过应收账款转让，提前回笼资金，改善资产流动性；通过实际应收债务方的应收账款转让确权及追加担保方，将原有工程欠款转为金融债权，降低项目风险；通过应收债务方承担融资成本，在降低原有项目风险的同时，提高了整体收益。

4.“国机 E 链”金融供应链平台 “国机 E 链”是国机保理为国机集团内企业打造的专属供应链金融服务平台，于 2021 年 12 月上线，当月实现了对苏美达家纺 138.7 万元的首笔融资放款。

“国机 E 链”有三大特点，一是注册手续简单，注册时有专人指导，省时省力；二是融资流程高效，无须提供抵押担保，只需提供与国机集团相关成员单位的商业合同、发票等资料，最快实现 T+0 天到账，成员企业及供应商无须新增开立任何银行账户；三是不占用国机集团成员单位及其供应商的银行授信。

【市场开拓】

国机租赁和国机保理坚持“服务集团战略，助力主业发展”的总体定位，积极围绕着国机集团“三大主业”“八大板块”开展业务，深入拓展农机、纺机产业链，服务打造产业链链长。同时加大集团外业务开拓，将高端制造、清洁能源等作为主攻方向，不断实现高质量发展。

1. 服务集团主责主业，集团内业务取得新突破

（1）走访各二级单位及核心企业，进一步了解战略发展方向和业务需求，获得广泛关注的同时积极储备优质项目。

（2）服务国家“乡村振兴”“双碳”战略取得新突破。国机资本、国机租赁与 CMEC 共同探索开拓的国机集团首个“投融建营”一体化项目——顺义 26.88MW 农村分布式户用光伏项目已实现首批用户并网发电，该项目可为农户节约电费 15 亿元，是公司践行国家“3060”目标和“乡村振兴”战略的具体实践。

（3）服务集团经营风险防控，发挥国机保理“降压器”作用。通过对中机建设、中国电工、经纬纺机等企业应收账款的保理，解决资金流动性问题，大大降低应收账款风险。截至 2021 年年末，为国机集团降低应收（应付）账款 9.9 亿元。

2. 跨境租赁保理业务模式为企业发展增强活力

（1）依托国机集团内企业的海外项目，紧密结合业务特点，为中国成套工程有限公司设计了以乌克兰粮食换农机的农机出口方案，助推集团海外业务发展。

（2）积极对接海外跨境保理项目，中设国际贸易有限责任公司（简称中设国贸）境外光伏项目于 2021 年年末落地，放款金额 1 500 万元，协同金额 1 800 万元。

3. 坚持“双循环”发展，集团外业务取得新成效 与狮桥融资租赁（中国）有限公司（简称狮桥租赁）、中远海运租赁有限公司（简称中远海运租赁）等行业知名企业进行深度合作，其中，与狮桥租赁共合作开展了 4 亿元的商用车合作业务，与中远海运租赁开展了 1.68 亿元的央企合作业务。通过细化措施，优化公司资产配置，实现同业间密切合作的良性循环。

【经营管理】

1. 完善制度体系，实现规范管理 2021 年，以“制度建设年”为契机，以建章立制为抓手，公司制定和修订了 8 大类 151 项制度，基本形成了一套适应国资管理、行业监管和市场竞争要求的现代企业制度体系，建立了“按制度办事、靠制度管人”的机制。

2. 构筑风险管理体系，严控运营风险 完善风险控制组织架构，形成了分层管控、集中管控、分类管控和监督管控“三纵一横”的管理架构。加强风险监测评估和过程管理，定期从 5 个维度对项目开展风险评估和风险评级。建立风险预警机制，对发现的重要、重大风险事件，触发风险预警指标和风险应对不到位的情况及时进行风险提示。

3. 深化企业改革，务实推进“改革三年行动” 按照集团统一安排，公司成立了以党委书记、董事长为组长的“改革三年行动”领导小组，务实推进企业改革。

（1）实行经理层成员任期制和契约化管理，完成了经理层任期制和契约化签约工作。

（2）修订了薪酬管理、定岗定编、绩效考核等薪酬管理考核制度，有效激发了员工干事创业的积极性。

（3）加强人才队伍建设。强化重实干、重实绩、重担当的用人导向，着力打造一支政治素质高、业务精通、敢于创新、勇于担当、能为公司发展做出贡献的人才队伍。持续向集团青年人才库推荐人选，多渠道给年轻人员提供发展机会。

4. 科学制定“十四五”发展规划，为公司未来发展指明方向 公司立足高质量发展，在环境分析、对标研究的基础上制定发布“十四五”规划。明确了公司的使命是“汇聚产融资源，服务集团战略，助力实业发展”，确定了公司价值观是“专业、稳健、创新、共赢”。将“中国机械工业行业领先的产融服务商”作为国机租赁的愿景，充分发挥存量业务推进器、增量业务孵化器、业务风险降压器和内部协同链接器的作用，实现以融促产、以产兴融的高水平的产融结合，到“十四五”末，实现存量生息资产规模 110 亿元，利润总额 1.5 亿元。

5. 强化财务管理，提升融资能力

（1）强化预算管理。科学分解年度目标，保证预算指标落实落地；加强预算过程控制和执行分析，保证预算执行不偏离，提升预算管理水平。

（2）强化资金管理。加强与外部金融机构的合作，获得银行授信额度 26 亿元，保证了业务需求；强化资金流动性管理，全年实现理财收益 3 000 万元；加强与政府部门的沟通，争取优惠政策，实现税收返还和财政补贴 800 万元。

6. 加强党的建设，引领高质量发展

（1）党建工作与生产经营有效融合。开展“学党史、做承诺”，劳动竞赛，优秀项目评比等活动，充分展现党员和积极分子风采。开展“回首六年创业奋斗路 共谋未来发展新蓝图”大讨论，引导广大员工共同规划“十四五”发展目标。一年来，公司党建与业务融合的氛围日趋浓厚。

（2）强化“三基”建设，夯实党建工作基础。落实“三会一课”制度和主题党日制度，严格党员发展程序，加强党员教育和发展，组织支委专业能力培训等，通过多措并举，全面提升基层党建工作质量，筑牢党支部发展根基。

（3）党风廉政建设和反腐败工作进一步巩固。加大反腐力度，深化政治巡视、专项治理，持之以恒落实中央八项规定精神，风清气正的政治生态不断巩固。公司两个党支部开展的廉洁小剧场“好戏廉台”主题党日活动，编制的情景短剧《警钟咒》《特殊任务》，在集团上下获得了广泛好评。

国机重型装备集团股份有限公司

【基本概况】

2021 年，国机重型装备集团股份有限公司（简称国机重装）深入学习贯彻习近平总书记重要讲话精神和指示批示精神，认真贯彻落实国机集团各项决策部署，统筹抓好常态化新冠肺炎疫情防控和经营运行，坚持以高质量党建引领高质量发展，着力推进“三大工程”，持续深化改革，扎实开展提质增效行动，各项工作取得了较好效果，实现了“十四五”良好开局。

2021 年，国机重装克服新冠肺炎疫情对工程承包、进出口贸易的不利影响，以及装备制造业务受原材料、外协等价格持续上涨影响，主要经济指标整体实现了增长，符合预期，且超过疫情前发展水平，呈现出稳中加固、持续提升的发展态势。

【“十四五”重点发展方向】

国机重装秉承“国家战略的支撑者、产业链安全保障者、重大技术装备行业引领者”的发展定位，以研发与制造为主体，工程总包与投资、贸易与服务为两翼，打造“一体两翼”发展格局，推进技术创新、市场开拓、经营管理、价值创造四大能力建设，做好创新能力突破、管理优化升级、总部管控提升、资本驱动提效、智能改造赋能、人才强企支撑、协同融合深化、国际化发展提速八大重点工程，落实党的建设、品牌建设、文化塑造、风险防控、社会责任、组织实施六项保障措施，增强创新意识、市场意识、服务意识、领先意识、危机意识、合作意识、资本意识，夯实产业基础能力、提升产业链现代化水平，构建具有国机重装特色的重大技术装备发展生态，加快建成世界一流的高端重型装备综合服务商。

【主要指标】

2020—2021 年国机重装主要经济指标完成情况见表 1。

表 1　2020—2021 年国机重装主要经济指标完成情况

指标名称	2020 年	2021 年	同比增长（%）
资产总额（万元）	3 575 040.06	3 670 190.68	2.66
净资产（万元）	1 660 896.34	1 692 884.07	1.93
营业收入（万元）	1 175 769.00	1 304 611.72	10.96
利润总额（万元）	54 100.93	57 385.72	6.07
技术开发投入（万元）	64 309.00	68 958.00	7.23
利税总额（万元）	79 681.63	87 320.84	9.59
EVA 值（万元）	−21 846.68	−16 323.17	25.28

（续）

指标名称	2020 年	2021 年	同比增长（%）
全员劳动生产率〔万元 /（人·年）〕	24.64	30.20	22.56
净资产收益率（%）	2.48	2.91	增加 0.43 个百分点
总资产报酬率（%）	1.75	1.91	增加 0.16 个百分点
国有资产保值增值率（%）	101.51	102.33	增加 0.82 个百分点

注：表中数据包含国机重装托管企业。

【改革发展】

国机重装改革三年行动工作稳步推进。

1. 完善公司治理机制 16 家纳入改革范围的企业的“三重一大”决策制度、党委前置研究讨论经营管理事项清单、董事会应建尽建、外部董事占多数等改革任务全面完成，运行机制更加规范有效。

2. 健全市场化经营机制 列入改革范围的 22 家企业全部实现经理层成员任期制与契约化管理。市场化用工和市场化分配机制有效建立。万航模锻启动岗位分红激励。

3. 推进改革专项工程 “三项制度”改革稳步推进，“六能”机制得到持续完善和有效落实。中国重型院“科改示范行动”、万航模锻天府综改有力推进实施。其中，中国重型院“科改示范行动”在国务院国资委“双百企业”“科改示范企业”2021 年度专项考核中获得“优秀”。

【重大项目】

2021 年，国机重装各板块狠抓市场开拓，提升运营效率，强化提质增效，持续协同发力，取得较好成效。

1. 装备研发制造业务 2021 年 6 月 4 日，国机重装所属二重装备签订了广西盛隆 2 250 热连轧设计制造项目，创二重装备建厂以来单项合同金额新高。

2. 工程承包与投资业务 2021 年 1 月 14 日，国机重装所属中国重机签订印度尼西亚新城钢铁 500mm 热轧带钢生产线项目合同；2021 年 3 月 19 日，国机重装所属中国重机推动柬埔寨农村电网七期扩建 EPC 项目合同正式生效；2021 年 5 月 10 日，国机集团下达《关于同意国机重装下属三联国投实施上达岱水电站 BOT 项目的批复》（国机战投〔2021〕141 号），批复同意国机重装投资建设柬埔寨上达岱水电站 BOT 项目。该项目位于柬埔寨国公省，项目筹建期 1 年，工程建设期 4 年。

3. 贸易与服务业务 2021 年 12 月 24 日，国机重装所属成都重机签订新疆祥泰源 1 450 热连轧工程项目（最终出口至乌兹别克斯坦），开拓了国机重装产品“走出去”的新路子。

【国际合作】

2021 年，国机重装认真贯彻落实国机集团各项工作部署，统筹做好新冠肺炎疫情防控与生产经营工作，积极响应国家“走出去”战略和“一带一路”倡议，坚决贯彻国机集团国际化经营工作部署，以工程总包、国际贸易、投资运营等模式积极拓展国际化经营业务，致力于持续提升海外业务质量和规模，进出口总额比 2020 年增长 25%。签约印度尼西亚新城钢铁 500mm 热轧带钢生产线项目，推动柬埔寨农网七期扩建 EPC 项目正式生效。中标土耳其大型钢铁集团热轧线用设备，实现了新市场新突破。签订宝钛国际航空模锻件转包业务等一批重点项目合同。柬埔寨东部环网一期项目实现全线送电，被柬埔寨国家电力公司授予“突出贡献奖”。达岱水电站连续七年超额完成发电任务，被柬埔寨国家电力公司授予“最佳发电效率、安全运维和 2021 年度发电卓越表现奖”。

【科技创新】

1. 核心技术攻关、首台（套）产品取得新突破 承担在研国家、省市科研项目 79 项，其中 2021 年新增的 16 个项目全部按计划有序推进。高质量完成 2 项央企攻坚工程攻关任务，承担的科技部重大专项通过中期验收。突破 600℃超（超）临界汽轮机组高、中压转子核心技术，具备批量制造能力；630℃超（超）临界汽轮机组铸钢件率先实现了国产化；成功研制出300MW级F级重型燃气轮机首台样机锻件和我国最高水头长龙山抽水蓄能机组转子中心体。完成AG600飞机、A350飞机以及直升机等型号产品开发，某型号试验件用超大规格钛合金模锻件试制成功，起落架模锻件达到世界一流技术水平，完成国内最大推力长江2000发动机风扇盘锻件、奋斗者号相关产品的科研攻关。自主研制出亚洲最大125MN铝合金厚板预拉伸机、国内首套1.8mm超薄规格铝带圆盘剪。1 000MW及以上核电常规岛汽轮机焊接转子首次实现国产化制造，“华龙一号”反应堆压力容器顶盖组件关键制造技术全部掌握，超高压聚乙烯反应釜“卡脖子”关键核心技术成功突破。

2. 科技管理取得新成果 国机重装获得国机集团2021年度科技创新单项奖。同时，还获得省部级科技奖励25项，其中“800MN大型模锻压机关键技术及工程应用”项目获中国机械工业科学技术奖特等奖、省部级一等奖4项。申请国家专利204项，获得专利授权119项，发布国家标准4项、行业标准14项，新增“首台（套）”12项。新增国家、省市科研经费5 900余万元。与14家科研院所、高校等建立战略合作关系。“重大能源工程关键铸锻件”等2项成果入选《中央企业科技创新成果推荐目录》。

【安全生产】

2021年，国机重装以有效防范重特大事故事件为目标，以安全生产专项整治三年行动为抓手，统筹抓好新冠肺炎疫情防控和安全生产工作，安全生产形势保持稳定。全年未发生较大级及以上生产安全事故，未发生造成不良影响的境外安全突发事件。

1. 强化“党政同责、一岗双责”，狠抓安全生产责任落实 定期召开安全生产工作会议，听取安全生产工作专题汇报，研究部署安全生产工作。组织安全生产专项检查，查现场、查项目、查防控、查责任落地，并跟踪整改，在企业内部形成了良好的管理氛围。国机重装各层级建立了领导干部联系基层、安全责任分级包保制度，将安全生产责任层层压实，落实到班组（最小的生产单元）。

2. 持续推进双重预防机制建设，加强重大危险因素管控 持续推进安全风险分级管控和隐患排查治理，开展危险因素辨识，对识别出的危险因素均进行了有效整改。按照安全生产专项整治三年行动集中攻坚战要求，组织开展“回头看”，对安全管理制度和风险防控体系是否健全、管理职责是否清晰、管理责任是否到位等进行排查，防止安全生产专项整治走过场。全年组织开展28次专项检查、互查、暗访检查及“回头看”活动，隐患和问题均得到有效整改。

3. 加大安全生产投入，全面应用先进管理手段 不断加大安全生产费用投入，购置、完善、改造和维护安全防护设备设施和应急救援器材，本质安全水平不断提升。所属企业二重装备、镇江公司、万航模锻积极推动智能装备、大数据检测等先进技术在生产制造类企业危险工序和管理环节中广泛应用，完成了“视频监控系统、智能人脸识别门禁”建设。

4. 加强应急能力建设，提升安全保障和应对风险能力 组织各所属企业强化应急物资配备，深入开展应急演练，重点加强现场处置方案和重点岗位应急处置演练，如所属企业组织开展了天然气配气站气体泄漏事故、老挝南俄4项目山体滑坡事故等各类应急演练。通过演练和综合评估，查找问题，进一步完善优化应急预案。同时，组织开展应急预案、应急知识、自救互救和避险逃生技能方面的应急培训，全面提升施工现场、车间班组一线员工的应急意识和应急处置能力。同时，加强境外安全风险管控，各涉及境外项目和机构的企业严格落实境外安全主体责任，加强公共安全教育培训，强化安全防范和隐患治理措施落实，有效防范境外安全风险。

5. 落实疫情防控责任，推进疫情常态化管控 为适应新冠肺炎疫情防控形势和需求、突出全员参与，公司采取线上线下相结合的方式开展疫情防控知识培训，利用“视频会议+线上直播”等模式，将培训活动延伸至境内外基层一线。及时研判疫情防控形势，分阶段抓好疫情防控工作。2021年上半年，以海外疫情防控为重点，抓好预防工作。重点做好防疫物资储备、防疫措施落实和新冠疫苗接种、信息摸排报送工作。下半年，面对海外项目现场出现人员感染、国内疫情多点突发的情况，组织开展人员核酸检测、隔离治疗、远程问诊、心理疏导工作，督促指导所属企业按照属地防疫要求开展疫情防控工作。

【党建工作】

1. 强化政治建设 把学习贯彻习近平总书记重要指示批示精神和党中央重大决策部署作为重大政治任务，开展党委会“第一议题”学习 18 次、党委理论学习中心组学习 12 次。坚持党委前置决策程序，修订党委会会议管理办法、“三重一大”决策制度。制定完善全面从严治党相关制度 157 项。配合国机集团党委巡视组开展巡视工作，制定实施 223 项整改措施，制修订制度 17 项。上下联动开展 2 家企业常规巡察、8 家企业专项巡察，实现巡察全覆盖。

2. 扎实开展党史学习教育 举办专题读书班，拍摄制作主题 MV，开展主题征文、演讲、党员志愿服务、“七一”走访慰问等系列活动，挖掘 5 个红色制造教育点，编写国机重装《传承红色制造基因 弘扬红色制造精神》一书，推动党史学习教育深入人心。实施“我为群众办实事”重点民生项目 15 个，“建立听取职工意见和建议工作长效机制实施细则”荣获国机集团党建优秀制度奖一等奖。

3. 加强宣传思想文化工作 构建“六位一体”〔网、播、报、微、视、频（屏）〕大宣传格局，从严从实从快发挥自办媒体在企业意识形态领域前沿的主阵地作用。《人民日报》、新华社等主流媒体，对国机重装重点产品、先进人物进行报道。组织参加第十八届中国西部国际博览会、第二届四川装备智造国际博览会、第十三届中国国际航空航天博览会，进一步扩大品牌影响力。

4. 加强干部人才队伍建设 全面推行干部任期制和契约化管理，选拔产生 15 家企业的新一届领导班子。加快培养选拔优秀年轻干部。推进干部人才内部交流 263 人次，与国机集团和地方政府交流 16 人次。选拔国机重装第一批首席专家 8 名、首席技师 14 名。5 人被评为享受国务院政府特殊津贴专家，1 人被评为全国技术能手。

5. 深入开展“党建创新拓展年”专项行动 推动党建工作与生产经营深度融合，开展党建共建、主题实践活动。在井冈山、延安举办党务干部、党员培训班。3 名党务工作者入选国机集团党务干部讲师队伍。国机重装党委被评为 2018—2020 年度国机集团先进基层党组织。1 个基层党支部被评为全国先进基层党组织，9 名共产党员、4 名党务工作者获国务院国资委党委、国机集团党委和四川省委表彰。

6. 加强党风廉政建设 印发《国机重装党委关于推进清廉重装建设的实施意见》，构建“亲清”合作关系。推动“大监督”工作机制有效运行，开展近 30 项监督工作。开展党风廉政专题教育、“廉洁宣传教育月”活动。开展“四不两直”监督检查，巩固作风建设成效。精准运用“四种形态”，开展执纪问责，受理问题线索 28 件，追责问责党组织 1 个、党员干部等 49 人。

7. 加强群团组织工作 召开国机重装第一次工会代表大会。推进班组建设，开展劳动竞赛。评选国机重装劳动模范 5 名，1 名职工当选第三届“四川工匠”，2 个班组分别荣获全国工人先锋号、四川省工人先锋号。

召开国机重装第一次团代会，开展青年大学习、志愿服务、创新创效活动。1 名青年职工获共青团中央表彰，2 个集体、2 名青年职工获共青团四川省委表彰。

组织开展“爱重装、献良策、做贡献”主题活动，听取落实反馈统战人士意见和建议 35 条。

【信息化与数字化建设】

1. 完成“十四五”信息化规划制定 确定“十四五”期间“1131”建设目标，即：建立健全一个管理体系、搭建一个综合平台、分别以二重装备、中国重型院、中国重机为主体打造数字化制造、协同设计和工程项目管理三个重点应用方向，建立一个技术保障体系，推动公司数字化转型。

2. 持续推进两化融合管理体系运行 指导所属企业二重装备按照程序文件要求，组建体系保障部门，对体系执行进行检查，确保各项工作按照体系要求执行。开展内部审核、管理评审等工作，完成体系的外部监督审核，按照审核结果，进行不符合项的整改，通过程序文件的标准培训和学习，进一步强化体系的执行效力。

3. 推进数字化车间建设 完成二重装备铸锻公司机加厂二工区数字化车间建设，采用多种数字化手段，将生产制造过程中的人、机、料等关键要素进行数字化建模，实现作业人员、生产设备、物料之间的高效协同，满足生产管控高效、透明、实时的要求，提升二工区生产现场的管理效率和管理水平。

4. 推进管理信息化建设 完成财务共享中心2.0建设，加强对费用报销、资金管理、外采核算等环节的管控力度，实现人员集中、资金集中，财务核算标准化与工作效率进一步提高。完成数字化档案管理系统建设，推进档案管理标准功能、人事对外管理、科研及协同集成等模块的建设实施，并开始运行。完成所属企业采购、营销的数据分析平台建设，实时展示采购和营销动态数据，增强所属企业的数据分析能力，为经营决策提供有效支撑。

【履行社会责任】

1. 坚持诚信经营、合法合规运营 依法合规开展经营生产活动，本着对每一个利益相关方负责任的原则，积极构建“大监督”格局，加大对企业各类生产经营活动的监督管理力度，坚决杜绝商业贿赂及其他不正当竞争行为，特别是保证海外项目严格遵守项目所在国法律法规及风俗习惯，进行绿色开发、安全施工。上述措施使国内外工程项目合同完成率和用户满意度持续提升，维护了各利益相关方的权益，赢得了良好的市场形象和用户赞誉。

2. 高度重视安全环保和节能减排工作 按照国家法律法规和上级部门要求，积极开展安全标准化、隐患排查、责任落实、双重预防体系建设等方面的工作，持续加大安全投入，切实提高了企业本质安全性；加强环境风险管控，以重点环保项目为抓手，加大污染源治理力度，同时开展隐患排查和“回头看”等工作，有效降低环境风险；以“双碳”目标为契机，不断加大技术攻关力度，在绿色低碳领域形成一批具有自主知识产权的核心技术，逐渐淘汰高污染、高能耗、落后的生产技术、工艺和装备，加快应用先进的节能减排新技术、新材料、新工艺和新产品，全面提升工艺装备现代化水平。

3. 积极服务“一带一路”建设 在柬埔寨、孟加拉、老挝、巴基斯坦等国持续开发市场，扎实做好水电站、输变电、环网等重点民生项目的建设和运营。为柬埔寨、老挝等国捐赠价值11万元的口罩等新冠肺炎疫情防控物资。投资运营的柬埔寨达岱水电站连续7年超额完成发电目标，2021年获得柬埔寨国家电力公司颁发的“发电卓越奖”，全年发电10.85亿kW·h，碳减排49.845 7万t，为当地绿色发展、低碳发展做出重要贡献。

4. 持续抓好乡村振兴工作 切实发挥作为国机集团定点帮扶四川省朝天区的牵头单位的职责，围绕朝天区乡村产业、人才、文化、生态、组织的全面振兴，牵头制定“2021—2025年定点帮扶五年规划方案”、确定2021年定点帮扶工作要点。修订完善定点帮扶工作管理办法，进一步明确定点帮扶朝天片区成员单位的职责任务。在选派朝天区驻村第一书记1名、驻村工作队队员1名的基础上，新选派1名干部挂职朝天区委常委、副区长。协助国机集团完成2021年朝天区帮扶项目22个，投入帮扶资金986万元，利用年度结余资金83.98万元，共计1 069.98万元。其中，国机重装投入帮扶资金100万元。

5. 坚持构建和谐劳动关系 坚持全心全意依靠职工办企业。积极开展专业技术职务任职资格评审及职业技能等级认定工作，得到广大员工普遍认可。深化三项制度改革，实现员工能进能出、干部能上能下、收入能增能减，激发员工的创新热情和创造活力。加强民主管理，保障职工权益。持续开展金秋助学、送温暖、送清凉、员工健康体检、困难员工帮扶、大病医疗救助、党员义工日、学雷锋志愿服务、国机“爱心日”捐助、社区公益等活动，积极履行社会责任，提升员工获得感。

中国一拖集团有限公司

【基本概况】

2021 年，中国一拖集团有限公司（简称中国一拖）在国内外环境依然复杂严峻的背景下，主动应对原材料价格快速上涨、农机行业发展新变化、疫情防控形势不容乐观等诸多困难和挑战，广大干部职工凝心聚力、扎实工作，经济运行在攻坚克难中继续平稳发展，主导产品市场竞争力持续提升，提质增效能力不断增强，科技研发实力持续加强，重点工作扎实推进，企业改革不断深化，为公司“十四五”开好局、起好步奠定基础。2021 年，中国一拖大中型拖拉机销量 6.93 万台，同比增长 29.35%，市场占有率继续保持行业第一位。

【“十四五”重点发展方向】

2021年7月，《中国一拖集团有限公司“十四五”规划》正式发布。

1. 战略定位 以习近平新时代中国特色社会主义思想为指导，全面贯彻党的十九大和十九届历次全会精神，认真落实党中央、国务院决策部署，以高度的政治责任感和使命感，紧紧围绕乡村振兴、农业农村现代化和粮食安全，坚持“锻造国机所长、服务国家所需”的原则，坚守引领和推动我国农机装备产业升级的责任担当，向世界级品牌看齐，推动产业结构升级与商业模式重构，着力打造“一基地三平台”，即先进农业装备制造基地、智能农机与智慧农业技术创新平台、农业装备成套集成与产业资源开放合作平台、农业与农村工程综合服务平台，致力于为用户提供高价值农业装备成套解决方案，成为中国第一、世界一流的农机企业，成为集团农机装备产业振兴的主力军。

2. 战略发展思路 坚持“创新驱动、优化结构、深耕市场、抢占高端”的发展思路，推动企业走上更加适应市场竞争的高质量发展道路。

创新驱动。坚持技术创新，强化科技引领作用；创新商业模式，推动制造服务转型；稳步推进体制机制和企业文化创新，激发企业活力。

优化结构。聚焦先进装备制造与现代制造服务，优化业务结构；坚持市场导向与战略导向，优化产品结构；加快历史遗留问题解决，优化资产结构；形成主业突出、适度多元、基础扎实、运营高效的业务发展和管理架构。

深耕市场。以客户为中心，通过打造产品适应性、可靠性、性价比优势与增值服务，深度耕耘传统市场，大力开拓国内薄弱空白市场、特色细分市场、海外重点区域市场，提升品牌影响力。

抢占高端。对标世界一流，产出一流产品，替代进口，增强国内外高端市场竞争力；瞄准精准农业、智慧农业与绿色农业，加快智能化、新能源等高端装备产业化，实现向产业链中高端的转移。

3. 总体战略目标 “十四五”期间，业务结构得到全面优化，装备制造业务竞争力大幅提升，现代制造服务业务协同发展，历史遗留问题得到基本解决，企业轻装上阵，实现高质量发展，职工人均收入保持稳定可持续增长。2025 年实现营业收入 130 亿～ 150 亿元、利润总额 3 亿元以上。

【主要指标】

2020—2021 年中国一拖主要经济指标完成情况见表 1。

表 1　2020—2021 年中国一拖主要经济指标完成情况

指标名称	2020 年	2021 年	同比增长（%）
资产总额（万元）	1 435 148	1 420 939	-0.99
净资产（万元）	435 462	452 911	4.01
营业收入（万元）	947 234	1 065 691	12.51
利润总额（万元）	12 576	27 982	122.50
技术开发投入（万元）	38 384	43 112	12.32
利税总额（万元）	29 401	44 903	52.73
EVA 值（万元）	8 273	28 126	239.97
全员劳动生产率〔万元 /（人・年）〕	15.29	18.45	20.67
净资产收益率（%）	1.81	5.28	增加 3.47 个百分点
总资产报酬率（%）	2.21	3.13	增加 0.92 个百分点
国有资产保值增值率（%）	96.96	99.03	增加 2.07 个百分点

2021 年期初现金及现金等价物 14.73 亿元，期末现金及现金等价物 21.91 亿元，现金及现金等价物净增加额为 7.18 亿元。其中：经营活动现金流量净额为 10.63 亿元，投资活动现金流量净额为 5.55 亿元，筹资活动现金流量净额为 -8.95 亿元，汇率变动对现金的影响为 -500 万元。

2021 年期末资产总额为 142.09 亿元，比年初减少 1.42 亿元；期末负债总额为 96.80 亿元，比年初减少 3.17 亿元；期末所有者权益总额为 45.29 亿元，比年初增加 1.74 亿元；资产负债率为 68.13%，比年初减少 1.53 个百分点。

【改革发展】

2021 年，中国一拖持续推进国企改革三年行动，深化体制机制改革，在关键环节取得突破，为提质增效创造有利条件。

1. 推进实施改革三年行动实施方案　贯彻落实国务院国资委、国机集团改革三年行动要求，制定《中国一拖改革三年行动实施方案（2020—2022 年）》，由中国一拖全面深化改革领导小组推进实施。截至 2021 年年末，各项改革工作完成率超过 80%。

2. 实施经营层任期制和契约化管理　完成一拖股份经理层签约，制定《经营单位经理层成员任期制和契约化管理办法》，完成 135 名领导干部的岗位聘任协议和年度及任期经营业绩书的签订。

3. 深化产权制度改革　积极推进“两非”企业剥离、参股经营投资整改和“压减”等专项工作，全面完成不具备优势的全民所有制企业清理工作；在农业服务等新业务中稳妥推进混合所有制，逐步完善基本管理制度，健全风险防控体系。

4. 完善激励约束机制　夯实工资效益联动机制，巩固价值创造、效率提升在薪酬分配中的主体作用。2021 年从业人员劳动生产率同比提高 20% 以上，人均工资同比增长 10% 以上。

5. 剥离国有企业办社会职能　全面完成退休人员社会化管理的移交工作；同时，全面完成家属区“三供一业”分离移交工作。

6. 加强混改企业的党建工作　持续强化混改子企业党的建设，正常运营的 5 家混合所有制子企业均按照规定设立党组织，制定党建工作相关制度。

7. 开展机构优化调整　推进大部（科）制改革，首次明确所属单位内部机构数量控制目标。2021 年所属单位精简内部组织机构 50 个；职能部门精简内设机构 9 个，全面完成科级机构调整目标，促进管理效率提升。

【重大事项】

1. 重大决策事项

（1）高效低排放 YTN3 柴油机智能制造建设项目。利用一拖（洛阳）柴油机有限公司原厂区的 LR、YT 厂房进行升级改造，新建 YTN3 柴油机缸体及缸盖精加工生产线、装配线、热试线等，预计 2024 年建设完成。项目建成后，将成为国内首个农机行业具备智能制造功能的非道路柴油发动机的智能化工厂。

（2）东方红（洛阳）国际陆港建设项目（一期）。建设规模为年吞吐量 4 万 TEU（合 100 万 t），预计 2023 年建设完成。项目建成后，将拓展中国一拖新型业务增长点，打造国际多式联运枢纽 + 城市新型物流综合体。

2. 重大项目进展

（1）东方红柴油机热试线智能环保提升项目。对一拖（洛阳）柴油机有限公司 2 号厂房 LR 柴油机热试线规划布局，进行质量控制和热试效率提升改造，净化治理现有生产热试台架发动机热试过程中产生的排放污染物，实现达标排放。2021 年完成项目建设，投入使用。

（2）中马力拖拉机品质提升智能化改造项目。扩建或改造新的中轮拖制造厂房，新建和改造分装、总装、调试及核心箱体零件加工生产线，并配备辅助生产设施及智能化信息管理系统。预计 2022 年年底建成投产。

（3）非道路国五柴油机产业化项目。利用柴油机公司四号厂房，引进先进生产设备，新建缸体及缸盖生产线，改造现有装配、试验生产线。2021 年完成可研报告编制及项目方案的调研咨询，预计 2025 年建成。

3. 股权投资项目

（1）农业服务投资项目。中国一拖为服务国家乡村振兴战略，利用自身优势，为农业生产提供更加专业的农业服务，联合上海首农投资控股有限公司、河南豫资保障房管理运营有限公司等共同出资设立东方红（河南）农业服务科技有限公司（简称河南农服公司）。2021 年年底，河南农服公司正常运营。

（2）参股设立江西东方红农业机械有限公司项目。中国一拖抢抓江西省专项政策机遇，联合当地企业，共同出资设立江西东方红农业机械有限公司。

（3）一拖（洛阳）福莱格车身有限公司（简称福莱格公司）投资设立子公司项目。福莱格公司为处置其郑州分公司资产，投资设立全资子公司郑州三真机械设备有限公司。

【国际合作】

1. 国际市场开拓取得新进展 中国一拖聚焦海外重点市场，采取差异化营销举措，分类策划产品组合，强化区域市场渠道建设，加强与当地优质经销商合作，在俄语区、中东欧区、美洲区、非洲区分别实现不同程度的销售增量。2021 年实现出口额和主营产品出口量大幅增长。

2. 调整国有资本海外市场布局结构 根据“两非”企业剥离、“压减”等专项工作要求，加快推进一拖（法国）农业装备有限公司退出。截至 2021 年年末，法国公司已进入破产清算程序。

【科技创新】

1. 研发模式改革 2021 年，中国一拖改革研发模式，聚焦产品研发与市场需求接轨，研发资源向市场需求产品倾斜，推动研发成果快速向商品转化。研发费由公司支出向生产经营单位受益主体支出转移，明确研发责任主体，激发经营单位和研发团队积极性。

2. 科研成果 中国一拖承担的中功率节能环保农用柴油机集成开发与整机匹配等 5 项“十三五”国家重点研发计划项目达到国家验收要求，完成结项。获批动力换挡大马力智能拖拉机与单级行星液压机械无级变速器大马力智能拖拉机攻关等 2 个国家科技项目，以及“典型农机装备技术升级与产业应用”国机集团重大科技专项。东方红 -LW3204 轮式拖拉机等 4 项科研项目通过中国机械工程学会组织的科技成果鉴定。2021 年，中国一拖主持、参与制修订国家标准 3 项、行业标准 5 项。申请专利 184 件，全年授权专利 187 件。

【安全生产】

1. 生产安全 2021 年，中国一拖以完善落实双重预防体系，增强风险隐患控制能力为抓手，一是组织各单位落实全员、全过程、全方位危险危害因素安全风险再辨识、再评价工作，印发 2021 年重要风险点（危险源）较大危险因素（隐患）管控责任清单。二是组织各单位补充、完善各岗位安全操作规程和“岗位安全明白卡”，确定重点风险管控作业和重要危险危害因素。三是采取岗位危险危害因素风险点辨识与安全控制“手指口述”训练，加强生产一线岗位作业员工日常学习、实战能力训练，加大日常监督抽试验证。四是开展安全生产大检查，重点督查各单位各层级安全主体责任的落实情况和各级危险源安全管控措施到位情况，以及安全隐患整改结果。

2. 生产管理 一是生产运行管理。中国一拖有序推进新产品产能保障能力建设，加强出口产品保障能力，有效满足市场需求。2021 年，大中功率拖拉机综合订单履约率为 98.8%，大中功率拖拉机产量均创近 5 年新高。二是存货管理。提升存货周转次数，合理控制存货规模，加强“两金”目标管理，明确压降目标以及有效措施，强化存货处置工作，盘活资金。三是目标成本与费用管理。搭建全价值链目标成本体系，实现全价值链各个环节价值提升，2021 年基于目标成本体系，层层分解生产费用管控指标，有效降低成本。四是精益生产管理。2021 年，组织二级单位制定本单位精益生产推进方案和计划，每月持续检查、督导和指导，集中培训、现场讲解精益生产管理、成本管控知识，提升二级单位精益生产管理能力，实现精益生产创效。五是采购管理。通过市场预判提前实施锁价建储，同步优化采购价值链、消除独家供货、降低采购成本，持续优化供应商队伍，优化率达到 13.85%。加强供应商质量管理评价，规范不合格品控制和处置管理，2021 年中国一拖采购质量 PPM 值为 1 931，采购产品质量不断提升。制定统一的采购管理制度及流程，完善采购管理平台，采购体系运行符合率 89.78%。

【党建工作】

1. 党建管理 2021 年，中国一拖党委以庆祝中国共产党成立 100 周年为主线，扎实推进党史学习教育，坚定不移地贯彻落实党中央重大决策部署，为企业取得历史较好业绩提了供坚强保证。

（1）高标准推进党史学习教育，以“十四五”良好开局热烈庆祝中国共产党成立 100 周年。建立党史学习教育、庆祝中国共产党成立 100 周年、为职工群众办实事 3 张清单；制定专题方案，细化成 26 项任务，举办庆祝大会和升国旗仪式，开展微党课、演讲、合唱等比赛，在党的百年成就中汲取奋进力量。扎实推进“我为群众办实事”实践活动，领导班子深入基层一线送温暖、送清凉，上调伙食补贴、夜班津贴，服务 3 000 余名员工在厂内完成新冠疫苗接种。搭建配件电商平台，组建党员服务队、突击队，在夏收秋收期间为用户提供贴心服务。

（2）坚决落实习近平总书记重要指示批示精神，巩固国企党建会精神落实成效。将习近平总书记关于农机行业的重要论述梳理成册，各级党组织分别以党委会、党委理论学习中心组形式结合实际贯彻落实。中国一拖的主粮生产作业全程无人化解决方案入选“2021 中国智能制造十大科技进展”，农事服务工程、特专车辆与环境工程等新业务积极助力我国乡村振兴，东方红（洛阳）国际陆港已成为生产服务型国家物流枢纽。召开习近平总书记全国国企党建会重要讲话发表五周年专题学习会，扎实开展“回头看”工作。2021 年召开常委会 30 次，前置研究重大事项 101 项，完成 32 项年度党建工作重点任务，开展 4 个层级的党建述职评议和全范围的党建考核评价工作，党的领导更加坚强有力。

（3）持续推进“三基”建设，基层组织建设更加有力。认真落实国机集团第二次党代会精神，以“党建创新拓展年”专项行动为载体，基层党建“三个工程”持续推进。严格党组织届期管理工作，按时完成换届任务。开展清单式管理，党支部标准化规范化工作更加有效。开展“党务干部上讲台”业务竞赛，建立一拖党建培训课程体系和师资队伍。修订、印发《中国一拖集团有限公司党委工作规则》等 8 项制度，开展优秀党建制度评选活动，党建制度体系进一步完善。

（4）围绕中心工作抓党建，党建与业务深度融合取得成效。强化深度融合的机制，各级党务干部在抓党建的同时，也融入抓管理。创新深度融合的载体。围绕中心任务，策划实施党建重点项目，聚焦市场服务，二级单位开展“党员突击队”“党员见行动”等主题活动。拓展深度融合的实效。各级党组织深化岗位建功，在各项经营活动中发挥党组织和党员作用，公司党委挖掘并发布党建亮点项目 29 个。

2. 企业文化 2021 年，中国一拖不断加强企业文化建设，凝聚进取力量，为企业高质量发展提供文化支撑。

（1）全面推进文化升级，提升企业发展软实力。中国一拖党委经过各层面的广泛讨论和意见征集，最终形成由3个核心理念和6个特色理念组成的新版企业文化理念，并以“沉浸式”视频的方式进行发布，使职工对企业文化理念有更直观的感受。编印新版《企业文化手册》，统一设计文化理念目视展板，推进目视文化上墙，为持续宣贯升级后的企业文化理念提供系统完整的内容。

（2）增强进取文化氛围，持续推进先进理念落地。中国一拖党委制定进一步推进“进取型”文化的实施方案。通过3个进阶系统强化具有“进取”特质的文化价值观，引导、鼓励员工转变思维方式、打破舒适区、打造学习型组织，用更加进取的态度和行为，践行核心价值观等先进理念，推进企业文化软实力的提升。同步优化完善并正式印发中国一拖“十四五”企业文化规划，持续推进先进理念的践行与落地。

（3）创新文化案例展现形式，增强对先进文化的理解。中国一拖党委探索创新文化案例的呈现形式，用“动态视频”展播代替“静态PPT”推介，立体诠释新版企业文化理念。最终形成的视频案例作品，用鲜活的故事情节突出表现企业使命、核心价值观、人才理念、斗争精神、质量理念等主题。以发布会的形式对优秀视频案例进行评选，在“一拖人”微信平台等宣传载体展播《传承》《敢拼才会赢》《新路》等优秀作品，生动呈现一拖人践行先进理念的精神风貌。

（4）聚焦“进取”特质，推进职业化员工队伍建设。围绕文化价值观中的“进取”特质，持续开展优秀职业化员工评选，定期组织召开推介评选会，通过自下而上与自上而下相结合的方式，评选出优秀职业化员工和团队。同时，有效利用报纸、电视、网站、微信公众号等媒体平台宣传报道先进事迹。

3. 纪检巡察 2021年，中国一拖纪委立足职责定位，一体推进不敢腐、不能腐、不想腐。

（1）强化政治监督。督促推动党委严格落实“第一议题”制度，督促推动制定具体措施，贯彻落实党中央重大决策部署，对10家单位开展全面从严治党责任约谈，推进国机集团党委专项巡视整改。

（2）做细日常监督。主动向国机集团纪委报告新冠肺炎疫情及监督情况，制定对“一把手”和领导班子的监督实施办法、对领导人员插手干预重大事项进行记录规定，开展“靠企吃企”专项整治。

（3）加强作风建设。制定进一步改进工作作风的实施意见，细化8个方面25条措施。推动修订负责人履职待遇、业务支出管理办法等制度规定。密切关注节日期间易发的违规违纪问题，“打招呼、提要求”，主动靠前监督。

（4）深化标本兼治。全年受理信访举报40件，处置问题线索7个，党纪处分5人。深化“制度建设年”专项行动，制定党风廉政建设和反腐败协调小组工作规则，开展“廉洁宣传教育月”活动，全年开展党章党规党纪教育230场次。

（5）发挥政治巡察作用。完成对6个单位的常规巡察。制定《中国一拖党委全面从严治党负面问题清单》，监督检查自查整改情况过程，确保巡察整改落到实处。

（6）加强纪检机构自身建设。扎实开展党史学习教育，推动纪检机构做实日常监督执纪问责。认真贯彻执行监督执纪工作规则，加强与地方监委沟通协调，推荐业务骨干到国机集团纪委培训锻炼，分层分级开展纪检业务培训900余人次。

【信息化与数字化建设】

2021年，中国一拖信息化建设坚持“管理驱动、规划统一、业务协同、风险控制”的原则，积极探索云计算、大数据、移动化、物联网和人工智能新技术应用，两化融合管理体系日趋完善，高效、准确服务公司经营发展的作用逐步显现。一是部署PASS平台，打造基座，按照“138”原则进行东方红云现代农机装备工业互联网平台建设。二是深化业务财务一体化应用和财务信息化建设。三是建立数字管控平台，推进SCM供应链平台应用和资产设备管理系统升级。

四是推进电子商务平台应用，完成农事服务平台实施，建立配件电商平台，优化备配件电子商务系统应用等。五是推进智能制造和5G工业场景应用。六是深化智能办公平台应用，优化智能审批流程，提升工作效率。七是开展两化融合管理体系贯标。八是加强网络与信息安全管理，实施终端准入、终端防护、工控安全和安全态势感知等；部署数据备份系统，提升公司信息系统应对风险的能力，保障业务系统安全可靠运行。

【履行社会责任】

1. 关爱员工 一是开展帮扶救助。2021年救助1 035人次，发放各类救助款127万元。组织国机爱心基金捐款活动；为9 089名职工办理重大疾病互助保障，全年申请28人，赔付25人25万元；深入职工家庭，慰问10户家庭；帮扶资金和帮扶面均比上年度提高15%。二是开展职工文化体育活动。组织开展职工好声音、乒羽大赛、篮球对抗赛、毽球比赛、魅力东方红摄影赛、“爱生活、爱工作”手工秀和“最美家庭·最美母亲”评选等品牌系列活动。出版《小微活动》手册，总结推广烘焙制作、车间DIY、砸金蛋等4大类33个典型案例，全年职工参加各类小微活动达3万人次以上。三是深入开展“我为群众办实事”活动。制定《2021年公司工会突出办好的“十件实事”》；开办幸福10号托管班，为职工家庭提供高质量托管服务；构建“点亮职工微心愿”平台，持续为职工解决实际问题；首次开展心理咨询月活动，为100余名职工提供心理体检及咨询服务。

2. 承担社会责任 一是成立乡村振兴工作领导小组，多次深入帮扶地区调研督导检查，有效推动脱贫攻坚逐步向乡村振兴的平稳过渡。二是充分结合帮扶地区乡村振兴工作部署和实际情况，捐资25万元谋划实施特色产业、教育培训、公共服务、基础设施4个方面的帮扶项目，2021年年底全部完成。三是组织结对帮扶单位，开展调研慰问，解决当地贫困劳动力就业20余人，购买贫困地区特色农副产品共计95.06万元，为促进帮扶地区农户持续稳定增收，巩固脱贫攻坚成果贡献力量。

苏美达股份有限公司

【基本概况】

2021年，苏美达股份有限公司（简称苏美达股份）成立于1978年，是中央直接管理的国有大型骨干企业国机集团的重要成员企业，经过40余年的发展，苏美达股份正打造数字化驱动的国际化产业链和供应链，致力于成为国内国际相互促进的双循环标杆企业。苏美达已拥有12家二级子公司，共设立41家海外分支机构、40家全资实业工厂及众多控股工厂，业务市场覆盖全球150多个国家和地区。2021年，苏美达股份实现营业收入1 686.82亿元，归母净利润7.67亿元，进出口总额134亿美元，位列2022《财富》中国500强企业第80位，江苏省上市公司第1位。

【“十四五”重点发展方向】

2021年5月，苏美达股份制定并发布“十四五”发展规划，明确公司总体战略与发展方向，其核心要点如下：

1. 总体定位 打造数字化驱动的国际化产业链和供应链，成为国内国际相互促进的双循环标杆企业。

2. 业务定位 包括三大重点发展业务和两个重点培育孵化方向，简称“3+2”。

三大重点发展业务：以供应链运营为主的核

心业务，包括大宗商品贸易、机电设备进口等。以大消费及先进制造为主的优势业务，包括服装、家纺、校服、园林机械、清洗机械及汽柴油发电设备、汽车零配件、船舶与航运等。以生态环保及清洁能源为主的战略业务，包括水处理、固废处置、土壤修复及能源工程、光伏产品、电站运维等。

两个重点培育孵化方向：重点培育孵化医疗健康、数字化产业两大新业务领域。

3. 总体目标 鉴于公司多元业态的历史与现实，坚持打造“联合舰队”的总体目标不动摇。概括起来就是“联合舰队”= 总部“赋能平台”+ 子公司“数一数二”。

4. 发展模式 多元化发展，专业化经营，生态化共赢。从公司层面来看，是多元化发展。从业务子公司层面来看，则是专业化经营。从产业链和供应链层面看，是生态化共赢。

【主要指标】

2020—2021 年苏美达股份经济指标完成情况见表 1。

表 1 2020—2021 年苏美达股份经济指标完成情况

指标名称	2020 年	2021 年	同比增长（%）
资产总额（万元）	4 475 572.83	5 458 705.39	21.97
净资产（万元）	1 097 488.55	1 212 797.14	10.51
营业收入（万元）	9 858 990.51	16 868 199.56	71.09
利润总额（万元）	222 778.84	315 933.26	41.81
技术开发投入（万元）	36 631.81	87 554.73	139.01
利税总额（万元）	275 440.39	391 958.14	42.30
EVA 值（万元）	123 629.90	200 174.75	61.91
全员劳动生产率〔万元 /（人·年）〕	14.10	19.30	36.88
净资产收益率（%）	15.55	20.69	增加 5.14 个百分点
总资产报酬率（%）	6.10	7.25	增加 1.15 个百分点
国有资产保值增值率（%）	111.37	114.20	增加 2.83 个百分点

【改革发展】

2021 年，苏美达股份按照国务院国资委关于国企改革三年行动工作的总体安排及国机集团工作部署，制定苏美达股份有限公司改革三年行动方案及工作台账，逐项落实具体工作，按月报送事项进展。2021 年全面完成下属企业董事会应建尽建、董事会外部董事占多数、经理层任期制契约化落实、全员绩效考核、中长期激励机制优化、重点亏损企业治理、“两非”企业清理退出等重点改革量化考核指标，为 2022 年“三年行动”收官打好坚实基础。

【科技创新】

截至 2021 年年底，苏美达股份共建立各类科研平台 16 个，包括国家级博士后科研工作站、国家级工业设计中心、稀土永磁无刷电机开发制造技术国家地方联合工程研究中心、国家认可实验室（CNAS）等 5 个国家级技术平台；江苏省服务机器人控制系统及装备工程研究中心、江苏省太阳能电力系统工程技术研究中心等 11 个省级技术平台。

1. 专利数量 苏美达股份累计获得授权专利及软件著作权数量 974 件，其中，发明专利数量 117 件、软件著作权数量 37 件。位列商业贸易行业上市公司专利授权总量第一、发明专利授权数量第一。

2. 标准制定 主持、参与制定《手持式、可移式电动工具和园林工具的安全》等标准 23 项，其中，国家标准 16 项、行业标准 7 项。

3. 科技奖项 获得中国机械工业科学技术奖一等奖、江苏省科学技术奖二等奖等各类科技奖项 22 项，获得政府支持重大科技项目 5 项。

4. 科研合作 苏美达股份积极与高校科研院

所开展合作，与东南大学、浙江大学、南京航空航天大学、河海大学、中科院土壤研究所、中国农机院、天津内燃机研究所、华为等10余家高校、科研院所、龙头企业保持密切的产学研合作关系，并取得丰硕成果。

【安全生产】

2021年，苏美达股份做好安全工作，守住不发生重大风险的底线，取得国机集团一类风险企业第二名。

1. 夯实基础 组织开展“班组建设，从标准化抓起”的班组建设年主题活动，举办班组“结对子”活动、成立“苏美达班组长轮训基地”、开办“班组长轮训班”活动。6个班组荣获“全国安全生产标准化示范班组”称号，4个班组长被评为全国优秀班组长。

2. 直面问题 苏美达股份直面下属船舶公司安全生产深层次原因，成立专项整治工作组，开展现场督导，对尽责不到位的部门及责任人追责问责。

3. 排查隐患 组织辨识危险源3 980条，制定有效管控措施。对316幢房产建筑消防开展排查，发现安全隐患351项，全部闭环；约谈当事人1人次，责成子公司处罚责任人10人次。

4. 文化引领 协办首届“国机集团安全生产知识竞赛”，苏美达股份获知识竞赛团体奖二等奖；参与编制国机集团《安全管理手册》；组织和参加安全生产培训199次，培训员工3.21万人次。

【党建工作】

2021年，面对不稳定不确定的外部形势，苏美达股份坚持以习近平新时代中国特色社会主义思想为指导，深化落实全国国有企业党的建设工作会议精神，以“党建创新拓展年”专项行动为抓手，以庆祝中国共产党成立100周年、党史学习教育为重点，深入推进党建业务融合，以高质量党建引领保障高质量发展。

1. 学党史悟思想，在党史学习教育中汲取经验智慧 通过举办党史学习教育读书班、“学习党史·砥砺前行”网络培训班、专题辅导报告等形式，深入学习习近平总书记党史学习教育动员大会重要讲话精神、“七一”重要讲话精神和百年党史。部署各级党组织开展党史学习研讨和专题组织生活会，组织各级党员领导干部赴基层讲授专题党课，不断提升学习效果。扎实开展“我为群众办实事”实践活动，收集整理重点民生项目111项，已全部完成。组织班子成员开展党史学习教育专题调研，交流调研成果、谋划思路举措，把学习教育成果转化为推动工作的强大动力。

2. 守初心担使命，在献礼中国共产党成立100周年中激发奋进力量 动员各级党组织广泛开展向党报告工作、央企百年跟党走、寻找身边的红色记忆、党史红歌竞赛、红色参观等主题活动，网上网下一体开展主题宣传，营造共庆中国共产党成立100周年的浓厚氛围。红歌快闪、我与党旗合影等活动被国务院国资委报道。举行庆祝中国共产党成立100周年大会，发展86名骨干员工入党。第一时间通过党委会“第一议题”、中心组“首要议题”、支部集中学习等形式，深入学习党的十九届六中全会精神，掀起学习宣贯热潮，引导广大党员自觉增强“四个意识”、坚定“四个自信”，坚决捍卫“两个确立”、做到“两个维护”。不断加强干部队伍建设，打造“四个过硬”领导班子，开展从党委到支部层面的大学习活动，以干部队伍的确定性应对外部的不确定性。制定宣贯落实“十四五”规划，践行双循环发展战略，以改革发展成果献礼中国共产党成立100周年。

3. 强基层固根本，在党建创新拓展中推进提质增效 全面加强党的领导，召开党委会26次，传达“第一议题”37项，研究讨论“三重一大”事项235项，每季度对落实情况进行“回头看”。持续强化理论武装，围绕公司治理、国内市场、合规管理、宏观大势等主题，组织中心组学习9次。认真开展贯彻落实全国国企党建会精神情况“回头看”，评选“两优一先”，选树示范党支部，深化“三基建设”。抓好党建考核评价反馈问题和公司党史学习教育、上年度民主生活会检视问题的整改落实，开展党委班子成员、基层党组织书记党建述职评议和年度党建考核评价，压紧压实党建责任。

4. 谋新招求实效，在党建业务融合中开创发展新局 研究制定党建业务融合指导意见，以

"最佳实践案例"分享会、年度党建工作会、季度党建例会为契机，开展党建业务融合经验交流。各级党组织紧紧围绕"党建为业务赋能"主题，积极创新党建业务融合路径方法，通过开展领航工程、启航计划、党员攻关、一号工程、流动红旗、联建共建等，促进思想、组织、队伍、载体全方位融合，高高举起基层党组织战斗堡垒作用和党员先锋模范作用两面旗帜。

5. 抓作风播文化，在厚植清风正气中护航行稳致远 举行"以案为鉴、以案促改、拒腐防变"专题警示教育大会和主题党日活动，深入推进党风廉政建设和反腐败斗争。完善母子企业文化体系，对近 3 000 名基层员工开展 51 场企业文化全覆盖培训，举办职工运动会、青年创新大赛等文化落地活动，《苏美达企业文化建设探索和实践》入选国务院国资委专题课程，公司获评"全国机械行业'十三五'企业文化建设示范基地"。继续做好淮滨、泗阳定点帮扶，助力乡村振兴，淮滨苏美达服装科技发展有限公司（简称淮滨苏美达）获评"全国脱贫攻坚先进集体"；支援南京抗疫、河南抗洪，履行央企社会责任。

【信息化与数字化建设】

2021 年，苏美达股份坚持合理优化、统筹推进数字化组织建设，成立了网络安全与信息化委员会。委员会统筹整体信息化工作，制定战略、实施路线和预算，协调具体信息化工作，统一方向和管理。同时，建立了从总部到三级企业的信息化组织体系，形成以总部为中心、各子公司为分中心的体系，有效承载各类需求的实现。

1. 坚持合规发展，加快推进数字化安全监管 严格落实信息系统和网络安全，建立一系列相关制度，明确了工作内容和工作责任，积极做好信息安全巡检工作，保障整体信息系统的正常运转。公司将信息系统安全等级保护工作纳入公司重要工作内容，形成相对完善的信息安全防护体系。

2. 坚持应用牵引，持续推进重点和示范项目建设 业财系统方面，持续推进升级转型，完成业财系统升级项目的选型和启动，拟打造一个敏捷开发、快速迭代的数字化贸易平台，实现集团化管理前中后三层架构的清晰分割。BI 项目方面，苏美达股份及试点子公司的数据成功上线，线上实时展示业务、财务、物流、风控等多个主题的分析数据，实现了数据的实时性和准确性。重点平台方面，"苏美达达天下"全球设备交易服务平台成功上线同名微信小程序和 PC 端网站。小程序充分整合装备展示厅、融资租赁展示厅、物流平台、在线签约、项目查询等功能，现有平台用户超 6 万名，包括数百家物流企业、金融机构，数千家客户企业以及国内外知名装备制造企业等。"伊学团"小程序成功上线，让学生可以随时买到自己需要的校服，提升了用户的体验，可支持 5 万 /min 的用户并发访问量和日均 1 万、峰值 30 万的订单量，持续为客户创造价值。

【履行社会责任】

2021 年是巩固拓展脱贫攻坚成果、接续全面推进乡村振兴的历史性转折之年，苏美达股份坚决贯彻落实党中央的各项工作部署，充分彰显央企社会责任，持续发力巩固并拓展脱贫攻坚成果，坚持因地制宜、循序渐进地落实乡村振兴工作任务。

2021 年，淮滨苏美达被党中央、国务院授予"全国脱贫攻坚先进集体"荣誉称号。"故事田"项目成功入选联合国 SDG Good Practices。一批集体和个人荣获江苏省脱贫攻坚表彰。

1. 产业帮扶，持续增强地区造血

（1）脱贫攻坚与乡村振兴有效衔接。面对新冠肺炎疫情，苏美达通过"订单倾斜"方式，全力保障淮滨苏美达工厂生产。淮滨总厂和 4 个扶贫车间全部满线生产，做到疫情防控不松懈，产业扶贫不停歇，有力保障当地工人收入来源。淮滨苏美达持续提供工作岗位并开展招工工作。截至 2021 年年底，淮滨苏美达累计为当地解决就业 1 823 人次，提供 209 户建档立卡贫困户就业岗位。2021 年，淮滨苏美达员工年平均收入超 4 000 元。

（2）以产业赋能，促高质量发展。作为产业帮扶项目，苏美达股份积极推动从"扶贫"到"扶智"。面向全县纺织服装行业，培养技术熟练的产业工人，以"造血"方式开展帮扶工作。2021 年 10 月，淮滨苏美达成立服装产业职工培训中心，面向淮滨当地人员提供培训，不断提升从业人员的能力和素质，为当地培养高水平行业人才。

（3）秉持文化理念，开展“暖心工程”。淮滨苏美达持续开展企业文化建设，组织开展各类技能比赛、文化娱乐活动，形成浓厚的“自强感恩”文化氛围。组织爱心助学活动，让每个符合条件的困难职工子女得到及时帮扶，让职工和困难学子切实感受到关怀和温暖。

2. 驻村帮扶，扎实助力乡村振兴 根据江苏省委、省政府“五方挂钩”帮扶工作安排，公司选派优秀干部参加江苏省委驻宿迁市泗阳县帮扶工作队，在挂钩帮扶地——泗阳县庄圩乡淮河村履职第一书记，根据江苏省委驻泗阳县帮扶工作队制定的精准帮扶工作计划和任务要求积极开展工作，扎实助力乡村振兴发展。

（1）项目援建显成效。如期完成瓜蒌育苗基地、瓜蒌深加工、水生蔬菜深加工厂房，淮河村扶贫厂房、党群服务中心综合体5个产业帮扶项目，2021年下半年新增大楼社区家门口就业厂房、淮河村文化健身广场、大楼社区路面整治、庄圩乡路灯安装4个民生帮扶项目。截至2021年年底，4个民生项目均已完工投入使用，5个产业项目每年可带动低收入农户240余人就业增收，每年为村（社区）集体经济增收50.2万元。在帮扶村开展“三来一加”业务，设立“出口礼品加工点”，持续带动当地老百姓就业增收。

（2）党建惠民办实事。2021年，结合党史学习教育活动和“我为群众办实事”等系列活动安排，援建项目淮河村文明实践广场、改造提升党员活动室设备，均已建成投入使用，助力帮扶村早日实现美丽乡村建设目标。组织两地党员干部互动走访，通过实地调研和座谈交流，分享党建帮扶经验体会，互促基层党支部建设。参加由共青团江苏联合省扶贫办、省青年联合会等共同推出的“梦想小屋”项目，助力泗阳县10个“梦想小屋”的建设和改造，向社会传递党和政府以及全体苏美达人对事实孤儿的关爱。

（3）教育帮扶结硕果。苏美达股份与庄圩乡淮河村共同设立“淮河村优秀学子奖励计划”，2021年向11名优秀学子发放助学金。持续与泗阳县教育局联合开展“爱在校园”教育扶贫（线上线下）公益课堂活动，激发孩子们的思考力、概括力、想象力和对未来美好生活的向往，为将来成为社会主义新农村的有用之才筑牢基础。聘请省级知名教师到帮扶地中学举办有关理想教育、职业生涯等特色讲座，受到当地师生广泛好评。

3. 持续创新，探索社会公益新方法 积极开展爱心捐赠活动，苏美达股份党委向泗阳县淮河村25户困难家庭发放17 500元慰问金，带去党的关爱和温暖。向南京市社会儿童福利院、扬州市广陵区政府等政府、社会组织、团体开展捐赠。与东南大学、苏州大学等高校开展合作，设立教育发展基金。

持续关注教育公平，助力乡村振兴建设。“故事田”项目新增学校253所，开设“故事田”CCtalk公益课12讲，惠及3万人次村小师生，招募全国高校37支乡村夏令营团队开展儿童哲学课程，累计惠及全国近4 500所村小，50余万名村小师生。持续注入教师成长赋能线上培训课、教育读物等优质教育资源。

中国浦发机械工业股份有限公司

【基本概况】

2021年，中国浦发机械工业股份有限公司（简称中国浦发）在发挥原有业务优势、系统梳理核心技术、退出部分低效产业的同时，优化创新战略布局、开拓新的业务领域，为公司的经营发展找到新的利润增长点。业务领域主要有以甘肃蓝科石化高新装备股份有限公司（简称蓝科高新）为主的石油机械钻采、炼油化工设备制造、海洋石油装备制造、轻工环保装备、特种分离与表面技术等；以中国空分工程有限公司（简称中国空分）和中机联合投资发展有限公司（简称中机联合）为主的石化、化工、空气分离工程、新能源、环保、房建工程等；以机械工业上海蓝亚石化设备检测所有限公司（简称上海蓝亚）为主的特种设备检测；以上海吉润置业有限公司（简称吉润置业）为主的工业地产开发；以机电工业上海联销有限公司（简称机电联销）为主的贸易服务等。中国浦发发挥优势，整合各方面资源，成为以装备制造和工程服务为主体，特种设备检测、项目运维管理、工程设计咨询、工业园区开发、国内外贸易等多种业务共同发展的集团企业。

2021 年，中国浦发经营稳中有进，管理再上台阶，高质量发展取得新成效，实现了“十四五”良好开局。

【“十四五”重点发展方向】

“十四五”期间，中国浦发业务定位于工程承包服务、高端装备制造、检验检测服务、贸易服务、资产经营与运维五大主业。

1. 工程承包服务板块 依托良好的设计资质，致力于能源、石化、环保、空分、低温、化工、城市基础设施工程、海洋与沙漠石油工程、炼油化工和天然气处理、液体回收等工程承包业务，利用 BIM 技术，建设智慧工程，提供工程咨询、项目策划、城乡规划等服务。

2. 高端装备制造板块 专注于石油钻采机械、炼油化工设备、海洋与沙漠石油装备、大型天然气设备的制造；氢能燃料电池系统集成，石油钻采机械和炼油化工设备的性能测试与评定、压力容器和管道检验检测、自动化控制和成套机电设备的咨询等。

3. 检验检测服务板块 在维持石油化工行业设备和管道检验检测、安全评定、失效分析等产业的同时，努力拓展 RBI（基于风险评估的设备检验技术）、煤化工、金属管型式试验研究、氢能源储存与运输设备和移动式真空绝热压力容器的检验检测市场。

4. 贸易服务板块 致力于自营和代理各类商品、技术的进出口和国内贸易，为生产企业提供货运代理、通关、物流、保险、退税、信息咨询等综合服务，致力于为客户提供贸易背景下的供应链集成服务。

5. 资产经营与运维板块 对内外部相关资产和项目实施经营与运维，重点发展污水处理运营项目。对于存量工业地产，积极探索创新租赁经营模式，对具有良性成长型、发展潜力大、技术垄断、高投资回报等特征的企业，引入个性化服务管理，提高运营效率和质量。

【主要指标】

2020—2021 年中国浦发主要经济指标完成情况见表 1。

表 1 2020—2021 年中国浦发主要经济指标完成情况

指标名称	2020 年	2021 年	同比增长（%）
资产总额（万元）	695 655.17	681 008.41	-2.11
净资产（万元）	265 376.61	251 076.11	-5.39
营业收入（万元）	666 618.29	279 158.13	-58.12
利润总额（万元）	5 865.88	-9 910.08	-268.94
技术开发投入（万元）	11 572.86	11 925.40	3.05
利税总额（万元）	22 775.92	1 097.50	-95.18
EVA 值（万元）	-12 890.02	-15 811.52	22.66
全员劳动生产率〔万元 /（人 · 年）〕	37.58	23.98	-36.19
净资产收益率（%）	0.92	-3.41	下降 4.33 个百分点
总资产报酬率（%）	1.95	-0.07	下降 2.02 个百分点
国有资产保值增值率（%）	98.64	99.78	增加 1.14 个百分点

【改革发展】

根据国务院国资委国企改革三年行动方案要求，中国浦发统筹推进公司资本布局优化和结构调整，聚焦主业，增强企业活力、提高效率、激发内生动力，于2020年制定改革三年行动方案，涉及23个方面和30个具体改革举措。目标是到2022年，公司治理体系要持续完善，内部控制制度不断健全，全面风险防控协同机制基本建成，风险预警能力实现提升；业务结构进一步优化，主业更加突出，主业盈利水平大幅提升，市场竞争能力明显提高，资产结构明显优化，低效无效资产比例大幅降低，闲置、亏损资产基本出清；上市公司实现转型发展，资产质量明显改善；创新研发能力有所提升，研发投入强度稳步增长，整体研发投入强度不低于3%（其中工贸企业研发投入强度不低于1%），国有企业数字化、网络化、智能化转型升级加速，承担的集团重大科技专项、重点研发项目、平台建设项目按期完成。2021年，公司扎实推进各项改革举措，总体完成率超过80%。

全面推进各级企业董事会应建尽建、董事会中外部董事占多数工作。充分考虑所属企业股权结构的复杂性，既要考虑对混合所有制企业的管控，又要兼顾其他股东利益。在中国浦发与其他股东的共同推进下，基本完成董事会应建尽建、董事会中外部董事占多数工作。

进一步完善现代企业制度和市场化竞争体制，根据《中国浦发机械工业股份有限公司全资、控股企业负责人薪酬管理暂行办法》《中国浦发机械工业股份有限公司全资、控股企业业绩考核管理办法（试行）》，在确定所属企业负责人薪酬基准值的基础上，给予所属企业其他负责人薪酬基准数范围，由所属企业根据经营情况自行确定其他负责人薪酬基准值，并结合业绩考核结果进行薪酬兑现。同时，中国浦发鼓励所属企业探索股权激励、创收奖励、科技奖励等，调动主观能动性，营造优胜劣汰、团结向上的良好氛围。

进一步完善市场化选人用人机制，中国浦发对于部分所属企业经理层岗位采取市场引进和公开竞聘的方式，打破国企原有论资历、看年限、排辈分的观念，通过市场选聘方式，在履行干部选任程序后，将更多优秀人才引进企业，发挥鲶鱼效应，激发广大干部职工干事创业活力。

【重大项目】

2021年，面对新形势、新任务、新挑战，中国浦发始终坚持使命导向、战略导向，服务国家所需，锻造国机所长。

在“双碳”战略部署方面，中国空分结合自身优势持续关注空气分离技术领域，在已有工业气体制备、低温液体贮运等业务的基础上，重点开展碳捕集、利用与封存方面的技术研究和攻关，推动绿色低碳转型。

科技创新获得新进展，蓝科高新提供核心设备的我国首个自营深水油田群流花16-2油田群全面建成投产，参与的400万t/a煤间接液化成套技术创新开发及产业化项目荣获国家科学技术进步奖一等奖；中国空分完成全国首个卤水提锂及CO_2制碳酸锂一体化项目，申报的碳捕集利用与封存杭州市工程研究中心被认定为市级工程研究中心。

完善战略规划，明确主责主业。中国浦发在发挥原有业务优势、系统梳理核心技术、退出部分低效产业的同时，优化创新战略布局，开拓新的业务领域，为中国浦发的经营发展找到新的利润增长点。对非主业投资开展全面剥离，安徽天长地久酒业有限公司、天长市欧力德仓储设备制造有限公司、北京中机浦发进出口有限公司等多项闲置资产已经进入挂牌转让程序，安徽浦发商贸有限公司完成注销。

进一步优化公司管理体系。中国浦发扎实开展对标世界一流管理提升行动，优化管控架构，创新管理模式，夯实管理基础，针对性采取措施，使中国浦发全系统的管理水平得到显著提升；强化下属企业管控，进一步规范法人层级结构，创新体制机制，建立市场化选人用人机制，全面推进任期制和契约化管理；制修订一批基础性、关键性制度，有效提升战略、投资、预算、考核等管理能力。2021年中国浦发重大项目签约情况见表2。

表 2 2021 年中国浦发重大项目签约情况

序号	项目名称	合同内容	签约合同额（万元）
1	丽水安置房代建（农居）	全过程代建	133 635
2	丽水安置房代建（城中）	全过程代建	30 598
3	江南公寓全过程代建开发	全过程代建	61 900
4	丽东公寓全过程代建开发	全过程代建	24 400
5	开式船舶烟气脱硫系统供货项目	脱硫塔制造	54 392
6	上海电气迪拜熔盐罐安装项目	熔盐罐制造安装	25 574
7	江苏威名石化有限公司年产 31.5 万 t 35% 双氧水项目	双氧水项目	47 980
8	宣城高新技术产业开发区科技创新中心一期项目 EPC 工程总承包合同	产业园	35 000
9	河北省天然气有限责任公司京邯线 LNG 储气调峰站一期工程项目 EPC 总承包	LNG 储气站	19 900
10	连云港荣泰化工仓储有限公司商储罐区工程（二期）低温储罐区项目第二套低温乙烯项目设计采购施工（EPC）总承包	低温储罐	12 850
11	巴基斯坦 engro1.4 万 t/a（折百）双氧水项目	双氧水项目	10 440
12	中化连云港循环经济产业园罐区项目一期工程 B 阶段项目储罐、BOG 压缩厂房及外管标段	低温储罐	8 985
13	常山县农村饮用水供水保障能力提升项目建设工程物资采购项目	饮用水工程	5 413
14	安阳钢铁股份有限公司安钢本部氧气平衡及新增制氧机项目	冶炼行业制氧设备	5 080
15	联峰钢铁（张家港）有限公司 VPSA 制氧设备总承包	冶炼行业制氧设备	4 595

【国际合作】

中国浦发坚持开放发展，顺应经济全球化发展趋势，积极参与“一带一路”建设，深度融入全球产业链、价值链。蓝科高新蓝滨迪拜分公司是为参与阿拉伯联合酋长国迪拜 950MW 光热 + 光伏发电项目熔盐储罐的建造工作而设立的分支机构，迪拜 700MW 光热和 250MW 光伏太阳能电站项目是全球迄今为止规模最大的光热 + 光伏综合发电项目，是迪拜 2050 年能源战略的重要组成部分，是“一带一路”建设的重点工程项目。蓝科高新负责承建 11 台熔盐储罐的安装工作，其中 PT1、PT2 共 6 台熔盐储罐已完工，5 台 PT3 熔盐储罐正进行施工。2021 年度蓝科高新迪拜分公司实现营业收入 6 160.26 万元，净利润 779.22 万元，年末资产总额 5 420.35 万元。

中国空分成功签署巴基斯坦 Engro 有限公司年产 1.4 万 t 双氧水项目总价交钥匙承揽工程 EP 合同，签约额 1.04 亿元。该项目为双氧水装置扩建及配套工程，是“面向两个市场，开拓‘一带一路’”的重要成果。

【科技创新】

截至 2021 年 12 月 31 日，中国浦发下属企业申请专利 70 项，其中，发明专利 21 项、实用新型 49 项；授权实用新型专利 65 项。发表论文 60 篇，其中核心期刊论文 11 篇。获得国家级奖励 3 项，省部级奖励 16 项。蓝科高新、上海蓝滨石化设备有限责任公司（简称上海蓝滨）被工业和信息化部评为专精特新“小巨人”企业。

蓝科高新承接的循环换热分离器为国家重点工程 - 神华宁煤 400 万 t/a 间接液化装置关键设备国产化示范项目，具有高效回收油气热量、提高反应循环气温度、降低装置能耗的显著特点，填补了国内在此领域的技术空白，实现了设备国产化，产品作为 400 万 t/a 煤间接液化成套技术创新开发及产业化项目的重要组成部分，获国家科技进步奖一等奖。蓝科高新承担的液态阳光加氢站示范项目的工程化和产业化工作，其中包括氢能装备的研发和制造。2021 年 10 月 22 日，在张家口现场召开了 2022 年冬奥会液态阳光加氢站示范发布会，正式宣布液态阳光加氢站示范项目完成现场调试工作，进入示范试运行阶段。蓝科高新承担的迪拜 700MW 光热和 250MW 光伏太阳能电站项目是全球迄今为止规模最大的光热 + 光伏综合发电项目，是迪拜 2050 年能源战略的重要组成部分，是“一带一路”建设的重点工程项目，也是中东国家的标志性项目。

上海蓝亚从球罐重大事故出发，通过全面检验报告和文献调研，统计球罐安全状态，总结球罐存在的缺陷类型、占比及其部位等，分析缺陷产生原因；采用失效模式和数值计算方法，分析影响球罐本质安全状态的因素，制定监测内容、部位和方法并明确监测临界参数。研发液化气球罐泄漏监测等不同失效模式的 6 类防爆型智能传感器，搭建智能软件监测系统平台，建立球罐在线状态监测及预测模型，开发球罐在线安全状态综合诊断及预测评估系统，解决了连续监测的行业技术难题和控制设备安全运行风险，实现了球罐长周期安全平稳运行的目标。

中国空分研发完成的危险化学品智慧监控及事故预防平台项目为中国空分与浙江大学城市学院合作开发的浙江省重点研发计划项目，在 2021 年首届中央企业数字化转型峰会上入选首批企业数字化转型技术应用类典型场景库。研发完成空分智慧化工厂项目，从 APC 先进控制、PRISM 预测性维护、RTO 实时优化、数字化交付、无人值守等几个区块布局，实现节能减碳，降低人力成本，减少设备故障率，提高生产安全，降低劳动强度，提高生产效率。研发完成乙烯冷能利用及综合回收方法，主要研究合理利用低温介质的冷能，对工艺流程进行优化，使装置达到降低热源蒸汽的消耗、回收外输乙烯的冷能、降低系统能耗的效果。

中机联合投资发展有限公司（简称中机联合）开展科技研发活动，主要研究方向包括绿色建筑、科技园区、美丽城镇、新农村建设等领域的技术创新。通过安置房项目技术标准专项课题研究，形成《住宅（安置房）项目企业技术标准》，旨在明确在住宅（安置房）项目产品营造过程中需遵循的技术要求。该标准在满足国家现行相关规范、规程及技术标准的基础上，结合项目实践经验和案例，汲取建筑规划设计、工程管理、客户服务等多方面意见，并综合考虑产品安全性、耐久性、质量通病防治、客户感知、风俗习惯等多方面因素编制而成。

【安全生产】

2021 年，中国浦发全面履行《中华人民共和国安全生产法》等有关法律法规规定的安全生产管理职责，认真贯彻落实国机集团各项安全生产工作部署，开展各项安全生产工作。中国浦发及下属企业未发生生产安全事故、重大特种设备事故、重大火灾事故、重大爆炸事故及重大环境污染事故，重大工伤和死亡事故为零，职业病发生次数为零，未发生因生产安全事故造成恶劣社会影响的事件。

1. 建立健全安全生产规章制度及操作规程，完善安全生产管理体系 中国浦发建立《安全生产管理办法》等安全生产规章制度 13 项，建立《生产安全事故及境外突发事件综合应急预案》等安全应急预案 7 项。各下属企业建立安全生产标准化（二级）和职业健康安全管理体系融合等安全生产管理体系，通过创建安全生产标准化活动，促进提升公司安全生产管理工作。

2. 严格落实单位全员安全生产责任制，完成安全生产责任目标考核 中国浦发对 2021 年度安全生产责任书进行适宜性修订，将公司安全生产目标分解至各职能部门和下属企业，建立安全生产双向承诺制度，明确各方的责任主体、责任内容、安全生产目标、责任目标、享有的安全生产权力和责任处罚等事宜，在全年工作中指导和监督下属企业安全生产工作落实情况。

3. 建立安全生产组织机构，配备调整专兼职安全生产管理岗位人员 中国浦发下发《关于调整中国浦发安全生产组织机构、组成人员和工作职责的通知》（浦发总〔2021〕187 号），重新调整安全生产委员会、安全生产办公室、应急处理指挥中心等机构人员及工作职责。下属企业也均设立安全生产管理机构。公司主要领导在每月经营会上对安全生产工作做出部署。安全生产部能够认真履行上级工作部署，紧跟国内外安全形势，定期传达工作要求，部署工作内容。公司安委会每季度召开一次工作会议，不定期召开安全生产专题会议，听取公司季度安全生产情况汇报，研究部署下一阶段工作任务。

4. 加大对安全生产资金、物资、技术、人员的投入力度，做好安全保障工作 中国浦发于 2021 年年初制定安全生产投入计划，年度投入安全生产费用总计 725.14 万元，其中，中国浦发本部投入 14 万元（不含职工工伤保险费用、职工体检费用、评优推优奖励费用），由财务管理部负责编制安全生产费用使用台账和明细报表。中国浦发《工伤保险管理制度》规定企业工伤的管理程序，明确工伤处置过程中相关部门的职责。2021 年，依法为公司员工缴纳社会保险（含工伤保险）费用，并组织安排年度健康体检。

5. 落实安全风险分级管控和隐患排查治理双重预防工作机制，开展安全生产检查 中国浦发建立了安全生产事故隐患排查治理制度》《安全生产事故隐患分析与预警制度》和《危险源辨识与控制管理制度》3 项制度，对公司经营过程中的安全隐患定期进行排查和治理，对企业重大危险源情况开展辨识、评价和防控。为消除和减少事故隐患，公司 2021 年年初编制了隐患排查计划和项目安全生产检查方案，定期开展安全生产检查活动。

6. 积极开展安全生产宣传教育培训，提高员工风险防范意识 中国浦发及下属企业积极开展针对火灾、中暑、高处坠落等事故类型的应急演练活动，通过应急演练，提高员工和有关部门应对突发生产事故的应急反应能力，提高一线员工的防灾避灾意识，使员工一旦遭遇生产事故能迅速有序安全撤离和进行救援，最大程度地减轻事故伤害造成的损失，维护员工生命安全。2021 年，中国浦发新进员工均已进行三级安全教育培训，5 人参加安全管理资格取证培训。安全生产月期间，以知识答题的形式对公司全体员工进行了一次安全生产知识普及教育。

【党建工作】

2021 年，中国浦发党委始终以习近平新时代中国特色社会主义思想为指导，持续推动落实全国国有企业党建工作会议精神，扎实落实《中国共产党国有企业基层组织工作条例（试行）》《国机集团党建工作责任制实施意见》，对照“中国浦发机械工业股份有限公司各级党委履行全面从严治党主体责任清单”履职尽责，切实履行全面从严治党第一责任。

1. 把政治建设摆在首位，着力提升贯彻落实上级重大决策部署的自觉性 2021 年，中国浦发党委充分发挥党委“把方向、管大局、促落实”的作用，认真学习《关于中央企业在完善公司治理中加强党的领导的意见》，修订完善企业决策事项权限 366 项，进一步加强对投融资、资产处置、重大项目建设等重大事项的决策管理；落实国机集团党建工作会和党建创新拓展年要求，开展党建共建活动 20 余次，围绕中心工作大力发挥党支部战斗堡垒作用和党员先锋模范作用；加强对各类突出矛盾和问题的管控，做好重大风险化解工作，一体化管理蓝科高新与上海蓝滨，着力化解中国能源流动性风险；紧跟集团“十四五”战略规划，加强科技创新，强化主责主业，研发投入 1.18 亿元，成果显著。中国浦发正在从以贸易、房地产、工程承包企业向高科技化工、空气分离、低温研发装备研发制造企业转型。

2. 坚持不懈加强党的创新理论武装，抓宣传保稳定，社会责任更加彰显 中国浦发党委始终把准政治方向，学理论、强信念，深入学习习近平新时代中国特色社会主义思想。为全系统配备《论中国共产党历史》等学习书籍 1 012 本，组织各级党委专题学习 19 次、党支部专题学习 155 次；党委书记带头以“回望百年路 征程再出发”为题讲专题党课，各级领导班子讲党史党课 86 次；抓关键少数，2021 年召开党委理论学习中心组会议 9 次；在党的十九届六中全会召开后，研究制定宣传贯彻党的十九届六中全会精神方案，在官网开辟专栏，通过制作宣传展板、党员主题党日、团日活动等营造宣贯氛围，组织 70 余人次参加国机集团和市经信委专题培训班。积极引导中心组成员及中层以上干部不断提高思想认识、政治站位和工作水平，为日常工作提供强大的思想保证和精神动力。

3. 以组织体系建设为重点，着力培养忠诚干

净担当的高素质干部　中国浦发党委坚持党管干部，加强人才选拔培养。首次采取所属企业副总经理公开竞聘形式，推动下属企业领导班子市场化选聘，完成17次提任和交流。选派优秀年轻干部和青年人才5名到项目上挂职锻炼，推动干部队伍年轻化。组织公司领导班子和下属企业领导班子、党支部书记、团委书记、工会主席和党务工作者赴延安培训，组织中青年干部赴中央党校学习，组织中层以上干部参加党史学习集中培训班，进一步引导中青年干部巩固理想信念，自觉担负起时代重任。组织“党员集中教育周”活动，确保党员培训不少于32个小时。召开基层党务干部培训，对基层党建工作进行检查和指导，指导下属企业建立健全党组织和党员信息台账，规范发展党员工作程序，并对党务工作能力进行在线测试，平均成绩89.55分。

4. 持续推动作风改进，更好地服务基层　中国浦发党委严格执行中央八项规定实施细则和集团党委《关于进一步改进工作作风的若干意见》，修订完善党风廉政制度，督促完善配套制度，构建作风建设长效机制。坚持把“我为群众办实事”实践活动作为重点工作统筹谋划、部署推进，深入基层、深入一线调研40余次，收集“急难愁盼”问题190余条，形成重点民生项目61项，已完成41项，正在推进9项，长期推进的12项均取得一定的成效。助力公司解决好困扰职工群众的痛点、难点问题，努力把“问题清单”变成“成绩清单”，不断增强职工群众的获得感、幸福感、安全感。

【纪检监查】

2021年，中国浦发纪委不断发挥监督保障执行、促进完善发展的作用，助力全面从严治党，为公司平稳健康发展提供了坚强的保障。

1. 学习新思想、提升新能力、展现新作为　中国浦发纪委通过纪委书记围绕党的十九届六中全会精神讲授主题党课、组织召开中国浦发纪检系统学习交流会、组织参与集团召开的新风讲堂等方式，准确把握立足新发展阶段、贯彻新发展理念、构建新发展格局对纪检监察工作提出的新要求，将有关意见、规则和工作要求落实到纪检工作中。

2. 切实发挥监督职能，营造良好环境　中国浦发纪委紧抓“关键少数”，对新任职领导干部开展任前“一对一”廉政谈话，扣好履职的“第一粒扣子”；建立《廉政档案管理办法》，动态呈现领导干部的政治担当；严格落实党风廉政意见回复工作要求，有效加强选人用人审核把关。在日常工作中，针对安全生产、境外新冠肺炎疫情防控等工作及时做出工作提醒，不断扩展纪委监督职能，将监督职能有效融入公司发展改革大局中。

3. 坚持多措并举，加强廉洁警示教育　中国浦发纪委以“廉洁宣传教育月”为抓手，通过下发文件、集中学习研讨、召开专题会议、编制内部刊物、推送廉洁宣传教育文章、宣传先进人物的事迹等开展廉洁宣传和引导。同时，加大警示教育工作力度，组织参观反腐倡廉教育基地、召开警示大会、观看警示教育片，强化不敢腐的震慑。

4. 完善巡视巡察上下联动机制，形成监督合力　国机集团党委第四巡视组于2021年9月10—17日对中国浦发开展违规挂靠专项巡视和“四个专项整治”专项检查。巡视期间，中国浦发树立“一盘棋”思想，实行“集团党委巡视、二级企业党委巡察”上下联动，中国浦发党委成立巡察组对3家所属企业开展专项巡视巡察和专项检查。

【信息化与数字化建设】

1. 信息化建设　2021年中国浦发信息化工作以公司战略为指引，根据国机集团信息化工作指导和公司管理要求，重点推进数字化应用构建，协同财务及所属企业整理数字化应用需求，对数据规范进行有效治理，为数据深度挖掘和数据集中分析奠定了一定的基础；配合公司的管理、组织和制度调整，优化信息系统流程应用，解决手机端公文等附件预览问题，保障管理要求的有效落地，提升办公效率，改善用户体验；中国浦发及下属企业在有限的条件下，全力保障网络安全和稳定运行的同时，持续地推进和加强各自的业务管理信息系统建设，认真参与国机集团财务信息系统的推广和系统集成应用，并在信息系统高可用性和异地容灾等信息化基础配备等方面进行探索，为构建“横向到边、纵向到底”的信息系统积极准备。

2. 数字化建设 蓝科高新采用的产品数据管理平台可以与各种主流的 CAD、PDM、ERP、MES、OA 等系统进行集成，最大限度地兼容历史存量应用和数据，可有效管理 CAD 数据。通过 PDM 系统打通设计、工艺到制造环节的数据通路，实现数据贯通，有效减少设计出错率、便捷审批流程、缩短设计周期，同时提高变更管理及设计、工艺部门的协同能力。中机联合在 2021 年年初步接洽多家信息化产品服务商，形成了企业信息化平台建设方案。以工程设计项目技术质量流程管理为重点，结合公司 ISO 管理体系要求，通过信息化平台建设，对技术人员任职资格、项目（设计）策划、方案 / 初设评审、图样校审、电子出图、设计资料归档等关键流程进行数字化管理，达到强化技术质量和提高生产效率的目的。

【履行社会责任】

2021 年是巩固脱贫 - 攻坚成果衔接推进乡村振兴的起步之年。中国浦发党委高度重视巩固脱贫攻坚成果衔接乡村振兴工作，按照国机集团工作部署，赴河南省淮滨县调研，认领帮扶项目，落实帮扶资金 40 万元。同时对国机集团 4 个定点帮扶县（区）开展消费扶贫工作，各企业党组织、工会购买定点帮扶县（区）产品，累计落实资金 289 623 元，其中对河南省固始县开展消费帮扶 29 350 元，对河南省淮滨县开展消费帮扶 14 270 元，对山西省平陆县开展消费帮扶 201 095 元，对四川省朝天区开展消费帮扶 44 908 元。

2021 年 5 月 20 日，蓝科高新定点帮扶村庆阳市合水县固城镇王昌寺村被评为甘肃省第十五批省级精神文明建设先进集体，蓝科高新原驻村帮扶工作队副队长侯立强被评为甘肃省全省脱贫攻坚先进个人。

为进一步改善帮扶村农村人居环境，点亮群众生活，蓝科高新协调落实帮扶资金 10 万元用于王昌寺村沿线部分的墙体彩绘和土墙危房及护坡改造，通过改善民生提升群众的获得感、幸福感；鼓励员工向王昌寺村的留守儿童献爱心，做到真帮扶，已资助 2 名留守儿童，同时捐赠 100 套防疫物资助学包，为留守儿童的健康成长提供防疫保障；在当地政府和蓝科高新等帮扶单位的群策群力下，通过发展蔬菜产业带领群众致富，为当地群众排忧解难，使王昌寺村成为巩固脱贫攻坚成果衔接乡村振兴的示范村。

中国联合工程有限公司

【基本概况】

2021 年，中国联合工程有限公司（简称中国联合）是以原机械工业第二设计研究院为核心，联合多家国家甲级勘察设计单位组建的大型科技型工程公司，隶属于中国机械工业集团有限公司，总部设在杭州。

中国联合现有员工 6 000 多人，专业技术人员占 95% 以上。曾有 7 位中国工程院、中国科学院院士，8 位全国工程勘察设计大师，100 多位国务院政府特殊津贴专家在公司工作。公司具有高级技术职称的专家有 2 000 多人（含正高级工程师 200 多人）。具有各类国家注册工程技术人员 2 000 多人次，有美国项目管理专业协会（PMI）认证项目管理专业人士（PMP）80 人。

作为全国首批、浙江省首家获得工程设计综合甲级资质的企业，中国联合历经 70 年的风雨磨砺，服务领域已涉及国民经济 20 多个行业，可为国内外业主提供各类工程的规划、咨询、勘察、设计、采购、设备成套、安装、试车、非标设备研制、建筑施工、工程总承包、项目管理、项目代建、建设监理、全过程工程咨询等全方位、全过程的服务。

中国联合是国内首批全过程工程咨询试点单位，作为浙江省EPC总承包领域的开拓者和先行者，承担了一批具有影响力的重点工程；拥有强大的工业生产基地的设计和建造能力、非标设备和各类生产线的开发研制能力，在大型公共建筑、高层和超高层建筑以及大型住宅小区设计、建造方面具有独特优势。公司设计和建造了各类电站千余座，在特种电站、新能源发电以及电厂烟气治理、储能等领域形成了独特优势。在城市规划和更新、市政道路桥梁、风景园林设计和建造方面，公司也拥有丰富的经验和出色的业绩。作为第一批被国家授予直接对外经营权的设计单位之一，中国联合多年来完成了数百项各类海外工程。

中国联合在住房和城乡建设部对全国两万多家勘察设计单位综合实力和营业收入排名中，连年进入百强榜前列。在坚持“与顾客共同创造价值”的经营理念指导下，中国联合多年来凭借自身过硬的技术实力，先后完成了国内外大中型工程20 000多项，主编、参编国家、地方和行业标准、规范100余项，获得国家科技进步奖28项，其中一等奖2项，获国家级各类工程技术奖100多项、各类省部级奖1 000多项。

【“十四五”重点发展方向】

1. 聚焦战略方向，成为区域领域发展主引擎

（1）主动对接国家重大战略。继续发挥好地处杭州、重庆、西安的区位优势，主动对接长三角一体化发展、成渝地区双城经济圈建设、京津冀协同发展、粤港澳大湾区建设等重大国家发展战略。依托公司前端业务的优势，加强与地方政府、企业的战略合作，发挥高端智库作用，引领策划咨询和城市规划，承接城市级、区域级的综合性城市建设，教育、医疗类项目群建设，全产业链式园区建设。利用总部深耕浙江的优势，深度参与共同富裕示范区建设，提供产业规划、勘察、设计、施工、运营等全过程一揽子解决方案。加强与集团内部单位之间的协同和联动，利用好中国机械工业工程集团有限公司（简称国机工程集团）的平台，集中力量和资源，抢抓具有突破性、战略性的项目，为集团打造国内发展“根据地”主动做好承接。

（2）积极跟进行业投资重点。加大智能制造、高端装备、智慧物流、城市更新、乡村振兴、交通水利基础设施建设等重点领域的研究和重点项目的开拓；积极吸收引进绿色制造、能源转型、生态修复等新技术，筹备成立“双碳”研究院，储备可再生能源技术、能源综合利用技术，拓展风能、光能、氢能等新能源综合利用业务；开展生态城市、无废城市、海绵城市等生态环保研究，积极参与近零碳排放示范区建设，助力“双碳”目标如期实现。继续深耕冷链物流、储能应用、固废静脉、文旅康养、未来社区等产业细分领域，进一步形成特色技术和特色工艺，提升差异化竞争力。

2. 聚焦业务升级，打造新旧动能转换加速器

（1）打造全生命周期新模式。发挥公司专业齐全、业务广泛、技术完备的优势，在“集成”上下功夫、抓创新，注重全要素优势推动，进一步提升业务发展统筹能力，做好工程技术集成、商务管理集成、项目管理集成、运营集成。同时构建并完善包括前端策划规划体系、设计咨询体系、项目管理体系、成本管理体系、财务管理体系在内的项目全生命周期服务体系，向市场提供覆盖工程全过程、全专业统合的集成化、一体化、全程化、一站式工程服务，从而提升公司业务链价值。

（2）探索资本运营新机制。以工程总承包为基点，有机整合融资和项目建设环节，积极推进EPC+模式，特别在产城融合、产业新城等区域综合开发模式上进行探索，为传统EPC业务注入新的发展动力。积极探索推进投融建营一体化发展的模式，尝试运用多元化市场工具和创新投融资模式优化公司整体资本运作模式，实现从资本积累到资本驱动的有效转型，构建顺应市场发展和需求的运营机制和管理机制。

3. 聚焦技术创新，激活企业高质量发展动力源

（1）强化技术创新引领。加大技术创新的

投入和研发，带动创新体系的建立和实施。进一步发挥设计院优势，以技术创新支撑业务开拓，不断打开国内外新兴业务市场。做好科技创新机制的顶层设计，明确创新方向，做好实施计划，加强组织和人才保障。建立技术创新激励机制，加大特色技术研究投入，成立特色业务研究院，积极培育特色技术。加强对外技术交流与合作，推动产学研联动转化，逐步形成“产学研融通创新”机制，促进工程实践与技术创新的有效融合。

（2）加大数字化转型支撑。积极推动生产与数字技术的深度融合，加强数字化对业务协同、模式创新的支撑，不断提升三维正向设计能力、加强项目管理信息化建设、优化职能管理应用系统，以实际行动助力集团数字化建设目标的实现。

4. 聚焦内外资源，构建可持续发展平台生态圈

（1）对内构建协同作战新平台。进一步完善与子公司信息互通、资源共用、利益共享的协调机制及配套政策，打通业务链上下游，从而形成优势互补、合力发展的良好局面；进一步完善跨专业、跨板块、跨部门合作机制，加强业务模式之间的深度融合，统筹调配生产资源，集中力量办大事，积极承接“首个、首次、首项”标志性项目，实现更多“从 0 到 1”的突破，从而激发更大的发展潜能。

（2）对外开创合作共赢新局面。引入战略投资者，优化升级公司业务，实现强强联合，为打入新兴业务市场提供合作纽带。聚焦客户需求，提升客户满意度，增加客户黏性。加强重点客户、大客户的层面经营，以高质量服务巩固长期合作关系。加强与国机集团内部企业的相互合作。加强科技型公司合作，用科技手段提升管理效能和技能水平。发挥央企统筹能力，深挖现有供应商资源，与供应服务商建立产业联盟，发挥相互资源优势，共同开拓市场。

【主要指标】

因按国务院国资委要求对历年工资余额进行清理，2020 年利润总额快速增长，减除增利因素，2021 年利润总额同比增长 18.9%，利税总额同比增长 7.1%，EVA 值同比增长 9.9%，全员劳动生产率同比增长 26.3%。2020—2021 年中国联合主要经济指标完成情况见表 1。

表 1　2020—2021 年中国联合主要经济指标完成情况

指标名称	2020 年	2021 年	同比增长（%）
资产总额（万元）	947 828.01	981 981.90	3.6
净资产（万元）	333 319.94	364 000.85	9.2
营业收入（万元）	1 239 267.56	1 322 522.38	6.7
利润总额（万元）	65 860.91	78 301.21	18.9
技术开发投入（万元）	102 981.32	100 535.67	-2.4
利税总额（万元）	103 450.48	110 809.27	7.1
EVA 值（万元）	71 279.78	78 355.34	9.9
全员劳动生产率〔万元 /（人·年）〕	40.25	50.83	26.3
净资产收益率（%）	23.20	19.26	下降 3.94 个百分点
总资产报酬率（%）	6.93	8.07	增加 1.14 个百分点
国有资产保值增值率（%）	123.64	121.33	下降 2.31 个百分点

【改革发展】

1. 强化规划引领提升管理质效，统筹做好疫情防控　中国联合发布“2020—2022 年滚动发展规划”“‘十四五’发展规划”和“2021—2035 年中长期发展纲要”，并在全公司范围内开展宣贯。

（1）持续做好制度建设工作，新制定 6 项、修订 19 项规章制度，现有规章制度 278 项。持续推进“总部机关化”整改、对标一流管理提升等活动，并被国务院国资委评为“国有企业重点管理标杆创建行动标杆企业”。

（2）落实董事会职权，修订公司决策事项及权限表并督促子公司修订“三重一大”决策事项及权限表。编制关于落实重要子公司董事会职权工作方案。组织外部董事监事调研，开展董事培训。加强公司年度重点工作、数字化目标、会议议定事项的督办力度。

（3）抓好新冠肺炎疫情常态化防控管理。根据疫情形势，不断完善应急预案和防控措施，强化人员动态、出差、访客、场所等防疫管理措施，组织完成全员核酸检测、窗口服务人员定期核酸检测，保障公司大楼安全。做好疫情防控信息报送标准化工作。统筹安排好疫苗接种工作，推动疫苗接种应接尽接。

2. 加强人才队伍建设，为公司发展做好组织保障 推荐申报各类专家 24 项、324 人次，1 人被评为浙江省勘察设计大师。10 人入选国机集团青年高潜人才和青年干部，207 人被认定为杭州市高层次人才。明确公司高层次科技专家序列，已有入库专家 120 人。

新建南京大学、清华大学博士生必修环节社会实践基地等校企合作基地。启动第六届“中联杯”国际大学生建筑设计竞赛。2021 年举办院士讲坛、能力提升专题培训班等各类培训 105 场。

继续推进 7 支人才队伍建设，举行 20 场意见调研会。根据调研意见修订《七支人才队伍建设实施细则》。对员工补充商业保险、健康体检等标准进行调整。

2021 年，任免干部 31 人次、提拔干部 1 人次。完成干部人事档案审核 852 卷，顺利完成国机集团人事档案专项审核全覆盖工作。与员工签订上岗协议和竞业限制协议。对干部个人有关事项报告中的涉外事项进行核查。

持续完善人力资源管理信息系统，新增技术职务认定等多个流程。成立全过程咨询研究院、化工设计研究院。成立公司经营团队，不断为开拓新型战略业务做好组织保障。

3. 深化财务信息化水平，不断提升公司运营质量 认真落实国机集团关于“两金”管控要求，“两金”总额增长持续低于主营业务收入增幅。资金集中管理专项、账户压减、降杠杆减负债均完成国机集团下达的任务指标。积极开展亏损防治工作，确保合并范围内子公司无亏损企业。持续做好预算管理工作，确保企业主营业务收入、利润总额、EVA 等关键绩效指标有序完成。

严控营业成本增幅不超过营业收入增幅，严控资产负债率。建立完善的费用管控制度、流程、信息化管控体系，有效控制费用合法合规管控。建立完善的资金集中和资金内控体系，严控资金管理风险。

完成财务年度决算审计及税务审计工作，出具全级次、标准无保留意见审计报告。持续做好信用管理工作，公司税务、招投标、银行信用等级为最高级。持续完善财务信息化系统建设，荣获国机集团 2021 年度财务信息管理先进单位三等奖。

4. 重视设计质量管理，全面加强产品管控力度 加强质量管理信息化建设，开发设计产品质量信息化管理系统。严控设计人员资格准入，组织 15 个专业 299 人次设计资格考试。2021 年组织各类设计、技术评审会 35 场。开展三合一体系内部及外部审核，开展质量体系飞行检查，涉及问题及不符合项均已解决。对 17 个重大项目进行质量审查。

开展设计产品质量抽查。持续总结各专业典型问题并作宣贯。持续开展施工图外审意见统计。全年未发现违反强制性条文情况。

做好中国机械工业勘察设计协会、浙江勘察设计行业协会工程总承包分会、中国工程咨询协会机械专委会等行业协会的管理工作。两次中标杭州市建委组织的消防验收第三方服务招标。参加中国机械工业联合会“促进机械工业高质量发展活动”，荣获“机械工业质量诚信企业”称号。

【重大项目】

1. 工业工程业务 继续保持电站装备、通用机械和重型装备等传统行业优势。承接广西广盛高强耐磨钢项目、许继集团天宇电气厂房工艺咨询、威海广泰应急救援装备基地等项目，实现在钢材热处理项目、新材料新工艺、新能源装备等领域的突破。成功进入医药化工行业。

重点开拓智能制造、电子、电池及新能源等领域的项目。冷链物流业务再上新台阶，成功承接金义综保区、统一、京东等多个项目。引进人才，进一步提升建筑方案水平，为工业建筑投标提供支撑。努力开拓 EPC 业务，重点经营特色试验站和冷链、新能源工程。

持续开拓航空物流枢纽工程市场，承接公司迄今为止设计费合同最大工业项目——圆通嘉兴全球性航空物流枢纽项目。在顺利推进浙江大学超重力离心模拟及实验装置的基础上，承担“十四五”国家重大科技基础设施——北京航空航天大学超高灵敏极弱磁场和惯性测量装置重大科技基础设施项目，为后续经营孕育先机。

坚持扩大智能制造及智慧物流设计优势，承接海康机器人智能制造（桐庐）基地、浙江雅虎数字化加工车间等项目。以“高端化、标准化、品牌化”为发展目标，承接了玉湖国际冷链产品交易中心、宣城综合保税区等冷链物流项目。承担长春中车轨道车辆有限公司整体搬迁建设项目的施工图设计工作。

2. 民用工程业务 加强传统项目的主动经营，从土地运营合作角度与开发商合作，参与未来社区、片区开发等项目。用策划方案参与传统项目的前期工作，拓宽设计服务的宽度和深度。巩固技术和研究提升，完成城市更新业务的产品系统，重点承接瑞安永胜门未来社区等项目。

坚持建筑特色化、专业化方向，持续推进高标准学校设计工作，完成第 3 代、第 4 代学校特色建筑技术第一阶段研究，连续承接了镇海中学两个分校设计项目。开拓了高标准酒店设计顾问的业务模式。

持续聚焦产办类项目的开拓，中标余杭菜鸟总部二期、台州国际博览中心、网易白马湖总部三期、凯德苏州三文鱼产业园、宁波杭州湾战略新兴产业园等项目。

在未来社区（城市更新）、山地建筑、生命健康产业园等领域取得持续的突破和发展。承接的常山未来社区一期 EPC 项目为公司在未来社区领域的首个 EPC 项目。部门持续坚持设计标准化、系统化、专业化，在设计标准化和精细化、特色化方面取得了一定成效。

承接了阿里巴巴达摩院南湖园区室内设计项目，并扩大 BIM 技术在设计中的应用。开拓性承接该部门首个景观类项目——东新河景观提升改造 EPC 项目。

持续开拓国内知名房产市场，成功承接金地余姚黄山地块、合能北仑地块、德信孔浦地块等项目。在宁波、厦门等地成功中标宁波白鹤未来社区方案编制项目、莆田市城厢区沟头片区城市更新建设、泉州白濑水利枢纽工程剑斗新镇区非核心区安置区等项目，积极开拓市场，持续扩大区域影响力。

下属幕墙院提高市场占有率，承接了济宁华侨城启动区等项目。下属照明院积极助力杭州亚运会，中标亚运主题 3 个大型城市照明亮化提升项目。下属地空院发展地下综合体、地下通道、地下商业街、地下人防、智能停车库等业务，承接了青岛当代商城智能停车库等一批特色项目。

3. 能源工程业务 能源业务由传统行业向绿色循环经济行业转型，承接了无锡马山天然气分布式能源、浙江浙能电力股份有限公司萧山发电厂兆瓦级氢燃机研发试验台等 EPC 项目。大力开展低碳环保业务，承接首个塔式熔盐光热电站项目及首个集中式光伏发电项目。抓住存量燃煤项目市场，承接兵器工业集团精细化工及原料工程项目、AP 印度尼西亚煤制甲醇项目等的化工配套燃煤热电工程。

新能源业务团队承接象山县静脉产业园沼气综合利用 EPC 项目。巩固垃圾焚烧发电行业领头地位，中标郑州（西部）环保能源特大型项目的工程设计。积极开拓新兴行业，中标嘉定区污水厂污泥资源化利用项目和义乌建筑垃圾资源化项目等多个标杆项目。

4. 工程建设业务 注重品牌建设，承接了长三角创新研发总部基地、杭州银行金融科技大厦等重大 EPC 总承包项目。积极探索“EPC+”业务，承接的金义自贸中心项目，成为新型战略业务的突破口，建成后已成为地区重要展示窗口。中标北京理工大学长三角研究院，开创公司首个大型高校总承包项目。

以综合改造类项目及安置房工程为特色业务，在实施中注重打造业务品牌，承接常山县渡口未来社区一期项目、东太湖度假区亮化提升工程。永康市田川未来社区田宅城中村改造安置项目是公司以“EPC+”模式开拓的又一重大实践。

深耕浙江市场，相继承接了智造谷产业服务综合体EPC总承包项目、金华核心区块清照公园、萧山棉北里、拱墅邻里中心等多个EPC总承包项目。其中拱墅永正实验学校获得2021年度“西湖杯”“钱江杯”优质工程奖。

持续做好亚运场馆建设项目——棋院（智力大厦）EPC精装修总承包、温州体育中心等项目的实施。

5. 装备工程业务 巩固热处理业务优势，广西广盛高强耐磨薄板热处理生产线顺利投产，确立了中国联合在该领域的领先地位。杭锅钢板立体库和久立钢管立体库的先后投用，增强了工业智能立体库的品牌影响力。积极探索工厂智能装备集成总承包新业务模式。

涂装业务继续保持高速增长态势，工程机械与专用车等优势领域影响力持续扩大，持续承接中国国际海运集装箱（集团）有限公司（简称中集集团）涂装生产线，成功承接一汽车桥涂装生产线，进入中国第一汽车集团有限公司（简称一汽集团）供应商体系。突破性承接特斯拉美国、德国工厂涂装生产线，进入欧美本土市场。

非标业务继续拓展瓶罐生产线业务范围，成功承接中集集团罐箱工厂顶层设计、中材科技股份有限公司（简称中材科技）高压氢罐生产线。积极研究液态氢储罐生产线，加强能源装备技术储备。欧文斯科宁公司玻璃纤维拉丝工段丝饼自动化取存系统试制成功，具有行业推广价值。

环保业务承接陕西延长中煤榆林能源化工有限公司（简称延长中煤榆能化）脱硫项目等，显示中国联合的氨法脱硫技术日趋成熟、行业地位不断巩固。长兴南方水泥有限公司的水泥生产线SCR脱硝试验项目成功，为拓展水泥行业环保业务打下良好基础。

综合业务成功开拓军工产品智能维修生产线业务领域，桐庐桐君山亮灯改造提升工程于“七一”前顺利亮灯，为中国共产党成立100周年送上祝福。

6. 全过程工程咨询业务 打造项目管理服务特色，承接衢江区文体健康产业园等项目管理项目和丽水国际会展中心等大型全过程工程咨询项目。

全力做好杭州分馆、椒江心海未来社区、下车门未来社区等在建的全过程工程咨询项目，并承接了临金高速公路、溧阳至宁德高速公路工程咨询服等项目。

积极承担政府智库角色，拓展全国市场，承接云南、海南等多个大片区开发前策项目以及各类区域发展专题要素研究，开拓性承接全省人才战略试点——德清航空航天工程师协同创新中心2.0版咨询服务项目。

发挥规划专业的前端优势和龙头作用，全周期深度参与浙江省未来社区创建试点工作。市政业务持续拓展，承接临安吴越街改造项目、缙云城市污水处理厂清洁排放改造工程、龙泉市南大洋水厂扩建增容工程、杭州机场轨道快线工程设计等项目，做精做优特色业务。拓展特色公园及景观主导的EPC业务，中标丽水秀山公园、碧湖生态环境整治及碧湖黄线等项目，从景观设计迈向了生态环境综合治理。稳步开拓岩土工程勘察、岩土工程设计业务，自主经营开拓承接了宁波石化区应急救援供水系统工程（一期）市政勘察等业务。

【市场开拓】

海外公司克服国外新冠肺炎疫情影响，承接并实施了哥伦比亚Buritica金矿选冶技改项目，签订了G3/G3.2机组维运技术服务的延期合同。在开发和实施国外项目的同时，积极开拓国内市场，承接了中科海城市生活垃圾发电项目、河南沃克曼2×500t/d垃圾焚烧发电项目工程总承包（焦作西静脉产业园）等项目。

【科技创新】

制定重点技术开发项目管理办法，完善专利、软件著作权管理办法、出版著作、对外发表论文管理办法，进一步搭建和完善科技创新激励和考核机制，充分调动研发人员积极性。探索与高校产学研合作机制，与浙江大学合作进行新技术研发。

完成国家高新技术企业重新认定工作。积极

申报各类工程技术奖，获得各类外部工程技术奖95项，其中省部级及以上48项。获得发明专利5项、实用新型专利153项、外观设计专利2项、软件著作权12项。申请专利、软件著作权133项。获得国机集团优秀专利奖二等奖1项，杭州市优秀标准奖二等奖1项。在编国家、行业、地方、团体等各类技术标准29项，其中国家标准11项。

推进在研特色技术开发专项9项，在研科研业务建设项目79项。持续推进中国工程院重大咨询项目课题、浙江省重大科技专项。获批浙江省“尖兵”“领雁”研发攻关计划项目1项，浙江省建设科研项目1项。完成《全过程工程咨询管理手册》及9本《作业文件》编制，初步建立全过程工程咨询项目企业标准体系。

【安全生产】

1.严控项目实施水平，确保公司运行安全 组织开展“安全生产月”活动。认真推进《安全生产专项整治三年行动实施方案》落实。组织编制《公司牵头联合工程总承包项目实施指导意见（试行）》，加强对联合体形式承接EPC项目管理的责权利、管控要点的研究。制定《安全专员双重考核办法》落实项目现场安全管理人员职责，进一步调动人员积极性。顺利办理《安全生产许可证》延续。

认真组织管理体系内审、管理评审，保证外审工作顺利完成。组织召开公司质量安全工作会议、工程总承包工作研讨会，推动公司总承包实施水平再提升。积极落实国机集团互查活动，多次组织开展“三地三院”安全互查交流研讨活动，共同提升安全管理水平。荣获2021年度国机集团“安全生产奖”。

2.加强风险防控力度，保障公司合规经营 完善内部审计领导体制，将内部审计向党委会、董事会汇报机制纳入章程。开展职能管理部门预算和生产发展基金预算的编制和执行监督工作。开展3项工程总承包项目跟踪审计。对二级生产部门、后勤部门、工程总承包项目计奖考核、海外项目等开展审核监督工作。

组织召开监事会，开展监事培训，完善监事会制度。圆满完成中国海航审计工作。积极参加集团《审计操作指南 - 公司治理审计》编写工作。荣获“2019—2020年度国机集团内部审计先进单位”称号。

严控联合体投标风险，修订《公司承接项目实施细则》。协助相关生产部门跟踪、洽谈、落实EPC+项目实施方案。制定完善重大项目风险清单，梳理重大项目合同风险信息库5项，动态跟踪管控重大项目4项。

制定、修订公司违规经营投资问题责任追究制度及细则，组织落实公司本部及所属企业违规经营责任追究制度全覆盖。进一步完善公司诉讼及非诉纠纷管控体系。加强公司合同等各类文件的法律审核，积极推进法治建设及普法宣传工作，有序推进律师申报工作。

【党建工作】

2021年，中国联合党委在上级党组织的正确领导下，始终以习近平新时代中国特色社会主义思想为指导，深入贯彻落实党的十九大和十九届历次全会精神，以党史学习教育为工作主题，隆重庆祝中国共产党成立100周年，推动广大党员干部“学史明理、学史增信、学史崇德、学史力行”，以“党建创新拓展年”专项行动为抓手，推进党建工作理念创新、机制创新、方式创新，全力推动党建与生产经营中心工作的深度有机融合，推进党的建设全面提质增效，以高质量党建引领高质量发展，为实现公司“十四五”战略规划开好局、起好步提供坚强的政治和组织保证。

1.展现“两个维护”新境界，巩固深化政治建设

（1）持续完善“第一议题”制度。始终把习近平总书记最新的重要讲话和重要指示批示精神，作为党委会的“第一议题”、理论学习中心组学习的首要议题，第一时间学习传达、研究部署、推动落实。专题学习国机集团党委编制的《习近平总书记重要讲话和指示批示精神》等相关文件。2021年共组织学习上级会议精神及习近平总书记重要讲话40次，并制定了相应的工作措施和安排。

（2）有效夯实全面从严治党责任。构建党委主体责任、纪委监督责任、党委书记第一责任、班子成员“一岗双责”“四责协同”、合力运行的全面从严治党工作格局。开展公司党员领导干部、子公司党委书记、基层党支部书记3个层面的党建述职评议工作。开展党支部季度党建考核评价，并严肃做好考核结果的运用，做到奖罚分明。

持续贯彻落实《公司党委关于贯彻落实习近平总书记指示批示和党中央决策部署的工作规定》，组织党员领导干部民主生活会，着力引导党员领导干部不断提高政治判断力、政治引领力、政治执行力。

党委履行全面从严治党主体责任，贯彻落实国机集团党建工作会议精神和党建工作要点，积极落实"党建创新拓展年"专项行动，结合公司实际，制定公司党委年度计划并逐条落实责任部门和完成时限，形成任务分解表，通过党建工作会、党建和生产工作会对工作进行布置和检查。2021年公司党委会召开2次专题会议，研究公司全面从严治党事项。

（3）不断巩固深化"不忘初心、牢记使命"主题教育成果。印发《中国联合工程有限公司党委关于巩固深化"不忘初心、牢记使命"主题教育成果的实施意见》的通知，引导党员干部加强党的创新理论学习，坚持读原著、学原文、悟原理，始终把习近平新时代中国特色社会主义思想作为党员干部教育培训的中心内容。坚持党员干部讲党课，公司领导干部分别到分管板块、联系单位或所在支部讲授8场党课。制定公司领导班子2021年调研工作方案，组织领导干部聚焦"三个围绕"，到分管领域、分管部门、联系支部、基层单位和项目一线开展26场调研，听取基层党员群众意见建议，找准公司发展存在的痛点难点，出实招、办实事、解难题。

（4）认真学习党的十九届六中全会精神。公司及时制定《中国联合党委关于宣传贯彻党的十九届六中全会精神工作方案》，细化重点任务，明确落实责任，把学习宣传贯彻党的十九届六中全会精神作为当前和今后一个时期的重大政治任务，精心安排部署，周密组织实施。公司党委组织召开党委会和中心组学习会专题学习全会精神，统筹安排广大党员干部学习好《中共中央关于党的百年奋斗重大成就和历史经验的决议》和习近平总书记在全会上的重要讲话精神，结合岗位职责，交流学习体会。组织各级党组织积极参加国务院国资委、国机集团举办的十九届六中全会精神宣讲会、系列培训班，中联西北工程设计研究院（简称中联西北院）邀请西安市委党校教授讲授全会精神，使员工进一步深刻理解和把握全会对习近平新时代中国特色社会主义思想，深入理解和把握马克思主义中国化的三次飞跃、"两个确立"的决定性意义、"四个历史时期"的伟大成就、"十个坚持"的历史经验，切实从全会精神中感悟思想伟力、体会真理魅力、汲取奋进动力。

（5）扎实开展国企党建工作会议精神贯彻落实情况"回头看"工作。围绕全国国有企业党的建设工作会议召开5周年，对照30项重点任务和集团制定的81项具体措施，对照"七个方面"对标检视，及时成立"回头看"领导小组和工作小组。围绕落实习近平总书记"一个总体目标""两个一以贯之""三个有利于""四个坚持"等重要论述，以聚焦突出问题为重点，对贯彻落实情况进行全面自查，完成《公司党委关于全国国有企业党的建设工作会议精神贯彻落实情况"回头看"对标自查报告》，系统总结了5年来公司党委加强党的建设的成效经验，对标梳理出工作中存在的差距和不足，提出下一步努力方向。

（6）全力做好定点帮扶和乡村振兴战略的有效衔接。严格落实习近平总书记"四个不摘"的总体要求，认真遴选人选，完成温州市文成县黄坦镇驻村结对帮扶干部轮换，持续做好"稻虾共养"产业帮扶。积极参与对四川省广元市朝天区、山西省平陆县的帮扶，落实帮扶专项资金70万元，向国机集团4个定点帮扶县（区）和国家其他贫困县采购农产品共计172.46万元。主动与国机集团定点帮扶县对接，通过公司集中采购、员工食堂定期采购、号召公司员工个人购买等方式，全力帮助解决农产品滞销难题，助力乡村振兴。在国机集团脱贫攻坚总结表彰大会上，中机中联工程有限公司（简称中机中联）被评为脱贫攻坚先进集体。中联西北院党员青年骨干组成的"田间泥瓦匠"和"乡村干细胞"两支团队分别荣获西安市首届美丽乡村青年创意设计大赛一等奖、二等奖，并入选《西安"美丽乡村"优秀青年创意设计作品集》。

2. 深入推进党史学习教育，加强思想建设 公司党委牢牢把握党史学习教育“学党史、悟思想、办实事、开新局”的任务要求，做到“学史明理、学史增信、学史崇德、学史力行”，坚持高起点谋划、高标准推进，教育引导广大党员职工在学习领悟中坚定理想信念，在奋发有为中践行初心使命，切实把党史学习教育成果转化为推动公司改革发展的强大动力。

（1）坚持以上率下，强化组织领导。中央召开党史学习教育动员大会后，公司及时召开党委会深入学习贯彻习近平总书记在党史学习教育动员大会上的重要讲话精神。在党建和生产会、第一季度党建工作会等会议上持续部署党史学习教育工作。组织公司领导班子、公司中层以上管理人员积极参加国机集团举办的专题培训会。制定公司党委《关于开展党史学习教育的工作安排》，成立党史学习教育工作领导小组及办公室。按照集团工作任务清单，结合浙江省委的工作要求，将公司《党史学习教育重点任务清单》细化为 4 个阶段、34 项工作，明晰党委、党支部、普通党员工作任务和学习标准，成为开展党史学习教育的有力抓手。

公司党委班子成员以上率下、带头示范，分别以普通党员身份参加所在党支部党史学习教育相关活动。制定详细的“向党报告工作”“我为群众办实事”实践活动和党史知识竞赛等工作方案，明确工作进度和工作标准，系统谋划，深化指导全公司有序开展好各项任务。

向全体党员和中层干部发放《论中国共产党历史》《毛泽东 邓小平 江泽民 胡锦涛关于中国共产党历史论述摘编》《中国共产党简史》《习近平新时代中国特色社会主义思想学习问答》《社会主义发展简史》《中华人民共和国简史》《改革开放简史》7 本指定书目，引导全体党员和中层干部开展形式多样的学习活动。

（2）坚持思想引领，鼓舞奋进斗志。组织公司党员、中层干部集中收看习近平总书记在庆祝中国共产党成立 100 周年大会上的重要讲话实况直播，跟随总书记全方位回顾中国共产党波澜壮阔的百年光辉历程，感悟伟大建党精神内涵。公司党委第一时间召开理论中心组学习会，集中学习研讨习近平总书记“七一”重要讲话精神。公司党员干部纷纷到分管领域、联系单位或所在支部讲授党史学习教育专题党课，分享学习体会和学习贯彻习近平总书记在中国共产党成立 100 周年大会上讲话精神的收获，结合自身工作，讲述创新推动工作的启迪和动力。

（3）坚持实效导向，创新形式载体。扎实开展专题学习。开展“我在‘三个地’学党史”专题学习活动，汇编学习《习近平在浙江》采访实录和《习近平科学的思维方法在浙江的探索与实践》，突出红船味、浙江味、新时代味，进一步深入领会习近平新时代中国特色社会主义思想。坚持原原本本学，领导干部带头示范，全体党员、中层及以上干部每人每月自学时间不少于 8 个学时，通读完成指定书目。组织支部委员和中层干部，以支部为单位，进行至少 4 次专题学习读书班，并提交一份党史学习心得。在全体党员个人自学的基础上，各党支部采用“三会一课”和主题党日等形式，开展读书会、座谈会、微党课等主题突出、特色鲜明、形式多样的学习活动。以基层党支部为单位，组织全体党员开展“向党报告工作”活动，回顾成长历程，重温入党誓词，铭记入党初心，明确职责使命，向党庄重递交一份承诺报告。

开展“精神传承、思想升华”主题党日活动，完成“七个一”工作的同时，各基层党组织开展“参观一次红色教育基地、聆听一次历史故事、诵读一次文献史料、观看一部纪录影片、学习一次党章”活动。扎实开展“央企百年跟党走”主题党日，充分运用身边的红色资源，将情景式互动学习内嵌到党史学习教育中，引导党员干部坚定理想信念，传承红色根脉。

成功举办集团“百年党旗红 国机在行动”杭州、重庆、西安专场巡回演讲比赛。组织开展公司革命歌曲大合唱，追忆历史记忆，献礼中国共产党成立 100 周年，为公司党史学习教育营造浓厚舆论氛围。全公司范围内进行党史知识大比拼，以笔试、现场竞赛两个环节，选拔出优秀青年参加集团党史知识竞赛，并荣获国机集团党史知识竞赛第 2 名。中机中联党委扎实开展群众性主题教育活动，举办庆祝中国共产党成立 100 周年暨职工“书画摄影展”“百年礼赞，向党告白”手写心愿书等活动，寄情笔墨及影像，讴歌党的百年光辉历程。中联西北院开展的“忆峥嵘，绘新篇”庆祝中国共产党成立100周年主题活动荣登“学习强国”平台。

全体党员通过个人自学和集体研讨交流的形式，充分谈心谈话，深入查摆问题，深刻开展批评与自我批评，党员领导干部严格执行双重组织生活会制度，以普通党员身份参加组织生活，一起学习讨论、一起交流心得、一起接受思想教育，以刀刃向内的勇气，扎实开展好专题组织生活会。

（4）坚持宣传引导，营造浓厚氛围。积极开展宣传思想工作，持续加强日常对各子公司党委、各党（总）支部的宣传指导和管理，提高新闻宣传工作水平；加大公司网站、公司微信公众号、红色中联的上稿数量和时效性；加大新媒体运用，开设公司微信视频号；持续推进集团品牌一体化建设，在重点项目上，加大工地标化建设。《浙江日报》全版刊登公司在“十三五”期间倡导和践行建设模式转型，宣传公司领跑浙江省工程建设行业实践和为浙江省新型城镇化建设做出的突出贡献。

在公司官方微信公众号上开辟党史学习教育专栏，推送“中国联合学党史：中国共产党的精神谱系”25篇。聚焦公司党史学习教育重点工作、特色做法、先进典型案例等，编制公司党史学习教育简报51期。积极引导各基层党组织利用线上线下宣传平台，宣传开展学习教育的经验、做法和成果。中机中联和中联西北院分别开辟“学党史”“党史上的今天”专栏，丰富广大党员职工党史学习阵地。

加强意识形态工作的制度建设，及时做好公司、子公司的网站、微信公众号等媒体有害信息的清查工作，营造风清气正的网络舆论环境。与外部舆情监测机构合作，做好舆情监测工作，每周做好舆情监测，全年无舆情事件发生。

3. 巩固提升“三基建设”，夯实筑牢组织建设

（1）胜利召开公司第三次党代会。在上级党委的精心指导下，公司党委严格按照《中国共产党章程》《中国共产党基层组织选举工作条例》，加强组织领导，统筹协调，充分发扬党内民主，严格选举程序，严肃选举纪律，胜利召开公司第三次党员代表大会，选举产生了中国联合工程有限公司第三届党委委员和纪委委员。

（2）坚持党管干部党管人才原则。开展职能部门“四定”工作，优化职能管理队伍。根据业务需求，成立调整了多个业务机构，激发生产单元生产经营活力。2021年公司共任免干部199人次，提任31人。选派了1名班子成员和4名中层干部参加浙江省委组织部和国机集团组织的干部培训班，向国机集团推荐“青年干部”和“青年高潜”各7名。落实国企改革三年行动方案，向2家子公司增派外部董事，实现外部董事占多数改革目标。按照《公司各级领导干部报告个人有关事项及查核处理实施办法》规定，2021年继续严格做好领导干部个人有关事项报告的日常填报管理工作，共计197人完成填报工作。开展因私证照专项清理工作，对干部个人有关事项报告中的涉外事项进行了核查，对漏报涉外事项的38名干部进行了函询处理。持续开展“一报告两评议”工作，加强对子公司选人用人工作的监督管理。首次开展子公司领导班子的综合考核评价工作，加强对子公司班子履职的管理。完成干部人事档案审核852卷，顺利完成国机集团人事档案专项审核全覆盖工作。持续推进公司人才队伍建设工作，举行20场深度调研会，不断修订完善《七支人才队伍建设实施细则》，稳步推进七支人才队伍建设；中机中联和中联西北院结合自身实际实施了多通道的人才队伍建设，建立客观公正的人才评价标准，拓宽了人才发展通道。

（3）夯实基层组织。完成公司本部3个党总支的增设，同时新增2个党支部，增强配优党支部委员力量，支委人数达到136人。持续深化重点项目的党组织建设，成立中电海康无锡物联网产业基地项目临时党支部、智造谷产业服务综合体项目临时党支部等5个临时党支部，深化党建和生产的载体融合。持续深化党支部标准化规范化工作，实施标准化规范化验收。持续开展季度党建考核工作，以考促改，以考促进。组织完成2020年度组织生活会和民主评议党员工作，引导党员检视自身，提升政治能力。坚持落实“三会一课”，广泛开展主题党日活动。加强对浙江省基层党组织和党员信息管理系统、国机集团党建信息系统的管理和指导。加强发展党员工作，摸查发展党员储备情况，规范、有序、高质量统筹发展党员，2021 年公司完成发展 67 名新党员。根据中央专项工作要求，完成 2021 年半年度党内统计。按规定做好党费收缴、使用和管理工作，向浙江省国资委党委上缴 2020 年下半年和 2021 年上半年党费，共计 324 917.03 元。完成 1 名党员缴纳特殊党费上缴工作。

（4）建强基本队伍。按照《中国联合 2021 年党员教育培训安排》，继续与浙江省委党校、嘉兴红船学院、井冈山国家干部学院合作，对中层干部和专兼职党务干部进行 4 期党史学习教育专题培训。成功举办国机集团“党务干部上讲台”业务（杭州赛区）竞赛，组织专兼职党务干部现场受训，交流经验，促进党务干部业务提升，1 名党务干部进入决赛，并列入国机集团党务讲师队伍。

中机中联党委举办 2 期党史学习教育专题培训班，组织中层干部、党支部书记等到上海一大会址、嘉兴南湖等开展专题培训；举办中机中联党校第三期暨党史学习教育专题培训，组织基层一线党员通过线上与线下教学相结合的方式，持续深入学习贯彻习近平总书记“七一”重要讲话精神。中联西北院党委联合陕西团省委、省青联开展“青春学堂”，由罗援少将讲授“没有共产党就没有新中国”；组织全体干部、党支部书记分赴贵州开展党史学习教育专题培训，并创新开展了党务干部“沙盘”情景式培训。

（5）完善基本制度。新制定《公司党委关于进一步规范落实谈心谈话制度的实施意见（试行）》，修订《公司党委关于深入落实中央八项规定精神、进一步改进工作作风的实施意见》等党内制度，持续对标党内法规和上级党组织要求，不断完善公司党建制度体系。编制《发展党员操作指南》，细化工作要求，进一步提升基层党组织标准化规范化水平。

【信息化与数字化建设】

加快信息化建设，助推企业发展效能提升。公司积极推动《公司“十四五”信息化规划》的落地实施，更有效支撑了公司数字化转型，调整了信息系统基础架构，完成了出口业务负载均衡和面向对象分布式存储的部署。加强信息化标准体系建设，编制公司信息系统开发标准和应用系统数据标准。加强信息安全管控，建立主动安全防范机制。公司上报的《信息安全综合解决方案》获得“2020 中央企业‘新基建’网络安全优秀综合解决方案”优秀解决方案奖。

不断完善疫情防控信息化系统，充分发挥信息系统对疫情防控的支撑作用。贴近生产一线，协助生产部门承接公司重点工程项目中“数字化总集成”的全过程咨询工作。

【履行社会责任】

（1）助推教育强国战略。依托专业优势，优化学校建设方案，提升工程质量，完成 6 所学校的交付使用，为项目周边适龄学生提供美丽校园。

（2）助力碳达峰、碳中和。建设完成 5 个“标准化、智能化、人文化”的垃圾焚烧发电厂，解决城市垃圾问题。

（3）助推美丽乡村建设。通过深挖古镇历史底蕴，建设完成梅城镇和义桥镇小城镇环境综合整治项目 2 个，助推乡村振兴。

（4）举办重阳敬老交流活动。在上海和杭州两地邀请近 300 位离退休老员工重回公司，举办交流会和慰问活动，共度重阳佳节，大力弘扬敬老的传统美德。

（5）关爱员工健康。调整职工健康体检标准，健全完善医疗健康保障体系，做好公司便捷就医服务。

（6）加强联系和帮扶。加强对困难员工及离退休人员的关心关爱，申报困难职工爱心基金，慰问困难员工。

（7）丰富实践活动形式。各基层党组织充分调查研究，结合自身实际，梳理形成党支部“我为群众办实事”重点项目清单，开展形式多样的办实事解难题实践活动，在志愿服务中彰显党员先锋模范作用。中机中联党委开展的重庆大轰炸惨案遗址保护修缮项目等重点民生工程，得到重庆市主要领导的好评，被命名为重庆市爱国主义教育基地。

【统战和群众工作】

持续推行领导班子联系点制度等密切联系群

众的措施办法，深入基层调查研究；通过职代会、实地调研等方式定期开展职工思想情况调查，及时解决群众关心和反映集中的重大问题。持续开展“1+N”党员密切联系群众和“1+1”党内帮扶工作，提升“密切联系群众和党内帮扶工程”。

公司党委召开党委会，专题研究年度统战工作重点任务，集中学习新修订的《中国共产党统一战线工作条例》，公司三地三院都积极将民主党派人士等党外人士纳入公司政治理论学习体系，深入学习贯彻落实习近平新时代中国特色社会主义思想、党的十九大及十九届历次全会精神，及时向统战人士宣贯公司“十四五”战略规划，教育引导广大统战人员始终沿着正确政治方向前进，统一思想、凝聚共识、服务大局。

公司党委在公司统战人士中广泛开展“庆百年、爱国机、献良策、做贡献”主题活动，发动统战人士结合自身经历，讲述守实业、树匠心、兴所长、永创新的实际行动。邀请统战人士代表列席公司“七一”表彰大会等重要党内会议。邀请部分民主党派成员、无党派人士、党外知识分子、少数民族人士、归国留学人员代表召开统战人士代表座谈会，听取统战人员的意见和建议，为公司生产经营、科技创新、人才培养等方面凝聚最大合力。高度重视并充分发挥公司党外人士在地方政协的作用，主动服务社会经济发展和民生改善，积极参政议政，积极履行企业社会责任。中机中联党委召开“继续发扬军队传统，在本职岗位再立新功，争取更大光荣”暨退伍军人座谈会，引导广大退伍军人永葆初心，退伍不褪色，退役不褪志。

【群团建设】

举办公司本部2021年团支部书记述职评议会，促进各团支部之间的互动学习与经验交流，加强党组织对团员青年的了解。举办“学习百年党史 凝聚青年力量”主题活动，与会青年代表结合岗位和个人成长实际，畅谈了学习党史的心得体会，激励广大团员青年守初心担使命。组织团干部学习研讨习近平总书记在庆祝中国共产党成立100周年大会上的重要讲话精神，激励青年以“请党放心，强国有我”的决心落实“锻造国机所长，青年责任在肩，服务国家所需，青年一马当先”的行动。开展了公司第五届“青年岗位能手”评选活动，评选出公司第五届“青年岗位能手”共60名，通过“中国联合报”“中机中联报”和“中联西北院报”平台，宣传展示优秀青年员工风采，引领青年员工开拓进取，成长成才。1个团支部获评中央企业五四红旗团支部。3个集体获评国机集团“青年文明号”；1个项目部获评国机集团“青年安全生产示范岗”。

举办公司本部2021年部门工会主席述职评议会，促进各部门工会之间的学习交流。参加集团工会“印象国机·百年荣光”书画、摄影、篆刻网络展活动和省部属工会中国共产党成立100周年艺术节活动。承办集团“百年党旗红，国机在行动”巡回演讲比赛。承办集团联队与浙江省委党校、中国联合乒羽友谊赛和国机集团工会二季度工作会议等活动。公司工会获得国机集团2020年度“工会工作先进集体”荣誉称号，2个集体获国机集团2020年度“抗击新冠肺炎疫情工会先进集体”荣誉称号。

机械工业第六设计研究院有限公司

【基本概况】

机械工业第六设计研究院有限公司（简称中机六院）成立于1951年，是我国最早成立的工厂设计机构，2000年加入中国机械工业集团有限公司。主要从事工程咨询、工程设计、工程监理、项目管理、工程总承包等业务，致力于打造

"国内一流的绿色与智能工程服务商"。

中机六院现有员工 2 000 余人，其中中国工程院院士 1 人、中国工程设计大师 2 人、省勘察设计大师 3 人、享受政府特殊津贴专家 23 人、正高级工程师 103 人、高级工程师 717 人、各类国家注册工程师 1 400 余人次。

中机六院拥有我国工程设计最高资质工程设计综合甲级资质以及工程监理综合资质、建筑工程施工总承包一级资质、工程造价咨询甲级等 10 余项工程建设全过程服务所需的所有资质。业务涵盖工业、民用与市政工程等领域；先后承担工程项目 20 000 余项，建设投资上万亿元，项目遍布祖国各地，服务区域涵盖 70 个国家和地区。

中机六院牵头承担或参与国家绿色与智能制造重大科技专项 45 项，主编或参编国家、地方和行业标准 62 项，建有绿色建筑信息模型化国家地方联合工程实验室、博士后科研工作站、工业互联网平台应用创新推广中心等国家级科研平台；荣获国家科学技术进步奖 6 项、国家优秀工程设计金银铜奖 10 项、詹天佑奖 2 项、鲁班奖及国家优质工程奖 37 项、各类省部级奖 900 余项，获得国家授权专利 327 项、软件著作权登记 336 项；在智能与信息化、绿色工业建筑、工厂和园区规划、高难度结构、暖通空调、工业除尘、市政热力、市政给排水等方面具有国内一流技术水平，在绿色与智能工厂系统集成、工艺流程再造、铸造与无机非金属材料及恒温恒湿厂房等方面处于行业领先地位。

2021 年是中机六院成立 70 周年。中机六院立足新发展阶段，面对新发展形势，坚持战略引领，扎实推进一系列改革发展举措，全年新签合同额 30.3 亿元，同比增长 142%；完成营业收入 16.7 亿元，同比增长 14.29%；实现利润总额 1.9 亿元，同比增长 25.9%；实现净利润 1.6 亿元，同比增长 126%；实现 EVA 1.8 亿元，同比增长 115%，为"十四五"高质量发展打下了坚实基础。

【"十四五"重点发展方向】

1. 业务定位 以工程设计、工程管理和工程总承包为公司三大主营业务，其中工程设计是核心业务，着力发展全过程工程咨询管理和 EPC 工程总承包业务模式。

2. 领域定位 以工业、民用、市政和物流为主要服务领域；对接国机集团发展战略，突出服务建设制造强国的责任使命，着力发展工业、物流业务，做强做优做大民用、市政业务。

3. 区域定位 统筹国内、国际两个市场，以深耕国内市场为主，稳步拓展国际市场；对接融入国家区域发展战略，优化区域布局，充分发挥国机集团平台和中机六院分支机构的窗口作用，加快融入粤港澳、长三角、长江经济带以及"一带一路"沿线国家和地区市场，进一步深耕河南省内及天津、重庆、福建、四川等区域市场，不断提升在目标市场的影响力和占有率。

【主要指标】

2020—2021 年中机六院主要经济指标完成情况见表 1。

表 1 2020—2021 年中机六院主要经济指标完成情况

指标名称	2020 年	2021 年	同比增长（%）
资产总额（万元）	199 778.65	213 615.34	6.93
净资产（万元）	114 549.43	124 971.77	9.10
营业收入（万元）	146 268.44	167 172.17	14.29
利润总额（万元）	15 156.68	19 082.67	25.90
技术开发投入（万元）	12 584.20	13 045.06	3.66
利税总额（万元）	20 416.28	24 070.04	17.90
EVA 值（万元）	16 005.48	18 168.51	13.51
全员劳动生产率〔万元 /（人·年）〕	22.30	25.78	15.61
净资产收益率（%）	12.03	13.50	增加 1.47 个百分点
总资产报酬率（%）	8.51	9.25	增加 0.74 个百分点
国有资产保值增值率（%）	112.56	114.07	增加 1.51 个百分点

【改革发展】

中机六院以国企改革三年行动为抓手，统筹推进一系列打基础、利长远的改革事项，进一步增强发展活力和驱动力。

（1）紧盯国企改革三年行动年度任务目标，强化日常监管和动态提醒，整理形成并定期更新任务台账，总结提炼并宣传报送改革做法和成效，采取多项有力措施，推动改革顺利收官。

（2）统筹优化资源配置，围绕战略落地，扎实推进组织机构和内部资源整合。成立科技发展部，进一步推进公司科技创新工作；进一步整合工业业务及绿色、信息与智能技术相关资源，做强工业与智能中心，加快发展智能工厂与现代物流业务；整合民用工程业务资源，成立民用工程中心，发挥平台技术支撑作用，增强民用业务大客户、大项目经营能力；以第三工程院、第五工程院为试点，推进内部资源整合，实行技术经营一体化、生产专业化管理，加强内部核算，激发部门整体活力。

（3）完善公司治理体系。对照国务院国资委和国机集团要求，修订《公司章程》《公司决策事项及权限表》，进一步厘清各治理主体的权责边界，持续加强党的建设与公司治理相统一。着力加强董事会建设，完善董事会组织体系和工作机制，增设薪酬与考核委员会，进一步推动董事会高效运转。扎实推进规章制度的废改立释工作，以制度为基础制作审批决策流程图，实现制度管理流程化和表单化，进一步提高事项审批效率，为制度有效落地提供支撑。

（4）全面推行经理层任期制和契约化管理。按照国务院国资委和国机集团部署要求，扎实推进公司及子公司经理层成员的任期制和契约化管理，改革经理层成员的考核与薪酬分配机制，加强任职管理、强化差异考核、注重薪效联动、突出刚性奖惩，立下"军令状"、明确责任制，着力树立"能否坐得住，契约说了算""干得好不好，指标说了算""收入多与少，业绩说了算"的导向，充分激发经理层成员的活力和创造力，进一步发挥经理层成员的表率作用。

【重大项目】

1. 中机六院成立 70 周年云庆祝活动 2021 年 1 月 13 日，中机六院采用线上直播方式举办成立 70 周年云庆祝活动。活动由总经理余小元主持，董事长孟庆利致辞，国机集团、中国勘察设计协会等行业协会、离退休人员、兄弟单位以及国内外重要客户和合作伙伴发来贺信贺电和祝福视频。活动上播放了《中机六院 70 周年专题片》，发布了《奋进七十年纪念集》《中机六院成立 70 周年专刊》《企业文化手册》，中机六院老中青三代人分享与企业同发展共奋进的体会感悟，并为先进人物进行了颁奖。2 000 余人参与活动直播互动，在线观看直播人数超过 5 万人次，进一步增强了员工自豪感、荣誉感和归属感。

2. 董事会成员调整 2021 年 4 月 1 日，许强任公司董事；2021 年 11 月 1 日，陈锋任公司董事。中机六院董事会成员 7 人，其中外部董事 4 人，占多数。调整董事会审计与风险管理委员会成员，成立董事会薪酬与考核委员会，两个委员会成员均由外部董事担任，充分发挥外部董事智囊作用，推进中机六院持续健康发展。

3. 举办创新发展论坛 2021 年 5 月 26 日，中机六院承办国机集团第一届智能制造创新发展高峰论坛。国机集团董事长张晓仑出席论坛并致辞，中国工程院院士李培根、谭建荣、杨华勇分别围绕智能制造中数字孪生、关键技术、发展趋势等方面内容作主题报告。工业和信息化部、国务院国资委等相关领导和嘉宾，河南省、郑州市有关部门负责人，国机集团副总经理、总工程师、中国工程院院士陈学东，国机集团相关部门、相关下属企业负责人，以及国内智能制造领域的专家学者等近 170 名嘉宾参加论坛。期间，中机六院牵头梳理发布《国机集团智能制造》白皮书，在业内引发热烈反响，进一步提升了国机集团品牌影响力，充分展示了中机六院在智能制造领域的技术实力和行业地位，对国机集团制造业企业的数字化转型也起到了重要推进作用。

4. 子公司更名 经国机集团批复同意，国家市场监督管理总局核准，中机六院全资子公司郑州中兴工程监理有限公司、厦门陆原建筑设计院有限公司分别于 2021 年 6 月 16 日、11 月 25 日，更名为国机中兴工程咨询有限公司（简称国机中兴)、国机陆原工程设计研究有限公司（简称国机陆原)。

5. 制定中机六院“十四五”发展规划 2021年9月29日，《中机六院“十四五”发展规划》正式印发。为加强战略落地，组织开展“十四五”战略落地责任书签订工作，确保战略目标和重点任务有效承接；组织开展战略大讨论，深度解读发展规划，切实凝聚战略共识，统一广大干部员工的思想和行动。

6. 新领导班子 2021年10月26日，中机六院召开领导班子宣布大会和第三届董事会第二十二次会议，任命新一届领导班子。孟庆利任党委书记、董事长，余小元任党委副书记、董事、总经理，李长信任纪委书记，吴旭东、李航为副总经理，闵莉为财务总监。毛卫东、李国顺退出领导班子（另有任用)，张清宽、俞玮退出领导班子。

7. 股权投资预算 2021年度中机六院股权投资预算8 105.05万元，其中：收购特色设计院投资2 000万元；参股洛阳市吉利区污水处理厂、固废处理厂、吉利区水系建设项目投资500万元；参股成立重庆、深圳智能制造系统集成企业，分别投资200万元、100万元；参股成立福建省智能制造联盟公司投资150万元；参股5G+国家移动源污染控制技术产业园投资300万元；中国陆源国际工程有限公司增资2 500万元；国机工业互联网研究院（河南）有限公司增资扩股1 155.05万元；并购勘察资质、市政设计资质企业投资1 000万元；入股广东省内、福建省内政府平台公司，分别投资100万元；采用认缴的方式对国机陆原增资2 800万元。

2021年度完成股权投资2 550万元，其中：参股成立福建省智能制造联盟公司完成投资50万元，参股公司名称确定为“福建陆源智能科技有限公司”；中国陆源国际工程有限公司增资完成投资2 500万元；采用认缴的方式完成国机陆原的增资。

【国际合作】

面对世界多极化和经济全球化趋势下的政治经济格局转变，公司克服新冠肺炎疫情影响，积极响应国家“设计咨询走出去”号召，参与“一带一路”建设，先后承接了科特迪瓦阿古国家传统医药研究所、援白俄罗斯国家足球体育场、援白俄罗斯国际标准游泳馆、援塔吉克斯坦议会大楼等多项有代表性的项目。

【科技创新】

2021年，中机六院聚焦绿色、智能发展方向，着力加大科技创新体制机制建设以及研发投入力度，持续培育核心技术竞争力，进一步锻造企业所长。

1. 完善科技创新体制机制 中机六院紧扣公司总体战略和市场需求，编制完成《公司“十四五”科技创新发展规划》、制定《公司外部协同创新管理办法》、修订《公司科技成果转化应用促进办法》等一系列制度，进一步规范和优化科技创新工作。

2. 形成一批科研成果 中机六院承担的国家发展改革委2017年新一代信息基础建设工程和“互联网+”重大工程——互联网+智能工厂协同设计云平台项目顺利通过验收。“大腔体高温真空电热氮化烧结系统及余热利用”入选工业和信息化部《国家工业节能技术推荐目录(2021)》。自主研发的“成套装备工程全生命周期数字化服务平台创新应用”入围工业和信息化部2021年工业互联网平台创新领航应用案例名单，“中机六院数字化协同设计平台”入选住房和城乡建设部智能建造新技术新产品创新服务典型案例，“制造信息模型（MIM）全生命周期应用工业互联网平台”被评为2021年河南省新型信息消费示范项目。

参与完成“捕集设备性能提升原理”“颗粒物超低排放及净化除尘技术工程应用”“立式工业建筑钢结构体系及其关键技术研究”3项科技部国家重点研发计划。

参编的5项国家标准GB/T 40648—2021《智能制造 虚拟工厂参考架构》、GB/T 40654—2021《智能制造 虚拟工厂信息模型》、GB/T 16458—2021《磨料磨具术语》、GB/T 28581—2021《通用仓库及库区规划设计参数》、GB/T 21072—2021《通用仓库等级》正式发布。

2021年共获得授权专利45项，其中发明专利7项；软件著作权登记86项；省部级及以上行业奖项101项。

2021年10月，中机六院顺利通过第五次高新技术企业认定，证书编号：GR202141000653。

3. 加强新技术研发推广应用 中机六院聚焦业务发展方向，加大重点领域新技术攻关力度，在物流工艺及冷链技术、智慧医院体系的设计标准化模块化、智能工厂系统集成关键业务技术等方面取得突破，自主研发的全过程工程咨询软件平台在10多个项目中应用并取得良好效果。

持续开展定制化培训，推动智能工厂、绿色建筑、现代物流、装配式建筑等优势技术向生产一线赋能。围绕“冷链冷库设计技术概述”“绿色工程发展趋势及技术要求”等重点内容，举办线上线下各类培训25场，累计培训1 000余人次，加强设计人员对新技术、新知识的学习掌握，有力推动相关业务发展。

【安全生产】

扎实开展安全生产三年集中整治行动。严格落实“党政同责、一岗双责、失职追责”工作要求，进一步细化各部门安全生产责任，组织各级行政及党组织负责人层层签订《安全生产责任书》24份、《双向承诺书》3 373份；不断建立和完善安全生产管理制度体系，完成《国机集团安全管理手册》工程总承包系列中《原材料和设备、设施安全管理》《应急准备与响应》两分册的编制，修订《公司工程总承包安全生产实施细则》，制定《公司房屋建筑及市政工程安全文明施工标准化指导图册》等多项安全生产规章制度及标准化图集；动态更新“两个清单”，加大专项整治攻坚力度，组织开展全面安全生产事故隐患排查4次，重大危险源、特种设备、分包方、境外安全等专项检查11次，共检查办公区域130个，施工现场399个；持续加强安全生产教育培训，组织开展消防、交通、应急、设计、总承包等各类安全生产教育培训累计61场，培训人员5 727人次；有针对性加强应急预案培训和演练，组织各二级机构、部门及总承包项目现场开展高处坠落、食物中毒、触电、消防等各类演练40场，合计1 025人次参加了演练。中机六院2021年度未发生安全生产事故，荣获集团安全生产专项奖。

【党建工作】

2021年，中机六院党委坚持以习近平新时代中国特色社会主义思想为指导，全面贯彻落实党的十九大及十九届历次全会精神，扎实开展党史学习教育，组织了庆祝中国共产党成立100周年等系列活动，持续推进党建与业务深度融合，以高质量党建引领保障高质量发展取得显著成效。公司2021年度党建工作被国机集团党委考评为优秀。

1. 政治建设 认真学习贯彻党的十九届六中全会精神，将贯彻全会精神与制定“十四五”规划结合起来，提出八大战略任务、十项战略举措。组织党委理论学习中心组集中学习8次，党委会专题研究“第一议题”10次，深入贯彻落实习近平总书记关于国企改革、党的建设等系列重要论述和“七一”重要讲话精神。积极融入国家发展大局，持续对接融入京津冀、粤港澳大湾区、海南自贸区等国家重点发展战略，在绿色智能工厂、现代物流、公共建筑、医疗建筑、文教建筑等重点领域承揽大批代表性项目。

2. 思想建设 党委理论学习中心组组织召开4次专题研讨会，深入学习贯彻习近平总书记关于党史学习教育的系列重要论述。各基层党组织广泛开展支部书记讲党课、“学党史、强业务”等活动，不断提高运用党的创新理论武装头脑、指导实践的能力和水平。充分用好红色教育资源，组织党工团干部130余人，分两批到红旗渠干部学院和大别山干部学院进行党史学习教育专题培训，开展“百年党旗红，六院在行动”演讲比赛、党史知识竞赛、“向党报告工作”主题党日活动、“学百年党史，忆峥嵘岁月”等系列活动，传承弘扬伟大建党精神和中机六院优良文化传统。扎实开展“我为群众办实事”实践活动，推进室内外运动场馆灯光升级改造，安装电动车充电桩、增设文体活动设施、开设职工超市、为职工宿舍安装窗纱等34项民生措施落实落地，切实为职工办实事、解难题。

3. 基层党组织建设 对照组织健全、制度完善、运行规范、活动经常、档案齐备、作用突出“六条标准”，开展示范党支部创建活动，评选出

2 个示范党支部，以先进示范带动整体提升。严把党员发展质量关，全年发展党员 30 名，均为领导干部或业务骨干。结合中机六院“十四五”规划，组织开展“把握新发展阶段、贯彻新发展理念、服务新发展格局”大讨论，凝聚发展共识，推动战略目标任务落实落地。各基层党组织结合业务实际确定党建重点项目，广泛开展岗位建功、党建共建、联学联建等各类活动，充分发挥基层党组织战斗堡垒作用和党员先锋模范作用。

4. 干部人才队伍建设 加强优秀年轻干部选拔使用，新提 8 名 80 后正副职领导干部，进一步使用的 21 名领导干部中 80 后占比 62%，进一步优化了干部年龄结构。推进干部交流任职，11 名领导干部在部门间进行交流，2 名领导干部通过河南省委“墩苗育苗”计划赴地方分别任正县级、副县级领导干部。加大领导干部末等调整和不胜任退出等工作力度，有力推动干部“能上能下”。加强高层次人才队伍建设，引进 1 名全国工程勘察设计大师，完善技术人员发展通道，增设技术专家岗位，选拔 7 名技术专家。积极申报集团、地方高端人才，11 名高层次人才获评集团高级专家，4 人入选郑州市“高层次人才计划”。

5. 群团统战企业文化建设 编制企业文化“十四五”规划，谋划“十四五”时期文化建设工作新思路、新举措。举办《奋进七十年纪念集》、新版《企业文化手册》发布仪式，组织中机六院百科知识竞赛、“机械工业纪念日”线上知识竞答等，推动优秀文化的传承与发展。制定《公司党委统一战线工作责任制实施办法》，拓展统战人士建言献策渠道，开展“庆百年、爱企业、献良策、做贡献”主题活动、统战人士代表和高层次人才座谈会，广泛凝聚发展共识。开展“学党史、强信念、跟党走”主题系列活动，公司首届“青马工程”开班。承办国机集团“中机六院杯”羽毛球区域邀请赛、省勘协“设计杯”羽毛球赛，持续做好困难职工关爱帮扶工作。2021 年，中机六院工会连续第五年荣获国机集团“工会工作先进集体”。

【信息化与数字化建设】

2021 年，中机六院加强新一代信息智能技术与主业融合，着力推进产品及新技术研发、市场经营、运营管理、用户服务等各个环节信息化、数字化、智能化水平，取得显著成效。

1. 加强数字化关键技术攻关 持续推进《智能工厂系统集成业务技术研究》和《全过程工程咨询管理平台》课题研发进度，加快成果转化应用，规范项目管理流程。开发并试运行全过程工程咨询管理平台软件，对公司全过程工程咨询业务落地、数字化交付具有里程碑意义。

2. 提升经营管理数字化水平 持续优化完善 EEP 协同管理平台经营管理模块，实现数据的实时整合以及业务流程的无缝链接。对中机六院现有移动办公 App 进行梳理整合，统一升级为“智慧六院”App，同步推出安卓/鸿蒙、苹果、WindowsOS、MacOS 全终端操作系统版本，无缝整合原“智慧园区”“效率助手”等应用的所有功能，助力员工随时随地高效完成协同办公、远程办公，提升工作效率。

3. 开展 BIM、智能化等新技术定制化培训 开展“企业数字化转型探讨与思考”交流活动，营造数字文化氛围。举办 BIM 线下培训 17 场 260 人次、线上培训 6 场约 550 人次，并将培训视频上传至企业“学源”培训平台，满足业务部门在线培训需要。

4. 将 BIM 技术应用纳入考核体系 与业务部门签订《BIM 技术应用目标责任书（2021 年）》，将 BIM 技术应用纳入年度部门考核要素，引导部门加强 BIM 设计人员能力培养，进一步促进 BIM 产品质量提升。

【履行社会责任】

作为集团定点帮扶固始县片区牵头单位，全年捐赠帮扶资金 55 万元，实现消费扶贫 155 万元，获评河南省脱贫攻坚先进集体、国机集团脱贫攻坚突出贡献奖。

郑州“7•20”特大暴雨期间，通过及时安置受灾群众、组织捐款 140 余万元、为灾区提供技术咨询服务、开展志愿服务等一系列举措，在抗灾一线彰显央企责任担当。

合肥通用机械研究院有限公司

【基本概况】

2021 年，合肥通用机械研究院有限公司（简称合肥通用院）优化业务布局，强化科技创新，抓好稳增长、防风险等各项工作，实现营业收入 18.07 亿元、利润总额 3.47 亿元、净利润 3.05 亿元，完成考核目标值 122%；实现 EVA 值 2.62 亿元，完成考核目标值 114%；年末资产总额为 43.29 亿元，其中，归属母公司的所有者权益 20.52 亿元；资产负债率为 42.94%，较 2020 年年末的 45.79%，下降 2.85 个百分点。圆满完成了国机集团下达的经济考核指标，再次被评为国机集团“先进单位”，这是自 2009 年以来合肥通用院连续第 13 次获此殊荣。

【企业“十四五”发展方向】

2021 年是“十四五”的开局之年，合肥通用院在回顾“十三五”时期主要成绩与问题的基础上，分析发展环境、行业趋势和自身优势，瞄准建设成为“国际著名、国内领先的现代科技型上市企业”的战略定位，以“顶层设计—广泛征集—充分论证—分解落实—闭环管理—动态评估”为总体思路，坚持聚焦“国家重大工程建设与国防军工重大技术装备国产化研制”“在役设备安全可靠性与节能技术研究”两大领域，组织编制了《国机集团合肥通用机械研究院有限公司“十四五”发展规划》。规划主要通过产业结构优化工程、自主创新强化工程、质量品牌建设工程、企业市值提升工程、数字化转型工程等战略举措和强主优辅拓新经营、专注特色科技创新、强化行业战略咨询、建强科研服务平台、壮大专业人才队伍、加强职业教育和学术期刊等重点任务的实施，全面提升运营效率和创新能力、增强企业活力、激发内生动力，深入贯彻新发展理念、融入新发展格局、推动高质量发展。

【主要指标】

2020—2021 年合肥通用院主要经济指标完成情况见表 1。

表 1　2020—2021 年合肥通用院主要经济指标完成情况

指标名称	2020 年	2021 年	同比增长（%）
资产总额（万元）	399 946	432 891	8.24
净资产（万元）	216 819	247 026	13.93
营业收入（万元）	189 506	180 747	-4.62
利润总额（万元）	28 004	34 672	23.81
技术开发投入（万元）	15 200	14 497	-4.63
利税总额（万元）	35 033	43 828	25.10
EVA 值（万元）	23 041	26 158	13.53
全员劳动生产率〔万元 /（人 • 年）〕	46.93	54.83	16.83
净资产收益率（%）	11.93	13.05	增加 1.12 个百分点
总资产报酬率（%）	7.44	8.20	增加 0.76 个百分点
国有资产保值增值率（%）	112.92	115.10	增加 2.18 个百分点

【改革发展】

1. 混合所有制改革 按照因地施策、因业施策、因企施策，宜独则独、宜控则控、宜参则参，不搞拉郎配、不搞全覆盖、不设时间表的“三因三宜三不”原则，积极稳妥推进混合所有制改革工作。所属上市公司修订《国机通用机械科技股份有限公司股东大会议事规则》《国机通用机械科技股份有限公司关联交易管理制度》等多项制度，进一步完善公司法人治理结构，规范公司运作；上市公司及时披露年度报告并召开业绩说明会，多方式、多渠道积极主动就投资者关心的问题进行互动交流，投资者保护工作有效提升。

2. 国企改革三年行动 成立国企改革三年行动领导小组，制定2020—2022年改革三年行动实施方案，加强政策宣传和组织领导，分解细化任务目标，强化监督考核。通过推进国企改革三年行动方案实施，进一步聚焦提升主业管控能力、创新能力和运营效率，着力深化体制机制改革，激发企业内生动力，发挥企业在优化结构、畅通循环、稳定增长中的引领和带动作用，推动企业高质量发展。

3. 企业经营管理项目 一是在质量提升方面，2021年合肥通用院“实施‘4+5’关键过程改进质量管理模式的经验”被评为全国质量标杆；二是在亏损企业治理方面，对可能存在亏损的企业和部门，各分管院领导亲自挂帅，年初组织拟定保盈利策略，年内逐月跟踪落实，全年实现合并范围内无亏损企业；三是在两金压控管理方面，成立两金领导小组和工作小组，督导两金清理回收工作，取得较好效果：2021年年末应收账款（含合同资产）原值96 267万元，账款整体规模较年初有所增长，但其中3年以上账款10 361万元，较年初减少703万元，比2020年降低6.35%；四是在资金管理方面，继续秉承“现金为王”的经营理念，加强现金流量管理，实现经营活动现金净流量7 970万元，合并范围内货币资金余额达到19.94亿元，比年初增加1.64亿，进一步加强资金集中，2021年度资金集中度完成集团考核指标，加强债务风险管理，通过预算管控子企业带息负债和资产负债率，严格执行集团公司融资、担保等相关制度，控制担保抵押风险。

4. 调整薪酬体系 2021年年初根据员工个人业绩情况，对照管理、技术、工勤3个序列薪酬等级条件，对职工薪酬等级进行了调整；继续对四级以上专业技术职务人员进行动态考核，根据个人业绩，动态调整了部分四级以上专业技术人员的薪酬等级。组织开展职工年度考核，按照合肥通用院目标责任制考核办法，根据2020年度考核结果，对经营亏损的部门和所属企业相关人员继续实行减薪。

【重大项目】

1. 持续开展关键核心技术攻关，参与承担多项重大科研项目 2021年，面向国家重大战略需求，瞄准装备制造业基础、高端、智能、绿色、服务等方向，围绕氢能技术、新能源汽车、公共安全、高性能制造、质量技术基础等领域，获批和落实的各类项目（课题）36项（其中，国家级17项），包括工程院战略咨询项目5项，国家重点研发计划课题3项，国家自然科学基金项目3项；安徽省和合肥市自然科学基金项目5项、安徽省科技重大专项定向委托项目1项、安徽省重点研发计划项目8项、安徽省中央引导地方科技发展专项1项、国机集团研发平台能力提升项目2项、中石化科技开发项目2项，全年在研项目到款5 041.40万元。

在应用基础研究领域，新增3项国家自然科学基金（面上项目1项、青年项目2项），4项安徽省自然科学基金（面上项目1项、青年项目3项），1项合肥市自然科学基金项目，将在新型镁基亚稳态储氢合金、金属硼氢化物储氢材料吸放氢性能、氢气隔膜压缩机膜片动力学响应规律、超高转速小流量离心压缩机流体激振失稳机理等方面开展前沿探索，为相关装备与技术开发提供理论支撑。

在高端制造领域，参与国家重点研发计划项目“千米竖井硬岩全断面掘进机关键技术与装备”，研发用于竖井掘进机的水射流辅助破岩技术，提升我国深竖井施工建造技术水平和装备竞争力；参与国家重点研发计划项目“大型掘进机主驱动密封关键技术示范应用”，探索适用于大型掘进机苛刻泥沙工况的新型自补偿双浮动端面密封结构，助力我国大型掘进机主驱动密封的国产化；承担安徽省重点研发计划项目“舰船余热回收系统热力学过程及关键换热设备研究”，开展烟气-超临界二氧化碳扩散焊换热器热力与机械协同设计及研制比例样机，推动我国舰船用超临界二氧化碳布雷顿循环系统工程化应用。

在绿色制造领域，参与申报的国家重点研发计划“新能源汽车”专项“高密度大容量气氢车载储供氢系统设计及关键部件研制”项目已通过专家评审；合肥通用院负责的研究车载大容量高压储氢瓶及瓶阀性能测试方法课题——储氢系统关键部件测评与集成技术研究，为我国氢燃料电池重载车辆储供氢系统关键部件测试与质量评价提供技术支撑；牵头承担的安徽省科技重大专项定向委托项目——氢燃料电池汽车储供氢装备设计制造关键技术研究已正式启动，将研制90MPa站用氢压机、70MPa车载Ⅳ型瓶及瓶口组合阀、氢循环泵等重要装备，打破国外技术垄断。“十二五”以来，合肥通用院在氢能领域累计承担国家和省部级项目（课题）40余项，涉及高压气态氢、深冷液态氢、固态储氢等主要技术路线，开展车载储氢瓶、管束集装箱、瓶口组合阀、站用氢压机、高压（差）阀门、氢气循环泵等氢能储运重要装备及核心零部件的设计制造、测试评价与在役保障技术研究，为我国氢能储运装备的自主可控做出贡献。此外，承担国家重点研发计划“科技冬奥”重点专项课题1项、任务2项。其中，承担的“冰雪场地设备关键性能参数技术与标准研究”课题，研发形成了直冷式制冰机组检测和绿色产品评价技术，已应用于北京冬奥会国家速滑馆建设，为冰面温度偏差0.5℃目标的实现提供了技术支撑。

在智能制造领域，承担的安徽省重点研发计划项目“乙烯裂解炉扭曲片管激光增材制造控形控性研究”，初步建立了激光增材制造25Cr35NiNb合金的微观组织调控方法；承担的安徽省重点研发计划项目“大型储罐沉降远程在线监测技术研究与预警系统开发”，已完成沉降储罐基础数据采集和仿真分析，将研发大型储罐在线沉降、应力应变监测技术与设备。

2. 科学管理在研项目，不断提升质量水平 2021年，39项国家和省部级科研项目、课题通过验收。其中，承担的国家重点研发计划项目“氢能储运装备性能检测及质量评价技术研究”通过绩效评价，项目揭示了高压、深冷、临氢等极端工况下典型氢能储运装备失效模式、损伤机理及质量影响因素，开发了氢能储运装备服役性能检测监测与诊断评估技术及仪器/设备；承担的国家重点研发计划项目“石化装置关键静设备质量性能检测评价与控制技术研究”通过绩效评价，项目探明了石化关键静设备的高温蠕变、腐蚀、密封泄漏等失效机理及其演化规律，建立了性能表征、检验检测、质量评价、监测预警等新方法。此外，在完成验收的项目/课题中，攻克了高参数承压设备设计制造风险防控、承压设备基于损伤分级的多尺度失效评价等关键技术，开发出深海沉船超高压水切割破拆装备、煤化工高端控制阀、海水混合冷剂换热器样机等产品，支撑了相关领域技术进步和产品质量提升；在通用机械装备远程运维方面，开展了基于特征参量的炼化装置高风险承压设备腐蚀监控、冶炼行业关键动设备基于大数据分析的远程故障诊断等方面研究，相关技术在惠州炼化、榆林能化、铜陵有色等企业示范应用。

【国际合作】

1. 加强国际学术交流，提升国际影响力 以中国机械工程学会压力容器分会等行业组织为平台，组织5位研究人员以视频方式参加2021年度美国ASME压力容器与管道学术会议（线上）；主办第十届全国压力容器学术会议，来自国内科研、设计、制造、使用、检验、高校、安全监察等系统和英国、美国、日本、爱尔兰等国家的专家学者共500余人参加会议。

2. 积极参与国际标准制修订，提高国际标准参与度 2021年，由合肥通用院代表中国主导修订的国际标准ISO 6002:2021《工业阀门 螺栓连接阀盖钢制闸阀》，经国际标准化组织（ISO）批准正式发布，该标准对工业阀门螺栓连接阀盖钢制闸阀的材料、设计、检验等技术要求进行了规定，是该院在阀门专业国际标准化方面取得的又一项重要成果；组织中国专家参加

ISO/TC 153（阀门）、ISO/TC 185（超压保护安全装置）、ISO/TC 118（压缩机、气动工具及气动机械）、ISO/TC 313（包装机械）、ISO/TC 86（制冷和空调）视频年会及标准讨论会，积极参与国际标准讨论和投票表决。

3. 持续拓展国际认证检测业务，助力质量认证国际合作互认 合肥通用机电产品检测院每年为全球20多个国家和地区、140多家国内外制造商企业提供采暖、通风、空调和制冷（HVAC）专业技术服务，得到20多个国际权威组织的认可和授权。2021年，完成全球暖通空调领域近630个国外认证检验检测项目，为质量认证国际合作互认做出贡献。

【科技创新】

1. 强化战略咨询，服务国家战略发展 为深入贯彻落实党的十九届五中全会精神和国机集团关于提升服务国家战略咨询能力的部署要求，2021年4月成立了“工程战略研究室”。工程战略研究室坚持面向世界科技前沿、面向经济主战场、面向国家重大需求、面向人民生命健康，积极开展战略咨询研究，为国家、行业和企业战略谋划、部署和管理提供准确、前瞻、及时的咨询建议。

截至2021年，工程战略研究室已参研战略咨询项目（课题）20余项（在研10项，完成10余项）。其中，中国工程院院地合作项目“安徽省装备制造产业发展战略研究”，聚焦工业机器人、新能源汽车、现代农机、石化通用等11个领域，分析安徽省装备制造业存在的不足，面向“十四五”规划及2035年远景目标，提出安徽省装备制造业发展目标、重点任务和政策建议，并就建设“安徽省重大装备制造产业基础创新研究院”等向安徽省委省政府报送“院士建议”，获安徽省领导批示；中国工程院战略咨询项目“提升企业技术创新主体地位促进产学研融合研究”，针对制约企业成为技术创新主体所面临的问题，提出提升企业创新主体地位、促进产学研融合的总体目标、发展路径、重点任务和具体建议，形成战略研究报告，并就支持组建企业技术创新LHT和原创技术CYD、鼓励有条件的中央企业成为产业链“链主”等方面向国务院国资委报送“院士建议”；中国工程院重大咨询研究课题“产业基础工程重点产品目录研究与编制-基础零部件/元器件”，梳理了影响我国各重点领域产业链安全和产业链升级的关键短板，参编《产业基础创新发展目录（2021版）》，为国家和地方政府部门确定支持重点提供重要参考依据。

2. 建强科研平台，夯实科技创新基础 2021年，合肥通用院积极与科技部、安徽省科技厅对接，在国机集团指导下开展“国家压力容器与管道安全工程技术研究中心”转建技术创新中心工作，并形成建设方案，报送科技部；积极与国务院国资委和安徽省科技厅对接，提交压缩机技术国家重点实验室重组方案，已通过国务院国资委组织的评审答辩，成绩名列前茅，为今后列入国家实验室新序列打下了良好基础；参与国机集团牵头组建的“中央企业重大装备、关键基础零部件创新联合体”，获国务院国资委批复成立，合肥通用院负责建设“泵阀攻关协同体”，目前正在积极打造国务院国资委“重大装备关键基础零部件原创技术策源地”。积极与工业和信息化部、安徽省委省政府对接，筹建“国家重大装备关键基础零部件制造业创新中心”，与安徽省科技厅对接，筹建“重大装备制造产业基础创新研究院”，与国防科工局对接，参与建设“国防科技工业密封技术创新中心”。此外，2021年合肥通用院再次被工业和信息化部认定为“国家技术创新示范企业”，已有平台中，安徽省科技厅审定的通用机械复合材料技术安徽省重点实验室运行评估成绩“优秀”，安徽省经济和信息化厅审定的安徽省企业技术中心获评“优秀”。

3. 加强成果凝练，创新成果不断涌现 2021年，合肥通用院荣获2020年度国家科技进步奖二等奖1项；获批和公示的省部级各类科技奖励17项，其中省部级一等奖6项、二等奖6项、三等奖2项，首届安徽省标准创新贡献奖的个人奖和项目奖二等奖各1项；此外，获国机集团优秀专利奖一、二、三等奖各1项。

合肥通用院参与的“氢气规模化分离提纯与高压储存关键技术装备及工程应用”项目，获2020年度国家科技进步奖二等奖，该项目成果解决了高压氢脆原位检测、高安全低成本高压储氢、大型高压变压吸附氢气提纯等技术难题，打破了国外技术垄断，实现了变压吸附提纯氢气装置、车载Ⅲ型储氢瓶（铝内胆碳纤维复合材料全缠绕）标准从无到有、从国内到国外的突破。作为国内最早谋划氢能利用关键技术研发布局的单位之一，合肥通用院建成了国内首套高压氢能利用装备氢循环疲劳测试系统，技术指标国际领先，为氢能利用装备质量提升和安全监管提供了重要支撑，为加快推进氢能及燃料电池汽车产业发展做出了重要贡献。

负责的“新型节能环保工质（R32）制冷关键技术与空调设备产业化”项目，获安徽省科技进步奖一等奖，该项目突破了新型节能环保工质R32的热力循环增效、安全可靠应用、小管径强化换热等关键技术，研发了系列空调设备及相关检测装置，推动了全行业23条R22空调生产线转换为R32空调生产线，解决了制约行业转型升级的瓶颈问题，为国家和行业履行国际公约贡献了中国方案。负责的“新型高端泵用机械密封关键技术与工程应用”项目，获安徽省科学技术进步奖一等奖，项目在高参数机械密封的整体结构控形设计、高压多级密封试验装置研发、增强增韧密封环成型制造等方面取得创新，研制出核电站核级泵、高温高压加氢进料泵等泵用机械密封产品并实现了产业化，促进了我国核电和石化领域重要机械密封产品的国产化，打破了国外在该领域的技术垄断。负责的“粉煤气化工艺高压浓相粉煤控制阀关键技术及应用”项目，获中国机械工业科学技术奖一等奖，项目解决了粉煤控制阀的易磨损失效、调节不稳定、回火风险高等技术难题，攻克了高压浓相粉煤控制阀设计制造关键技术，研制了4类粉煤控制阀系列化产品并在煤化工领域广泛应用，寿命及可靠性显著优于国外产品，为保障我国粉煤气化工艺装置安全运行提供了重要支撑。

负责的“锂电高镍三元材料集成式生产工艺及关键设备开发与应用”项目获2021年度中国机械工业集团科学技术奖一等奖，开发的“镍钴锰三元锂电池材料过滤洗涤一体机”被认定为安徽省首台（套）重大技术装备。

此外，合肥通用院开发的流程工艺风机及系统管网优化节能技术、大型制冷机组高效节能环境模拟和检测技术2项技术入选工业和信息化部《国家工业节能技术推荐目录（2021年版）》；“我是工程师科普丛书（第一期）”获安徽省优秀科普作品一等奖；“‘碳中和’主题系列展品”荣获第十届中国（芜湖）科普产品博览交易会创新展品奖。

【安全生产】

安全生产方面。合肥通用院继续认真贯彻国家安全生产法律法规，在国机集团一系列安全生产文件及通知的指导和部署下，广泛深入地开展安全生产工作。一是通过签署安全生产责任书，把安全生产责任层层细化，逐级落实到科研生产的各环节、全过程；二是加强对生产、项目现场的安全监管和隐患排查，防患于未然；三是加强安全生产培训，提升员工的安全意识。从制度、培训、检查等多方面同时发力，持续提高安全生产管理水平。合肥通用院全年没有发生生产安全事故，继续保持安全生产平稳态势。

【党建工作】

2021年，合肥通用院党委坚决贯彻党中央决策部署，认真落实上级党委工作安排，以全国国企党建会召开5周年为契机，以“中央企业党建创新拓展年”为抓手，以党史学习教育为重点，着力夯实党建工作基础，提升党建工作质量，发挥党建引领保障作用，积极“动”起来、“想”起来、“紧”起来，推进企业高质量发展。

1.着力在政治引领上下功夫，牢牢把握国有企业发展道路和方向 落实“第一议题”制度，衷心拥护“两个确立”。2021年合肥通用院召开院党委会（扩大）会议48次、董事会7次。成立“工程战略研究室”，服务国家战略咨询，全年参研咨询项目（课题）10余项，推动提交“院士建议”3份，获批示1份。突出抓好自主创新，全年获省部级及以上科技奖励16项，获批项目（课题）37项，获得2021年度国机集团“科技创新奖”。国家技术创新中心转建、国家重点实验室优化重组取得积极进展，参与组建的中央企业关键基础零部件创新联合体正式获批，积极打造“机泵阀等关键基础零部件原创技术策源地”，申请转建“重大装备关键基础零部件”安徽省制造业创新中心，谋划筹建“重大装备关键基础零部件”国家制造业创新中心和国家重大装备制造产业基础研究院。积极推进国企改革三年行动、对标世界一流管理提升行动，不断“提升两个能力、完善院所治理”。推动合肥通用院“十四五”规划与国机集团有效衔接，进一步明确发展路径、优化业务布局、突出主责主业。召开定点帮扶村推进乡村振兴工作交流座谈会，赴帮扶村开展实地调研慰问，成立乡村振兴领导工作小组，继续选派一名干部驻村工作，购买70余万元帮扶地区农副产品，资助河南省信阳市固始县和淮滨县大学生10名。

2. 着力在理论武装上见成效，牢牢把握党史学习教育的根本任务 制定学习贯彻党的十九届五中、六中全会精神实施方案，2021年，党委中心组集中学习21次，中心组成员讲授党课29次，合肥通用院党委组织报告讲座15场，基层党组织开展学习活动370多次，党员参加各类学习培训5 000多人次。将党史学习教育贯穿全年，党委中心组全年开展9次“中国共产党人精神谱系专题学习”。全年为群众办实事136件，组织党员为身边群众办实事907件、参加志愿服务活动200余人次，受益群众21 000余人次。走访慰问获“光荣在党50年”纪念章的老党员，举办“百年岁月正风华 一曲颂歌献给党”文艺会演，开展“学党史、忆传承、担使命、开新局”主题征文和书画摄影作品展，开展“向先进模范和身边典型学习”活动，组织撰写“工程师列传”系列文化书籍。合肥通用院网站成功改版上线，开通“通用院青年”微信公众号。年度发布网站报道220余篇、公众号81期、院报14期、党史学习教育简报55期，在集团各类宣传媒体上刊发合肥通用院重要信息130余篇次。

3. 着力在建强堡垒上出实招，牢牢把握新时代组织工作基本遵循 完成4个基层党组织的换届工作，部分党支部增补了支部委员。深入推进党支部标准化建设和基层示范党支部培育工作，强化临时党小组建设。贯彻执行党建工作考核评价暂行办法，将党建工作纳入“目标责任制考核办法”、融入质量管理体系、嵌入各专业发展，完成年度党委书记、班子成员、党支部书记“三个层面”党建述职工作。落实基层党组织工作经常性督查指导机制，健全党委书记督查指导常态化机制，党委书记到中国通用机械工程有限公司和上海工业锅炉研究所有限公司考察调研。吸收优秀人才入党，全年发展新党员25名。合肥通用院领导班子成员带头参加双重组织生活，深入基层广泛听取意见建议。全年召开职代会、组长联席会议3次，讨论重要议题7项。顺利完成院团委换届工作，加强了对统战工作的领导。

4. 着力在聚才引智上站高位，牢牢把握科技型企业创新人才新需求 完成中层干部换届，推进干部年轻化，全年提拔任用中层干部41人，干部平均年龄继续下降。加大人才储备，从国内外知名高校吸纳各类人才40余人，其中硕士博士36人。新设立青年基金6项，开展合肥通用院“五四青年奖”评选表彰。1人获“全国五一劳动奖章”，16人次、7支团队获省部级荣誉称号。

5. 着力在从严治党上抓落实，牢牢把握党风廉政建设新形势新要求 制定《党风廉政建设责任制实施办法》，压实主体责任。合肥通用院党委专题研究党风廉政建设和反腐败工作2次，党委负责人约谈下属单位负责人17人次，与新提任干部、新党员谈话70余人次。积极配合集团党委开展违规挂靠专项巡视和“四个专项整治”专项检查，开展“靠企吃企”自查整治，对三家下属企业开展巡察。

2021年共收到信访举报6件，处置问题线索4件，立案调查1件。运用“四种形态”处理相关人员9人。制修订相关制度10余项。举办“廉洁宣传教育月”“制度学习月”等活动，制作党风廉政建设和反腐败制度汇编，组织开展警示教育活动、党章党规党纪学习，覆盖近350人次。增配纪委副书记1名，纪检干部参加各类纪检业务培训167人次，专业能力进一步提升。

【履行社会责任】

1. 牢记初心使命，履行央企职责 一是履行经济发展责任，坚持稳中求进，按照质量、效益可持续发展的要求，完成经济发展目标，国有资产有效保持增值，职工收入不断提高，连续13年被评为国机集团“先进单位”；二是通过人大、政协、政府部门、行业学（协）会等多种渠道，为政府和行业科技发展规划、政策的讨论和编制建言献策；三是参与“长江大保护”项目，为长江经济带“生态优先、绿色发展”提供示范样板支撑，截至2021年年末，累计承接9个长江大保护项目；四是围绕氢能利用、臭氧层保护、绿色产品评价、降碳实践、碳管理等领域，以技术创新推进我国绿色制造体系建设，助力“双碳”目标；五是落实党的十九大精神，坚持绿色发展理念，在工业挥发性有机物（VOCs）污染排放控制、污泥处置、城市地下综合管廊以及中海油泥浆站建设等方面助力生态文明建设；六是以科技服务于经济建设，补短板、强弱项，解决“卡脖子”问题，为强化国家战略科技力量和科技自立自强提供支撑，包括：为国家重大工程建设提供超高压聚乙烯反应釜、非线性超声相控阵检测系统、复合材料储氢容器等重要装备，全年检验检测压力容器5 600余台、压力管道1 000余km，为大型石化装置长周期运行的安全保障提供支持，承担灾后抢险和隐患排查、解决过火装置灾后复产、超期服役设备合规合法运行等行业痛点问题，开展节能与绿色制造共性技术研究，为制造企业提供制冷空调、压缩机等产品性能与可靠性试验装置、提升企业自主创新能力，用标准引领行业技术进步等。

2. 发挥院所优势，办好职业教育 2021年，合肥通用职业技术学院认真学习贯彻全国职业教育大会精神，坚持为党育人、为国育才，团结和带领全体教职工努力奋斗，着力提高人才培养水平，努力以有限资源实现有序发展。一是持续加大投入，不断改善办学条件。2021年投入400余万元进行智慧校园建设，改善办学条件。二是加强对外合作，拓展办学经费渠道。争取了现代职业教育质量提升计划中央资金、高职扩招退役军人国家资助金、企业设立专业奖学金、校企合作助学金等累计1 450万元。三是坚持以教学工作为中心，加强师资队伍建设。2021年新获批省级教学名师2人、省级教坛新秀2人、省级质量工程项目18项。四是圆满完成全年招生任务，全国普通高考和高职分类招生1 890人，社会扩招360人。五是就业质量稳步提升，2021年初次就业率达到94.38%。

3. 做好疫情防控，助力科研经营 2021年，新冠肺炎疫情防控形式依旧严峻，国内个别地区出现散发病例和聚集性疫情，境外疫情依旧持续扩散蔓延，合肥通用院党委持续做好疫情防控相关工作，努力维护好来之不易的防控成果。一是强化组织领导，不断增强常态化疫情防控意识，实时调整疫情防控方案和应急预案，统筹疫情防控和科研经营工作。二是不断增强风险意识，充分发挥基层作用，不断强化源头防控，迅速应对突发疫情。三是倡导员工通过集中组织、个人预约等多途径接种新冠疫苗，共筑免疫长城。

国机精工股份有限公司

【基本概况】

国机精工股份有限公司（简称国机精工）是由洛阳轴研科技股份有限公司与国机精工有限公司重组而成的国机集团控股A股上市公司（股票代码：002046），国机精工注册资本52 434.91万元，总部设在郑州市新材料产业集聚区，公司现有职工2 800余人。

国机精工现有11家子公司，其中全资子公司6家：洛阳轴承研究所有限公司（简称轴研所）、郑州磨料磨具磨削研究所有限公司（简称三磨所）、中国机械工业国际合作有限公司（简称中机合作）、中机合作（香港）公司、郑州国机精工发展有限公司（简称精工发展）、阜阳轴研轴承有限公司；托管企业 2 家：白鸽磨料磨具有限公司（简称白鸽公司）、成都工具研究所有限公司（简称工研所）；控股及参股子公司 3 家：河南爱锐网络科技有限公司（简称爱锐科技）、国机精工（伊川）新材料有限公司（简称伊川新材）、中浙高铁轴承有限公司（简称中浙高铁）。

2021 年，国机精工净利润、经济增加值、营业收入创历史新高。在 9 家二级企业中（不含托管企业），有 6 家企业的净利润和营业收入均实现增长。

公司经济运行质量持续提高，投入产出效率明显提升，“两金”（应收账款和存货）管控质量不断优化。

【“十四五”重点发展方向】

1. 发展目标 第一步，通过 3 年努力，大力调整优化产品结构，做实做强主营业务，统筹推进产业链竞争，业务发展纳入高质量发展轨道；第二步，通过 2 年努力，着力推进产服融合、产资结合，做强做优精工板块，统筹推进生态链竞争，板块发展进入高质量发展阶段；第三步，通过下一个 5 年的努力，做强做大综合平台，平台发展跃上高质量发展层级，实现国际知名、世界一流的阶段性目标。“十四五”规划期内的阶段性目标为：2023 年实现营业收入 35 亿元、利润 1.39 亿元；2025 年实现营业收入 40 亿元、利润 2 亿元；主导产品达到目标市场领先水平，高质量发展指标达到行业先进标准。

2. 战略行动 实施一把手工程，统筹推进“主业做强”“科技创新”“协同整合”“科改示范”“数字化转型”“高质量发展能力提升”等战略行动。

（1）主业做强行动。做强存量业务。夯实特种轴承、高端民品轴承、高档超硬材料制品、高端磨料、高端普通磨具、现代高效切削刀具、表面改性技术、行业仪器装备、行业服务、国际贸易等核心业务，进一步做专、做精、做强，加强外贸平台对公司主导产品出口的牵引带动作用，打造各细分专业“单项冠军”。

培养增量业务。聚焦航空航天、新能源汽车、电子信息、智能制造、舰船兵器、数控机床、轨道交通等专业领域，面向“进口替代”与“满足国家重大工程”等产业需求，开展“卡脖子”业务“一对一”专项对标与攻关，打破技术瓶颈，延伸产业链条，提升技术实力和服务水平，增强竞争优势，优化业务结构。

探索未来业务。探索整体解决方案、产业互联网等未来业务，统筹推进产服融合、平台竞争。

强化落地执行。加强主业做强行动的刚性执行，明确各业务板块整体定位、服务国家战略、业务架构、三层次业务链，并将规划延伸到产品线、核心产品、目标市场，落实到产品结构调整、质量效率提升、关键技术突破、资源投入等重点项目，每年进行业务评估、滚动修订，动态监控、刚性实施。

（2）科技创新行动。践行“锻造精工所长，服务国家所需”，打造科技创新策源地。围绕增强自主创新能力，努力成为原始创新和核心技术的需求提出者、创新组织者、技术供给者、市场应用者，掌握技术进步和产业发展主动权；积极承担国家重大科技专项、关键领域核心技术攻关项目，组织策划实施企业重点科研项目研发，确保承担的“卡脖子”关键核心技术攻关任务保质保量完成。

落实“产业基础再造工程”。根据国家“产业基础再造工程”对产业技术发展方向的指导，结合精工板块定位，打造核心技术基础零部件、关键基础材料、先进智能制造等技术发展主线，构建内外部资源协同高效的创新合力，实行“揭榜挂帅”遴选机制，增强科技创新合力和效能，实现关键核心技术自主可控。

搭建科研平台体系。优化公司现有各层次科技创新基地平台，积极对接国家创新平台体系，努力联合高等院校、科研院所和行业上下游企业共建国家产业创新中心。加强知识产权管理，制定实施高价值专利培育计划，推动关键技术项目和产品专利申报。

构建科技创新团队。依托各层次国家科技创新平台，实施“科技英才计划”，打造一批从事应用基础研究、关键核心技术攻关、技术集成、应用示范的紧密型科技创新团队。

（3）协同整合行动。围绕主业做强，开展资本运作。发挥上市公司平台作用，通过资产盘活、直接融资、投资并购、战略联盟等方式，选择符合公司战略发展方向、经营理念一致、资源能力互补性强、持续发展潜力较大的目标企业，积极稳健开展资本经营活动。实施“强身健体”，提高资产运营效率和效益。推进资产利用效率提升重点项目，实施亏损治理、“两金”管控、“两非”“两资”处置等专项工作，提高资产收益率，提高经济运行质量。推进产品国际化发展三年倍增计划。提升市场开拓能力，提高产品质量，加强外贸平台引领作用，深化主营产品外贸业务整合提升工作。落实国机集团“上市公司市值三年行动计划”。对内优化业务及资产，对外开展资本运作，建立精益管理、行业整合、资本运营“三位一体”市值管理体系，显著改善上市公司基本面。

（4）科改示范行动。完善法人治理机制。探索实施外部董事项目制、专职董事责任制、重大决策督导制、效能结果考评制等方式方法，构建规范运作和提高效能并重的法人治理结构，塑造“高质量发展、高绩效运营”的核心能力。健全市场化选人用人机制。建立“差异化、职业化”的人才发展阶梯，建立“任期制、契约化”的双向承诺机制，建立“市场化、赛马制”的良性竞争生态，增强“奋斗进取、向上向善”的人才活力。深化价值管理激励约束机制。以绩效考核激励牵引增量价值创造，强化“经营链”增量激励；围绕“技术突破、产品制造、产业发展”等全生命周期，强化“创新链”精准激励；推进核心骨干人员股权激励、岗位分红，强化“人才链”奋斗激励，构建“以奋斗者为本、为智慧之火加油”的创造动力。

（5）数字化转型行动。以管理信息化为基础，以制造智能化、产业互联网为转型方向，持续实施“内通、外联、上平台、信息集成、安全运维”信息化重点项目及智能制造重点项目。做好公司数字化转型的顶层设计，明确数字化转型的目标、路径和组织机制。围绕主业开展数字化转型实践，深化实施高端磨具、精密轴承、精密工具、检验检测、供应链服务等数字化转型标杆示范项目，不断深化、迭代、复制，探索科技型企业“技术引领 + 智能制造”适度规模化生产模式，推进数字精工建设。管理信息化水平大幅提升，制造智能化和产业互联网具备行业领先水平。

（6）高质量发展能力提升行动。根据国务院国资委、国机集团《关于开展对标世界一流管理提升行动》的工作要求，按照国机精工高质量发展内涵要求，研究企业高质量发展内涵、实施路径与评价指标体系，开展对标一流“高质量发展”能力提升行动，不断提升“技术创新、管理精进、资源整合、人力资本、机制变革、两化融合、风险控制”7 种能力，全面提高企业管理现代化水平。

在“六项战略行动”的基础上，确定并持续推进实施各年度重点任务，以推进落实若干重点任务为抓手，确保各项安排部署落地实施、取得成效；以年度重点任务达成锁定年度目标实现，以年度目标实现确保战略规划落地，实现公司“十四五”高质量发展。

3. 主业做强战略　聚焦精密制造领域研发、制造与服务业务定位。

优化业务结构。巩固提升“高、精、尖、专、特”轴承及工磨具、行业专用仪器装备、行业公共技术服务、国内外专业贸易及服务等核心与拓展业务；培育发展引领行业进步的关键技术与应用服务、整体解决方案、产业互联网等探索业务。

服务国家战略。重点为高端制造提供轴承及工磨具等关键产品与服务。承担国家重点领域关键轴承攻关工程、功能金刚石制备关键技术及应用工程、精密及超精密高端工磨具攻关工程。

实现业务领先。按照“重点领域、重点市场、重点客户、重点产品”的导向，构建研发与服务能力，实现由产品制造向“产品 + 服务”转型，着力提升产业基础能力、产业链竞争能力、客户价值创造能力，打造重点领域、重点市场的“单项冠军”和品牌优势。

构建业务生态。以客户价值创造为牵引，以经营平台为基础，以产品与服务为载体，创新业务模式，聚合业务资源，提高产业位势，提升

“技术、标准、服务、管理、数据、人力资源”等专业能力，构建“聚焦价值、强强联合，跨界集成、多业融合”的精密制造服务生态。

【主要指标】

2020—2021 年国机精工经济指标完成情况见表 1。

表 1　2020—2021 年国机精工经济指标完成情况

指标名称	2020 年	2021 年	同比增长（%）
资产总额（万元）	625 778.19	621 294.32	-0.72
净资产（万元）	352 874.83	350 534.95	-0.66
营业收入（万元）	268 026.56	372 308.50	38.91
利润总额（万元）	7 912.45	4 123.55	47.89
技术开发投入（万元）	28 525.59	44 360.00	55.51
利税总额（万元）	14 447.44	15 276.04	5.74
EVA 值（万元）	-4 226.12	-3 609.92	14.58
全员劳动生产率〔万元 /（人 • 年）〕	21.55	22.70	5.34
净资产收益率（%）	1.53	0.37	下降 1.16 个百分点
总资产报酬率（%）	0.87	0.21	下降 0.66 个百分点
国有资产保值增值率（%）	99.68	97.78	下降 1.90 个百分点

【改革发展】

2021 年，国机精工以“科改示范行动”为载体，在国务院国资委和国机集团指导下，采取制定方案、落实项目、构建机制等措施，不断深化市场化改革专项工作，推进实施落实董事会职权、委派专职董事、任期制契约化、岗位分红等一系列重点改革项目，在国务院国资委专项考核中获评“科改示范企业”标杆企业。

1. 加强“治理协调”顶层设计，构建国机精工高质量发展的治理体系

（1）建立“制度保障 + 能力提升”子公司董事会运行机制。在进一步落实本级董事会职权、提升治理水平的基础上，着力加强所属子公司董事会建设。以“如何当好党委书记、如何当好董事长、如何当好总经理”为主题，组织两级领导班子开展“观念转变、能力提升”专题研讨。相继出台《党委会决策事项清单》《下属企业董事会运作指引》《下属企业董监事会评价》《专职外部董监事考核评价与薪酬分配管理办法》等管理文件。

（2）建立“三责两报双考评”专职董事工作机制。成立公司治理部，在公司高层干部中，选派 7 名中青年核心骨干担任专职董监事，探索推进子公司专职外部董事制度。明确下属企业专职外部董事“督导战略执行、提供专业意见、警示经营风险”职责要求；聚焦治理效能提升、科技创新突破、三项制度改革等重大问题事项，专职董事确定重点事项落实清单，开展经营战略研究课题，提交任职企业年度运营情况分析报告和任职企业领导班子成员工作情况报告；对董事会实施“经营目标、运行规范、管理有效”三维效能考核评价，对专职外部董事实施“任职董事会及个人”互锁联动考核评价。同时，建立“履职、学习、实践”高管培养机制，把专职董监事这一职业平台打造成为培养锻炼企业高级管理者的重要载体和阶梯路径。

2. 强化“目标契约、效能考核、激励约束”机制建设，构建国机精工高质量发展的运行体系

（1）推进目标契约机制建设。以“十四五”规划目标为牵引，推进经理层任期制契约化管理，董事会、经理层逐级签订年度经营业绩责任书和任期经营业绩责任书，实施“3+2”（3 年锁定、2 年滚动）战略目标契约管理。公司总部实行“集体起立、全员竞聘”，开展 2 年任期竞聘活动，逐步形成“能上能下、能进能出”的正常流动机制和良性竞争生态。

（2）推进效能考核机制建设。按照“良好经营业绩、一流产品服务、高质高效运营、业务结构优化、平衡协调发展、向上向善队伍”6个维度，形成“净利润、净资产收益率、研发经费投入强度、全员劳动生产率”等17个核心指标及战略控制点，建立高质量发展效能指标业绩考核体系。

（3）推进激励约束机制建设。围绕“技术突破、产业发展、岗位创效”等“创新链”关键环节，综合运用重大科技成果奖励、新产品超额利润分享、股权激励等中长期激励工具。2021年，针对国家重点研发计划等重大项目“一对一”精准激励427万元，针对产品结构调整重大项目实施三年市场收益提成奖励近500万元。同时，推进“上市公司限制性股票激励计划”，向162名激励对象授予478万股限制性股票。

3. 夯实“科技为本、聚能铸强”底层基础，构建国机精工高质量发展的能力体系

（1）科技为本、强企报国。建立国机精工研究院，围绕轴承、工磨具相关技术领域的关键技术应用，实施独立攻关项目组管理，集中力量解决对产业发展、结构调整具有重大影响和支撑作用的前瞻性、前沿性技术问题。坚持以客户为中心的技术创新，实施产品结构调整与质量效率提升重点项目，提升差异化竞争优势，增强科技创新原动力和主业做强驱动力。

（2）聚能铸强、夯实根基。开展“三原色”（思想政治红、安全5S黄、质量效率蓝）班组建设，推进班组“党建融合、安全5S、质量效率”能力建设工作，强化企业班组战斗力，打通高质量发展的“最后一公里”。

【经营管理】

1. 提升战略管理能力，推动发展规划落地 发布实施“十四五”战略规划。明确各业务板块规划期发展方向和经营目标，确定规划期内实施产品结构调整、质量效率提升、关键技术突破、资源配置优化等方面重点项目。构建战略落地支撑体系。组织所属企业编制“十四五”规划，以年度业务计划论证为载体深化战略计划，实现战略规划“制定、实施、评估”的良性循环。

2. 聚焦主责主业发展，加快产品结构调整 质量效率提升取得新进展。发布“十四五”质量效率提升规划路线图，实施QC小组课题110项，三磨所“提升晶圆切割用划片刀合格率”项目荣获央企第四届QC小组成果发表赛一等奖。产品结构调整取得新成效。全年完成43个公司级重点新产品，实现销售收入3.13亿元，同比增长21%。推进智能制造项目建设。轴研所的精密机床轴承智能制造示范线完成联调并投入试生产，国家智能制造“精密轴承数字化车间标准研究与试验验证”项目完成3项标准编制与论证；三磨所的高性能超硬材料磨具智能制造新模式项目，实现设备状态的实时采集，金属结合剂薄片砂轮生产线效率提升70%以上。

3. 完善风险管控体系，提高经济运行质量 “两金”管控持续加强。重点开展轴研所两年以上逾期应收账款清理处置工作，持续跟进大额逾期应收账款清理，实现年度压降8%的目标。内控体系不断完善。2021年获得国机集团“内部审计工作先进单位”二等奖。

4. 增强提质增效力度，完成亏损治理目标 制定实施年度亏损治理工作方案，全面完成轴研精机、精工新材、阜阳轴研等亏损或微利企业亏损治理目标，集团口径亏损企业清零，亏损金额降低率达到100%，荣获国机集团2021年度“亏损企业治理奖”。

【重大项目】

1. 工业和信息化部智能制造专项 三磨所牵头完成的工业和信息化部智能制造专项——高性能超硬材料磨具智能制造新模式项目，解决了超硬材料磨具工艺装备水平落后、产品质量稳定性差、产品档次低等问题，开发了超硬材料磨具自动化生产线关键工序系列智能装备，为超硬材料磨具及相近行业提供了可借鉴的经验。

2. 工业和信息化部产业基础再造和制造业高质量发展专项 三磨所牵头承担的工业和信息化部产业基础再造和制造业高质量发展专项——第三代半导体功率器件用超高导热金刚石材料产线建设项目总投入21 700万元，针对第三代半导体功率器件的散热需求，开展超高热导率金刚石合成设备、制备工艺、高效加工等关键技术研究，开发出第三代半导体功率器件用超高导热金刚石材料，实现了进口替代。

3. 河南省重大专项 三磨所牵头完成河南省重大专项——超硬材料合成用高性能新型锻造六面顶压机开发及产业化项目，针对铸造铰链梁六面顶压机关键承压部件性能不足、整机安全可靠性差、服役寿命短等技术问题，研制开发出最大缸径达 1 000mm 的系列高性能新型锻造六面顶压机，产品使用性能达到国际先进水平，全面提升了我国超硬材料行业核心装备整体技术水平。

4. 风电轴承项目 轴研所承担的“1025”风电轴承项目突破风电主轴轴承 - 轴系一体化设计仿真分析、控形控性加工等关键技术。研制出国内首台 4. 5MW 陆上风电主轴轴承、7MW 海上风电主轴轴承产品，并进行挂机应用。建立年产 500 套的 P5 级风电主轴轴承产品示范线，完成小批量生产验证，项目成果总体达到国际先进水平。

5. 国家重点研发计划精密机床主轴轴承示范应用及工业试验平台 轴研所承担的国家重点研发计划精密机床主轴轴承示范应用及工业试验平台项目，旨在攻克高端轴承全生命周期关键技术。研制轴承精度达到 P2 级，工作寿命≥ 6 000h；试验 dmn 值 ≥ 350 万（mm • r/min），在 10 家以上机床企业示范应用；工业性验证平台满足内径范围 8 ～ 240mm 轴承测试要求，可实现寿命、刚度、密封、抗冲击等性能验证，提升了我国轴承工业整体技术水平。

【科技创新】

2021 年荣获省部级以上科技奖（专利奖）14 项，其中轴研所的高性能滚动轴承加工关键技术与应用项目荣获国家科技进步奖二等奖；三磨所的一种砂轮用棕刚玉烟尘复合基体材料、制备方法及砂轮项目荣获中国专利奖优秀奖；三磨所的高性能复合结合剂超硬材料砂轮关键技术研发及应用项目荣获河南省科技进步奖一等奖。国机精工还荣获国机集团 2021 年度“科技创新奖”。

1. 技术创新能力不断加强 轴研所成功研制 7MW 海上风电主轴轴承，三磨所功能金刚石取得突破。完成三磨所的超硬材料磨具国家重点实验室、轴研所的机械传动与智能装备国家重点实验室重组申报。

2. 重点专项实施效果显著 承担国家重点研发项目、省部级重点工程专项 42 项，有效完成国家重点研发项目里程碑绩效目标。

3. 专利与标准化大幅提升 2021 年，授权专利 133 件，其中发明专利授权占比 66%；完成标准立项 83 项；发布国家标准 18 项。轴研所代表中国轴承行业成功获批承担 ISO/TC4/SC6、SC11 秘书处工作，大幅提升了我国轴承行业在国际上的影响力和话语权。

4. 重大科技成果丰硕 “高效精密复杂型面成型磨 CBN 砂轮关键技术开发及应用”荣获 2021 年河南省科技进步奖二等奖；“高效精密低损伤复合结合剂金刚石砂轮及其磨削技术与应用”荣获 2021 年河南省科技进步奖一等奖；“LED 晶圆高效高品质免修整背减薄金刚石砂轮的开发及应用”荣获 2021 年中国机械工业集团科学技术奖三等奖；“内燃机曲轴超精密加工关键技术与应用”荣获 2021 年中国机械工业科学技术奖一等奖、美国康明斯公司技术应用最高奖“材料科学与技术应用炼金术奖”。

【安全生产】

强化安全生产双重预防体系建设运行。深入开展危险源辨识及安全风险分级管控，排查治理安全生产隐患；持续开展安全管理标准化示范班组建设。提升班组安全管理水平，三磨所制品三部金属烧结班组荣获中国安全生产协会“全国安全管理标准化示范班组”；加强安全生产责任落实，全年未发生轻伤以上生产安全责任事故，无新增职业病，无环境污染事故。

【党建工作】

1. 扛稳抓牢党建责任 严格落实“第一议题”制度和“三重一大”决策程序；高标准推进党史学习教育走深走实，认真学习领会习近平同志“七一”重要讲话和党的十九届六中全会精神，开展“我为群众办实事”“向党报告工作”等形式多样的教育活动。

2. 党建经营一体推进 强化“一支部一品牌”“一小组一特色”等党建活动，实施“双创”项目193个、党建重点项目43个、基层党建品牌51个，党建与经营同频共振、同向发力。

3. 夯实筑牢基层组织 深化示范党支部创建，选树5个优秀基层党建品牌和第二批示范党支部，推动标准化规范化建设不断深入。轴研所党委、三磨所第四党支部荣获国机集团“先进基层党组织”称号；白鸽公司第三党支部荣获河南省“先进基层党组织”称号；轴研所李文超荣获“2021年国机集团劳动模范”称号；白鸽公司魏小杰荣获“机械工业优秀工匠”称号等。

4. 文化赋能聚力前行 积极谋划企业文化精品项目，不断加强企业文化传播与落地，以文化软实力提升组织凝聚力、品牌传播力。三磨所“功勋压机”故事，荣获国务院国资委央企优秀故事展示活动优秀奖，并入选央视《信物百年》栏目。

【纪检工作】

1. 督促推动专项整治工作 开展“四个专项整治”，违规挂靠等“靠企吃企”“影子公司”“影子股东”专项整治，398人参与自查，问责4人，针对证照问题线索，对2位同志进行提醒谈话，并责令书面检查。

2. 督促推动巡视整改任务 公司党委专题研究部署、制定整改方案、建立整改台账，完成5项巡视整改事项15项。

3. 加强纪律作风建设 认真贯彻落实中央八项规定精神，发布《以案明纪，警钟长鸣——违反中央八项规定精神典型案例警示教育》专刊三期；制修订纪检制度16项，编制公司纪检制度汇编。

【信息化与数字化建设】

完成财务共享中心、投资运营、安全管理、科研质量等信息化重点项目，深化应用企业资源计划等已建平台，迭代提升工磨具产业互联网平台，有力促进数字精工建设与转型。

【履行社会责任】

全面推动实施乡村振兴定点帮扶工作，成立乡村振兴工作小组，积极开展扶贫调研、驻村第一书记选派等工作。

1. 捐赠帮扶 落实定点帮扶片区的帮扶资金18万元。公司团委参与集团“手挽手 圆梦‘微心愿’”青年品牌活动，组织团员青年捐资4 966元；购买党史学习书籍191本，对口资助淮滨中小学，助力定点扶贫工作。

2. 消费帮扶 利用采购春节、中秋节职工福利时机，采购河南淮滨、固始等地农副产品60余万元；积极支持、动员下属企业工会开展消费扶贫、以购代捐活动，2021年采购定点扶贫县区农副产品38.9万元。定点帮扶片区初步形成了集柑橘规模化种植、柑橘特色小镇建设、柑橘产业深加工、乡村文旅融合于一体的新型产业化发展基础。

中国电器科学研究院股份有限公司

【基本概况】

2021年，中国电器科学研究院股份有限公司（简称中国电研）始建于1958年，注册资本为40 450万元，拥有2 000多名员工。2016年11月，中国电研获准成为中央企业首批开展混合所有制员工持股改革试点的十家企业之一。2017年5月26日，首次股东大会召开，标志着改制的顺利完成，成为由国有独资改制为“国有＋民营＋员工”的混合所有制企业。2019年11月5日，中国电研在上海证券交易所科创板挂牌上市，是首批10家央企混合所有制员工持股改革试点中率先成功登陆科创板的企业，也是科创板首家转制院所。

中国电研致力于研究我国电器产品在不同的气候、机械、化学、电磁等复杂环境中的适应性和可靠性，提升电器产品质量水平，围绕电器行业的标准规范、检测评价、系统集成、电能转换、先进控制、材料保护等共性技术进行研发，取得了一系列核心技术成果，通过成果转化，为电器产品质量提升提供整体解决方案，形成了三大业务领域：质量技术服务、智能装备、环保涂料及树脂。

公司建有国家重点实验室、国家技术标准创新基地、国家日用电器质量检验检测中心、国家智能汽车零部件质量检验检测中心、国家工业设计中心等14个国家级科研平台，拥有15个国际电工委员会（IEC）国际标准对接平台和11个国家标准平台。自2010年以来，公司累计主持和参与制修订近600项国际、国家、行业和地方标准，拥有20多项核心技术，依托公司在全国10多个产业基地和服务机构，快速实施成果转化，为全球30多个国家和地区、10 000多家客户提供优质服务，已成为国内日用电器行业专业技术服务的龙头企业，亦是我国电器行业接轨国际、提高国际话语权的重要支撑平台。

【“十四五”重点发展方向】

1. 质量技术服务 “十四五”期间质量技术服务发展的重点是实现营业收入的快速增长，以缩小和行业对标企业的规模差距，营业收入保持年复合增长率20%以上，通过持续扩大市场占有率反映品牌公信力和运营效率，形成正向良性循环。在确保质量底线的基础上，持续加大“CVC威凯”品牌投入力度，充分发挥技术优势，不断提升品牌公信力。在战略新兴领域引进高层次的技术领军人才，通过数字化转型，不断提高内部运行效率和客户服务质量，加快国内国际区域布局，不断拓展服务领域，扩充能力和资质。“十四五”期间，实现建设不少于3个区域中心、5个实验室，扩展不少于10个代表处，实现新行业扩充不少于3个。在以营业收入增长为重点目标的同时保持高质量发展，在主要经营质量和组织效能指标上继续保持优势。发展成为以电器专业技术为基础的商业化综合性质量技术服务机构。

2. 成套装备 依托中国电研在家电行业影响力，背靠国内强大的家电制造配套能力，通过发展核心专机装备、产品研制能力和智能制造系统，成套装备业务的总包集成能力大幅加强，“十四五”期间的战略重点是继续提高国际市场占有率，提升供应链协同供应能力。智能制造技术是成套装备业务回归国内竞争，进入汽车等高端装备市场必须提升的核心竞争力，“十四五”期间的战略重点是通过提升装备自动化、智能化水平提高集成总包业务附加值，从而参与国内、欧美等地的家电、汽车等制造装备市场竞争，并向后发国家输出，形成技术知识的梯次利用。

3. 电气装备 电气装备业务的战略重点是掌握电力电子核心技术，在整流、逆变、储能充放电等关键技术上建立强大的研发和制造中台，结合智能制造技术和系统集成能力，成为新能源动力电池生产后处理系统解决方案领导者，励磁系统解决方案领导者，国内领先的工业电源、特种电源产品供应商，并向新能源、储能、电气总包等领域扩展。

4. 环保涂料及树脂 “十四五”期间的战略重点是在保持产品技术优势的基础上加快产能和市场布局，大幅提升树脂产能和市场占有率，加快新产品研发，通过规模效应贴近客户，使产品具有更高的竞争力，成为行业龙头。实施“一体两翼”战略，以环保涂料用关键原材料（固体/水性）树脂为主体，以环保工业水性涂料及粉末涂料为两翼，加强树脂和环保涂料业务协同，充分发挥产业链一体化优势，扩大终端市场占有率。

【主要指标】

2020—2021年中国电研主要经济指标完成情况见表1。

表 1 2020—2021 年中国电研主要经济指标完成情况

指标名称	2020 年	2021 年	同比增长（%）
资产总额（万元）	399 402.14	485 125.90	21.46
净资产（万元）	231 743.51	246 450.22	6.35
营业收入（万元）	251 964.72	340 745.45	35.24
利润总额（万元）	30 896.02	35 189.71	13.90
技术开发投入（万元）	20 892.15	28 049.27	34.26
利税总额（万元）	38 915.67	48 224.95	23.92
EVA 值（万元）	29 895.52	34 373.76	14.98
全员劳动生产率〔万元 /（人・年）〕	29.17	33.61	15.22
净资产收益率（%）	12.83	13.29	增加 0.46 个百分点
总资产报酬率（%）	8.27	8.03	下降 0.24 个百分点
国有资产保值增值率（%）	113.39	111.67	下降 1.72 个百分点

【改革发展】

2021 年，中国电研在完善中国特色现代企业制度、优化科技创新体系、激发科技创新动能、加强党的领导和党的建设等方面完成 13 项任务举措。公司推行职业经理人制度试点，对全级次经理层成员实施任期制契约化管理；推进工资总额预算和核定市场化改革，争取工资总额备案制管理；加强公司控股子公司管理等任务。制定各类改革文件 10 份并报批实施，组织制定 5 套公司级经理层成员和 111 套下属企业经理层成员契约并按时签订。同时，公司把党的领导融入各治理环节，修订完成公司“三重一大”决策制度及企业决策事项权限表。

【重大项目】

2021 年 3 月，中国电研国家重点实验室成功研发高性能紫外光反射膜，突破国外技术封锁，达到世界先进水平。

3 月，国家技术标准创新基地（家用电器和电器附件国际标准化）正式获批成立。

5 月，中国电研威凯检测技术有限公司（简称 CVC 威凯）获批成为国家级专精特新“小巨人”企业公共服务平台。

5—8 月，中国电研 CVC 威凯成为中国南方电网有限公司（简称南方电网）、国家电网有限公司（简称国家电网）新能源领域的技术服务机构，提供充电基础设施安全验收服务。

6 月，中国电研 CVC 威凯获得埃及 EOS 授权，成为全球首家埃及境外能效检测检验机构；成为乌拉圭符合性认证合格评定机构、本土首家巴林能效认证机构、沙特电器产品 RoHS 符合性评定机构；成为美国国家航空、比利时 ASL 航空等 12 家国际知名航空公司认可的货物运输条件鉴定机构，为航空运输安全保驾护航。

6—7 月，中国电研 CVC 威凯获批国推绿色建材产品认证机构、获批电动自行车 3C 认证机构，为行业提供全面、高效、优质的绿色产品认证服务；成为亚马逊、京东、百度等电商平台第三方服务商，构筑品质电商生态环境。

9 月，中国电研首台自主可控励磁系统在肇庆都平水电站成功投运，各项性能指标达到或超过国家相关励磁标准，有效地解决了因芯片短缺导致的“卡脖子”问题，对行业以及国家信息安全具有重要意义。承担国家市场监管总局中欧、中沙、中埃、中南美合格评定合作机制秘书处工作。

11 月，中国电研工业设计中心获批，成为工业和信息化部第五批国家级工业设计中心，未来将助力家电行业高质量发展，推动“一带一路”建设走深、走实；华南电子电器综合服务平台获批，成为国家级服务型制造示范平台，将推动电子电器制造业和现代服务业深度融合。

12 月，中国电研广州擎天实业有限公司（简称擎天实业）凭借“新能源电池高串串联化成分容新技术”拿下高工金球奖 2021 年度技术奖，目前已有 114 个电芯串联的设备投运成功并持续稳定运行，领先全行业。

2021 年，中国电研 CVC 威凯积极服务国家高质量发展战略，陆续推出声品优质 + 、母婴家电、智能家电分级认证等系列优品认证。

2021 年，中国电研擎天实业励磁设备先后应用于梅州抽水蓄能电站和阳江抽水蓄能电站，阳江抽水蓄能电站拥有国内单机容量最大的抽水蓄能机组，将有效提升大湾区电网调节能力。中国电研擎天实业为西安隆基氢能科技有限公司、中国船舶集团有限公司第七一八研究所等提供电解水制氢电源，助力氢能发展。中国电研成为 GE HYDRO 全球战略供应商，并获其年度最佳合作奖。

2021 年，中国电研取得某新能源汽车制造企业车架焊接自动化生产线项目，签订新能源汽车热管理综合检测试验设备、汽车发动机试验设备合同，业务实现新突破。中国电研为阿尔及利亚客户紧急筹备制氧站和 2 000 套 10L 制氧机等抗疫物资，这是中国电研第二次助力“一带一路”国家共同抗击新冠肺炎疫情。

2021 年，中国电研完成立沙岛聚酯树脂二期建成投产，该基地总产能 8 万 t，为后续发展提供了坚实的产能保障。中国电研擎天材料科技有限公司（简称擎天材料）获广东涂料行业“十三五”突出贡献企业称号。

持续加快区域布局。加快推进“总部－区域中心－专业试验室/业务处”区域布局战略，不断完善区域布局，推进分支机构和实验室建设。新建新风机产品、智能语音交互等实验室共计 15 个，新设国内分支机构 6 个，形成覆盖华南、华东、华中、西南、华北的服务网络。

中国电研擎天材料法人层级由四级提至三级。2021 年，为优化管理架构，提升整体运营效率，经集团公司批复，中国电研将所属全资子公司擎天实业持有的擎天材料 100% 股权划转给中国电研。

【国际合作】

1. 实施“走出去”战略 新建多个检测认证分支机构和实验室。新设阿联酋威凯（海湾）认证检验免税区公司以及埃及、德国 2 个业务处。截至 2021 年，公司在全球 7 个国家和地区，32 个城市，设立了 7 个大型检测基地、6 个典型气候试验站和 19 个服务网点，合计实验室面积超过 12 万 m^2。

阿尔及利亚洗衣机项目首次在单个项目上实现全产业链的闭环，项目涵盖产品设计、模具设计和制造、工厂设计和设备制造、生产技术及产品测试认证服务。签约首个埃及市政项目，参与埃及经济建设，成功开拓海外市政项目。成功获得巴基斯坦第一大水电站励磁项目等。

2. 引进境外人才、核心团队 通过与 IEC/TC61 前主席 Derek Johns 的通力合作，在国际标准话语权方面取得突出成绩。在国际专家指导下，2021 年中国电研主持发布 2 项国际标准及标准相关论文 2 篇，中外专家团队通过主导制修订国际标准，为中国企业发声，提升我国在国际上的话语权，将中国家电标准的技术推向国际舞台，助力实现中国标准国际化，打造“制造强国”。

除做好高端外国专家工作外，积极引进国际人才，引入沙特阿拉伯阿卜杜拉国王科技大学 Gilles Lubineau 教授、马来西亚拉曼大学 Lim Boon Han 教授等人才，共同开展“一带一路”地区环境研究，在沙特吉达、毛里求斯路易港、巴基斯坦卡拉奇港口、马来西亚设立环境试验站点和实证基地，完成了对“一带一路”地区温度、湿度、太阳辐照的数据收集及分布情况分析，提供材料耐久性评价试验方法及寿命预测技术分享，为制定相关电器产品出口环境适应性技术标准提供依据。

【科技创新】

1. 科研工作新成果 2021 年，中国电研坚定创新引领的发展理念，实施创新驱动，聚焦主业，以科技创新引领高质量发展。2021 年，研发投入 2.47 亿元，组织各类科技立项 130 项，其中，国家级科技项目或课题 18 项，作为第一单位承担国家或省部级科技项目 7 项；获各类优秀成果奖 17 项，其中，省部级以上奖励 8 项，取得重要成果 11 项；围绕核心技术和主要产品，申请各类专利 154 件，其中，发明专利 88 件，4 件 PCT 申请进入国家阶段；获专利授权 97 件，其中发明专利 33 件；主持发布各类标准 39 项，其中，国际标准 2 项，国家标准 20 项。

中国电研完成的“高质高效医疗防护制品制造关键技术与装备及产业化应用”项目获广东省科技进步奖一等奖，该项目解决了医疗防护制品生产装备设计开发难题，保障了医疗防护制品生产供给，有效解决了我国在抗击新冠肺炎疫情时设备不足的难题。

中国电研牵头完成的“复杂大气环境下输变电设备金属材料可靠性评估与防护”项目获中国腐蚀与防护学会科学技术奖一等奖，该项目填补了广东省多区域电网设备精细化选材依据的空白，成果应用于南方电网和国家电网，对保障中国电力安全发挥了重要作用，项目成果总体技术处于国际领先水平。

中国电研牵头完成的“海上风电电气设备南海环境适应性关键技术研究与应用”项目获中国电工技术学会科学技术奖二等奖，该项目成果应用于广东湛江外罗海上风电场，并入选中国共产党成立 100 周年献礼系列丛书《国家重大工程档案》。

中国电研牵头承担的国家重点研发计划项目“废旧移动终端整机无损拆解与安全再利用技术”成果列入 2021 年国家“十三五”科技创新成就展。

2. 研发项目产业化取得新突破 基于海上风电电器设备腐蚀防护核心技术，研制的海上风电电器设备服役环境精准检测评价技术成果，成功应用于沿海 2 000 多台风电机组，助力风电产业健康发展；开发的“高性能紫外光反射膜”，突破国外技术壁垒，实现国产替代，为下一阶段高聚光加速试验装置研制打下基础。

研发的检测新技术为广州市制定智能网联汽车示范运营相关政策文件提供支撑；研发智能家居语音技术标准取得阶段性成果，牵头组织的《智能语音控制器通用安全技术要求》成功获得国家标准委立项，是国内首项家电领域智能语音国家标准。

基于公司电能转换核心技术，研发的动力及储能电池串联（38 串）化成分容设备，自 2020 年初与比亚迪刀片电池一起投运以来，不断进行技术迭代，2021 年更高串数（114 串）设备率先在行业内投入运行，继续引领行业，助力新能源汽车更加安全、绿色发展；首台自主可控励磁装置成功投运，解决了缺芯“卡脖子”问题；工业电源已批量应用于新型半导体碳化硅材料生长领域。公司在新能源汽车、储能电池领域的竞争力持续增强。

基于多因素气候环境模拟核心技术，成功开发出可模拟各种典型气候环境下进行加速老化试验的整车环境舱，并投入使用；基于机器人系统集成等核心技术，研发的厨电机器人智能生产线系统、智能节能型空调器试验室、智能消声试验室等新型装备在海尔集团公司、青岛海信日立空调系统有限公司等行业标杆企业中成功应用。

基于在环保涂料及树脂业务上深厚的技术储备，成功开发出 18 种聚酯树脂新产品，其中 HAA 低温干混消光聚酯树脂等高附加值产品获得客户高度认可；环保涂料产品首次实现铝轮毂亚光透明漆转透明粉工艺；水性工业涂料成功进入汽车钢轮领域。

3. 国际标准化工作取得新突破 2021 年，公司承担的国家技术标准创新基地（家用电器及电器附件国际标准化）顺利通过验收。全年主持发布各类标准 39 项，其中国际标准 2 项、国家标准 20 项、行业标准 5 项、团体标准 12 项。国际标准化方面，公司主持研制的 2 项国际标准 IEC 60335-2-115《家用和类似用途电器安全 皮肤美容护理器具的特殊要求》和 IEC 63174《电动牙刷性能测试方法》正式发布实施，填补了全球家用皮肤美容护理器具产品和电动牙刷产品标准的空白；主持开展 3 项国际标准研制工作并顺利推进；组织申报的 2 项 IEC 标准提案获批立项，联合提出并编制 1 项 IEC 新标准项目提案。标准化首席专家黄文秀再次被国际电工委会授予 IEC 1906 奖，累计 4 人次被授予 IEC 1906 奖。中国电研不断强化业务领域的标准引领地位，提升行业影响力，支撑质量技术服务业发展，助力产业转型升级与高质量发展。

在国内标准化方面，公司主持和参与制修订 23 项国家与行业标准；主持研制的 10 项国家标准正式发布，其中环境条件系列标准保障了我国电工、电子、电器产品在我国特殊地理环境下生产、运输、使用环节的安全可靠；在智能家居领域持续输出重要标准项目，获批立项3项国家标准；获批立项3项绿色设计产品国家与行业标准，引领电器附件行业绿色发展；牵头制定1项团体标准、开展2项企业标准领跑者团体标准研制工作。

【安全生产】

2021年，公司在国机集团安全生产年度考核中评为第三类监管企业第1名。

公司制定了《安全生产“党政同责、一岗双责”工作实施细则》，着力构建“党政统一领导、严格依法监管、企业全面负责、职工积极参与、社会支持监督”的安全生产工作格局。公司及下属企业已分别设置安委会、分安委会、安全生产工作组、安全生产工作小组等各层级机构，并配齐各级安全生产管理人员。中国电研共有20人取得安全生产主要负责人培训资格证书（其中2人取得危险化学品主要负责人资质），37人取得安全管理员人员资格证书（其中4人取得危险化学品安全管理员资格），28人注册安全工程师。

2021年，开展各层级安全检查，排查安全隐患300余项，均在规定的时间内整改完毕；参加各类安全生产培训共计5 000余人次，开展应急演练34次，有效推动应急体系完善健全。

【党建工作】

坚持以习近平新时代中国特色社会主义思想为指导，全面完成“党建创新拓展年”各项任务，围绕党史学习教育和庆祝中国共产党成立100周年开展系列活动，落实全面从严治党主体责任，党建工作质量和水平有效提升。2021年中国电研荣获广东省国资系统“先进基层党组织”称号，同时获得国机集团2021年度先进企业。在国机集团年度党建考核中获“优秀”。

一是坚持把习近平总书记最新发表的重要讲话和指示批示作为党委会“第一议题”、中心组学习首要议题，将“两个维护”体现在学习部署和落实见效上。

二是高标准高质量开展党史学习教育。结合学习教育清单“1个目标、8项学习内容、8项活动安排、6项调查落实、6项保障措施，共29项具体任务”的推进实施体系，精心组织实施、有力有序推进。让公司广大党员干部受到了一次深刻的政治教育、思想淬炼、精神洗礼。完成了59项“为群众办实事”活动项目，创建了一系列活动平台，实现了学党史、悟思想、办实事、开新局的目的。

三是党建工作与生产经营有效融合。广泛开展“一支部、一重点项目”活动，引导各级党组织和广大党员聚焦主责主业，聚焦重大项目实施，开展课题攻关、项目攻关、党建共建，全年完成了29个重点项目，强化党建引领作用，党建与业务深度融合的氛围日趋浓厚。

四是加强领导干部管理。多样化干部选拔手段，以公开竞聘、招聘和推荐等形式开展干部选拔，开展公司下属二、三级企业领导班子和领导人员综合考核评价，完成干部档案专审工作，开展干部配偶及子女配偶经商办企业、影子公司、影子股东等专项巡察工作。以解决实际工作问题为导向完成新任干部行动学习计划。

五是党建带团建工作扎实推进。聚焦青年成长，通过系列演讲比赛、党史知识竞赛等活动，发现、培养和锻炼了一批能写能说能干的青年人才，为党的事业发掘了一批后备力量。

六是党风廉政建设层层压实。把党风廉政建设融入公司改革发展、领导班子建设、干部队伍建设和党的建设工作中，以制度建设为保障，强化两个责任，强化廉洁教育，强化监督检查，严肃执纪问责，强化政治监督、做实日常监督，持之以恒落实中央八项规定精神，从严执纪，精准问责。深入开展违规挂靠专项巡视和四个专项整治专项检查，大力推进公司内部巡察工作，不断巩固公司风清气正的良好政治生态。

七是公司社会影响不断扩大。积极承担央企社会责任，巩固脱贫攻坚成果，加强联动返贫监测，推进落实乡村振兴，高质量完成定点帮扶各项任务。围绕庆祝中国共产党成立100周年，加大新闻宣传工作力度，展现公司取得的发展成就，宣传排名在集团提升7名，稿件录用数量增长30%。党工团工作有声有色，公司凝聚力正不断提升。

【信息化与数字化建设】

1. 成立信息化规划小组 借鉴国内领先的IT

系统架构，完成“十四五”信息化规划，目标是通过建立业务中台和数据中台，建成微服务、高可用、一体化、可扩展的业务平台，打破现有烟囱式的系统格局，重构系统后，将进一步增强公司的软实力，支撑公司战略发展。

2. 上线各类信息化平台 2021 年公司信息化系统运行稳定，资金管理平台、智能化学品管理系统、材料认证库管理系统、客户服务平台陆续上线，有效解决管理痛点，强化风险管控，提高作业效率。建设资金管理平台专项，实现资金收付全流程信息化。改造公司组网方式，每年节省费用 20%。完成档案系统数字化，实现与 OA 系统自动对接。CVC 威凯上线 LIMS 检测系统，实现业财融合，提高运营效率；上线 CSP 客户自助服务平台，提升客户体验。

【履行社会责任】

1. 着力推进乡村振兴工作 强化乡村振兴政治担当，积极落实集团对四川广元片区的扶贫工作，认真履行帮扶职责，拨付到位帮扶资金 25 万元；广东省内定点精准扶贫工作顺利交接，惠及脱贫人口 244 人，全力开展乡村振兴工作，派驻驻镇工作人员 2 人，投入帮扶资金 50 万元，年度累计消费帮扶 162 万元。

2. 发挥专长，服务社会 一是开展“我为群众办实事”活动，为广大群众开展科普教育、电器安全知识普及、产品医院义诊、认证知识辅导等科普类项目，其中“开展科普教育，引导消费升级”列入国务院国资委中央企业亮点项目，累计开展科普直播 10 场，惠及群众超 100 万人次；发布产品质量安全科普推文超 150 篇，单篇推文最高曝光量超 20 万。二是积极协助政府部门开展技能人才培训，提升行业质量水平。2021 年共完成政府类人才培育项目 30 场，累计参训超过 6 000 人次；质量培训 7 期，头部企业及供应商累计参训 300 人。

3. 奉献爱心，参与公益慈善活动 积极响应集团倡议，为河南省抗洪救灾捐款 10 万元；公司团委通过开展“与雷锋同行”活动，为广东省廉江市垭垉塘小学全体师生捐赠校服 258 套。

4. 迎难而上，在疫情防控中显担当 在广州新冠肺炎疫情升级为中高风险时期，公司组织党员和青年员工组建志愿突击队，迅速参与到广州市海珠区志愿服务中，近 50 人参与，平均服务时长 20h/人。

国机智能科技有限公司

【基本概况】

国机智能科技有限公司（简称国机智能）由国机集团与广州市政府共同投资组建，于 2015 年 12 月揭牌成立。公司战略布局于粤港澳大湾区、长江经济带和京津冀等国家重要战略规划实施区域，致力于机械基础技术、基础元件、基础工艺的技术研发与生产，在密封、润滑、密封胶、液压、光机电一体化等方面的研究与开发位居国内先进水平；致力于智能装备及关键零部件的技术研发、生产制造、检测咨询服务，研发制造面向智能装备等自动化生产线，为工业客户提供系统的解决方案。主体企业广州机械科学研究院（简称广州机械院）具有 60 余年历史，是国家首批创新型企业、国家认定企业技术中心、国家技术创新示范企业。

国机智能总部位于广州市，公司拥有国家橡塑密封工程技术研究中心、工业摩擦润滑技术国家地方联合工程中心、国家汽车零部件技术研究开发平台（广州）等国家级高端研发平台；国家机器人检测与评定中心（广州）、国家自动化装备质量监督检验中心、国家认可实验室广州机械科学研究院检测实验室等国家级认证检测平台；工业和信息化部产业技术基础公共服务平台（部省共建）、中国机械工业联合会机械行业中小企业公共服务示范平台等国家级公共服务平台；以及广东省智能工厂工程技术研究中心等25个省级研发及服务平台。联合有关单位共建国家机器人创新中心、中国（广州）智能装备研究院等；组建了广东省院士工作站；担任全国特种加工机床标准化技术委员会秘书处单位、机械工业橡胶塑料密封标准化技术委员会秘书处单位、广东省机械工程学会摩擦学分会秘书处单位及中国机械工业联合会智能制造分会副理事长单位等10余个重量级行业组织秘书处单位、理事长单位及委员单位。

【“十四五”重点发展方向】

2021年7月，国机智能发布“十四五”发展战略规划。“十四五”期间，国机智能将以“工业强基报国，智造引领未来”为使命，以“不断提升企业的核心竞争力”为发展目标，紧扣高质量发展这条主线，以高质量党建引领企业高质量发展，以优势业务三年倍增、智能产业三年振兴，传统产业数字化赋能和智能产业数字化蓄能为实施路径，发挥好广州机械院、苏州电加工研究所有限公司（简称苏州电加工）两个科研院所平台作用，打造橡塑密封、设备润滑安全领域两个“国内一流”；实施“战略引领、人才强企、机制创新”三大支撑，调整改善业务布局，优化国有资本配置和运行效率，打造富有竞争力和创新活力的企业文化。到2025年，力争实现营业收入30亿元，利润总额3亿元的总体目标。

【主要指标】

2021年国机智能科学谋划，精准发力，利润总额首次突破亿元大关，新能源密封业务实现跨越式发展。主要经济指标完成情况见表1。

表1 2020—2021年国机智能主要经济指标完成情况

指标名称	2020年	2021年	同比增长（%）
资产总额（万元）	214 264.74	195 921.92	-8.56
净资产（万元）	126 300.33	115 249.33	-8.75
营业收入（万元）	146 039.69	122 444.03	-16.16
利润总额（万元）	4 852.73	10 080.20	107.72
技术开发投入（万元）	16 272.00	12 057.18	-25.90
利税总额（万元）	10 230.00	16 224.10	58.59
EVA值（万元）	6 800.38	14 673.86	115.78
全员劳动生产率〔万元/（人·年）〕	27.50	41.97	52.62
净资产收益率（%）	2.74	9.46	增加6.72个百分点
总资产报酬率（%）	3.12	5.54	增加2.42个百分点
国有资产保值增值率（%）	104.55	103.85	下降0.7个百分点

【改革发展】

国机智能紧扣公司“十四五”11123发展战略，纵深推进国企改革三年行动，高质量发展取得积极成效。截至2021年年底，改革行动任务完成率超过94%，取得了一系列显著成效。

一是改革行动汇聚发展动能，推动公司经营业绩实现突破。核心业务市场占有率稳步提高，扭亏治困成效明显，2021年公司利润总额和净利润突破亿元大关，创历史新高，超额完成集团下达的目标，实现了“十四五”开门红。

二是高质量党建引领高质量发展，公司党建面貌焕然一新。党员队伍的政治意识、纪律意识、政治能力明显提升，工作作风明显改善，责任意识和担当意识明显增强。在2021年中国共产党成立100周年之际，公司党委获评广东省先进基层党组织，获得广东省委表彰。

三是进一步聚焦主责主业，公司核心竞争力不断增强。2个投资未达预期项目完成退出整改，9家参股企业完成清理退出，下属7家企业管理层级从4级提升为3级，公司法人户数由21家压减至16家，累计收回投资资金1.85亿元，公司内部资源和经营重心不断向三大主业、八项业务积聚靠拢，核心竞争力不断增强。

四是现代化国有企业制度不断完善，公司治理水平、治理能力全面提升。从顶层设计、制度配套、体系建设、监督管理四个层面着手，不断完善和规范公司党委会、总经理办公会和董事会的运作，使国有企业的制度优势更好地转化成为治理效能。

五是建立健全市场化经营机制，员工干事创业活力显著增强。紧扣人才强企、机制创新理念，围绕三项制度改革，加快推进干部队伍建设、组织架构调整和薪酬制度改革，营造了干部能上能下、员工能进能出、收入能增能减的良好发展氛围。

六是新旧动能转换卓有成效，一批重大项目稳步推进。积极培育和打造原创技术策源地，央企联合体、1025专项、××工程、国家重点研发计划等一批重大科技攻关任务成果显著，多项技术达到国际先进水平，解决了一批制约行业发展的“卡脖子”技术难题，为产业链安全自主可控提供了有力支撑。

七是聚焦创新驱动发展战略，公司科技创新体系和能力建设取得成效。完成了“十四五”科技发展规划，系统谋划和部署科技创新工作；建立健全了一体化的“三级研发体系”，形成了科技支撑产业、产业反哺科研的循环机制。

【重大项目】

1. 国家自动化装备质量监督检验中心通过验收 2021年7月，由广州机械院承担建设的“国家自动化装备质量监督检验中心”项目顺利通过验收。项目建设了机械零部件、工业机器人、服务机器人、无人机、先进制造装备和成套自动化装备等领域的检测系统，覆盖材料分析、环境可靠性、机械可靠性、电磁兼容和功能安全等专项能力。该项目促进了公司更好地为华南地区乃至全国的机器人、自动化装备行业提供专业的检测技术服务，有助于推动行业产品质量提升和市场开拓。

2. 工业摩擦润滑技术国家地方联合工程研究中心 2021年7月，由广州机械院承担建设的工业摩擦润滑技术国家地方联合工程研究中心项目顺利通过验收。项目建设完成了全数字化的工业润滑摩擦磨损监测与诊断实验室，搭建了工业橡塑密封数字化设计与制造平台、可靠性实验平台和中试基地、金属加工液产品设计平台以及产业化基地、重大装备润滑安全远程监控与智能运维云平台、水泥和电力等行业工业润滑工程中心和机械工业装备润滑智能检测重点实验室等，促进了新一代信息技术与高端装备制造深度融合发展，建立了一个集研发、设计、试制、测试于一体的创新研究平台。

3. 国家重点研发计划智能机器人专项课题通过考核评价 2021年8月，由广州机械院承担的国家重点研发计划智能机器人专项“核心部件及其组合系统性能评估与对整机的影响机理”课题和参与的“工业机器人整机性能测试与评估标准研究及验证”课题综合绩效评价顺利通过。通过项目的实施，开发了减速器综合测试台、减速器寿命试验台、伺服驱动系统试验台、伺服传动系统试验台等平台；建成了重庆和广州两个国家级工业机器人测试与评估公共服务平台，通过CNAS能力认可和国家认监委资质授权。项目在智能机器人领域的技术推进、标准研发、体系建设、平台推广等方面取得了巨大的进展，突破了国外对工业机器人整机软硬件测试评估的长期垄断和技术封锁，为我国机器人产业的蓬勃发展奠定了坚实的基础。

4.“智能制造执行系统中生产设备统一信息建模、智能感知及动态集成方法和使能工具”项目获批立项 2021年11月，该项目由国机智能技术研究院有限公司（简称北智院）牵头，联合国家工业信息安全发展研究中心、中国航空制造技术研究院共同承担。项目针对生产设备密集型制造车间多型异构生产设备智能优化管控需求，研究生产设备统一信息模型建模方法，攻克生产设备智能化互联感知、人机交互、云端化普适接入、云边协同优化运行等关键技术，开发相关构件及系统，并在典型企业开展示范应用。

5.“航空液压系统高性能密封件设计制造关键技术及应用”项目获批立项 该项目是由广州机械院牵头，联合广州国机密封科技有限公司、清华大学、沈阳飞机设计研究所（601 所）、西安飞行自动控制研究所（618 所）、成都飞机工业（集团）有限责任公司（132 厂）、中国商飞上海飞机设计研究院（640 所）等 9 家单位共同承担的国家重点研发计划，于 2021 年 12 月获批立项。项目面向航空液压密封件国产化的需求，针对我国密封行业与国外先进企业的技术差距，从协同正向设计理论、材料配方及性能评价、高精度制造工艺、拟实测试及可靠性评价等方面开展创新性研究，研制出典型的航空液压系统用密封件产品，解决了航空装备关键密封技术“卡脖子”难题，为保障我国航空装备的关键基础元器件自主可控提供了支撑。

6. 股权收购 2021 年 12 月，国机智能下属广州机械院投资 2 000 万元以协议转让方式收购其下属参股企业——广研检测（广州）有限公司（简称广研检测）65% 的外部股权，从而将广研检测从参股企业转变为广州机械院的全资子公司，实现了油液离线检测业务及重大设备在线监测业务的统筹协同发展，进一步聚焦主责主业，为接下来全力打造设备润滑安全领域国内一流企业，实现高质量发展奠定坚实基础。

【科技创新】

1. 关键核心技术攻关有新突破 国机智能获批牵头国家级科研项目 3 项，获批立项首个“传感器”领域科研项目，全面完成牵头承担的 2 项国务院国资委 1025 专项攻关任务；完成 22 项纵向项目的验收，其中国家级 11 项，高水平地完成了工业和信息化部新一代人工智能产业创新重点揭榜任务——10kV 架空配电线路带电作业机器人，获评为揭榜优胜单位。

2. 高端科技创新平台再添新成员 牵头组建创新联合体 - 密封件攻关协同体；获批筹建传感器国家工程研究中心广州分中心、石油和化工行业装备润滑安全工程实验室、中国设备管理协会润滑安全工程技术中心等一批高水平创新平台，正在争取筹建国防创新中心；广州机械院被工业和信息化部认定为“工业（机器人）产品质量控制和技术评价广州实验室”（2021 年全国仅 28 项）。此外，工业摩擦润滑技术国家地方联合工程研究中心、国家自动化装备质量监督检验中心、广东省中高端机器人技术工程实验室通过外部验收。

3. 高水平科技奖励有新成果 国机智能 3 项成果经以院士为组长的专家组鉴定，整体技术达到国际先进水平，作为第一完成单位荣获 6 项省部级科技奖、2 项首届智能制造创新大赛全国二等奖、2 项国机集团优秀专利奖、1 项国有企业数字化转型优秀案例。此外，“重大装备润滑安全数字化运维平台”被国务院国资委认定为“国有企业数字化转型优秀案例”，全国共评选出 30 项优秀案例。

“机械行业智能制造运营管理平台”和“融合感知及控制技术的新型智能机器人作业系统”2 项成果荣获首届智能制造创新大赛全国二等奖。

“IMOM 工业互联网平台机械行业典型应用”被工业和信息化部认定为 2021 年新一代信息技术与制造业融合发展试点示范。

“基于工业互联网的重大装备润滑安全智能运维平台”入选首届中央企业数字化转型峰会企业数字化十大转型成果。

【安全生产】

国机智能扎实推进安全生产三年专项整治行动，继续强化安全培训，推进公司领导、总部职能部门负责人、各经营实体负责人、专兼职安全生产管理人员持证上岗培训全覆盖。全年未发生一般及以上安全生产、环境保护、职业健康事故。健全全员安全生产责任制、全面梳理重构双重预防机制（管风险、治隐患）、健全事故应急救援体系，确保全年无一般及以上安全生产、环境保护、职业健康事故，继续保持集团年度考核“合格”等级。

【党建工作】

2021 年，国机智能党委坚持高举中国特色社会主义伟大旗帜，扎实推进党史学习教育，高质量党建引领高质量发展取得明显成效，党建工作质量持续提升，国机智能党委获评广东省先进基层党组织。

1. 坚持凝心铸魂，全面系统学习习近平新时代中国特色社会主义思想 2021 年安排“第一议题”课程 19 次，组织 14 次中心组专题学习，举办 4 期党史学习教育读书班，带头端正学风，形成贯彻学习、跟进督办和定期报告的常态机制；纵深推进党史学习教育活动，开展“追寻百年记忆、传承红色基因”和“学党史、强信念、跟党走”系列活动；组织开展“向党报告工作”分享交流和“央企百年跟党走”主题党日活动，观看《跨过鸭绿江》《长津湖》等红色电影，参观东江纵队纪念馆、阳早寒春教育基地等。扎实开展“我为群众办实事”实践活动，助力乡村振兴，消费帮扶近 88 万元；助力新冠肺炎疫情防控，组织核酸检测志愿服务队，为群众提供扫码登记、测量体温等服务，累计服务近 10 万人次；聚焦环境改善，改善车间员工休息环境，购置清洁用品，安装空调；开展员工关怀，采购应急药品及医用品，各院区配置 AED；成立“春风服务队”，为员工提供发动机搭电、轮胎充气等维护保养服务。

2. 坚持政治引领，切实发挥党组织领导核心和政治核心作用 坚持把政治建设摆在首位，坚决贯彻落实习近平总书记重要指示批示精神和党中央决策部署，制定《贯彻落实习近平总书记重要指示批示和党中央决策部署工作规定》《贯彻落实习近平总书记重要指示批示督查办法》，对落实中央精神、集团要求和党委会要求事项，定期跟进督办、跟踪问效，形成工作办理闭环，做到有学习、有部署、有督导。完善公司治理，全级次企业制修订完善了“三重一大”决策制度，完善《“三重一大”决策事项及权限表》，发布实施《下属经营实体报总部审批备案流程表》《国机智能审批事项审批流程及管理时限表》，厘清了各治理主体的权责边界，进一步保障党组织发挥“把方向、管大局、促落实”的领导作用。

3. 坚持创新拓展，全面推动党建和业务工作深度融合 探索党建业务融合路径方式，党委书记带队开展“高质量党建引领高质量发展”党建专题调研，深入探讨破题之道；建立了年度党建工作会、半年全面从严治党专题会、季度党建工作例会机制，制定“挂图作战、对表推进”季度党建任务清单。找准融合切入点，开展“把握新发展阶段、贯彻新发展理念、服务构建新发展格局”大讨论。成立“冶金项目突击队”“国军标质量管理体系认证突击队”等，通过项目攻关等推进经营任务的完成。

4. 坚持正风肃纪，全面营造风清气正的干事创业氛围 做深做实做细巡视“后半篇文章”，召开 9 次巡视整改工作领导小组会，在抓好具体问题整改的同时，制定完善制度 29 个，规范操作流程 82 项，开展相关制度流程宣贯培训 4 次。2021 年已完成巡视整改主体工作，整改工作取得阶段性成效；强化政治监督，2021 年对 4 家下属单位开展了政治巡察工作，将重点领域、关键环节纳入公司纪委日常监督重点事项。

5. 坚持宣传引导，全面凝聚奋进伟大新时代强大合力 围绕中国共产党成立 100 周年积极开展主题宣传活动，营造浓厚节日庆祝氛围；举办第一届职工运动会、青年运动会，气排球、篮球等活动受到广泛欢迎，登山、跑步等协会活动精彩纷呈；召开统战人士座谈会，支持九三学社国机智能支社完成换届；落实党建带团建要求，团委委员列席参加党委理论学习中心组学习，组织召开党建带团建形势辅导报告会，顺利举办首期“青马工程”培训班。

【信息化与数字化建设】

优化升级 EIP、KK、FSP、ERP 等信息管理系统，优化 EIP、ERP、FSP 三系统数据交互，实现快报 100% 自动生产、数据 100% 准确，通过优化数据同步逻辑实现百万级数据的同步时间从 2 小时降到 5 分钟；完善公司运算、存储能力虚拟化平台建设，实现各应用系统的系统部署和数据存储虚拟化异机分离，完成从本机备份到本地（虚拟异机）备份，为未来筹划建设私有云打下基础，同时筹划未来建设混合云。

【履行社会责任】

国机智能牢记央企国家队的使命担当，坚持“锻造自身所长，服务国家所需”，牵头单位组建“密封件攻关协同体”，积极培育和打造橡塑密封原创技术“策源地”，承担的 9 项（其中牵头 6 项）国家级重大攻关任务取得多项突破性进展，攻克多项“卡脖子”难题。密封技术广泛运用在新能源汽车电池上，为促进绿色低碳发展、助力国家“双碳”战略贡献力量。自主开发的重大装备润滑安全数字化运维平台融合千万级的机械润滑与磨损状态监测数据，运用大数据分析、边缘计算、5G 等最新技术，实现重大设备健康管理和故障预警分析，是国机集团深耕机械行业 70 载，为大国重器“血液”安全保驾护航的重要结晶，被评为“国有企业数字化转型优秀案例”。

桂林电器科学研究院有限公司

【基本概况】

2021 年，桂林电科院实现营业收入 10.17 亿元，同比增长 50.43%，利润总额 1 180.22 万元，同比增长 83.75%，净利润 1 082 万元，同比增长 58.42%，超额完成集团任务指标。各业务板块保持稳步增长。桂林金格电工电子材料科技有限公司（简称金格公司）低压、中高压、塑料三大业务发展势头良好，营业收入、利润总额稳步增长，境外订单实现新突破；桂林格莱斯科技有限公司（简称格莱斯公司）营业收入、利润总额同比大幅提升，新签合同额 3.5 亿元，创历史新高；桂林赛盟检测技术有限公司（简称赛盟公司）业务拓展成绩斐然，连续 4 年大幅增长；特种薄膜部积极应对不利影响，保持生产经营基本平稳；电机事业部持续优化产品结构，生产经营稳定；行业工作部积极拓展业务，营收利润连续 10 年正增长。

【“十四五”重点发展方向】

1. 技术创新突破工程 围绕创建国家工程技术研究中心、国家级认定实验室等，通过依托国家“千人计划”等，与国内外高校、科研院所建立联合研发平台，建立行业技术服务平台等方式，推动新增 1 个国家级创新平台。立足公司产业基础优势、配套优势和部分领域先发优势，加快高速宽幅功能薄膜生产线成套装备、国际最大幅宽聚酰亚胺薄膜生产线成套装备、智能装备与远程智能分析监控技术等研发攻关；加快全固态硫化物系锂离子电池正负极材料、高锂离子传导率硫化物系固体电解质粉末的研究工作。积极构建运行高效的产学研用协同创新体系，以工程研究中心为载体，建立行业小试、中试试验基地，加快推进全固态锂动力电池关键材料、自然降解聚乳酸薄膜包装薄膜生产装备等的产业化，研制一批新产品、新装备，抢占行业发展先机。用好相关政策支持，积极争取相关项目、国家级平台，突破一批关键核心技术、解决一批国家的“卡脖子”问题。

2. 人才队伍激活工程 完善绩效和薪酬管理办法并推动落地实施，构建充分体现知识、技术等创新要素价值的收益分配机制，使一线生产、一般行政人员等与效益适度挂钩，在保持薪资相对稳定的基础上，根据效益情况适度提高薪资；推动管理人员、科研人员等骨干员工薪酬与绩效紧密挂钩，加大激励力度，充分体现岗位价值，合理拉开收入差距。建立分级薪酬分配机制和工资总额预留与借支机制，激活各部门工作积极性、主动性。加快推进实施分类考核，根据不同业务类型制定合理的考核办法，将考核与薪酬激励挂钩。不断探索新型激励模式，落实激励兑现、按规兑现、及时兑现，最大程度调动干部员工创新创造的积极性和活力，激发公司创新发展内生动力。优化人才培养发展体系，围绕管理、技术、技能三通道发展模式，完善人才晋升通道。

3. 融合发展赋能工程 加大技术改造投资，重点加快电工材料等领域的自动化、数字化升级和技术改造，降低人工成本；强化金格公司、格莱斯公司生产智化升级，推进存量装备智能化改造和工业互联网基础性升级，加大智能制造单元、智能生产线、智能车间、智能工厂的建设。充分利用人工智能、工业互联网、大数据等新技术、新模式，推动格莱斯公司加快建设工业大数据平台，同时加大定制化服务、全生命周期管理、总集成总承包等模式推广应用，更好地为下游企业和用户提供定制化、差异化、针对性的解决方案。积极响应国家号召，聚焦降低能耗、减少排放、资源循环利用等重点，大力开发环保产品，优化工艺，减少耗材，开发节约能源及利用绿色能源工艺，提高能源利用效率，消除减少废、污物的产生和排放。

4. 业务升级提速工程 聚焦国内市场，集中公司优势资源，利用聚酰亚胺薄膜、薄膜成套装备开拓国内市场；推动建立检验检测等业务在长三角等客户群体密集区的办事处并强化其作用，依托地利优势加强业务推广力度；加强国际产业合作，积极参与“一带一路”建设，加快海外市场拓展步伐，推动成套设备、电机产品走出去，争取更多国际市场份额，力争在印度、南美、非洲、东南亚、澳大利亚等市场上有新的突破。强化品牌建设，落实集团品牌一体化要求，充分利用传统媒体和新媒体传播的结合，注重公司整体品牌和所属产品品牌的对外宣传。明确技术攻关方向，在薄膜成套装备、聚酰亚胺薄膜等领域形成一批高精尖特色产品和能够提供系统解决方案的专项技术。提升电触头材料、检验检测等传统优势产业核心竞争力。实现新能源锂离子电池等重点关键技术突破，培育新产品，打造新的增长点。积极参与国家标准和行业标准的制定工作，加强成套装备和薄膜等公司主导产品领域行标或团标的研制。

5. 管理优化提效工程 加快管理信息化升级，重点推动财务管理集中，着重补足主要业务板块信息化建设短板，业务信息系统力争涵盖研发、采购、生产、仓储、销售、质量等关键环节；进一步规范管理流程，加强过程管理，定期开展检查；落实预决算管理，加强管理费用和制造费用的成本控制，做好成本管控工作。提升质量管理水平，强化员工质量责任意识，加快推行精益生产，加强质量管理体系建设，推行标准工艺，推动科研模式向生产模式转变。加强施工现场管理。开展6S现场管理基础知识和实操培训，开展现场检查，发现问题及时通报。加快推动资产盘活，探索新的商业模式、发展理念，稳步推进英才产业园项目建设，加快薄膜成套装备、聚酰亚胺薄膜等业务发展，推动投建一批新的生产线。通过联合开发、出租等方式，发展工业文化旅游、文化创意、养老服务等产业，盘活一部分老院区的闲置厂房。

【主要指标】

2020—2021 年桂林电科院主要经济指标完成情况见表 1。

表 1　2020—2021 年桂林电科院主要经济指标完成情况

指标名称	2020 年	2021 年	同比增长
资产总额（万元）	99 927.90	98 493.57	-1.44
净资产（万元）	57 738.52	58 136.34	0.69
营业收入（万元）	67 573.63	101 651.47	50.43
利润总额（万元）	642.28	1 180.22	83.75
技术开发投入（万元）	4 597.22	7 425.75	61.53
利税总额（万元）	4 885.74	4 780.29	-2.16
EVA 值（万元）	2 394.17	3 134.78	30.93
全员劳动生产率〔万元 /（人・年）〕	21.79	22.66	3.99
净资产收益率（%）	3.77	1.82	下降 1.95 个百分点
总资产报酬率（%）	2.88	1.81	下降 1.07 个百分点
国有资产保值增值率（%）	101.17	102.05	增加 0.88 个百分点

注：2020 年利润总额剔除股票数据的影响

【改革发展】

2021 年，桂林电科院推动落实公司改革三年行动实施方案任务。组织编制发布《桂林电科院改革三年行动实施方案》和《桂林电科院改革三年行动工作台账》，开展月度统计及报告分析，积极推动改革三年行动实施方案任务落实。截至 2021 年年底，36 项任务中有 29 项 100% 完成，其余任务均达到序时进度。

【重大项目】

桂林电科院实施的重大项目为电工电子新材料产业基地建设，2021 年产业园科技大楼基本完成建设，整体形象进度进展明显，全年固定资产转固约 4 300 万元。低压元件厂房获得档案馆档案接收证明书，项目整体评价通过集团备案。

【科技创新】

1. 科技创新成果不断涌现 2021 年桂林电科院组织申报纵向项目 24 项，申请政府、国机集团的资助资金到账 1 430 万元，荣获各类科技奖励 7 项，其中“高可靠性银基电触头材料研究及产业化”获中国机械工业科学技术奖二等奖，“高可靠性低压触头材料和元件开发及产业化”、“节能型双轴定向聚苯乙烯薄膜生产线研制”获广西科技进步奖三等奖。

桂林电科院承担的首个广西科技重大专项“高能量密度全固体锂电池用硫化物固体电解质材料研究”通过验收；金格公司组织申报的桂林移动金格电子 5G 工业互联网应用项目获第四届“绽放杯”5G 应用征集大赛广西区二等奖。

2. 动力电池项目取得新的进展 桂林电科院与清华大学合作，首次在 *Nature* 子刊 *Nature Communications* 上发表了一篇高质量学术研究论文；桂林电科院组装的电池样品首次完成高负载 4 000 次硫化物全固体电池超长循环验证，打破了国内最高纪录；桂林电科院与清华大学张兴教授团队联合申请的全固态锂电池界面反应与载能子输运、转化耦合机理研究项目首次获得国家自然基金立项。

3. 知识产权工作推动高质量发展 2021 年桂林电科院提交专利申请 21 件，软件著作权登记 2 件，获授权专利 24 件。“尺寸稳定型聚酰亚胺薄膜及其制备方法”获第一届广西专利奖二等奖，“一种塑料薄膜流延机组钢带的张紧与纠偏系统”获国机集团优秀专利奖三等奖。2021 年公开发表论文 31 篇，其中，SCI 论文 4 篇。2021 年广西壮族自治区市场监管局批准桂林电科院建设广西高价值专利培育示范中心。

4. 标准制修订排名位居全国前列 2021 年桂林电科院主导或参与国际标准制修订 9 项，提出提案 2 项，组织申报国家标准 23 项、行业标准 25 项，获批国家标准 11 项，行业标准 18 项，团体标准 4 项，完成了 17 项国家标准、15 项行业标准、4 项团体标准的制修订工作。据中国标准化研究院 2022 年 1 月发布的《2001—2020 年国内标准起草单位大数据分析》显示，桂林电科院在制造业企业研制国家标准数量排名中位居全国第 2，在制造业企业研制行业标准数量排名中位居全国第 4。

5. 获批多项高水平资质平台 2021 年桂林电科院获批技术与创新支持中心（TISC）、自治区中小企业公共服务示范平台、广西知识产权培训基地、科技计划项目管理专业机构 4 个资质平台，创造了年度获得资质平台数量新高。2021 年桂林电科院被工业和信息化部认定为“国家技术创新示范企业”，技术创新工作效果显著。

【安全生产】

桂林电科院坚持贯彻落实“安全第一、预防为主、综合治理”的安全生产方针，坚持“党政同责、一岗双责、齐抓共管、失职追责”的工作原则，党政团工会逐级落实全员安全生产责任制和双向承诺制度，做到安全生产责任体系五落实五到位，坚决执行“谁主管、谁负责”的原则，做到“纵向到底、横向到边”，公司与工程承包单位签订专门的安全生产管理协议，明确各自的安全生产管理职责，并对承包单位的安全生产工作统一协调、管理，定期进行安全检查，发现安全问题及时督促整改。

2021 年桂林电科院提取安全生产费用共 372.48 万元，完善风险分级管控和隐患排查治理双重预防体系，及时排除、深入治理、消除安全生产事故隐患。2021 年，公司未发生一般及以上生产安全事故、重大特种设备事故、重大火灾事故、重大爆炸事故、重大环境污染事故和社会影响较大的职业危害事故；未发生违反《中央企业安全生产禁令》的行为。安全生产形势总体保持稳定，较好地完成了国机集团和桂林市七星区政府下达的年度目标任务。

【党建工作】

1. 坚持党建责任体系化，不断强化党的政治建设，保证党的方针政策、集团的工作部署在公司落实落地 桂林电科院党委坚持党对国有企业的领导，把党组织嵌入公司治理结构，明确了董事会、经理层和党委的职责，修订了决策事项清单，严格执行党委前置讨论“三重一大”事项。认真开展国有企业党建工作会贯彻落实“回头看”工作，2017年公司制定的68项整改措施，均已实施完成。认真履行全面从严治党主体责任。领导干部认真履行“一岗双责”，做到党建与业务同部署、同检查、同考核，党建工作年初有计划、年中有检查、年末有总结，逢会必讲从严治党；组织开展季度支部党建检查、年度党建述职评议，将支部书记述职评议结果与个人年度绩效考核结果挂钩，进一步完善了党建考核评价机制。

2. 坚持党员教育常态化，不断强化党的思想建设，夯实党员干部理想信念根基 2021年桂林电科院党委扎实开展党史学习教育活动，聚焦13个方面29项具体内容，通过组织专题培训班、遵义会议旧址红色教育、红歌演唱会、党史知识竞赛等新形式推动党史学习教育入脑入心，同时将学习成果转化为“我为群众办实事”活动成效，制定了6类12项重点民生项目，均已完成。2021年组织25次党委会“第一议题”学习、7次会议13个专题党委理论中心组学习、2期党史学习教育培训班、1期党的十九届六中全会培训班、4期党史知识答题，不断夯实党员理论基础。2021年召开2次党委会研究意识形态工作，加强敏感信息排查、舆情监控引导等工作，加强舆情监控。桂林电科院全年被省级以上平台正面报道6次，正向社会效应持续扩大。持续开展节假日、酷暑天走访慰问工作，为职工及家属办理重大疾病互助保障、购买意外保险，让职工群众分享企业发展成果。

3. 坚持党建工作标准化，不断强化党的组织建设，着力提升党组织的凝聚力和战斗力 桂林电科院党委扎实推动“党建创新拓展年”各项工作任务，集中整治软弱涣散党组织，推动各党（总）支部标准化规范化水平迈上新台阶。2021年《公司开展党员政治生日活动实施办法》在集团优秀特色党建制度评选中获三等奖。加强党建品牌建设，结合实际提出政治核心、思想凝心、组织强心、群团暖心、廉洁守心的“五心领航”党建品牌，明确了工作目标，总结了前期经验，增强了党建工作影响力。认真开展党员积分管理，通过动态登记、定期公示党员积分，组织评定星级党员，激励党员干部爱岗敬业、开拓进取、乐于奉献。持续加强人才队伍建设。推动实施薪酬绩效改革，实现干部全员考核及下属企业经理层契约化管理。建立了管理、专业技术和技能人才发展三通道，形成了以一个高层次人才队伍，带动基础人才梯队建设的人才架构。

4. 坚持作风建设长效化，不断强化党风廉政建设，认真贯彻落实中央八项规定精神，持之以恒反对“四风” 桂林电科院党委抓好顶层设计，聚焦“关键少数”，组织层层签订责任书，制定了党内监督责任清单，部门主要负责人、下属公司一把手重点监督事项清单，努力构建党风廉政建设长效化机制。组织开展违规挂靠专项巡视和“四个专项整治”“影子公司”“影子股东”问题专项整治工作，加大“靠企吃企”问题监督、惩处力度，堵塞漏洞。2021年回复廉政情况意见13份、处置问题线索3件、对1名员工进行了诫勉谈话、给予4名员工通报批评（其中1人降级降薪）、给予1名员工党内严重警告处分，追赔金额38.4万元。持续开展监督执纪“每周一学”“每月一测”活动，发布监督执纪案例48期、组织党纪知识测试11次；开展“一季度一专项”监督检查工作，发送问题整改通知15份并跟踪整改，提出改进建议13项。

5. 坚持融合业务问题导向化，不断推动党建与业务工作相融合，统筹谋划推进企业党的建设和改革发展 2021年桂林电科院党委试行了党建项目管理，立项23项党建项目，逐项推进，推动党员攻坚克难与聚焦解决企业重点难点问题相融合。各党（总）支部通过设立党员责任区、党员示范岗，选取所在部门的重点工作任务，以党员为中心，在工作岗位上创先争优，充分发挥了党支部战斗堡垒作用和党员的示范带动作用，推动党员承诺践诺与责任落实相融合、党员发挥示范带动作用与管理提升相融合。引导职能部门党支部与生产经营一线党支部结对，推动桂林电科院内部党支部与外部单位的党建结对共建活动，整合资源，促进合作共赢。

【信息化与数字化建设】

桂林电科院积极推进低压厂房智能化建设，完成自研铆钉自动挑选设备的试生产与车间验收、自研片材自动挑选设备的安装调试，并应用于常规批量产品的挑选，成功完成“机器换人”。在工业和信息化部举办的第四届“绽放杯”5G应用征集大赛中，“桂林移动金格电工 5G 工业互联网应用项目”获得广西区域赛二等奖；积极推进薄膜车间数字化建设，基于公司自主研发设计安装的智能双向拉伸薄膜生产线，通过 ERP+MES 融合生产管理系统的开发，形成了符合薄膜生产实际的数据录入、库存管理、质量管理、生产计划管理、数据统计分析等功能模块，2021 年被认定为广西数字化车间。

桂林电科院持续推进信息化管理，启动费控系统项目建设，为打通财务 NC 系统、办公 OA 系统、自研业务系统以及网银系统的数据打下基础。持续完善薄膜信息系统，新增质量统计报表、待返工待检测统计、开机计划管理、产线日志等 40 项功能。

【履行社会责任】

桂林电科院积极履行社会责任，2021 年投入帮扶资金 16.5 万元，积极参与四川广元朝天区扶贫工作，全年采购对口支持地区土特产 31.6 万元，助力乡村振兴；持续坚持到龙胜县乐江乡西腰小学开展慰问帮扶，组织互动益智活动、捐赠爱心慰问品；为河南省抗汛救灾捐款 6 万元；组织了学雷锋志愿服务、国机爱心捐款、健康义诊、志愿活动等一系列精神文明和社会公益活动，体现了央企担当。

国机海南发展有限公司

【基本概况】

国机海南发展有限公司（简称国机海南）成立于 2020 年 11 月 20 日，是国机集团为充分响应党中央海南自贸港建设号召而设立的全资二级子公司，注册资本 2 亿元，下设中国成套工程有限公司（简称中国成套）和中国机械工业海南股份有限公司（简称中机海南）两家子公司。

自成立以来，国机海南在国机集团正确领导下，充分贯彻落实党中央、国务院关于把海南建设成为“新时代全面深化改革开放的新标杆，形成更高层次改革开放新格局”的战略部署和习近平总书记对海南自由贸易港建设的重要指示精神，积极担负起“国机集团海南区域总部”的光荣使命，全力投身海南自由贸易港建设和海南地区乡村振兴发展事业，与海南政府机构、地方国企和集团公司体系内兄弟单位携手并进、勠力同心，共谱发展新篇章。

国机海南以“服务国家粮食战略需求”为使命，依托中国成套乌克兰谷物贸易存量业务，围绕国内农产品领域战略需求缺口，积极开发多样化大宗农产品增量业务，全力打造保障我国国际农产品供应通道安全畅通的“国家队”，根据自身专业优势和业务资源，积极搭建国内外农业贸易业务综合平台，致力成为促进我国粮食安全、联通国内国际农产品市场的世界一流农产品供应链集成服务商。

【“十四五”重点发展方向】

国机海南“十四五”规划和“123+*N*”战略

秉承“一核、两路、三域、多元”原则，构建国内国际双循环，致力于成为国际化农产品供应链集成服务商。其中，“一核”是服务农产品领域重大国家需求；“两路”是立足海南、辐射全国，“一带一路”、全球参与；“三域”指聚焦海外粮源及国际合作，聚焦热带农业及协同发展，聚焦乡村振兴及土地综合整治；“多元”即实现多元产业布局，打造国际农产品及大宗贸易、国内农产品贸易及相关产业、热带农业及产业链建设、乡村振兴及全域土地综合整治、海外农业产业园及相关设施建设、协同业务六大业务组合。

【主要指标】

2021 年国机海南主要经济指标完成情况见表 1。

表 1　2021 年国机海南主要经济指标完成情况

指标名称	2020 年	2021 年	同比增长（%）
资产总额（万元）	333 943	326 096	-2.35
净资产（万元）	100 953	81 721	-19.05
营业收入（万元）	176 439	192 700	9.22
利润总额（万元）	17 770	23 164	30.35
利税总额（万元）	19 660	26 002	32.26
EVA 值（万元）	10 076	12 417	23.23
全员劳动生产率〔万元 /（人・年）〕	142.06	184.08	29.58
净资产收益率（%）	14.55	20.06	增加 5.51 个百分点
总资产报酬率（%）	5.06	7.02	增加 1.96 个百分点
国有资产保值增值率（%）	115.57	124.89	增加 9.32 个百分点

【业务发展】

2021 年，国机海南以下属企业中国成套存量业务为依托，大力拓展农产品大宗贸易业务，同时与集团下属企业积极合作，大力促进海南自由贸易港建设、乡村振兴建设等领域业务的落地执行。

1. 农产品大宗贸易　依托中国成套乌克兰谷物贸易存量业务，积极开发高粱、大麦、芝麻等增量业务，实现自身新业务平台的平稳快速发展。2021 年，公司在与乌克兰国家食品粮食集团合作的框架内，完成了 8 个新签署谷物贸易合同的批次执行，涉及谷物数量近 48 万 t，签署采购合同金额约 1.4 亿美元；完成近 8 万 t 高粱、大麦等增量业务贸易合同的签署，总金额近 1.8 亿元 。公司在业务发展过程中，与中国中粮贸易有限公司、荷兰 Viterra B.V.、澳洲 Graincorp 等国内外多家农产品领域重要贸易商建立战略合作关系，丰富公司农产品贸易业务品类，实现了业务市场的横向拓展，提高了国机海南新品牌的市场知名度和影响力，同时为进一步向花生、辣椒、绿豆等其他小宗品类市场拓展奠定基础，努力打造并向世界展示国机海南新品牌。

2. 工程类项目　国机海南境外项目经营主体为中国成套。2021 年，由中国成套负责履约的境外工程类项目共 15 个（含国机集团非实体经营项目 12 个），其中赞比亚项目 2 个、安哥拉项目 13 个，合同总金额 10.24 亿美元，各项目在 2021 年年均有序开展并取得较大进展。其中，赞比亚医院及配套工程项目佩塔乌凯综合医院和钦萨利综合医院项目于 2021 年 12 月完成最终验收；安哥拉卡宾达基础设施一期二阶段建设项目完成全部施工并收到业主颁发的临时接收证书；安哥拉卡宾达基础设施二期建设项目于 2021 年 4 月 13 日正式开工。

3. 助力乡村振兴　深入贯彻习近平总书记做出的关于海南全省乡村振兴的战略指示精神，积极开拓海南地区业务，推动公司与海南省琼中县建立战略合作伙伴关系，协同国机集团与海南省农垦投资控股集团有限公司、海南加钗投资控股发展有限责任公司、琼中黎族苗族自治县乡村振兴控股发展有限责任公司、海南中部绿色产业园投资发展有限公司等海南地方国企开展合作，结合当地资源，在当地优势产业上深入布局，共同推进海南琼中县湾岭农产品加工物流园、琼中县体教融合产业发展（琼中女足）示范区、中药材物流基地、森林康养示范基地等重点工程建设项目。

4. 助力海南自由贸易港建设 在集团公司统筹部署下，成立“海南自贸港专项工作组”，积极推进区域总部助力海南自由贸易港建设的各项工作，国机海南作为集团在海南省设立的二级企业和区域总部，在项目及业务筹备考察、政府端合作协议签署等方面完成了大量工作，与海南省琼中黎族苗族自治县人民政府、海南农垦商贸物流产业集团有限公司、海南港航控股有限公司、马达加斯加海东青集团公司等 10 多家企业和政府单位签署战略合作协议，为后续业务的进一步开展奠定了坚实的基础。

【国际合作】

2021 年，国机海南克服新冠肺炎疫情蔓延的不利影响，积极推进海外工程建设，参与全球粮农产品产业供应链，在持续巩固安哥拉、赞比亚、乌克兰等传统市场的同时，努力开拓格鲁吉亚、波黑、孟加拉、缅甸、马达加斯加等国际新市场。公司在安哥拉、赞比亚等工程业务重点地区，按计划如期推进各执行中工程项目的建设；以乌克兰市场为支点，稳步拓宽海外粮农产品供应渠道，逐步建立起以澳大利亚、西欧、美洲等国家和地区为重点资源供应渠道的全球化采购网络，贸易品种类别从单一的玉米扩展到大麦、高粱、芝麻等，并不断深挖上下游客户资源，拓宽贸易渠道，与各合作方建立并维护持续、稳定的国际合作关系。

【党建工作】

1. 抓实党史学习，鼓舞斗志凝聚力量 国机海南临时党委 2021 年 8 月成立后，围绕党中央动员大会、总书记“七一”重要讲话、党的十九届六中全会和中央总结大会等几个重要节点，发挥“网、微、屏”联动效应，全面、立体、丰富地开展宣传报道，开辟党史学习教育专栏，公司官方微信公众号发布相关报道文章 46 篇。

2. 强化政治引领，把稳公司发展方向 国机海南临时党委充分发挥核心领导作用，坚持落实“第一议题”制度，组织召开临时党委会议 5 次，研究涉及公司业务发展、队伍建设等议题 25 项。深度融入海南经济建设大格局，先后与海口综合保税区、海南港航控股有限公司、华电海南等企事业单位签订合作协议。不断推进党建经营深度融合，围绕集团“党建创新拓展年”工作任务要求，组织党员干部参观海南省史志馆、白沙起义纪念园，以共产党人的初心使命激发工作热情。

3. 坚持固本强基，筑牢全面发展的力量支撑 强化基本组织建设，海南业务拓展之初成立临时党支部，不断把组织资源转化为推动发展资源、组织优势转化为推动发展优势、组织活力转化为推动发展活力。强化基本队伍建设，全面加强党员队伍的教育管理，组织参加基层党务干部培训，充分发挥集团在线学习平台优质资源，在完成党史学习教育内容的同时，组织优秀团员参加入党培训。

4. 狠抓廉洁从业，营造风清气正的经营环境 落实集团《关于紧紧围绕落实〈国机集团改革三年行动实施方案（2020—2022 年）〉跟进监督精准监督全程监督工作意见》，围绕深化警示教育、健全制度机制、完善监督管理、开展专项治理等，细化 50 项日常监督措施、21 项月度工作；推进“以案三促”工作，深化标本兼治；以印发倡议、主题党日、专题党课、系列征文、警示教育等活动为抓手，扎实开展“廉洁宣传教育月”活动；严查快办 2 起上级移交线索和群众反应强烈问题；完成 5 名新任干部廉政档案建档和 26 名干部档案更新，回复党风廉政意见 17 人次；深化违规挂靠专项巡视、“四个专项整治”专项检查、违规公款购买消费高档酒、香烟等问题集中排查整治，严防“四风”问题隐形变异、反弹回潮。

【履行社会责任】

国机海南切实扛起央企责任担当，积极贯彻落实乡村振兴工作部署要求，选派干部到三亚升昌村驻村第一书记兼振兴工作队队长，支援乡村建设；选派干部到海南琼中黎族苗族自治县乡村振兴控股发展有限责任公司、海南加钗投资控股发展有限责任公司挂职，充实当地企业干部队伍。组织干部职工采购扶贫农副产品，助力巩固脱贫攻坚成果，2021 年，从河南固始、山西平陆、海南琼中等贫困地区购买扶贫农副产品合计 71 210 元。

积极参与公益事业，向海口雨润特殊儿童教育培训中心捐款购买儿童康复器材，助力特殊儿童康复事业。

注重员工关怀，积极构建和谐企业，为员工购买涵盖意外身故、残疾、医疗、住院津贴四大项目的商业意外险，切实保障员工的生命财产安全；为困难职工申报国机集团爱心基金，逢年过节走访慰问困难职工和患重病的退休老党员。

切实做好新冠肺炎疫情防控常态化各项工作，疫情防控期间，严格执行属地政府疫情防控政策，积极配合社区做好各项防控措施，筑牢国机海南安全防线。

第四篇

规章制度选编

中国机械工业集团有限公司规章制度管理办法

第一章 总 则

第一条 为规范中国机械工业集团有限公司规章制度的起草审核、审批发布和修订废止等管理活动，加强内控合规建设，根据《中华人民共和国公司法》《中国机械工业集团有限公司章程》，制定本办法。

第二条 本办法所称“规章制度”，是指集团按照规定程序制定的，用于规范公司各类管理活动，在集团范围内具有普遍约束力和稳定时效性的办法、规定、细则等文件的总称。指导某项具体业务开展或实施某项具体工作而制定的指导意见、工作方案等不属于规章制度。

第三条 集团公司的规章制度按照管理范围和审批权限划分为经营管理、党建工作、纪检监察三大类。其中，经营管理类规章制度按照效力层级由高而低排序，分为基本管理制度、具体规章和部门规章。

第四条 本办法适用于集团公司经营管理类规章制度的起草、审核、审批、发布、解释、修订、废止等管理活动。

党建工作类、纪检监察类规章制度的管理活动参照适用本办法。

下属企业参照适用本办法，可根据本办法制定本企业的规章制度管理办法。

第五条 规章制度管理应遵循依法合规、符合实际、科学严谨、严格执行的原则。

第六条 集团公司办公室是规章制度的日常管理部门，负责规章制度文本规范性审核、汇编、档案管理等日常管理工作。

集团公司法律及风控合规部是规章制度体系建设合规管理部门，负责规章制度体系设计与完善、规章制度合法合规性审核、组织集中清理修订、监督检查等工作。

各职能部门负责规章制度起草、提交审核审批、发布、宣贯、解释和执行监督工作。

第二章 起草与审核

第七条 规章制度起草部门应当充分收集相关材料，对制定规章制度的必要性、依据的法律法规和国家政策、规章制度规范的主要内容和管理要求、职能部门职责划分等重点内容进行深入调查和分析研究。

第八条 规章制度应当条理清晰、逻辑缜密，体例规范紧凑、内容完备不繁、文字准确精练。

第九条 规章制度的基本内容：

（一）目的和依据；

（二）适用范围；

（三）管理部门及职责；

（四）管理内容及要求；

（五）其他。

第十条 规章制度的文本规范：

（一）规章制度名称规范：规章制度应规范冠名。

经营管理类规章制度名称均以“中国机械工业集团有限公司”冠名。规章制度适用条款中应规定规章制度的适用范围。

经营管理类规章制度按照具体内容和效力层级，以制度、管理制度、议事规则、办法、管理办法、规定、管理规定、准则、实施办法、实施准则、实施细则等为后缀分别冠名。

（二）编写体例规范：采用总则、分则、附则的先后逻辑关系编写。

（三）编写方式规范：可采用章节条统排方式，即在正文中分章、分节、分条。也可采用章条统排方式，即在正文中分章、分条。条文较少的可仅按条统排。属于一个条文内的事项可采用款、项、目的体例。

（四）文字术语规范：规章制度的条文内容应做到文字准确、精炼，对专业术语以及容易引起歧义的词句应予以明确定义或解释，不使用没有界定的简称。

（五）文本编排规范：规章制度的字体、版面编排规范统一。章、节、条的序号用中文数字，款不用序号，项的序号采用中文数字加括号，目的序号用阿拉伯数字。无论采取何种编排方式，条文序号的排列全文统一，不按章节单排。（详见附录 A）。

第十一条 规章制度起草部门应当将规章制度草案提交相关方征求意见后，通过规章制度审核程序提交相关部门审核会签。

涉及员工切身利益的规章制度草案，应通过职工代表大会或者其他形式听取全体职工的意见和建议，并经集团公司工会会签。适用于下属企业的规章制度草案，原则上应征求下属企业的意见和建议。

办公室、法律及风控合规部是集团公司规章制度草案必经的审核会签部门，分别负责规章制度的文本规范性审核和合法合规性审核。其他与规章制度所规范的经营管理活动有业务或职能联系的相关部门，应重点审核规章制度草案是否与本部门现行规章制度存在冲突或矛盾。

第十二条 规章制度草案的合法合规性审核内容：

（一）是否符合国家法律、法规、规章、政策；

（二）是否与公司章程及现行规章制度的规定冲突、矛盾或重复；

（三）规章制度草案的审核、审批权限设置与规章制度效力级别是否匹配，是否符合本办法规定；

（四）是否依据本办法规定征求下属企业、相关部门和职工的意见，对不同意见是否进行充分协商。

第十三条 规章制度草案的文本规范性审核内容：

（一）行文结构是否合理，必要条款是否齐备，设定职责是否明确，文字表述是否准确等；

（二）文本内容是否符合本办法的规范性要求。

第三章 审批与发布

第十四条 规章制度起草部门应在履行完规章制度审核程序后，整理规章制度征求意见及审核情况等，按照规章制度的审批程序报送审批。基本管理制度属于“三重一大”事项，应在报送审批前提交党委常委会研究讨论。

第十五条 集团公司基本管理制度包括：

（一）规范集团法人治理结构，界定党委常委会、董事会、总经理办公会等权力机构职责权限的制度；

（二）规范集团核心管理职能的制度；

（三）规范集团重大运营管理活动的制度；

（四）规范董事会、董事职责权限的制度；

（五）集团公司章程及董事会工作制度中规定应由董事会审批的其他制度。

基本管理制度一般由党委常委会研究讨论、总经理办公会审议通过后提交董事会审议批准。

第十六条 集团公司具体规章包括：

（一）为执行集团基本管理制度制定的规章；

（二）规范集团具体管理职能以及日常经营管理活动的规章；

（三）除由董事会审批的制度外，规范经理层职责权限的规章；

（四）集团公司章程、董事会工作制度及总经理工作制度中规定需由总经理办公会审批的其他规章。

具体规章一般由总经理办公会审议批准。

第十七条 部门规章是指各部门用以规范某一重要业务活动或为执行具体规章而制定的业务操作规程等。

部门规章一般由起草部门的公司主管领导审

核批准。

第十八条 规章制度草案经批准后，应以集团正式文件形式予以发布。

第四章 修订与废止

第十九条 制定规章制度所依据的法律法规、国家政策以及公司的组织结构、部门职责、管理模式、管理要求等发生重大变化，或规章制度实施过程中暴露出规章制度的规定存在不合理、不完善之处，或规章制度的规定已无继续施行必要时，相关部门应当及时予以修订或废止。

第二十条 规章制度起草部门应主动收集规章制度执行过程中发现的问题和反映的意见，及时进行修订或废止。办公室、法律及风控合规部发现规章制度的规定存在冲突、重复等情况，应当向起草部门提出修订或废止建议。

第二十一条 标明“暂行”“试行”的规章制度，原则上暂行、试行期不得超过两年。规章制度起草部门应在暂行、试行期内及时对规章制度进行修订或予以废止。超过两年的，起草部门应去掉规章制度名称中的“暂行”“试行”字样，重新正式发布。

第二十二条 规章制度的起草部门负责启动规章制度修订程序。规章制度涉及职责权限或重大程序变动等实质内容修改的，须按原规章制度制定时的审批权限履行审核、审批程序；涉及规章制度结构调整或文字修订等非重大实质内容修改的，规章制度修订由起草部门的公司主管领导审批。

集团公司组织结构发生变动，由变动后对规章制度所规范的经营管理活动负有职责的部门履行规章制度修订职责。

第二十三条 修订的规章制度应由规章制度修订部门以正式文件重新发布，同时宣布原规章制度废止。

第二十四条 不因修订导致的规章制度的废止，经起草部门的公司主管领导审批后可发文废止。

第五章 下属企业规章制度管理

第二十五条 下属企业应当明确本企业规章制度的管理部门和管理职责。规章制度规范的事项应当覆盖企业的全部业务及重要管理活动。

第二十六条 下属企业应当根据实际业务需求和管理要求，制定符合法律法规和企业章程规定的规章制度。应参照集团公司的规章制度体系，划分基本管理制度、具体规章、部门规章，明确不同层级规章制度的效力等级以及相应的审核、审议、审批权限及流程。

第二十七条 下属企业制定的规章制度必须经过合法合规性审核及文本规范性审核，并根据审核意见合理修改后，方可履行审批程序。

第六章 附 则

第二十八条 集团公司制定的规章制度中，相关用语应当规范统一。

下列用语释义如下：

1. 集团：指中国机械工业集团有限公司及其下属企业。

2. 集团公司：指中国机械工业集团有限公司。如无特别说明，一般指集团总部。

3. 下属企业：指集团全资、控股及实际控制的企业，一般不包括参股企业。如无特指，下属企业一般指集团的二级下属企业。

4. 集团公司章程：指《中国机械工业集团有限公司章程》。

第二十九条 规章制度不得擅自对外提供。确需提供的，应当征求规章制度起草部门意见并且不得违反企业保密管理的相关规定。

第三十条 规章制度的档案管理按照企业档案管理的相关规定执行。

第三十一条 本办法由集团公司办公室、法律及风控合规部负责解释。

第三十二条 本办法自印发之日起施行。原《中国机械工业集团有限公司规章制度管理办法》（国机法〔2019〕232 号）同时废止。

附录：文本编排规范（略）

集团第二派驻监事会 2021 年工作开展情况

一、深入贯彻落实集团党委决策部署和集团领导指示要求

第二派驻监事会积极贯彻执行集团重大决策部署，科学编制全年工作计划，累计召开内部工作会 30 余次，将集团党委决策部署和集团领导指示要求分解细化，拟定工作方案，制定有效措施，责任落实到人，以务实、严谨、负责的监管态度，严守廉洁自律，推进和完成每一项工作任务。

二、构建形成第二派驻监事会制度体系和运行机制

新制定内部规章制度 10 项，修订原制度 2 项，梳理规范工作流程 10 项，新建工作日志（底稿）模板 3 份，进一步提升了日常监管的科学化、规范化水平，经过一年半的制度建设，搭建起第二派驻监事会“2+13+10”的制度体系和运行机制。

三、多管齐下扎实履行综合监督职责

第二派驻监事会所监管企业中有两家是在京外地区，过去一年，克服新冠肺炎疫情等不利因素，坚持下沉至基层企业，扎实履行综合监督职责。累计列席企业重要会议 92 次，召开派驻监事会工作会 3 次，开展基层企业调研和风险事项调研 38 次，涉及三、四级重点企业 27 家，访谈领导班子成员 20 人次，跟踪重大风险事项 14 个，针对风险问题下发《提醒函》9 份，撰写各类工作日志、工作底稿 336 份，起草和提交报告 8 份。针对党建与经营相融合、集团党建年度考核发现问题等事项，两次赴监管企业开展党建专题调研，提出工作建议，督促企业更加重视党建工作，切实解决“两层皮”问题，以高质量党建引领企业高质量发展；围绕党史学习教育活动，组织人员赴 CMEC 讲党课，通过党建交流，进一步深化与监管企业的工作互信。

四、高效推进高质量完成专项监管任务

按照集团党委要求，围绕治亏、两金、担保、挂靠、财务信息虚假问题整改、财务决算批复问题整改等领域开展专项监管。一是召开治亏专题督导会 9 次，在相关部门和监管企业的共同努力下，治亏工作取得显著成效，截至 2021 年年底，第二派驻监事会所监管的 3 家企业中，亏损户数同比下降 70%，亏损额同比减少 58%。因中国一拖历史包袱较为沉重，影响治亏进度，第二派驻监事会向集团作了专门汇报。二是结合监管企业实际，围绕“两金”事项开展调研 5 次，持续跟踪并在季报、半年报、年报中披露相关问题。三是严格按照集团要求，开展财务信息虚假问题、财务决算批复问题检查复核工作，提交检查复核工作报告 6 份，高效推进、高质量完成各项监管任务。

五、主动作为，积极开创派驻监事会工作新局面

一是举办贸易业务风险防控培训交流会。针对调研访谈中发现的企业弱项和不足，尤其是三、四级企业管理层和业务人员风险防范意识不强、风险辨别和防控能力偏弱等问题，第二派驻监事会主动作为，提升监管企业风险管理水平。6 月中旬，在洛阳举办贸易业务风险防控培训交流会，监管企业相关管理人员及业务骨干共 240 余人现场或通过视频参训，活动取得良好成效。二是召开第二派驻监事会工作会。8—9 月，赴所监管企业分别召开第二派驻监事会半年工作会，听取企业治亏进展、“两金”管控、民企挂靠、会计信息质量问题整改等方面专题汇报，向监管企业反馈问题和风险共 24 项，督促企业重视和改进。三是在对党建、经营管理实施监督的同时，对 18 户重点三级企业公司治理及“三重一大”制度执行情况开展专项检查，发现和梳理问题，提出工作建议，下发《提醒函》，形成专项报告。

中国机械工业集团有限公司关于下属二级企业推行职业经理人制度的指导意见（试行）

第一章　总　则

第一条　为贯彻落实党中央、国务院关于深化国有企业改革、建立健全市场化经营机制、激发企业活力的决策部署，进一步适应深化国有资本投资公司改革试点的要求，有序推行中国机械工业集团有限公司（以下简称集团）职业经理人制度，规范职业经理人的选聘和管理，努力打造一支政治过硬、本领高强、作风扎实、充满活力的职业经理人队伍，根据国企改革三年行动方案和《“双百企业”推行职业经理人制度操作指引》等文件精神，结合集团实际，制定本意见。

第二条　本指导意见所称职业经理人是指按照“市场化选聘、契约化管理、差异化薪酬、市场化退出”原则选聘和管理的，在充分授权范围内依靠专业的管理知识、技能和经验，实现企业经营目标的高级管理人员。

第三条　本指导意见适用于集团直接管理的下属二级企业（以下简称二级企业）推行职业经理人制度。集团下属各级企业可以参照本指导意见积极推进相关工作。集团纳入“双百行动”“科改示范行动”“混改”等改革试点类企业可优先推行职业经理人制度。

推行职业经理人制度的二级企业一般应具备以下条件：

（一）主业处于充分竞争行业和领域，或者主要从事新产业、新业态、新商业模式；

（二）人力资源市场化程度较高；

（三）企业发展战略清晰，法人治理结构完善，建立了权责对等、运转协调、有效制衡的决策执行监督机制；

（四）董事会重大决策、选人用人、薪酬分配等权利依法得到有效落实。

第四条　职业经理人岗位范围一般包括企业总经理、副总经理、财务总监和按照公司章程规定的高级管理人员。对于确定推行职业经理人制度的企业，原则上应当在高级管理人员中全面推行。

第五条　基本原则

（一）坚持党的领导。坚持党管干部原则与董事会依法选择经营管理者相结合，充分发挥党委在推行职业经理人制度工作中的领导和把关作用，确保企业党的领导有力，党的建设加强，国有资本牢牢掌握在党的手中。

（二）坚持市场化方向。运用市场化的机制选聘人才、契约化的方式管理人才、差异化的薪酬激励人才，建立市场化退出机制。

（三）坚持竞争择优。坚持五湖四海、任人唯贤，不断扩大选人用人视野，实行内部培养和外部引进相结合，强化公平公开、竞争择优，选拔专业、职业、敬业、实绩突出的经营管理人员。

（四）坚持责权对等。健全以岗位职责为基础，契约为核心的权责体系。完善履职评价和监督约束机制，将依法监督与落实经营自主权相结合，做到权力到岗、责任到位、权责匹配、失责必究。

（五）坚持有序推进。坚持试点先行、稳步实施，持续总结试点经验做法，结合实际，在具备条件的企业中积极有序推行。

第二章　管理职责

第六条　二级企业法人治理结构健全完善，

是推行职业经理人制度的前提，主要包括法人治理结构完善，董事会运行规范，明晰党委会、董事会、监事会与经理层议事规则。

第七条 党组织和其他治理主体的权责边界

（一）集团党委。集团党委在职业经理人管理中发挥领导和把关作用，负责对二级企业工作方案审核把关，发挥确定标准、规范程序、参与考察、推荐人选等作用。

集团党委研究决定二级企业党委书记、党委副书记、纪委书记等人选；研究决定委派或推荐二级企业董事长、副董事长、董事，监事会主席、监事人选。

（二）二级企业董事会。二级企业董事会依法选聘和管理职业经理人，负责组织制定相关工作方案和管理制度、履行决策审批程序、组织开展选聘、参与考察、决定聘任或解聘、开展考核、兑现薪酬等。

（三）二级企业党委。二级企业党委发挥具体领导和组织落实作用，会同董事会制定相关工作方案和管理制度并组织人选推荐、测试、考察等工作，集体研究后向董事会提出意见建议，加强对职业经理人的日常监督管理等。

第八条 二级企业推行职业经理人制度，一般应履行以下工作程序：

（一）制定方案。二级企业应结合实际制定工作方案，方案一般包括以下内容：企业基本情况、背景和目的、岗位职责、任职条件、选聘方式、选聘程序、薪酬标准、业绩目标、考核规定、退出规定、组织保障和进度安排等。

（二）履行决策审批程序。工作方案由二级企业按照“三重一大”决策机制履行内部决策程序后，报集团党委审核同意。

（三）市场化选聘。一般包括制定招聘方案、发布招聘公告、报名及资格审查、实施综合考评（测评、面试评估等）、组织考察或背景调查、做出聘任决定等。

（四）签订契约。二级企业与职业经理人签订劳动合同、聘任合同、经营业绩责任书等，以契约方式明确聘任岗位、聘任期限、任务目标、权利义务、考核评价、薪酬标准、履职待遇及福利、奖惩措施、续聘和解聘条件、保密要求、违约责任等内容。

（五）开展考核。严格按照契约约定开展年度和任期经营业绩考核，强化刚性考核。

（六）结果应用。依据年度和任期经营业绩考核结果等确定薪酬、决定聘任（或解聘），强化刚性兑现。

第三章　市场化选聘

第九条 选聘条件

（一）职业经理人须对党忠诚、勇于创新、治企有方、兴企有为、清正廉洁，应具备以下基本条件：

1. 坚决贯彻落实习近平新时代中国特色社会主义思想，全面贯彻执行党的理论和路线方针政策，增强“四个意识”，坚定“四个自信”，做到“两个维护”，严守政治纪律和政治规矩，在思想上政治上行动上同以习近平同志为核心的党中央保持高度一致。坚持和完善中国特色现代企业制度、推进公司治理体系和治理能力现代化，坚定建设具有全球竞争力的世界一流企业的职业追求。

2. 具有强烈的创新意识，敢闯敢试、敢为人先，勇于变革、开拓进取，善于捕捉商机、防控风险，持续执着地推进企业创新创业创造，不断提高企业核心竞争力，助推企业高质量发展。

3. 具有较强的治企兴企能力，善于把握市场经济规律和企业发展规律，熟悉国家宏观经济政策、行业政策，了解产业发展动态和趋势，具备丰富的企业管理经验，有国际视野、战略思维、法治理念，有专业思维、专业素养、专业方法，懂经营、会管理、善决策，注重团结协作，善于组织协调，能够调动各方面积极性。

4. 具有正确的业绩观，坚决贯彻新发展理念，正确处理当期效益与长远发展的关系，勤奋敬业、真抓实干，敢于负责、勇于担当、善于作为，工作业绩突出，在所处行业或相关专业领域有一定影响力，市场认可度较高。

5. 具有良好的职业操守，品行端正，遵纪守法，诚实守信，公私分明，严守底线，廉洁从业。具有强烈的使命感和责任感，忠实履行董事会决议，自觉维护股东、企业和职工权益，积极践行社会责任。

（二）职业经理人不受企业内外、级别高低、资历深浅限制，具体任职资格要求根据岗位职责和工作需要在工作方案中确定。

第十条 选聘方式。职业经理人采取市场化选聘，坚持五湖四海，放眼企业内外、国内国际，不拘一格多渠道识别、举荐各方面优秀人才，可以采取竞聘上岗、公开招聘、委托推荐等方式产生。

第十一条 选聘程序。职业经理人的选聘一般包括制定招聘方案、发布招聘公告、报名及资格审查、实施综合考评（测评、面试评估等）、组织考察（背景调查）、研究讨论、公示、做出聘任决定等。

集团党委参与二级企业职业经理人选聘全过程，重点对人选资格审查、综合考评、组织考察（背景调查）、人选确定等环节进行指导把关。

二级企业党委会同董事会组织开展市场化选聘工作，通过集体研究，向董事会提出人选意见和建议。

在二级企业党委把关的基础上，由二级企业董事会研究决定聘任人选，按照规定履行聘任手续。

第十二条 二级企业内部人员参与职业经理人选聘的，个人应当先行提出申请，承诺竞聘成功后放弃原有身份、解除（终止）聘任关系后不得要求恢复原有身份，并遵守职业经理人管理的相关规定。集团系统内其他人员，也可在上述前提下报名参加选聘。

第十三条 完善双向进入、交叉任职的领导体制。党员职业经理人，其党组织关系应转入任职企业。符合条件的职业经理人，可以按照有关规定和程序进入企业党委，党员总经理一般担任党委副书记。

第四章 契约化管理

第十四条 职业经理人实行聘任制，聘任期限由董事会决定，原则上不超过三年，可以根据实际情况适当调整。董事会可以依法对职业经理人设置试用期。

第十五条 契约化管理要求。二级企业应与职业经理人签订劳动合同、聘任合同、年度和任期经营业绩责任书。二级企业与职业经理人依法签订劳动合同。本企业内部人员选聘为职业经理人的，应重新签订劳动合同。

二级企业董事会授权董事长与职业经理人签订聘任合同，聘任期限原则上应与劳动合同期限保持一致。聘任合同应约定聘任岗位、聘任期限、职责权限、任务目标、薪酬待遇、履职保障、解聘条件、竞业禁止条款和保密条款等事项及其他责权利等事项。

二级企业董事会根据战略规划和集团下达的经营目标合理确定经理层的年度和任期经营目标，授权董事长与总经理签订年度和任期经营业绩责任书，董事会可以授权总经理与其他职业经理人签订年度和任期经营业绩责任书。经营业绩责任书一般包括以下内容：双方基本信息，考核内容及指标，考核指标的目标值、确定方法及计分规则，考核实施与奖惩及其他需要约定的事项。

第十六条 考核实施。董事会对职业经理人实施年度和任期考核，考核以经营业绩考核指标为主，根据岗位职责和工作分工，确定每位职业经理人的考核内容及指标，年度和任期经营业绩考核内容及指标应适当区分、有效衔接。

考核指标目标值设定应当具有较强的挑战性，力争跑赢市场、优于同行。考核指标目标值应当结合本企业历史业绩、同行业可比企业业绩情况等综合确定。

考核结果作为职业经理人岗位聘任、薪酬兑现等的主要依据。

第十七条 职业经理人任期届满，由二级企业董事会依据法律法规、公司章程及企业管理制度对职业经理人进行任期考核评价，根据考核评价结果决定是否续聘。

第十八条 备案管理。职业经理人在二级企业董事会决定聘任或解聘前，须由二级企业党委报集团党委备案。

第十九条 职业经理人实行市场化身份，不列为集团党委管理干部。集团不调入职业经理人人事档案，其人事档案原则上委托人才服务机构管理。

第五章 差异化薪酬

第二十条 职业经理人实行市场化薪酬分配与激励机制。由二级企业董事会根据职业经理人目标任务完成情况核定其薪酬水平。职业经理人薪酬列入企业年度工资总额。

第二十一条 薪酬水平。职业经理人薪酬总水平应当按照“业绩与薪酬双对标”原则，根据行业特点、企业发展战略目标、经营业绩、市场同类可比人员薪酬水平等因素，由董事会与职业经理人协商确定。二级企业董事会要综合考虑企业所处行业、企业规模、地域分布等因素，在统筹考虑内部收入分配关系的基础上，确定职业经理人的薪酬水平。二级企业董事会研究确定职业经理人的薪酬标准后，报集团人力资源部（党委组织部）审核同意。

第二十二条 薪酬结构。职业经理人薪酬结构包括基本年薪、绩效年薪、任期激励，也可以实施中长期激励，具体由二级企业董事会与职业经理人协商确定。

（一）基本年薪是职业经理人的年度基本收入，按月支付。

（二）绩效年薪是与职业经理人年度经营业绩考核结果相挂钩的浮动收入，原则上占年度薪酬（基本年薪与绩效年薪之和）的比例不低于60%，根据年度考核结果兑现。

（三）任期激励是与职业经理人任期经营业绩考核结果挂钩的收入，根据任期考核结果兑现。

（四）为引导职业经理人关注企业长远发展，鼓励企业综合运用中长期激励政策，不断丰富完善职业经理人的薪酬结构。

第二十三条 职业经理人按照国家有关规定参加基本社会保险以及缴存住房公积金。职业经理人所在企业按照国家有关规定建立企业年金的，可以按照规定参加本企业年金计划，企业不得为职业经理人购买商业性补充养老保险。

第二十四条 职业经理人的薪酬为税前收入。职业经理人应依法缴纳个人所得税，企业应当依法为职业经理人代扣代缴个人所得税。

第二十五条 职业经理人履职待遇、业务支出参照本企业领导人员履职待遇、业务支出有关规定执行。

第二十六条 薪酬追索扣回制度。职业经理人薪酬水平应与经营目标完成情况紧密挂钩，并建立追索扣回机制。

职业经理人解除（终止）聘用和劳动关系后（聘期届满考核合格但不再续聘的除外），原则上不得兑现当年绩效年薪、任期激励和其他中长期激励收入。

职业经理人在聘职期间违反国家有关法律法规等规定，以及本人未履行或者未正确履行职责造成国有资产损失的，董事会根据国家相关法律规定的处分和资产损失责任认定结果，对相关职业经理人扣减当年绩效年薪或追索扣回部分或全部已发绩效年薪和任期激励收入，并止付所有未支付部分。该条款同样适用已离职职业经理人。

第六章 市场化退出

第二十七条 建立职业经理人市场化退出机制，依据职业经理人聘任合同约定和经营业绩考核结果等，出现以下情形的，应解除（终止）聘任关系。

（一）年度经营业绩考核结果未达到完成底线（如百分制低于70分）；年度经营业绩考核主要指标未达到完成底线（如完成率低于70%）；聘任期限内累计两个年度经营业绩考核结果为不合格；任期经营业绩考核结果为不合格。

（二）综合考核评价结果不称职，或者连续两个年度基本称职，且无董事会认可的正当理由的。

（三）因违纪违法、违反企业管理制度被追究相关责任的。

（四）聘任期间对企业重大决策失误、重大资产损失、重大安全事故等负有重要领导责任的，或对违规经营投资造成国有资产损失负有责任的。

（五）因健康原因无法正常履行工作职责的。

（六）聘期未满但双方协商一致解除聘任合同或者聘期届满不再续聘的。

（七）试用期内或试用期满，经试用发现或试用考核结果不适宜聘任的情形。

（八）职业经理人达到规定的退休年龄，应当及时办理退休手续，聘用合同自然终止。职业经理人退休后实行社会化管理。

（九）董事会认定不适宜继续聘任的其他情形。

第二十八条 二级企业在职业经理人解除（终止）聘任关系的同时，如有党组织职务应当一并按程序免去，并依法解除（终止）劳动关系。如聘任本企业其他岗位的，应重新履行选聘程序。

第二十九条 职业经理人离职或者退休后，对商业秘密负有保密责任，保密期限按照国家和原任职企业的规定执行。未能履行保密责任和义务对企业利益造成损害的，应依法律法规和有关规章追究责任。

第三十条 职业经理人因个人原因辞职的，应依据《中华人民共和国劳动合同法》和签订的聘任合同有关条款，提前30日提出辞职申请。未经批准擅自离职、给企业造成损失的，依法依规追究其相应责任。办理离职手续之前，应当按岗位要求认真履行职责。辞职应以书面形式提出，有下列情形之一的，符合相应条件之前，不得辞职：

（一）在涉及国家安全、重要机密等特殊岗位任职且不满解密期的；

（二）重要项目尚未完成，且必须由本人继续完成的；

（三）因涉嫌违法违纪正在接受审查调查的；

（四）因其他原因不能立即辞职的。

第七章 培养和发展

第三十一条 集团及二级企业应重视对职业经理人的培养。教育引导职业经理人坚持用习近平新时代中国特色社会主义思想武装头脑，树立正确的世界观、人生观、价值观，不断提高职业经理人的政治素质。有计划地组织职业经理人参加政治理论学习，增强贯彻党和国家方针政策的自觉性、坚定性。引导职业经理人践行社会主义核心价值观，继承和发扬党的优良传统和作风，秉承中华民族传统美德，弘扬企业家精神，树立良好社会形象。

第三十二条 集团及二级企业应建立健全符合职业经理人特点的培养体系，提升职业经理人的专业能力和职业素养。引导职业经理人着眼增强核心竞争力、建设世界一流企业，重点提升领导能力、学习能力、改革创新能力、市场洞察能力、战略决断能力、推动执行能力和风险防控能力。

第三十三条 拓展职业经理人的发展通道。集团可根据工作需要，按有关规定将职业经理人选调到集团党委管理干部岗位工作。

第八章 管理与监督

第三十四条 建立健全对职业经理人的监督体系。集团应持续完善二级企业法人治理结构，加强二级企业董事会和监事会建设。充分发挥纪检监察机构、组织人事、巡视、审计等职能部门监督作用，加强对职业经理人的监督。二级企业应充分发挥党组织、董事会、监事会等治理主体的监督约束作用。注重听取职工群众的意见，及时了解掌握职业经理人经营管理的相关情况，有效发挥民主监督作用。坚持以预防和事前监督为主，建立健全提醒、函询、诫勉等制度办法，及早发现和纠正不良行为倾向。

第三十五条 二级企业党委、董事会应依法保障经理层的经营自主权，对职业经理人既要关心厚爱，激发和保护企业家精神、发挥企业家作用，也要强化对职业经理人经营履职的监督管理，健全职业经理人内控管理制度。同时，按照“三个区分开来”要求，集团支持鼓励二级企业按照公私分明、尽职合规免责原则，建立健全并细化相关工作机制，更好地激励职业经理人担当作为。

第三十六条 职业经理人在离任、聘期届满时，应依据有关规定进行经济责任审计。必要时，依照有关规定进行任中经济责任审计。

第三十七条 按照从严监督管理干部的要求，二级企业党委要按照有关规定，履行职业经理人兼职、“裸官”任职等事项的具体管理责任。二级企业可以自行明确职业经理人个人有关事项报告的管理要求。职业经理人因私出国（境）证件由二级企业党委集中保管，因私出国（境）应当根据有关规定履行请假等手续。

第三十八条 严格执行责任追究制度。职业经理人应当维护企业国有资产安全、防止国有资产流失，不得侵吞、贪污、输送、挥霍国有资产。职业经理人违反规定，未履行或未正确履行职责，在经营投资中造成国有资产损失或其他严重不良后果的，严肃追究责任。党员职业经理人涉及违反党的纪律的行为，按照党规党纪从严查处；涉嫌违法行为，依法移送司法机关处理。

第九章 附 则

第三十九条 推行职业经理人制度的二级企业中，由集团党委选派的领导班子成员，包括董事长、党委书记、党委副书记、纪委书记等的选拔任用、考核薪酬、监督管理等事项，仍按照集团和二级企业相关规定执行。

第四十条 二级企业可参照本指导意见，结合自身实际制定本企业具体实施办法及配套措施；同时可根据本指导意见精神，结合实际，大胆探索，指导具备条件的下属各级企业稳步推行职业经理人制度，并将相关制度报集团人力资源部（党委组织部）备案。

第四十一条 本指导意见自发布之日起试行，由集团人力资源部（党委组织部）负责解释。

中国机械工业集团有限公司下属二级企业经理层成员任期制和契约化管理办法（试行）

第一章 总 则

第一条 为贯彻落实党中央、国务院关于深化国有企业改革、建立健全市场化经营机制、激发企业活力的决策部署，按照国企改革三年行动要求，在中国机械工业集团有限公司（以下简称集团）下属各级次企业全面推行经理层任期制和契约化管理。根据《国企改革三年行动方案（2020—2022 年）》和《“双百企业”推行经理层成员任期制和契约化管理操作指引》等文件精神和政策规定，结合集团实际，制定本办法。

第二条 本办法适用于集团直接管理的下属二级企业（以下简称二级企业）。

第三条 本办法所称的经理层成员任期制和契约化管理，是指对企业经理层成员实行的，以固定任期和契约关系为基础，根据合同或协议约定开展年度和任期考核，并根据考核结果兑现薪酬和实施聘任（或解聘）的管理方式。

第四条 经理层成员包括总经理、副总经理、财务总监和公司章程规定的其他高级管理人员。

第五条 推行任期制和契约化管理坚持以下基本原则：

（一）坚持党管干部原则，保证集团党委对干部人事工作的领导权和管理权，发挥党组织“把方向、管大局、促落实”作用，突出党组织对推行任期制和契约化管理工作原则、标准、程序、纪律和方案等全程把关和对经理层成员聘任、教育管理、监督、激励、约束、退出等全程领导。

（二）坚持中国特色现代企业制度改革方向，加快推动下属企业实现董事会应建尽建、配齐建强、规范化运作，形成各司其职、各负其责、协调运转、有效制衡的公司法人治理结构，落实董事会职权，充分保障经理层依法行权履职，明确经理层成员的岗位职责及工作分工，合理划分权责界面。

（三）坚持契约化管理，依法合规、平等协商，建立以契约为核心的激励约束机制，薪酬分配与企业战略目标和发展阶段相适应、与量化经营业绩相挂钩，实现收入能增能减、职务能升能降。

（四）坚持激励约束并重，突出“强激励、硬约束”，进一步强化经营业绩评价市场化、薪酬分配市场化、退出市场化。

第二章　职责与权限

第六条　集团党委职责：对二级企业推行经理层成员任期制和契约化管理工作发挥领导和把关作用。对已建立董事会的二级企业，负责对其经理层成员任期制和契约化管理工作方案进行审核把关；对未建立董事会的二级企业，负责组织二级企业制定经理层成员任期制和契约化管理工作方案，并进行审核把关，指导二级企业具体实施。

第七条　二级企业党组织职责：负责研究讨论本企业经理层成员任期制和契约化管理工作方案和考核结果应用等重大事项。

第八条　二级企业董事会职责：负责组织制定本企业经理层成员任期制和契约化管理相关工作方案、履行决策审批程序、与经理层成员签订契约、开展考核、兑现薪酬、聘任（或解聘）等。

第三章　基本操作流程

第九条　推行经理层成员任期制和契约化管理，一般应履行以下基本操作流程：

（一）制定方案。一般包括任期制管理、契约化管理、监督管理的主要举措，组织保障和进度安排等内容。

（二）履行决策审批程序。方案制定后，二级企业按照“三重一大”决策机制，根据公司章程履行相关决策程序后，报集团党委审核。

（三）签订契约。根据二级企业董事会建设情况实际，与经理层成员签订岗位聘任协议和年度、任期经营业绩责任书，依法依规建立契约关系，明确任期期限、岗位职责、权利义务、业绩目标、薪酬待遇、退出规定、责任追究等内容。

（四）开展考核。严格按照契约约定开展年度和任期经营业绩考核，强化刚性考核。

（五）结果应用。依据年度和任期经营业绩考核结果，结合综合评价结果等确定薪酬、决定聘任（或解聘），强化刚性兑现。

第四章　任期制管理

第十条　任期管理：

（一）任期期限。二级企业经理层成员任期期限为 3 年，同《中国机械工业集团有限公司下属企业业绩考核管理办法》关于二级企业业绩考核的任期以及《中国机械工业集团有限公司全资、控股企业负责人薪酬管理办法》关于二级企业负责人薪酬管理的任期。按照分步实施、有序推进原则，逐步实现经理层任期、董事会任期与领导班子任期保持一致。过渡期或确有特殊情况的，也可以根据企业实际情况确定。

（二）经理层成员中途补充聘任的，任期至本届经理层任期届满。年龄不满一届的，确因工作需要聘任或续聘的，聘期至其法定退休年龄。除交流任职、提拔或进一步使用、因考核不胜任现职、违纪违法、个人辞职以及工作特别需要等原因外，原则上任期内保持总体稳定。

（三）到期重聘。二级企业经理层成员任期期满后，应重新履行聘任程序并签订岗位聘任协议。未能续聘的，自然免职（解聘），如有党组织职务，原则上应一并免去。

第十一条　明确权责。二级企业应明确经理层成员的岗位职责及工作分工，合理划分权责界面。

（一）岗位说明书。采用岗位说明书等方式，明确经理层成员的岗位职责和任职资格。

（二）权责清单。采用制定权责清单等方式，规范二级企业董事会（或集团）与经理层、总经理与其他经理层成员之间的权责关系。

第五章 契约化管理

第十二条 签订契约：

（一）岗位聘任协议一般包括：双方信息、聘任职务、聘任期限、岗位职责、业绩考核和薪酬政策、协议变更、终止或解除等内容。

（二）根据岗位聘任协议，签订年度和任期经营业绩责任书。经营业绩责任书一般包括以下内容：双方基本信息，考核内容及指标，考核指标的目标值、确定方法及计分规则，考核实施与奖惩，其他需要约定的事项等。

（三）考核内容及指标。应根据岗位职责和工作分工，结合集团下达的经营目标，按照定量与定性相结合、以定量为主的导向，确定每位经理层成员的考核内容及指标。年度和任期经营业绩考核内容及指标应适当区分、有效衔接。

（四）考核指标的目标值。目标值应科学合理、具有一定挑战性，一般根据企业发展战略、经营预算、历史数据、行业对标情况等设置。

（五）签约程序。根据二级企业董事会建设实际情况，一般由二级企业董事会（或集团）授权董事长（或执行董事）与总经理签订年度和任期经营业绩责任书。二级企业董事会（或执行董事）可以授权总经理与其他经理层成员签订年度和任期经营业绩责任书。

第十三条 考核实施：

（一）年度经营业绩考核以年度为周期进行考核，一般在当年年末或次年年初进行。任期经营业绩考核一般结合任期届满当年年度考核一并进行。

（二）考核期末，二级企业董事会（或集团）依据经审计的财务决算数据等，对经理层成员考核内容及指标的完成情况进行考核，形成考核与奖惩意见，并反馈给经理层成员。经理层成员对考核与奖惩意见有异议的，可及时向二级企业董事会（或集团）反映。最终确认的考核结果可以在一定范围内公开。

第十四条 薪酬管理：

（一）二级企业经理层薪酬由基本年薪、绩效年薪和任期激励构成。基本年薪是年度基本收入，按月固定发放；绩效年薪是与年度经营业绩考核结果挂钩的浮动收入；任期激励是与任期经营业绩考核结果挂钩的收入。

（二）鼓励二级企业结合实际探索建立中长期激励机制，不断丰富完善经理层成员的薪酬结构。

（三）二级企业依据集团业绩考核和薪酬管理原则，根据本办法，制定本企业经理层成员业绩考核和薪酬管理办法。根据经营业绩考核结果，刚性兑现薪酬，合理拉开经理层成员薪酬差距。年度考核不合格的，扣减全部绩效年薪。

（四）二级企业根据有关规定建立薪酬追索扣回制度，在岗位聘任协议中予以明确并严格执行。

（五）因个人原因辞职、被免职而未任满一个任期的经理层成员任期薪酬不予兑现；因工作或其他不可抗力原因未任满一个任期或中途补充选任的经理层成员任期薪酬按实际任职期限于经理层任期届满后予以兑现。

第十五条 退出管理。二级企业应加强对经理层成员任期内的考核和管理，经考核认定不适宜继续任职的，应当中止任期、免去现职。一般包括以下情形：

（一）年度经营业绩考核结果未达到完成底线（如百分制低于 70 分），或年度经营业绩考核主要指标未达到完成底线（如完成率低于 70%）的。

（二）连续两年年度经营业绩考核结果为不合格或任期经营业绩考核结果为不合格的。

（三）综合考核评价结果为不称职或连续两年为基本称职的，或总经理综合考核评价结果连续两年在领导班子中排名靠后、其他经理层成员连续两年在领导班子中排名末位，经分析研判确属不胜任或者不适宜担任现职的。

（四）对违规经营投资造成国有资产损失负有责任的。

（五）因违纪违法等其他原因，二级企业董

事会（或集团）认为不适合在该岗位继续工作并经集团审核同意的。

对不胜任或不适宜担任现职的经理层成员，不得以任期未满为由继续留任，应当及时解聘。

第六章　监督管理

第十六条　严格任期。任期期限、最多连任届数和期限等一经确定，不得随意延长。

第十七条　履职监督。二级企业应建立健全对推行任期制和契约化管理的经理层成员的监督体系，党组织、董事会、监事会等治理主体，以及纪检监察、巡视、审计等部门根据职能分工，做好履职监督工作。坚持以预防和事前监督为主，建立健全提醒、函询、诫勉等制度办法，及早发现和纠正不良行为倾向。

第十八条　责任追究。经理层成员在聘任期间应当维护企业国有资产安全、防止国有资产流失，不得侵吞、贪污、输送、挥霍国有资产。经理层成员违反规定，未履行或未正确履行职责，在经营投资中造成国有资产损失或其他严重不良后果的，严肃追究责任。

第十九条　按照“三个区分开来”要求，支持鼓励二级企业按照公私分明、尽职合规免责原则，建立健全并细化相关工作机制的主体、标准、适用情形和工作流程，形成可落实可操作的制度安排。

第七章　附　则

第二十条　二级企业领导班子中除经理层外的其他成员仍实行任期制管理，考核、薪酬、退出等按照集团干部管理相关规定执行。

第二十一条　二级企业要全面推行下属各级次企业经理层成员任期制和契约化管理，具体工作可参照本办法执行，也可结合实际，制定本企业自身的办法。

第二十二条　本办法自发布之日起实施，由集团人力资源部（党委组织部）负责解释。

附件：1. 岗位聘任协议（参考模板）（略）

2. 年度经营业绩责任书（参考模板）（略）

3. 任期经营业绩责任书（参考模板）（略）

中国机械工业集团有限公司科技管理办法

（2021 年修订）

第一章　总　则

第一条　为推动中国机械工业集团有限公司（以下简称集团）科技创新工作，规范科技管理，提高自主创新能力，推进关键核心技术攻关，提升集团核心竞争力，依据《中华人民共和国科学技术进步法》等国家有关法律法规与集团相关规定，制定本办法。

第二条　集团全面贯彻落实党中央、国务院关于实施创新驱动发展战略、人才强国战略、科技强国战略、制造强国战略重要决策部署，深入实施国家科技创新规划，聚焦“四个面向”开展科研攻关，为实现科技自立自强，打造国家战略科技力量提供支撑。

第三条　集团科技创新紧密结合实际需求，围绕高端、智能、绿色等重点方向，开展关键核心技术研发，推动技术水平提升，促进集团主责主业发展。

第四条　集团科技管理坚持以战略牵引、创新激励、服务为本的工作原则，弘扬科学家精神，营造尊重人才、尊重知识的科技创新环境。

第五条 本办法适用于集团公司及下属企业。

第二章 科技管理内容

第六条 集团科技管理工作主要内容包括：

1. 战略研究与规划制定。参与国家战略咨询与规划研究，开展集团科技创新规划及相关政策研究、制定等工作。

2. 科研项目管理。国家科研项目的组织申报与管理；集团科研专项组织实施与管理；地方科研项目、企业自立科研项目备案管理。

3. 研发平台与条件建设。推动国家级、省部级、集团级研发平台及科研条件建设与管理工作。

4. 成果与奖励。推动知识产权工作，组织开展科技成果鉴定、科技成果奖励等工作。

5. 行业技术服务。推动技术标准、检验检测、认证认可与科技期刊等行业工作。

6. 科技交流与合作。推动集团内、外科技交流与合作，推动产学研用深度融合，形成协同创新局面。

7. 促进成果转化。促进成果转化与推广应用，探索成果转化有效途径，建立成果转化激励机制。

8. 基础管理。开展科技数据统计分析、强化科研投入预算、开展专项研究等基础性管理工作。

第三章 机构与职责

第七条 集团科技发展部为科技工作归口管理部门，负责集团各项科技工作的管理与组织实施，为下属企业的科技管理工作提供指导与服务。

第八条 集团人力资源部负责科技人才队伍建设管理工作，推动集团科技人才的培养与引进，培育创新团队。

第九条 集团战略发展部负责科研活动、科研条件建设过程中相关投资项目的审批与管理。

第十条 集团财务部负责集团研发投入预算管理、科研资金管理等相关工作。

第十一条 集团审计部负责对集团公司科研专项资金的审计等工作。

第十二条 下属企业应设立相应机构负责本单位的科技管理工作，业务上接受集团科技发展部的指导。

第四章 科技管理规定

第一节 战略研究与规划制定

第十三条 组织下属企业参与国家战略咨询研究和国家有关部门专项规划研究，促进集团、行业需求与国家需求对接，向党中央、国务院和国家有关部门提出相关意见与建议。

第十四条 依据国家发展规划、国家科技创新规划、国家产业政策，以及集团发展战略，制定集团科技规划。下属企业应结合实际编制本企业科技规划。

第十五条 组织开展科技创新政策研究，制定具体政策措施并组织实施，引导和支持下属企业开展科研攻关。

第二节 科研项目管理

第十六条 科研项目实行分类、分级管理。集团管理的科研项目包括国家科研项目、集团科研专项、地方科研项目、企业自立科研项目等四类。

第十七条 国家科研项目管理。国家科研项目按国家主管部门有关规定实施管理。由集团公司组织申报，且资金计划经集团公司下达至下属企业的国家科研项目，纳入集团重点跟踪监督管理。由下属企业自行申报，资金计划由国家主管部门直接下达到企业的国家科研项目，纳入集团备案管理。

第十八条 集团科研专项管理。集团设立科研专项，推动和引导下属企业加大科技创新投入，改善科研条件，增强创新能力，推进关键核心技术攻关，提升技术水平，促进企业发展。科研专项的组织实施，具体按《中国机械工业集团有限公司科研专项管理办法》规定执行。

第十九条 地方科研项目按当地项目主管部门有关规定实施管理。下属企业自立科研项目按本企业科研项目有关规定管理。地方科研项目、企业自立项目纳入集团备案管理。

第三节 研发平台与条件建设

第二十条 研发平台采用分类分级、定期评估的方式实施管理。研发平台主要包括：国家级研发平台（国家重点实验室、国家技术创新中心、国家工程研究中心、国家制造业创新中心等）、省部级研发平台及集团级研发平台。各类国家级研发平台、省部级研发平台的建设与运行按其业务主管部门有关规定执行。下属企业应将组建的国家级、省部级与集团级研发平台，报集团公司备案。

第二十一条 推动下属企业围绕国家与集团重点领域，结合自身技术优势，建设高水平研发平台。支持、协助下属企业申请组建国家级、省部级研发平台。集团依据发展战略需要，设立集团级研发平台。

第二十二条 集团定期对国家级、集团级研发平台进行评估评级，依据评估结果，对研发平台给予资金支持。对研发平台的监督、考核、评估与资金支持等管理工作，具体按《中国机械工业集团有限公司研发平台管理办法》的规定执行。

第二十三条 下属企业应加强科研条件建设，提升研发能力与水平。涉及实验室改造、科研仪器设备购置等投资事项的审批，遵照《中国机械工业集团有限公司投资管理办法》有关规定执行。

第四节 成果与奖励

第二十四条 推动下属企业科技创新，形成高水平成果。下属企业应对科研攻关所形成的成果进行总结、提炼，做好鉴定验收等工作。由集团组织科研成果鉴定的，具体按《中国机械工业集团有限公司科研成果鉴定管理办法》的规定执行。

第二十五条 集团设立科学技术奖、优秀专利奖，对优秀成果、优秀专利进行奖励。集团科学技术奖、优秀专利奖的评审奖励工作，分别按《中国机械工业集团有限公司科学技术奖奖励办法》《中国机械工业集团有限公司优秀专利奖励办法》的规定执行。

第二十六条 下属企业形成的重大科技成果，集团择优推荐参加国家科学技术奖的评选。

第二十七条 鼓励下属企业设立科学技术奖、推荐优秀科技成果参加省部级以上科学技术奖的评选，激发科技人员的积极性和创造性。

第二十八条 推动下属企业加强知识产权工作。知识产权创造、运用、管理与保护等管理工作，具体按《中国机械工业集团有限公司知识产权管理办法》的规定执行。

第五节 行业技术服务

第二十九条 推动集团科技型企业提升工业基础能力，鼓励科技型企业承担行业共性技术研究，为行业提供技术供给、技术标准研究与制修订、产品技术质量检验检测以及科技期刊等行业服务。

第三十条 推进技术标准化工作。支持下属企业开展标准化技术工作，参加行业、国家、国际标准的制修订工作。集团设立优秀标准奖，对优秀标准给予奖励，对下属企业主导制定并颁布实施的国际标准，给予特别奖励。集团优秀标准奖的评审奖励工作具体按《中国机械工业集团有限公司优秀标准奖励办法》的规定执行。

第三十一条 支持企业创办科技期刊，推动科技期刊回归学术本源，提高办刊质量与水平，定期对科技期刊进行评估评级，依据评估结果，对优秀科技期刊给予奖励。集团优秀科技期刊的评审奖励工作具体按《中国机械工业集团有限公司优秀科技期刊奖励办法》的规定执行。

第三十二条 鼓励下属企业组建产品与技术质量检验检测中心，提升检验检测能力，服务产品与技术发展需要。鼓励下属企业申请组建国家级产品与技术质量检验检测平台，服务行业发展。

第六节 科技交流与合作

第三十三条 发挥集团公司的组织与协调作用，加强与国家部委沟通，推动与行业协会（学会）、高校、区域等方面的技术交流与合作。协助下属企业开展各类科技交流与合作。

第三十四条 鼓励下属企业开展与集团内外科技交流与合作，推动集团内国家级研发平台向社会开放。联合行业企业、高校、科研机构共同承担科研项目，开展协同攻关。

第三十五条 推动集团“双创”工作，鼓励有条件的下属企业建立双创平台，服务中小企业，推动产业链上中下游、大中小企业融通创新。

第七节 促进成果转化

第三十六条 推动下属企业成果转化，加大市场推广应用。落实国家首台套推广应用优惠政策。下属企业应探索成果转化有效途径，建立多种转化模式。

第三十七条 推动集团内技术与资本对接，形成成果转化内部协同效应，支持院所科研成果向集团其他企业孵化，形成产品。

第三十八条 下属企业在成果转化中，应制定对科研人员的激励措施，明确对科技成果做出重要贡献人员的奖励。

第八节 基础管理

第三十九条 推进集团科技人才队伍建设，组织科技人才基金项目实施，支持高层次科技人才与青年科技人才开展科研攻关。科技人才基金项目的组织实施具体按《中国机械工业集团有限公司科技人才基金项目管理办法》的规定执行。

第四十条 集团强化研发投入预算管理，科技发展部加强对研发投入预算审核，推动下属企业持续加大科技投入，协助下属企业积极争取国拨科研资金。

第四十一条 集团公司加大对下属企业科研资金的支持力度，集团公司科研资金主要包括科研专项项目的研发经费、研发平台与人才基金的支持经费，及相关优秀成果的奖励经费等类别，实行总量控制、预算管理制度，确保资金规范管理、合理使用。

第四十二条 集团建立科技统计制度，加强科技数据管理。对科技统计数据适时分析，为集团科技工作提供决策依据。按国家有关部门要求完成相关科技统计工作。

第四十三条 下属企业应建立科技数据库，安排专人负责科技数据的统计工作，及时、准确、全面地向集团公司报送科技数据。

第四十四条 加强科技宣传，加大对重大科技成果、科技创新做出突出贡献的科技人员与创新团队的宣传力度，不断提升集团行业影响力。

第五章 监督检查

第四十五条 集团开展对下属企业科技工作的监督检查，推动各项科技工作落实到位。

第四十六条 下属企业在重大科研项目攻关、平台建设、人才队伍建设等过程中，如有重大风险、科技人才严重流失等重要事项及时上报集团公司。

第四十七条 集团审计部、财务部根据项目及资金管理有关规定对集团支持的项目进行专项审计与监督检查，确保资金使用合法合规。

第四十八条 集团科技创新严禁学术不端、学术造假。科研人员在科研活动中存在学术不端、学术造假，及因不作为造成重大损失的或未实现项目目标的，将追究其责任。

第四十九条 下属企业在科技管理工作中，存在弄虚作假、消极、不作为且造成重大影响的，将通报或追究相关人员责任。

第六章 附 则

第五十条 集团依据本办法，制定相关工作具体实施办法。下属企业可根据本办法，制定本企业实施办法。

第五十一条 本办法由集团科技发展部负责解释。

第五十二条 本办法自颁布之日起施行。原《中国机械工业集团有限公司科技管理办法》（国机科〔2017〕256 号）同时废止。

中国机械工业集团有限公司商标管理办法

第一章 总 则

第一条 为规范中国机械工业集团有限公司（以下简称集团）商标管理工作，保护企业商标权利，提升商标无形资产价值，依据《中华人民共和国商标法》《中华人民共和国商标法实施条例》等有关法律法规，制定本办法。

第二条 本办法所称“商标”，是指企业在生产经营过程中为与其他企业的商品或服务相区别而使用的文字、字母、图形、数字、三维标志、颜色组合和声音等，以及上述要素的组合标志，包括企业标志、商品及服务标志等。

本办法所称“商标管理”，是指企业开展的商标注册、使用、许可、维权等工作。

本办法所称“国机商标”，是指以中国机械工业集团有限公司名义在国内外申请注册的各类商标，包括但不限于“国机”“SINOMACH”“”等文字、字母、图形及上述要素的组合。

第三条 集团商标管理遵循统一指导、分级管理、规范使用、注重保护的原则。

第四条 本办法适用于集团公司及下属企业。下属企业可以参照本办法制定本企业商标管理规章制度。

第二章 管理机构和职责

第五条 集团公司法律及风控合规部、党委工作部分别负责国机商标注册、许可使用等工作。

第六条 下属企业应当明确本企业商标管理的职能部门，开展企业商标管理工作，接受集团公司的指导和监督。

第七条 下属企业应当认真贯彻执行国家法律法规和集团商标管理的各项要求，配备具有专业知识的商标管理人员，不断提高商标管理水平。

第八条 企业品牌管理部门应对企业品牌战略进行统一规划，以商标为载体发挥品牌效应，拓展品牌知名度。

第三章 商标注册

第九条 企业商标应先申请注册、后推广使用。

第十条 集团公司自行申请或根据下属企业的请示申请注册的商标，集团公司是商标所有人/权利人。

严禁将企业商标以个人名义或以其他企业名义申请注册。

第十一条 企业申请商标注册前，应当对商标要素进行检索审查，确保拟申请注册的商标符合国家法律规定的注册条件，不侵犯他人的商标权、著作权、外观设计权、企业名称权等在先权利。

第十二条 企业委托其他单位设计商标时，应当签订委托合同，约定设计成果的所有权、著作权等权利归属，要求设计单位保证商标设计方案的独创性和合法性，防止发生侵权纠纷。

第十三条 从商标设计之日起至向商标注册机构申请注册之日止，企业应当将商标设计方案和信息列为商业秘密，进行有效的保密管理。

第十四条 企业申请商标注册的产品或服务类别，至少应当覆盖企业经营业务所涉及的主要产品和服务范围。

企业应当结合经营管理和行业竞争特点，依据企业发展规划和品牌战略开展防御性商标注册，适当扩大商标注册范围，防止他人在类似产品或服务上抢注商标。

第十五条 企业经营涉及国际工程和国际贸易领域的，应当选择适当国别申请商标国际注册，防止商标在国外被恶意抢注。

第十六条 商标注册申请被商标注册机构裁定驳回或被他人提出异议后，企业应当根据实际情况，在法定期限内申请复议或做出答辩。

第十七条 企业品牌管理部门应当了解和掌握本企业商标注册及使用情况，并根据企业经营发展规划及时对企业品牌战略规划进行调整。

第四章 商标使用

第十八条 企业应当根据本办法及品牌战略规划，规范商标的使用及许可使用行为，注重发挥和保护商标的无形资产价值。

第十九条 下属企业及其子企业拟使用国机商标的，须根据集团商标许可使用管理有关规定获得集团公司授权。

第二十条 下属企业不得以下列方式使用国机商标：

（一）未经批准将国机商标中的“国机”“SINOMACH”作为本企业及子企业的商号、简称、网络域名或用于楼宇冠名等；

（二）未经批准将国机商标用于本企业生产、销售的商品或提供的服务；

（三）不规范使用国机商标，如将国机商标文字、字母、图形随意拆分、随意组合使用，或在使用过程中随意变更国机商标尺寸比例、颜色等；

（四）其他可能有损国机商标形象或价值的行为。

第二十一条 企业授权许可他人使用本企业注册商标时，应当与被许可人签订商标许可使用合同，明确商标许可使用范围、类型、地域、期限、费用、产品或服务质量标准及违约责任等内容。

第二十二条 企业委托其他生产厂商代工生产贴有本企业商标的商品时，应当审查代工生产厂商的信誉和资质，在合同中明确委托生产的产品数量和质量，严格监督代工生产过程，确保本企业商标和品牌信誉。

第二十三条 企业在组织会展、定牌加工、代理销售等业务中使用他人商标的，应当要求商标权利人出具商标专用权证明文件和授权文件，防止商标侵权纠纷。

第二十四条 企业应对以下商标使用行为进行商标价值评估，防止商标无形资产流失：

（一）以注册商标专用权进行权利质押；

（二）以注册商标专用权进行投资入股；

（三）转让注册商标；

（四）企业改制、分立、合并、资产重组过程中可能涉及商标权属变更的；

（五）其他可能涉及商标权利转让的情形。

第二十五条 企业应当在商标注册有效期届满前及时向商标注册机构申请办理注册商标续展手续。商标注册事项发生变化的，应当及时向商标注册机构申请办理变更手续。

第五章 商标维权

第二十六条 商标是企业品牌和商誉的载体，是企业重要的无形资产。企业应提高全体员工商标保护意识，提升商标资产价值。

第二十七条 企业应当监督商标的使用情况，发现商标被侵权线索，应当及时搜集相关证据，采取相应维权措施。

第二十八条 下属企业发现国机商标被侵权线索时，应当立即向集团公司法律及风控合规部、党委工作部报告，并协助调查搜集相关证据。

第二十九条 下属企业发生商标侵权法律纠纷案件的，应当按照集团法律纠纷案件管理办法的相关规定，向集团公司法律及风控合规部备案。

第六章 附 则

第三十条 本办法由集团公司法律及风控合规部负责解释。

第三十一条 本办法自公布之日起实施。原《中国机械工业集团公司商标管理暂行办法》（国机法〔2017〕183 号）同时废止。

中国机械工业集团有限公司投资管理办法

第一章　总　则

第一条　制定依据。为贯彻落实中国机械工业集团有限公司（以下简称集团）管理要求，正确引导投资方向，有效防范投资风险，使投资管理工作规范化、科学化，根据《中华人民共和国企业国有资产法》《企业国有资产监督管理暂行条例》《企业国有资产交易监督管理办法》(以下简称国资委财政部32号令)《中央企业投资监督管理办法》《中央企业投资监督管理办法实施细则》《中央企业境外投资监督管理办法》及《中央企业违规经营投资责任追究实施办法（试行)》等有关法律法规以及集团相关规定，制定本办法。

第二条　适用范围。本办法适用于集团公司及下属企业。本办法所称下属企业是指按照国资委财政部32号令第四条认定的集团直接或间接全资、控股和实际控制的全级次企业。除特别说明外，本办法所称下属企业级次均指管理层级。

第三条　适用类型。本办法所称投资主要包括以下几种类型：

（一）股权投资。股权投资是指为参与或控制企业经营活动并以持有一年及以上股权为目的，以现金、债权、实物资产、无形资产（包括土地使用权等）投入等方式实施的投资行为，包括新设公司、增资扩股、兼并收购等。

（二）固定资产投资。固定资产投资是指购置固定资产、无形资产（包括土地使用权及软件使用权等)，以及基本建设、技术改造、房屋装修改造等投资行为。

固定资产投资项目分为以下类型：

生产性基础建设投资。如建设产业园、工厂等为扩大生产经营能力而实施的投资项目。

非生产性基础建设投资。如单独购置办公场所，单独自建办公楼等，为满足企业自身办公需求的投资项目。

日常经营保障投资。如购置生产设备、公务用车、营运用车或办公设备、技术改造、办公场所装修等，为保障企业日常经营而实施的投资项目。

国防科技工业投资。由国防科工局负责审批或审查后报国务院审批，全部或部分使用中央财政资金，提升集团军工科研生产能力的固定资产投资项目。

（三）经营性投资。经营性投资是指为获得经营性收益或工程项目合同，在BOT（建设-运营-转让)、BOO（建设-运营-拥有)、BOOT（建设-运营-拥有-转让)、PPP（政府与社会资本合作）等业务模式中实施的投资行为。经营性投资分为长期运营投资和阶段性参股投资。

（四）财务性投资。财务性投资是指以获取财务收益为目的，通过取得固定收益、溢价退出等方式实现收益或增值的投资行为，主要包括有价证券、投资基金、信托产品和银行理财等投资行为。

（五）其他投资。集团开展的其他投资。

第四条　工作原则。投资管理工作应遵循以下基本原则：

（一）战略引领，聚焦主业。符合集团整体发展战略和企业发展规划，坚持聚焦主业，严格控制非主业投资。

（二）依法合规，科学规范。遵守国家和投资所在国（地区）的法律法规及监管要求，做好项目可行性研究，对投资项目风险进行充分评估，规范履行项目决策程序。

（三）能力匹配，风险可控。投资规模与企业资产实力、融资能力、行业经验、管理水平和抗风险能力等相适应。强化风险管理，避免国有资产损失。

（四）效益优先，回报合理。实施投资项目应遵循价值创造理念。集团将通过相关实施细则明确各类投资项目的投资回报率。

第二章 投资管理职责分工

第五条 集团战略发展部。该部门是本办法所管理投资事项的归口管理部门。主要职责包括：

（一）结合监管部门以及集团的有关管理要求，建立健全投资管理体系，修订完善投资管理制度，指导下属企业研究制定投资管理制度，完善投资决策流程和风险管理体系。

（二）组织下属企业做好年度投资计划编制、投资完成情况总结和投资统计分析等工作。

（三）组织开展投资项目的审查与论证，规范履行集团内部审查审批决策程序，组织下属企业做好外部监管部门的审查审批工作。

（四）组织做好对投资项目的过程跟踪和实施情况的监督检查，开展投资项目后评价工作。

（五）完善投资管理信息系统（以下简称信息系统），提升投资管理信息化水平。加强投资基础信息管理，通过信息系统对下属企业年度投资计划执行情况、投资项目实施情况进行监控、分析和管理。

第六条 集团科技发展部（军工管理办公室）负责初步评审下属企业上报的国防科技工业投资项目，并对项目实施全过程进行组织、协调和管理。集团战略发展部在项目正式上报前，根据本办法有关规定组织履行决策程序。

第三章 投资审批权限

第七条 授权管理。集团对投资决策授权实行统一管理。未经集团公司批准，二级企业不得向其下属企业授予投资决策权限。

第八条 投资总额。投资项目涉及融资、担保或承担债务的，一律按股本金与融资、担保及承担债务金额合并计算投资总额。

第九条 重大项目。需集团公司董事会（以下简称董事会）审批决策的项目为重大投资项目。

第十条 投审委审查。对于集团公司审批项目，需经集团公司投资审查委员会（以下简称投审委）表决通过后，方可由集团战略发展部依据本办法有关规定组织履行相应审批决策程序。

第十一条 股权投资项目审批程序及权限。集团公司及下属企业的股权投资项目，需在履行集团公司相应的审批决策程序后方可实施。具体权限如下：

（一）投资总额不超过 5 亿元（含）的，由集团公司总经理办公会（以下简称总经理办公会）审议批准。

（二）投资总额超过 5 亿元的，依次报请集团公司党委常委会（以下简称党委常委会）前置研究讨论、总经理办公会审议通过后，由董事会审议批准。

（三）下属企业利用资本公积和留存收益转增企业注册资本的，以投资总额为基础，按照上述权限履行相应审批程序。

（四）集团严控开展非主业投资项目。集团公司及下属企业的非主业股权投资项目，须报请党委常委会前置研究讨论后，按照前述审批权限由总经理办公会或董事会审议批准。

（五）集团通过《实施股权投资企业管理清单》，授权相关企业在授权范围内开展股权投资。未经集团授权或批准，产权层级四级及以下企业不得开展股权投资。

第十二条 固定资产投资项目审批权限。

（一）二级企业对决策权限范围内的固定资产投资项目可以自行决策并承担决策责任，但需报集团公司事前备案后方可实施。具体权限如下表：

二级企业固定资产投资决策权限表

按二级企业净资产分级	单一项目投资总额
净资产≥ 100 亿元	不超过 1 亿元
40 亿元≤净资产＜ 100 亿元	不超过 8 000 万元
净资产＜ 40 亿元	不超过 5 000 万元

注：二级企业净资产按照最近一期年度审计报告确定。

（二）集团公司以及二级企业超出自行决策权限的固定资产投资项目，需履行集团公司相应的审批决策程序后方可实施。具体权限如下：

1. 投资总额不超过 5 亿元（含）的，由总经理办公会审议批准。

2. 投资总额超过 5 亿元的，依次报请党委常委会前置研究讨论、总经理办公会审议通过后，由董事会审议批准。

（三）以下类型固定资产投资项目无须集团公司事前备案，二级企业依规履行内部决策程序后，可自行组织实施：

1. 投资总额不超过 2 000 万元（含）的非生产性基础建设投资、日常经营保障投资及国防科技工业投资。

2. 按照地方政府有关规定单独补缴土地出让金的项目。

第十三条 经营性投资项目审批权限。集团通过《实施经营性投资企业管理清单》对二级企业经营性投资授权实行清单式管理。列入清单的企业对经营性投资具有一定额度的自行决策权限（含由于开展经营性投资而设立项目公司），权限范围内的投资项目由二级企业自行决策并承担决策责任，但需报集团公司事前备案后方可实施。

清单内企业超出自行决策权限的经营性投资项目，以及清单外企业拟开展的经营性投资项目，需履行集团公司相应的审批决策程序后方可实施。具体权限如下：

1. 投资总额不超过 5 亿元（含）的，由总经理办公会审议批准。

2. 投资总额超过 5 亿元的，依次报请党委常委会前置研究讨论、总经理办公会审议通过后，由董事会审议批准。

3. 集团严控开展非主业投资项目。集团公司及下属企业的非主业经营性投资项目，须报请党委常委会前置研究讨论后，按照前述审批权限由总经理办公会或董事会审议批准。

第十四条 财务性投资项目审批权限。未经集团公司授权或批准，二级及以下企业不得从事财务性投资业务。集团通过《实施财务性投资企业管理清单》，授权相关企业按照公司章程，在业务清单范围内开展相关财务性投资，并按照国家有关行业监管规定执行。

下属企业为资金管理需要，有开展银行理财需求的，应委托国机财务有限责任公司（以下简称财务公司）办理。财务公司要提升专业能力，充分发挥专业公司优势，在合规、风险可控范围内开展银行理财和受托银行理财业务。如因同业限制等原因，出现以财务公司名义开展的银行理财业务规模受限或收益率水平较低的情况，可授权财务公司以集团公司名义办理。集团公司或财务公司以集团公司名义开展银行理财业务，由集团公司总会计师批准后，集团财务部具体执行。

集团下属上市公司短期闲置的募集资金按监管要求实行专户管理，确需通过资金管理提升收益水平的，经集团下属上市公司董事会批准后，在符合上市公司相关监管规定的前提下可以参与低风险银行理财，产品限于购买大额存单、国债等，或以此为底层资产的银行理财产品，保障募集资金的安全、流动和高效。

其他需特殊授权的财务性投资业务须经董事会批准。

第十五条 其他投资项目审批权限。集团公司与下属企业、下属企业之间联合实施的投资项目，审批权限按照项目合计投资总额对应的投资审批层级孰高原则确定审批权限。

投资项目同时存在股权投资和固定资产投资的，以投资总额为基础，按两类投资审批层级孰高原则确定审批权限。

投资项目同时涉及内外部重组等集团规定的其他投资项目，以投资总额为基础，按照孰高原则确定审批权限。

第四章 投资过程管理

第十六条 投资计划管理。集团对投资项目实行计划管理。根据国资委统一部署，集团战略发展部牵头组织下属企业开展年度投资计划编制工作。

第十七条 计划编制内容。二级企业需按照集团要求按时编制年度投资计划，并可结合实际进行投资计划年中调整。年度投资计划应涵盖二级企业年度内拟实施的全部股权投资、固定资产投资、经营性投资及国资委要求列入投资计划的财务性投资等。对于拟申报、使用国有资本金的投资项目，应在投资计划中予以明确，集团对该类项目进行统一管理。

第十八条 计划规模控制。二级企业需按照集团对投资规模进行总量控制的要求，结合自身投资能力，稳妥编制投资计划及财务预算。

第十九条 计划调整。每年年中调整完成后，投资计划不再进行调整。特殊情况确需调整的，需履行集团相应审批程序。

第二十条 负面清单。集团根据国资委有关要求和企业实际情况，对《集团境内外投资项目负面清单》（以下简称负面清单）及时进行动态调整。列入负面清单的项目一律不得投资。

第二十一条 申报流程。二级企业向集团公司上报的投资项目需确保项目材料符合规范，并在集团公司 OA 办公系统及信息系统同时申报。未在信息系统进行申报的投资项目，集团公司不予受理。

第二十二条 备案流程。对于二级企业自行决策的项目，集团公司通过信息系统对上报的投资项目进行合规性审查。审查通过的投资项目视为完成备案程序；审查不通过的，不得组织实施。

第二十三条 事后备案。为应对重大自然灾害、突发疫情等实施的投资项目，二级企业可在未获集团公司批准前实施。项目实施后二级企业应尽快上报集团公司，由集团战略发展部向党委常委会报告后，履行备案手续。

第二十四条 审批流程。属于集团公司审批项目，集团公司根据投资审批权限履行相应审批决策程序。审核通过的投资项目，投资主体可以组织实施；审核不通过的，不得组织实施。

涉及需向国家发展和改革委员会、商务部、国家外汇管理局等监管部门办理核准、备案手续的投资项目，投资主体需在监管部门完成相关手续后方可实施。

第二十五条 项目变更。集团公司已批复、备案的投资项目可能或将要发生以下重大变化之一，下属企业应根据项目实际上报集团公司，重新履行决策程序：

（一）投资总额调增幅度超过集团公司原备案、批复金额 10% 或 2 000 万元的（调增幅度未超过 10% 且未超过 2 000 万元的，无须重新履行集团公司决策程序，但应向集团公司书面报告）。

（二）股权投资中股权结构等发生重大变化，包括但不限于投资主体增加或减少，所投资企业实际控制权发生变化的。

（三）投资项目实施地点调整的。

（四）项目资金来源及构成发生重大调整，超出企业承受能力或可能影响企业正常发展的。

（五）投资方案发生重大变化的其他情形。

第二十六条 项目终止。投资项目执行过程中，投资主体拟终止实施的，有关企业需履行内部决策程序后上报集团公司。

集团公司审批的项目终止实施的，二级企业应向集团公司书面报告，由集团战略发展部向集团公司决策主体汇报。集团公司备案的项目终止实施的，二级企业应及时向集团公司书面报告，并在信息系统更新项目状态。

第二十七条 过程监督。下属企业应按照集团公司的要求，定期在信息系统填报项目执行情况，填报内容应真实、准确、完整，不得漏报、虚报、瞒报。集团公司依据企业投资项目可行性研究报告中相关指标进行投资实施情况监督管理。

第二十八条 批复（备案）有效期。集团公司对境内股权投资项目批复的有效期为批复之日起一年内，对境外股权投资项目批复的有效期为批复之日起两年内；对固定资产投资项目批复（或备案）的有效期为批复（或备案）之日起两年内；其他投资批复的有效期为批复之日起一年内。逾期自动失效。

投资主体应在批复（或备案）有效期内开始实施投资项目。批复（或备案）失效后投资主体拟实施投资项目的，需重新上报集团公司办理审批或备案手续。

第二十九条 完成报告。二级企业应按照国资委及集团公司的要求，按时编制年度投资完成情况报告并上报集团公司。

第三十条 投后评价。集团公司根据《中国机械工业集团有限公司投资项目后评价管理办法》的有关规定，组织开展投资项目后评价工作。

第三十一条 效果考核。集团公司根据项目可行性研究报告中确定的有关指标，在一定时期内通过信息系统对投资项目进行跟踪、检查、考核。考核结果将向集团投资审查委员会进行报告，并作为企业投资能力的重要参考及二级企业班子任期考核的重要参考依据。

第五章 投资风险管理

第三十二条 风控体系。集团公司及下属企业应建立和完善投资全过程风险管理体系，将投资风险管理作为企业实施全面风险管理的重要内容。

第三十三条 风险评估。对于投资总额在5亿美元（含）以上的境外特别重大投资项目，下属企业应委托国资委或集团公司认可的、有资质的独立第三方咨询机构对投资所在国（地区）政治、经济、社会、文化、市场、法律等风险进行全面评估。

第三十四条 风险防范。集团公司及下属企业应重视境外项目安全风险防范，加强与国家有关部委及驻外机构的联系，建立协调统一、科学规范的应急处置体系，有效防范和应对境外项目经营安全风险。

第六章 责任追究

第三十五条 责任追究。集团按照《中国机械工业集团有限公司违规经营投资责任追究实施办法》的有关规定，严格实施投资责任追究。

第七章 附 则

第三十六条 上市公司有关规定。投资项目涉及上市公司国有股权变动行为的，应符合《上市公司国有股权监督管理办法》(国资委 财政部 证监会令第36号)及集团有关规定。

第三十七条 解释权。本办法由集团战略发展部负责解释。

第三十八条 实施时间。本办法自发布之日起实施。《中国机械工业集团有限公司境内外投资管理办法》（国机战投〔2019〕35号）《国机集团关于投资管理的指导意见》同时废止。集团原有其他相关制度与本办法相抵触的，按本办法执行。

中国机械工业集团有限公司自有新闻宣传平台管理办法

第一章 总 则

第一条 为深入贯彻落实习近平总书记关于宣传思想工作的重要论述精神，进一步发挥中国机械工业集团有限公司（以下简称集团）自有新闻宣传平台作用，强化舆论阵地管理，推进媒体融合发展，根据国务院国资委新闻宣传工作相关部署，结合集团实际制定本办法。

第二条 集团自有新闻宣传平台的指导思想是：以习近平新时代中国特色社会主义思想为指导，坚持党管宣传、党管意识形态、党管媒体，增强“四个意识”、坚定“四个自信”、做到“两个维护”，加强宣传阵地建设，把握正确舆论导向，服务中心工作，为集团高质量发展营造良好舆论氛围。

第三条 集团自有新闻宣传平台的管理原则是：在集团党委统一领导的“大宣传”格局下，党政齐抓共管，宣传部门组织协调，集团各部门和各下属企业共同参与。

第四条 本办法所称的集团自有新闻宣传平台，指集团层面的报纸、杂志、官方网站、微信公众号、学习强国号、海外社交账号、楼宇电视等由集团开设、管理的媒体。

第二章 管理职责

第五条 集团党委宣传部为集团自有新闻宣传平台归口管理部门。主要职责是：

（一）研究制定各项规章制度。

（二）研究制定年度计划和组织实施。

（三）有关内容在集团自有新闻宣传平台的发布、统计、考核和归档等工作。

（四）牵头负责新闻信息更新和清理工作。

（五）开展重点新闻的策划、调研。

（六）集团重大专题稿件的采访、撰写工作。

（七）组织工作交流和业务培训，指导各企业相关平台内容建设。

第六条 集团各部门负责提供本部门内容。主要职责是：

（一）本部门新闻宣传稿件撰写、审核和报送，相关稿件的核实、修改（多部门共同举办活动时，由牵头主办部门负责）。

（二）提供与本部门相关的重大新闻事件线索及背景资料，协同集团党委宣传部进行共同策划。

第七条 集团相关部门负责提供支持和保障。主要职责是：

（一）办公室负责提前提供领导重要活动安排信息，协调安排相关部门、企业及时撰写报送新闻稿件。

（二）信息化部门负责自有新闻宣传平台信息化建设，提供相关技术、软件、数据库系统维护等。

（三）海外业务管理部门负责提供海外宣传支持，协同集团党委宣传部共同策划，对海外项目报道进行审核把关。

第八条 集团设立及调整自有新闻宣传平台由党委宣传部统一管理，其他部门原则上不再设立单独新闻宣传平台，如确属工作需要，须提前向集团党委宣传部报批。已设立的新闻宣传平台，按照“谁设立、谁维护”原则进行管理。

第九条 集团各下属企业负责提供本企业相关内容。主要职责是：

（一）涉及本企业的新闻宣传稿件撰写、审核和报送，相关稿件的核实、修改（多企业共同举办活动时，由牵头主办企业负责）。

（二）提供本企业重大新闻事件线索，共同策划并提供背景资料。

第十条 集团各下属企业不得以集团名义设立新闻宣传平台，如确属工作需要，须提前向集团党委宣传部报批。

第三章 新闻发布流程

第十一条 投稿审核。集团各部门、下属企业向集团自有新闻宣传平台投稿前，须由相关负责人对稿件、图片、视频等的准确性、政策性及发布范围进行审核把关。集团各部门由部门主要负责人审核，重要稿件由分管领导审核；集团各下属企业须经企业党委分管领导审核，重要稿件须由企业党委主要负责人审核。

第十二条 平台报送。集团各部门、下属企业通过集团新闻信息管理平台，向集团党委宣传部报送新闻稿件。

第十三条 筛选编辑。集团党委宣传部根据稿件题材和集团融媒体定位进行筛选，相应新闻宣传平台对稿件文字、照片或视频等进行优化编辑。

第十四条 审校发布。集团党委宣传部按照各新闻宣传平台审校流程（见附件 1）进行最终审校和发布。

第四章 稿件编审规范

第十五条 国家领导人接见集团领导或集团领导参加有国家领导人出席的重要活动稿件，涉及国家领导人的内容均以新华社通稿为准，不添加删减。

第十六条 集团参加重要外事活动、国家部委办和各级政府相关活动的稿件，编审时以外事活动主办方、国家部委办和地方政府具体要求为主，关键信息应与外事活动主办方、国家部委办和地方政府的报道一致。

第十七条 常规新闻报道稿件一般只提及集团助理级以上领导的姓名、职务和活动情况。

第十八条 图片、视频、报道及其中使用的字体等应具有完全版权或取得权利人的授权许可，图片内容、设计风格及标准须符合品牌一体化要求。

第十九条 反映科技能力和创新成果的专业学术论文，须在公开学术刊物上已发表。

第五章 考核和激励

第二十条 对采用稿件实行评分统计制度（见附件2）。由集团党委宣传部每季度向集团各部门、各下属企业通报结果。

第二十一条 每年由集团党委宣传部组织新闻报送先进单位、优秀通讯员、优秀新闻采编人员和优秀新闻宣传稿件评选和表彰。

第二十二条 因报送稿件审核把关不严引发宣传事故或负面舆情的，对相关部门、企业党委通报批评，取消集团新闻宣传评优资格，并按照《中国机械工业集团有限公司党委意识形态工作责任制实施细则》规定追究责任。

第六章 附 则

第二十三条 本办法自公布之日起施行。

第二十四条 各下属企业可根据本办法制定本企业的实施细则。

第二十五条 本办法由集团党委宣传部负责解释并组织实施。

附件：1. 新闻宣传平台审校流程（略）

2. 稿件评分统计规则（略）

第五篇

荣誉汇编

全国及省部级、中央企业和国机集团先进集体及先进个人

中国机械工业集团有限公司主要排名及荣誉

1. 综合排名

世界 500 强企业排名第 224 位

中国 500 强企业排名第 70 位

2. 机械行业排名

中国机械工业企业百强第 2 名

3. 对外贸易排名

中国对外贸易企业 500 强第 24 位

4. 汽车贸易和服务

中国最大的汽车贸易和服务商

5. 国际工程设计公司排名

ENR“国际工程设计公司 225 强”第 61 位

6. 国际工程承包商排名

ENR 全球 250 家最大国际工程承包商第 28 位

7. 国务院国资委考核

国资委中央企业业绩考核 A 级企业

全国及省部级、中央企业和国机集团先进集体及个人

一、全国先进集体

1. 全国工人先锋号

中国第二重型机械集团德阳万航模锻有限责任公司模锻厂 8 万吨模锻压力机班组

中国三安建设集团有限公司张家港分公司热卷板车间检修班组

2. 全国五一劳动奖状

经纬智能纺织机械有限公司

3. 全国五四红旗团支部

中国恒天经纬智能纺织机械有限公司棉纺机械总装厂团支部

4. 全国先进基层党组织

二重（德阳）重型装备有限公司铸锻公司锻造厂锻造党支部

5. 全国青年文明号

中国一拖集团有限公司技术中心电控系统研发组

合肥通用机械研究院有限公司军品部军用电子设备冷却团队

6. 全国工会职工书屋示范点

中国重型机械研究院股份公司

7. 全国纺织行业创新型班组

经纬智能纺织机械有限公司锭子厂装配班

8. 国家级“制造业单项冠军示范企业”

山西中设华晋铸造有限公司

9. 技术与创新支持中心（TISC）

桂林电器科学研究院有限公司

10. 国家技术创新示范企业

桂林电器科学研究院有限公司

11. 全国机械行业“十三五”思想政治工作 50 强

北京起重运输机械设计研究院有限公司

12. 2021 年全国最美家庭

二重（德阳）重型装备有限公司胡应华家庭

13. 国家技能人才培育突出贡献单位

德阳安装技师学院

14. 首批全国供应链创新与应用示范企业

苏美达国际技术贸易有限公司

15. 第五届中国出版政府奖“先进出版单位奖”

北京卓众出版有限公司

16. 第五届中国出版政府奖“期刊奖提名奖”

北京卓众出版有限公司

二、全国先进个人

1. 全国五一劳动奖章

曹仁广　恒天嘉华非织造有限公司研发技术部

陈永东　合肥通用机械研究院有限公司

2. 全国优秀共青团员

王奕澄　中国一拖集团有限公司

杨韵霖　二重（德阳）重型装备有限公司

3. 全国优秀工会工作者

王文波　中国三安建设集团有限公司

4. “全国技术能手”称号

薛瑞安　经纬智能纺织机械有限公司

5. 全国纺织行业创新型班组带头人

王有成　经纬智能纺织机械有限公司锭子厂装配班

6. 第三批“中国纺织大工匠”

裴宝林　经纬智能纺织机械有限公司锭子厂

车社海　青岛宏大纺织机械有限责任公司

7. 机械工业质检机构 2020—2021 年度先进个人

黄　利　长沙汽电汽车零部件有限公司

8. 2021 中国机电工业年度创新人物

曾艳丽　沈阳仪表科学研究院有限公司

9. 2021 年机械工业优秀工匠

李运龙　刘得怀　中国机械工业第四建设工程有限公司

三、中央企业先进集体

1. 中央企业先进基层党组织

中国中元国际工程有限公司医疗建筑设计研究院党支部

中国一拖集团有限公司大拖公司党委

2. 中央企业青年文明号

中国中元国际工程有限公司厦门分院结构一所

一拖（洛阳）铸锻有限公司技术质量中心

苏美达国际技术贸易有限公司上海钢铁事业部

3. 中央企业五四红旗团支部

二重（德阳）重型装备有限公司铸锻公司铸造厂团总支

4. 中央企业五四红旗团委

中国恒天集团有限公司团委

5. 2021 年守合同重信用企业

中国机械工业第五建设有限公司

四、中央企业先进个人

1. 中央企业优秀共产党员

黄　斌　中工国际工程股份有限公司

董　杰　合肥通用机械研究院有限公司

施丽君　江苏苏美达轻纺国际贸易有限公司

2. 中央企业优秀党务工作者

罗　山　国机重型装备集团股份有限公司

3. 中央企业优秀共青团干部

刘培旭　中国一拖集团有限公司

孙　李　合肥通用机械研究院有限公司

4. 中央企业优秀共青团员

宋理鹏　中国恒天集团有限公司潍坊欣龙动力分厂

许婷婷　苏美达股份有限公司

5. 中央企业青年岗位能手

马海宽　中国重型机械研究院股份公司

五、省部级先进集体

1. 陕西省优秀党支部

机械工业勘察设计研究院有限公司工程勘察党总支

2. 天津市先进基层党组织

中国汽车工业工程有限公司涂装工程院第三党支部

3. 湖南省先进基层党组织

长沙汽电汽车零部件有限公司检测中心党支部

4. 广东省先进基层党组织

国机智能股份有限公司党委

5. 四川省先进基层党组织

二重（德阳）重型装备有限公司核电石化公司核电容器厂铆焊工段党支部

6. 陕西省先进基层党组织

中国重型机械研究院股份公司炼钢工程事业部冶金所党支部

7. 四川省国有企业先进基层党组织

中国第二重型机械集团德阳万航模锻有限责

任公司模锻厂党总支

8. 国有企业先进基层党组织

中国第二重型机械集团德阳万航模锻有限责任公司模锻厂党支部

9. 四川省工人先锋号

二重（德阳）重型装备有限公司核电石化公司核电容器厂铆焊工段核电班

10. 河南省工人先锋号

中国机械工业第四建设工程有限公司兴文项目部

11. 陕西省工人先锋号

陕西中机岩土工程有限责任公司

中国重型机械研究院股份公司轧制所

中国三安建设集团有限公司凯明钢结构施工班组

12. 首都文明单位

中国中元国际工程有限公司

13. 首都文明单位标兵

中工国际工程股份有限公司

国机汽车股份有限公司

14. 四川省五四红旗团支部

中国第二重型机械集团德阳万航模锻有限责任公司综合团支部

15. 天津市五四红旗团支部

中国汽车工业工程有限公司建工二院团支部

16. 湖北省五四红旗团支部

中机三勘岩土工程有限公司团总支

17. 江苏省五四红旗团支部

江苏苏美达能源控股有限公司团总支

18. 安徽省省直机关优秀团支部

合肥通用机械研究院有限公司环境公司制冷空调事业部团支部

19. 四川省五四青年奖章

二重（德阳）重型装备有限公司新一代核电主管道研制团队

20. 安徽青年五四奖章集体

合肥通用机械研究院有限公司特种设备检验站承压设备安全评定团队

21. 江苏省共青团工作先进单位

苏美达股份有限公司团委

22. 安徽省省直机关青年文明号

合肥通用机械研究院有限公司特种设备检验站石化装置工程风险评估团队

合肥通用机械研究院有限公司机电产品检测院制冷空调检测所

23. 四川省脱贫攻坚先进集体

国机重型装备集团股份有限公司

24. 第十四届陕西省青年安全生产示范岗

机械工业勘察设计研究院有限公司环境工程院延安煤油气零排放装置边坡治理工程项目部

25. 天津市科技系统先进基层党组织

中国汽车工业工程有限公司涂装工程院第三党支部

26. 陕西省国资委先进基层党组织

江苏三安工程机械有限公司党支部

27. 重庆市巾帼文明岗

重庆材料研究院有限公司贵金属拉丝组

28. 安徽省省直机关巾帼文明岗

合肥通用机械研究院有限公司检测院“机电产品检测认证服务运营岗”

29. 安徽省省直机关巾帼建功先进集体

合肥通用机械研究院有限公司传热所“高效节能设备研发团队”

30. 四川省青年安全生产示范岗

二重（德阳）重型装备有限公司重机公司重机厂装配三班

31. 河南省劳模及工匠人才示范工作室

中国一拖柴油机公司肖小赛示范劳模创新工作室

32. 2021 年新一代信息技术与制造业融合发展试点示范

中国一拖集团有限公司

33. 河南省智能制造标杆企业

第一拖拉机股份有限公司

34. 河南省两化融合联盟第一届理事会副理事长单位

中国一拖集团有限公司

35. 2021 年河南省大数据产业发展试点示范项目

第一拖拉机股份有限公司

36. 河南省脱贫攻坚先进集体

机械工业第六设计研究院有限公司扶贫办公室

37. 2021 年度自治区高价值专利培育示范中心

桂林电器科学研究院有限公司

38. 国家中小企业公共服务示范平台

桂林电器科学研究院有限公司

39. 广西知识产权培训基地

桂林电器科学研究院有限公司

40. 庆祝中国共产党成立 100 周年书画摄影“书画展”优秀组织奖

机械工业勘察设计研究院有限公司

41. “学党史　感党恩　跟党走”微朗读大赛优秀组织奖

机械工业勘察设计研究院有限公司

42. 全省“学习强国”学习平台工作优秀供稿单位

机械工业勘察设计研究院有限公司

43. 湖南省技术转移示范机构

中机国际工程设计研究院有限责任公司

44. 重庆英才·创新创业示范团队

重庆材料研究院有限公司高温合金及耐热钢创新示范团队、金属功能材料与器件团队

45. 四川省职工合唱比赛铜奖

二重（德阳）重型装备有限公司

46. 四川省职工“五小”活动先进单位

二重（德阳）重型装备有限公司

47. 四川省职工“五小”活动先进班组

二重（德阳）重型装备有限公司重机公司金结厂铆焊工段铆焊二班

中国第二重型机械集团德阳万航模锻有限责任公司航空航天铝合金锻件技术创新团队

48. 第五批四川省劳模和工匠人才创新工作室

二重（德阳）重型装备有限公司漆小虎劳模和工匠人才创新工作室

49. 中国重型机械行业“十三五”科技创新 10 大领军企业

二重（德阳）重型装备有限公司

50. 甘肃省劳动关系和谐单位

甘肃蓝科石化高新装备股份有限公司

51. 安徽省“安康杯”竞赛优秀组织单位称号

中国机械工业第五建设有限公司

52. 守合同重信用企业

中机建（上海）钢结构股份有限公司

53. 上海市金属结构行业诚信企业

中机建（上海）钢结构股份有限公司

54. “十三五”四川省技工教育技能人才培养“校企双制　工学一体先进集体”

德阳安装技师学院

55. 河南省优秀志愿服务组织

机械工业第六设计研究院有限公司志愿服务队

56. 海南省国资系统新冠肺炎疫情防控工作先进基层党组织

中共中国机械工业海南股份有限公司委员会

六、省部级先进个人

1. 2021 中国机电工业年度创新人物

韩晓军　国机重型装备集团股份有限公司

2. 河南省优秀共产党员

李会东　恒天重工股份有限公司重装公司

3. 陕西省优秀共产党员

马晓武　沈银斌　机械工业勘察设计研究院有限公司

4. 天津市优秀共产党员

吴　健　天津电气科学研究院有限公司

5. 四川省优秀共产党员

王远东　二重（德阳）重型装备有限公司

6. 陕西省优秀共产党员

范玉林　张康武　黄维勇　中国重型机械研究院股份公司

7. 浙江省国资国企系统优秀共产党员

金　丹　杭州照相机械研究所有限公司

8. 四川省国有企业优秀共产党员

王周田　中国第二重型机械集团德阳万航模锻有限责任公司

9. 安徽省直机关优秀共产党员

徐双庆　合肥通用机械研究院有限公司

10. 四川省国有企业优秀党务工作者

蒋佳君　中国第二重型机械集团德阳万航模锻有限责任公司

11. 陕西省优秀党务工作者

王　刚　潘东峰　机械工业勘察设计研究院

有限公司

边舒雯　中国重型机械研究院股份公司

12. 四川省优秀党务工作者

刘明强　二重（德阳）重型装备有限公司

13. 湖南省直先进党务工作者

王晓艳　张继才　中机国际工程设计研究院有限责任公司

14. 湖南省国资委系统优秀党务工作者

黄　丽　长沙汽电汽车零部件有限公司

15. 陕西省国资委系统优秀党务工作者

邓　军　中国三安建设集团有限公司

16. 浙江省国资国企系统优秀党务工作者

任　森　杭州照相机械研究所有限公司

17. 湖南省五一劳动奖章

王良军　恒天重工邵阳纺织机械有限责任公司加工事业部

18. 安徽省五一劳动奖章

唐　志　合肥通用机械研究院有限公司

19. 陕西省五一劳动奖章

章　铭　孙　科　机械工业勘察设计研究院有限公司

20. 河南省五一劳动奖章

贾锦辉　恒天重工股份有限公司加工事业部

黎晓煜　郭迎春　郭乐祥　中国一拖集团有限公司

21. 辽宁省五一劳动奖章

曾艳丽　沈阳仪表科学研究院有限公司

22. 江苏省五一劳动奖章

陈　伟　江苏苏美达五金工具有限公司

23. 陕西省五一劳动奖章

王贵峰　中国三安建设集团有限公司

24. 安徽省重大科技成就奖

王　冰　合肥通用机械研究院有限公司

25. 安徽省青年五四奖章

唐　志　合肥通用机械研究院有限公司

26. 河南省建设五一巾帼标兵

吕燕红　机械工业第六设计研究院有限公司

27. 安徽省巾帼建功标兵

曲本连　合肥通用机械研究院有限公司

28. 四川省三八红旗手

夏丽华　二重（德阳）重型装备有限公司

29. 四川省优秀共青团干部

马晨鹏　二重（德阳）重型装备有限公司

30. 安徽省省直机关优秀共青团干部

郭广飞　汤雪花　李莹莹　合肥通用机械研究院有限公司

31. 江苏省优秀共青团干部

陈子尧　江苏苏美达机电有限公司团委

32. 四川省优秀共青团干部

喻　丁　德阳安装技师学院

33. 四川省优秀共青团员

徐常顺　二重（德阳）重型装备有限公司

34. 河南省优秀共青团员

肖绪阳　中国一拖集团有限公司

35. 安徽省省直机关优秀团员

程经纬　合肥通用机械研究院有限公司

36. 安徽省省直机关青年岗位能手

于改革　合肥通用机械研究院有限公司

37. 江苏省青年岗位能手

彭　伟　苏美达股份有限公司

38. 江苏省共青团工作先进工作者

陈子尧　苏美达股份有限公司

39. 陕西省优秀工会工作者

张青芳　中国三安建设集团有限公司

40. 河南省优秀驻村第一书记

贾　涛　中国一拖集团有限公司

41. 四川省脱贫攻坚先进个人

黄　川　二重（德阳）重型装备有限公司

42. 安徽省脱贫攻坚先进个人

王　辉　合肥通用机械研究院有限公司

43. 陕西最美科技工作者

汪恩辉　中国重型机械研究院股份公司

44. 陕西省岗位学雷锋标兵

马永军　中国重型机械研究院股份公司

45. 陕西省委科技工委岗位学雷锋标兵

杨　鹏　中国重型机械研究院股份公司

46. 安徽省特支计划创新领军人才

张秀平　合肥通用机械研究院有限公司

47. 河南省建设劳动奖章

姚绍辉　中国机械工业第四建设工程有限公司

48. 安徽省省直机关道德模范

李小瓯　合肥通用机械研究院有限公司

49. 四川工匠人才

何朝锐　二重（德阳）重型装备有限公司

50. 陕西产业工匠人才

杨纪文　中国三安建设集团有限公司

51. 北京市交通行业先进个人

杨吉胜　中进汽贸服务有限公司

52. 重庆英才·创新领军人才

张十庆　重庆材料研究院有限公司

53. 2021 年成渝地区双城经济圈现代制造业技能大赛二等奖

裴　星　二重（德阳）重型装备有限公司

54. 城镇困难职工解困脱困工作中做出重要贡献个人

曹　明　国机重型装备集团股份有限公司

55. 2021 年度安全管理标准化班组班组长

杨　凡　李　波　二重（德阳）重型装备有限公司

56. 中原城乡建设大工匠

郭芳慧　机械工业第六设计研究院有限公司

57. 安徽省标准创新贡献奖

黄明亚　合肥通用机械研究院有限公司

七、其他

1. 2021 年百强经销商第九名

国机汽车股份有限公司

2. 2021 年品牌建设优秀经销商称号

国机汽车股份有限公司

3. “千家优秀企业社会责任报告”及 A 级评级

国机汽车股份有限公司

4. 2021 年度中国汽车售后服务质量消费者口碑优选店

北京中汽雷日汽车有限公司（东风日产品牌和特斯拉品牌）

5. 守合同重信用企业

江阴中进雷克萨斯汽车销售服务有限公司

6. 天津市 100 强企业 72 位，服务业企业 100 强 35 位

中国汽车工业工程有限公司

7. 福特中国“最佳战略合作伙伴”称号

中进汽贸（天津）进口汽车贸易有限公司

8. 北京市交通行业先进集体

中进汽贸服务有限公司

八、国机集团先进单位、单项奖先进集体及先进个人

（一）2021 年度先进单位

苏美达股份有限公司

中国联合工程有限公司

中国电器科学研究院股份有限公司

合肥通用机械研究院有限公司

中国一拖集团有限公司

机械工业第六设计研究院有限公司

（二）2021 年度单项奖

市场开拓奖

中国机械设备工程股份有限公司

苏美达股份有限公司

科技创新奖

合肥通用机械研究院有限公司

国机重型装备集团股份有限公司

国机精工股份有限公司

中国一拖集团有限公司

亏损企业治理奖

国机智能科技有限公司

中国海洋航空集团有限公司

国机精工股份有限公司

安全生产奖

中国一拖集团有限公司

中国联合工程有限公司

机械工业第六设计研究院有限公司

（三）2021 年度总部先进集体

人力资源部（党委组织部）

纪委办公室

党委工作部（党委宣传部　党委统战部　企业文化部　工会工作办公室）

科技发展部（军工管理办公室）

（四）2021 年度总部先进个人

刘祖晴　王锡岩　王小虎　闫卫红　徐　绅
张大亮　翟祥辉　曹建红　张喜军　吴　袆
王　蕴　张晶晶　毕　磊　胡　箭　孙玉峰
刘　超　王玉萍　周铖岑　马　君　楼明慧
马龙昊　李庆涛　于雪娟　魏晨光　王　刚
石　琼　辛彦龙　姚晓南　何新宝　秦秋生
彭　鹏　刘　军　张永君　郭天炜　胡　迪
陈舒琦　陈　曦　姜　垚　王　丽　陈　达
刘　鹏　常　乐　岳德高　王变娜　魏晓媚
严　慧　王　谦　畅　娟　刘　婷　曾维佳
王　蕾

2021 年全国、机械行业及省部级科学技术奖

一、国家科学技术进步奖

一等奖

400 万 t/a 煤间接液化成套技术创新开发及产业化　甘肃蓝科石化高新装备股份有限公司

二等奖

高性能滚动轴承加工关键技术与应用　洛阳轴承研究所有限公司

氢气规模化提纯与高压储存装备关键技术及工程应用　合肥通用机械研究院有限公司

二、中国专利奖

优秀奖

一种砂轮用棕刚玉烟尘复合基体材料、制备方法及砂轮　郑州磨料磨具磨削研究所有限公司

三、“神农中华农业科技奖”科学研究类成果

一等奖

智能农机装备电液传动与控制系统关键技术与产业化　中国农机农业机械化科学研究院

二等奖

旱地高效精量种植作业关键技术及装备　中国农机农业机械化科学研究院

四、中国机械工业科学技术奖

特等奖

800MN 大型模锻压机关键技术及工程应用　中国重型机械研究院股份公司

一等奖

内燃机曲轴超精密加工关键技术与应用　郑州磨料磨具磨削研究所有限公司

GB/T 35381 2017《农林拖拉机和机械串行控制和通信数据网络》系列标准　中国一拖集团有限公司

GB/T 35381 2017《农林拖拉机和机械串行控制和通信数据网络》系列标准　中国农机农业机械化科学研究院

传统条状米面制品智能化加工关键技术装备研发与集成应用　中国农机农业机械化科学研究院

粉煤气化工艺高压浓相粉煤控制阀关键技术及应用　合肥通用机械研究院有限公司

二等奖

超长距离大跨距脱挂式客运索道关键技术研究　北京起重运输机械设计研究院有限公司

高可靠性银基电触头材料研究及产业化　桂林金格电工电子材料科技有限公司

创新五号遥感卫星转台分系统用 45Nms 平衡轮的研制　洛阳轴承研究所有限公司

高精密滚动轴承精度设计技术及应用　洛阳轴承研究所有限公司

数控机床功能部件优化设计选型应用手册　洛阳轴承研究所有限公司

机械行业智能制造运营管理平台关键技术及应用　郑州磨料磨具磨削研究所有限公司

东南亚炭质板岩工程特性研究与围岩稳定安

全控制技术　机械工业勘察设计研究院有限公司

工业园区污水难降解有机物资源化与低碳深度净化关键技术及应用　中机国际工程设计研究院有限责任公司

纸盒干式喷房关键技术研究及在涂装车间的应用　中国汽车工业工程有限公司、机械工业第四设计研究院有限公司

超宽幅铝板带轧机控制关键技术与应用　天津电气科学研究院有限公司

机械行业智能制造运营管理平台关键技术及应用　国机智能股份有限公司下属国机智能技术研究院

高性能低能耗重载伺服液压缸及其系统开发与应用　中国重型机械研究院股份公司

高腐蚀介质下的超重超长沸腾床渣油加氢反应器　二重（德阳）重型装备有限公司

临淄生活垃圾焚烧发电项目　中国联合工程有限公司

三等奖

大型医药工厂无人化高效仓储物流系统　北京起重运输机械设计研究院有限公司

苏州大学附属第二医院高新区医院扩建医疗项目　中国中元国际工程有限公司

高性能数控机床切削工具质量检测平台的应用基础研究　成都工具研究所有限公司

大型全地面汽车起重机用六排圆柱滚子转盘轴承的开发研制　洛阳轴承研究所有限公司

创新五号遥感卫星转台分系统用 45Nms 平衡轮的研制　洛阳轴承研究所有限公司

风力发电设备特殊环境条件及耐久性评价系列标准　中国电器科学研究院股份有限公司

福建申远新材料有限公司二期年产 40 万 t 聚酰胺一体化项目动力车间工程　中国联合工程有限公司

低温绝热气瓶、罐箱自动化生产线关键技术研究及其产业化　中国联合工程有限公司

西北地区近零能耗建筑示范研究——富平热电厂办公楼　中国联合工程有限公司（中联西北工程设计研究院有限公司）

航空发动机传动件花键副薄膜技术研究与应用　北京金轮坤天特种机械有限公司

液化天然气用阀门系列标准　合肥通用机械研究院有限公司

《食品真空冷冻干燥设备》等 3 项冷链设备系列标准　合肥通用机械研究院有限公司

五、全国机械工业产品质量创新大赛

金奖

核电关键测温仪表项目　重庆材料研究院有限公司

银奖

高耐蚀船用高效烟气脱硫塔　甘肃蓝科石化高新装备股份有限公司

优秀奖

9YJS-2.2 型双刀轴秸秆切割揉碎方捆压捆机　中国农机农业机械化科学研究院呼和浩特分院有限公司

青饲料收获机质量创新　中机美诺科技股份有限公司

六、国有企业数字化转型优秀案例

重大装备润滑安全数字化运维平台　国机智能科技有限公司下属广州机械科学研究院有限公司

七、首届智能制造创新大赛

二等奖

机械行业智能制造运营管理平台　国机智能科技有限公司下属国机智能技术研究院有限公司

融合感知及控制技术的新型智能机器人作业系统　国机智能科技有限公司下属国机智能技术研究院有限公司

三等奖

工业视觉智能一体化解决方案　国机智能科技有限公司下属国机智能技术研究院有限公司

八、纺织行业信息化成果奖

基于工业互联网的纺织机械智能制造　国机智能科技有限公司下属国机智能技术研究院有限公司

九、第一期人工智能产业创新揭榜优胜单位

10kV 架空配电线路带电作业机器人　国机智能科技有限公司下属国机智能技术研究院有限公司

十、中国冶金科学技术奖

一等奖

高品质冷轧带钢精整核心装备及关键技术开发与应用　中国重型机械研究院股份公司

三等奖

高精度面板智能化冷连轧生产线自主研发与推广应用　中国重型机械研究院股份公司

钢液精炼的高效节能型机械真空系统及其装备技术　中国重型机械研究院股份公司

十一、中国航空发动机集团有限公司科学技术奖

二等奖

航空发动机关键件钛合金风扇盘、鼓筒研制和应用　中国第二重型机械集团德阳万航模锻有限责任公司

十二、中国纺织工业联合会科学技术奖

二等奖

智能化高产高质清梳联　青岛宏大纺织机械有限责任公司

FZ/T93098—2017《清梳联合机》　青岛宏大纺织机械有限责任公司、郑州宏大新型纺机有限责任公司

基于数据流的智能纺纱工厂关键技术及产业化　经纬纺织机械股份有限公司

对位芳纶规模化制造关键技术与装备国产化　邯郸宏大化纤机械有限公司

水刺法非织造布智能工厂关键技术装备及工程化应用　恒天重工股份有限公司

十三、第一届促进金砖工业创新合作大赛

一等奖

全流程智能化棉纺成套装备及系统　经纬纺织机械股份有限公司

十四、第二十二届中国专利奖

优秀奖

一种高效节能分体式抽吸辊筒　恒天重工股份有限公司

十五、中国腐蚀与防护学会技术奖

一等奖

复杂大气环境下输变电设备可靠性评估与防护　中国电器科学研究院股份有限公司

十六、中国电工技术学会科学技术奖

二等奖

海上风电电气设备南海环境适应性关键技术研究　中国电器科学研究院股份有限公司

十七、中国质量协会质量技术奖

二等奖

汽车零部件高性能环保涂料的研究及应用　中国电器科学研究院股份有限公司擎天材料科技有限公司

农机作业质量信息化监管技术研究与应用　中国农机农业机械化科学研究院集团有限公司

高品质锂电高镍三元材料生产提质增效的集成技术　合肥通用机械研究院有限公司

除菌毒空气处理机组质量提升技术研究与应用　合肥通用机械研究院有限公司

制冷空调设备绿色安全检测、评价技术研究与应用　合肥通用机械研究院有限公司

十八、农业机械科学技术奖

一等奖

棉花全程作业智能测控技术与装备　中国农机农业机械化科学研究院

农药精量高效施用关键技术与装备　中国农机农业机械化科学研究院

十九、中国石化科技进步奖

二等奖

高含硫天然气净化装置主吸收塔检测评价与修复技术研究　合肥通用机械研究院有限公司

二十、四川省科学技术进步奖

一等奖

大断面连铸坯生产百米长尺重载钢轨关键技术研究与应用　中国重型机械研究院股份公司

二等奖

F级重型燃机核心转子体锻件国产化研制　二重（德阳）重型装备有限公司

三等奖

7 500 t大型筒节轧机研制及应用　二重（德阳）重型装备有限公司

二十一、湖南省科学技术进步奖

二等奖

含难降解有机物的污水高效同步脱氮除磷关

键技术及应用

二十二、江苏省科学技术进步奖

二等奖

航空航天关键部件先进电火花加工制造技术与装备　国机智能科技有限公司下属苏州电加工机床研究所有限公司

二十三、陕西省科学技术进步奖

一等奖

西北地区绿色建筑设计技术与应用　中国联合工程有限公司（中联西北工程设计研究院有限公司）

二等奖

高精度面板智能化冷连轧生产线自主研发与推广应用　中国重型机械研究院股份公司

关中地区机动车细颗粒污染控制技术研究　中国重型机械研究院股份公司

二十四、河南省科学技术进步奖

一等奖

高效精密低损伤复合结合剂金刚石砂轮及其磨削技术与应用　郑州磨料磨具磨削研究所有限公司

二等奖

高效精密复杂型面成型磨 CBN 砂轮关键技术开发及应用　郑州磨料磨具磨削研究所有限公司

种苗高效栽插与精密智能播种技术装备　中国农机农业机械化科学研究院

二十五、辽宁省科学技术进步奖

二等奖

高稳定 MEMS 压力敏感芯片关键技术及应用　沈阳仪表科学研究院有限公司

三等奖

荧光 PCR 法核酸检测用高性能生物光学滤光器件　沈阳仪表科学研究院有限公司

荧光定量 PCR 核酸检测用高性能光学薄膜滤光器研制与应用　沈阳仪表科学研究院有限公司

二十六、广西壮族自治区科学技术进步奖

三等奖

高可靠性低压触头材料和元件开发及产业化　桂林金格电工电子材料科技有限公司

节能型双轴定向聚苯乙烯薄膜生产线研制　桂林格莱斯科技有限公司

二十七、广东省科学技术进步奖

一等奖

高质高效医疗防护制品制造装备关键技术及产业化应用　中国电器科学研究院股份有限公司

二等奖

大型风电场运行维护关键技术及应用　国机智能科技有限公司下属广州机械科学研究院有限公司

端硅烷基聚醚密封胶的研制及应用　国机智能科技有限公司下属广州机械科学研究院有限公司

二十八、安徽省科学技术进步奖

一等奖

新型节能环保工质（R32）制冷关键技术与空调设备产业化　合肥通用机械研究院有限公司

新型高端泵用机械密封关键技术与工程应用　合肥通用机械研究院有限公司

二十九、江苏省科学技术进步奖

二等奖

特大型加氢反应器关键技术研发与应用　二重（镇江）重型装备有限责任公司

三十、浙江省科学技术进步奖

二等奖

高端陶瓷材料与密封环研制及其在大型有源相控阵雷达中的应用　合肥通用机械研究院有限公司

三十一、陕西省测绘地理信息学会测绘科技进步奖

一等奖

“智慧鹰”垂直起降无人机系统研发与应用　机械工业勘察设计研究院有限公司

二等奖

面向数字城市的全息测绘关键技术研究与应用　机械工业勘察设计研究院有限公司

三十二、山西省科学技术进步奖

二等奖

JWF1286 型精梳机　经纬智能纺织机械有限公司

三十三、新疆维吾尔自治区科技进步奖

一等奖

油气管道关键阀门及配套设施国产化研制与应用　合肥通用机械研究院有限公司

三十四、第一届广西专利奖

二等奖

尺寸稳定型聚酰亚胺薄膜及其制备方法（ZL201611080978.9）　桂林电器科学研究院有限公司

三十五、甘肃省人民政府专利奖

二等奖

新型超高压大流量排气阀　甘肃蓝科石化高新装备股份有限公司

三等奖

热交换器的一种能效定量评价方法　兰州冠宇传热与节能工程技术研究有限公司

三十六、华中数控杯优秀奖

压力容器、垃圾焚烧电厂用特种合金焊材项目　中设集团装备制造有限责任公司

三十七、广东省质量协会质量技术奖

一等奖

汽车零部件高性能环保涂料的研究及应用　中国电器科学研究院股份有限公司　擎天材料科技有限公司

三十八、广东省环境保护技术奖

二等奖

废CRT玻璃绿色循环利用关键技术与应用　中国电器科学研究院股份有限公司

三十九、中国石油化工集团有限公司科技进步奖

三等奖

高酸性天然气净化装置腐蚀控制技术研究与应用　甘肃蓝科石化高新装备股份有限公司

四十、中国煤炭工业科学技术奖

二等奖

大型循环换热分离一体化设备的研制及应用　甘肃蓝科石化高新装备股份有限公司

四十一、实用新型专利

一种建筑机电设备安装用固定装置　中国机械工业第二建设工程有限公司

一种基于BIM技术的塔吊布置模型　中国机械工业第二建设工程有限公司

一种住宅楼采暖系统中盘管的防护装置　中国机械工业第二建设工程有限公司

一种基于BIM技术的大型地下室机电安装用基层清理设备　中国机械工业第二建设工程有限公司

一种钢纤维混凝土制备用原料混合设备　中国机械工业第二建设工程有限公司

一种大型设备安装地基的防沉降结构　中国机械工业第二建设工程有限公司

一种大型设备基础深基坑施工用排水设备　中国机械工业第二建设工程有限公司

一种高矩形现浇混凝土烟囱滑模施工垂直运输装置　中国机械工业第二建设工程有限公司

一种用于外墙板安装的连接组件　中国机械工业第二建设工程有限公司

一种高层建筑用泵管支架　中国机械工业第二建设工程有限公司

一种高跨度梁的简易起拱装置　中国机械工业第二建设工程有限公司

一种脚手架底部支撑结构　中国机械工业第二建设工程有限公司

一种结合BIM技术的群塔工作协调器　中国机械工业第二建设工程有限公司

四十二、2021年标准科技创新奖

GB 50868—2013《建筑工程容许振动标准》　机械工业第六设计研究院有限公司

四十三、安徽省标准创新贡献奖

二等奖

JB/T 12746—2015《含缺陷高温压力管道和阀门安全评定方法》　合肥通用机械研究院有限公司

2021 年全国及行业、省区市优秀工程奖

全国及行业奖项

一、中国建设工程鲁班奖

乌克兰尼科波尔 246MW 光伏电站项目　中国机械设备工程股份有限公司

中国第一历史档案馆迁建工程　中国电力工程有限公司所属北京兴电国际工程管理有限公司

北京新机场南航基地项目　中国电力工程有限公司所属北京兴电国际工程管理有限公司

二、詹天佑奖

西安市地铁 4 号线工程　机械工业勘察设计研究院有限公司

三、“国资小新”2021 年中国企业国际形象建设案例

孟加拉帕德玛水厂项目　中工国际工程股份有限公司

四、第十八届中国土木工程詹天佑奖

500m 口径球面射电望远镜（FAST）工程　中国中元国际工程有限公司

五、国家优质工程奖

民航运行管理中心和气象中心及民航情报管理中心等 4 项（民航运行管理中心和气象中心工程及民航情报管理中心工程）　中国中元国际工程有限公司

北京大学第一医院保健中心工程　中国中元国际工程有限公司

门诊医技病房综合楼等 4 项（北京市垂杨柳医院改扩建工程）　中国中元国际工程有限公司

苏州大学附属第二医院高新区医院扩建医疗项目一期工程　中国中元国际工程有限公司

莱安中心一期二标段项目（勘察）　机械工业勘察设计研究院有限公司

空军军医大学第一附属医院住院二部大楼工程（勘察）　机械工业勘察设计研究院有限公司

印尼海螺水泥有限公司孔雀港 440 万 t/a 水泥粉磨项目配套专用码头工程（勘察测量水文气象）　机械工业勘察设计研究院有限公司

安市西三环与锦业路立交工程（勘察）　机械工业勘察设计研究院有限公司

中国西部科技创新港学镇中心道科广场及莱科国际项目（勘察）　机械工业勘察设计研究院有限公司

CMEC 总部综合楼（丰台区丽泽金融商务区 E—18 地块商业金融项目）（勘察测量）　机械工业勘察设计研究院有限公司

中大国际 THE CITY 项目商业部分（酒店）（勘察）　机械工业勘察设计研究院有限公司

西安高新区环普产业园扩建项目（勘察）　机械工业勘察设计研究院有限公司

精密工具产业园建设项目传统刀片、数控刀具厂房及辅助工程　中机国际工程设计研究院有限责任公司

长沙市第六水厂厂区土建及安装建安工程　中机国际工程设计研究院有限责任公司

跳蹬河（九龙坡区段）黑臭水体整治（一期）项目　中国联合工程有限公司（中机中联工程有限公司）

总部综合楼（丰台区丽泽金融商务区　工程 E-18 地块商业金融项目）（弱电）　中国三安建设集团有限公司

安阳市职工文化体育中心　机械工业第六设计研究院有限公司

阜外华中心血管病医院建设项目　机械工业第六设计研究院有限公司

六、机械工业优秀勘察设计咨询奖

二等奖

《大西安城市地质调查》项目大西安主城区岩土特征分析报告　机械工业勘察设计研究院有限公司

陕西省天然气股份有限公司汉安线与中贵线联络线输气管道工程（勉县至陕甘边界段）地质灾害危险性评估　机械工业勘察设计研究院有限公司

七、中国钢结构金奖工程

北京新机场南航基地第三标段航空食品设施、生产运行保障设施车辆维修及勤务区项目　中国电力工程有限公司所属北京兴电国际工程管理有限公司

北京市昌平区沙河镇七里渠南北村土地一级开发项目 CP00-1600-0016、CP00-1804-0007 地块F2公建混合住宅用地项目（1#住宅楼等13项）　中国电力工程有限公司所属北京兴电国际工程管理有限公司

八、全国优秀工程咨询成果奖

一等奖

中国电科院武汉科研基地搬迁改造项目可行性研究报告　中国联合工程有限公司

杭州西站枢纽站房区域综合配套设施及疏解通道项目可行性研究报告　中国联合工程有限公司

二等奖

浙江省首批未来社区创建试点杭州、宁波、台州等 4 个试点实施方案研究　中国联合工程有限公司

三等奖

重庆高新技术产业开发区规划环境影响报告书　中国联合工程有限公司

重庆市建设内陆国际物流枢纽重点项目前期工作　中国联合工程有限公司

九、2021 年机械工业优秀工程勘察设计咨询成果奖

一等奖

一汽 - 大众汽车有限公司青岛分公司绿色工厂评价　机械工业第六设计研究院有限公司

中钢新型材料（宁夏）有限公司年产 2 万 t 特种石墨产能项目可行性研究报告　机械工业第六设计研究院有限公司

二等奖

陕西省天然气股份有限公司汉安线与中贵线联络线输气管道工程（勉县至陕甘边界段）地质灾害危险性评估　机械工业勘察设计研究院有限公司

《大西安城市地质调查》项目大西安主城区岩土特征分析报告　机械工业勘察设计研究院有限公司

十、2021 年度机械工业优秀工程咨询成果奖

一等奖

浏阳市永安污水处理厂改扩建工程可行性研究报告　中机国际工程设计研究院有限责任公司

永州南部生活垃圾焚烧发电项目环境影响报告　中机国际工程设计研究院有限责任公司

南通市污水处理提质增效三年行动实施方案　中机国际工程设计研究院有限责任公司

伊洛河流域生态环境调查及评估项目（洛阳市水环境承载能力现状评价）　机械工业第四设计研究院有限公司

杭州临江环境能源项目配套工程项目申请报告　中国联合工程有限公司

潍柴动力股份有限公司新百万台数字化动力产业基地一期项目项目申请报告　中国联合工程有限公司（中机中联工程有限公司）

寰宇天下 B03-2/03 地块绿色建筑全过程咨询专题研究报告　中国联合工程有限公司（中机中联工程有限公司）

二等奖

文丰路改扩建工程可行性研究报告　中机国际工程设计研究院有限责任公司

清石片区历史遗留废渣治理项目可行性研究报告　中机国际工程设计研究院有限责任公司

杭州奥拓机电股份有限公司智能化生产改造整体解决方案　中国联合工程有限公司

乐山市城市综合防灾减灾规划（2016—2030）　中国联合工程有限公司

三江口节能环保产业园热电联产项目可行性研究报告　中国联合工程有限公司

杭州三江汇流地区“三江汇谷”产业与改造提升规划研究报告　中国联合工程有限公司

禹会区新型建材物流产业园项目可行性研究报告　中国联合工程有限公司

黄山生猪定点屠宰加工及配套设施项目可行性研究报告　中国联合工程有限公司

荆州旺能生活垃圾焚烧发电异地扩建项目申请报告　中国联合工程有限公司

轨道 4 号线与两江大道节点工程可行性研究报告　中国联合工程有限公司（中机中联工程有限公司）

府谷县新府山路网及配套设施提升项目　中国联合工程有限公司（中联西北工程设计研究院有限公司）

三等奖

张家港塘桥片区污水处理厂扩建及一期提标改造工程可行性研究报告　中机国际工程设计研究院有限责任公司

盐城市大丰区林业建设工程可行性研究报告　中机国际工程设计研究院有限责任公司

遂溪县遂西光伏农业综合利用项目可行性研究报告　中机国际工程设计研究院有限责任公司

梅溪湖水质净化厂（一期）项目后评价报告　中机国际工程设计研究院有限责任公司

湖南岳阳绿色化工产业园危险废物处置中心可行性研究报告　中机国际工程设计研究院有限责任公司

湖南博云东方粉末冶金有限公司高效精密硬质合金工模具与高强韧性特粗晶硬质合金掘进刀具麓谷基地产业化项目　中机国际工程设计研究院有限责任公司

古县城市污水处理厂改造评估项目　中机国际工程设计研究院有限责任公司

郴州市永兴柏林工业园热电联产规划（2019—2025）　中机国际工程设计研究院有限责任公司

江铃汽车股份有限公司新建碰撞模拟试验室项目可行性研究报告　中国汽车工业工程有限公司

江铃汽车股份有限公司零部件搬迁改造项目规划设计方案　中国汽车工业工程有限公司

航发优材年产 1 000 台（套）钛合金中介机匣等航空关键零部件智能制造项目（一期）可行性研究报告　中国联合工程有限公司

年产 25 万套新能源汽车传动部件高效高精密智能制造工厂技术改造项目资金申请报告　中国联合工程有限公司

杭州市老旧小区整治提升技术导则（余杭区版）及梅堰社区老旧小区试点综合改造提升项目规划　中国联合工程有限公司

天津市晨兴力克环保科技发展有限公司机炉改建项目可行性研究报告　中国联合工程有限公司

兰州市中铺子生活垃圾焚烧发电项目二期工程项目申请报告　中国联合工程有限公司

墨竹工卡县华鑫隆能源有限公司甲玛乡华泰龙矿区 50MW 牧光互补光伏发电项目　中国联合工程有限公司（中联西北工程设计研究院有限公司）

三峡新能源淳化农光互补光伏项目　中国联合工程有限公司（中联西北工程设计研究院有限公司）

十一、中国照明电器协会景观照明奖

特等奖

杭州未来科技城学术交流中心项目　中国联合工程有限公司

二等奖

云栖小镇夜景照明设计施工总承包（EPC）　中国联合工程有限公司

三等奖

杭州城北市民健身中心泛光照明工程　中国联合工程有限公司

杭州未来科技城梦想小镇三期照明项目　中国联合工程有限公司

十二、2021 年度优秀焊接工程

一等奖

乌兹别克斯坦纳沃伊氮肥股份公司聚氯乙烯（PVC）、烧碱、甲醇生产综合体建设项目　中国机械工业第一建设有限公司

光明文化艺术中心项目　中国机械工业第二

建设工程有限公司

赛得利（中国）纤维有限公司一期项目原液车间 MEI 安装工程　中国三安建设集团有限公司

优秀奖

伊拉克撒哈拉丁电站工程项目　中国机械工业第四建设工程有限公司

浮体平台中间水密闸门建造项目　中国机械工业机械工程有限公司

十三、中国钢结构

金奖

常山县滨江一期人行景观桥建设工程　中国联合工程有限公司

光明文化艺术中心项目　中国机械工业建设集团有限公司

十四、有色金属建设行业（部级）**优秀工程设计奖**

一等奖

株洲硬质合金集团有限公司 2 000 t/a 高端硬质合金棒型材生产线技术改造项目　中机国际工程设计研究院有限责任公司

十五、2019—2020 年度中国安装工程优质奖

中国安装之星奖

烟台万华 PO/AE 一体化项目 12 万 t/a 聚醚多元醇装置（硬泡）建设工程　中国三安建设集团有限公司

宁波金海晨光化学股份有限公司 5 万 t/a 弹性体项目安装工程　中国机械工业机械工程有限公司

十六、北京市建筑（结构）**长城杯金奖**

金质奖

丰台区花乡樊家村劳动力安置用地项目（1# ～8# 公建、D1# 地下车库）　中国电力工程有限公司所属北京兴电国际工程管理有限公司

北京国际雕塑公园改造及配套管理用房项目及北京雕塑园地下文化娱乐中心项目　中国电力工程有限公司所属北京兴电国际工程管理有限公司

首都医科大学附属北京友谊医院顺义院区——1# 及 2# 住院楼、教学科研楼、门急诊及科研办公综合楼、门诊大厅　中国电力工程有限公司所属北京兴电国际工程管理有限公司

北京市昌平区沙河镇七里渠南北村 CP00-1600-0016、CP00-1804-0007 地块 5# ～ 7# 办公楼、8# 及 9# 配套楼、1# 及 2# 地库、1# 及 2# 门卫　中国电力工程有限公司所属北京兴电国际工程管理有限公司

银质奖

北京市昌平区沙河镇七里渠南北村 CP00-1600-0016、CP00-1804-00　中国电力工程有限公司所属北京兴电国际工程管理有限公司

北京市第十二中学丽泽校区高中分校项目教学楼、宿舍楼、地下室　中国电力工程有限公司所属北京兴电国际工程管理有限公司

昌平区北七家镇 003、CP07-0204-0001 地块 T1 ～ T5 办公楼、地下车库、养老院、社区大堂、1# 人防出入口、地下室　中国电力工程有限公司所属北京兴电国际工程管理有限公司

总部综合楼（丰台区丽泽金融商务区工程 E-18 地块商业金融项目）建筑智能化专业分包工程　中国三安建设集团有限公司

十七、北京市建筑（竣工）**长城杯**

金质奖

中国国际贸易中心三期 B 阶段工程　中国电力工程有限公司所属北京兴电国际工程管理有限公司

十八、2021—2022 年度上海市建设工程金属结构

金钢奖（市优质工程）

浦东新区黄浦江沿岸 E10 单元 E06—2 地块商业办公项目　中机建（上海）钢结构股份有限公司

30 街坊 13 丘城市更新项目（闸北广场合并重建城市更新项目）　总承天目西路街道 1 包工程　中机建（上海）钢结构股份有限公司

上海师范大学大学生综合发展与现代服务中心项目　中机建（上海）钢结构股份有限公司

十九、湖南省优秀勘察设计奖

一等奖

隆平新区龟山公园建设项目（龟山路绿带）　中机国际工程设计研究院有限责任公司

长沙县临空经济区综合污水处理中心（一期）工程勘察设计　中机国际工程设计研究院有限责任公司

株洲汽博园汽车交易中心 ABC 馆　中机国际工程设计研究院有限责任公司

二等奖

益阳市赫山区宏安石煤尾矿生态治理项目　中机国际工程设计研究院有限责任公司

轨道交通车辆转向架智能制造车间项目　中机国际工程设计研究院有限责任公司

常德市污水净化中心更新改造工程　中机国际工程设计研究院有限责任公司

新邵县枫树坑引水工程　中机国际工程设计研究院有限责任公司

吴江汾湖 LNG 应急气源站项目　中机国际工程设计研究院有限责任公司

汉寿县人民医院异址新建项目　中机国际工程设计研究院有限责任公司

中南大学新校区地信楼项目　中机国际工程设计研究院有限责任公司

芙蓉区火炬中学建设项目　中机国际工程设计研究院有限责任公司

芒果马栏山广场项目一期基坑支护　中机国际工程设计研究院有限责任公司

三等奖

滁州市会峰渠和来安路出水口裸露水体整治工程设计、采购、施工总承包 EPC 项目　中机国际工程设计研究院有限责任公司

巴基斯坦 SK 12MW 重油电站项目　中机国际工程设计研究院有限责任公司

长沙鑫航机轮刹车有限公司生产研制基地建设项目　中机国际工程设计研究院有限责任公司

大唐哈尔滨第一热电厂火电机组灵活性改造项目　中机国际工程设计研究院有限责任公司

赤壁市乡镇污水处理工程（8 乡镇）　中机国际工程设计研究院有限责任公司

湘江宾馆项目古建加固及平移工程　中机国际工程设计研究院有限责任公司

1951 中设广场绿化广场景观设计　中机国际工程设计研究院有限责任公司

汉寿县辰阳路提质改造道路建设项目　中机国际工程设计研究院有限责任公司

邵东县城污水处理厂一期提标改造工程　中机国际工程设计研究院有限责任公司

泰兴市浑水管道工程　中机国际工程设计研究院有限责任公司

溧阳市环网高压管道及配套工程　中机国际工程设计研究院有限责任公司

石子岭学校项目　中机国际工程设计研究院有限责任公司

二十、陕西省 2021 年度工程勘察设计优秀 QC 小组成果大赛

一等奖

沉降观测水准尺底座的研制　机械工业勘察设计研究院有限公司

提高卵石层大型原位剪切试验合格率　机械工业勘察设计研究院有限公司

自动化智能测斜仪的研制　机械工业勘察设计研究院有限公司

二等奖

降低实景三维建筑模型缺陷率　机械工业勘察设计研究院有限公司

降低土体分层沉降监测数据的问题率　机械工业勘察设计研究院有限公司

缩短工程检测报告绘图时间　机械工业勘察设计研究院有限公司

三等奖

勘探外业数据采集系统的研发　机械工业勘察设计研究院有限公司

提高屋面保护层分格缝施工质量　机械工业勘察设计研究院有限公司

二十一、2021 年重庆市优秀工程勘察设计奖

二等奖（建筑智能化专业）

龙兴智慧总部基地智能化系统建设工程（公共部分）一期设计　中国联合工程有限公司（中机中联工程有限公司）

二等奖（水系统工程设计）

融侨城一期 B 区雨水收集与利用工程　中国联合工程有限公司（中机中联工程有限公司）

重庆南开两江学校　中国联合工程有限公司（中机中联工程有限公司）

三等奖（水系统工程设计）

二道溪污水处理厂截污干管（复线）工程　中国联合工程有限公司（中机中联工程有限公司）

二等奖（建筑电气专业）

重庆银行大厦　中国联合工程有限公司（中机中联工程有限公司）

重庆康华众联心血管病医院一期改扩建工程　中国联合工程有限公司（中机中联工程有限公司）

三等奖（建筑电气专业）

重庆南开两江学校　中国联合工程有限公司（中机中联工程有限公司）

一等奖（建筑环境与能源应用设计）

保税港区空港功能区C地块电子及新兴产业类厂房——1#厂房　中国联合工程有限公司（中机中联工程有限公司）

二等奖（建筑环境与能源应用设计）

龙湖观音桥项目一期三组团　中国联合工程有限公司（中机中联工程有限公司）

三等奖（建筑环境与能源应用设计）

重庆工业博物馆主展馆　中国联合工程有限公司（中机中联工程有限公司）

重庆南开两江学校　中国联合工程有限公司（中机中联工程有限公司）

二等奖（建筑结构及抗震设计）

重庆市第三垃圾焚烧发电厂——垃圾焚烧发电厂房　中国联合工程有限公司（中机中联工程有限公司）

二等奖（园林景观工程）

重庆市渝北区铜锣山废弃矿山地质环境治理三期工程　中国联合工程有限公司（中机中联工程有限公司）

三等奖（园林景观工程）

朗顶康姆项目勘察设计　中国联合工程有限公司（中机中联工程有限公司）

三等奖（道路工程）

宜宾市南部新区外江路勘察设计　中国联合工程有限公司（中机中联工程有限公司）

二等奖（住宅与住宅小区）

重庆九龙坡区大杨石组团D分区D5-3/03、D8-2-1/04（国宾壹号院）　中国联合工程有限公司（中机中联工程有限公司）

三等奖（住宅与住宅小区）

龙湖龙兴项目（H63-1、H65-1地块）　中国联合工程有限公司（中机中联工程有限公司）

一等奖（既有公共建筑改造）

重庆工业博物馆主展馆　中国联合工程有限公司（中机中联工程有限公司）

朴乡·金佛山度假酒店危房改建项目　中国联合工程有限公司（中机中联工程有限公司）

一等奖（一般工业建筑）

高铝硅触摸屏电子基板及高铝硅特种功能材料研发生产基地项目（一期）一标段　中国联合工程有限公司（中机中联工程有限公司）

保税港区空港功能区C地块电子及新兴产业类厂房　中国联合工程有限公司（中机中联工程有限公司）

二等奖（公共建筑）

重庆首创奥特莱斯项目　中国联合工程有限公司（中机中联工程有限公司）

三等奖（公共建筑）

重庆绿岛中心三号地块G-1组团　中国联合工程有限公司（中机中联工程有限公司）

三等奖（建筑工程标准）

房屋建筑抗震加固设计导则　中国联合工程有限公司（中机中联工程有限公司）

二十二、2021年度河南省优秀工程勘察设计奖

一等奖

安阳市职工文化体育中心　机械工业第六设计研究院有限公司

二十三、2021年度河南省工程勘察设计行业奖

一等奖

京山智能制造产业园A1、A2、B1厂房　机械工业第六设计研究院有限公司

原阳县人民医院综合建设项目　机械工业第六设计研究院有限公司

正弘中央公园空港花园 8-1 地块 机械工业第六设计研究院有限公司

正商善水上镜 机械工业第六设计研究院有限公司

郑发大厦（郑州城市大脑）智能化项目 机械工业第六设计研究院有限公司

国家烟草质量监督检验中心科研实验楼改建项目 机械工业第六设计研究院有限公司

新乡市大数据产业园整体规划及（一期）工程设计华为新乡云计算数据中心 机械工业第六设计研究院有限公司

河南港新冷链物流保税仓储项目 机械工业第六设计研究院有限公司

二十四、2021 年度河南省优秀勘察设计奖

一等奖（标准规范）

GB/T 51362—2019《制造工业工程设计信息模型应用标准》 机械工业第六设计研究院有限公司

一等奖（建筑设计方案）

安阳市文化中心 机械工业第六设计研究院有限公司

西安交通大学创新港校区文艺体育中心、文化图书中心设计方案 机械工业第六设计研究院有限公司

二十五、河南省勘察设计协会建筑设计方案

二等奖

周口市颐科中心建设项目 中机十院国际工程有限公司

宜阳县柳泉镇镇区控制性详细规划项目 中机十院国际工程有限公司

三等奖

洛阳高新丰鑫小区建设项目 中机十院国际工程有限公司

二十六、浙江省勘察设计行业优秀勘察设计成果建筑工程设计

一等奖

浙江师范大学行知学院迁建项目图书馆项目 中国联合工程有限公司

杭州来福士广场 中国联合工程有限公司

二等奖

龙游县博物馆建设项目工程 中国联合工程有限公司

互联网安防产业基地 中国联合工程有限公司

三等奖

丽水学院体育综合训练馆 中国联合工程有限公司

二十七、浙江省勘察设计行业优秀勘察设计成果综合类

一等奖

浙江鼎力机械股份有限公司大型智能高空作业平台建设项目 中国联合工程有限公司

二等奖

海宁市绿能环保项目 中国联合工程有限公司

中国自动化（吴忠）产业园建设项目 中国联合工程有限公司

二十八、浙江省勘察设计行业优秀勘察设计成果工程总承包类

一等奖

杭州市三塘单元（XC06）A33/S42-01 地块 54 班九年一贯制学校及地下社会停车库工程设计 - 采购 - 施工（EPC）总承包 中国联合工程有限公司

三等奖

中安联合煤化有限责任公司煤制 170 万 t/a 甲醇及转化烯烃项目动力中心 中国联合工程有限公司

二十九、浙江省建设工程钱江杯奖

优质工程

矽力杰半导体产业化基地项目 中国联合工程有限公司

衢州市区生活垃圾焚烧发电项目 中国联合工程有限公司

南浔南太湖热电联产项目工程 中国联合工程有限公司

杭州市三塘单元（XC06）A33/S42-01 地块 54 班九年一贯制学校及地下社会停车库工程 中国联合工程有限公司

义乌市阳光大道立交化改造提档工程（二阶段）一标段、二标段　中国联合工程有限公司

三十、江苏省优秀工程勘察设计行业奖

一等奖

象房村净水站工程　中机国际工程设计研究院有限责任公司

三十一、湖南省第三届BIM技术应用大赛/全过程工程咨询组

二等奖

中南大学湘雅三医院门诊医技楼工程　中机国际工程设计研究院有限责任公司

马栏山视频文创产业园区域能源项目（一期）北区能源站　中机国际工程设计研究院有限责任公司

三等奖

长沙金茂梅溪湖大厦　中机国际工程设计研究院有限责任公司

三十二、湖南省海绵城市建设项目（规划项目类）

一等奖

长沙市内涝判定标准研究　中机国际工程设计研究院有限责任公司

望城经开区海绵城市专项规划　中机国际工程设计研究院有限责任公司

二等奖

六盘水市六枝特区六枝河综合治理项目修建性详细计划　中机国际工程设计研究院有限责任公司

星沙新城海绵城市专项规划　中机国际工程设计研究院有限责任公司

三十三、辽宁省建设工程优质结构

锦州污水处理厂综合楼　北京兴电国际工程管理有限公司

三十四、陕西省测绘地理信息学会优秀测绘工程奖

二等奖

2016—2019年度合蚌高速铁路运营期基础变形监测和精测网复测技术合作项目　机械工业勘察设计研究院有限公司

三等奖

新建商丘至合肥至杭州铁路安徽段区域沉降监测　机械工业勘察设计研究院有限公司

西安地铁二号线运营线路变形监测项目（2016—2018年）　机械工业勘察设计研究院有限公司

沁水广场项目地铁隧道自动化变形监测项目　机械工业勘察设计研究院有限公司

三十五、江西省工程勘察、建筑设计行业和市政公用工程优秀勘察设计奖

三等奖

富山基地标准化厂房项目3号工业厂房　中国汽车工业工程有限公司

三十六、2021年度四川省安装工程

优质工程奖

广安利尔化学有限公司9#—10#装置工艺安装工程　中国机械工业第一建设有限公司

三十七、2021年度陕西省工程建设优秀质量管理小组

一等奖

新晨动力国产曲轴线&连杆线搬迁项目“提高全自动桁架机械手安装精度一次合格率”QC成果　中国三安建设集团有限公司

新晨动力沈阳项目“提高党建与项目管理的融合率”QC成果　中国三安建设集团有限公司

二等奖

胜利饭店项目“一种新型长臂非标施工吊篮的研制”创新型QC成果　中国三安建设集团有限公司

三十八、“海河杯”天津市优秀勘察设计奖BIM应用设计

一等奖

广州汽车集团股份有限公司自主品牌乘用车新增20万辆/年（新能源汽车）产能扩建项目　中国汽车工业工程有限公司

三等奖

南昌小蓝经济技术开发区经济发展投资有限责任公司富山基地标准化厂房项目3号工业厂房　中国汽车工业工程有限公司

三十九、陕西省建筑业绿色施工工程

和平门地铁结建科研综合楼项目　中国三安建设集团有限公司

胜利饭店项目　中国三安建设集团有限公司

四十、2021 年江苏省建筑施工标准化星级工地

连云港徐圩新区干散货输送栈桥项目　中国机械工业第四建设工程有限公司

四十一、2021 年度省建筑施工安全文明标准化工地（房屋建筑工程）

万华化学高性能材料创新中心及孵化基地项目　中国机械工业建设集团有限公司

四十二、2021“SMART BIM”智建 BIM 大赛

一等奖

厦门英蓝国际金融中心全过程咨询阶段 BIM 应用　机械工业第六设计研究院有限公司

三等奖

威盛（武汉）研发中心 BIM 技术综合应用施工组　中国机械工业第二建设工程有限公司

四十三、首届工程建造微创新技术大赛优胜成果奖

日照威奕汽车有限公司土建总包（一标段）工程 - 钢纤维混凝土地坪施工工法　中国机械工业第二建设工程有限公司

八角电厂热力管网配套项目——热水管道（八角电厂 - 青岛大街）工程　中国机械工业第二建设工程有限公司

2022
中国机械工业集团有限公司年鉴
CHINA NATIONAL MACHINERY INDUSTRY
CORPORATION LTD. YEARBOOK

第六篇

重大经营项目汇编

工 程 承 包

（2021 年完工，合同金额 5 000 万美元以上）

一、乌兹别克斯坦 PVC 生产综合体建设项目

承建单位：中工国际工程股份有限公司。

签约时间：2014 年 8 月 19 日。

项目概况：乌兹别克斯坦纳沃伊氮肥股份公司聚氯乙烯（PVC）、烧碱和甲醇生产综合体建设项目，简称乌兹别克斯坦 PVC 生产综合体建设项目，是乌兹别克斯坦政府首脑访华期间达成的重要合作成果，是“一带一路”倡议下贯彻国际产能合作的重要工程。乌兹别克斯坦 PVC 生产综合体建设项目合同总金额 4.398 亿美元，资金来源主要是业主自筹和中国进出口银行提供的优惠贷款。总承包商是中工国际工程股份有限公司和上海寰球工程有限公司组成的联合体。2016 年 9 月 26 日项目正式开工，2021 年 2 月 26 日业主签署竣工验收证书，进入质保期。

该项目合同内容为新建年产 10 万 t 聚氯乙烯（PVC）、7.5 万 t 烧碱和 30 万 t 甲醇的化工综合体。项目共计 63 个单体，五大工艺生产装置以及原水处理站、污水处理站、循环水装置、脱盐水装置、冷冻水站、220kV 总降变电站、空分空压装置等公用工程和辅助设施。

经济或社会效益：乌兹别克斯坦 PVC 生产综合体建设项目作为“一带一路”沿线国际产能合作的重要工程，极大地推动了中国产品与服务的“走出去”，传播了中国工程建设的品牌形象，增添区域共同发展新动力，切实传递了中国工程价值。乌兹别克斯坦 PVC 生产综合体建设项目建成投产后，极大改善了乌兹别克斯坦 PVC 等化工产品及下游制品的国内市场格局。PVC 项目从执行期开始就为当地创造了大量就业机会，施工阶段 600 多名乌兹别克斯坦籍工人活跃在现场各个岗位，项目投产后为当地新增 1 000 多个工作岗位。该项目 2020 年 9 月被中国化工施工企业协会评为化学工业境外优质工程。

二、援厄瓜多尔乔内医院项目

承建单位：中国中元国际工程有限公司。

签约时间：2018 年 6 月 25 日。

项目概况：该项目于 2018 年 6 月 25 日签署商务合同，7 月 25 日正式开工建设。项目的中方管理机构是商务部国际经济合作事务局，管理企业为中国中元国际工程有限公司，外方业主为厄瓜多尔公共工程管理局，现变为厄瓜多尔交通和公共工程部，使用单位是厄瓜多尔卫生部。项目资金由中国政府无偿援助，合同不含税金额为 5 031.21 万美元，超出金额以及增值税金额都将由厄方承担。该项目 2018 年 9 月收到备料动员款，2021 年 5 月 16 日顺利竣工交付，进入质保期。

该项目位于厄瓜多尔共和国马纳比省乔内市，内容为建设一座规模为 120 床的综合性医院。项目占地面积 2.16 万 m^2，室内建筑面积 1.3 万 m^2。主要功能区域包括急诊区、门诊、外科中心、新生儿科中心、血液透析、手术室、住院病房等科室，还有医疗气体中心站、发电机房、配电房、蒸汽锅炉房、水泵房、污水处理厂等辅助配套基础设备。配备有 5 间手术室和 6 间影像室。

援厄瓜多尔乔内医院项目是中国在厄瓜多尔的首个无偿援助的成套工程项目，也是该国第一座具备新型抗震装置的医院，抗震等级设计为 8 级。

经济或社会效益：项目建设工程中大量聘用当地技术人员和工人，大量采购当地建筑材料和物资，一方面在新冠肺炎疫情期间为当地稳定和促进了就业，另一方面也促进了当地经济发展。目前该医院全面正常运营，为当地政府和民众

提供了优质的普惠医疗服务，有效助力了当地疫情防治，为救助病患发挥了重要的作用，造福乔内及周边 30 余万民众，彰显了中厄两国政府和人民的深厚友谊。该项目团队 2019 年荣获公司“质量月”活动优秀组织奖；荣获公司 2019 年度优秀项目组奖；2020 年荣获“国机集团抗击新冠肺炎疫情优秀青年集体”。

三、巴基斯坦 Neelum Jhelum 水电项目

承建单位：中国机械设备工程股份有限公司。

签约时间：2007 年。

项目概况：该项目采用隧洞引水发电，单引水隧洞长 28km，地下洞室总长近 70km（亚洲第二），调压竖井高 353.2m（世界第一）。项目最高水头 420m，装备 4 台该水头下世界最大的混流式水轮发电机组，总装机容量 969MW。项目还装备有世界最大起重容量的双吊点液压启闭机和世界最大的阀帽门。

经济或社会效益：该项目建成后，年发电量可达 51.5 亿 kW·h，约占巴基斯坦水电发电量的 12%，有助于缓解巴基斯坦电力供应短缺的现状。项目为当地提供了上万个就业岗位，有效改善了当地的人才结构，促进了当地的社会和经济发展。2020 年 12 月，“巴基斯坦 Neelum Jhelum 水电站机电工程关键技术与实践”获得中国水力发电工程学会颁发的水力发电科学技术奖（科技进步奖）二等奖。

四、喀麦隆莫肯水电站项目

承建单位：中国机械设备工程股份有限公司。

签约时间：2010 年。

项目概况：该项目业主为喀麦隆 MEKIN 水电开发公司，EPC 总承包方为中国电力工程有限公司，由中国进出口银行提供优惠信贷。项目于 2012 年 5 月开工建设，首台机组于 2016 年 8 月发电，1 号和 3 号机组于 2019 年 2 月完成临时验收，2 号机组于 2021 年 7 月完成临时验收。

电站距首都雅温德约 200km，位于 Dja 河、Lobo 河、Sabe 河汇合处下游约 1.50km 处，装有 3 台 5MW 的灯泡贯流式机组，由右岸主坝、电站厂房、排漂冲沙闸、溢流坝、重力坝、左岸副坝、升压站、进场公路、生活厂区、110kV 输电线路及 NY 变电站等组成。电站设计年发电量 76 280MW·h，年利用小时数为 5 085.00h。

电站采用贯流式建于地形较平坦、水量较丰富的低水头地区，是开发低水头水利资源的最佳方式。从进水到出水轴向贯通，过流水力损失少，机组效率高。相比常规立式机，投资小、收效快、建设周期短、淹没和移民少，社会和经济效益良好。

经济或社会效益：该电站是喀麦隆建国以来投入发电的第 4 座水电站，通过 33km 的输电线输入南部电网，为南部和中部大区部分地区提供清洁可再生能源，姆巴尔马尤、桑梅利马和梅永梅萨拉等城市因此受益。该电站的建成发电，为喀麦隆的能源结构优化做出了一定的贡献，同时极大缓解了当地用电紧张的情况，有效带动了当地经济发展，大幅改善了当地民众的生产生活条件。

五、科特迪瓦电网发展和改造项目

承建单位：中国机械设备工程股份有限公司。

签约时间：2012 年 9 月 27 日。

项目概况：该项目由中国机械设备工程股份有限公司与科特迪瓦矿产、石油与能源部于 2012 年 9 月 27 日签约，由中国进出口银行提供融资，是中科两国合作的重大民生项目，受到两国政府的高度关注。项目涵盖科特迪瓦东部、中部和西部区域，工程内容涉及新建长约 1 680km 的 225kV/90kV 输变电线路，新建或改建 26 座变电站，以及为当地 500 个村庄实施电气化改造。项目于 2016 年 12 月 28 日正式开工。2020 年以来，项目成功投运了 16 座变电站和 1 122km 输电线路，并于 2021 年 4 月按期全面竣工。

经济或社会效益：项目建成后，大幅增强了科特迪瓦高压电网传输能力，减少了线路损耗，提升了供电质量，并为该国向周边国家出口电力创造了条件；完成电气化改造的 500 个村庄全部实现通电，为 40 多万当地村民送去了光明，大幅改善了当地人民的生活条件。该项目取得了较好的社会和经济效益。

六、肯尼亚 Kipeto 102MW 风电项目

承建单位：中国机械设备工程股份有限公司。

签约时间：2016 年。

项目概况：该项目于2018年12月正式开工，于2021年7月完工，正式移交业主进入质保期。该项目是东非区域单机容量最大的风电项目。

经济或社会效益：该项目展示了“一带一路”共建国家在合作推进绿色发展方面做出的有益尝试，为绿色发展实践提供了重要借鉴。项目的成功建设，向肯尼亚国家电网输入102MW的清洁能源，极大缓解了当地电力短缺的状况，提升了肯尼亚开发风能资源的技术实力，受到肯尼亚政府和国际社会的高度赞誉，为中国机械设备工程股份有限公司（简称中设集团）在当地树立了良好的品牌形象。

该项目设计、采购、施工全过程贯彻绿色概念，促进社区民众生活质量改善与社区可持续发展。中设集团高度重视社区管理工作和社会责任担当，除必要管理及技术人员来自中国外，其他员工均聘自当地，为当地提供了大量就业岗位，定期组织培训，向当地员工传授相关专业技能；为项目附近学校和居民送水、修路、举办中国－肯尼亚马赛文化节、举行拔河比赛及篮球比赛等活动，建立融洽的社区氛围。

该项目荣获2019—2020年度国机集团安全示范岗荣誉称号和中设集团青年安全示范岗荣誉称号，并荣获中设集团2021年度“优秀项目奖”。

七、北京奔驰顺义工厂涂装车间项目

承建单位：中国汽车工业工程有限公司。

签约时间：2019年3月。

项目概况：该项目位于北京市顺义区兆丰产业园，车间建筑面积74 042m^2。项目按照戴姆勒全球最新的涂装工艺进行技术改造及升级，应用多项新技术，实现了人机设计、环保高效、智能化、柔性化等方面的标准和要求。

经济或社会效益：北京奔驰顺义工厂作为全球领先的现代化生产基地之一，是奔驰发力高端制造的前沿阵地，工艺满足梅赛德斯－奔驰MFA/MRA2/EVA2 3个平台车型。在梅赛德斯－奔驰全球生产网络中，北京奔驰顺义工厂所拥有的全球领先的高端制造技术，不仅将为首款基于EVA平台研发的国产车型以及后续投产的纯电产品提供品质保障，而且还是奔驰加速通往“全面电动”未来的关键所在。北京奔驰顺义工厂的“数字化、柔性化、高效、可持续”的价值理念，贯彻到研发、物流、生产、质量等全流程，将推进生产制造与质量管理的提质增效。全新工厂、全新电动化平台、全新车型，标志着奔驰在华“全面电动”转型战略加速。中国汽车工业工程有限公司荣获北京奔驰“引以为傲”优秀供应商奖项。

八、上海汽车集团股份有限公司乘用车郑州分公司新增24万台产能项目

承建单位：中国汽车工业工程有限公司。

签约时间：2018年5月。

项目概况：该项目位于河南省郑州市经济技术产业集聚区。厂区占地面积约1 600亩，新建冲压、车身、涂装、总装四大工艺车间，新建VDC、试车跑道、成品车过街地道、宿舍区、活动中心、食堂、能源中心、污水处理站等配套建筑物，主要建筑面积42万m^2。

该项目根据现场的实际情况采用不同的技术特色：定型钢模板现浇清水混凝土柱，车身、涂装和总装车间柱子首次采用了定型钢模板现浇清水混凝土柱，柱身钢筋笼和定型钢模板组装后一次性吊装就位，钢筋插入基础预埋的薄壁波纹管内，通过高标号的灌浆料进行固定，柱身混凝土一次性浇筑完成，保证了混凝土柱表面的观感质量，同时也减少了常规钢结构柱子后喷厚型防火涂料的工序；涂装车间采用装配式建筑，车间一、二层柱采用定型钢模板现浇混凝土柱、梁采用现场预制先张法预应力混凝土梁，二楼楼面满铺闭合式楼承板作为楼面混凝土的底模，既节省了楼面混凝土的满堂脚手架，同时也为一楼风道的施工提供了工作面，为整个项目节约了至少一个半月的工期。

经济或社会效益：郑州基地是上海汽车集团股份有限公司乘用车公司（简称上汽乘用车）继上海临港与南京浦口之后的第3个整车基地。随着该基地的建成投产，至2022年7月13日，上汽乘用车在此见证了MG品牌出海百万辆车的下线，这是中国汽车品牌出海历程的重要里程碑。项目的顺利实施也为中国汽车工业工程有限公司承接后续的上汽集团云计算中心项目，上汽高效节能发动机一、二期项目创造了坚实的基础。

九、宁波吉润吉利 DMA 涂装设备总承包项目

实施单位：中国汽车工业工程有限公司。

签约时间：2016 年 10 月。

项目概况：该项目位于浙江省宁波市杭州湾新区。项目占地面积 27 216m^2。生产线设计生产节拍 40JPH，产品为吉利汽车自主品牌高端乘用车。中国汽车工业工程有限公司按期保质保量完成了项目节点。项目涂装车间工艺标准、主辅材料、设备等全面对标沃尔沃，规划有定量注蜡系统，最大限度满足车身防护需求，并采用了新型的干式喷房，处处体现绿色、环保、节能、以人为本的原则。

经济或社会效益：该项目是吉利集团为缓解自主品牌乘用车市场供求压力而规划实施的产能提升项目。是吉利集团 DMA 系列项目中第 1 个主机厂，是吉利集团市场战略布局中关键的一环。项目的成功实施、按期交付对进一步提升自主品牌乘用车的市场占有率和品牌认可度具有重大意义。

十、长沙电咖汽车零部件制造有限公司汽车产业园项目

承建单位：中国汽车工业工程有限公司。

签约时间：2018 年 11 月。

项目概况：该项目位于湖南省长沙高新区。一期用地面积 390.3 亩，建筑面积 10.7 万 m^2，包含焊装车间、涂装车间、总装车间及配套辅房，道路及停车场面积 8.7 万 m^2。该项目设计围绕“工艺、使用者、环境”三个核心需求展开，生产组团呈 U 型布置形式，组织生产工艺设置空中环廊，形成空中产线与地面人流分离，互不干涉，提高生产效率。车间外墙采用中灰色横板 + 深灰色收边，增强建筑立面分割效果，令传统单调的工厂厂房外观增加了线条分割；综合楼外墙采用干挂水泥纤维板外墙，内装修顶棚采用铝方通吊顶 + 深灰色涂料的镂空方案；车间内部采用清水混凝土柱。厂区整体色调统一，完美达到工业风的设计风格。该项目场地条件复杂，场平挖填方高差 30 多米，地基持力层分中分化岩层、强风化层等多种情况。车间基础采用桩基 + 天然地基，车间地坪通过增设钢筋、钢纤维，地坪合理切缝，设软基复合垫等多种措施，解决不均匀沉降问题。地坪下增设软基复核垫，加固软弱底基础，结合金属网面“嵌锁”效应与土工材料隔离基底作用，解决地基承载力低、局部不均匀沉降等各类工程问题，有效减少地坪裂缝。在长沙等南方多雨的地区尤为适用。

经济或社会效益：该项目主要为生产新能源高端电动汽车天际车型 ME5，总体产能 10JPH，年产 6 万辆。项目于 2021 年 6 月实现车型量产，远期可实现产值 130 亿元。一方面解决了当地人员就业问题，带动长沙当地经济的活跃和发展，拉动整个汽车产业链的发展，为地方经济注入新的增长点；另一方面该项目的建设，可以把性能优良的乘用车产品推向市场，争取更多的市场份额，创造更大的效益，提升公司品牌的知名度。

十一、菲律宾圣米格尔 50MWac 光伏电站 EPC 项目

承建单位：苏美达股份有限公司。

签约时间：2019 年 10 月。

项目概况：2021 年 4 月 28 日，该项目成功并网发电，实际单小时最大发电量（MHG）达到 60MW • h，超额实现电力输出性能保证，电站各项指标均满足合同及相关规范要求。预计首年发电量将达到 110 600MW • h，为当地带来绿色、稳定的清洁能源电力。

经济或社会效益：为菲律宾当地带来绿色、稳定的清洁能源电力。

十二、广东河源 100MW 光伏电站项目

承建单位：苏美达股份有限公司。

签约时间：2021 年 1 月。

项目概况：该项目坐落在广东省河源市东源县骆湖镇，总占地面积 2 000 亩，于 2021 年 7 月现场正式开工建设，2021 年 12 月并网。江苏苏美达能源控股有限公司编制了科学合理的建设计划，高标准如期完成项目并网任务，顺利取得了 2021 年光伏平价上网保障性指标。该项目创新采用 110kV“临时 T 接”方式并网，全容量建成投入后年发电量 1.2 亿 kW • h，折合减少 CO_2 排放 8.9 万 t，成为华南地区清洁能源领域的一道亮丽的风景线。

经济或社会效益：带来绿色、稳定的清洁能

源电力，助力“双碳”目标实现。

十三、成功完成恒力石化 2 000 万 t/a 炼化一体化项目设备进口项目

实施单位：苏美达国际技术贸易有限公司

签约时间：2020 年 3 月 11 日

项目概况：苏美达为恒力石化 2 000 万 t/a 炼化一体化项目引进的管道、反应器、空气压缩机、仪器仪表等核心设备成功到货并完成安装调试，目前项目已实现全面投产。除设备采购外，苏美达技术公司还参与了项目投产后的成品油销售。该项目是国家对民营企业开放的首个大型炼化项目，也是全国第一个建成投产的全资民营大型炼厂，其装置规模最大、工艺技术最先进、一体化程度最高、综合配套最齐全，助力企业以优质产能巩固并扩大行业领先地位。

社会和经济效益：提供集设备和原材料采购、产品分销、物流服务、贸易服务于一体的一揽子供应链服务方案，成为服务产业链客户、畅通供应链的又一突破。

十四、莆田高新技术面板项目南林安置区项目

承建单位：中国海洋航空集团有限公司。

签约时间：2017 年 3 月 3 日。

项目概况：该项目 2017 年 6 月 6 日开工，2021 年 8 月 8 日竣工，具体的工程节点主要包括对基槽的验收、隐蔽工程的验收、工序交接的验收、各个分部分项工程的验收、联动试车或设备的试运转、单项工程或整体工程竣工的验收、不合格产品的处理和成品保护以及其他工作。

该项目包含住宅、商业用房、地下室车库等子项。工程总面积 195 691.47m^2，其中地上总建筑面积 157 447.38m^2，地下室建筑面积 38 244.09m^2。其中 2 幢 28 层住宅楼、4 幢 32 层住宅楼为框剪结构，2 幢 3 层社区活动中心，6 幢 2 层沿街工具间，2 个大门为框架结构以及一个单层地下室。规划建筑高度 5.8m 至 98.6m，主体结构合理使用年限 50 年。

经济或社会效益：安置房属于保障性住房的一种，也是国家的一项民生工程。安置房建设目的是进一步解决中低收入人群以及被拆迁住户的居住问题，促进城市化建设的不断发展。改善民生与发展经济相辅相成，解决民生问题与推进经济建设紧密相连。该项目 2021 年度获得莆田市“壶山杯”优质工程奖。

十五、绍兴市循环生态产业园（二期）工程焚烧厂项目 EPC 总承包

承建单位：中国联合工程有限公司。

签约时间：2019 年 1 月。

项目概况：该项目新建 2 条 750t/d 焚烧线 + 1 台 45MW 抽凝式汽轮发电机组，同时配套建设 20.5 万 m^3 容量的飞灰稳定化产物填埋场。项目采用三维设计，提出了垃圾焚烧发电行业创新性的行业解决方案，实现了大型复杂工业项目三维参数化设计标准流程；通过了行业级数据库搭建。烟气处理系统采用炉内 SNCR 脱硝 + 旋转喷雾半干法脱酸 + 干粉喷射 + 活性炭喷射吸附 + 袋式除尘 + SCR 脱硝，烟气排放指标长期稳定优于欧盟 2010 排放标准。本项目作为绍兴市十大重点民生工程实事之一，2021 年 8 月 14 日 11 时，项目机组顺利完成 72+24h 满负荷试运行。

经济或社会效益：投产后有效地解决了绍兴市生活垃圾增量、特色垃圾出路等问题，进一步完善了绍兴市环卫基础设施建设，提升了绍兴市固废垃圾处置减量化、资源化和无害化水平，对推动生态文明建设、改善当地人民生活环境，具有重要意义。

十六、祥符单元 GS0905–A33–08 地块九年一贯制学校及社会停车库工程

承建单位：中国联合工程有限公司。

签约时间：2017 年 9 月。

项目概况：该项目采用轴对称、围合中庭院落式规划布局，形成了书院式建筑风格、园林式景观环境，流露“古典书院气质”、挥洒“江南水乡气息”。项目承接后，公司组建高水平的管理团队，精心策划分解各项目目标，制定各项管理计划。实施过程中严格执行进度、质量、安全、投资管理计划，全面履行 EPC 工程总承包职责，按要求完成所有合同内容，实现所有合同目标，项目投资得到有效控制，总体上充分发挥了 EPC 工程总承包模式的优势，得到了建设方、使用方的好评。

经济或社会效益：该项目获得 2022 年度浙

江省建设工程钱江杯（优质工程）、2021 年度杭州市建设工程西湖杯奖（优质工程）、浙江省建筑业绿色施工示范工程等荣誉。

十七、临平老城区有机更新安置房工程设计采购施工（EPC）总承包项目

承建单位：中国联合工程有限公司。

签约时间：2018 年 11 月。

项目概况：该项目采用公园式的绿化设计。中庭景观旨在在有限的空间内设计多功能分区，满足不同人群对休闲、游乐、运动、观景的要求。中间设有阳光大草坪，视野开阔，两侧设休息平台及步道供居民休息交流。中轴线以景观廊架为中心对景，四周合理布置塑胶环形跑道，使运动与游步道相结合。项目有宽阔的中庭、错落有致的植物、人车分流的内部道路……进入楼栋内，有铝格栅吊顶的架空层、瓷砖贴面的电梯前室、不锈钢电梯门套，为居民打造了理想的品质住宅，成就生活大美。

经济或社会效益：该项目的高品质落成为安置工作的顺利推进夯实了基础，对临平老城区有机更新的建设有重要意义。截至目前，项目已获得 2020 年度杭州市建设工程“西湖杯”结构优质奖。

十八、年组装 2 万套数字设备工程总承包项目

承建单位：中国联合工程有限公司。

签约时间：2019 年 5 月。

项目概况：该项目 2021 年 12 月正式开园，项目总占地面积 13 亩，建筑面积 46 万 m^2，总投资 30 亿元。项目作为浙江省重点项目“中国杭州算力小镇”，依托 4.0 产业园功能内核，植根丰收湖天然景观，创造出富有山水意境的“城市云端合院”，致力打造长三角地区算力产业枢纽中心。中国联合工程有限公司充分发挥设计龙头优势，高度集成设计、采购、施工、试运行各阶段，用时 780 天保障项目按期完工。

在项目管理过程中全面引入 BIM、大数据、物联网等新型技术，构建“BIM+信息化管理+物联网集成”智慧工地管控系统，建立项目信息互联互通、多方高效协同的管理体系，实现资源优化配置，提高建造效率。在品质管理上，以“工程建造标准化、管理手段信息化、日常管理精细化”为抓手，强化品质管控，打造精品工程。

经济或社会效益：该项目先后获得浙江省钱江杯、杭州市西湖杯、浙江省智慧工地示范项目、中国建设工程 BIM 大赛一等奖、浙江省标化工地等荣誉。年组装 2 万套数字设备项目的顺利建成，有效推动了临平区“数字经济 + 硬经济”融合发展，为浙江省算力产业发展提供了有力支撑。

十九、瑞安市东新产城科创园一期工程项目EPC

承建单位：中国联合工程有限公司。

签约时间：2018 年 1 月。

项目概况：该项目为设计、施工、采购一体化 EPC 总承包类项目。方案设计为业主招标前委托设计，2018 年 8 月完成部分满足施工要求的施工图设计任务，后续设计进度配合现场实施进度如期完成。

该项目为浙江省、温州市和瑞安市重点项目，也是列入瑞安市“重点项目”的试点之一，市政府及建设单位对工期极其重视，2020 年该工程列入瑞安市首批“骏马工程”之一。

经济或社会效益：该项目是集办公、科研、科技、文化、休闲、公寓、餐饮、运动于一体的多元化项目，为瑞安市引进先端人才，社会效益巨大。项目建设及投产有效提升了瑞安市区域创业产业发展前景，促进了区域创新能力提升，带动了工业功能区联动发展，保证工业可持续发展和工业升级需求，为区域经济发展提供了充分的智力支持和人才储备。该项目荣获中国联合工程有限公司 2021 年度优秀项目奖二等奖。

二十、安庆市老工业区大观海绵街区（含老旧小区及污水管网改造）**建设 PPP 项目**

承建单位：中国机械工业建设集团有限公司。

签约时间：2018 年 2 月。

项目概况：该项目总投资 4.4 亿元，于 2021 年 4 月完工。主要建设内容为两个国家专项债项目未实施的污水管网、老旧小区综合改造及海绵街区建设。涵盖工农街、龙门口街、大观亭街、壕埂街、热电路等道路的车行道、人行道海绵化改造；花亭南北村、湖滨新村、四方城小区、龙门小区等 8 个小区的海绵化综合改造；滨江苑、市府、宜园、高花、荣升、近圣 6 个老旧小区除险加固工程。道路改造长度约 25km，街区覆盖面积约 $1km^2$，老旧小区改造总占地面积约 122 万 m^2，惠及人口 16.5 万人。合同金额为 43 779.86 万元。

经济或社会效益：该项目以海绵的理念，推进社区、广场、游园建设，增加了老城的敞开空间，提升了老城生态绿量，更新了老城雨污设施，建成了一条条生态系统之“脉”，标志着老城基础设施更新迈向了整体发力、全面提升的新阶段，惠及老城区居民 16.5 万人。项目利润 4 646.69 万元。

二十一、深圳光明新区文化艺术中心 EPC 工程

承建单位：中国机械工业建设集团有限公司。

签约时间：2017 年 5 月。

项目概况：光明新区文化艺术中心位于深圳市光明新区，该项目是 EPC 项目，于 2021 年 12 月完工，项目的主要工作内容包括但不限于办理相关手续、勘察审核、设计审核及优化、项目管理、施工（含主体施工及精装修、室外景观）、采购、竣工验收、交付、结算审计、办理产权登记、保修、工程档案移交、运营等全部工作。合同金额为 155 884.34 万元。

经济或社会效益：光明文化艺术中心由光明区政府投资建设，深圳华侨城文体产业管理有限公司运营管理，占地面积 3.8 万 m^2，建筑面积 13 万 m^2，是深圳北部首个四馆合一大型文化综合体。场馆集合“文化、演艺、展览、休闲”等多个功能，演艺中心、美术馆、图书馆、城市规划展览馆以及文化综合区等多个艺文空间，为全年龄段的市民提供一站式的休闲生活体验。项目利润 4 676.53 万元。

二十二、达州马踏洞片区安置房（一期）工程

承建单位：中国机械工业建设集团有限公司。

签约时间：2016 年 3 月。

项目概况：该项目分柏林口片区、蒲家嘴片区、堰湾片区、下坝片区，于 2021 年 6 月完工。建筑面积约 73.4 万 m^2，由 27 栋高层和 1 栋会所及裙楼组成，地下最低 -1 层，地上最高 27 层。柏林口片区总建筑面积 2 976 778.1m^2，由 12 栋高层，2 栋 2 层商业楼组成，地上 25 616m^2，地下 41 522m^2；蒲家嘴片区总建筑面积 233 829.1m^2，由 7 栋高层，1 栋 5 层商业楼组成，地上 186 194m^2，地下 47 635m^2；堰湾片区总建筑面积 75 670m^2，由 3 栋高层，2 栋 3 层裙房商业楼组成，地上 64 214m^2，地下 11 546m^2；下坝片区总建筑面积 126 801m^2，由 5 栋高层及裙房商业楼组成，地上 103 302m^2，地下 23 499m^2。合同金额为 200 000.00 万元。

经济或社会效益：作为达州市 30 个重大工程项目之一，该项目对优化城市布局、带动产业发展具有重大意义。项目利润 4 000.00 万元。

二十三、湖北中烟工业有限责任公司三峡卷烟厂易地技术改造 EPC 项目

承建单位：机械工业第六设计研究院有限公司。

签约时间：2021 年 3 月 8 日。

项目概况：该项目总投资约 12.4 亿元，用地面积 370 亩，总建筑面积约 10 万 m^2，年产卷烟 30 万箱、150 亿支。

经济或社会效益：该项目是烟草行业首个包含联合厂房的卷烟厂易地技改 EPC 里程碑项目。

二十四、中科空天飞行科技产业化基地

承建单位：机械工业第六设计研究院有限公司。

签约时间：2021 年 3 月 19 日。

项目概况：该项目总投资 12 亿元，占地面积 100 亩，建筑面积 3 万 m^2，年产火箭 30 发。

经济或社会效益：该项目是集研制、生产、实验、总装及测试于一体的固体火箭生产基地和国内首个商业航天产业园，固体火箭产品装配采用脉动式生产线，自动化水平国内领先。

二十五、南阳市中医院新院区建设项目

承建单位：机械工业第六设计研究院有限公司。

签约时间：2021 年 4 月 30 日。

项目概况：该项目总投资 11.7 亿元，用地面积 196 亩，总建筑面积约 21 万 m^2，设计床位 1 500 张。

经济或社会效益：南阳市中医院又名张仲景国医院，是南阳市唯一一家国家三级甲等中医院，项目建成后将成为豫鄂陕毗邻地区的重要中医医疗、康复、保健中心。

二十六、“一带一路”亚蓉欧（成都）国际冷链产业园

承建单位：机械工业第六设计研究院有限公司。

签约时间：2021 年 5 月 17 日。

项目概况：总投资约 13 亿元，用地面积 350 亩，建筑面积 21.5 万 m^2，冷库库容量 15 万 t，除低温库外全部为装配式建筑，且全部为二星级绿色建筑。

经济或社会效益：建成后将成为连接欧洲、东盟两大国际市场与国内市场的“亚蓉欧”冷链枢纽。

二十七、鹤淇产业集聚区 3C 智能制造产业园

承建单位：机械工业第六设计研究院有限公司。

签约时间：2021 年 6 月 4 日。

项目概况：总投资 13 亿元，用地面积 32 万 m^2，总建筑面积 43 万 m^2。

经济或社会效益：该项目是河南省重点工程，建成后将以 3C 产品为目标，采用电子商务、跨境贸易等多种运营模式，在鹤壁形成具有重要影响力的 3C 产品智能制造产业集群，助力华中地区智能制造产业发展。

二十八、沈阳机床银丰铸造技术改造环保升级 EPC 总承包项目

承建单位：机械工业第六设计研究院有限公司。

签约时间：2021 年 6 月 10 日。

项目概况：总投资约 1.3 亿元，总建筑面积约 5.5 万 m^2。

经济或社会效益：该项目通过技术改造环保升级实现年产铸件 7 万 t（最大铸件 45t）。

二十九、牡丹江陆港物流综合仓储集散中心

承建单位：机械工业第六设计研究院有限公司。

签约时间：2021 年 6 月 17 日。

项目概况：该项目总投资 17.2 亿元，总建筑面积 98.4 万 m^2，年集装箱设计吞吐量 15 万标准箱，年货物驻存量 400 万 t。

经济或社会效益：该项目建成后将成为黑龙江省东南部最大的物流园区和集铁路、公路、航空和陆海联运为一体的内陆港，对牡丹江乃至黑龙江省的现代物流业发展起到积极助推作用。

三十、亿联网络智能产业园

承建单位：机械工业第六设计研究院有限公司。

签约时间：2021 年 6 月 18 日。

项目概况：该项目总投资 10 亿元，用地面积 153 亩，总建筑面积 22 万 m^2。

经济或社会效益：该项目是公司电子信息行业首个设计、设备、信息化系统集成的总承包项目，项目涉及万级、千级甚至局部百级的洁净厂房，可为公司后续承接类似项目提供技术支撑。

三十一、莫高窟安防升级改造工程敦煌研究院安全管理平台技术服务项目

承建单位：机械工业第六设计研究院有限公司。

签约时间：2021 年 6 月 29 日。

项目概况：该项目是国家文物局、甘肃省文物局、敦煌研究院重点建设的“平安石窟”的重要内容。

经济或社会效益：该项目的实施将对内实现敦煌研究院安全管理能力、安全服务水平和安全管理自优化能力的提升，对外实现文博系统安全管理模式的创新与推广，从而为文物安全管理数字化转型与高质量发展探索一条可行之路。

三十二、西北工业大学重庆科创中心一期工程

承建单位：机械工业第六设计研究院有限公司。

签约时间：2021 年 7 月 8 日。

项目概况：该项目总投资 4 亿元，占地面积 80 亩，建筑面积 3 万 m^2。

经济或社会效益：该项目属于国防科技工业精密铸造涉密产业，依托西北工业大学材料学院 20 项核心专利及 22 项国家级科研成果进行产学研转化，投产后将主要为国家的大飞机专项、航空发动机专项和航天重大装备提供高质量钛合金铸件产品，解决我国航空航天新型材料技术“卡脖子”问题。

三十三、时代上汽动力先进动力电池产业化项目三期

承建单位：机械工业第六设计研究院有限公司。

签约时间：2021 年 7 月 30 日。

项目概况：该项目总投资 200 亿元，用地面积 2 007 亩，总建筑面积 149 万 m^2。

经济或社会效益：该项目是江苏省动力电池产能规模最大的项目，达产后将形成 18GWh 动力电池及电池系统的生产能力。

三十四、青岛莱西城投财富广场全过程工程咨询项目

承建单位：机械工业第六设计研究院有限公司。

签约时间：2021 年 8 月 30 日。

项目概况：该项目总投资约 20 亿元，总建筑面积 22 万 m^2，涵盖办公楼、酒店、商业三大功能区。

经济或社会效益：该项目建成后将与北京王府井、建国饭店携手打造胶东半岛首个互动主题购物中心和青岛莱西首家五星级酒店。

三十五、郑州市农业科技创新中心全过程工程咨询项目

承建单位：机械工业第六设计研究院有限公司。

签约时间：2021 年 8 月 31 日。

项目概况：该项目总投资 3.95 亿元，用地面积约 40 亩，总建筑面积约 5.4 万 m^2。

经济或社会效益：该项目集科技研发、示范展览和技术推广等功能于一体，建成后，将大幅提升郑州市农业科技的软硬件实力，推动农业科技领域成果转化，助力郑州国家中心城市建设。

三十六、黄河颂剧院工程监理项目

承建单位：机械工业第六设计研究院有限公司。

签约时间：2021 年 9 月 30 日。

项目概况：该项目总投资约 20 亿元，总建筑面积 10 万 m^2，设置座位数 1 470 座。

经济或社会效益：黄河颂剧院为黄河天下文化综合体的一部分，是贯彻实施黄河流域生态保护和高质量发展国家战略，讲好黄河故事、弘扬黄河文化的重点项目之一。

三十七、内黄县农村产业融合发展示范园

承建单位：机械工业第六设计研究院有限公司。

签约时间：2021 年 10 月 15 日。

项目概况：该项目总投资 13 亿元，用地面积 52hm^2，总建筑面积 52 万 m^2。

经济或社会效益：该项目入选第二批国家农村产业融合发展示范园，建成后将对振兴中原经济、提高安阳内黄经济竞争力、增强当地居民收入、促进当地就业具有重要意义。

三十八、郑州财税金融职业学院新建工程

承建单位：机械工业第六设计研究院有限公司。

签约时间：2021 年 10 月 22 日。

项目概况：该项目总投资约 27.4 亿元，用地面积约 1 167 亩，总建筑面积约 48.5 万 m^2，可容纳学生 20 000 人。

经济或社会效益：该项目建成后，将极大改善学校的教育教学环境，推动学校高质量发展。

三十九、郑州国际文化交流中心

承建单位：机械工业第六设计研究院有限公司。

签约时间：2021 年 11 月 12 日。

项目概况：该项目总投资约 40 亿元，用地面积 10.5 万 m^2，总建筑面积 31.3 万 m^2。

经济或社会效益：该项目是继郑州国际会展中心之后公司承接的又一地标性大型公共建筑，主要用于举办高规格、国际型、首脑级别会议，建成后将成为空中丝绸之路国际论坛永久会址，进一步完善郑州国家中心城市功能，提升郑州国际都市形象。

四十、海南湾岭农产品加工物流园复式厂房及创新服务中心 EPC 总承包项目

承建单位：机械工业第六设计研究院有限公司。

签约时间：2021 年 11 月 19 日。

项目概况：该项目总投资约 4.9 亿元，用地面积约 4.8 万 m^2，总建筑面积约 8 万 m^2。

经济或社会效益：该项目是公司首个物流领域总承包项目，也是公司首个装配式建筑总承包项目。项目将以“集约化、数字化、绿色化、国际化”为方向，创新共享农产品流通加工服务新模式，助力海南自贸港建设。

四十一、中航光电基础器件产业园

承建单位：机械工业第六设计研究院有限公司。

签约时间：2021 年 11 月 22 日。

项目概况：该项目总投资 19 亿元，用地面积 211 亩，总建筑面积 29 万 m^2，年产特种光纤连接器及组件、航空集成电子互联系统和流体连接器等 300 多万套。

经济或社会效益：该项目旨在打造国内一流的高端连接器智能制造基地，实现我国关键基础器件自主可控。

四十二、郑州大学第一附属医院惠济院区

承建单位：机械工业第六设计研究院有限公司。

签约时间：2021 年 12 月 20 日。

项目概况：该项目总投资 24.7 亿元，用地面积 96.3 亩，建筑面积 25 万 m^2，设计床位 1 200 张。

经济或社会效益：该项目是国家神经疾病区域医疗中心，也是公司在承接阜外华中心血管医院项目后，承接的又一个国家区域医疗中心项目。

四十三、南湖工业园智慧园区（一期）EPC 信息化建设项目

承建单位：机械工业第六设计研究院有限公司。

签约时间：2021 年 12 月 24 日。

项目概况：该项目是新基建项目，规划面积 21.58km^2。

经济或社会效益：该项目将通过物联“感知”系统，在传统园区各单一系统间实现“互联”，并通过多维度智能分析，借助物联网、云计算、大数据等新一代信息技术有效整合，使园区基础设施运行更加智能、绿色。

四十四、重庆邮电大学一场所两高地建设项目

承建单位：机械工业第六设计研究院有限公司。

签约时间：2021 年 12 月 28 日。

项目概况：该项目总投资约 9.3 亿元，用地面积约 9 万 m^2，总建筑面积约 20 万 m^2。

经济或社会效益：该项目旨在将重庆邮电大学建设成为重庆市“大数据智能化的一个实验场所、人才高地、科技高地”，打造“环重庆邮电大学创新创业生态圈”。

四十五、柬埔寨东环一期 230kV 输变电项目

承建单位：国机重装所属企业中国重型机械有限公司。

签约时间：2016 年 10 月 13 日。

项目概况：该项目是柬埔寨国家电网的重要组成部分，包括新建 2 个变电站和全长约 275km 的 230kV 输电线路，建设工期 36 个月。项目部克服雨季野外施工困难和新冠肺炎疫情影响，严守项目执行安全，狠抓质量管理，圆满完成项目建设工作。2020 年 7 月，该项目北线（桑河水电站扩建间隔至腊塔纳基里段）实现带电运行，2021 年 5 月，南线部分 230kV 桔井—蒙多基里线路和 230kV 蒙多基里变电站成功带电运行。

经济或社会效益：该项目实现全线送电，为柬埔寨东北部地区的民生改善、工业发展和商业贸易用电提供保障。2021 年 5 月，该项目获得国务院国资委关注报道，2021 年 6 月，项目被柬埔寨国家电力公司授予“突出贡献奖”。

四十六、长龙山抽水蓄能发电机机组核心部件——转子中心体锻件

承建单位：国机重装所属企业二重（德阳）重型装备有限公司。

签约时间：2020 年年初。

项目概况：二重装备与上海福伊特集团签订的 5# 及 6# 发电机转子中心体锻件，各项技术指标达到该材料的理论极限。2022 年 6 月 30 日随着发电指令下达，长龙山抽水蓄能电站 6 台机组全部实现投产。

经济或社会效益：长龙山电站承担了华东电网调峰、填谷、调频、调相及应急备用等多项任务，对于构建以新能源为主体的新型电力系统和清洁低碳安全高效的能源体系具有重要意义。

四十七、盛虹炼化 1 600 万 t/a 炼化一体化项目

承建单位：国机重装所属企业二重（德阳）重型装备有限公司。

签约时间：2019 年 1 月。

项目概况：该项目位于国家“十四五”规划建设的全国七大石化基地之一连云港徐圩新区。是我国打造循环产业链，建设世界级石化产业集群的标志性工程。二重装备承接的 320 万 t/a 沸腾床渣油加氢装置、350 万 t/a 柴蜡油加氢裂化装置、400 万 t/a 蜡油加氢裂化装置、320 万 t/a 柴油加氢装置，是整个项目最核心的加氢装置，四套装置有 8 台加氢反应器和 17 台高压临氢设备，合同金额近 9 亿元。设备建造期间，二重装备信守合同承诺，克服新冠肺炎疫情带来的不利影响，上下同心、攻坚克难，严把质量关、严守交货节点。随着 2021 年 5 月最后一批设备的按期交付，项目履行取得圆满成功。

经济或社会效益：该项目加氢反应器和高压临氢设备的顺利完成，有力支撑了整个项目按期建设，得到用户高度赞扬和肯定，开创了在千万吨级炼化一体化项目建设中由一家企业承揽全部加氢反应器和绝大多数高压临氢设备的先例，在整个石化行业产生巨大反响，极大地提升了二重装备作为国内压力容器设备核心供应商的行业地位。

四十八、宝武铝业 125MN 铝合金厚板预拉伸机组项目

承建单位：国机重装所属中国重型机械研究院股份公司。

签约时间：2018 年 2 月 8 日。

项目概况：该项目于 2021 年 9 月 15 日热负荷试车成功。125MN 预拉伸机组是宝武铝业中厚板生产线的关键设备，可对经固溶淬火后的 2 系、6 系、7 系板材进行预拉伸以释放因淬火极冷而产生的残余应力，使板材获得良好的抗机加工变形能力，适用于航空、航天飞行器等所需高机加工精度要求零部件的板材生产。其拉伸力高达 12 500t，所能拉伸板材最宽 4.35m，最厚 250mm，最长 38m，各项技术参数均创“中国第一”，达到国际先进水平。

该装备是目前亚洲最大负载的预拉伸机组，也是中国重型机械研究院股份公司 (简称中国重型院) 继西南铝 120MN 拉伸机后的又一台万吨级拉伸机。

经济或社会效益：该设备的热试成功，是中国重型院近十余年来在板材拉伸装备领域潜心研发、不断优化设计与改进技术的结果，进一步巩固了其在国内高端铝合金板材拉伸领域的领先地位，并为航空工业和高端航空模锻件的发展提供了强有力的装备支撑和材料保证。

设计、咨询、勘察项目

（2021 年完成，合同金额 500 万元以上）

一、北京自贸区创新服务中心项目

设计单位：中工国际所属中国中元国际工程有限公司。

签约时间：2020 年 2 月。

项目概述：北京自贸区创新服务中心位于北京大兴国际机场临空经济区礼贤镇李各庄，紧邻北京大兴国际机场，分为东区、西区两部分，占地面积为 5.61hm^2，总建筑面积约 7.3 万 m^2。项目于 2020 年 4 月开工，2020 年 11 月完成主楼装修及室外景观等施工任务，充分实现当年策划、当年开工、当年建成、当年投运“四个当年”的目标任务。项目采用装配式模块化建造方案，根据入驻企业的不同规模进行划分、合并，最大程度上使建筑具有灵活性，并设立“多站合一”的综合能源站，融合地源热泵、屋顶光伏等系统，实现电、冷、热和太阳能等多种能源的集约控制和高效互补。

经济或社会效益：据测算，北京自贸区创新服务中心预计年均节约标煤 300t。北京自贸区创新服务中心的建成是中国中元国际工程有限公司（简称中国中元）充分发挥绿色建筑及健康建筑领域技术优势，积极响应国家“双碳”战略，充分考虑低碳绿色、节能减排，为促进生态可持续发展做出的重要贡献。

二、“只有河南·戏剧幻城”项目

设计单位：中工国际所属中国中元国际工程有限公司。

签约时间：2018 年 3 月。

项目概述：“只有河南·戏剧幻城”建设于郑州国际文化创意产业园内，占地面积 622 亩（1 亩 ≈ 666.67m^2），总投资金额 60 亿元，是国内第一座完整意义上的戏剧主题公园。规划建设五大功能区：核心剧场区、服务配套区、办公酒店区、城市广场区和停车服务区。建有 21 个室内外演出场所，所有剧目单次演出总时长近 700min。整个幻城可同时容纳近万名观众同时观演，其中最大的幻城剧场，地下 2 层、地上 4 层，设计超大机械升降舞台、巨型投影，采用世界先进的声、光、电特效演出设备，共提供 2 885 个观众席位。“只有河南·戏剧幻城”以厚重的中原文化为题材，以沉浸式戏剧艺术为手法，以独特建筑形态为载体，以全新的观演模式，向世界讲述关于“土地、粮食、传承”的故事，致力于让更多人感受戏剧文化的魅力，感受中原文化、黄河文化的磅礴伟力。

经济或社会效益：“只有河南·戏剧幻城”为建设好黄河国家文化公园、讲好黄河故事、延续历史文脉、坚定文化自信做出贡献，为中国共产党成立 100 周年华诞献礼。

三、援阿富汗喀布尔大学综合教学楼和礼堂项目

设计、项目管理单位：中工国际所属中国中元国际工程有限公司。

签约时间：2016 年 9 月。

项目概述：该项目总建筑面积约 14 100m^2，由 1 个 1 500 座礼堂、1 个 150 座学术报告厅和 1 栋教学楼组成。建筑针对阿富汗地区夏热冬冷、日照强烈、风力较大的气候特点进行气候适宜性设计。柱廊提供良好的户外遮蔽空间，深窗减少太阳直射、起到遮阳作用，公共区域采用太阳能光伏发电提供照明，降低能耗。

经济或社会效益：截至 2021 年 6 月，该项目是近年来中国援阿富汗最大单体项目，是中阿友好合作在教育领域的标志性合作。

四、积水潭医院新龙泽院区

设计单位：中工国际所属中国中元国际工程有限公司。

签约时间：2021 年 6 月。

项目概述：积水潭医院坐落于北京市昌平区，总床位数 800 床，总建筑面积 143 053m^2。该院主要以内科、外科、妇科、儿科、五官科等综合科室为主，兼具骨科特色。

经济或社会效益：积水潭医院入驻新龙泽院区是响应中央疏解非首都功能战略部署的重要政治任务，它再现中轴线历史文化、恢复银锭观山景观，对满足回天地区 80 万人民病有所医的需求具有重要意义。该项目获 2021 年北京市优秀工程设计奖一等奖。

五、国家感染性疾病临床医学研究中心

设计单位：中工国际所属中国中元国际工程有限公司。

签约时间：2020 年 7 月。

项目概述：国家感染性疾病临床医学研究中心位于深圳市龙岗区，占地面积 2 800m^2，总建筑面积 12 000m^2，以感染性疾病实验室为主要功能。项目按应急模式开展，设计周期短，整体采用钢结构装配式设计、模块化施工，以动静结合为思路，充分考虑与现有医院之间的建筑形态与功能统一，平立面简洁规整，旨在打造高质量现代化医疗科研建筑的工作空间。

经济或社会效益：该项目作为 2020 年深圳市新冠肺炎疫情防控的关键项目——深圳市第三人民医院应急院区的延伸配套工程，是深圳市首个国家临床医学研究中心。项目一期工程的交付，有助于构建国家感染性疾病研究与管理平台，开展前沿医学研究，提升对重大传染病的应急能力，对新冠肺炎攻克研究、加强疫情防控具有重要意义。

六、援柬埔寨体育场项目

设计、项目管理单位：中工国际所属中国中元国际工程有限公司。

签约时间：2015 年 12 月。

项目概述：由中国政府援建、中国中元设计的柬埔寨国家体育场历经 4 年建设后在柬埔寨首都金边正式移交，为中柬友谊再添新丰碑。柬埔寨体育场坐落在柬埔寨首都金边北部市郊，项目用地面积 16.2hm^2，建筑面积 82 400m^2，可容纳 6 万名观众。

经济或社会效益：该项目建成后将作为柬埔寨举办 2023 年东南亚运动会和其他国际体育赛事的主要场馆，填补柬埔寨国内大型现代化体育场建筑的空白，促进当地体育、文化、教育等领域的发展。柬埔寨体育场作为中国政府无偿援建的项目，不仅见证了中柬两国历久弥坚的友好关系，也为进一步深化中柬“一带一路”合作起到了积极的推动作用。

七、宁波新世界广场项目

设计单位：中工国际所属中国中元国际工程有限公司。

签约时间：2014 年 6 月。

项目概述：宁波新世界广场鼎立于三江口之心，总建筑面积约 85 万 m^2。项目规划有国际甲级写字楼集群、高端住宅社区、奢华瑰丽酒店、中央公园和商业下沉广场等多种业态。结合本项目地块多、体量大、业态复杂等特点，中国中元充分发挥自身技术与管理优势，建立高效清晰的设计组织架构，集合技术力量，克服困难，科学有序地组织设计与施工配合服务。为项目整体提供综合、优化的技术解决方案，实现建设项目的高品质与高完成度。

经济或社会效益：作为宁波市重点项目之一，宁波新世界广场见证了三江口从“两轴一心、三江六岸”的规划重心，成为宁波面向世界的城市窗口，以一个与历史共生、与未来共融的崭新生活空间，为三江口翻开新的辉煌篇章，为宁波缔造新的城市地标与名片。

八、EDG 上海新主场——上海国际新文创电竞中心

设计单位：中工国际所属中国中元国际工程有限公司。

签约时间：2021 年 6 月。

项目概述：该项目是上海市重大产业项目之一，其中的国际标准电竞场馆及电竞俱乐部主场馆是项目核心建筑。国际标准电竞场馆用于举办全国性、世界性的大型电竞赛事，总建筑面积约 2 万 m^2，观众人数为 3 000 人，是以电竞为核心业态，锚定电竞周边、电竞互动、高端餐饮等业态的综合体建筑。电竞俱乐部主场馆即 EDG 战队专用主场，总建筑面积约 4 000m^2，观众人数 800 人，该建筑以电竞赛事、综合展览、小型演出等多功能性为主要功能，整个场馆按 A 级电竞场馆标准设计，建成后将满足举办国际最高水准电竞赛事活动的要求。

经济或社会效益：电竞比赛场馆作为新兴的专门场馆，介于观演建筑与体育建筑两个大的建筑门类之间。中国中元充分发挥专业优势，结合近年来在观演建筑和体育建筑方面的大量实践，努力创造出具有文化内涵和持久生命力的建筑空间，为积极推动电竞产业基础设施建设贡献力量。

九、援老挝玛霍索综合医院项目一期工程

设计、项目管理单位：中工国际所属中国中元国际工程有限公司。

签约时间：2017 年 9 月。

项目概述：老挝玛霍索综合医院位于老挝首都万象市中心，用地面积约 30 300m^2，总建筑面积约 54 792m^2。项目设计结合当地气候条件和建筑功能，通过减小建筑进深、置入绿色中庭、设置半室外通风走廊等措施，创造良好的自然通风采光条件，打造花园式“绿色”医院，为医患人员提供优美的就医和工作环境的同时，也大大缩减建筑空调负荷面积，实现节能降本。一期工程主要为拆建报告厅、病房楼和传染病楼，二期工程主要为拆建医技楼、门（急）诊楼。

经济或社会效益：该项目建成后将是老挝规模最大、设施最好、标准最高、科室设置最全的综合性医院和最重要的医疗教学基地，也将成为老挝乃至东南亚地区第一座“低能耗、高品质”的现代化医疗理念的综合性医院。一期工程的移交不仅标志着两国最高领导人会晤成果取得里程碑式的进展，也是中老两国人民新冠肺炎疫情之下同舟共济、共克时艰的又一具体体现。

十、中金所技术研发基地项目

设计单位：中工国际所属中国中元国际工程有限公司。

签约时间：2016 年 1 月。

项目概述：该项目选址的“唐银地块”毗邻张江银行卡产业园区，位于顾唐路上丰路，总用地面积约 80.72 亩，规划分二期实施。园区分为三大功能区：分别为生产区、配套区、二期建设预留区。本次建设的一期工程包含数据机房及配套 ECC、动力中心、配套办公、地下车库、连廊等，总建筑面积 9.87 万 m^2。项目在机房等级、系统配置、智能化管理、绿色节能措施、新产品新技术应用等方面都走到了国内前列。

经济或社会效益：作为上海市重点建设项目，中金所技术研发基地项目是助力上海国际金融中心建设的关键环节，项目投产后，既承担中国金融期货交易所主要交易、结算和行情发布等核心功能运行，又为全国金融衍生品行业提供大容量、高品质的数据中心托管综合服务，将成为安全、可靠、先进、节能，又适应中金所业务和行业发展趋势的新一代交易所自用数据机房、行业托管服务中心，助力中金所成为世界一流交易所。

十一、援柬埔寨特本克蒙省医院项目

设计、项目管理单位：中工国际所属中国中元国际工程有限公司。

签约时间：2018 年 1 月。

项目概述：该项目位于特本克蒙省新区北部，为 300 床综合医院。项目总用地面积 55 814m^2，总建筑面积约 24 300m^2，建设内容包括急诊部、门诊部、住院部、医技科室、保障系统、行政管理及生活用房，同时配备必要的医疗设备。项目设计以“低能耗、高品质”的可持续发展理念为核心，充分利用当地气候条件，结合功能设计占总建筑面积的 40% 的开敞空间，能源消耗是国内同类医院的 70%。医院信息 HITS 系统、电子病历 EMR 系统、医学影像 PACS 系统和实验室 LIS 系统的设计，让医疗体验品质得到大幅提升。

经济或社会效益：柬埔寨特本克蒙省医院已成为柬埔寨特本克蒙省最现代化的 CPA3 综合医院，能切实改善当地医疗设施条件、提高当地整体医疗水平。该项目的顺利竣工将为深化中柬两国医疗合作、促进中柬两国人民友谊做出巨大贡献。

十二、《最忆韶山冲》剧场

设计单位：中工国际所属中国中元国际工程有限公司。

签约时间：2019 年 9 月。

项目概述：《最忆韶山冲》剧场是融合红色记忆与科技旅游主题的定制剧场，总建筑面积 17 130m^2，地上 13 040m^2，地下 4 090m^2，为 1 460 座乙等大型定制剧场。中国中元承担本项目设计总承包工作，参与前期项目选址、方案创作、初步设计、施工图设计及后期施工配合的全过程设计和管理工作。建筑以闪闪红星为设计意向，用统一的元素控制建筑及场地造型，形成由中心向外发散传播的概念，象征韶山作为一代伟人诞生和成长的摇篮，体现出的红色文化和红色精神。同时演出采用高科技声、光、电技术手段，打造出超大规模的“矩阵”舞台，是红色记忆与科技融合的视听盛宴。

经济或社会效益：《最忆韶山冲》主题剧场，为推动红色文旅产业高质量发展、打造世界知名文化旅游目的地提供强劲动力、增添崭新名片。中国中元将继续努力通过建筑作品聚焦红色主题、挖掘红色资源、传承红色基因。

十三、援柬埔寨中柬友谊医疗大楼项目

设计、项目管理单位：中工国际所属中国中元国际工程有限公司。

签约时间：2017 年 5 月。

项目概述：该项目位于柬埔寨金边市考斯玛医院内北侧。项目总建筑面积 33 000m^2，建设以外科为主的 400 床综合教学医疗大楼，内容包括门（急）诊、医技科室、内外科病房及后勤用房，同时配备必要的医疗信息系统及医疗设备。

在施工建设过程中，项目组在严抓新冠肺炎疫情防控的基础上，及时根据施工进展情况，采取有效管理措施，最终提前2个月保质保量完成所有建设内容并顺利通过竣工验收。

经济或社会效益：中柬友谊医疗大楼的建成，是中国中元为助力我国援外事业、发扬援外精神、高质量共建“一带一路”贡献的中元力量。

十四、西昌市餐厨垃圾处理项目

投建营单位：中工国际所属中工环境科技有限公司。

签约时间：2020年3月底。

项目概述：该项目于2021年1月正式开工，2021年11月投入试运营，2022年1月正式投入商业运营，能集中处理西昌市中心城区产生的餐厨垃圾和废弃食用油脂。该项目是四川甘孜、阿坝、凉山3个少数民族自治州推进餐厨垃圾处置规范化、科学化的标杆示范项目。通过智能称重、预处理、三相提油、湿式厌氧、沼气回用提纯、污水处理、浓缩液浸没燃烧、沼渣脱水、全封闭三级除臭九大子系统，对西昌市中心城区餐厨垃圾进行无害化处理和资源化利用，是一座先进的集约型、节能型、现代化、智能化餐厨垃圾处理厂。项目处理餐厨垃圾消耗的能源主要是电能（机械设备耗电）和热能（蒸汽消耗），本着绿色、环保、低碳、节能的原则，项目利用地形优势节能，在工艺技术选择、设备选型和操作管理方面也以节能降耗、降低运营成本为主。

经济或社会效益：该项目对餐厨垃圾进行规范化收集和处理，能有效遏制餐厨垃圾进入养殖业和餐饮业，保障西昌市食品卫生安全和市民身体健康。项目预计年产工业粗油脂约1 000t，可解决当地30~100人的就业，为西昌市社会稳定和经济发展提供助力。项目还可以解决当地餐厨垃圾收运、处理能力不足的问题，防止餐厨垃圾污染长江，影响三峡库区水体生态环境，有效缓解餐厨垃圾对城市环境和邛海水系造成的污染，预计每年可减少碳排放1.7万t。该项目被列入2021年国务院国资委“我为群众办实事”项目清单和凉山州“建设美丽城市”的重点环保工程。

十五、西安铁路枢纽西安站改扩建工程项目

承建单位：机械工业勘察设计研究院有限公司。

签约时间：2020年。

项目概述：2020年4月，西安站改扩建工程（站房工程）启动，总投资约30亿元，工期1.5年。工程包括新建北站房及高架候车室、新建东配楼及站场工程、南站房提升改造共三部分。2020—2021年先后签订检测合同额约700万元。该工程于2021年12月31日早5点55分全面投入使用，标志着西安站改扩建工程已全面完成。西安站改扩建后年旅客发送量达到4 800万人次，运输能力提升2.4倍。

机械工业勘察设计研究院有限公司（简称机勘院）参与西安站改扩建工程第三方检测工作。该工程为铁路综合性工程，检测项目多，现场作业难度大，工期紧。检测项目包含桩基础成孔质量测试、桩身完整性、单桩承载力静载试验、基坑支护土钉锚索承载力验收试验、主体结构混凝土强度检测、钢结构焊缝超声回弹检测、路基压实质量检测等。机勘院通过以下措施来提升检测服务水平：突出过程控制、引入先进检测方法及设备、优秀的检测团队、采用信息化手段。

经济或社会效益：该项目的完工，给机勘院积累了大型综合项目检测经验，也得到建设单位一致好评，机勘院获得中国铁路西安局集团公司优秀参建员工8人、优秀检测单位奖两次殊荣。

十六、西乡县人民医院整体迁建（含精神病医院建设）**项目**

承建单位：机械工业勘察设计研究院有限公司。

签约时间：2016年。

项目概述：该项目位于西乡县城南水东新区，316国道、河滨大道、新区路网交汇处。项目总用地面积约110 436m^2，总建筑面积为142 115m^2，地上总建筑面积为87 928m^2，分为两期建设，建成后的医院拥有总病床数798张，预计每年门诊50万人次，住院3万余人次。一期地上建筑面积79 353m^2，包括门诊楼、急诊楼、内科住院楼、外科住院楼、精神病院、职工食堂/活动中心。建筑总高度45.6m。使用功能为医疗、检验、手术、后勤等。二期地上建筑面积 8 574m²，包括康复住院楼、职工公寓、高压氧治疗中心、放疗中心。建筑总高度 23.4m。使用功能为康复、治疗、后勤等。地下车库及设备用房（含人防）建筑面积为 54 187m²，地下停车位 945 个，地上停车位 231 个，共计 1 176 个。

经济或社会效益：该项目将成为陕西省内医院中设计突出、规模最大、科室最全的县级医院之一。该项目荣获陕西省建筑专项工程设计三等奖、2020 中国医疗建筑设计年度优秀项目、陕西省“十三五”医院建设优秀工程设计奖三等奖、机勘院优秀工程奖一等奖。

十七、西咸新区泾河新城崇文重点示范镇 1# 地块规划设计项目

承建单位：机械工业勘察设计研究院有限公司。

签约时间：2014 年。

项目概述：该项目位于西咸新区泾河新城，基地西邻正阳大道，东、西、南、北均为规划路，规划用地面积 8.86hm²，总建筑面积 334 000m²，地上建筑面积为 328 500m²，项目整体构成一个林木、农田、水池以及住宅分布的多层次生态“湿地复合体”，提供多层次的生态走廊，覆盖与生态相容的农业景观和休憩空间，将城市与自然联系起来，从居住的角度推动城市田园湿地的价值最大化。

经济或社会效益：该项目将城市与自然联系起来，从居住的角度推动城市田园湿地的价值最大化。该项目荣获第八届中国人居典范建筑规划设计金奖。

十八、西咸新区泾河新城崇文重点镇保障性住房设计项目

承建单位：机械工业勘察设计研究院有限公司。

签约时间：2012 年。

项目概述：该项目位于西咸新区泾河新城，规划用地面积为 7.877 7hm²，建设用地面积 7.243 0hm²，建筑面积 334 900m²，地上建筑面积 290 600m²。项目以创建“现代乡土文化人居生态”为规划设计的整体目标，即自然形态与人文形态的事物演替、转化，形成一个整体以“关中乡土文化”为脉络的生态农田的组合——“收割城”。用现代的景观手法表现关中的乡土文化、生态景观轴（象征河流）、田园、院落、小路、组团绿地。

经济或社会效益：该项目展现出绿色现代人居、与自然和谐相处的居住理念及人与人之间和睦的邻里关系。

十九、常山县农村饮用水供水保障能力提升项目建设工程设计咨询合同

承建单位：中国浦发机械工业股份有限公司。

签约时间：2021 年 2 月。

项目概述：该设计项目包括 4 座水厂扩建改造工程、主管网提升工程（103km）、村级管网改造工程（595km）、51 座单村供水站标准化建设工程、新建 2 座联村水厂建设工程、附属工程的初步设计（包括设计概算）、施工图等全部设计咨询任务以及设计现场服务工作。该项目签约合同 1 434 万元，所有项目的初设工作于 2021 年 4 月完成并通过评审，4 个水厂的施工图工作于 2021 年 9 月全部完成。该项目是常山县的一个民生项目，涉及当地的千家万户。项目由当地政府主导，涉及常山县 4 个水厂的扩建改造以及 6 个镇、5 个乡和 3 个街道，合计 180 个行政村。项目点多面广、设计任务重、责任重大。

经济或社会效益：该工程主要以补齐常山县农村供水短板、补强单村单点供水弱项为主，旨在提高农村饮用水的质量。该工程的实施，使常山县所有农村供水工程水源地满足供水保证率 99% 的要求，农村集中供水率、自来水普及率达到 100%，万人工程水源保护区划定率、自然村通水率达到 100%，水质达标率达 95% 以上。

二十、义乌市高新科技产业园项目设计合同

承建单位：中国浦发机械工业股份有限公司。

签约时间：2021 年 7 月。

项目概述：该项目签约合同额 662 万元，2021 年 8—10 月，完成前期方案的确定及方案报批；10—11 月，完成初步设计；11—12 月中旬，完成施工图设计；12 月底，施工图通过图审。该项目定位国内一流高新技术产业园，主要以医疗器械产业为主，形成健康产业集聚效应，包括医疗器械研发、服务及新建厂房、宿舍和办公用房等内容。

经济或社会效益：该项目的顺利开展，有效推动了义乌市健康医疗卫生产业链布局，提升了健康尤其是医疗器械等相关产业的发展，为国内外优质企业提供了良好的产业平台。项目建成后园区企业产值近期可实现每年15亿元、远期可实现每年20亿元；园区企业经营税收近期可实现每年5 000万元、远期可实现8 000万元；可提供2 500个就业岗位。

二十一、江铃汽车股份有限公司零部件搬迁改造项目

实施单位：中国汽车工业工程有限公司。

签约时间：2020年6月。

项目概述：该项目为2019—2020年度南昌市重点项目，中国汽车工业工程有限公司2019年12月承担项目后，和业主共同实地考察青云谱厂区。该项目采用先进的技术手段，打造信息化、智能化、数字化工厂。

该项目通过建立各车间的楼宇自控系统（BAS），实现建筑各种公用机电设备的自控控制和管理、延长机电设备的使用寿命以及提高建筑安全性、降低建筑的营运成本。BAS可根据各公用系统设备的实际运行负荷调整运行参数，通过中央监控系统来实现就地远程控制，实现设备的自动控制与检测，以达到最优运行，并实现节约能耗的效果。

该项目采用先进的生产管理模式，并结合新工厂的生产特点进行突破和创新。可实现所有生产设备具有联网通信和数据传输功能，并运用虚拟技术同步建设虚拟工厂，建立工业生产大数据系统进行统计分析，为未来智能制造平台做准备。集成产品设计、工艺设计、生产制造和服务维护系统，建立虚拟工厂，实现仿真设计，未来实现数字化工厂。

经济或社会效益：该项目适应国家老工业基地改造及南昌市政府整体城市规划要求，实现大型工业企业“退城进郊”的战略思想，青云谱区作为原来南昌老工业主要阵地，正在进行“腾笼换鸟”转型升级发展。江铃汽车集团有限公司作为大型工业厂区之一，搬迁出老工业区，为该区产业结构升级腾出了重要空间。同时，项目建成后达产年即提高了政府税收，增加了当地就业岗位，取得了良好的社会效益，为江西省南昌市小蓝工业区汽车产业的发展做出了新贡献。该项目荣获“机械工业优秀工程咨询成果奖”三等奖。

二十二、天津雅迪实业有限公司高端电动车生产研发基地二期建设项目

实施单位：中国汽车工业工程有限公司。

签约时间：2021年6月29日。

项目概述：该项目建设地点位于天津市北辰区医药医疗器械工业园内，厂区总用地面积27.96hm²，总建筑面积40.03万m^2，容积率1.5。目前已完成所有子项施工图并通过审图机构审查，现场已完成所有桩基的施工。该项目充分利用地热资源，采用地源热泵系统解决了整个项目的供冷供热问题，能效高、节能环保。同时，为节省地埋管敷设面积，采用竖直地埋管换热系统，与生产车间基础及工艺生产线密切结合，依靠设计、施工单位的密切配合，在生产车间内部打热源井。结合项目所在场地土特点，建筑基础采用较小直径的预制预应力管桩。

经济或社会效益：该项目产品符合我国节能减排、发展低碳产业的宏观导向，能够有效提升我国电动自行车的整体科技含量，促进电动自行车及零部件产业的良性发展和产业结构调整。项目建成后，可年产600万辆电动车，为企业带来超90亿元的年营业收入，实现年税收总额2.1亿元。

二十三、洛阳大河荟项目工程（建筑方案设计及初步设计）

实施单位：中国汽车工业工程有限公司。

签约时间：2020年9月。

项目概述：该项目位于洛阳市洛龙区，洛阳龙门高铁站西侧。该项目是集休闲购物、潮玩体验、文化创意、“非遗”美食、教育研学城市服务于一体的“沉浸式体验”大型商业项目。项目用地面积约95亩，规划建筑面积约18.4万m^2。项目在建筑风格上采用“古韵新风”的建筑理念，将新中式建筑与中国园林移步换景、层次递进的意境相融合，塑造更适合生态理念的特色。建筑尺度上通过富有秩序感和韵律感的形体组合、彰显特点；以现代材质体现汉代建筑屋顶坡度平缓、舒展而优美的建筑风格；通过基底粗质的石材体现建筑厚实的根基，与主体建筑的精致形成对比，创造优美的人文环境。该项目结合周边的龙门高铁站、新唐街及客运南站的建筑特点，组建汉代风韵的建筑组团。

经济或社会效益：该项目紧邻交通枢纽，以洛阳“城市会客厅”的定位，突出主客共享，实现来洛第一站和离洛最后一站的城市功能补充。通过智能化设计，以“博物馆+”模式开创前所未有的沉浸式博物馆体验集群，构架智能化文旅街区，打造沉浸式、体验式文旅项目。该项目荣获“河南省优秀勘察设计奖”二等奖。

二十四、潍坊欣龙生物材料有限公司生物质高性能纤维研发平台及产业化项目建设工程设计项目

签约单位：恒天（江西）纺织设计院有限公司。

签约时间：2017 年 7 月。

项目概述：该项目由签约方按时按照公司要求提供项目各单体全套施工图样，公司根据设计图样按相关规范流程组织建设施工。其中施工图单体设计包含：原液车间、纺练车间、酸站车间、1# 浆粕堆场、安保楼、冷冻空压氮气站、废气处理站、排气筒及排风机房、成品库、软化水站、酸碱储罐区、二硫化碳储罐区、综合仓库、危废库、室外配套管网等。该项目为两条年产 8 万 t 纤维素生产线，由签约方按照公司工艺需求提供主车间及配套辅助用房的全套施工图设计。

经济或社会效益：2 条年产 8 万 t 生产线投产后，截至 2022 年上半年，完成产值 10.86 亿元；安置因海龙新材料公司退城进园涉及的职工 1 420 人。

二十五、山东鸿泰鼎新材料科技有限公司年产 10 万 t Lyocell 纤维项目

设计单位：恒天（江西）纺织设计院有限公司。

签约时间：2020 年 3 月 4 日。

项目概述：该项目 2020 年 3 月开始，2021 年 5 月完成施工图设计，2021 年 11 月第 1 条 5 万 t 生产线开车成功，第 2 条 5 万 t 生产线正在调试安装。该项目规划产能为 30 万 t/a，实施建设的 10 万 t 生产线为一期工程。项目总用地面积 550.05 亩，其中一期工程用地 326.44 亩。产品方案：1.33dtex×38mm 和 1.67dtex×38mm 的 Lyocell 非交联型短纤维。

经济或社会效益：该项目年平均销售收入为 214 646 万元，年平均销售税金及附加与年平均增值税合计为 12 365 万元，年均利润总额为 44 296 万元。项目总投资收益率 20.82%，投资利税率 25.6%。项目全部投资所得税后财务内部收益率 18.85%，投资回收期为 6.55 年。财务内部收益率超过国家所制定的该行业的基准收益率 12%，亦大大高于银行现行的贷款利率，投资回收期也远小于该行业基准回收期 13.1 年，计算出来的银行贷款偿还期为 5.55 年。说明项目有很好的盈利和还债能力。

二十六、PT Asia Pacific Rayon，SCN（KRC）P2 初步设计项目

设计单位：恒天（江西）纺织设计院有限公司。

签约时间：2021 年 5 月 11 日。

项目概述：恒天（江西）纺织设计院有限公司为印度尼西亚 PT Asia Pacific Rayon 公司的新建二期年产 30 万 t 纤维素短纤维工程项目进行初步设计。该项目于 2021 年 4 月启动，2021 年 8 月完成，合同已完结。

经济或社会效益：缴纳各项税费 379 万元，为我国税收做了贡献。

二十七、传化国际科创园项目

设计单位：中国联合工程有限公司。

签约时间：2018 年 6 月。

项目概述：该项目以国际化企业总部为核心，长三角地区总部为辅助，兼顾创新研究型企业基地的开放型办公园区，主要功能为办公、酒店、配套商业，总建筑面积约 20 万 m^2，为钱塘江南岸唯一的低密度、花园式、一企一栋的高端独栋型产品，定位高端、现代、国际化高标准的办公园区项目。项目在 2021 年通过有关部门的验收，与其他同类项目比，该项目定位高，意在成为国际化的科技城核心区、国际大中型企业总部驻地、中型企业基地，强调科技、绿色、生态、高效的办公环境。项目建筑物平面布置合理，设计注重细节，能满足高品质生态产业园区的各项要求，是萧山区政府牵头的重点项目之一，成为长三角区域内高端产业园区的新标杆。

经济或社会效益：自项目投入使用以来，获得客户各实际使用单位和社会各界的好评，取得了良好的社会效益和经济效益。项目获中国联合工程有限公司优秀项目二等奖、杭州市勘察设计行业优秀成果奖三等奖，被评为 2022 年“杭州市侨界创新创业基地”。

二十八、舟山绿色石化基地动力中心配套项目（二期）工程

设计单位：中国联合工程有限公司。

签约时间：2018 年 11 月。

项目概述：该项目合同装置包括 7×800t/h 超高压高温锅炉＋ 5×CB50 抽汽背压式汽轮发电机组、3 200t/h 除盐水站＋ 1 200t/h 透平冷凝液精制站、8 000m^3/h 的闭式循环水场、110/35kV 区域变电站。项目机组数量多，母管系统技术难度高；采用低低温静电除尘 + 海水脱硫 + SCR 脱硝 + 湿式电除尘的锅炉烟气处理设施，烟气污染排放浓度可比清洁燃煤超低排放标准低 30% 以上，技术先进。

经济或社会效益：该项目建成后，与舟山绿色石化基地动力中心配套项目（一期）建设的 7 炉 5 机一道，构成总规模为 14 炉 10 机的目前国内最大的化工动力站，满足了舟山绿色石化基地的热电负荷需求，提高了石化基地的热电供应安全性，并对促进舟山市经济加速发展起着积极的推动作用。

二十九、杭州海康威视电子有限公司安防产业基地项目

设计单位：中国联合工程有限公司。

签约时间：2015 年 1 月。

项目概述：该项目建设地点位于杭州桐庐经济技术开发区，规划用地面积约 370 亩，规划新增总建筑面积 30.65 万 m^2，总投资 12.9 亿元。项目规划年产各类安防产品 3 000 万台，实现销售收入超过 50 亿元。项目在实施过程中严格按照智能制造新模式规划建设，使基地成为我国最先进和最具代表性的安防产业制造基地。项目总体布局科学合理，功能分区清晰明确，园区物流、人流路线合理；建筑设计特点鲜明，简洁大气。通过造型的设计体现杭州海康威视电子有限公司的企业形象，园区建成后成为极具企业标志性的生产园区。项目工艺和物流水平国内一流，工艺设备选用科学先进，通过智能物流仓储配送系统和智能产线应用，实现了智能化制造园区的目标；土建、公用工程在设计过程中应用了多种绿色节能措施，实现了建设绿色工厂的目标。

经济或社会效益：通过该项目的顺利实施，大大提高了企业的综合实力和市场竞争力，使企业具有良好的经济效益，对杭州海康威视电子有限公司的快速发展起到了至关重要的助推作用。项目投资规模大，对社会经济具有较大的投资拉动作用，也能够为社会提供很多的就业岗位；项目建成后，将实现较大规模的销售收入，对地方经济发展和财政收入有较大的贡献；对安防产品行业有明显的拉动作用，有利于促进产业技术的快速发展。该项目获杭州市优秀工程勘察设计奖一等奖、浙江省优秀勘察设计成果奖一等奖、浙江省机械工业科技奖二等奖、中国机械工业科学技术奖三等奖。

三十、镇海中学台州分校项目

设计单位：中国联合工程有限公司。

签约时间：2018 年 12 月。

项目概述：该项目定位“省内一流、台州领先”，争创“鲁班奖”、确保“钱江杯”，建设标准较高、管理难度大。项目功能多样、单体较多、结构多样、文化承载厚重、设计难度较大；工期短、原材料供应紧张、受新冠肺炎疫情影响，进度控制难；可研估算招标、无价材料多、预算滞后，全过程造价控制难；外部关注高、内部协调组织多，组织协调工作量大；业主发包部门专业性较高、采购量大；全过程工程咨询模式试点阶段经验不足，服务体系、标准缺失。

经济或社会效益：该项目荣获浙江省标化工地、浙江省绿色施工示范工程、枫山杯、括苍杯、钱江杯等荣誉。

三十一、国家发展改革委三里河一区 2、3 号院等 2 个老旧小区综合整治项目

设计单位：中国农业机械化科学研究院。

签约时间：2020 年 9 月。

项目概述：该项目于 2017 年年底开始进行前期踏勘工作，历经国家机构改革和发展改革委内部人员调整变化，于 2019 年年底完成初步设计及概算编制工作，并顺利通过国管局第三方评审。2020 年完成施工图设计工作并正式进入施工阶段。目前现场正在施工过程中，预计于 2023 年完成施工。

经济或社会效益：该项目是国管局老旧小区综合整治重点示范项目。通过综合整治，达到消除安全隐患、维护建筑主体、减少能源消耗、方便管理、改善居住环境的目标，可以为居民提供一个良好适宜的生活环境。

三十二、北京市海淀北部地区整体开发永丰产业基地（新）HD00-0403-013122 地块 R2 二类居住用地、A33 基础教育用地设计项目

设计单位：中国农业机械化科学研究院。

签约时间：2020 年 8 月。

项目概述：该项目总建设用地面积 65 039.11m^2，总建筑面积 221 733.41m^2，总户数 1 518 户。项目于 2020 年 10 月开始设计，2021 年 7 月完成施工图设计工作，现已完成施工并交付业主。

经济或社会效益：该项目为共有产权房及其配套幼儿园项目，按照绿色建筑二星级标准进行设计，建筑采用装配式，打造了多体验、多参与的生活配套系统，安全畅达的交通体系、开放共享的人文环境。帮助解决了部分刚需人群的住房问题，通过先进的设计理念，将项目打造成了一个高品质、多体验的宜居社区。

三十三、武汉市左岸大道建设工程勘察项目

设计单位：中国农业机械化科学研究院。

签约时间：2020—2021 年。

项目概述：该项目勘察阶段自 2020 年 12 月开工，至 2021 年 10 月提交技术成果，历时 11 个月，施工期间经历了场地协调等困难。项目局部地段因岩溶强发育导致施工难度大、基岩种类多且复杂导致对技术资料分析的要求高。

经济或社会效益：为贯彻习近平总书记提出的长江经济带发展必须坚持生态优先、绿色发展的战略定位，武汉提出规划优化长江主轴的建议，构建交通、生态、景观、文化为一体的武汉中轴。

左岸大道建设工程是长江主轴中左岸大道的重要组成部分，位于经开区，是以交通功能为主，兼具观景、游憩综合功能的滨水快速干道，也是武汉经开区沿江综合发展轴的交通动脉和形象窗口。

贸易项目

（2021 年完成，合同金额 5 000 万元人民币以上）

一、捷豹路虎进口汽车项目

实施单位：中国进口汽车贸易有限公司。

签约时间：2020 年 8 月 1 日。

项目概述：中国进口汽车贸易有限公司（简称中进汽贸）继续为捷豹路虎（中国）投资有限公司提供车辆进口、自理/代理清关、仓储、物流服务，并在此基础上，不断探讨延伸业务的可能。

经济或社会效益：2021 年，实现营业收入 46.69 亿元。

二、阿斯顿马丁认证、进口、物流服务项目

实施单位：中国进口汽车贸易有限公司。

签约时间：2020 年 8 月 15 日。

项目概述：中进汽贸作为阿斯顿马丁品牌国内唯一授权进口商，为阿斯顿马丁公司提供车辆的车型认证、一般贸易车辆进口、物流及特殊车辆进口服务，并提供 CCC 认证及目录维护管理服务。

经济或社会效益：2021 年，实现营业收入 13.85 亿元。

三、特斯拉物流服务项目

实施单位：中国进口汽车贸易有限公司。

签约时间：国产车项目，2020 年 11 月 10 日；进口车项目，2020 年 4 月 16 日。

项目概述：2021 年，中进汽贸继续为特斯拉中国提供国产车物流服务，并根据厂家需求提供天津港、上海港进口特斯拉车辆的清关、商检、仓储、检测、车辆维护、运输服务。

经济或社会效益：2021 年，实现营业收入 1.04 亿元。

四、菲亚特克莱斯勒进口汽车项目

实施单位：中国进口汽车贸易有限公司。

签约时间：2021 年 7 月 1 日。

项目概述：2021 年，中进汽贸克服新冠肺炎疫情散发影响，继续在清关、商检、PDI 检测、仓储、批售、物流运输等各服务环节持续提升服务质量，助力合作厂家开拓市场，提升销量，为双方的战略合作奠定坚实基础。

经济或社会效益：2021 年，实现营业收入 51 亿元。

五、国产合资及自主品牌

实施单位：中国进口汽车贸易有限公司。

签约时间：2020 年、2021 年。

项目概述：2021 年，中国进口汽车贸易有限公司继续发挥“批发 + 仓储物流 + 零售”各板块资源协同优势，不断优化完善覆盖全国主要省市和地区的区域中心库网络体系，推进与上汽大众汽车有限公司等主机厂及大搜车、京腾租车、花生好车等新零售平台的合作。

经济或社会效益：2021 年，实现营业收入 31 亿元。

六、大众进口汽车项目

实施单位：中国进口汽车贸易有限公司。

签约时间：2021 年 7 月 1 日。

项目概述：2021 年，中进汽贸不断配合大众汽车（中国）销售有限公司提升、完善批售管理能力体系，不断加强资金风险、合同风险等管控，协助品牌完成年度销售目标。

经济或社会效益：2021 年，实现营业收入 72 亿元。

七、奔驰改装车项目

实施单位：中国进口汽车贸易有限公司。

签约时间：2020 年 5 月 20 日。

项目概述：2021 年，中进汽贸通过福建奔驰汽车有限公司授权改装企业——江苏车驰汽车销售有限公司完成 285 台改装底盘车批售，为进一步成为福建奔驰汽车有限公司的大客户合作伙伴奠定基础。

经济或社会效益：2021 年，实现营业收入 1.3 亿元。

八、保时捷项目

实施单位：中国进口汽车贸易有限公司。

签约时间：2019 年 8 月 1 日。

项目概述：2021 年，中国进口汽车贸易有限公司继续为保时捷（中国）汽车有限公司提供车辆进口清关、仓储、物流服务，并根据厂家需求，提供空运及天津港保税服务，进一步增加与厂家的合作黏性。

经济或社会效益：2021 年，实现营业收入 6 320 万元。

九、进口福特、林肯汽车项目

实施单位：中国进口汽车贸易有限公司。

签约时间：2021 年 1 月 20 日。

项目概述：中进汽贸与福特中国顺利签署“林肯品牌进口整车分销合同”与“福特品牌进口整车分销合同”，为国机汽车整车业务发展壮大提供了有力支撑。

经济或社会效益：销售量 10 614 台，其中进口林肯 7 212 台、进口福特 3 402 台；销售额 67 亿元，其中林肯项目 53 亿元、福特项目 14 亿元。

十、3.2m SSMMS 宏大 V 型丙纶纺粘熔喷复合非织造布生产线出口项目

实施单位：中国恒天集团有限公司。

签约时间：2020 年 6 月 5 日。

项目概述：2020 年，宏大 V 型设备是公司销售推广的主力产品，幅宽 3.2m 的 SSMS 设备是宏大 V 型设备系列中通用性较强的机型，可同时兼顾医疗防护类产品和个护卫生类产品的生产要求。该项目出口合同金额 827.33 万美元，合人民币 5 333.71 万元。

经济或社会效益：宏大 V 型设备于 2020 年 7 月通过科技成果鉴定，及时有效地满足了当时激增的市场需求，为国内、国际新冠肺炎防疫工作做出了贡献。

十一、恒力石化 2 000 万 t/a 炼化一体化项目设备进口

实施单位：苏美达股份有限公司。

签约时间：2020 年 3 月 11 日。

项目概述：该项目引进的管道、反应器、空气压缩机、仪器仪表等核心设备成功到货并完成安装调试，目前项目已实现全面投产。除设备采购外，技术公司还参与了项目投产后的成品油销售。

经济或社会效益：该项目是国家对民营企业开放的首个大型炼化项目，也是全国第 1 个建成投产的全资民营大型炼厂，其装置规模最大、工艺技术最先进、一体化程度最高、综合配套最齐全，助力企业以优质产能巩固并扩大行业领先地位。

十二、浙江某企业年产 10 万 t 光解膜生产线设备技改项目 BOPP 薄膜生产线进口

实施单位：苏美达股份有限公司。

签约时间：2021 年 1 月 14 日。

项目概述：苏美达股份有限公司为浙江某企业年产 10 万 t 光解膜生产线设备技改项目引进的 3 条德国布鲁克纳生产的最新双向拉伸聚丙烯（BOPP）薄膜生产线成功到货。

经济或社会效益：该生产线技术可提供业内最高的产能和生产力，生产宽幅 10.4m、出膜 525m/min、挤出量 9t/h。其中第一条 BOPP 薄膜生产线于 2021 年 9 月 7 日顺利开机并成功出膜，极大提升企业智能化生产水平，同时还有效降低能耗，提升产品质量，为企业薄膜生产提质增效注入强劲动能。

十三、向越南 T.V.P STEEL JOINT STOCK COMPANY 出口的 17 500t 钢铁产品订单

实施单位：苏美达股份有限公司。

签约时间：2021 年 4 月。

项目概述：2021 年 5 月，苏美达股份有限公司向越南 T.V.P STEEL JOINT STOCK COMPANY 出口的 17 500t 钢材产品订单成功出运。公司紧跟全球市场需求变化，发挥资源集成服务的能力，依托我国丰富的产能资源和比较优势，与国内主要钢铁生产企业建立稳定的资源采购关系，积极开展钢铁出口贸易，同时还通过我国香港地区、新加坡、迪拜、越南等境外平台广泛开展贸易，通过境外采购、境外销售，实现了供应链运营能力和资源建设、市场拓展的再升级。

经济或社会效益：打造公司国际化供应链服务新优势的同时，助力区域钢铁工业的发展和经济水平的提升。

十四、罗马尼亚 100MW 地面电站项目供货

实施单位：苏美达股份有限公司。

签约时间：2021 年 3 月、2021 年 5 月。

项目概述：该项目金额分别为 1 233 万欧元、1 290 万欧元，合计 2 523 万欧元。收到项目信息后，在开展商务谈判的同时，展开对业主背景、项目的真实性、手续完备性、可行性及项目的融资情况进行全面考察，包括对项目土建场地进行实地考察，经考察，项目业主为意大利 AL 公司，该公司是一家在意大利上市的公司，是一家专注电力工业的集团公司，核心业务板块为电力产品，也包括清洁能源，尤其是风能。项目确定的产品为市场常规 Perc 组件，适用市场广泛，转卖性强，因此确定付款为 5% 预付款，尾款投保信用险，在此前提下，业务部门和财务、法务、贸管等部门配合完善购销合同条款，及相关付款安排，并跟踪执行，此项目会在 2022 年完成全部交付和收回全部货款。

经济或社会效益：该项目经济效益良好，且项目总量为 250MW，后续还有 150MW 订单可以优先进行供货，因此该订单的执行对于苏美达股份有限公司后续开发罗马尼亚市场类似项目、在罗马尼亚市场宣传辉伦品牌并进入罗马尼亚市场具有重要里程碑的意义。

十五、2021 年 1 月份交付 2 艘皇冠 63 系列散货船

实施单位：苏美达股份有限公司。

签约时间：2019 年 3 月 18 日。

项目概述：2021 年 1 月 7 日，苏美达股份有限公司旗下新大洋造船有限公司（简称新大洋造船）如期交付 2021 年第 1 艘船“CLFUZHOUHE”轮，实现新年交船开门红，也为新大洋实现全年交船目标奠定良好开端。

1 月 20 日，新大洋造船为国银金融租赁股份有限公司（简称国银金租）建造的皇冠 63 系列散货船“CLDENGSHAHE”轮缓缓驶离船厂码头，开启首航之旅。该船是公司为国银金租建造的皇冠 63 系列散货船的第 6 艘，也是公司 2021 年交付的第 2 艘船。

经济或社会效益：2 艘姊妹船的成功交付，进一步夯实了苏美达股份有限公司与国银金租双方深度合作的基础，充实了公司航运板块船队运力，持续为客户提供优质海上运输服务。

十六、2021 年 3 月份交付 2 艘皇冠 63 系列散货船

实施单位：苏美达股份有限公司。

签约时间：2019 年 3 月 18 日。

项目概述：2021 年 3 月 4 日、2021 年 3 月 8 日，苏美达股份有限公司与国银金租合作建造的“CLYingNaHe”轮、“CLDiYinHe”轮 2 艘皇冠 63000 型散货船顺利在新大洋造船交付。极具市场竞争力的“皇冠”系列散货船，性能优异、质量稳定、节能效果良好，载重吨可达 6.4 万 t，船长 199.99m，宽 32.26m。“CLYingnaHe”轮、“CLDiyinHe”轮顺利加入苏美达船队，标志着苏美达船队初具规模，航线遍布全球。

为更好地提升苏美达船队管理的精细化、标准化水平，确保管理船舶的资产品质及各项性能指标均保持最佳状态。在 2 艘新船的交付之际，苏美达航运通过对上船物料、备件进行精细化管理，对消防、救生演习的监督与支持，诠释苏美达航运的“精细化管理，专业化运营”的理念。

经济或社会效益：实现销售收入 4 940 万美元。

十七、交付国银金租第 16 艘散货船

实施单位：苏美达股份有限公司。

签约时间：2020 年 4 月 2 日。

项目概述：2021 年 4 月 8 日，新大洋造船有限公司为国银金租建造的一艘皇冠 63 散货船顺利签字交付。国银金租是我国首批成立的租赁公司，是我国租赁行业的开创者和领导者，也是新大洋造船有限公司最为友好的合作伙伴之一，在新大洋造船成立之初双方就开始友好合作。双方已成功合作建造新船 16 艘，其中皇冠 82 散货船 7 艘，皇冠 63 散货船 9 艘。

经济或社会效益：该项目为苏美达船舶公司带来营收超 2 000 万美元。同时作为船舶公司交付的第 83 艘皇冠 63 品牌船型，进一步巩固船舶公司在 ULTRAmax 船型细分市场的领先地位，为解决社会就业做出贡献。

十八、2021 年 6 月份交付国银金租 2 艘皇冠 63 散货船

实施单位：苏美达股份有限公司。

签约时间：2020 年 4 月 2 日。

项目概述：2021 年 6 月 21 日和 2021 年 6 月 23 日，皇冠 63 散货船 DY4079、DY4080 先后顺利交付国银金租，这 2 艘船是新大洋造船为国银金租建造的第 20、21 艘船。

经济或社会效益：截至 2021 年 6 月 23 日，新大洋造船已交船 10 艘，全部按计划完成，交出一份时间过半、任务过半的靓丽成绩单。突出的成绩背后是所有员工不懈奋斗的艰辛付出。作为船舶建造后道工序的总装部，更是顶住巨大的压力，上下一心，永不言弃，克服重重困难，保住所有生产节点，为新大洋造船“奋战双过半”画上圆满的句号。

十九、9 月份交付 2 艘 59 990 载重吨散货船

实施单位：苏美达股份有限公司。

签约时间：2020 年 1 月 22 日。

项目概述：2021 年 9 月 8 日、2021 年 9 月 16 日，新大洋造船为泰州市明兴海运有限公司和苏州鑫新海运有限公司建造的 59 990 载重吨内贸散货船 DY4081、DY4076 顺利交付。

DY4081、DY4076 建造后期受新冠肺炎疫情影响达一个多月，复工复产后新大洋造船立刻全力投入生产，追赶进度。完工后受疫情影响，一直无法签署交船文件。9 月初，扬州疫情好转，苏美达立即与船东和融资方联系，通过快递签署造船交接议定书，完备交船手续。在船东现场代表、CCS 船检和服务商的大力配合下，最终在合同交船期内完成交船工作。

社会或经济效益：实现销售收入 29 657 万元。

二十、交付首制 75 000 载重吨内贸船

实施单位：苏美达股份有限公司。

签约时间：2020 年 6 月 27 日。

项目概述：2021 年 12 月 24 日，首制 75 000 载重吨内贸散货船 DY4088 在 2 艘拖轮的协助下缓缓驶离码头。该船是苏美达股份有限公司为福建石狮鼎盛船务有限公司建造的 3 艘同型船的第 1 艘，于 12 月 17 日交付船东，当天开始首航之旅。

75 000 载重吨内贸散货船是目前我国沿海南北航线装载量最大的船型之一，总长 209.9m，型宽 36m，型深 18m，设计吃水 11.3m，结构吃水 12.8m。该船是新大洋造船围绕国内市场需求，采用节能高效桨和消窝鳍设计，配置高效灵敏的襟翼舵和变频轴带发电机技术，重点打造的“江海兼用”内贸节能新船型，将外贸船先进的环保、节能和制造技术引入内贸船的研发设计，大大满足了内贸船船东需求。

经济或社会效益：该型船能提供煤炭、粮食、砂石、铁矿石等货物运输，繁荣国内沿海运输市场。

第七篇

大事记

2021年中国机械工业集团有限公司大事记

1月13日

国务院国资委动态调整“双百企业”名单和“科改示范企业”名单。国机集团中工国际工程股份有限公司、中国联合工程有限公司、中国恒天集团有限公司、中国中元国际工程有限公司4家企业入选“双百企业”，国机精工股份有限公司、中国重型机械研究院股份公司2家企业入选“科改示范企业”。

1月18日

国机集团党委书记、董事长张晓仑会见古巴共和国驻华大使卡洛斯一行，就进一步深化双方经贸合作进行沟通交流。

1月21—22日

国机集团董事长张晓仑作为意大利B20（二十国集团工商界活动）金融与基础设施工作组联合主席，应邀以视频方式出席意大利B20 2021年启动会议，并在金融与基础设施工作组启动会议上发言。

2月5日

国机集团与中国国际金融股份有限公司在京签署战略合作协议。

2月9日

国机集团党委书记、董事长张晓仑在京会见白俄罗斯共和国驻华大使先科一行，就推动中白工业园高质量发展，中医药产业入驻中白工业园及集团在白俄罗斯业务进行深入交流和探讨。

2月9日

国机集团和白俄罗斯明斯克中白工业园开发股份有限公司举行中医药产业入驻中白工业园国机火炬园云签约仪式，进一步拓展中白工业园产业集群。

2月25日

全国脱贫攻坚总结表彰大会在京举办。国机集团淮滨苏美达服装科技发展有限公司获评“全国脱贫攻坚先进集体”。

3月3日

国机集团和招商局集团在京召开中白工业园年度高层协调会，就园区未来发展、产业布局等重大事项深入探讨，充分交换意见。

3月5日

国机集团党委组织召开党史学习教育动员部署大会，对学习教育各项工作进行安排。标志国机集团党史学习教育正式启动。

3月19日

国机集团总经理、党委副书记吴永杰在京会见来访的天津市副市长王卫东一行，就落实京津冀协同发展战略进行深入沟通。

3月22日

国机集团与德阳市人民政府签署战略合作协议。

3月23日

河南省省长尹弘到国机集团洛阳轴承研究所有限公司调研指导，并与行业专家、企业代表就推动洛阳轴承产业发展进行座谈交流。

3月27日

国务院国资委党委书记、主任郝鹏，党委委员、副主任任洪斌一行到国机集团在鄂企业恒天嘉华非织造有限公司调研指导，并看望慰问新冠肺炎疫情期间奋斗在一线的干部职工。

4月7日

国机集团党委召开2021年第一轮巡视动员部署会，对国机集团国机重型装备集团股份有限公司、国机智能科技有限公司、中国机械国际合作股份有限公司3家企业进行巡视。

4月7日

国机集团党委书记、董事长张晓仑在京会见来访的贵州省副省长李睿一行，就进一步深化合作进行深入探讨。

4 月 9 日

国机集团干部教育基地启用暨阳早寒春生平事迹展开展仪式在京举行。

4 月 16 日

在国机集团 2021 年第二季度党建工作例会上，“党建创新拓展年”专项行动正式启动。

4 月 20 日

博鳌亚洲论坛 2021 年年会开幕式在海南博鳌举行，国家主席习近平以视频方式发表题为《同舟共济克时艰，命运与共创未来》的主旨演讲。国机集团党委书记、董事长张晓仑应邀出席论坛开幕式。

4 月 21 日

国机集团党委书记、董事长张晓仑率队赴贵州省洽谈合作，与贵州省委副书记、省长李炳军会谈，并共同见证国机集团与贵州省人民政府签署战略合作框架协议。

4 月 27 日

2021 年“全国五一劳动奖”和“全国工人先锋号”揭晓。国机集团 1 个单位荣获“全国五一劳动奖状”、3 名职工荣获“全国五一劳动奖章”、2 个集体获“全国工人先锋号”荣誉称号。

5 月 8 日

中国共产党中国机械工业集团有限公司第二次党员代表大会在京召开，选举产生了中国共产党中国机械工业集团有限公司第二届委员会和中国共产党中国机械工业集团有限公司第二届纪律检查委员会。

5 月 10 日

国机集团参加中国自主品牌博览会、中国智造品牌论坛暨中央企业高端装备制造创新成就展，举办线上品牌发展论坛，展示国机品牌在支撑制造强国建设、带动科技创新、服务保障民生、推动高质量发展等工作的成果和作用。

5 月 19 日

国机集团与重庆市人民政府签署战略合作框架协议。

5 月 26 日

国机集团在郑州举办第一届智能制造创新发展高峰论坛，进一步增进行业沟通交流，促进行业开展更大范围、更高水平、更深层次的交流与合作。

5 月 30 日

在中国科学技术协会第十次全国代表大会上，国机集团党委常委、副总经理、总工程师、中国工程院院士陈学东当选中国科协第十届全国委员会副主席。

6 月 3 日

国务院国资委党委党史学习教育中央企业第二指导组进驻中国机械工业集团有限公司开展指导工作。第二指导组组长、中国长江三峡集团原党组书记、董事长卢纯介绍有关情况并作指导讲话。

6 月 7 日

国机集团党委书记、董事长张晓仑在中央广播电视总台百集微纪录片《信物百年》中，讲述国机集团 1959 年研发生产我国第一代拖拉机背后的故事。

6 月 17 日

河南省委书记楼阳生到国机集团郑州磨料磨具磨削研究所有限公司调研指导。

6 月 22 日

国机集团党委书记、董事长张晓仑在集团总部会见吉林省人民政府党组成员、副省长李伟一行，就深化合作，助力吉林振兴发展进行深入探讨。

6 月 22 日

国机集团与中国船舶集团有限公司在京签订战略合作协议。

6 月 23 日

中央宣传部新命名 111 个全国爱国主义教育示范基地。国机集团中国一拖东方红农耕博物馆入选。此次入选将促进该馆更好地发挥宣传教育作用，引导大众从中国农机发展进程感悟初心使命，汲取奋进力量。

6 月 24 日

国机集团“十四五”规划在京发布，为国机集团未来 5 年乃至更长时期发展提供指导纲领和行动指南。

6 月 24 日

国机集团召开脱贫攻坚总结表彰大会暨乡村振兴工作动员部署会，总结集团脱贫攻坚工作成果，表彰脱贫攻坚先进，部署巩固拓展脱贫攻坚成果同乡村振兴有效衔接工作。

6 月 24 日

国机集团召开主题为“百年党旗红 国机在行动”的庆祝大会，通过演讲比赛、党史学习教育专题党课等系列活动，庆祝中国共产党成立100周年。

7 月 8 日

第十五届中华技能大奖和全国技术能手名单公布，国机集团3名个人、1个单位获此荣誉。

7 月 14 日

国机集团召开学习贯彻习近平总书记“七一”重要讲话精神专题会暨2021年年中工作会，认真学习贯彻习近平总书记重要讲话精神，回顾总结上半年工作，研究部署下半年任务。

7 月 22 日

国机集团总经理、党委副书记吴永杰在京会见海南省委常委、省政府常务副省长沈丹阳一行，就贯彻落实好国家建设海南自由贸易港要求进行深入沟通。

7 月 22 日

国机集团向河南省慈善总会捐款1 000万元，用于河南地区防汛救灾和灾后重建。

8 月 2 日

2021年《财富》世界500强排行榜发布，国机集团位列第284位。

8 月 2 日

国机集团召开领导班子会议，通报中共中央关于白勇同志和郧小蕙同志职务任免的决定：白勇同志任中国机械工业集团有限公司党委常委、副总经理、总会计师，免去其中国东方电气集团有限公司党组成员、总会计师职务；免去郧小蕙同志中国机械工业集团有限公司副总经理、总会计师职务。相关职务任免，按有关法律和章程的规定办理。

8 月 7 日

国机集团通过在线方式，开展集团第二个“机械工业纪念日”活动，接续文化传统，再话使命传承。

8 月 17 日

国机集团与中国医药集团有限公司在京签订战略合作协议。

8 月下旬

美国《工程新闻纪录》（ENR）杂志2021年各项排名结果揭晓。在全球最大250家国际承包商排名中，国机集团位列第35位，在78家上榜中国企业中位列第9位；在全球最大225家国际工程设计公司排名中，国机集团位列第69位，在24家上榜中国企业中位列第6位。

9 月 3 日

国机集团与农业农村部在京签订战略合作协议。

9 月 13 日

国机集团党委常委、副总经理丁宏祥，党委常委、副总经理、总工程师、中国工程院院士陈学东在安徽省会见安徽省委副书记、省长王清宪，就国机集团和安徽省在科技创新、科技成果转化、区域科技创新体系建设等进一步深化合作进行交流。

9 月 26 日

国机集团参加第二届中国—非洲经贸博览会，展示国机集团在非洲的建设成果。其间，中共中央政治局委员、中央外事工作委员会办公室主任杨洁篪；国务院国资委党委委员、秘书长彭华岗相继来到集团展位，听取了关于集团非洲业务的汇报。

10 月 13 日

国机集团与中国国际进口博览局在沪签署战略合作协议。

10 月 15 日

国机集团党委书记、董事长张晓仑在京会见江苏大学党委书记袁寿其、校长颜晓红一行，就进一步加强合作进行了深入探讨。

10 月 22 日

全国政协副主席、民革中央常务副主席郑建邦率队赴国机集团中国一拖集团有限公司，就“十四五”规划对外开放重大举措落实情况开展民主监督性调研。

11 月 3 日

国家科学技术奖励大会在京召开。国机集团参与的3个项目分别荣获2020年度国家科学技术进步奖一等奖、二等奖。

11 月 6 日

国机集团在第四届进博会上，与 11 家合作伙伴签署 11 项进口采购合约，累计签约金额 18.86 亿美元。

11 月 6 日

安徽省委常委、合肥市委书记虞爱华到国机集团合肥通用机械研究院有限公司调研。

11 月 19 日

第三次“一带一路”建设座谈会在京召开。中共中央总书记、国家主席、中央军委主席习近平出席会议并发表重要讲话。国机集团党委书记、董事长张晓仑参加会议。

11 月 23 日

国机集团党委书记、董事长张晓仑在京会见河南省委常委、洛阳市委书记江凌一行，就进一步加强农机装备产业合作进行深入交流。

11 月 24 日

国机集团与中国人民保险集团股份有限公司在京签署战略合作协议。

11 月 25 日

山西省副省长于英杰到国机集团中国机械设备工程股份有限公司承建的鹏湾氢港 2 万 t/a 焦炉煤气制氢项目现场调研指导。

11 月 29 日

国机集团党委启动党的十九届六中全会精神系列培训，推动集团各级企业和广大党员、干部深入学习领会会议精神，掀起学习贯彻热潮。

12 月 2 日

国机集团总经理、党委副书记吴永杰在京会见中国东方电气集团有限公司总经理、党组副书记徐鹏一行，就加强探索新兴业务领域的合作等进行深入交流。

12 月 9 日

2021 年度中国机械工业科学技术奖揭晓，国机集团获各类奖项 35 项，其中特等奖 1 项、一等奖 6 项、二等奖 15 项、三等奖 13 项。

12 月 10 日

国机集团党委书记、董事长张晓仑在京会见安徽省政府副省长、党组成员何树山一行，就进一步加强战略合作、推动高质量发展进行了深入沟通。

12 月 13 日

国机集团党委书记、董事长张晓仑应邀参加第八次中法高级别经济财金对话会议，并作为中法企业家委员会中方理事单位及消费与服务工作组组长单位代表，在中法企业家委员会第四次会议上发言。

12 月 15 日

国机集团在深圳举办首届中央企业数字化转型峰会智能制造分论坛，推动中国制造业以智能制造为主攻方向进行产业技术变革和优化升级。

12 月 28 日

国机集团以视频会议形式召开 2022 年工作会议，总结 2021 年主要工作，分析面临形势，部署 2022 年重点工作。

12 月 28 日

中国机械工业工程集团有限公司正式揭牌。标志着集团全面落实“十四五”发展规划，促进设计咨询和工程承包板块业务做强做优做大，在“双循环”新发展格局下实现板块高质量跨越式发展迈出重要一步。

12 月 31 日

国机集团党委书记、董事长张晓仑在京会见江苏省副省长、省政府党组成员马欣一行，就进一步加强合作进行探讨。

第八篇

附录

关于促进内外贸一体化发展的意见

国办发〔2021〕59号

推进内外贸一体化有利于形成强大国内市场，有利于畅通国内国际双循环。近年来，我国内外贸一体化取得了长足发展，但也存在调控体系不够完善，统筹利用两个市场、两种资源的能力不够强，内外贸融合发展不够顺畅等问题，还不能完全适应构建新发展格局的需要。为深入贯彻党中央、国务院决策部署，促进内外贸一体化发展，经国务院同意，现提出以下意见：

一、总体要求

（一）指导思想

以习近平新时代中国特色社会主义思想为指导，全面贯彻党的十九大和十九届历次全会精神，立足新发展阶段，完整、准确、全面贯彻新发展理念，加强改革创新驱动、产品对标驱动、渠道对接驱动、主体引领驱动、数字赋能驱动、服务优化驱动，促进内外贸法律法规、监管体制、经营资质、质量标准、检验检疫、认证认可等高水平衔接，降低企业市场转换的制度成本，提高统筹利用两个市场、两种资源的能力，促进内贸和外贸、进口和出口协调发展，服务构建新发展格局，实现更高水平开放和更高质量发展。

（二）基本原则

坚持政府引导、市场为主。充分发挥市场在资源配置中的决定性作用，更好地发挥政府政策引导和公共服务作用，充分调动企业积极性，提升市场主体内外贸一体化经营能力，激发内生发展动力。

坚持改革开放、规则衔接。加快制度型开放，推动制度和模式创新，循序渐进推进体制机制改革，不断破除内外贸一体化发展面临的制度障碍，促进制度规则衔接，优化内外贸融合发展环境。

坚持系统观念、统筹推进。强化对内外贸一体化发展的顶层设计和统筹谋划，立足当前、着眼长远、突出重点、以点带面，完善内外贸一体化发展的制度体系、工作体系和评价体系，全面协调持续推进内外贸一体化发展。

（三）发展目标

到2025年，内外贸法律法规、监管体制、经营资质、质量标准、检验检疫、认证认可等衔接更加有效，市场主体内外贸一体化发展水平进一步提升，内外联通网络更加完善，政府管理服务持续优化，内外贸一体化调控体系更加健全，实现内外贸高效运行、融合发展。

二、完善内外贸一体化制度体系

（四）健全法律法规

推动健全有利于内外贸一体化的法律法规体系，梳理并推动修订妨碍内外贸一体化的法律、法规、规章和规范性文件。（各有关部门及各地区按职责分工负责）健全知识产权侵权惩罚性赔偿制度，加大损害赔偿力度，实行严格的知识产权保护，提高企业创新和产品内销的积极性。（市场监管总局、国家知识产权局及各地区按职责分工负责）

（五）完善监管体制

对标国际先进水平，促进内外贸监管规则衔接，推进内外贸监管部门信息互换、监管互认、执法互助，提高监管的精准性、有效性，优化内外贸营商环境。加强反垄断和反不正当竞争执法，强化公平竞争审查，清理纠正地方保护、行业垄断、市场分割等不公平做法和隐性壁垒，推动形成全国统一大市场，促进内外贸资源要素顺畅流动、优化配置。（各有关部门及各地区按职责分工负责）深化海关国际合作，与贸易伙伴加强在技术性贸易措施、口岸监管、产品合规情况等方面的信息交换，推动检验检疫证书国际联网核查，积极稳妥推进商品检验第三方结果采信，提升通关、资金结算、纳税便利化水平。（海关总署、市场监管总局、国家外汇局及各地区按职责分工负责）

（六）加强规则对接

加强在联合国、世界贸易组织等框架和多边机制中的国际合作，积极参与国际规则制定。推进实施自由贸易区提升战略，与更多贸易伙伴商签自由贸易协定。加强国内市场规则与国际通行贸易规则对接，做好贸易政策合规工作，在贸易自由化便利化、知识产权保护、电子商务、招标投标、政府采购等方面实行更高标准规则，更好联通国内国际市场，促进企业拓展内外贸业务。（商务部牵头，国家发展改革委、工业和信息化部、财政部、海关总署、市场监管总局、国家知识产权局及各地区按职责分工负责）

（七）促进标准认证衔接

积极开展国内国际标准转化，补齐国内标准短板，提高标准技术水平，持续提升国内国际标准一致性。鼓励国内企事业单位积极参与国际标准化活动，加强与全球产业链上下游企业协作，共同制定国际标准。支持检验检测、认证认可等第三方合格评定服务机构为内外贸企业提供一站式服务，鼓励第三方合格评定服务机构国际化发展。在共建“一带一路”倡议、区域全面经济伙伴关系协定等框架下深化国际合作，促进合格评定机构、政府间合格评定结果国际互认水平不断提升。简化出口转内销相关强制性产品认证程序，缩短办理时间。（市场监管总局、工业和信息化部及各地区按职责分工负责）加强绿色食品、有机农产品、地理标志农产品认证和管理，提升内外贸农产品质量安全水平。统一林草可持续经营认证标准，对接国际森林认证标准，增加优质内外贸林草产品供给。（农业农村部、市场监管总局、国家林草局及各地区按职责分工负责）

（八）推进同线同标同质

推进内外贸产品同线同标同质（以下称“三同”），带动国内相关产业加快提质升级，优化供需结构。鼓励企业对其产品做出满足“三同”要求的自我声明，或委托第三方机构依据“三同”要求进行质量评价。建设“三同”公共服务平台，强化服务企业功能。加强“三同”企业和产品信息宣传推广，提高消费者认知度。（市场监管总局、工业和信息化部、商务部及各地区按职责分工负责）

三、增强内外贸一体化发展能力

（九）支持市场主体内外贸一体化经营

鼓励有条件的大型商贸、物流企业“走出去”，加强资源整合配置，优化国际营销体系，完善全球服务网络。支持跨国大型供应链服务企业发展，提高国际竞争力，增强产业链供应链韧性。培育一批国内国际市场协同互促、有较强创新能力和竞争实力的优质贸易企业，引导带动更多企业走一体化经营道路。对标国际先进农产品种植和生产标准，建设一批优质农产品种植和生产基地，培育一批种养加、产供销、内外贸一体化的现代农业企业。加大对企业的指导和服务力度，提升知识产权管理能力。加强区域品牌建设，加快自主品牌培育。（国家发展改革委、农业农村部、商务部、国务院国资委、海关总署、市场监管总局、国家邮政局、国家知识产权局及各地区按职责分工负责）

（十）创新内外贸融合发展模式

推动内外贸数字化发展，充分利用现代信息技术，加快线上线下融合，促进产销衔接、供需匹配，推动传统产业转型升级，培育内外贸新业态新模式。支持反向定制（C2M）、智能工厂等创新发展，增强企业柔性生产和市场需求适配能力，促进内外贸产业链供应链融合。扎实推进跨境电子商务综合试验区建设，鼓励跨境电商平台完善功能，更好对接国内国际市场。促进跨境电商零售进口规范健康发展，丰富产品供给。复制推广服务贸易创新发展试点经验，提升服务贸易自由化便利化水平。（商务部牵头，财政部、工业和信息化部、海关总署、

税务总局、国家外汇局、国家邮政局及各地区按职责分工负责）

（十一）加强内外贸一体化专业人才培养培训

增强职业技术教育适应性，加强产教融合、校企合作，创新推广“外语＋职业技能”等人才培养模式，探索中国特色学徒制，推进相关专业升级和数字化改造。培养熟悉国内外法律、规则和市场环境的专业人才，进一步健全终身职业技能培训制度，为企业提高内外贸一体化经营能力提供人才和技能支撑。（教育部牵头，各有关部门及各地区按职责分工负责）

四、加快内外贸融合发展

（十二）建设内外贸融合发展制度高地

发挥自由贸易试验区、自由贸易港的示范引领作用，对标高标准国际经贸规则，推动高水平制度型开放，促进内外贸融合发展。发挥国家级经济技术开发区、综合保税区、跨境电子商务综合试验区等开放平台和产业集聚区作用，积极探索内外贸融合发展的新模式、新举措，促进内外贸体制机制对接和一体化发展。（国家发展改革委、商务部、海关总署等有关部门及各地区按职责分工负责）

（十三）打造内外贸融合发展平台

提升市场采购贸易方式便利化水平，吸引地方特色产业集聚，带动更多市场主体拓展外贸业务。促进重点商品交易市场与国外营销网络互联互通，培育一批运营模式与国际接轨的国内商品交易市场，打造特色鲜明的区域或国际商品集散中心。充分利用中国国际进口博览会、中国进出口商品交易会、中国国际服务贸易交易会等具有国际影响力的会展平台，增进国内外市场交流。推进国家进口贸易促进创新示范区建设，充分发挥促进进口、服务产业、提升消费、示范引领作用。（商务部牵头，财政部、海关总署及各地区按职责分工负责）搭建出口转内销平台，支持国内商贸企业与外贸企业开展订单直采，引导外贸企业精准对接国内市场消费需求，多渠道拓展内销市场。（商务部及各地区按职责分工负责）

（十四）完善内外联通物流网络

加强国际航空货运能力建设，提升国际海运竞争力，推动中欧班列高质量发展，加快推进国际道路运输便利化。引导外贸企业、跨境电商、物流企业加强业务协同和资源整合，加快布局海外仓、配送中心等物流基础设施网络，提高物流运作和资产利用效率。优化城市物流配送网络，补齐城市配送“最后一公里”短板。持续支持中西部地区、县域商贸物流基础设施建设，强化协同共享，畅通区域间、城乡间流通网络，降低内外贸商品流通成本，促进高效通达国内国际市场。（国家发展改革委、商务部、交通运输部、中国民航局、国家邮政局及各地区按职责分工负责）

五、完善保障措施

（十五）加强财政金融支持

在符合多双边经贸协定规则前提下，加大对内外贸一体化发展的支持力度。统筹用好现有财政支持政策，推动内外贸融合创新发展。鼓励金融机构按照市场化原则加大对内外贸的信贷支持力度，依托内外贸企业的应收账款、存货、仓单、订单、保单等，创新金融产品，加强金融服务。进一步扩大出口信用保险和国内贸易信用保险覆盖面。（国家发展改革委、财政部、商务部、人民银行、银保监会、中国出口信用保险公司及各地区按职责分工负责）

（十六）开展内外贸一体化试点

在部分地区开展内外贸一体化试点，全面梳理内外贸一体化调控体系的问题清单和需求清单，促进内外贸法律法规、监管体制、经营资质、质量标准、检验检疫、认证认可等衔接，探索建立内外贸一体化评价体系，培育一批内外贸一体化经营企业，打造一批内外贸融合发展平台，形成一批可复制推广的经验和模式。（商务部牵头，各有关部门及试点地区按职责分工负责）

（十七）发挥行业组织作用

鼓励行业协会、商会制定发布内外贸一体化产品和服务标准，参与制定国家标准、行业标准及有关政策法规。积极发挥第三方服务机构和市场中介组织作用，提升市场化专业化服务能力。（市场监管总局、工业和信息化部、农业农村部、

商务部及各地区按职责分工负责）

（十八）强化组织领导

各地区、各有关部门要充分认识促进内外贸一体化发展的重要性，加强组织领导，完善工作机制，落实工作职责，密切协调配合。商务部牵头建立促进内外贸一体化发展部际工作机制，会同有关部门加强协调指导，确保各项工作有效落实。各地区要结合本地区实际，研究确定促进内外贸一体化发展的具体政策措施，推动取得实效。重大问题要及时请示报告。

国务院办公厅

2021 年 12 月 30 日

（此件公开发布）

〔来源：中国政府网〕

中共中央　国务院关于加快建设全国统一大市场的意见

建设全国统一大市场是构建新发展格局的基础支撑和内在要求。为从全局和战略高度加快建设全国统一大市场，现提出如下意见。

一、总体要求

（一）指导思想

以习近平新时代中国特色社会主义思想为指导，全面贯彻党的十九大和十九届历次全会精神，弘扬伟大建党精神，坚持稳中求进工作总基调，完整、准确、全面贯彻新发展理念，加快构建新发展格局，全面深化改革开放，坚持创新驱动发展，推动高质量发展，坚持以供给侧结构性改革为主线，以满足人民日益增长的美好生活需要为根本目的，统筹发展和安全，充分发挥法治的引领、规范、保障作用，加快建立全国统一的市场制度规则，打破地方保护和市场分割，打通制约经济循环的关键堵点，促进商品要素资源在更大范围内畅通流动，加快建设高效规范、公平竞争、充分开放的全国统一大市场，全面推动我国市场由大到强转变，为建设高标准市场体系、构建高水平社会主义市场经济体制提供坚强支撑。

（二）工作原则

立足内需，畅通循环。以高质量供给创造和引领需求，使生产、分配、流通、消费各环节更加畅通，提高市场运行效率，进一步巩固和扩展市场资源优势，使建设超大规模的国内市场成为一个可持续的历史过程。

立破并举，完善制度。从制度建设着眼，明确阶段性目标要求，压茬推进统一市场建设，同时坚持问题导向，着力解决突出矛盾和问题，加快清理废除妨碍统一市场和公平竞争的各种规定和做法，破除各种封闭小市场、自我小循环。

有效市场，有为政府。坚持市场化、法治化原则，充分发挥市场在资源配置中的决定性作用，更好发挥政府作用，强化竞争政策基础地位，加快转变政府职能，用足用好超大规模市场优势，让需求更好地引领优化供给，让供给更好地服务扩大需求，以统一大市场集聚资源、推动增长、激励创新、优化分工、促进竞争。

系统协同，稳妥推进。不断提高政策的统一性、规则的一致性、执行的协同性，科学把握市场规模、结构、组织、空间、环境和机制建设的步骤与进度，坚持放管结合、放管并重，提升政府监管效能，增强在开放环境中动态维护市场稳定、经济安全的能力，有序扩大统一大市场的影响力和辐射力。

（三）主要目标

持续推动国内市场高效畅通和规模拓展。发

挥市场促进竞争、深化分工等优势，进一步打通市场效率提升、劳动生产率提高、居民收入增加、市场主体壮大、供给质量提升、需求优化升级之间的通道，努力形成供需互促、产销并进、畅通高效的国内大循环，扩大市场规模容量，不断培育、发展、强大国内市场，保持和增强对全球企业、资源的强大吸引力。

加快营造稳定公平透明可预期的营商环境。以市场主体需求为导向，力行简政之道，坚持依法行政，公平公正监管，持续优化服务，加快打造市场化、法治化、国际化营商环境。充分发挥各地区比较优势，因地制宜为各类市场主体投资兴业营造良好生态。

进一步降低市场交易成本。发挥市场的规模效应和集聚效应，加强和改进反垄断、反不正当竞争执法司法，破除妨碍各种生产要素市场化配置和商品服务流通的体制机制障碍，降低制度性交易成本。促进现代流通体系建设，降低全社会流通成本。

促进科技创新和产业升级。发挥超大规模市场具有丰富应用场景和放大创新收益的优势，通过市场需求引导创新资源有效配置，促进创新要素有序流动和合理配置，完善促进自主创新成果市场化应用的体制机制，支撑科技创新和新兴产业发展。

培育参与国际竞争合作新优势。以国内大循环和统一大市场为支撑，有效利用全球要素和市场资源，使国内市场与国际市场更好联通。推动制度型开放，增强在全球产业链、供应链、创新链中的影响力，提升在国际经济治理中的话语权。

二、强化市场基础制度规则统一

（四）完善统一的产权保护制度

完善依法平等保护各种所有制经济产权的制度体系。健全统一规范的涉产权纠纷案件执法司法体系，强化执法司法部门协同，进一步规范执法领域涉产权强制措施规则和程序，进一步明确和统一行政执法司法裁判标准，健全行政执法与刑事司法双向衔接机制，依法保护企业产权及企业家人身财产安全。推动知识产权诉讼制度创新，完善知识产权法院跨区域管辖制度，畅通知识产权诉讼与仲裁、调解的对接机制。

（五）实行统一的市场准入制度

严格落实“全国一张清单”管理模式，严禁各地区各部门自行发布具有市场准入性质的负面清单，维护市场准入负面清单制度的统一性、严肃性、权威性。研究完善市场准入效能评估指标，稳步开展市场准入效能评估。依法开展市场主体登记注册工作，建立全国统一的登记注册数据标准和企业名称自主申报行业字词库，逐步实现经营范围登记的统一表述。制定全国通用性资格清单，统一规范评价程序及管理办法，提升全国互通、互认、互用效力。

（六）维护统一的公平竞争制度

坚持对各类市场主体一视同仁、平等对待。健全公平竞争制度框架和政策实施机制，建立公平竞争政策与产业政策协调保障机制，优化完善产业政策实施方式。健全反垄断法律规则体系，加快推动修改反垄断法、反不正当竞争法，完善公平竞争审查制度，研究重点领域和行业性审查规则，健全审查机制、统一审查标准、规范审查程序、提高审查效能。

（七）健全统一的社会信用制度

编制出台全国公共信用信息基础目录，完善信用信息标准，建立公共信用信息同金融信息共享整合机制，形成覆盖全部信用主体、所有信用信息类别、全国所有区域的信用信息网络。建立健全以信用为基础的新型监管机制，全面推广信用承诺制度，建立企业信用状况综合评价体系，以信用风险为导向优化配置监管资源，依法依规编制出台全国失信惩戒措施基础清单。健全守信激励和失信惩戒机制，将失信惩戒和惩治腐败相结合。完善信用修复机制，加快推进社会信用立法。

三、推进市场设施高标准联通

（八）建设现代流通网络

优化商贸流通基础设施布局，加快数字化建设，推动线上线下融合发展，形成更多商贸流通新平台、新业态、新模式。推动国家物流枢纽网络建设，大力发展多式联运，推广标准化托盘带板运输模式。大力发展第三方物流，支持数字化第三方物流交付平台建设，推动第三方物流产业科技和商业模式创新，培育一批有全球影响力的数字化平台企业和供应链企业，促进全社会物流降本增效。加强应急物流体系建设，提升灾害高风险区域交通运输设施、物流站点等设防水平和承灾能力，积极防范粮食、能源等重要产品供应短缺风险。完善国家综合立体交通网，推进多层次一体化综合交通枢纽建设，推动交通运输设施跨区域一体化发展。建立健全城乡融合、区域联通、安全高效的电信、能源等基础设施网络。

（九）完善市场信息交互渠道

统一产权交易信息发布机制，实现全国产权交易市场联通。优化行业公告公示等重要信息发布渠道，推动各领域市场公共信息互通共享。优化市场主体信息公示，便利市场主体信息互联互通。推进同类型及同目的信息认证平台统一接口建设，完善接口标准，促进市场信息流动和高效使用。依法公开市场主体、投资项目、产量、产能等信息，引导供需动态平衡。

（十）推动交易平台优化升级

深化公共资源交易平台整合共享，研究明确各类公共资源交易纳入统一平台体系的标准和方式。坚持应进必进的原则要求，落实和完善“管办分离”制度，将公共资源交易平台覆盖范围扩大到适合以市场化方式配置的各类公共资源，加快推进公共资源交易全流程电子化，积极破除公共资源交易领域的区域壁垒。加快推动商品市场数字化改造和智能化升级，鼓励打造综合性商品交易平台。加快推进大宗商品期现货市场建设，不断完善交易规则。鼓励交易平台与金融机构、中介机构合作，依法发展涵盖产权界定、价格评估、担保、保险等业务的综合服务体系。

四、打造统一的要素和资源市场

（十一）健全城乡统一的土地和劳动力市场

统筹增量建设用地与存量建设用地，实行统一规划，强化统一管理。完善城乡建设用地增减挂钩节余指标、补充耕地指标跨区域交易机制。完善全国统一的建设用地使用权转让、出租、抵押二级市场。健全统一规范的人力资源市场体系，促进劳动力、人才跨地区顺畅流动。完善财政转移支付和城镇新增建设用地规模与农业转移人口市民化挂钩政策。

（十二）加快发展统一的资本市场

统一动产和权利担保登记，依法发展动产融资。强化重要金融基础设施建设与统筹监管，统一监管标准，健全准入管理。选择运行安全规范、风险管理能力较强的区域性股权市场，开展制度和业务创新试点，加强区域性股权市场和全国性证券市场板块间的合作衔接。推动债券市场基础设施互联互通，实现债券市场要素自由流动。发展供应链金融，提供直达各流通环节经营主体的金融产品。加大对资本市场的监督力度，健全权责清晰、分工明确、运行顺畅的监管体系，筑牢防范系统性金融风险安全底线。坚持金融服务实体经济，防止脱实向虚。为资本设置“红绿灯”，防止资本无序扩张。

（十三）加快培育统一的技术和数据市场

建立健全全国性技术交易市场，完善知识产权评估与交易机制，推动各地技术交易市场互联互通。完善科技资源共享服务体系，鼓励不同区域之间科技信息交流互动，推动重大科研基础设施和仪器设备开放共享，加大科技领域国际合作力度。加快培育数据要素市场，建立健全数据安全、权利保护、跨境传输管理、交易流通、开放共享、安全认证等基础制度和标准规范，深入开展数据资源调查，推动数据资源开发利用。

（十四）建设全国统一的能源市场

在有效保障能源安全供应的前提下，结合实现碳达峰、碳中和的目标任务，有序推进全国能源市场建设。在统筹规划、优化布局的基础上，健全油气期货产品体系，规范油气交易中心建设，优化交易场所、交割库等重点基础设施布局。推动油气管网设施互联互通并向各类市场主体公平开放。稳妥推进天然气市场化改革，加快建立统一的天然气能量计量计价体系。健全多层次统一的电力市场体系，研究推动适时组建全国电力交易中心。进一步发挥全国煤炭交易中心作用，推动完善全国统一的煤炭交易市场。

（十五）培育发展全国统一的生态环境市场

依托公共资源交易平台，建设全国统一的碳排放权、用水权交易市场，实行统一规范的行业标准、交易监管机制。推进排污权、用能权市场化交易，探索建立初始分配、有偿使用、市场交易、纠纷解决、配套服务等制度。推动绿色产品认证与标识体系建设，促进绿色生产和绿色消费。

五、推进商品和服务市场高水平统一

（十六）健全商品质量体系

建立健全质量分级制度，广泛开展质量管理体系升级行动，加强全供应链、全产业链、产品全生命周期管理。深化质量认证制度改革，支持社会力量开展检验检测业务，探索推进计量区域中心、国家产品质量检验检测中心建设，推动认证结果跨行业跨区域互通互认。推动重点领域主要消费品质量标准与国际接轨，深化质量认证国际合作互认，实施产品伤害监测和预防干预，完善质量统计监测体系。推进内外贸产品同线、同标、同质。进一步巩固拓展中国品牌日活动等品牌发展交流平台，提高中国品牌影响力和认知度。

（十七）完善标准和计量体系

优化政府颁布标准与市场自主制定标准结构，对国家标准和行业标准进行整合精简。强化标准验证、实施、监督，健全现代流通、大数据、人工智能、区块链、第五代移动通信（5G）、物联网、储能等领域标准体系。深入开展人工智能社会实验，推动制定智能社会治理相关标准。推动统一智能家居、安防等领域标准，探索建立智能设备标识制度。加快制定面部识别、指静脉、虹膜等智能化识别系统的全国统一标准和安全规范。紧贴战略性新兴产业、高新技术产业、先进制造业等重点领域需求，突破一批关键测量技术，研制一批新型标准物质，不断完善国家计量体系。促进内外资企业公平参与我国标准化工作，提高标准制定修订的透明度和开放度。开展标准、计量等国际交流合作。加强标准必要专利国际化建设，积极参与并推动国际知识产权规则形成。

（十八）全面提升消费服务质量

改善消费环境，强化消费者权益保护。加快完善并严格执行缺陷产品召回制度，推动跨国跨地区经营的市场主体为消费者提供统一便捷的售后服务，进一步畅通商品异地、异店退换货通道，提升消费者售后体验。畅通消费者投诉举报渠道，优化消费纠纷解决流程与反馈机制，探索推进消费者权益保护工作部门间衔接联动机制。建立完善消费投诉信息公示制度，促进消费纠纷源头治理。完善服务市场预付式消费管理办法。围绕住房、教育培训、医疗卫生、养老托育等重点民生领域，推动形成公开的消费者权益保护事项清单，完善纠纷协商处理办法。

六、推进市场监管公平统一

（十九）健全统一市场监管规则

加强市场监管行政立法工作，完善市场监管程序，加强市场监管标准化、规范化建设，依法公开监管标准和规则，增强市场监管制度和政策的稳定性、可预期性。对食品药品安全等直接关系群众健康和生命安全的重点领域，落实最严谨标准、最严格监管、最严厉处罚、最严肃问责。对互联网医疗、线上教育培训、在线娱乐等新业态，推进线上线下一体化监管。加强对工程建设领域的统一公正监管，依纪依法严厉查处违纪违法行为。强化重要工业产品风险监测和监督抽查，督促企业落实质量安全主体责任。充分发挥行业协会商会作用，建立有效的政企沟通机制，形成政府监管、平台自律、行业自治、社会监督的多元治理新模式。

（二十）强化统一市场监管执法

推进维护统一市场综合执法能力建设，加强知识产权保护、反垄断、反不正当竞争执法力量。强化部门联动，建立综合监管部门和行业监管部门联动的工作机制，统筹执法资源，减少执法层级，统一执法标准和程序，规范执法行为，减少自由裁量权，促进公平公正执法，提高综合执法效能，探索在有关行业领域依法建立授权委托监管的执法方式。鼓励跨行政区域，按规定联合发布统一监管政策的法规及标准规范，积极开展联动执法，创新联合监管模式，加强调查取证和案件处置合作。

（二十一）全面提升市场监管能力

深化简政放权、放管结合、优化服务改革，完善“双随机、一公开”监管、信用监管、“互联网＋监管”、跨部门协同监管等方式，加强各类监管的衔接配合。充分利用大数据等技术手段，加快推进智慧监管，提升市场监管政务服务、网络交易监管、消费者权益保护、重点产品追溯等方面跨省通办、共享协作的信息化水平。建立健全跨行政区域网络监管协作机制，鼓励行业协会商会、新闻媒体、消费者和公众共同开展监督评议。对新业态新模式坚持规范监管和促进发展并重，及时补齐法规和标准空缺。

七、进一步规范不当市场竞争和市场干预行为

（二十二）着力强化反垄断

完善垄断行为认定法律规则，健全经营者集中分类分级反垄断审查制度。破除平台企业数据垄断等问题，防止利用数据、算法、技术手段等方式排除、限制竞争。加强对金融、传媒、科技、民生等领域和涉及初创企业、新业态、劳动密集型行业的经营者集中审查，提高审查质量和效率，强化垄断风险识别、预警、防范。稳步推进自然垄断行业改革，加强对电网、油气管网等网络型自然垄断环节的监管。加强对创新型中小企业原始创新和知识产权的保护。

（二十三）依法查处不正当竞争行为

对市场主体、消费者反映强烈的重点行业和领域，加强全链条竞争监管执法，以公正监管保障公平竞争。加强对平台经济、共享经济等新业态领域不正当竞争行为的规制，整治网络黑灰产业链条，治理新型网络不正当竞争行为。健全跨部门跨行政区域的反不正当竞争执法信息共享、协作联动机制，提高执法的统一性、权威性、协调性。构建跨行政区域的反不正当竞争案件移送、执法协助、联合执法机制，针对新型、疑难、典型案件畅通会商渠道、互通裁量标准。

（二十四）破除地方保护和区域壁垒

指导各地区综合比较优势、资源环境承载能力、产业基础、防灾避险能力等因素，找准自身功能定位，力戒贪大求洋、低层次重复建设和过度同质竞争，不搞“小而全”的自我小循环，更不能以“内循环”的名义搞地区封锁。建立涉企优惠政策目录清单并及时向社会公开，及时清理废除各地区含有地方保护、市场分割、指定交易等妨碍统一市场和公平竞争的政策，全面清理歧视外资企业和外地企业、实行地方保护的各类优惠政策，对新出台政策严格开展公平竞争审查。加强地区间产业转移项目协调合作，建立重大问题协调解决机制，推动产业布局、分工进一步优化。鼓励各地区持续优化营商环境，依法开展招商引资活动，防止招商引资恶性竞争行为，以优质的制度供给和制度创新吸引更多优质企业投资。

（二十五）清理废除妨碍依法平等准入和退出的规定做法

除法律法规明确规定外，不得要求企业必须在某地登记注册，不得为企业跨区域经营或迁移设置障碍。不得设置不合理和歧视性的准入、退出条件以限制商品服务、要素资源自由流动。不得以备案、注册、年检、认定、认证、指定、要求设立分公司等形式设定或者变相设定准入障碍。不得在资质认定、业务许可等方面，对外地企业设定明显高于本地经营者的资质要求、技术要求、检验标准或评审标准。清理规范行政审批、许可、备案等政务服务事项的前置条件和审批标准，不得将政务服务事项转为中介服务事项，没有法律法规依据不得在政务服务前要求企业自行检测、检验、认证、鉴定、公证以及提供证明等，不得搞变相审批、有偿服务。未经公平竞争不得授予经营者特许经营权，不得限定经营、购买、使用特定经营者提供的商品和服务。

（二十六）持续清理招标采购领域违反统一市场建设的规定和做法

制定招标投标和政府采购制度规则要严格按照国家有关规定进行公平竞争审查、合法性审核。招标投标和政府采购中严禁违法限定或者指定特定的专利、商标、品牌、零部件、原产地、供应商，不得违法设定与招标采购项目具体特点和实际需要不相适应的资格、技术、商务条件等。不得违法限定投标人所在地、所有制形式、组织形式，或者设定其他不合理的条件以排斥、限制经营者参与投标采购活动。深入推进招标投标全流程电子化，加快完善电子招标投标制度规则、技术标准，推动优质评标专家等资源跨地区、跨行业共享。

八、组织实施保障

（二十七）加强党的领导

各地区各部门要充分认识建设全国统一大市

场对于构建新发展格局的重要意义，切实把思想和行动统一到党中央决策部署上来，做到全国一盘棋，统一大市场，畅通大循环，确保各项重点任务落到实处。

（二十八）完善激励约束机制

探索研究全国统一大市场建设标准指南，对积极推动落实全国统一大市场建设、取得突出成效的地区可按国家有关规定予以奖励。动态发布不当干预全国统一大市场建设问题清单，建立典型案例通报约谈和问题整改制度，着力解决妨碍全国统一大市场建设的不当市场干预和不当竞争行为问题。

（二十九）优先推进区域协作

结合区域重大战略、区域协调发展战略实施，鼓励京津冀、长三角、粤港澳大湾区以及成渝地区双城经济圈、长江中游城市群等区域，在维护全国统一大市场的前提下，优先开展区域市场一体化建设工作，建立健全区域合作机制，积极总结并复制推广典型经验和做法。

（三十）形成工作合力

各地区各部门要根据职责分工，不折不扣落实本意见要求，对本地区本部门是否存在妨碍全国统一大市场建设的规定和实际情况开展自查清理。国家发展改革委、市场监管总局会同有关部门建立健全促进全国统一大市场建设的部门协调机制，加大统筹协调力度，强化跟踪评估，及时督促检查，推动各方抓好贯彻落实。加强宣传引导和舆论监督，为全国统一大市场建设营造良好社会氛围。重大事项及时向党中央、国务院请示报告。

中共中央

国务院

2022 年 3 月 25 日

（来源：中国政府网）

国务院关于开展营商环境创新试点工作的意见

国发〔2021〕24 号

党中央、国务院高度重视优化营商环境工作。近年来，我国营商环境持续改善，特别是部分地方主动对标国际先进，率先加大营商环境改革力度，取得明显成效，对推动全国营商环境整体优化、培育和激发市场主体活力发挥了较好的示范带动作用。为鼓励有条件的地方进一步瞄准最高标准、最高水平开展先行先试，加快构建与国际通行规则相衔接的营商环境制度体系，持续优化市场化、法治化、国际化营商环境，现提出以下意见。

一、总体要求

（一）指导思想

以习近平新时代中国特色社会主义思想为指导，全面贯彻党的十九大和十九届二中、三中、四中、五中全会精神，立足新发展阶段，完整、准确、全面贯彻新发展理念，构建新发展格局，以推动高质量发展为主题，统筹发展和安全，以制度创新为核心，赋予有条件的地方更大改革自主权，对标国际一流水平，聚焦市场主体关切，进一步转变政府职能，一体推进简政放权、放管结合、优化服务改革，推进全链条优化审批、全过程公正监管、全周期提升服务，推动有效市场和有为政府更好结合，促进营商环境迈向更高水平，更大激发市场活力和社会创造力，更好稳定市场预期，保持经济平稳运行。

（二）试点范围

综合考虑经济体量、市场主体数量、改革基础条件等，选择部分城市开展营商环境创新试点工作。首批试点城市为北京、上海、重庆、杭州、广州、深圳 6 个城市。强化创新试点同全国优化营商环境工作的联动，具备条件的创新试点举措经主管部门和单位同意后在全国范围推开。

（三）主要目标

经过3～5年的创新试点，试点城市营商环境国际竞争力跃居全球前列，政府治理效能全面提升，在全球范围内集聚和配置各类资源要素能力明显增强，市场主体活跃度和发展质量显著提高，率先建成市场化、法治化、国际化的一流营商环境，形成一系列可复制可推广的制度创新成果，为全国营商环境建设做出重要示范。

二、重点任务

（四）进一步破除区域分割和地方保护等不合理限制

加快破除妨碍生产要素市场化配置和商品服务流通的体制机制障碍。在不直接涉及公共安全和人民群众生命健康的领域，推进“一照多址”“一证多址”等改革，便利企业扩大经营规模。清理对企业跨区域经营、迁移设置的不合理条件，全面取消没有法律法规依据的、要求企业在特定区域注册的规定。着力破除招投标、政府采购等领域对外地企业设置的隐性门槛和壁垒。探索企业生产经营高频办理的许可证件、资质资格等跨区域互认通用。

（五）健全更加开放透明、规范高效的市场主体准入和退出机制

进一步提升市场主体名称登记、信息变更、银行开户等便利度。建立健全市场准入评估制度，定期排查和清理在市场准入方面对市场主体资质、资金、股比、人员、场所等设置的不合理条件。推行企业年报“多报合一”改革。完善市场主体退出机制，全面实施简易注销，建立市场主体强制退出制度。推行破产预重整制度，建立健全企业破产重整信用修复机制，允许债权人等推荐选任破产管理人。建立健全司法重整的府院联动机制，提高市场重组、出清的质量和效率。

（六）持续提升投资和建设便利度

深化投资审批制度改革。推进社会投资项目“用地清单制”改革，在土地供应前开展相关评估工作和现状普查，形成评估结果和普查意见清单，在土地供应时一并交付用地单位。推进产业园区规划环评与项目环评联动，避免重复评价。在确保工程质量安全的前提下，持续推进工程建设项目审批制度改革，清理审批中存在的“体外循环”“隐性审批”等行为。推动分阶段整合规划、土地、房产、交通、绿化、人防等测绘测量事项，优化联合验收实施方式。建立健全市政接入工程信息共享机制。探索在民用建筑工程领域推进和完善建筑师负责制。

（七）更好支持市场主体创新发展

完善创新资源配置方式和管理机制，探索适应新业态新模式发展需要的准入准营标准，提升市场主体创新力。在确保安全的前提下，探索高精度地图面向智能网联汽车开放使用。推进区块链技术在政务服务、民生服务、物流、会计等领域的探索应用。探索对食品自动制售设备等新业态发放经营许可。完善知识产权市场化定价和交易机制，开展知识产权证券化试点。深化科技成果使用权、处置权和收益权改革，赋予科研人员职务科技成果所有权或长期使用权，探索完善科研人员职务发明成果权益分享机制。

（八）持续提升跨境贸易便利化水平

高标准建设国际贸易“单一窗口”，加快推动“单一窗口”服务功能由口岸通关向口岸物流、贸易服务等全链条拓展，推进全流程作业无纸化。在确保数据安全的前提下，推动与东亚地区主要贸易伙伴口岸间相关单证联网核查。推进区域通关便利化协作，探索开展粤港澳大湾区“组合港”“一港通”等改革。推进铁路、公路、水路、航空等运输环节信息对接共享，实现运力信息可查、货物全程实时追踪，提升多式联运便利化水平。在有条件的港口推进进口货物“船边直提”和出口货物“抵港直装”。探索开展科研设备、耗材跨境自由流动，简化研发用途设备和样本样品进出口手续。

（九）优化外商投资和国际人才服务管理

加强涉外商事法律服务，建设涉外商事一站式多元解纷中心，为国际商事纠纷提供多元、高效、便捷的解纷渠道。探索制定外籍“高精尖缺”人才地方认定标准。在不直接涉及公共安全和人民群众生命健康、风险可控的领域，探索建立国际职业资格证书认可清单制度，对部分需持证上岗的职业，允许取得境外相应职业资格或公

认的国际专业组织认证的国际人才，经能力水平认定或有关部门备案后上岗，并加强执业行为监管。研究建立与国际接轨的人才评价体系。持续提升政府门户网站国际版服务水平，方便外籍人员及时准确了解投资、工作、生活等政策信息，将更多涉外审批服务事项纳入“一网通办”。

（十）维护公平竞争秩序

坚持对各类市场主体一视同仁、同等对待，稳定市场主体预期。强化公平竞争审查刚性约束，建立举报处理和回应机制，定期公布审查结果。着力清理取消企业在资质资格获取、招投标、政府采购、权益保护等方面存在的差别化待遇，防止滥用行政权力即通过划分企业等级、增设证明事项、设立项目库、注册、认证、认定等形式排除和限制竞争的行为。建立招标计划提前发布制度，推进招投标全流程电子化改革。加强和改进反垄断与反不正当竞争执法。清理规范涉企收费，健全遏制乱收费、乱摊派的长效机制，着力纠正各类中介垄断经营、强制服务等行为。

（十一）进一步加强和创新监管

坚持放管结合、并重，夯实监管责任，健全事前事中事后全链条全流程的监管机制。完善公开透明、简明易行的监管规则和标准，加强政策解读。在直接涉及公共安全和人民群众生命财产安全的领域，探索实行惩罚性赔偿等制度。深化“互联网＋监管”，加快构建全国一体化在线监管平台，积极运用大数据、物联网、人工智能等技术为监管赋能，探索形成市场主体全生命周期监管链。推动“双随机、一公开”监管和信用监管深度融合，完善按风险分级分类的管理模式。在医疗、教育、工程建设等领域探索建立完善执业诚信体系。对新产业、新业态实行包容审慎监管，建立健全平台经济治理体系。推动行业协会商会等建立健全行业经营自律规范，更好发挥社会监督作用。

（十二）依法保护各类市场主体产权和合法权益

构建亲清政商关系，健全政府守信践诺机制，建立政府承诺合法性审查制度和政府失信补偿、赔偿与追究制度，重点治理债务融资、政府采购、招投标、招商引资等领域的政府失信行为，畅通政府失信投诉举报渠道，健全治理“新官不理旧账”的长效机制。完善产权保护制度，强化知识产权保护，开展商标专利巡回评审和远程评审，完善对商标恶意注册和非正常专利申请的快速处置联动机制，加强海外知识产权维权协作。规范罚款行为，全面清理取消违反法定权限和程序设定的罚款事项，从源头上杜绝乱罚款。严格落实重大行政决策程序，增强公众参与实效。全面建立重大政策事前评估和事后评价制度，推进评估评价标准化、制度化、规范化。

（十三）优化经常性涉企服务

加快建立健全高效便捷、优质普惠的市场主体全生命周期服务体系，健全常态化政企沟通机制和营商环境投诉处理机制。完善动产和权利担保统一登记制度，有针对性地逐步整合各类动产和权利担保登记系统，提升企业动产和权利融资便利度。持续优化企业办税服务，深化“多税合一”申报改革，试行代征税款电子缴税并开具电子完税证明。进一步提升不动产登记涉税、继承等业务办理便利度。推进水电气暖等“一站式”便捷服务，加快实现报装、查询、缴费等业务全程网办。推进电子证照、电子签章在银行开户、贷款、货物报关、项目申报、招投标等领域的全面应用和互通互认。推进公安服务“一窗通办”。推行涉企事项“一网通办”“一照通办”，全面实行惠企政策“免申即享”、快速兑现。

三、组织保障

（十四）加强组织领导和统筹协调

国务院办公厅要统筹推进营商环境创新试点工作，牵头制定改革事项清单，做好协调督促、总结评估、复制推广等工作。司法部要做好改革的法治保障工作。国务院有关部门要结合自身职责，协调指导试点城市推进相关改革，为试点城市先行先试创造良好条件。有关省、自治区人民政府要加大对试点城市的支持力度，加强政策措施衔接配套，依法依规赋予试点城市相关权限。各试点城市人民政府要制定本地区试点实施方案，坚持稳步实施，在风险总体可控前提下，科学把握改革的时序、节奏和步骤，推动创新试点工作走深走实，实施方案应报国务院办公厅备案并向社会公布。试点城市辖区内开发区具备较好改革基础的，可研究进一步加大改革力度，为创新试点工作探索更多有益经验。

（十五）强化法治保障

按照重大改革于法有据的要求，依照法定程序开展营商环境创新试点工作。国务院决定，根据《全国人民代表大会常务委员会关于授权国务院在营商环境创新试点城市暂时调整适用〈中华人民共和国计量法〉有关规定的决定》，3 年内在营商环境创新试点城市暂时调整适用《中华人民共和国计量法》有关规定；同时，在营商环境创新试点城市暂时调整适用《植物检疫条例》等 7 部行政法规有关规定。国务院有关部门和有关地方人民政府要根据法律、行政法规的调整情况，及时对本部门和本地区制定的规章、规范性文件作相应调整，建立与试点要求相适应的管理制度。对试点成效明显的改革举措，要及时推动有关法律、法规、规章的立改废释，固化改革成果。

（十六）加强数据共享和电子证照应用支撑

加快打破信息孤岛，扩大部门和地方间系统互联互通和数据共享范围。优化数据资源授权模式，探索实施政务数据、电子证照地域授权和场景授权，将产生于地方但目前由国家统一管理的相关领域数据和电子证照回流试点城市；对试点城市需使用的中央部门和单位、外地的数据和电子证照，由主管部门和单位通过数据落地或数据核验等方式统一提供给试点城市使用。优化全国一体化政务服务平台功能，推动更多数据资源依托平台实现安全高效优质的互通共享。

（十七）做好滚动试点和评估推广

国务院办公厅会同有关方面根据试点情况，结合改革需要，适时扩大试点城市范围。同时，建立改革事项动态更新机制，分批次研究制定改革事项清单，按照批量授权方式，按程序报批后推进实施，定期对营商环境创新试点工作进行评估，对实践证明行之有效、市场主体欢迎的改革措施要及时在更大范围复制推广，对出现问题和风险的要及时调整或停止实施。试点中的重要情况，有关地方和部门要及时向国务院请示报告。

附件：1. 首批营商环境创新试点改革事项清单

2. 国务院决定在营商环境创新试点城市暂时调整适用有关行政法规规定目录

国务院

2021 年 10 月 31 日

（本文有删减）

〔来源：中国政府网〕

附件：

首批营商环境创新试点改革事项清单

（共 10 个方面 101 项改革举措）

序号	改革事项	主要内容	主管部门和单位
一、进一步破除区域分割和地方保护等不合理限制			
1	开展“一照多址”“一证多址”改革	除直接涉及公共安全和人民群众生命健康的领域外，对符合条件的企业，允许在营业执照上加载新设立住所（经营场所）的地址，免于分支机构登记；对部分高频办理的经营许可证，探索允许企业在一定区域内开设经营项目相同的分支机构时，就其符合许可条件做出承诺后，免于再次办理相关许可证，相关部门加强事后核查和监管	市场监管总局等国务院相关部门
2	便利企业分支机构、连锁门店信息变更	大型企业分支机构办理不涉及新办许可证的信息变更时，在试点城市内可实行集中统一办理	市场监管总局

（续）

序号	改革事项	主要内容	主管部门和单位
3	清除招投标和政府采购领域对外地企业设置的隐性门槛和壁垒	清理取消要求投标单位必须在项目所在地或采购人所在地设立分公司或办事处等排斥外地投标人的行为，同步完善与统一开放的招投标和政府采购市场相适应的监管模式	国家发展改革委、财政部等国务院相关部门
4	推动招投标领域数字证书兼容互认	企业在任意试点城市公共资源交易平台完成注册后，即可在全部试点城市及其区县参与投标，做到只需注册一次，只用一套CA证书	国家发展改革委
5	推进客货运输电子证照跨区域互认与核验	推进试点城市制作和发放的道路运输从业人员从业资格证（道路客、货运）、道路运输经营许可证（道路客、货运）、道路运输证（道路客、货运）、营运客车二维码（包含道路运输证、道路客运班线经营信息表的信息）、国内水路运输经营许可证、船舶营业运输证、内河船舶证书信息簿等7类电子证照在试点城市间互认，执法检查部门通过电子证照二维码在线核验、网站查询等方式核验电子证照真伪	交通运输部
6	优化常用低风险植物和植物产品跨区域流通检疫申请流程	试点城市明确以本城市为调入地、必须经过检疫的常用低风险植物和植物产品的检疫要求，并在“全国植物检疫信息化管理系统”和“林业植物检疫管理信息系统”中进行公示，调出地植物检疫机构根据公示要求进行检疫，并出具检疫证书，企业在收到检疫合格证书后即可调运。改革后，调入地植物检疫机构按职责做好对检疫证书的查验审核，并完善复检制度，严格把好植物和植物产品跨省调运的检疫关	农业农村部、国家林草局
二、健全更加开放透明、规范高效的市场主体准入和退出机制			
7	拓展企业开办“一网通办”业务范围	在企业开办过程中，将社保登记后续环节一并纳入“一网通办”平台。推进电子营业执照、电子发票、电子签章同步发放及应用，方便企业网上办事	市场监管总局、人力资源社会保障部、税务总局
8	进一步便利企业开立银行账户	探索整合企业开办实名验证信息、企业登记信息和银行开户备案信息，自然人、法人等通过线上平台申请营业执照时，经企业授权同意后，线上平台将有关基本信息和银行开户预约信息实时推送给申请人选定的开户银行，开户银行生成企业账户预约账号，并通过线上平台推送给税务、人力资源社会保障、住房公积金管理部门。开户银行根据预约需求，按规定为企业开立账户后，及时将相关信息通过线上平台推送至相关部门	市场监管总局、人民银行、公安部、人力资源社会保障部、住房和城乡建设部、税务总局
9	开展不含行政区划名称的企业名称自主申报	下放不含行政区划名称的企业名称登记权至试点城市，全面实行企业名称自主申报	市场监管总局
10	优化律师事务所核名管理	允许试点城市司法行政部门律师管理系统同司法部全国律师综合管理信息系统律师事务所名称数据库进行对接，对申请人申请的律师事务所名称，由试点城市司法行政部门做出名称预核准决定并报司法部备案，缩短核名时限	司法部
11	企业住所（经营场所）标准化登记	通过相关部门数据共享，建立标准化住所（经营场所）数据库，建立健全住所（经营场所）负面清单管理制度，在便利住所登记的同时，防范虚假住所等突出风险	市场监管总局等国务院相关部门
12	试行企业登记信息变更网上办理	通过企业开办“一网通办”平台完成登记注册的企业，可通过平台实现全程网上办理变更手续	市场监管总局等国务院相关部门

（续）

序号	改革事项	主要内容	主管部门和单位
13	推行企业年度报告“多报合一”改革	相关部门可依法依规共享企业年度报告有关信息，企业只需填报一次年度报告，无须再向多个部门重复报送相关信息，实现涉及市场监管、社保、税务、海关等事项年度报告的“多报合一”	市场监管总局、人力资源社会保障部、海关总署、税务总局
14	建立市场准入效能评估制度	围绕市场准入负面清单制度落实情况、市场准入审批服务效能、市场准入隐性壁垒破除等方面，对市场准入效能进行综合评估。对违反市场准入负面清单制度情况进行监测、归集、通报。进一步畅通市场主体对隐性壁垒的投诉渠道和处理回应机制	国家发展改革委
15	探索建立市场主体除名制度	对被列入经营异常名录或者被标记为经营异常状态满两年，且近两年未申报纳税的市场主体，商事登记机关可对其做出除名决定。除名后，市场主体应当依法完成清算、办理注销登记，且不得从事与清算和注销无关的活动。被除名期间市场主体存续，并可对除名决定申请行政复议或提起行政诉讼	市场监管总局
16	优化破产企业土地、房产处置程序	企业破产案件中因债务人资料缺失或第三方机构（如设计、勘察、监理等单位）不配合竣工验收等情形导致无法办理竣工验收的建设工程，经委托有关专业机构对工程质量进行安全鉴定合格后，可办理不动产登记	最高人民法院，自然资源部、住房和城乡建设部
17	优化破产案件财产解封及处置机制	建立破产案件财产处置协调机制，破产案件经试点城市人民法院裁定受理后，由破产管理人通知债权人及相关单位进行财产解封，破产管理人对已查封的财产进行处置时无须再办理解封手续。债务人在试点城市的不动产或动产等实物资产被相关单位查封后，查封单位未依法解封的，允许破产管理人对被查封的财产进行处置。处置后依据破产受理法院出具的文件办理解封和资产过户、移交手续，资产处置所得价款经与查封单位协调一致后，统一分配处置	最高人民法院，公安部、自然资源部、人民银行、海关总署、税务总局、市场监管总局等国务院相关部门
18	进一步便利破产管理人查询破产企业财产信息	允许破产管理人通过线上注册登录等方式，经身份核验后，依法查询有关机构（包括土地管理、房产管理、车辆管理、税务、市场监管、社保等部门和单位）掌握的破产企业财产相关信息，提高破产办理效率	最高人民法院，公安部、人力资源社会保障部、自然资源部、住房和城乡建设部、税务总局、市场监管总局等国务院相关部门
19	健全企业重整期间信用修复机制	人民法院裁定批准重整计划的破产企业，可以申请在“信用中国”网站、国家企业信用信息公示系统、金融信用信息基础数据库中添加相关信息，及时反映企业重整情况；有关部门依法依规调整相关信用限制和惩戒措施。探索重整计划执行期间赋予符合条件的破产企业参与招投标、融资、开具保函等资格	最高人民法院，国家发展改革委、财政部、人民银行、税务总局、市场监管总局、银保监会等国务院相关部门
20	进一步完善破产管理人选任、预重整等制度	允许破产企业的相关权利人推荐破产管理人，并由人民法院指定。探索建立破产预重整制度	最高人民法院

（续）

序号	改革事项	主要内容	主管部门和单位
三、持续提升投资和建设便利度			
21	推进社会投资项目“用地清单制”改革	在土地供应前，可开展地质灾害、地震安全、压覆矿产、气候可行性、水资源论证、水土保持、防洪、考古调查勘探发掘等评估，并对文物、历史建筑保护对象、古树名木、人防工程、地下管线等进行现状普查，形成评估结果和普查意见清单，在土地供应时一并交付用地单位。相关单位在项目后续报建或验收环节，原则上不得增加清单外的要求。改革后，相关单位提升评估的科学性、精准性及论证深度，避免企业拿地后需重复论证。同时，当项目外部条件发生变化，相关单位及时对评估报告等进行调整完善	国家发展改革委、自然资源部、住房和城乡建设部、水利部、中国气象局、国家林草局、国家文物局、中国地震局、国家人防办等
22	试行分阶段整合相关测绘测量事项	探索将勘测定界测绘、宗地测绘合并为一个测绘事项；将房产预测绘、人防面积预测绘、定位测量、建设工程规划验线、正负零检测等事项，在具备条件的情况下进行整合；将竣工规划测量、用地复核测量、房产测量、机动车停车场（库）测量、绿地测量、人防测量、地下管线测量等事项，在具备条件的情况下进行整合。加快统一相关测绘测量技术标准，实现同一阶段“一次委托、成果共享”，避免对同一标的物重复测绘测量	自然资源部、住房和城乡建设部、交通运输部、国家人防办
23	推行水电气暖等市政接入工程涉及的行政审批在线并联办理	对供电、供水、供气、供暖等市政接入工程涉及的建设工程规划许可、绿化许可、涉路施工许可等实行全程在线并联办理，对符合条件的市政接入工程审批实行告知承诺管理。改革后，有关行政审批部门加强抽查核验力度，对虚假承诺、违反承诺等行为实行惩戒	住房和城乡建设部、公安部、自然资源部、交通运输部、国家电网有限公司、中国南方电网有限责任公司
24	开展联合验收“一口受理”	对实行联合验收的工程建设项目，由住房和城乡建设主管部门“一口受理”建设单位申请，并牵头协调相关部门限时开展联合验收，避免建设单位反复与多个政府部门沟通协调	住房和城乡建设部、自然资源部、国家人防办
25	进一步优化工程建设项目联合验收方式	对实行联合验收的工程建设项目，根据项目类别科学合理确定纳入联合验收的事项，原则上未经验收不得投入使用的事项（如规划核实、人防备案、消防验收、消防备案、竣工备案、档案验收等）应当纳入联合验收，其他验收事项可根据实际情况纳入，并综合运用承诺制等多种方式灵活办理验收手续，提高验收效率，减少企业等待时间，加快项目投产使用。改革后，相关主管部门和单位对未纳入联合验收的事项也要依申请及时进行验收，并优化验收流程，对验收时发现的问题及时督促建设单位整改	住房和城乡建设部、自然资源部、国家人防办
26	简化实行联合验收的工程建设项目竣工验收备案手续	对实行联合验收的工程建设项目，可在通过联合验收后现场出具竣工联合验收意见书，政府部门直接备案，不动产登记等相关部门通过系统数据共享获得需要的验收结果，企业无须再单独办理竣工验收备案	住房和城乡建设部、自然资源部、国家人防办
27	试行对已满足使用功能的单位工程开展单独竣工验收	对办理了一张建设工程规划许可证但涉及多个单位工程的工程建设项目，在符合项目整体质量安全要求、达到安全使用条件的前提下，对已满足使用功能的单位工程可采用单独竣工验收方式，单位工程验收合格后，可单独投入使用。改革后，试点城市建立完善单位工程竣工验收标准，加强风险管控，确保项目整体符合规划要求和质量安全	住房和城乡建设部、自然资源部、国家人防办

（续）

序号	改革事项	主要内容	主管部门和单位
28	推进产业园区规划环评与项目环评联动	在环境质量符合国家相关考核要求、环境管理体系较为健全的产业园区，对环境影响较小的项目环评，探索入园建设项目环评改革，推进规划环评与项目环评联动，避免重复评价。改革后，对相关产业园区加强环境监测，明确园区及园区内企业环境风险防范责任，对破坏生态环境的项目及时依法依规处理	生态环境部
29	下放部分工程资质行政审批权限	将省级审批的电子与智能化工程二级、消防设施工程二级、防水防腐保温工程二级、建筑装修装饰工程二级、建筑幕墙工程二级和特种工程资质的审批（包括企业发生重组、合并、分立、跨省变更等事项后资质核定），下放至北京市、上海市、重庆市市辖区（县）和杭州市、广州市、深圳市有关部门。改革后，试点城市明确承接机构、加强专业培训，做好事中事后监管	住房和城乡建设部
30	建立完善建筑师负责制	推动有序发展建筑师个人执业事务所。探索在民用建筑工程领域推进和完善建筑师负责制，充分发挥建筑师的主导作用，鼓励提供全过程工程咨询服务，与国际工程建设模式接轨	住房和城乡建设部
四、更好支持市场主体创新发展			
31	允许对食品自动制售设备等新业态发放食品经营许可	在保障食品安全和符合相关法律法规规定的前提下，经充分研究论证和开展风险评估，对自动制售设备、无人售货商店等自动化、无人化新业态的经营者发放食品经营许可或办理食品经营备案	市场监管总局
32	在确保安全的前提下试行高精度地图面向智能网联汽车使用	在取得相关资质和确保安全的前提下，试行高精度地图在限定路段面向智能网联汽车使用，允许不涉及国家安全的自动驾驶高精度地图数据在限定路段采集和使用，同步健全细致完备的监管措施，确保监管到位	自然资源部、公安部
33	进一步探索完善知识产权市场化定价和交易机制	探索建立跨区域知识产权交易服务平台，为知识产权交易提供信息挂牌、交易撮合、资产评估等服务，帮助科技企业快速质押融资	国家知识产权局、财政部、国家版权局
34	健全知识产权质押融资风险分担机制和质物处置机制	健全政府引导的知识产权质押融资风险分担和补偿机制，综合运用担保、风险补偿等方式降低信贷风险。探索担保机构等通过质权转股权、反向许可、拍卖等方式快速进行质物处置，保障金融机构对质权的实现	国家知识产权局、人民银行、国家版权局、银保监会
35	开展赋予科研人员职务科技成果所有权或长期使用权试点	赋予试点城市部分高等院校、科研机构的科研人员职务科技成果所有权或长期使用权。试点高等院校和科研机构将本单位利用财政性资金形成或接受企业、其他社会组织委托形成的归单位所有的职务科技成果所有权按一定比例赋予成果完成人（团队），试点单位与成果完成人（团队）成为共同所有权人。试点单位可赋予科研人员不低于 10 年的职务科技成果长期使用权	科技部、教育部、财政部
36	优化科技企业孵化器及众创空间信息变更管理模式	在科技部门线上信息服务系统中增设国家备案科技企业孵化器及众创空间信息变更申请、审批和修改功能，增设科技企业孵化器及众创空间所属区域变更修改功能。对于名称、场地面积、经营场所等信息变更，由试点城市科技主管部门审批同意后即可变更，并将变更信息推送至国家科技主管部门。国家科技主管部门对相关信息变更的情况开展抽查检查和事中事后监管	科技部

（续）

序号	改革事项	主要内容	主管部门和单位
37	培育数据要素市场	开展数据确权探索，实现对数据主权的可控可管，推动数据安全有序流动。在数据流通、数据安全等方面加快形成开放环境下的新型监管体系	国家发展改革委、工业和信息化部、国家网信办等国务院相关部门
38	有序开放公共管理和服务机构产生的部分公共数据	按照分级分类、需求导向、安全可控的原则，探索向社会进一步开放公共管理和服务机构在履行职责或提供服务时产生、处理的公共数据，引导科研院所、社会团体等依法依规开放自有数据，并规范数据处理活动，促进数据流动和开发利用	国家发展改革委、工业和信息化部、国家网信办等国务院相关部门
五、持续提升跨境贸易便利化水平			
39	探索开展“组合港”“一港通”等区域通关便利化改革	探索开展粤港澳大湾区“组合港”“一港通”等改革，优化相关货物的转关手续，鼓励和支持试点城市进一步创新口岸通关监管方式，提升区域通关便利化水平	海关总署
40	推动与东亚地区主要贸易伙伴口岸间相关单证联网核查	在确保信息安全的前提下，推动试点城市实现与日本、韩国等东亚地区主要贸易伙伴，以及我国香港地区等经济体口岸的相关单证联网核查	海关总署、商务部
41	优化进出口货物查询服务	利用“单一窗口”为企业及相关机构提供进出口货物全流程查询服务。基于企业授权，企业申报信息可为金融机构开展融资、收结汇服务提供信用依据	海关总署、商务部
42	实行进出口联合登临检查	依托“单一窗口”将查验通知推送给口岸作业场站，开发“单一窗口”预约联合登临检查功能等，实现通关和物流操作快速衔接，提高进出口货物提离速度	海关总署、交通运输部
43	加强铁路信息系统与海关信息系统的数据交换共享	加强铁路信息系统与海关信息系统的数据交换共享，实现相关单证电子化流转，大力推广铁路口岸“快速通关”业务模式，压缩列车停留时间，提高通关效率	海关总署、国家铁路局、中国国家铁路集团有限公司
44	推进水铁空公多式联运信息共享	打破制约多式联运发展的信息壁垒，推进铁路、公路、水路、航空等运输环节信息对接共享，实现运力信息可查、货物全程实时追踪等，促进多种运输方式协同联动	交通运输部、海关总署、国家铁路局、中国民航局、国家邮政局、中国国家铁路集团有限公司
45	进一步深化进出口货物“提前申报”“两步申报”“船边直提”“抵港直装”等改革	推行进出口货物“提前申报”“两步申报”措施。在有条件的港口推进进口货物“船边直提”和出口货物“抵港直装”	海关总署
46	在“CCC免办及特殊用途进口产品检测处理管理系统”中为符合条件的企业开设便捷通道	对符合条件的企业进口免强制性产品认证（CCC认证）产品目录内的产品，免于CCC免办证书申请和审核，实现“白名单企业”自我承诺、自主填报、自动获证。试点城市制定免予办理CCC认证便捷通道操作办法等，做好全链条闭环监管	市场监管总局、海关总署
47	探索开展科研设备、耗材跨境自由流动，简化研发用途设备和样本样品进出口手续	探索制定跨境科研用物资正面清单，对正面清单列明的科研设备、科研样本、实验试剂、耗材等科研物资实行单位事先承诺申报、海关便利化通关的管理模式，简化报关单申报、检疫审批、监管证件管理等环节。对国外已上市但国内未注册的研发用医疗器械，准许企业在强化自主管理、确保安全的前提下进口，海关根据相关部门意见办理通关手续	科技部、商务部、国家卫生健康委、海关总署、市场监管总局

（续）

序号	改革事项	主要内容	主管部门和单位
六、优化外商投资和国际人才服务管理			
48	建立涉外商事一站式多元解纷中心	支持试点城市建立涉外商事一站式多元解纷中心，为国际商事纠纷提供多元、高效、便捷解纷渠道。探索建立健全线上、线下解纷平台，引入国内调解组织、仲裁机构。鼓励调解组织、仲裁机构引入外籍调解员、仲裁员	最高人民法院，司法部
49	探索将境内仲裁机构的开庭通知作为签证材料	允许将境内仲裁机构出具的开庭通知作为境外市场主体进入试点城市参与仲裁活动的签证材料，无须其他邀请函件	外交部、司法部、国家移民局
50	探索制定外籍“高精尖缺”人才地方认定标准	结合国家外国高端人才、专业人才标准和本地区实际需求，探索制定外籍“高精尖缺”人才地方认定标准，加大外籍人才引进力度	科技部、人力资源社会保障部
51	探索建立国际职业资格证书认可清单制度	在不直接涉及公共安全和人民群众生命健康、风险可控的领域，探索建立国际职业资格证书认可清单制度，允许取得境外相应职业资格或公认的国际专业组织认证的国际人才，经能力水平认定或有关部门备案后在试点城市上岗，并加强执业行为监管	人力资源社会保障部等国务院相关部门
52	允许内资企业和中国公民开办外籍人员子女学校	放宽外籍人员子女学校举办者市场准入，允许内资企业和中国公民等开办外籍人员子女学校，为外籍人才在华工作生活提供便利	教育部
53	简化港澳投资者商事登记的流程和材料	允许采用简化版公证文书（仅保留公司注册证明书、公司商业登记证以及授权代表人签字字样和公司印章样式的董事会或股东会决议等核心信息的文书）办理港澳地区非自然人投资的市场主体注册登记，简化港澳投资者办理商事登记的流程和材料	市场监管总局、司法部
54	支持开展国际航行船舶保税加油业务，提升国际航运综合服务能力	赋予上海市、广州市国际航行船舶保税加油许可权。允许广州市、深圳市保税油供应企业在广东省范围内开展保税油直供业务，进一步增强国际航运综合服务能力，吸引国际航行船舶	商务部、财政部、交通运输部、海关总署
七、维护公平竞争秩序			
55	清理设置非必要条件排斥潜在竞争者行为	清理取消企业在资质资格获取、招投标、政府采购、权益保护等方面存在的差别化待遇，清理通过划分企业等级、增设证明事项、设立项目库、注册、认证、认定等非必要条件排除和限制竞争的行为	国家发展改革委、财政部等国务院相关部门
56	推进招投标全流程电子化改革	推进招投标全流程电子化，加快实施合同签订和变更网上办理。推动电子招投标交易平台与国库支付系统信息共享，实现工程款支付网上查询	国家发展改革委、财政部等国务院相关部门
57	探索建立招标计划提前发布制度	对国有资金占控股或主导地位企业依法必须招标的项目，在招标前设置招标计划发布环节，发布时间为招标公告发布之日前至少 30 日，提高招投标活动透明度	国家发展改革委
58	优化水利工程招投标手续	推行水利工程在发布招标公告时同步发售或者下载资格预审文件（或招标文件）。取消水利工程施工招标条件中“监理单位已确定”的条件	国家发展改革委、水利部

（续）

序号	改革事项	主要内容	主管部门和单位
59	简化对政府采购供应商资格条件的形式审查	简化对供应商资格条件等的形式审查，不再要求供应商提供相关财务状况、缴纳税收和社会保障资金等证明材料，降低政府采购供应商交易成本	财政部
八、进一步加强和创新监管			
60	在部分领域探索建立完善综合监管机制	理顺单用途商业预付卡等预付式消费、成品油、农产品等领域监管机制，明确监管责任部门，统一行业监管标准	商务部、农业农村部、市场监管总局等国务院相关部门
61	探索实行惩罚性赔偿和内部举报人制度	探索在食品、药品、疫苗、环保、安全生产等直接涉及公共安全和人民群众生命健康的领域，依法制定惩罚性赔偿和内部举报人制度的具体办法	最高人民法院，生态环境部、应急部、市场监管总局、国家药监局等国务院相关部门
62	探索形成市场主体全生命周期监管链	在市场主体办理注册登记、资质审核、行政许可及接受日常监管、公共服务过程中，及时全面记录市场主体行为及信用信息，在此基础上实现分级分类“信用＋智慧”监管，并做到全程可查询、可追溯	市场监管总局、国家发展改革委、人民银行等国务院相关部门
63	在部分重点领域建立事前事中事后全流程监管机制	在消防安全、食品药品、环境保护、水土保持、医疗卫生等重点领域，建立完善全链条、全流程监管体系，并探索制定行业信用监管标准化工作规范，提高监管效能	国家发展改革委、生态环境部、住房和城乡建设部、水利部、国家卫生健康委、应急部、市场监管总局、国家药监局等国务院相关部门
64	探索对重点行业从业人员建立个人信用体系	探索将医疗、教育、工程建设等重点领域从业人员的执业行为记入个人信用记录，并共享至全国信用信息共享平台。对存在严重不良行为的依法实行行业禁入等惩戒措施	国家发展改革委、教育部、住房和城乡建设部、国家卫生健康委等国务院相关部门
65	建立完善互联网医院监管平台	建立完善互联网医院监管平台，接入互联网医院系统，加强医师线上执业行为监管	国家卫生健康委
66	在税务监管领域建立“信用＋风险”监管体系	探索推进动态“信用＋风险”税务监控，简化无风险和低风险企业的涉税业务办理流程，提醒预警或直接阻断高风险企业的涉税业务办理，依托大数据分析进一步提高风险管理效能	税务总局
67	优化网络商品抽检机制	向试点城市开放全国网络商品抽检信息，试点城市按照重点抽检属地平台、属地商户的原则，加大对网络商品的抽检力度，定期公示抽检结果，并将属地平台中非本地商户抽检结果推送至商户所在地市场监管部门，商户所在地市场监管部门按有关规定及时予以处理	市场监管总局
68	实行特种设备作业人员证书电子化管理	探索制定特种设备作业人员电子证书，在纸质证书样式基础上加载聘用、违规行为等从业信息，实现与纸质证书并行使用。通过数据交换等方式将相关信息汇聚到试点城市市场监管部门平台，加强对从业人员的管理	市场监管总局

（续）

序号	改革事项	主要内容	主管部门和单位
69	建立不予实施行政强制措施清单	探索柔性监管新方式，建立不予实施行政强制措施清单，对违法行为情节显著轻微或者没有明显社会危害，采取非强制手段可以达到行政管理目的的，不采取行政强制措施	税务总局、市场监管总局等国务院相关部门
70	在市场监管、税务领域探索建立行政执法人员尽职免责制度	探索建立市场监管、税务等领域行政执法人员尽职免责制度，在仅需形式审查的部分监管领域，以及因现有科学技术、监管手段限制未能及时发现问题的，或行政相对人、第三方弄虚作假、刻意隐瞒的部分情形，试行不予追究执法过错责任	税务总局、市场监管总局等国务院相关部门
九、依法保护各类市场主体产权和合法权益			
71	探索建立企业合法权益补偿救济机制	在债务融资、政府采购、招投标、招商引资等领域，针对因政策变化、规划调整而不履行合同约定，造成企业合法利益受损的情形，探索建立补偿救济机制和责任追究制度，维护企业合法权益	国家发展改革委、司法部、财政部等国务院相关部门
72	建立健全政务诚信诉讼执行协调机制	探索建立政务诚信诉讼执行协调机制，由相关地方人民法院定期将涉及政府部门、事业单位失信被执行人信息定向推送给政务诚信牵头部门。政务诚信牵头部门负责协调推动有关单位执行人民法院判决结果，保障市场主体合法权益	最高人民法院，国务院办公厅、国家发展改革委、司法部
73	畅通知识产权领域信息交换渠道	建立试点城市知识产权部门与国家知识产权局在商标侵权判断、专利侵权判定及商标专利法律状态等方面的信息交换渠道。建立商标恶意注册和非正常专利申请的快速处置联动机制。开展商标专利巡回评审和远程评审	国家知识产权局
74	探索建立海外知识产权纠纷应对指导机制	建立对试点城市海外知识产权纠纷应对的指导机制，支持试点城市建立维权协作机构	国家知识产权局、国家版权局
75	强化对专利代理机构的监管	将省级专利代理机构监管职能委托给市（直辖市市辖区）级执行，优化专利代理监管机制，强化基层监管力量	国家知识产权局
76	推行人民法院档案电子化管理	对于以电子方式收集或形成的文书材料可直接转为电子档案归档，无须再制作纸质材料形成纸质档案	最高人民法院，国家档案局
77	开展司法专递面单电子化改革	实行司法专递面单电子化，在受送达人签收、拒收或查无此人退回等送达任务完成后，邮政公司将人民法院专递面单进行电子化，通过系统对接后回传给人民法院，原始纸质面单可由邮政公司集中保管，人民法院将电子面单入卷归档，并降低邮寄送达的相关费用	最高人民法院，国家邮政局
78	调整小额诉讼程序适用范围及费用	允许标的额较小、当事人除提出给付金额诉讼请求外同时提出停止侵权、消除影响、赔礼道歉等其他诉讼请求的知识产权纠纷案件，适用小额诉讼程序。允许降低适用小额诉讼程序审理的案件受理费标准	最高人民法院，国家发展改革委、财政部、国家版权局
十、优化经常性涉企服务			
79	便利开展机动车、船舶、知识产权等动产和权利担保融资	推动机动车、船舶、知识产权等担保登记主管部门探索建立以担保人名称为索引的电子数据库，实现对试点城市相关担保品登记状态信息的在线查询、修改和撤销。相关担保信息与人民银行征信中心动产融资统一登记公示系统共享互通，实现各类登记信息的统一查询	人民银行、公安部、交通运输部、国家版权局、国家知识产权局

（续）

序号	改革事项	主要内容	主管部门和单位
80	简化水路运输经营相关信息变更办理程序	探索取消“固定办公场所发生变化”“主要股东发生变化”备案，市场监管部门在水路运输经营者固定办公场所发生变化、主要股东发生变化后15个工作日内，将系统数据推送给同级交通运输主管部门	交通运输部、市场监管总局
81	简化检验检测机构人员信息变更办理程序	检验检测机构变更法定代表人、最高管理者、技术负责人，由检验检测机构自行修改资质认定系统人员信息，不需再到资质认定部门申请办理	市场监管总局
82	简化不动产非公证继承手续	法定继承人或受遗赠人到不动产登记机构进行登记材料查验，有第一顺序继承人的，第二顺序继承人无须到场，无须提交第二顺序继承人材料。登记申请人应承诺提交的申请材料真实有效，因承诺不实给他人造成损失的，承担相应法律责任	自然资源部
83	对办理不动产登记涉及的部分事项试行告知承诺制	申请人因特殊原因确实难以获取死亡证明、亲属关系证明材料的，可以书面承诺代替死亡证明、亲属关系证明，并承诺若有隐瞒实际情况，给他人造成损失的，承担相应法律责任	自然资源部、公安部、民政部、国家卫生健康委
84	探索将遗产管理人制度引入不动产非公证继承登记	探索研究将遗产管理人制度引入不动产非公证继承登记的查验、申请程序，简化相关流程，提高办理效率	最高人民法院，自然资源部
85	探索对个人存量房交易开放电子发票功能	探索对个人存量房交易开放代开增值税电子普通发票功能，允许自然人网上缴税后获取增值税电子普通发票，推动实现全业务流程网上办理	税务总局、自然资源部
86	实施不动产登记、交易和缴纳税费“一网通办”	推进全业务类型“互联网＋不动产登记”，实施不动产登记、交易和缴纳税费“一窗受理、并行办理”。加快实施网上缴纳税费，推行税费、登记费线上一次收缴、后台自动清分入账（库）	自然资源部、财政部、住房和城乡建设部、人民银行、税务总局
87	推行办理不动产登记涉及的政务信息共享和核验	公安部门依托国家人口基础信息库、“互联网＋可信身份认证平台”等对外服务系统，向不动产登记机构提供“公安部人口库人像比对服务接口”进行全国人口信息核验，并提供户籍人口基本信息；公安、卫生健康、民政等部门提供死亡证明、火化证明、收养登记等信息；公安、民政部门提供涉及人员单位的地名地址等信息；司法行政部门提供委托、继承、亲属关系等涉及不动产登记公证书真伪核验服务	自然资源部、公安部、民政部、司法部、国家卫生健康委
88	探索开展不动产登记信息及地籍图可视化查询	依托互联网拓展不动产登记信息在线可视化检索和查询服务，任何人经身份验证后可在电子地图上依法查询不动产自然状况、权利限制状况、地籍图等信息，更大便利不动产转移登记，提高土地管理质量水平	自然资源部
89	试行有关法律文书及律师身份在线核验服务	优化律师查询不动产登记信息流程，司法行政部门向不动产登记机构提供律师身份在线核验，人民法院提供律师调查令、立案文书信息在线核验，便利律师查询不动产登记信息	最高人民法院，自然资源部、司法部
90	探索非接触式发放税务UKey	探索向新办纳税人非接触式发放税务UKey，纳税人可以向税务机关免费申领税务UKey	税务总局、市场监管总局

（续）

序号	改革事项	主要内容	主管部门和单位
91	深化“多税合一”申报改革	探索整合企业所得税和财产行为税综合申报表，尽可能统一不同税种征期，进一步压减纳税人申报和缴税的次数	税务总局
92	试行全国车船税缴纳信息联网查询与核验	向试点城市保险机构依法依规开放全国车船税缴纳情况免费查询或核验接口，便于车辆异地办理保险及缴税	税务总局、银保监会
93	进一步拓展企业涉税数据开放维度	对试点城市先期提供其他地方税务局的欠税公告信息、非正常户信息和骗取退税、虚开发票等高风险纳税人名单信息，以及税务总局的行政处罚类信息等，后续逐渐扩大信息共享共用范围，进一步提高征管效能	税务总局
94	对代征税款试行实时电子缴税入库的开具电子完税证明	允许试点城市在实现代征税款逐笔电子缴税且实时入库的前提下，向纳税人提供电子完税证明	税务总局
95	试行公安服务“一窗通办”	试行公安服务“一窗通办”，建设涉及治安、户政、交管等公安服务综合窗口，实行“前台综合收件、后台分类审批、统一窗口出件”，推进更多事项实现在线办理	公安部
96	推行企业办事“一照通办”	通过政府部门内部数据共享等方式归集或核验企业基本信息，探索实行企业仅凭营业执照即可办理部分高频审批服务事项，无须提交其他材料	市场监管总局等国务院相关部门
97	进一步扩大电子证照、电子签章等应用范围	在货物报关、银行贷款、项目申报、招投标、政府采购等业务领域推广在线身份认证、电子证照、电子签章应用，逐步实现在政务服务中互通互认，满足企业、个人在网上办事时对于身份认证、电子证照、加盖电子签章文档的业务需求。鼓励认证机构在认证证书等领域推广使用电子签章	国务院办公厅、国家发展改革委、公安部、财政部、人民银行、海关总署、市场监管总局、银保监会等国务院相关部门
98	简化洗染经营者登记手续	洗染经营者在市场监管部门注册登记后，无须到商务部门办理备案手续，由市场监管部门直接将相关信息推送给同级商务部门	商务部、市场监管总局
99	取消企业内部使用的最高计量标准器具的考核发证及强制检定	企业内部使用的最高计量标准器具调整为企业自主管理，不需计量行政部门考核发证，也不再实行强制检定，但应满足计量溯源性要求	市场监管总局
100	优化游艇检验制度和流程	探索建立批量建造的游艇型式检验制度，对通过型式检验的新建游艇，由船籍港所在地船舶检验机构根据工厂出具的合格证换发船舶检验证书。优化进口游艇检验流程，对外国船舶检验机构签发的游艇检验证书，可按照程序换发国内检验证书。改革后，加大对游艇可见构件和强度的检查评估和抽查力度，及时整改、消除安全隐患，督促游艇所有人落实游艇日常安全管理、保养和技术维护，确保游艇安全	交通运输部
101	优化游艇登记制度	允许游艇所有人在其签约的游艇俱乐部所在地海事管理机构直接办理游艇登记手续。同时，将船舶国籍证书、中华人民共和国船舶电台执照、海上移动通信业务标识码证书等多份登记证书整合为一份游艇登记证书，实现“一份材料、一次申请、发一本证”，提高游艇登记效率，便利游艇证书管理	交通运输部

国务院决定在营商环境创新试点城市暂时调整适用有关行政法规规定目录

序号	改革事项	主要内容	行政法规规定	调整适用情况
1	优化常用低风险植物和植物产品跨区域流通检疫申请流程	试点城市明确以本城市为调入地、必须经过检疫的常用低风险植物和植物产品的检疫要求，并在“全国植物检疫信息化管理系统”和“林业植物检疫管理信息系统”中进行公示，调出地植物检疫机构根据公示要求进行检疫，并出具检疫证书，企业在收到检疫合格证书后即可调运。改革后，调入地植物检疫机构按职责做好对检疫证书的查验审核，并完善复检制度，严格把好植物和植物产品跨省调运的检疫关	《植物检疫条例》 第十条第一款　省、自治区、直辖市间调运本条例第七条规定必须经过检疫的植物和植物产品的，调入单位必须事先征得所在地的省、自治区、直辖市植物检疫机构同意，并向调出单位提出检疫要求；调出单位必须根据该检疫要求向所在地的省、自治区、直辖市植物检疫机构申请检疫。对调入的植物和植物产品，调入单位所在地的省、自治区、直辖市的植物检疫机构应当查验检疫证书，必要时可以复检	暂时调整适用相关内容，允许向试点城市调运必须经过检疫的常用低风险植物和植物产品时，取消调入单位必须事先征得所在地的省、自治区、直辖市植物检疫机构同意的环节，由调入地植物检疫机构在相关信息系统公示和更新检疫要求。调出地植物检疫机构根据公示要求进行检疫并出具检疫证书，企业在收到检疫合格证书后即可调运 调整后，试点城市及时公示和更新常用低风险植物和植物产品的检疫要求，并做好对检疫证书的查验审核，完善复检制度，严格把好植物和植物产品跨省调运的检疫关
2	优化破产企业土地、房产处置程序	企业破产案件中因债务人资料缺失或第三方机构（如设计、勘察、监理等单位）不配合竣工验收等情形导致无法办理竣工验收的建设工程，经委托有关专业机构对工程质量进行安全鉴定合格后，可办理不动产登记	《建设工程质量管理条例》 第十六条　建设单位收到建设工程竣工报告后，应当组织设计、施工、工程监理等有关单位进行竣工验收 建设工程竣工验收应当具备下列条件： （一）完成建设工程设计和合同约定的各项内容； （二）有完整的技术档案和施工管理资料； （三）有工程使用的主要建筑材料、建筑构配件和设备的进场试验报告； （四）有勘察、设计、施工、工程监理等单位分别签署的质量合格文件； （五）有施工单位签署的工程保修书 建设工程经验收合格的，方可交付使用	暂时调整适用相关内容，试点城市企业破产案件中因债务人资料缺失或第三方机构（如设计、勘察、监理等单位）不配合竣工验收等情形导致无法办理竣工验收的建设工程，经委托有关专业机构对工程质量进行安全鉴定合格后，可办理不动产登记 调整后，试点城市明确可直接进行工程质量安全鉴定建设工程的条件。加强对工程质量安全鉴定专业机构的管理，确保相关建设工程满足质量安全要求

（续）

序号	改革事项	主要内容	行政法规规定	调整适用情况
3	健全企业重整期间信用修复机制	人民法院裁定批准重整计划的破产企业，可以申请在“信用中国”网站、国家企业信用信息公示系统、金融信用信息基础数据库中添加相关信息，及时反映企业重整情况；有关部门依法依规调整相关信用限制和惩戒措施	《企业信息公示暂行条例》 第六条第一款　工商行政管理部门应当通过企业信用信息公示系统，公示其在履行职责过程中产生的下列企业信息： （一）注册登记、备案信息； （二）动产抵押登记信息； （三）股权出质登记信息； （四）行政处罚信息； （五）其他依法应当公示的信息 第七条第一款　工商行政管理部门以外的其他政府部门（以下简称其他政府部门）应当公示其在履行职责过程中产生的下列企业信息： （一）行政许可准予、变更、延续信息； （二）行政处罚信息； （三）其他依法应当公示的信息	暂时调整适用相关内容，试点城市人民法院裁定批准重整计划的破产企业，经征得失信信息认定部门同意后，可申请在相关公共信用网站上添加反映其重整情况的信息和中止公示失信信息 调整后，试点城市强化人民法院与市场监管部门等政府部门的协调联动，确保相关企业公示信息真实、准确。同时，对未能完成重整计划的破产企业，要及时在相关公共信用网站更新相关信息
4	探索将境内仲裁机构的开庭通知作为签证材料	允许将境内仲裁机构出具的开庭通知作为境外市场主体进入试点城市参与仲裁活动的签证材料，无须其他邀请函件	《中华人民共和国外国人入境出境管理条例》 第七条第一款　外国人申请办理签证，应当填写申请表，提交本人的护照或者其他国际旅行证件以及符合规定的照片和申请事由的相关材料 …… （三）申请F字签证，应当提交中国境内的邀请方出具的邀请函件 ……	暂时调整适用相关内容，允许外国人在申请F字签证进入试点城市参与仲裁活动时，以境内仲裁机构出具的开庭通知作为签证材料，无须提交中国境内邀请方出具的邀请函件 调整后，试点城市加强仲裁机构向境外市场主体出具开庭通知的管理，禁止违规出具开庭通知。严格审核入境人员提交的开庭通知，确保材料真实有效
5	简化对政府采购供应商资格条件的形式审查	简化对供应商资格条件等的形式审查，不再要求供应商提供相关财务状况、缴纳税收和社会保障资金等证明材料，降低政府采购供应商交易成本	《中华人民共和国政府采购法实施条例》 第十七条第一款　参加政府采购活动的供应商应当具备政府采购法第二十二条第一款规定的条件，提供下列材料： （一）法人或者其他组织的营业执照等证明文件，自然人的身份证明； （二）财务状况报告，依法缴纳税收和社会保障资金的相关材料； ……	暂时调整适用相关内容，允许供应商参加试点城市政府采购时，不再提交财务状况报告、依法缴纳税收和社会保障资金等相关材料 调整后，试点城市加强部门间市场主体信息数据共享，加强对供应商在政府采购平台上提交材料真实性的审核，确保供应商符合政府采购规定的条件

（续）

序号	改革事项	主要内容	行政法规规定	调整适用情况
6	调整小额诉讼程序适用范围及费用	允许降低适用小额诉讼程序审理的案件受理费标准	《诉讼费用交纳办法》 第十三条第一款　案件受理费分别按照下列标准交纳： （一）财产案件根据诉讼请求的金额或者价额，按照下列比例分段累计交纳： 1. 不超过 1 万元的，每件交纳 50 元； 2. 超过 1 万元至 10 万元的部分，按照 2.5% 交纳； …… 第十六条　适用简易程序审理的案件减半交纳案件受理费	暂时调整适用相关内容，允许试点城市降低适用小额诉讼程序审理的案件受理费标准 调整后，试点城市明确适用小额诉讼程序审理的案件受理费标准，加强对相关案件和诉讼费用的管理和监督
7	取消企业内部使用的最高计量标准器具的考核发证及强制检定	企业内部使用的最高计量标准器具调整为企业自主管理，不需计量行政部门考核发证，也不再实行强制检定，但应满足计量溯源性要求	《中华人民共和国计量法实施细则》 第十条　企业、事业单位建立本单位各项最高计量标准，须向与其主管部门同级的人民政府计量行政部门申请考核。乡镇企业向当地县级人民政府计量行政部门申请考核。经考核符合本细则第七条规定条件并取得考核合格证的，企业、事业单位方可使用，并向其主管部门备案	暂时调整适用相关内容，允许试点城市企业内部使用的最高计量标准器具由企业自主管理，不需计量行政部门考核发证，不再实行强制检定 调整后，试点城市加强对企业自主管理最高计量标准器具的指导和事中事后监管，确保满足计量溯源性要求和计量标准准确

关于进一步盘活存量资产扩大有效投资的意见

国办发〔2022〕19 号

经过多年投资建设，我国在基础设施等领域形成了一大批存量资产，为推动经济社会发展提供了重要支撑。有效盘活存量资产，形成存量资产和新增投资的良性循环，对于提升基础设施运营管理水平、拓宽社会投资渠道、合理扩大有效投资以及降低政府债务风险、降低企业负债水平等具有重要意义。为深入贯彻习近平新时代中国特色社会主义思想，完整、准确、全面贯彻新发展理念，加快构建新发展格局，推动高质量发展，经国务院同意，现就进一步盘活存量资产、扩大有效投资提出以下意见。

一、聚焦盘活存量资产重点方向

（一）重点领域

一是重点盘活存量规模较大、当前收益较好或增长潜力较大的基础设施项目资产，包括交通、水利、清洁能源、保障性租赁住房、水电气热等市政设施、生态环保、产业园区、仓储物流、旅游、新型基础设施等。二是统筹盘活存量和改扩建有机结合的项目资产，包括综合交通枢纽改造、工业企业退城进园等。三是有序盘活长期闲置但具有较大开发利用价值的项目资产，包括老旧厂房、文化体育场馆和闲置土地等，以及国有企业开办的酒店、餐饮、疗养院等非主业资产。

（二）重点区域

一是推动建设任务重、投资需求强、存量规模大、资产质量好的地区，积极盘活存量资产，筹集建设资金，支持新项目建设，牢牢守住风险底线。二是推动地方政府债务率较高、财政收支平衡压力较大的地区，加快盘活存量资产，稳妥化解地方政府债务风险，提升财政可持续能力，合理支持新项目建设。三是围绕落实京津冀协同发展、长江经济带发展、粤港澳大湾区建设、长三角一体化发展、黄河流域生态保护和高质量发展等区域重大战略以及推动海南自由贸易港建设等，鼓励相关地区率先加大存量资产盘活力度，充分发挥示范带动作用。

（三）重点企业

盘活存量资产对参与的各类市场主体一视同仁。引导支持基础设施存量资产多、建设任务重、负债率较高的国有企业，把盘活存量资产作为国有资产保值增值以及防范债务风险、筹集建设资金、优化资产结构的重要手段，选择适合的存量资产，采取多种方式予以盘活。鼓励民营企业根据实际情况，参与盘活国有存量资产，积极盘活自身存量资产，将回收资金用于再投资，降低企业经营风险，促进持续健康发展。

二、优化完善存量资产盘活方式

（四）推动基础设施领域不动产投资信托基金（REITs）健康发展

进一步提高推荐、审核效率，鼓励更多符合条件的基础设施 REITs 项目发行上市。对于在维护产业链供应链稳定、强化民生保障等方面具有重要作用的项目，在满足发行要求、符合市场预期、确保风险可控等前提下，可进一步灵活合理确定运营年限、收益集中度等要求。建立健全扩募机制，探索建立多层次基础设施 REITs 市场。国有企业发行基础设施 REITs 涉及国有产权非公开协议转让的，按规定报同级国有资产监督管理机构批准。研究推进 REITs 相关立法工作。

（五）规范有序推进政府和社会资本合作（PPP）

鼓励具备长期稳定经营性收益的存量项目采用 PPP 模式盘活存量资产，提升运营效率和服务水平。社会资本方通过创新运营模式、引入先进技术、提升运营效率等方式，有效盘活存量资产并减少政府补助额度的，地方人民政府可采取适当方式通过现有资金渠道予以奖励。

（六）积极推进产权规范交易

充分发挥产权交易所的价值发现和投资者发现功能，创新交易产品和交易方式，加强全流程精细化服务，协助开展咨询顾问、尽职调查、方案优化、信息披露、技术支撑、融资服务等，为存量资产的合理流动和优化配置开辟绿色通道，推动存量资产盘活交易更加规范、高效、便捷。采取多种方式加大宣传引导力度，吸引更多买方参与交易竞价。

（七）发挥国有资本投资、运营公司功能作用

鼓励国有企业依托国有资本投资、运营公司，按规定通过进场交易、协议转让、无偿划转、资产置换、联合整合等方式，盘活长期闲置的存量资产，整合非主业资产。通过发行债券等方式，为符合条件的国有资本投资、运营公司盘活存量资产提供中长期资金支持。

（八）探索促进盘活存量和改扩建有机结合

吸引社会资本参与盘活城市老旧资产资源特别是老旧小区改造等，通过精准定位、提升品质、完善用途等进一步丰富存量资产功能、提升资产效益。因地制宜积极探索污水处理厂下沉、地铁上盖物业、交通枢纽地上地下空间综合开发、保障性租赁住房小区经营性公共服务空间开发等模式，有效盘活既有铁路场站及周边可开发土地等资产，提升项目收益水平。在各级国土空间规划、相关专项规划中充分考虑老港区搬迁或功能改造提升，支持优化港口客运场站规划用途，实施综合开发利用。

（九）挖掘闲置低效资产价值

推动闲置低效资产改造与转型，依法依规合

理调整规划用途和开发强度，开发用于创新研发、卫生健康、养老托育、体育健身、休闲旅游、社区服务或作为保障性租赁住房等新功能。支持金融资产管理公司、金融资产投资公司以及国有资本投资、运营公司通过不良资产收购处置、实质性重组、市场化债转股等方式盘活闲置低效资产。

（十）支持兼并重组等其他盘活方式

积极探索通过资产证券化等市场化方式盘活存量资产。在符合反垄断等法律法规前提下，鼓励行业龙头企业通过兼并重组、产权转让等方式加强存量资产优化整合，提升资产质量和规模效益。通过混合所有制改革、引入战略投资方和专业运营管理机构等，提升存量资产项目的运营管理能力。

三、加大盘活存量资产政策支持

（十一）积极落实项目盘活条件

针对存量资产项目具体情况，分类落实各项盘活条件。对产权不明晰的项目，依法依规理顺产权关系，完成产权界定，加快办理相关产权登记。对项目前期工作手续不齐全的项目，按照有关规定补办相关手续，加快履行竣工验收、收费标准核定等程序。对项目盘活过程中遇到的难点问题，探索制定合理解决方案并积极推动落实。

（十二）有效提高项目收益水平

完善公共服务和公共产品价格动态调整机制，依法依规按程序合理调整污水处理收费标准，推动县级以上地方人民政府建立完善生活垃圾处理收费制度。建立健全与投融资体制相适应的水利工程水价形成机制，促进水资源节约利用和水利工程良性运行。对整体收益水平较低的存量资产项目，完善市场化运营机制，提高项目收益水平，支持开展资产重组，为盘活存量资产创造条件。研究通过资产合理组合等方式，将准公益性、经营性项目打包，提升资产吸引力。

（十三）完善规划和用地用海政策

依法依规指导拟盘活的存量项目完善规划、用地用海、产权登记、土地分宗等手续，积极协助妥善解决土地和海域使用相关问题，涉及手续办理或开具证明的积极予以支持。坚持先规划后建设，对盘活存量资产过程中确需调整相关规划或土地、海域用途的，应充分开展规划实施评估，依法依规履行相关程序，确保土地、海域使用符合相关法律法规和国土空间用途管制要求。

（十四）落实财税金融政策

落实落细支持基础设施 REITs 有关税收政策。对符合存量资产盘活条件、纳税金额较大的重点项目，各级税务机关做好服务和宣传工作，指导企业依法依规纳税，在现行税收政策框架下助力盘活存量资产。支持银行、信托、保险、金融资产管理、股权投资基金等机构，充分发挥各自优势，按照市场化原则积极参与盘活存量资产。鼓励符合条件的金融资产管理公司、金融资产投资公司通过发行债券融资，解决负债久期与资产久期错配等问题。加强投融资合作对接，积极向有关金融机构推介盘活存量资产项目。

四、用好回收资金增加有效投资

（十五）引导做好回收资金使用

加强对盘活存量资产回收资金的管理，除按规定用于本项目职工安置、税费缴纳、债务偿还等支出外，应确保主要用于项目建设，形成优质资产。鼓励以资本金注入方式将回收资金用于具有收益的项目建设，充分发挥回收资金对扩大投资的撬动作用。对地方政府债务率较高、财政收支平衡压力较大的地区，盘活存量公共资产回收的资金可适当用于“三保”支出及债务还本付息。回收资金使用应符合预算管理、国有资产监督管理等有关政策要求。

（十六）精准有效支持新项目建设

盘活存量资产回收资金拟投入新项目建设的，优先支持综合交通和物流枢纽、大型清洁能源基地、环境基础设施、“一老一小”等重点领域项目，重点支持“十四五”规划 102 项重大工程，优先投入在建项目或符合相关规划和生态环保要求、前期工作成熟的项目。有关部门应加快相关项目审批核准备案、规划选址、用地用海、环境影响评价、施工许可等前期工作手续办理，促进项目尽快落地实施、形成实物工作量。

（十七）加强配套资金支持

在安排中央预算内投资等资金时，对盘活存量资产回收资金投入的新项目，可在同等条件下给予优先支持；发挥中央预算内投资相关专项示范引导作用，鼓励社会资本通过多种方式参与盘活国有存量资产。对回收资金投入的新项目，地方政府专项债券可按规定予以支持。鼓励银行等金融机构按照市场化原则提供配套融资支持。

五、严格落实各类风险防控举措

（十八）依法依规稳妥有序推进存量资产盘活

严格落实防范化解地方政府隐性债务风险的要求，严禁在盘活存量资产过程中新增地方政府隐性债务。坚持市场化、法治化原则，严格落实国有资产监督管理规定，做好财务审计、资产评估、决策审批等工作，除相关政策规定的情形外，应主要通过公共资源交易平台、证券交易所、产权交易所等公开透明渠道合理确定交易价格，严防国有资产流失。充分保障债权人的合法权益，避免在存量资产转让过程中出现债权悬空。多措并举做好职工安置，为盘活存量资产创造良好条件和氛围。所有拟发行基础设施 REITs 的项目均应符合国家重大战略、发展规划、产业政策、投资管理法规等相关要求，保障项目质量，防范市场风险。

（十九）提升专业机构合规履职能力

严格落实相关中介机构自律规则、执业标准和业务规范，推动中介机构等履职尽责，依法依规为盘活存量资产提供尽职调查、项目评估、财务和法律咨询等专业服务。积极培育为盘活存量资产服务的专业机构，提高专业化服务水平。对违反相关法律法规的中介机构依法追责。

（二十）保障基础设施稳健运营

对公共属性较强的基础设施项目，在盘活存量资产时应处理好项目公益性与经营性的关系，确保投资方在接手后引入或组建具备较强能力和丰富经验的基础设施运营管理机构，保持基础设施稳健运营，切实保障公共利益，防范化解潜在风险。推动基础设施 REITs 基金管理人与运营管理机构健全运营机制，更好发挥原始权益人在项目运营管理中的专业作用，保障基金存续期间项目持续稳定运营。

六、建立工作台账强化组织保障

（二十一）实行台账式管理

全面梳理各地区基础设施等领域存量资产情况，筛选出具备一定盘活条件的项目，建立盘活存量资产台账，实行动态管理。针对纳入台账项目的类型和基本情况，逐一明确盘活方案，落实责任单位和责任人。地方各级人民政府要加强指导协调，定期开展项目调度，梳理掌握项目进展情况、及时解决存在问题，调动民间投资参与积极性。

（二十二）建立健全协调机制

由国家发展改革委牵头，会同财政部、自然资源部、住房和城乡建设部、人民银行、国务院国资委、税务总局、银保监会、证监会等部门，加强盘活存量资产工作信息沟通和政策衔接，建立完善工作机制，明确任务分工，做好指导督促，协调解决共性问题，形成工作合力，重大事项及时向党中央、国务院报告。各地区建立相关协调机制，切实抓好盘活存量资产、回收资金用于新项目建设等工作。

（二十三）加强督促激励引导

对盘活存量资产、扩大有效投资工作成效突出的地区或单位，以适当方式积极给予激励；对资产长期闲置、盘活工作不力的，采取约谈、问责等方式，加大督促力度。适时将盘活存量资产、扩大有效投资有关工作开展情况作为国务院大督查的重点督查内容。研究将鼓励盘活存量资产纳入国有企业考核评价体系。对地方政府债务率较高的地区，重点督促其通过盘活存量资产降低债务率、提高再投资能力。当年盘活国有存量资产相关情况，纳入地方各级政府年度国有资产报告。

（二十四）积极开展试点探索

根据实际工作需要，在全国范围内选择不少于 30 个有吸引力、代表性强的重点项目，并确定一批可以为盘活存量资产、扩大有效投资提供有力支撑的相关机构，开展试点示范，形成可复制、可推广的经验做法。引导各地区积极学习借鉴先进经验，因地制宜研究制定盘活存量资产的有力有效措施，防止“一哄而上”。

国务院办公厅

2022 年 5 月 25 日

（此件公开发布）

〔来源：中国政府网〕

关于推进社会信用体系建设高质量发展促进形成新发展格局的意见

完善的社会信用体系是供需有效衔接的重要保障，是资源优化配置的坚实基础，是良好营商环境的重要组成部分，对促进国民经济循环高效畅通、构建新发展格局具有重要意义。为推进社会信用体系建设高质量发展，促进形成新发展格局，现提出如下意见。

一、总体要求

（一）指导思想

以习近平新时代中国特色社会主义思想为指导，深入贯彻党的十九大和十九届历次全会精神，坚持系统观念，统筹发展和安全，培育和践行社会主义核心价值观，扎实推进信用理念、信用制度、信用手段与国民经济体系各方面各环节深度融合，进一步发挥信用对提高资源配置效率、降低制度性交易成本、防范化解风险的重要作用，为提升国民经济体系整体效能、促进形成新发展格局提供支撑保障。

（二）工作要求

立足经济社会发展全局，整体布局、突出重点，有序推进各地区各行业各领域信用建设。积极探索创新，运用信用理念和方式解决制约经济社会运行的难点、堵点、痛点问题。推动社会信用体系建设全面纳入法治轨道，规范完善各领域各环节信用措施，切实保护各类主体合法权益。充分调动各类主体积极性创造性，发挥征信市场积极作用，更好发挥政府组织协调、示范引领、监督管理作用，形成推进社会信用体系建设高质量发展合力。

二、以健全的信用机制畅通国内大循环

（三）强化科研诚信建设和知识产权保护

全面推行科研诚信承诺制，加强对科研活动全过程诚信审核，提升科研机构和科研人员诚信意识。依法查处抄袭、剽窃、伪造、篡改等违背科研诚信要求的行为，打击论文买卖“黑色产业链”。健全知识产权保护运用体制，鼓励建立知识产权保护自律机制，探索开展知识产权领域信用评价。健全知识产权侵权惩罚性赔偿制度，加大对商标抢注、非正常专利申请等违法失信行为的惩戒力度，净化知识产权交易市场。

（四）推进质量和品牌信用建设

深入实施质量提升行动，强化计量、标准、认证认可、检验检测等方面诚信要求，扩大国内市场优质产品和服务供给，提升产业链供应链安全可控水平。开展中国品牌创建行动，推动企业将守法诚信要求落实到生产经营各环节，加强中华老字号和地理标志保护，培育一大批诚信经营、守信践诺的标杆企业。

（五）完善流通分配等环节信用制度

准确评判信用状况，提升资源配置使用效率。加快建设覆盖线上线下的重要产品追溯体系。健全市场主体信誉机制，提升企业合同履约水平。实行纳税申报信用承诺制，提升纳税人诚信意识。依法打击骗取最低生活保障金、社会保险待遇、保障性住房等行为。建立社会保险领域严重失信主体名单制度。推进慈善组织信息公开，建立慈善组织活动异常名录，防治诈捐、骗捐，提升慈善组织公信力。依法惩戒拖欠农民工工资等失信行为，维护农民工合法权益。

（六）打造诚信消费投资环境

鼓励探索运用信用手段释放消费潜力，在医疗、养老、家政、旅游、购物等领域实施“信用+”工程。依法打击制假售假、违法广告、虚假宣传等行为，加强预付费消费监管，对侵害消费者权

益的违法行为依法进行失信联合惩戒；对屡禁不止、屡罚不改的，依法实施市场禁入。加强法治政府、诚信政府建设，在政府和社会资本合作、招商引资等活动中依法诚信履约，增强投资者信心。建立健全政府失信责任追究制度，完善治理拖欠账款等行为长效机制。推广涉企审批告知承诺制。加强司法公信建设，加大推动被执行人积极履行义务力度，依法惩治虚假诉讼。

（七）完善生态环保信用制度

全面实施环保、水土保持等领域信用评价，强化信用评价结果共享运用。深化环境信息依法披露制度改革，推动相关企事业单位依法披露环境信息。聚焦实现碳达峰碳中和要求，完善全国碳排放权交易市场制度体系，加强登记、交易、结算、核查等环节信用监管。发挥政府监管和行业自律作用，建立健全对排放单位弄虚作假、中介机构出具虚假报告等违法违规行为的有效管理和约束机制。

（八）加强各类主体信用建设

围绕市场经济运行各领域各环节，对参与市场活动的企业、个体工商户、社会组织、机关事业单位以及自然人等各类主体，依法加强信用建设。不断完善信用记录，强化信用约束，建立健全不敢失信、不能失信、不想失信长效机制，使诚实守信成为市场运行的价值导向和各类主体的自觉追求。

三、以良好的信用环境支撑国内国际双循环相互促进

（九）优化进出口信用管理

引导外贸企业深耕国际市场，加强品牌、质量建设。高水平推进“经认证的经营者”（AEO）国际互认合作；高质量推进海关信用制度建设，推动差别化监管措施落实，提升高级认证企业“获得感”；建立进出口海关监管领域信用修复和严重失信主体名单制度，打造诚实守信的进出口营商环境。用足用好出口退税、出口信用保险等外贸政策工具，适度放宽承保和理赔条件。

（十）加强国际双向投资及对外合作信用建设

贯彻实施外商投资法及其实施条例，健全外商投资准入前国民待遇加负面清单管理制度，保护外商投资合法权益，加大知识产权保护国际合作力度，保持和提升对外商投资的吸引力。加强对外投资、对外承包工程、对外援助等领域信用建设，加强信用信息采集、共享、应用，推广应用电子证照，完善守信激励和失信惩戒措施，进一步规范市场秩序。完善境外投资备案核准制度，优化真实性合规性审核，完善对外投资报告制度，完善对外承包工程项目备案报告管理和特定项目立项管理，将违法违规行为列入信用记录，加强事前事中事后全链条监管。

（十一）积极参与信用领域国际治理

积极履行同各国达成的多边和双边经贸协议，按照扩大开放要求和我国需要推进修订法律法规。在信用领域稳步拓展规则、规制、管理、标准等制度型开放，服务高质量共建“一带一路”，为推动构建更加公正合理的国际治理体系贡献中国智慧、提供中国方案。

四、以坚实的信用基础促进金融服务实体经济

（十二）创新信用融资服务和产品

发展普惠金融，扩大信用贷款规模，解决中小微企业和个体工商户融资难题。加强公共信用信息同金融信息共享整合，推广基于信息共享和大数据开发利用的“信易贷”模式，深化“银税互动”“银商合作”机制建设。鼓励银行创新服务制造业、战略性新兴产业、“三农”、生态环保、外贸等专项领域信贷产品，发展订单、仓单、保单、存货、应收账款融资和知识产权质押融资。规范发展消费信贷。

（十三）加强资本市场诚信建设

进一步夯实资本市场法治和诚信基础，健全资本市场诚信档案，增强信用意识和契约精神。压实相关主体信息披露责任，提升市场透明度。建立资本市场行政许可信用承诺制度，提高办理效率。督促中介服务机构勤勉尽责，提升从业人员职业操守。严格执行强制退市制度，建立上市公司优胜劣汰的良性循环机制。加强投资者权益保护，打造诚实守信的金融生态环境。

（十四）强化市场信用约束

充分发挥信用在金融风险识别、监测、管理、处置等环节的作用，建立健全“早发现、早预警、早处置”的风险防范化解机制。支持金融机构和征信、评级等机构运用大数据等技术加强跟踪监测预警，健全市场化的风险分担、缓释、补偿机制。坚持“严监管、零容忍”，依法从严从快从重查处欺诈发行、虚假陈述、操纵市场、内幕交易等重大违法案件，加大对侵占挪用基金财产行为的刑事打击力度。健全债务违约处置机制，依法严惩逃废债行为。加强网络借贷领域失信惩戒。完善市场退出机制，对资不抵债失去清偿能力的企业可依法破产重整或清算，探索建立企业强制退出制度。

五、以有效的信用监管和信用服务提升全社会诚信水平

（十五）健全信用基础设施

统筹推进公共信用信息系统建设。加快信用信息共享步伐，构建形成覆盖全部信用主体、所有信用信息类别、全国所有区域的信用信息网络，建立标准统一、权威准确的信用档案。充分发挥“信用中国”网站、国家企业信用信息公示系统、事业单位登记管理网站、社会组织信用信息公示平台的信息公开作用。进一步完善金融信用信息基础数据库，提高数据覆盖面和质量。

（十六）创新信用监管

加快健全以信用为基础的新型监管机制。建立健全信用承诺制度。全面建立企业信用状况综合评价体系，以信用风险为导向优化配置监管资源，在食品药品、工程建设、招标投标、安全生产、消防安全、医疗卫生、生态环保、价格、统计、财政性资金使用等重点领域推进信用分级分类监管，提升监管精准性和有效性。深入开展专项治理，着力解决群众反映强烈的重点领域诚信缺失问题。

（十七）培育专业信用服务机构

加快建立公共信用服务机构和市场化信用服务机构相互补充、信用信息基础服务与增值服务相辅相成的信用服务体系。在确保安全前提下，各级有关部门以及公共信用服务机构依法开放数据，支持征信、评级、担保、保理、信用管理咨询等市场化信用服务机构发展。加快征信业市场化改革步伐，培育具有国际竞争力的信用评级机构。加强信用服务市场监管和行业自律，促进有序竞争，提升行业诚信水平。

（十八）加强诚信文化建设

大力弘扬社会主义核心价值观，推动形成崇尚诚信、践行诚信的良好风尚。引导行业协会商会加强诚信自律，支持新闻媒体开展诚信宣传和舆论监督，鼓励社会公众积极参与诚信建设活动。深化互联网诚信建设。依法推进个人诚信建设，着力开展青少年、企业家以及专业服务机构与中介服务机构从业人员、婚姻登记当事人等群体诚信教育，加强定向医学生、师范生等就业履约管理。强化信用学科建设和人才培养。

六、加强组织实施

（十九）加强党的领导

坚持和加强党对社会信用体系建设工作的领导。按照中央统筹、省负总责、市县抓落实的总体要求，建立健全统筹协调机制，将社会信用体系建设纳入高质量发展综合绩效评价，确保各项任务落实到位。国家发展改革委、中国人民银行要加强统筹协调，各有关部门和单位要切实履行责任，形成工作合力。

（二十）强化制度保障

加快推动出台社会信用方面的综合性、基础性法律，修订《企业信息公示暂行条例》等行政法规。鼓励各地结合实际在立法权限内制定社会信用相关地方性法规。建立健全信用承诺、信用评价、信用分级分类监管、信用激励惩戒、信用修复等制度。完善信用标准体系。

（二十一）坚持稳慎适度

编制全国统一的公共信用信息基础目录和失信惩戒措施基础清单，准确界定信用信息记录、归集、共享、公开范围和失信惩戒措施适用范围。根据失信行为性质和严重程度，采取轻重适度的惩戒措施，确保过惩相当。

（二十二）推进试点示范

统筹抓好社会信用体系建设示范区创建工作，重点在构建以信用为基础的新型监管机制、信用促进金融服务实体经济、完善信用法治等方面开展实践探索。鼓励各地区各有关部门先行先试，及时总结推广典型做法和成功经验。

（二十三）加强安全保护

严格落实信息安全保护责任，规范信用信息查询使用权限和程序，加强信用领域信息基础设施安全管理。依法保护国家秘密、商业秘密。贯彻实施个人信息保护法等法律法规，维护个人信息合法权益。依法监管信用信息跨境流动，防止信息外流损害国家安全。

中共中央办公厅
国务院办公厅
2022 年 3 月 29 日

〔来源：中国政府网〕

关于进一步加大对中小企业纾困帮扶力度的通知

国办发〔2021〕45 号

中小企业是国民经济和社会发展的主力军，在促进增长、保障就业、活跃市场、改善民生等方面发挥着重要作用。近期，受原材料价格上涨、订单不足、用工难用工贵、应收账款回款慢、物流成本高以及新冠肺炎疫情散发、部分地区停电限电等影响，中小企业成本压力加大、经营困难加剧。为贯彻落实党中央、国务院决策部署，进一步加大助企纾困力度，减轻企业负担，帮助渡过难关，经国务院同意，现就有关事项通知如下：

一、加大纾困资金支持力度

鼓励地方安排中小企业纾困资金，对生产经营暂时面临困难但产品有市场、项目有前景、技术有竞争力的中小企业，以及劳动力密集、社会效益高的民生领域服务型中小企业（如养老托育机构等）给予专项资金支持，减轻房屋租金、水电费等负担，给予社保补贴等，帮助企业应对原材料价格上涨、物流及人力成本上升等压力。落实创业担保贷款贴息及奖补政策。用好小微企业融资担保降费奖补资金，支持扩大小微企业融资担保业务规模，降低融资担保成本。有条件的地方要发挥好贷款风险补偿机制作用。（财政部、工业和信息化部、人力资源社会保障部、人民银行等国务院相关部门及各地区按职责分工负责）

二、进一步推进减税降费

深入落实月销售额 15 万元以下的小规模纳税人免征增值税、小型微利企业减征所得税、研发费用加计扣除、固定资产加速折旧、支持科技创新进口等税收优惠政策。制造业中小微企业按规定延缓缴纳 2021 年第四季度部分税费。研究适时出台部分惠企政策到期后的接续政策。持续清理规范涉企收费，确保政策红利落地。（财政部、税务总局、海关总署、市场监管总局等国务院相关部门及各地区按职责分工负责）

三、灵活精准运用多种金融政策工具

加强再贷款再贴现政策工具精准“滴灌”中小企业，用好新增 3 000 亿元支小再贷款额度。加大信用贷款投放，按规定实施普惠小微企业信用贷款支持政策。对于受新冠肺炎疫情、洪涝灾害及原材料价格上涨等影响严重的小微企业，加强流动资金贷款支持，按规定实施普惠小微企业贷款延期还本付息政策。（人民银行、银保监会按职责分工负责）

四、推动缓解成本上涨压力

加强大宗商品监测预警，强化市场供需调节，严厉打击囤积居奇、哄抬价格等违法行为。支持行业协会、大型企业搭建重点行业产业链供需对接平台，加强原材料保供对接服务。推动期货公司为中小企业提供风险管理服务，助力中小企业运用期货套期保值工具应对原材料价格大幅波动风险。稳定班轮公司在中国主要出口航线的运力供给。发挥行业协会、商会及地方政府作用，引导外贸企业与班轮公司签订长约合同，鼓励班轮公司推出中小企业专线服务。（国家发展改革委、工业和信息化部、市场监管总局、中国证监会、交通运输部、商务部等国务院相关部门及各地区按职责分工负责）

五、加强用电保障

加强电力产供储销体系建设，科学实施有序用电，合理安排错峰用电，保障对中小企业尤其是制造业中小企业的能源安全稳定供应。推动产业链龙头企业梳理上下游重点企业名单，保障产业链关键环节中小企业用电需求，维护产业链供应链安全稳定，确保企业已有订单正常生产，防范订单违约风险。加快推进电力市场化改革，充分考虑改革进程和中小企业承受能力，平稳有序推动中小企业进入电力市场。鼓励有条件的地方对小微企业用电实行阶段性优惠。（国家发展改革委、工业和信息化部及各地区按职责分工负责）

六、支持企业稳岗扩岗

落实失业保险稳岗返还及社保补贴、培训补贴等减负稳岗扩就业政策，支持中小企业稳定岗位，更多吸纳高校毕业生等重点群体就业。推动各级政府公共服务平台、人力资源服务机构为中小企业发布实时有效的岗位信息，加强用工供需信息对接。（人力资源社会保障部、财政部及各地区按职责分工负责）

七、保障中小企业款项支付

进一步落实《保障中小企业款项支付条例》，制定保障中小企业款项支付投诉处理办法，加强大型企业应付账款管理，对滥用市场优势地位逾期占用、恶意拖欠中小企业账款行为，加大联合惩戒力度。继续开展清理拖欠中小企业账款专项行动。推动各级政府部门、事业单位、大型企业及时支付采购中小企业货物、工程、服务的账款，从源头防范层层拖欠形成“三角债”。严禁以不签合同、在合同中不约定具体付款时限和付款方式等方法规避及时支付义务的行为。（工业和信息化部、国务院国资委、财政部、人民银行等国务院相关部门及各地区按职责分工负责）

八、着力扩大市场需求

加大民生领域和新型基础设施建设投资力度，进一步落实《政府采购促进中小企业发展管理办法》，鼓励各地因地制宜细化预留采购份额、价格评审优惠、降低投标成本、优先采购等支持措施。组织开展供需对接活动，促进大型企业扩大向中小企业采购规模。搭建政银合作平台，开展中小企业跨境撮合服务。依托跨境电商等外贸新业态，为中小企业提供远程网上交流、供需信息对接等服务。加快海外仓发展，保障外贸产业链供应链畅通运转。充分发挥境外经贸合作区作为中小企业“抱团出海”平台载体的作用，不断提升合作区建设质量和服务水平，引导和支持有合作需求的中小企业入区开展投资合作。（国家发展改革委、财政部、商务部、工业和信息化部按职责分工负责）

九、全面压实责任

各有关部门、各地区要进一步把思想认识行动统一到党中央、国务院决策部署上来，强化责任担当，勇于开拓创新，进一步细化纾困举措，积极采取针对性措施，帮助中小企业应对困难，推动中小企业向“专精特新”方向发展，不断提升市场竞争力。各有关部门要加强对中小企业面临困难和问题的调研，总结经验做法，加强政策储备，适时推动出台；要加大对地方的指导支持力度，扎实推动各项政策措施落地见效。落实情况要及时报送国务院促进中小企业发展工作领导小组办公室。（国务院相关部门及各地区按职责分工负责）

国务院办公厅
2021年11月10日
（此件公开发布）

〔来源：中国政府网〕

关于产业用纺织品行业高质量发展的指导意见

工信部联消费〔2022〕44号

产业用纺织品用于工业、农业、基础设施、医疗卫生、环境保护等领域，是新材料产业的重要组成部分，也是纺织工业高端化的重要方向。为贯彻落实《中华人民共和国国民经济和社会发展第十四个五年规划和2035年远景目标纲要》《“十四五”制造业高质量发展规划》有关要求，推动产业用纺织品行业高质量发展，更好地服务国民经济发展和满足人民美好生活需要，现提出以下意见：

一、总体要求

（一）指导思想

以习近平新时代中国特色社会主义思想为指导，全面贯彻党的十九大和十九届历次全会精神，以高质量发展为主题，供给侧结构性改革为主线，科技创新为动力，满足国民经济各领域需求为重点，统筹发展和安全，加快产业用纺织品高端化、数字化、绿色化、服务化转型升级。

（二）基本原则

坚持创新引领。强化科技创新对产业发展的引领作用，加强产业基础、共性技术、高端替代应用创新，加大新技术应用力度，推动业态变革、价值创造和结构升级。

坚持需求导向。以适应医疗健康、安全防护、海洋经济、环境保护等领域需求为重点，加强产品开发设计，增强质量保障能力，提升工程化服务水平，拓展多元化市场。

坚持结构优化。营造公平竞争发展环境，运用市场机制淘汰落后产能，加大行业高端化、数字化、绿色化转型力度，培育优质品牌和“专精特新”中小企业。

坚持合作共赢。鼓励产业用纺织品企业与基础材料及终端应用企业加强产业链上下游衔接，完善覆盖生产与应用的标准检测评价体系，建立诚信共赢产业链供应链。

（三）发展目标

到2025年，规模以上企业工业增加值年均增长6%左右，3～5家企业进入全球产业用纺织品第一梯队。科技创新能力明显提升，行业骨干企业研发经费占主营业务收入比重达到3%，循环再利用纤维及生物质纤维应用占比达到15%，非织造布企业关键工序数控化率达到70%，智能制造和绿色制造对行业提质增效作用明显，行业综合竞争力进一步提升。

二、重点任务

（一）强化科技创新，稳固产业发展基础

加强共性基础技术研究。开展非织造布纺丝、成网、成型基础研究，提升特种纤维成网和可生物降解聚合物纺丝成网技术的稳定性，推动纳米、微米纤维非织造布技术的产业化。加强多轴向经编、大尺寸成型、三维编织、2.5维织造等工艺技术研究，破解立体成型连续化、自动化、数字化技术难题，开发纺织柔性材料功能化、绿色化整理技术和复合技术。

开展强链补链联合攻关。梳理重点产品产业链图谱，支持龙头企业组织上下游企业协同开发，开展非织造布专用聚丙烯切片、可生物降解材料、专用纤维、专用助剂以及织造成型装备开发，提升产业链稳定性和质量效率。

完善多层次科技创新体系。打造新型创新平台，加强原创性引领性技术研发，加大在应急救援、医疗健康、航空航天等领域的应用拓展。建设区域性创新中心，开展细分领域关键技术攻关和市场应用。鼓励企业加大研发投入，加强产业链协作，建设行业重点技术研发基地，加快科技成果转化应用。

（二）加快产业结构升级，推进产业高端化

加强技术迭代升级。支持企业加快技术改造，开拓产品在医疗健康、海洋工程、高效过滤、安全防护等领域的高端化应用。充分应用质量、能耗、安全生产、环保等技术标准、法律法规淘汰落后产能。

梯度培育优质企业。支持优势企业兼并重组，培育创新能力突出、具有生态主导权和核心竞争力的龙头企业。引导企业深耕细分领域，培育专精特新“小巨人”企业。加强大中小企业多维度协作，形成良好产业生态。

推进先进产业集群建设。推动产业集群建设高水平公共服务平台，加快要素资源引进力度和更新速度，完善产业链条，升级制造能力，优化产品结构。推进非织造布、防护用纺织品、高温过滤用纺织品产业集群建设，提高集群产业链配套能力和核心竞争能力。

（三）促进两化融合，培育新业态新模式

推进数字化智能化制造。加大关键环节数字化、网络化改造，加快先进数字设备、在线监测系统、智能仓储物流系统、先进制造及管理软件等推广应用。在非织造布、医疗健康纺织品、土工建筑用纺织品、交通工具用纺织品、柔性复合材料及线带绳缆等领域推进数字化工厂建设。

加大智能纺织品开发推广。开发能量采集与储存、数据传输技术，提升柔性传感材料可靠性。开发推广体育运动、医疗健康、安全防护用智能可穿戴产品。拓展智能纺织品在土工、建筑、过滤等领域的应用。

建设工业互联网平台。以共享设计、协同制造、质量追溯、供需对接为目标，在个体防护、工业过滤等领域，推进区域性、行业性工业互联网平台建设，开发行业专用工业 APP，提高产业链协同制造能力和应急快速反应能力。

（四）坚持绿色发展，提高资源利用效率

推动行业节能减碳。围绕碳达峰、碳中和战略目标，制定节能减碳行动方案。制定纺粘、水刺、针刺等非织造布领域节能减排和清洁生产评价指标体系，降低行业能耗水平。支持企业建设能源管理系统，鼓励使用清洁能源，应用节能技术和设备，创建绿色工厂。

发展环境友好产品。提高天然纤维、再生纤维素纤维、木浆、聚乳酸、低（无）VOCs 含量胶粘剂的应用比例，推广可降解一次性卫生用品和可重复使用产品。开展可生物降解非织造布及制品认证工作，加强环境友好产品推广。

加强废旧纺织品循环利用。提高循环再利用纤维在土工建筑、交通工具、包装、农业等领域的应用比例。推广滤袋、绳网等产品回收利用技术，扩大产业用纺织品回收利用量。

（五）坚持标准引领，完善质量保障能力

加强标准体系协同建设。推进上下游企业标准协同研究发布，推进医疗卫生、安全防护、土工、过滤、海洋等应用领域重点产品标准与应用规范的制修订。积极参与国际标准制修订工作，加大国际标准转化力度，提高标准国际化水平。

开展行业质量提升行动。支持企业完善质量管理体系建设。在绳索、个体防护等领域开展国际对标工作，逐步缩小国内外产品质量差距。鼓励社会组织等第三方机构开展质量评估，推动高端品质认证和质量评价工作，培育优质品牌。

三、重点领域提升行动

（一）高品质非织造布

纺粘和熔喷非织造布。开发超低克重、高均匀、双组分、细旦纺粘非织造布。开发口罩用高性能熔喷非织造布，开发熔喷与其他工艺复合产品，拓展熔喷非织造布在保暖材料、擦拭制品中的应用。推广聚酯熔体直纺纺粘非织造布技术。

闪蒸法非织造布。加强对闪蒸纺丝成布工艺技术攻关，实现年产 3 000 吨级闪蒸非织造技术装备产业化，推动在医疗包装、防护用品、印刷品等产品中的应用。

静电纺非织造布。优化静电纺丝设备及工艺，开发高固含量（$\geq 30\%$）纺丝溶液，实现静电纺丝非织造技术装备产业化，推动在个体防护用品、保暖隔热材料、防水透湿材料、电池隔膜等产品中的应用。

环境友好非织造布。发展全棉水刺非织造布和可冲散非织造布，实现熔喷木浆非织造布、木浆水刺非织造布技术装备产业化。研发推广聚乳酸、生物聚酯纺熔非织造布、纯水减量海岛纤维非织造布。

（二）安全防护与应急救援用纺织品

个体防护装备。推动防护用品产业基地发展，开发生产可防核生化、热、机械力、静电、电弧、粉尘的防护用品。完善个体防护产品标准和检测评价能力，培育具有多品类、适应多场景、满足国内外需求的个体防护装备综合性企业。

生物医用防护装备。研发轻质柔软正压防护服面料，提高材料机械性能、气密性和耐化学性。研发舒适性医用防护服和医用防护口罩，开发不同功能和防护等级的口罩。

应急救援用纺织品。加快应急救援帐篷、耐高压输送管、高性能救援绳索及安全带、高空救援成套系统及柔性逃生通道、航空救援装具等材料及制品的研发，完善使用操作规范，提升应急保障能力。

（三）航空航天用高性能纺织品

高性能纺织复合材料。研发纤维预制体数字化编织技术及复合技术。开发高强高模高韧复合材料、航空级玻璃纤维织物及其复合材料，新型防热、隔热、透波材料，空间碎片防护材料及芳纶蜂窝材料，提高配套航空航天工程能力。

柔性纺织复合材料。开发电磁屏蔽和吸收、飞艇蒙皮、飞船充气返回舱、缓冲气囊用柔性纺织复合材料。研发具有多波段兼容、自适应环境、动态变形等性能的伪装材料。

（四）海洋产业与渔业用纺织品

海洋工程用纺织品。开发高性能海工缆、信号缆、系泊缆、锚固缆等产品，提升产品的高长度、高强度、抗蠕变、耐盐雾、耐老化等性能。推动海洋工程用纺织品模拟测试及实际工况测试，加快在油气开采、海上救援、深海探测、深海养殖等领域的推广应用。

海洋渔业用纺织品。加快高强度、高耐腐蚀、低海洋生物附着捕捞网、养殖网箱等产品的研发应用。加强远洋渔网等产品的全生命周期管理，保护海洋生态。

（五）医疗健康用纺织品

医疗用纺织品。推动疝气补片、可吸收缝合线、人造血管、血液透析材料的临床试验和示范应用，加快止血、抗菌等功能性医用纺织材料的研发应用，加强可降解材料、一体编织覆膜支架等产品的研发攻关。

健康卫生用纺织品。加快成人失禁、防褥疮、康复用纺织品的应用推广，提升产品易护理、易清洁、抗菌抑菌等性能，加快智能可穿戴纺织品、健康监测纺织品的研发应用。

（六）交通运输用纺织品

高品质内饰材料。开发隔音、吸音性能好的多层纺织材料。发展无废料生产、一体化成型工艺，减少化学黏合剂使用。加强再生材料在车用内饰件中的高值化应用。

轻量化材料。突破碳纤维增强复合材料、热塑性复合材料高效低成本生产技术，加快麻、竹纤维复合材料在交通工具中的应用，支持纤维增强复合材料在轨道交通、新能源汽车中的推广应用。

（七）土工建筑用纺织品

土工用纺织品。开发碳纤维增强土工格栅、碳玻复合土工格栅、阻燃抗静电双向拉伸土工格栅、高强超滤土工管袋等产品，发展高强粗旦聚丙烯纺粘土工布，扩大土工用纺织品在基础设施、矿山安全、环境工程、海洋工程中的应用。

建筑用纺织品。研发推广碳纤维建筑补强材料。发展聚酯纺粘、粗旦双组分非织造布以及玻璃纤维加筋胎基布，提升建筑防水材料性能。开发大型场馆建设用大幅宽 ETFE 涂层膜材料。推广阻燃、吸音、保温、装饰非织造墙面材料。

（八）过滤用纺织品

液体过滤用纺织品。加快精细过滤、超滤微滤等高性能产品的研发和应用，推动产品在医药、食品、化工等领域的应用。研发反渗透膜、纳滤膜、正渗透膜材料，推动产品在海水及苦咸水淡化、废水处理等领域的应用。

空气过滤用纺织品。开展超净过滤等高性能材料的研发攻关，加快多功能一体化过滤材料、工业烟尘碳捕集过滤材料等新产品新技术的研发攻关和应用示范，加快废旧过滤材料及产品回用技术的研发推广。

四、政策措施

（一）加大政策支持

支持企业建设国家级重点实验室等创新平

台，鼓励科研院所、高校、企业加强合作，推动技术研发和成果转化。围绕医疗健康、海洋产业等重点领域，通过揭榜挂帅、赛马等机制，培育一批科技创新能力突出的“小巨人”企业。发挥国家产融合作平台作用，引导金融机构为企业技术创新提供支持。

（二）营造良好发展环境

鼓励行业组织、产业园区、科研院所、龙头企业等建设公共服务平台。支持各地结合区域特色，加大对产业用纺织品行业发展所需资源要素的支持力度，形成一批区域特色鲜明的示范基地。加强招投标监管，坚持优质优价原则，规范行业有序竞争。

（三）加强人才队伍建设

依托重大科研和产业化项目，培养学术、技术和经营管理领军人物。开展继续教育和职业培训认证，培养具有优秀专业背景和丰富实践经验的高素质技术人才队伍。深化校企合作、产教融合，鼓励骨干企业与高校联合开展企业家研修培训，培育现代化管理人才。

（四）深化跨行业交流合作

加强与医疗卫生、土工建筑、交通运输、环境保护、航空航天等重点应用领域的交流，开展技术创新、标准研制、示范应用等合作。推广土工、建筑和安全防护用纺织品在重点工程和特殊行业的应用。支持农业用、环保用绿色可降解产业用纺织品推广应用。

（五）充分发挥行业协会作用

鼓励行业协会服务技术创新、推动跨界合作、引导资金投向，加强行业自律。支持行业协会开展平台建设、品牌培育、技术交流、产需对接、信息发布、市场拓展、人才培训等方面工作，促进行业健康发展。指导行业协会通过各类活动推动指导意见贯彻落实，协助政府部门开展实施效果评估。

消费品工业司

2022 年 4 月 21 日

〔来源：工业和信息化部〕

关于促进制造业有序转移的指导意见

工信部联政法〔2021〕215 号

推动制造业有序转移，是优化生产力空间布局、推动区域协调发展、拓展制造业发展新空间的重要途径，是保持产业链供应链稳定、维护我国产业体系完整性、加快构建新发展格局的迫切需要。为贯彻落实党中央、国务院决策部署，促进制造业有序转移，提出以下意见。

一、总体要求

坚持以习近平新时代中国特色社会主义思想为指导，全面贯彻党的十九大和十九届历次全会精神，立足新发展阶段，完整、准确、全面贯彻新发展理念，构建新发展格局，推动高质量发展，坚持市场导向、政府引导、自愿合作，统筹资源环境、要素禀赋、产业基础及碳达峰碳中和目标，创新体制机制，完善政策体系，促进资源要素有序流动，引导产业合理有序转移，维护产业链供应链完整性，促进形成区域合理分工、联动发展的制造业发展格局。到 2025 年，产业转移政策环境更加完善，中西部、东北地区承接产业转移能力显著提升，各地区比较优势充分发挥，立足国内大循环吸引全球资源要素优势显著提升，制造业布局进一步优化、区域协同显著增强。

二、推进产业国内梯度转移

向西部清洁能源优势地区集聚。引导软件开发、信息服务、工业设计等生产性服务业与制造业协同转移。引导有意愿的优质企业带动关联产业向中西部和东北地区有序转移。严格实施产能置换办法，坚决遏制“两高”项目盲目发展。

三、引导各地发挥比较优势承接产业转移

西部地区有序承接东部地区产业转移，建设国家重要的能源化工、资源精深加工、新材料、轻工产品等劳动密集型产业、绿色食品基地，以及区域性高技术产业和先进制造业基地。东北地区加快高端装备、航空等传统优势产业改造升级，深化与东部地区对口合作，拓展承接产业转移新空间。中部地区积极承接新兴产业布局和转移，建设内陆地区开放高地，着力打造能源原材料基地、现代装备制造及高技术产业基地。东部地区强化关键核心技术创新，提升创新策源能力和全球资源配置能力，加快培育世界先进制造业集群。

四、鼓励特殊类型地区承接发展特色产业

通过共建产业园区等方式推动产业向以脱贫地区为重点的欠发达地区梯度转移，巩固拓展脱贫攻坚成果。鼓励革命老区发展壮大农副产品加工等特色产业，支持有条件的地区在满足政策规划、生态环境分区管控基础上有序承接发展新材料、能源化工、生物医药、电子信息、可再生能源等优势产业。支持边境地区依托资源优势加快发展，以边境经济合作区为主要载体，探索“小组团”滚动开发，加强相关产业承接能力。支持资源型地区发展接续产业和替代产业，促进资源型地区转型升级。推动老工业城市制造业竞争优势重构和工业遗产保护利用，支持产业转型升级示范区建设。

五、推动中心城市和城市群高质量承接产业转移

发挥中心城市辐射作用，通过产业链优化升级和功能疏解带动城市群协同发展。鼓励城市群内城市合理分工，合作共建产业发展平台，形成紧密产业协作关系。有序疏解超大特大城市中心城区一般性制造业、区域性物流基地等功能和设施。发挥大中城市综合成本相对较低的优势，主动承接超大特大城市产业转移和功能疏解，立足差异化定位，因地制宜建设先进制造业基地、商贸物流中心和区域专业服务中心。加快县城补短板强弱项，推进产业配套等提级扩能，增强综合承载能力。以城市群为中心，依托国家安全应急产业示范基地，建设区域性应急物资生产保障基地，促进救援、防疫等应急物资产业科学布局、合理集聚。

六、促进产业转移国际合作

进一步健全外商投资准入前国民待遇加负面清单管理制度，健全外资服务体系，发挥好自贸试验区示范引领作用，更大力度吸引和利用外资，提升外资利用水平，积极承接国际产业转移。巩固东部地区在国际产业合作中的先导地位，加快中西部和东北地区开放步伐，支持中西部和东北地区承接加工贸易梯度转移，培育全球重要加工制造基地和新增长极。发挥境外经贸合作区的平台作用，加强与共建“一带一路”国家产业合作，推动市场、规则、标准方面的合作联通。鼓励有条件的边境地区与境外接壤地区的产业合作。依托国家级开发区深化高新技术领域国际合作，打造高水平中外合作园区。

七、创新产业转移合作模式

推进产业链供应链上下游对接合作模式，聚焦强链补链搭建产业转移合作平台，承接优势资源，打造具有竞争力的产业链供应链生态体系。创新区域间产业转移合作模式，引导加快探索创新方式方法，支持东部地区通过托管、共建等形式支持中西部、东北地区发展。鼓励中西部、东北地区通过在东部地区既有园区设置园中园等方式建立研发、金融中心，主动承接科技、人才、金融等资源辐射。探索科技成果跨区域转移合作模式，发挥国家技术转移区域中心作用，完善科技成果梯度转移的利益分享机制，通过共建科技成果转移转化示范基地、新型研发机构战略联盟等形式，鼓励东部地区科技创新成果在中西部、东北地区孵化转化。

八、完善支持产业转移的体制机制

健全产业转移服务体系，完善国家产业转移信息服务平台，持续举办产业转移对接活动，推动产业精准对接。遴选一批产业转移典型合作模式，促进模式创新和应用推广。加强产业转移跟踪评估，构建区域承接产业转移评价指数，科学评估承接产业转移情况和成效。鼓励产业转出地和承接地建立产值、收益、用地等指标的分享机制。建立健全生态产品价值实现机制，严格落实生态环境损害赔偿和生态保护补偿制度。鼓励地方建立健全产业转移重点项目库。支持省级人民政府统筹开展住所与经营场所分离登记试点，推动非涉及人民群众身体健康产品相关生产经营单位“一证多址”和资质跨地互认。进一步深化“证照分离”改革，推进有关电子证照归集应用。对向中西部地区进行整体性梯度转移的企业，按照原所在地区已取得的海关信用等级实施监管。支持符合条件的地区按程序申请设立综合保税区和保税监管场所。发挥行业协会作用，创建一批行业产业转移试点园区。

九、优化产业转移政策环境

适时修订鼓励外商投资产业目录、产业发展与转移指导目录。落实西部地区鼓励类产业目录、产业结构调整指导目录。发挥国家产融合作平台功能作用，引导金融机构创新支持产业转移合作的金融产品，推动产业链融资、订单融资、无形资产质押融资等业务发展。研究支持地方在风险可控和坚持市场化的前提下，设立产业转移基金。积极发展多式联运，推动完善港口、物流园区集疏运铁路、公路，提高物流运行效率，降低物流成本。鼓励各地适度提高制造业企业集中开发区配套用地比例，完善存量土地盘活利用政策。支持承接地区开展与承接产业相配套的技能人才培养培训工作，实施西部和东北地区人力资源市场建设援助计划。鼓励职业资格、职业技能等级、职称地区间互认。

各地工业和信息化主管部门要同相关部门加强沟通协作，强化责任分工，细化落实举措，建立健全横向协同、上下联动工作机制，确保各项工作落到实处。

工业和信息化部
国家发展和改革委员会
科学技术部
人力资源和社会保障部
生态环境部
交通运输部
商务部
中国人民银行
海关总署
国家市场监督管理总局
2021 年 12 月 25 日

〔来源：工业和信息化部〕

关于公布第十批国家新型工业化产业示范基地名单的通知

工信部规函〔2022〕40 号

根据《国家新型工业化产业示范基地管理办法》（工信部规〔2017〕1 号）、《关于开展 2021 年度国家新型工业化产业示范基地申报工作的通知》（工信厅规函〔2021〕85 号）要求，经评审和公示，现将天津经济技术开发区等 33 个国家新型工业化产业示范基地名单予以公布。有关事项通知如下：

一、各示范基地要进一步聚焦主导产业，提高产业集约集聚集群发展水平，提升产业链供应链稳定性和竞争力，参加示范基地发展质量评价，发挥好引领带动作用。

二、各地要统筹做好本地区示范基地建设推进工作，强化政策引导，加大支持力度，及时总结报送示范基地在推动工业平稳运行和提质升级等方面的典型做法和经验。

三、工业和信息化部将加强对示范基地的分级分类指导，组织开展发展质量评价和动态调整，加大典型经验宣传交流力度，支持示范基地按照高端化、智能化、绿色化的要求，在新型工业化道路上加快探索。

附件：

第十批国家新型工业化产业示范基地名单

序号	上报单位	示范基地名称	类别
1	天津市工信局	生物医药·天津经济技术开发区	特色
2	河北省工信厅	电子信息·河北鹿泉经济开发区	特色
3	河北省工信厅	装备制造（冰雪装备）·河北张家口冰雪运动装备产业园	特色
4	河北省工信厅	汽车产业（零部件）·河北徐水经济开发区	优势
5	山西省工信厅	电子信息（新型电子元器件）·山西转型综合改革示范区	特色
6	山西省通管局	数据中心·山西大同灵丘经济技术发展园区	特色
7	内蒙古自治区工信厅	现代煤化工·内蒙古鄂尔多斯大路煤化工基地	特色
8	辽宁省工信厅	工业互联网·辽宁沈阳中德装备园、和平区、沈北新区	特色
9	江苏省通管局	工业互联网·江苏苏州工业园区、苏州相城区	特色
10	江苏省工信厅	装备制造（新能源电力装备）·江苏溧阳高新技术产业开发区	特色
11	江苏省工信厅	新材料（特钢制造）·江苏江阴高新技术产业开发区	优势
12	浙江省经信厅	装备制造（智能电梯）·浙江湖州南浔经济开发区	特色
13	浙江省经信厅	高技术转化应用·浙江海盐核电关联高新技术产业园区	优势
14	安徽省经信厅	装备制造（智能测控设备）·安徽滁州高新技术产业开发区	特色
15	福建省工信厅	新材料（不锈钢）·福建福安湾坞不锈钢新材料产业园	特色
16	江西省工信厅	大数据·江西上饶高铁经济试验区	特色
17	山东省工信厅	新材料（轻量化铝）·山东滨州邹平	优势
18	山东省工信厅	高技术转化应用·山东威海火炬高技术产业开发区	特色
19	河南省工信厅	建材（绿色建材）·河南汝阳产业集聚区	特色
20	湖北省经信厅	纺织（医用品）·湖北仙桃高新技术产业开发区	优势
21	湖南省工信厅	装备制造（工程机械）·湖南常德高新技术产业开发区	特色
22	广东省工信厅	汽车产业（新能源汽车）·广州番禺汽车城	特色
23	广东省工信厅	工业互联网·广东省佛山市	特色
24	重庆市经信委	电子信息（集成电路）·重庆高新技术产业开发区	特色
25	重庆市经信委	软件和信息服务·重庆仙桃国际大数据谷	特色
26	重庆市经信委	工业互联网·重庆两江新区、重庆经开区、北碚区、江津区	特色
27	四川省经信厅	高技术转化应用·四川自贡航空产业园区	特色
28	四川省经信厅	生物医药·四川成都医学城	特色
29	四川省通管局	数据中心·四川雅安经济开发区	特色
30	西藏自治区经信厅	资源综合利用·西藏藏青工业园区	优势
31	甘肃省通管局	数据中心·甘肃兰州新区丝绸之路西北大数据产业园	优势
32	新疆维吾尔自治区工信厅	有色金属（硅及铝）·新疆准东经济技术开发区	特色
33	新疆生产建设兵团工信局	高技术转化应用·新疆兵团第一师阿拉尔经济技术开发区	特色

注：类别中的“优势”是指“规模效益突出的优势产业示范基地”，“特色”是指“专业化细分领域竞争力强的特色产业示范基地”。

工业和信息化部

2022 年 3 月 9 日

〔来源：工业和信息化部〕

关于加快推动工业资源综合利用的实施方案

工信部联节〔2022〕9号

工业资源综合利用是构建新发展格局、建设生态文明的重要内容。为贯彻《中华人民共和国固体废物污染环境防治法》，落实《中华人民共和国国民经济和社会发展第十四个五年规划和2035年远景目标纲要》和《“十四五”工业绿色发展规划》，大力推动工业资源综合利用，促进工业高质量发展，制定本方案。

一、总体要求

（一）指导思想

坚持以习近平新时代中国特色社会主义思想为指导，全面贯彻党的十九大和十九届历次全会精神，深入贯彻习近平生态文明思想，立足新发展阶段，完整、准确、全面贯彻新发展理念，构建新发展格局，以技术创新为引领，以供给侧结构性改革为主线，大力推动重点行业工业固废源头减量和规模化高效综合利用，加快推进再生资源高值化循环利用，促进工业资源协同利用，着力提升工业资源利用效率，促进经济社会发展全面绿色转型，助力如期实现碳达峰碳中和目标。

（二）基本原则

坚持统筹发展。围绕资源利用效率提升与工业绿色转型需求，结合工业固废和再生资源产业结构、空间分布特点，统筹构建跨产业协同、上下游协同、区域间协同的工业资源综合利用格局。

坚持问题导向。聚焦重点固废品种和产业链薄弱环节，瞄准工业固废减量化痛点、再生资源高值化难点、工业资源协同利用堵点，精准施策、靶向发力，切实提高工业资源综合利用产业发展的质量和效益。

坚持创新引领。强化企业创新主体地位，拓展产学研用融合通道，着力突破工业固废和再生资源综合利用的关键共性技术，加快先进适用技术装备的产业化应用推广，提高数字化水平，推动政策、管理等体制机制创新。

坚持市场主导。充分发挥市场在资源配置中的决定性作用，更好发挥政府作用，以需求、供给、价格等市场手段为主，以规划、政策等行政手段为辅，激发产废企业、综合利用企业等各类市场主体对固废减量和利用、再生资源增值增效的积极性。

（三）主要目标

到2025年，钢铁、有色、化工等重点行业工业固废产生强度下降，大宗工业固废的综合利用水平显著提升，再生资源行业持续健康发展，工业资源综合利用效率明显提升。力争大宗工业固废综合利用率达到57%，其中，冶炼渣达到73%，工业副产石膏达到73%，赤泥综合利用水平有效提高。主要再生资源品种利用量超过4.8亿吨，其中废钢铁3.2亿吨，废有色金属2 000万吨，废纸6 000万吨。工业资源综合利用法规政策标准体系日益完善，技术装备水平显著提升，产业集中度和协同发展能力大幅提高，努力构建创新驱动的规模化与高值化并行、产业循环链接明显增强、协同耦合活力显著激发的工业资源综合利用产业生态。

二、工业固废综合利用提质增效工程

（四）推动技术升级降低固废产生强度

加大技术改造力度，推动工业数字化、智能化、绿色化融合发展。推广非高炉炼铁、有色金属短流程冶炼、非硫酸法分解中低品位磷矿、铬盐液相氧化、冷冻硝酸法、尾矿和煤矸石原位井下充填等先进工艺。强化生产过程资源的高效利用、梯级利用和循环利用，降低固废产生强度。鼓励产废企业加强生产过程管理、优化固废处理工艺，提高固废资源品质，降低综合利用难度。

（五）加快工业固废规模化高效利用

推动工业固废按元素价值综合开发利用，加快推进尾矿（共伴生矿）、粉煤灰、煤矸石、冶炼渣、工业副产石膏、赤泥、化工废渣等工业固废在有价组分提取、建材生产、市政设施建设、井下充填、生态修复、土壤治理等领域的规模化利用。着力提升工业固废在生产纤维材料、微晶玻璃、超细化填料、低碳水泥、固废基高性能混凝土、预制件、节能型建筑材料等领域的高值化利用水平。组织开展工业固废资源综合利用评价，推动有条件地区率先实现新增工业固废能用尽用、存量工业固废有序减少。

（六）提升复杂难用固废综合利用能力

针对部分固废成分复杂、有害物质含量多、性质不稳定等问题，分类施策，稳步提高综合利用能力。积极开展钢渣分级分质利用，扩大钢渣在低碳水泥等绿色建材和路基材料中的应用，提升钢渣综合利用规模。加快推动锰渣、镁渣综合利用，鼓励建设锰渣生产活性微粉等规模化利用项目。探索碱渣高效综合利用技术。积极推进气化渣高效综合利用，加大规模化利用技术装备开发力度，建设一批气化渣生产胶凝材料等高效利用项目。

（七）推动磷石膏综合利用量效齐增

推动磷肥生产企业强化过程管理，从源头提高磷石膏可资源化品质。突破磷石膏无害化处理瓶颈，因地制宜制定磷石膏无害化处理方案。加快磷石膏在制硫酸联产水泥和碱性肥料、生产高强石膏粉及其制品等领域的应用。在保证安全环保的前提下，探索磷石膏用于地下采空区充填、道路材料等方面的应用。支持在湖北、四川、贵州、云南等地建设磷石膏规模化高效利用示范工程，鼓励有条件地区推行“以渣定产”。

（八）提高赤泥综合利用水平

按照无害化、资源化原则，攻克赤泥改性分质利用、低成本脱碱等关键技术，推进赤泥在陶粒、新型胶凝材料、装配式建材、道路材料生产和选铁等领域的产业化应用。鼓励山西、山东、河南、广西、贵州、云南等地建设赤泥综合利用示范工程，引领带动赤泥综合利用产业和氧化铝行业绿色协同发展。

（九）优化产业结构推动固废源头减量

严控新增钢铁、电解铝等相关行业产能规模。适时修订限期淘汰产生严重污染环境的工业固废的落后生产工艺设备名录，综合运用环保、节能、质量、安全、技术等措施，依法依规推动落后产能退出。钢铁行业科学有序推进废钢铁先进电炉短流程工艺；有色行业着力提高再生铜、铝、锌等供给；能源（电力、热力）行业稳步扩大水力、风能、太阳能、地热能等清洁能源利用，减少固废产生源。

三、再生资源高效循环利用工程

（十）推进再生资源规范化利用

实施废钢铁、废有色金属、废塑料、废旧轮胎、废纸、废旧动力电池、废旧手机等再生资源综合利用行业规范管理。鼓励大型钢铁、有色金属、造纸、塑料聚合加工等企业与再生资源加工企业合作，建设一体化大型废钢铁、废有色金属、废纸、废塑料等绿色加工配送中心。推动再生资源产业集聚发展，鼓励再生资源领域小微企业入园进区。鼓励废旧纺织品、废玻璃等低值再生资源综合利用。推进电器电子、汽车等产品生产者责任延伸试点，鼓励建立生产企业自建、委托建设、合作共建等多方联动的产品规范化回收体系，提升资源综合利用水平。

（十一）提升再生资源利用价值

加强大数据、区块链等互联网技术在再生资源领域的应用，助力构建线上线下相结合的高效再生资源回收体系。着力延伸再生资源精深加工产业链条，促进钢铁、铜、铝、锌、镍、钴、锂等战略性金属废碎料的高效再生利用，提升再生资源高值化利用水平。有序推进高端智能装备再制造。积极引导符合产品标准的再生原料进口。

（十二）完善废旧动力电池回收利用体系

完善管理制度，强化新能源汽车动力电池全生命周期溯源管理。推动产业链上下游合作共建回收渠道，构建跨区域回收利用体系。推进废旧动力电池在备电、充换电等领域安全梯次应用。在京津冀、长三角、粤港澳大湾区等重点区域建设一批梯次和再生利用示范工程。培育一批梯次和再生利用骨干企业，加大动力电池无损检测、自动化拆解、有价金属高效提取等技术的研发推广力度。

（十三）深化废塑料循环利用

加快废弃饮料瓶、塑料快递包装等产生量大的主要废塑料品种回收利用，培育一批龙头骨干企业，提高产业集中度。推动废塑料高附加值利用。鼓励企业开展废塑料综合利用产品绿色设计认证，提高再生塑料在汽车、电器电子、建筑、纺织等领域的使用比例。科学稳妥推进塑料替代制品应用推广，助力塑料污染治理。

（十四）探索新兴固废综合利用路径

研究制定船舶安全与环境无害化循环利用方案，加强船舶设计、建造、配套、检验、营运以及维修、改造、拆解、利用等全生命周期管理，促进相关企业与机构信息共享，促进船舶废旧材料再生利用。推动废旧光伏组件、风电叶片等新兴固废综合利用技术研发及产业化应用，加大综合利用成套技术设备研发推广力度，探索新兴固废综合利用技术路线。

四、工业资源综合利用能力提升工程

（十五）强化跨产业协同利用

加强产业间合作，促进煤炭开采、冶金、建材、石化化工等产业协同耦合发展，促进固废资源跨产业协同利用。鼓励有条件的地区开展“无废城市”建设，有条件的工业园区和企业创建“无废工业园区”“无废企业”，推动固废在地区内、园区内、厂区内的协同循环利用，提高固废就地资源化效率。

（十六）加强跨区域协同利用

在京津冀及周边地区，建设一批全固废胶凝材料示范项目和大型尾矿、废石生产砂石骨料基地。在黄河流域，着力促进煤矸石、粉煤灰等固废通过多式联运跨区域协同利用。在长江经济带，利用水运优势，拓宽磷石膏、锰渣综合利用产品销售半径。在京津冀、长三角、粤港澳大湾区等再生资源产生量大地区，建设一批大型跨区域再生资源回收利用集聚区，构建跨地区跨产业循环链接、耦合共生的绿色化高值化再生资源综合利用产业体系。

（十七）推动工业装置协同处理城镇固废

加快工业装置协同处置技术升级改造，支持水泥、钢铁、火电等工业窑炉以及炼油、煤气化、烧碱等石化化工装置协同处置固体废物。在符合安全环保等前提下，依托现有设备装置基础，因地制宜建设改造一批工业设施协同处理生活垃圾、市政污泥、危险废物、医疗废物等项目，探索形成工业窑炉协同处置固废技术路径及商业模式。

（十八）加强数字化赋能

结合钢铁、石化、建材等重点行业特点，推动新一代信息技术与制造全过程、全要素深度融合，改进产品设计，创新生产工艺，推行精益管理，实现资源利用效率最大化，最大限度减少固废产生。鼓励利用人工智能、大数据、区块链、云计算、工业互联网、5G等数字化技术，加强资源全生命周期管理。围绕工业固废生产建筑材料、再生资源分拣加工、高价值废旧物资精细化拆解等重点领域，突破一批智能制造关键技术。鼓励有能力的大型龙头企业或第三方机构建设行业互联网大数据平台，推动上下游信息共享、资源共享、利益共赢。

（十九）推进关键技术研发示范推广

支持龙头骨干企业与科研院校、行业机构、产业链上下游企业等合作，创建工业资源综合利用创新平台。突破一批复杂难用固废无害化利用、再生资源高效高值化利用、自动化智能化柔性改造等共性关键技术及大型成套装备，推动首（套）装备示范应用。动态发布工业资源综合利用先进适用工艺技术设备目录，加快先进技术装备推广。

（二十）强化行业标杆引领

深入推进工业资源综合利用基地建设，选择工业固废或再生资源集聚、产业基础良好的地区，新建50家工业资源综合利用基地，探索形成基于区域和固废特点的产业发展路径。培育工业资源综合利用“领跑者”企业、“专精特新”中小企业、制造业单项冠军，带动全行业创新、发展、服务能力提升。

五、保障措施

（二十一）加强组织领导

创新工作方式方法，发挥各级各职能部门的

作用，建立责任明确、上下一体、协同推进的工作机制。各地区结合自身条件和特点研究提出适用于本地区的“十四五”工业资源综合利用工作方案，明确目标、任务及措施，加大对重点区域和薄弱环节的指导力度，强化过程监督，加强政策联动，抓实抓好方案落实。

（二十二）完善法规标准体系

研究制定工业资源综合利用管理办法，鼓励出台地方性法规，建立激励和约束机制。设立工业资源综合利用行业标准化技术组织，加快推进工业资源综合利用产品、评价、检测等标准制修订，强化与下游应用领域标准间的衔接，鼓励制定具有行业引领作用的企业标准。

（二十三）加大政策支持力度

利用现有资金渠道，支持工业资源综合利用项目建设。对符合条件的工业资源综合利用项目给予用地支持。建立工业绿色发展指导目录和项目库，支持符合条件的工业资源综合利用项目纳入项目库。发挥国家产融合作平台作用，开展“补贷保”联动试点，鼓励银行等金融机构按照市场化和商业可持续原则给予工业资源综合利用项目多元化信贷支持，支持符合条件的工业资源综合利用项目申请绿色信贷和发行绿色债券，创新金融产品和服务，完善担保方式。充分发挥社会资本作用，鼓励社会资本出资设立工业资源综合利用产业发展基金。按规定落实资源综合利用增值税、企业所得税和环境保护税等优惠政策。

（二十四）深化合作交流和宣传引导

加强国内外交流合作，推进资源、技术、资金、人才等资源要素向工业资源综合利用产业集聚。创新宣传方式，丰富宣传手段，总结推广一批工业资源综合利用经验做法、典型模式，发挥示范带动作用。提高工业资源综合利用产品的市场接受度，引导促进绿色消费。鼓励利用自媒体、互联网等信息化平台，开展多渠道、多形式宣传培训，努力营造全社会共同参与的良好氛围。

工业和信息化部

2022 年 2 月 10 日

〔来源：工业和信息化部〕

关于加强产融合作推动工业绿色发展的指导意见

工信部联财〔2021〕159 号

加强产融合作推动工业绿色发展，是贯彻习近平总书记关于金融服务实体经济系列重要指示精神的具体举措，也是落实党中央、国务院关于碳达峰、碳中和重大决策部署的具体内容。为构建产融合作有效支持工业绿色发展机制，根据《国务院关于加快建立健全绿色低碳循环发展经济体系的指导意见》（国发〔2021〕4 号），现提出如下意见。

一、总体要求

（一）指导思想

以习近平新时代中国特色社会主义思想为指导，全面贯彻党的十九大和十九届二中、三中、四中、五中全会精神，把握新发展阶段，完整、准确、全面贯彻新发展理念，构建新发展格局，推动建设工业绿色低碳转型与工业赋能绿色发展相互促进、深度融合的产业体系。统筹经济、社会和环境效益，建立商业可持续的产融合作推动工业绿色发展路径，引导金融资源为工业绿色发展提供精准支撑，助力制造强国和网络强国建设，不断提升中国工业绿色发展的影响力，为建设全球气候治理新体系贡献力量。

（二）基本原则

政府推动、示范引领。依托产融合作部际协调机制，加强产业政策与金融政策协同。突出地方政府作用，坚持试点先行，不断总结经验，发挥示范带动效应。

市场导向、增进效益。发挥企业和金融机构的市场主体作用，加快标准体系建设，完善信息披露机制，构建互利共赢的产融合作生态，让企业在绿色转型中增效益。

创新驱动、重点突破。推动科技创新、管理创新和商业模式创新，在依法合规、风险可控的前提下加强金融创新，支持重点绿色新技术新场景培育应用。

相互促进、系统发展。以工业高端化、智能化支撑绿色化，以工业绿色化引领高端化、智能化，推动工业全方位、全区域、全周期绿色发展。

（三）总体目标

到2025年，推动工业绿色发展的产融合作机制基本成熟，符合工业特色和需求的绿色金融标准体系更加完善，工业企业绿色信息披露机制更加健全，产融合作平台服务进一步优化，支持工业绿色发展的金融产品和服务更加丰富，各类要素资源向绿色低碳领域不断聚集，力争金融重点支持的工业企业成为碳减排标杆，有力支撑实现碳达峰、碳中和目标，保障产业与金融共享绿色发展成果、人民共享工业文明与生态文明和谐共生的美好生活。

二、工业绿色发展重点方向

（一）加强绿色低碳技术创新应用

加快绿色核心技术攻关，打造绿色制造领域制造业创新中心，加强低碳、节能、节水、环保、清洁生产、资源综合利用等领域共性技术研发，开展减碳、零碳和负碳技术综合性示范。支持新能源、新材料、新能源汽车、新能源航空器、绿色船舶、绿色农机、新能源动力、高效储能、碳捕集利用与封存、零碳工业流程再造、农林渔碳增汇、有害物质替代与减量化、工业废水资源化利用等关键技术突破及产业化发展。加快电子信息技术与清洁能源产业融合创新，推动新型储能电池产业突破，引导智能光伏产业高质量发展。支持绿色低碳装备装置、仪器仪表和控制系统研发创新，在国土绿化、生态修复、海绵城市与美丽乡村建设等领域提升装备化、智能化供给水平。

（二）加快工业企业绿色化改造提升

全面推行绿色制造、共享制造、智能制造，支持企业创建绿色工厂。加快实施钢铁、石化、化工、有色、建材、轻工、纺织等行业绿色化改造。引导企业加大可再生能源使用，加强电力需求侧管理，推动电能、氢能、生物质能替代化石燃料。推动企业利用海水、废污水、雨水等非常规水，开展节水减污技术改造，创建一批节水标杆企业。鼓励企业采用先进的清洁生产技术和高效末端治理装备，推动水、气、固体污染物资源化、无害化利用。加快推进水泥窑协同处置生活垃圾，提升工业窑炉协同处置城市废弃物水平。对企业开展全要素、全流程绿色化及智能化改造，建设绿色数据中心。支持建设能源、水资源管控中心，提升管理信息化水平。

（三）支持工业园区和先进制造业集群绿色发展

依托国家新型工业化产业示范基地等优势产业集聚区，打造一批绿色工业园区和先进制造业集群，支持共建共享公共设施、优化能源消费结构、开展能源梯级利用、推进资源循环利用和污染物集中安全处置，鼓励建设智能微电网。推进园区内企业间用水系统集成优化，实现串联用水、分质用水、一水多用和梯级利用，建设一批工业节水标杆园区。推广工业资源综合利用先进适用工艺技术设备，建设一批工业资源综合利用基地。开展工业领域电力需求侧管理示范园区建设。鼓励钢铁、有色、建材、化工等企业积极参与矿山修复，加快盘活废弃矿山、工业遗址等搁浅资产，丰富工业的文化、旅游、教育、科普、“双创”等功能，健全生态循环价值链。

（四）优化调整产业结构和布局

实施产业基础再造工程，提升产业基础能力，提高自主创新产品的一致性、可靠性和稳定性。加快发展战略性新兴产业，提升新能源汽车和智能网联汽车关键零部件、汽车芯片、基础材料、软件系统等产业链水平，推动提高产业集中度，加快充电桩、换电站、加氢站等基础设施建设运营，推动新能源汽车动力电池回收利用体系建设。加快内河与沿海老旧船舶电动化、绿色化更新改造和港区新能源基础设施建设。引导高耗能、高排放企业搬迁改造和退城入园，支持危险化学品生产企业搬迁改造，推进科学有序兼并重组。落实《产业发展与转移指导目录》，支持产业向符合资源禀赋、区位优势、环保升级、总体降耗等条件的地区转移。

（五）构建完善绿色供应链

推动绿色产业链与绿色供应链协同发展，引导企业构建数据支撑、网络共享、智能协作的绿色供应链管理体系，提升资源利用效率及供应链绿色化水平。鼓励企业实施绿色采购、打造绿色制造工艺、推行绿色包装、开展绿色运输、做好废弃产品回收处理。在汽车、家电、机械等重点行业打造一批绿色供应链，开发推广“易包装、易运输、易拆解、易重构、易回收”的绿色产品谱系。

（六）培育绿色制造服务体系

大力发展能源计量、监测、诊断、评估、技术改造、咨询以及工业节水与水处理系统集成服务、环境污染第三方治理、环境综合治理托管等专业化节能环保服务。针对汽车、纺织、家电等产品的生产消费、周转更新、回收处理与再利用，大力发展基于“互联网＋”“智能＋”的回收利用与共享服务新模式。培育一批绿色制造服务供应商，提供产品绿色设计与制造一体化、工厂数字化绿色提升、服务其他产业绿色化等系统解决方案。

（七）促进绿色低碳产品消费升级

鼓励企业按照全生命周期理念开展产品绿色设计，扩大高质量绿色产品有效供给。设立电商平台绿色低碳产品销售激励约束机制，扩大新能源汽车、光伏光热产品、绿色消费类电器电子产品、绿色建材等消费。加快发展面向冰雪运动、海洋休闲、郊野经济等场景的设施装备产业。推动超高清视频、新型显示等技术突破，拓展数字绿色消费场景。发展具有文化传承意义和资源盘活效益的传统技法工艺，推广环境影响小、资源消耗低、易循环利用的生物质取材制品，支持苗绣、桑蚕丝绸等生态产品价值实现机制试点示范。

（八）推进绿色低碳国际合作

以碳中和为导向，制定重点行业碳达峰目标任务及路线图，支持智能光伏、新能源汽车等产业发挥示范引领作用。鼓励有条件的地方建设中外合作绿色工业园区，推动绿色技术创新成果在国内转化落地。共建绿色“一带一路”，加强煤电行业联控，促进产业产能优化升级。建设绿色综合服务平台和共性技术平台，推动中国新型绿色技术装备“走出去”和标准国际化。

三、主要任务

（一）建立健全碳核算和绿色金融标准体系

构建工业碳核算方法、算法和数据库体系，推动碳核算信息在金融系统应用，强化碳核算产融合作。鼓励运用数字技术开展碳核算，率先对绿色化改造重点行业、绿色工业园区、先进制造业集群等进行核算。规范统一绿色金融标准，完善绿色债券等评估认证标准，健全支持工业绿色发展的绿色金融标准体系。推动国内外绿色金融标准相互融合、市场互联互通，加强国际成熟经验的国内运用和国内有益经验的国际推广，吸引境外资金参与我国工业绿色发展。

（二）完善工业绿色发展信息共享机制

组织遴选符合绿色发展要求的产品、工艺技术装备、解决方案、企业、项目、园区等，建立工业绿色发展指导目录和项目库。探索建立工业企业温室气体排放信息平台，鼓励企业参照成熟经验主动披露相关信息。推进高耗能、高污染企业和相关上市公司强制披露环境信息，支持信用评级机构将环境、社会和治理（ESG）因素纳入企业信用评级。完善《绿色债券支持项目目录》中涉及工业绿色发展的分类，为工业企业信息服务平台和项目库建设提供支撑。

（三）加强产融合作平台建设

将国家产融合作平台作为金融支持工业绿色发展的重要载体，增设“工业绿色发展”专区。推动建立跨部门、多维度、高价值绿色数据对接机制，整合企业排放信息等“非财务”数据，对接动产融资统一登记公示系统，保障融资交易安全。探索构建系统直连、算法自建、模型优选、智能对接、资金直达的平台生态，推动金融资源精准对接企业融资需求，提高平台服务质效。

（四）加大绿色融资支持力度

运用多种货币政策工具，引导金融机构扩大绿色信贷投放，合理降低企业融资综合成本。鼓励银行业金融机构完善信贷管理政策，优化信贷审批流程，通过调整内部资金转移定价等方式引导信贷资源配置，积极发展绿色信贷、能效信贷，推动“两高”项目绿色化改造，对工业绿色发展项目给予重点支持。研究有序扩大绿色债券发行规模，鼓励符合条件的企业发行中长期绿色债券。支持符合条件的绿色企业上市融资和再融资，降低融资费用。依托科创属性评价，研究建立绿色科创企业培育引导机制，支持“硬科技”企业在科创板上市。鼓励推广《“一带一路”绿色投资原则》（GIP），进一步发展跨境绿色投融资，支持开展“一带一路”低碳投资。

（五）创新绿色金融产品和服务

支持在绿色低碳园区审慎稳妥推动基础设施领域不动产投资信托基金（基础设施 REITs）试点。鼓励金融机构开发针对钢铁石化等重点行业绿色化改造、绿色建材与新能源汽车生产应用、老旧船舶电动化改造、绿色产品推广等方面的金融产品；综合利用并购贷款、资产管理等一揽子金融工具，支持产能有序转移、危化品生产企业搬迁、先进制造业集群建设等。积极探索发展专业化的政府性绿色融资担保业务，促进投资、信贷、担保等业务协同。鼓励金融机构开发气候友好型金融产品，支持广州期货交易所建设碳期货市场，规范发展碳金融服务。

（六）提高绿色保险服务水平

鼓励保险机构结合企业绿色发展水平和环境风险变化情况，科学厘定保险费率，提高保险理赔效率和服务水平。加强绿色保险产品和服务创新，鼓励企业投保环保技术装备保险、绿色科技保险、绿色低碳产品质量安全责任保险等产品。发挥首台（套）重大技术装备、首批次材料和首版次软件保险补偿机制作用，加快新产品市场化应用。鼓励将保险资金投向绿色企业和项目。

（七）加快发展绿色基金

做强做优现有绿色产业发展基金，鼓励国家集成电路产业投资基金、国家制造业转型升级基金、国家中小企业发展基金等国家级基金加大对工业绿色发展重点领域的投资力度。鼓励社会资本设立工业绿色发展基金，推动绿色产业合理布局。引导天使投资、创业投资、私募股权投资基金投向绿色关键核心技术攻关等领域。

（八）发挥金融科技对绿色金融推动作用

鼓励金融机构加快金融科技应用，对工业企业、项目进行绿色数字画像和自动化评估，提升个性化服务能力。根据产业链数字图谱和重点行业碳达峰路线图，创新发展供应链金融，以绿色低碳效益明显的产业链领航企业、制造业单项冠军企业和专精特新“小巨人”企业为核心，加强对上下游小微企业的金融服务。不断探索新技术在金融领域的新场景、新应用，开展碳核算、碳足迹认证业务，提供基于行为数据的保险（UBI）等金融解决方案。

（九）支持绿色金融改革创新试点

推动金融改革创新试验区和产融合作试点城市探索绿色金融发展和改革创新路径，率先开展碳核算和绿色金融标准先行先试工作。适时扩大试验试点范围，将工业绿色发展较好地区优先打造成绿色金融示范区。支持金融改革创新试验区和产融合作试点城市建立工业绿色发展项目库，引导金融机构创新符合工业绿色发展需求的金融产品和服务，实现项目库互联互通。鼓励产融合作试点城市积极申报绿色金融改革创新试验区。

四、保障措施

（一）完善工作机制

工业和信息化部、人民银行、银保监会、证监会建立定期会商机制，共同推动完善支持工业绿色发展的配套政策措施。各地要完善工作机制和政策保障体系，研究提出本地区的实施方案，确保政策措施落到实处。工业和信息化部要会同相关部门加强工作统筹，总结推广创新做法，对取得明显实效的地方、金融机构和企业给予表扬激励。

（二）加强能力建设

工业和信息化部会同有关部门健全信息共享机制，为金融机构获取工业绿色发展指导目录和项目信息提供便利，帮助金融机构准确把握工业绿色发展重点方向，提升服务能力。鼓励各地发展工业绿色低碳研究评价第三方机构，实施工业资源综合利用评价，支撑金融机构更好地开展绿色金融业务。推进相关专业学科与产业学院建设，加强跨领域复合型人才培养，强化产融合作推动工业绿色发展的人才保障。

（三）凝聚发展共识

坚持"算大账、算长远账、算整体账、算综合账"的观念，在全社会倡导可持续发展理念，提高地方、企业和公众对工业绿色发展的认可度。推行低碳主义、节俭主义，塑造和引导绿色消费新风尚。开展绿色工业、绿色产品、绿色金融科普宣传，营造绿色金融发展的良好氛围，不断开拓金融支持工业绿色发展的新局面。

财务司

2021年11月5日

〔来源：工业和信息化部〕

关于调整重大技术装备进口税收政策有关目录的通知

工信部联重装〔2021〕198号

根据《财政部　工业和信息化部　海关总署　税务总局　能源局关于印发〈重大技术装备进口税收政策管理办法〉的通知》（财关税〔2020〕2号）和《工业和信息化部　财政部　海关总署　税务总局　能源局关于印发〈重大技术装备进口税收政策管理办法实施细则〉的通知》（工信部联财〔2020〕118号）有关要求，结合国内外形势变化，工业和信息化部、财政部、海关总署、国家税务总局、国家能源局对重大技术装备进口税收政策有关目录进行了修订。有关事项通知如下：

一、《国家支持发展的重大技术装备和产品目录（2021年版）》（附件1）、《重大技术装备和产品进口关键零部件、原材料商品目录（2021年版）》（附件2）和《进口不予免税的重大技术装备和产品目录（2021年版）》（附件3）自2022年1月1日起执行。

二、对2021年12月31日前（含12月31日）批准的按照或比照《国务院关于调整进口设备税收政策的通知》（国发〔1997〕37号）规定享受进口税收优惠政策的项目和企业，在2022年6月30日前（含6月30日）进口设备，继续按照《财政部 工业和信息化部 海关总署 税务总局 能源局关于调整重大技术装备进口税收政策有关目录的通知》（财关税〔2019〕38号）和《财政部 国家发展改革委 海关总署 国家税务总局关于调整〈国内投资项目不予免税的进口商品目录〉的公告》（2012年第83号）执行。

三、对2021年12月31日前（含12月31日），举办的中国国际进口博览会、中国国际服务贸易交易会以及中西部地区国际性展会展期内销售的进口展品税收优惠政策项下的国际性展会，展期内销售的进口展品继续按照财关税〔2019〕38号文执行；2022年1月1日以后举办的，按本通知执行。

四、附件1和附件2中所列销售业绩要求仅用于确定免税企业名单。附件2中列明执行年限的进口关键零部件、原材料，免税执行期限截至该年度12月31日（含）。附件2和附件3中所列税则号列仅供参考，具体商品范围以设备名称及技术规格要求为准。

五、如遇目录列明商品范围理解不清等特殊事项，企业及有关单位可通过省级工业和信息化主管部门报工业和信息化部，工业和信息化部、财政部、海关总署、国家税务总局、国家能源局共同解释。

六、自2022年1月1日起，《财政部　工业

和信息化部　海关总署　税务总局　能源局关于调整重大技术装备进口税收政策有关目录的通知》（财关税〔2019〕38号）予以废止。

附件：

1. 国家支持发展的重大技术装备和产品目录（2021年版）

2. 重大技术装备和产品进口关键零部件、原材料商品目录（2021年版）（略）

3. 进口不予免税的重大技术装备和产品目录（2021年版）（略）

附件：

国家支持发展的重大技术装备和产品目录（2021年版）

编号	设备名称	技术规格要求	销售业绩要求
一	大型清洁高效发电装备		
（一）	核电机组（三代核电机组）		
1	核岛设备：反应堆压力容器、蒸汽发生器、稳压器、反应堆堆内构件、核燃料元件、乏燃料处理设备	额定功率≥1 000MWe	持有合同订单
2	常规岛设备：主给水泵组	额定功率≥1 000MWe；耦合器额定功率≥7 000kW	持有合同订单
3	核主泵电机	额定功率≥1 000MWe；额定电压≥10kV	持有合同订单
（二）	燃气－蒸汽联合循环机组		
1	燃气轮机	E级、F级、H级	持有合同订单
（三）	大型水力发电机组		
1	水轮发电机组	额定功率≥700MW	持有合同订单
（四）	大功率风力发电机组		
1	风力发电机组：整机、发电机、变流器	单机额定功率≥5MW	持有合同订单
二	超、特高压输变电设备		
（一）	直流输变电设备		
1	直流换流变压器	电压等级：±800kV及以上	持有合同订单
（二）	交流输变电设备		
1	气体绝缘金属封闭开关设备	电压等级≥1 100kV	持有合同订单
三	大型石油及石化装备		
（一）	乙烯成套设备		
1	乙烯、丙烯、裂解气压缩机	年产量≥140万t	持有合同订单
（二）	橡塑机械		
1	混炼挤压造粒机组	年产量≥20万t	持有合同订单
2	道路相变自调温材料混炼挤出成套装置	年产量≥5万t	持有合同订单

（续）

编号	设备名称	技术规格要求	销售业绩要求
（三）	天然气管道运输和液化储运装备		
1	天然气输送用一体式压缩机	额定功率≥ 10MW	持有合同订单
（四）	油气钻采装备		
1	不压井作业装备	提升能力≥ 70 t	持有合同订单
2	水下生产系统脐带缆	工作压力≥ 3 000psi	持有合同订单
四	大型煤化工设备（无）		
五	大型冶金成套设备（无）		
六	大型矿山设备		
（一）	大型非公路矿用自卸车		
1	电动轮非公路矿用自卸车	额定装载重量≥ 220 t	持有合同订单
（二）	大型煤炭采掘设备		
1	矿山特种钻机车（用于煤层气、页岩气开采对接井及矿山应急救援）	最大提升力≥ 600kN； 输出转矩：12 500 ～ 30 000N • m	持有合同订单
2	掘锚一体机	截割宽度≥ 4 200mm； 截割高度≥ 2 400mm； 截割能力：20 ～ 25t/min； 装运能力：25 ～ 35t/min	持有合同订单
七	大型船舶、海洋工程设备		
（一）	大型高技术、高附加值船舶		
1	中型邮轮	船长≥ 200m； 最大载客≥ 650 人； 客房≥ 250 间； 满足 SRtP、USCG 、USPH 等规范要求	持有合同订单
2	新型潜航器支持母船	船长≥ 110m； 最大作业排水量≥ 10 000 t； 载荷下潜收放能力≥ 400 t； DP2 级及以上动力定位	持有合同订单
（二）	大功率柴油机及其他船用关键配套设备		
1	天然气及双燃料发动机	功率≥ 1 000kW； 缸径≥ 200mm	持有合同订单
2	柱塞式舵机	工作扭矩：314 ～ 9 810kN • m； 转舵角度：±35°/±45°； 转舵速度≥ 65°/28s	年销售量≥ 80 台
八	高速铁路、城市轨道交通设备		
（一）	大功率交流传动电力/内燃机车		
1	大功率交流传动电力机车转向架	单轴功率≥ 1 200kW	持有合同订单
2	大功率内燃机车转向架	柴油机装车功率≥ 3 200kW	持有合同订单
九	大型环保及资源综合利用设备（无）		
十	大型施工机械和基础设施专用设备		
（一）	大型、新型施工机械		
1	大型全断面隧道掘进机	刀盘直径≥ 6m	持有合同订单

（续）

编号	设备名称	技术规格要求	销售业绩要求
2	越野轮胎起重机	最大起重量≥ 60 t	持有合同订单
3	混凝土泵车	臂架长度≥ 56m	年销售量≥ 100 台
4	液压挖掘机	整机重量≥ 45t； 双臂轮履复合救援液压挖掘机整机重量≥ 20t	年销售量≥ 80 台（双臂轮履救援液压挖掘机、整机重量≥ 90t 液压挖掘机为持有合同订单）
5	铣刨机	铣刨宽度≥ 2m	持有合同订单
6	履带式全地形工程车	满载重量≥ 13 t； 最高公路行驶速度≥ 60km/h	持有合同订单
7	举高消防车	工作高度> 40m	持有合同订单
8	集装箱正面吊 / 堆高机	最大起重量≥ 45 t	持有合同订单
9	旋挖钻机	钻孔直径≥ 2 800mm； 动力头扭矩≥ 280kN • m	持有合同订单
10	全电脑凿岩台车	最大作业高度≥ 11 300mm； 最大作业宽度≥ 16 600mm； 最大钻孔深度≥ 30m； 凿岩机冲击功率≥ 30kW	持有合同订单
十一	重大工程自动化控制系统和关键精密测试仪器（无）		
十二	大型、精密、高速数控设备、数控系统、功能部件与基础制造装备（无）		
十三	新型纺织机械		
（一）	棉纺成套设备		
1	自动络筒机	卷绕速度≥ 2 100m/min	年销售量≥ 50 台
2	全自动转杯纺纱机	转杯转速≥ 18 万转/分钟； 纺纱速度≥ 300m/min	年销售量≥ 30 台
（二）	非织造布成套设备		
1	纺熔复合非织造布成套设备	幅宽≥ 1.6m	持有合同订单
十四	新型、大马力农业装备		
1	大马力轮式拖拉机	发动机额定功率≥ 260 马力； 动力换挡或 CVT 换挡； 有卫星导航接口	年销售量≥ 50 台
2	自走式喷杆喷雾机	药箱容积≥ 2 000L	持有合同订单
3	自走式玉米、小麦联合收获机	玉米联合收获机采收行数≥行；小麦联合收获机喂入量 12kg/s	年销售量≥ 100 台
十五	电子信息及生物医疗设备		
（一）	半导体发光二极管（LED）生产设备、集成电路关键设备、电子元器件生产设备、材料基因设备		
1	半导体发光二极管生产设备		
(1)	金属有机化学气相沉积设备	可配置单片 6 英寸或 8 英寸四腔系统，可改造升级 8×6 英寸多片四腔系统；外延厚度和材料组成均匀性 STD ≤ 1%； 电子迁移率≥ 1 900cm^2/Vs	持有合同订单

（续）

编号	设备名称	技术规格要求	销售业绩要求
(2)	高亮度 LED 步进投影光刻机	分辨率：0.7 ～ 2μm；适应 2 ～ 6 英寸多种基底的曝光；可监测基底翘曲值；多种背面对准配置	持有合同订单
2	集成电路关键设备		
(1)	氧化炉	硅片直径：300mm； 线宽≤ 28nm	持有合同订单
(2)	高密度等离子刻蚀机	硅片直径：300mm； 线宽≤ 55nm	持有合同订单
(3)	薄膜沉积设备：化学气相沉积设备、物理气相沉积设备和原子层沉积设备	硅片直径：300mm； 线宽≤ 28nm	持有合同订单
(4)	涂胶显影机	硅片直径：300mm； 线宽≤ 28nm	持有合同订单
(5)	快速热退火设备	硅片直径：300mm； 线宽≤ 28nm	持有合同订单
(6)	湿法清洗机	硅片直径：300mm； 线宽≤ 28nm	持有合同订单
(7)	晶圆缺陷自动检测设备	可用于 300mm 晶圆； 镜头倍率：1X、2X、3.5X、5X、10X、20X	持有合同订单
(8)	离子注入机	硅片直径：300mm； 线宽≤ 28nm	持有合同订单
(9)	集成电路自动化测试及分选设备	数字信号通道≥ 1 024； 最高测试速率≥ 200Mbps； 电源信号通道≥ 128； 继电器控制信号通道≥ 256； 生产效率≥ 9 000片/小时； Jam ≤ 1/5 000； 可搭配模拟模块、射频模块、高压模块、图像处理模块等处理不同信号类型的模块，以及机器视觉检测模块、多种不同进料出料模块	持有合同订单
(10)	前道铜互连电镀设备	应用于 45nm 至 14nm 铜互连电镀工艺	持有合同订单
(11)	化学机械抛光机	硅片直径：300mm； 线宽≤ 28nm	持有合同订单
(12)	先进封装电镀设备	应用于先进封装电镀工艺	持有合同订单
3	电子元器件生产设备		
(1)	片式多层陶瓷电容器 丝网印刷机	印刷速度≥ 5m/min； 印刷宽度：150 ～ 600mm； 印刷直线度≤ 0.1mm； 印刷间距波动范围≤ 0.2mm； 电极厚度范围：0.6 ～ 1.5μm； 收卷整齐度≤ 0.5mm； 有张力控制系统、边缘纠偏系统、数据采集系统	持有合同订单
(2)	片式多层陶瓷电容器 自动分选机	处理电容尺寸：0201 至 1206； 最大处理能力≥ 12 000只/分钟	持有合同订单

（续）

编号	设备名称	技术规格要求	销售业绩要求
(3)	低温共烧陶瓷光刻工艺硬质玻纤板印刷生产线	玻纤板正面尺寸≥160mm×160mm，厚度≤2.0mm； 涂刮机构全程采用电机调整水平，调整步距≤0.01mm； 印刷工作台表面与网框底面的平行度≤30μm； 印刷工作台表面与印刷头的平行度≤30μm； 生产效率≥15秒/片； 视觉辅助对位精度≤3μm； 膜厚极差：±3μm	持有合同订单
4	材料基因设备		
(1)	高通量材料芯片表征系统	X射线能量范围：2.1～30keV； 光斑尺寸≤500μm（X射线表征）；空间分辨率≤100μm（热学或磁学表征）； 极限分辨率≤0.5GHz（弹性模量表征）	持有合同订单
(2)	高通量材料芯片制备系统	成分分辨率≤1%； 薄膜厚度不均匀性≤3%； 薄膜厚度可控精度≤1nm	持有合同订单
（二）	高端医疗装备		
1	超导磁共振成像系统	磁场强度≥1.5T； 冷头类型：4K； 谱仪通道数≥16	年销售量≥10台
2	X射线计算机断层摄影设备	CT排数≥64排； CT球管热容量≥5M； 高压发生器功率≥100kW	年销售量≥30台
3	正电子发射及X射线计算机断层成像扫描系统	晶体条横截面≤4.5mm×5.0mm；CT排数≥64排； CT球管热容量≥5M	持有合同订单
4	医用电子直线加速器	X射线最高能量≥6MV； 剂量率≥400cGy/min； 多叶准直器最小叶片宽度≤5mm；具有影像引导、动态调强功能	持有合同订单
5	血液透析机	透析液流量：300～800mL/min； 透析液温度控制精度：±0.5℃；透析液电导率控制精度：±0.1mS/cm； 超滤脱水控制精度：±30mL/h；具有在线血液透析滤过功能	年销售量≥1 000台
6	超导磁体	磁场强度≥1.5T； 冷头类型：4K	年销售量≥10台
7	数字减影血管造影系统	高压发生器功率≥100kW； X射线管电流≥1 000mA； 探测器像素尺寸≤160μm	年销售量≥10台
8	小型集成化质子治疗系统	能量切换速度≤100ms； 最大能量≥230MeV； 剂量率≥2Gy/min/L； 超导同步回旋加速器磁场强度≥8T	持有合同订单

（续）

编号	设备名称	技术规格要求	销售业绩要求
（三）	医药成套设备		
1	灌装设备	工作环境：B+A 级洁净区； 灌装精度：±1%（2mL 以上灌装量）	年销售量≥ 160 台
2	冻干机	极限真空压力≤ 0.5Pa，压力可调；真空泄漏率≤ 10mbar·m^3/s； 冷阱最低温度≤ -75℃； 板层温度均匀一致性≤ 2℃	年销售量≥ 150 台
十六	民用飞机及发动机、机载设备		
（一）	固定翼飞机与直升机、机载设备		
1	50 座级涡桨支线飞机	最大起飞重量≥ 20t	持有合同订单
2	70 座级涡桨支线飞机（总装及机体结构）	最大起飞重量≥ 26.5t	
3	新型涡扇支线飞机（总装及机体结构）	最大起飞重量≥ 43t	持有合同订单
4	19 座级双发涡桨通用飞机	最大起飞重量≥ 5.5t； 获得 CAAC 型号合格证	持有合同订单
5	4 吨级民用直升机	最大起飞重量≥ 3.1t； 获得 CAAC 型号合格证	持有合同订单
6	7 吨级民用直升机	最大起飞重量≥ 6.7t	
7	13 吨级民用直升机	最大起飞重量≥ 13t； 获得 CAAC 型号合格证	持有合同订单
8	大型水陆两栖飞机（总装及机体结构）	最大起飞重量≥ 53.5t	
9	大型客机（总装及机体结构）	最大起飞重量≥ 75t	持有合同订单
10	复合材料初级教练机	最大起飞重量≥ 1t	持有合同订单
11	复合材料中级教练机	最大起飞重量≥ 1.9t	持有合同订单
（二）	发动机、机载设备		
1	涡轴发动机	起飞功率≥ 1 240kW； 最大连续功率≥ 1 100kW； 基准重量≤ 230kg	
2	7 吨级民用直升机尾传动系统	功率≥ 550kW	
3	压燃式航空活塞发动机	起飞功率≥ 100 马力； 最大连续功率≥ 100 马力； 基准重量≤ 200kg	持有合同订单

工业和信息化部
财政部
海关总署
国家税务总局
国家能源局
2021 年 12 月 10 日

〔来源：工业和信息化部〕

关于印发环保装备制造业高质量发展行动计划（2022—2025年）的通知

工信部联节〔2021〕237号

环保装备制造业是绿色环保产业的重要组成部分，为生态文明建设提供重要物质基础和技术保障。为贯彻落实《中华人民共和国国民经济和社会发展第十四个五年规划和2035年远景目标纲要》以及《“十四五”工业绿色发展规划》，全面推进环保装备制造业持续稳定健康发展，提高绿色低碳转型的保障能力，制定本行动计划。

一、总体要求

（一）指导思想

坚持以习近平新时代中国特色社会主义思想为指导，全面贯彻党的十九大和十九届历次全会精神，深入贯彻习近平生态文明思想，立足新发展阶段，完整、准确、全面贯彻新发展理念，构建新发展格局，以推动高质量发展为主题，以深化供给侧结构性改革为主线，紧紧围绕深入打好污染防治攻坚战对环保装备的需求，以攻克关键核心技术为突破口，强化科技创新支撑，提升高端装备供给能力，推进产业结构优化升级，推动发展模式数字化、智能化、绿色化、服务化转型，加快形成创新驱动、示范带动、平台保障、融合发展的产业生态，为经济社会绿色低碳发展提供有力的装备支撑。

（二）主要目标

到2025年，行业技术水平明显提升，一批制约行业发展的关键短板技术装备取得突破，高效低碳环保技术装备产品供给能力显著提升，充分满足重大环境治理需求。行业综合实力持续增强，核心竞争力稳步提高，打造若干专精特新“小巨人”企业，培育一批具有国际竞争优势的细分领域的制造业单项冠军企业，形成上中下游、大中小企业融通发展的新格局，多元化互补的发展模式更加凸显。环保装备制造业产值力争达到1.3万亿元。

二、科技创新能力提升“补短板”行动

（三）加强关键核心技术攻关

聚焦“十四五”期间环境治理新需求，围绕减污降碳协同增效、细颗粒物（PM2.5）和臭氧协同控制、非电行业多污染物处置、海洋污染治理、有毒有害污染物识别和检测以及生态环境应急等领域，开展重大技术装备联合攻关。聚焦长期存在的环境污染治理难点问题，攻克高盐有机废水深度处理、污泥等有机固废减量化资源化技术装备。聚焦基础零部件和材料药剂等卡脖子问题，加快环境污染治理专用的高性能风机、水泵、阀门、过滤材料、低频吸声隔声材料、绿色药剂以及环境监测专用模块、控制器、标准物质研发。聚焦新污染物治理、监测、溯源等，抓紧部署前沿技术装备研究。

专栏1 核心技术装备攻关重点方向
成套装备：在大气污染防治领域，开展低成本高效率挥发性有机物（VOCs）收集处理、高炉煤气及焦炉煤气精脱硫、重金属协同处置、柴油车氮氧化物（NOx）和颗粒物一体化净化等高效处理装备应用研发。在水污染防治领域，推进水体深度除氟成套装备、异步浸没燃烧蒸发工业高盐废水处理装备、海水养殖尾水生态治理关键技术装备研发。在固体废物处理处置领域，引导操作简单、

维修便捷的小型农村垃圾处理装备研发。在土壤污染修复领域，推动土壤和地下水污染风险快速识别与监测预警设备、一体化智能化土壤微生物修复装备研发。针对持久性有机污染物、抗生素、微塑料、光污染等新污染物，开展相关技术装备前期研究及技术储备。

仪器仪表：加快工业烟气综合监测仪、环境空气分析仪、便携式 VOCs 测试分析及快速检测设备、VOCs 多组分在线质谱监测设备、机动车颗粒物数浓度（PN）检测设备、分形态大气汞监测仪、温室气体监测分析仪、生物多样性在线监测仪、海洋生态环境监测仪、入海污染物通量原位在线监测仪、重金属在线监测仪、噪声声纹识别分析仪等环境监测专用仪器仪表的自主研发，开展镉等重金属大气污染物排放自动监测设备、土壤气采样设备、计量泵、pH 计、超声波液位计、电磁流量计等污染治理过程专用仪器及环保装置大数据智能化运行维护系统研发。

通用设备：攻克污水治理用磁悬浮轴承高速离心鼓风机、大型紫外线消毒设备、固体废物处理用大型高速螺旋卸料离心机。

材料与药剂：研发大气污染治理用低温脱硝催化剂、VOCs 高效吸附催化材料、功能滤料及滤筒，拓展应用范围。开展电石法聚氯乙烯无汞触媒、土壤污染植物修复药剂、污水治理用反渗透膜、高性能水处理药剂、海水养殖尾水生态治理高效菌剂的深入研究。

关键零部件：研发大气污染治理用除雾器、喷嘴、脱硝喷枪、吹灰器、换向阀等零部件。推动环境监测仪器仪表专用光学气体传感器、电子芯片、色谱检测单元等产品研发。

（四）推进共性技术平台建设

加大对创新资源的整合力度，在京津冀及周边、粤港澳大湾区、长三角、黄河流域、成渝等区域建立优势互补、风险共担、利益共享的新型创新平台，为前瞻性技术研发提供支撑。支持成立环保装备领域制造业创新中心，围绕新技术、新产品、新材料搭建产品验证评价平台，开展检测分析、评级、可靠性、应用验证，组织关键共性技术成套装备攻关。鼓励环保装备龙头企业，针对环境治理需求和典型应用场景，组建产学研用共同参与的创新联盟，集中力量解决区域性环境治理热点、难点问题。

（五）加快科技成果转移转化

支持研发、制造、使用单位或园区合作建立重大环保技术装备创新基地，搭建产品研制放大、熟化及产业化之间的桥梁。鼓励地方、园区建立科技成果产业化孵化平台，集聚和优化配置要素资源，降低产业化成本，有效促进科技成果转化。支持行业协会等联合地方、园区、企事业单位建设一批公共服务机构，开展知识产权培训与交易、科技成果评价、市场战略研究和先进环保装备供需对接等服务。

三、产品供给能力增强“锻长板”行动

（六）强化新型装备应用

推动环保领域装备纳入首台（套）重大技术装备相关目录。针对同种环保装备在不同行业、不同应用场景、不同工况条件下治理需求的差异性，开展应用效果验证评价，逐步建立完善环保装备产品系列化谱系，为精准治污提供有针对性的设备选型。充分利用首台（套）重大技术装备相关政策，重点支持新污染物治理、更高排放标准要求、降低治理成本等新型环保技术装备的首台（套）应用。

专栏 2　新型环保技术装备应用重点方向

在大气污染治理领域，推动离心水洗法空气中有害物质清洗装备、离子交换法脱硫脱硝一体化技术装备、多污染物协同治理团聚复合药剂应用。

在水污染防治领域，推动原位深井加压藻类处理成套装备、高效选择性纳滤膜应用。

在土壤污染修复领域，推动高压旋喷原位注射修复装备应用。

在固体废物处理处置领域，推动电子束抗生素菌渣无害化处理装备、富氧燃烧回转窑冶炼渣处置及有价金属资源化装备、序批式油泥热解撬装成套装备。

在环境监测专用仪器仪表领域，推动水华预测预警系统、海洋环境要素在线监测系统、烟气中氨和铵盐监测系统、噪声与振动远程在线监控系统应用。

（七）加快先进装备推广

定期制修订《国家鼓励发展的重大环保技术装备目录》，编制供需对接指南，搭建装备制造企业与需求用户的有效对接平台。在大气治理领域，重点推广非电行业超低排放和VOCs处理等先进技术装备，为PM2.5和臭氧协同治理提供支撑。在污水治理领域，重点推广黑臭水体治理、湖泊海洋治理、工业废水处理、农村小型分散式污水治理等先进技术装备，为水环境整体改善提升提供保障。在土壤污染修复领域，重点推广重金属、有机物等原位土壤污染修复装备，避免二次污染。在固体废物处理处置领域，重点推广无害化资源化利用技术装备。在环境监测仪器领域，重点提升高端环境监测仪器的自主创新供给能力。

专栏3　先进环保技术装备推广重点方向

大气污染防治装备：在钢铁、水泥等重点行业推广基于陶瓷滤筒（袋）烟气多污染物协同处理、氮氧化物（NO_x）与挥发性有机物（VOCs）协同处理等装备。在石化、工业涂装、包装印刷、原料药、粘胶带等涉及VOCs排放的重点行业大力推广微气泡深度氧化法、安全型蓄热式热力氧化、催化燃烧、生物净化等VOCs处理装备。推广高效汽油车VOCs控制技术装备、新型柴油车NO_x净化技术装备。

水污染防治装备：针对黑臭水体治理问题推广磁微滤膜法水处理装备、磁混凝污水处理集成设备。推广船舶废水高效浮选与动态过滤组合技术装备及抗冲击负荷、易运行维护、适合高海拔或寒冷地区的农村生活污水处理技术装备。在工业废水治理领域，重点推广工业废水深度处理及毒性削减装备、低能耗工业废水处理装备。

土壤污染修复装备：推广热脱附、微生物、化学氧化等多技术耦合的原位修复技术装备以及满足复杂空间、低渗透性地层的钻注一体高效靶向原位修复装备。

固体废物处理处置装备：在市政污泥处理领域，推广淤泥定向多级分选处理装备。在工业污泥处理领域，推广含油污泥热解处理装备、含油污泥均质智能喷雾处理装备。在厨余垃圾、园林废弃物及粪污处理领域，推广智能化、分布式好氧发酵一体化装备。在生活垃圾处理领域，推广陈腐垃圾筛分分选成套装备、有机废弃物干式厌氧发酵处理装备。

环境监测专用仪器：推广大气颗粒物监测激光雷达、激光雷达臭氧监测仪、全二维气相色谱-飞行时间质谱联用仪、氧化亚氮（N_2O）在线检测设备、储油库及加油站厂区内VOCs在线监控技术装备。推广废水重金属在线监测仪、水质放射性污染物在线监测系统、农村生活污水在线监测仪、在线水质综合毒性监测仪。

关键零部件：在大气污染治理领域，推广脱硫增效构件、高压供电电源。在水污染治理领域，推广膜生物反应器。在污泥处理领域，推广板框压滤机。

（八）提升产品质量品牌

发挥标准对质量提升的支撑与引领作用，加快建立完善的产品质量标准体系，推动环保装备标准化、系列化、成套化。组织开展质量提升行动，围绕重点细分领域典型产品，支持企业对标达标，瞄准先进国际标杆进行技术改造，建立健全质量管理体系，带动产品升级换代，促进全行业产品质量提升。引导企业加强品牌建设，在脱硫、脱硝、除尘、市政污水处理等优势领域争创国际品牌，在环境监测仪器等领域培育高端品牌，在材料药剂等短板领域引导创立自主品牌，打造一批具有核心竞争力、高品质的个性化品牌产品。

四、产业结构调整“聚优势”行动

（九）升级产品结构

依法依规淘汰高耗能、低效率落后产品，拓展新产品细分领域，推进非标产品标准化，提升自主知识产权产品比重，推动产品向高效低碳转变，形成差异化、精准化产品供给，解决行业内部结构性产能过剩问题。引导企业从设计制造单一污染物治理技术装备向多污染物协同治理转变。推动龙头企业从提供单一领域环保技术装备，向多领域“产品 + 服务”供给转变，提供一体化综合治理解决方案，满足重点区域、流域系统治理需求。

（十）培育优质企业

推动环保装备制造业加强产业链分工协作，构建大中小企业融通发展新格局，培育壮大产业发展新动能。在大气和水污染防治等集中度较高的领域，支持龙头企业争做产业链领航企业，带动全行业做大做强。引导环保装备企业在各自细分领域精耕细作，不断提高技术工艺水平和市场占有率，打造一批制造业单项冠军企业。充分发挥中小企业专业化创新优势，培育一批专精特新“小巨人”企业。

（十一）发展产业集群

根据各地产业结构特征，统筹规划环保装备制造业布局，引导区域间差异化发展，防止低水平重复建设。鼓励产业基础好、集聚特征突出的地区，优化产业链布局，集聚创新要素资源，按照国家新型工业化产业示范基地建设的要求创建一批环保装备产业集聚区。支持环保装备高水平集聚区按照产业集群发展模式进行优化整合，强化产业链上下游协同，提升集群治理能力，培育形成具有示范引领作用的先进环保装备产业集群。

五、发展模式转型“蓄后势”行动

（十二）推动数字化智能化转型

深入推进 5G、工业互联网、大数据、人工智能等新一代信息技术在环保装备设计制造、污染治理和环境监测等过程中的应用。加快污染物监测治理远程智能控制系统平台的开发应用，深入挖掘污染物远程监控数据，创造大数据价值，提升运维水平和治污效率，降低治理成本。完善环保装备数字化智能化标准体系，建设一批模块化污水处理装备等智能制造示范工厂，稳步提高大气治理、污水治理、固废处理等领域技术装备的数字化智能化水平。

专栏 4　数字化智能化重点方向

开展数字化设计。推广仿真模拟软件、虚拟现实、数字孪生等先进技术，开展环保装备设计，提高企业数字化设计水平。

开发智能化装备。围绕土壤和地下水污染研发特征数字化、可视化、实时监测与空间信息管理系统；围绕智慧水务、垃圾收运分选、禽畜粪便好氧发酵、管道清污、环境监测等领域重点研发一批环保机器人、智能化污染治理装备、远程运维装备。

实施数字化智能化改造。围绕中小型污水治理装备、组装式大气污染治理装备、智能好氧发酵一体化装备、滤料制造装备、小型垃圾焚烧装备、撬装式土壤修复装备，探索和推广模块化、数字化生产方式，加快智能化升级。

培育工业互联网平台。鼓励和支持环境监测仪器等产业基础较好的细分领域，加快工业互联网平台建设，鼓励龙头企业面向行业开放共享业务系统，带动产业链上下游企业开展协同设计和数字化供应链管理。

（十三）促进绿色低碳转型

引导污水处理、流域监测利用光伏、太阳能、沼气热联发电，推广高能效比的水源热泵等技术，实现清洁能源替代，减少污染治理过程中的能源消耗及碳排放。鼓励环保治理长流程工艺向短流程工艺改进，推动治理工艺过程药剂减量化、加强余热利用，推广节能、节水技术装备，提高资源能源利用效率。鼓励企业运用绿色设计方法和工具，从全生命周期角度对产品进行系统优化，开发环境友好型药剂、低碳化工艺、轻量化环保装备，提高污染治理绿色化水平。在大气治理、污水治理、垃圾处理过程中通过工艺技术过程的改进，实现 CO_2、CH_4、N_2O 等温室气体的抑制、分解、捕捉，研发应用减少污染治理过程中温室气体排放的工艺技术。

（十四）引导服务化转型

推动环保装备制造企业拓展服务型业务，强化服务能力，提升服务意识和服务水平，加快向服务型制造企业转型。推动一批科技创新型环保装备企业通过拓展研发设计、生产制造、运营维护等全流程业务向一体化解决方案供应商转型。开展新兴技术与环境服务业融合发展试点工作，鼓励环保产业与关联产业耦合发展。鼓励环境治理整体解决方案、环保管家、生态环境导向的开发（EOD）等模式创新，打造若干环境综合服务商。

六、保障措施

（十五）加大支持力度

支持国家科技计划项目加强环保装备关键核心技术攻关。优化完善首台（套）重大技术装备保险补偿政策，支持先进环保技术装备推广应用。发挥重大工程牵引示范作用，运用政府采购政策支持创新产品和服务。落实产融合作，推动工业绿色发展专项政策，发挥国家产融合作平台作用，引导金融机构按照市场化、商业可持续原则加大对环保装备领域的支持。加强中央和地方政策的联动性，加大对环保重点领域的政策、资金支持力度，开展“补贷保”联动试点，推动科技产业金融良性循环，引导社会资本投早、投小、投硬科技，促进新技术产业化规模化应用。

（十六）优化市场环境

加强行业规范引导，适时制修订环保装备制造业规范条件，发布符合规范条件的企业名单并建立动态更新机制，鼓励中小微企业等新兴市场主体参与，推动建立公平竞争、健康有序的市场发展环境，激发市场活力。充分发挥相关行业协会、科研院所和咨询机构等的作用，强化产业引导、技术支撑、品牌评价、宣传培训等。

（十七）培育人才队伍

加强高校相关专业人才与企业用人需求对接，建立校企结合的人才实践基地，探索互动式人才培养模式。支持第三方机构与科研院所等社会力量开展职业培训工作。鼓励企业实行更加开放的人才政策，构筑集聚国内外优秀人才的科创新高地，引领行业现代企业家队伍建设。

（十八）深化国际合作

充分利用双多边国际合作平台，加强技术、标准、人才等全方位的国际合作。鼓励骨干优势企业与环境基础设施建设及污染治理企业联合，开展成套装备出口、工程建设、运营维护等全流程业务的合作，积极拓展国际市场，提升产品的国际影响力和竞争力。

工业和信息化部
科学技术部
生态环境部
2022 年 1 月 13 日

〔来源：工业和信息化部〕

关于印发制造业质量管理数字化实施指南（试行）的通知

工信厅科〔2021〕59 号

制造业质量管理数字化是通过新一代信息技术与全面质量管理融合应用，推动质量管理活动数字化、网络化、智能化升级，增强产品全生命周期、全价值链、全产业链质量管理能力，提高产品和服务质量，促进制造业高质量发展的过程。为推动制造业质量管理升级，以数字化赋能企业质量管理，强化产业链质量协同，优化质量创新生态，特制定本指南。

一、总体要求

推进制造业质量管理数字化是一项系统性工程，要以提高质量和效益、推动质量变革为目标，按照“围绕一条主线、加快三大转变、把握四项原则”进行布局。企业要发挥主体作用，强化数字化思维，持续深化数字技术在制造业质量管理中的应用，创新开展质量管理活动。专业机构要以提升服务为重点，加快质量管理数字化工具和方法研发与应用，提供软件平台等公共服务。各地工业和信息化主管部门要以完善政策保障和支撑环境为重点，做好组织实施。

（一）围绕一条主线

把数字能力建设作为推进质量管理数字化发展的主线，加快数字技术在质量管理中的创新应用，优化重构质量管理业务流程，打破不同管理层级、职能部门以及企业间的合作壁垒，赋能企业多样化产品创新、精细化生产管控、高附加值服务开发、个性化体验提升，快速有效应对不确定性变化，不断构建差异化竞争优势。

（二）加快三大转变

加快重塑数字时代质量发展理念，推动质量管理范围从企业质量管控向生态圈协作转变，加强对产品全生命周期、产业链供应链乃至生态圈协作质量的管理；推动质量管理重点环节从以制造过程为主向研发、设计、制造、服务等多环节并重转变，深化质量数据跨部门、跨环节、跨企业采集、集成和共享利用，促进质量协同和质量管理创新；推动质量管理关注焦点从规模化生产为主向规模化生产与个性化、差异化、精细化并重转变，积极协同生产模式和组织方式创新，主动适应动态市场变化需求。

（三）把握四项原则

注重价值牵引和数据驱动。把提升发展质量与效益作为出发点和落脚点，深化全过程全链条数据挖掘，驱动质量变革。注重深化实践和创新应用。发挥数字化系统作用，深化推广质量管理理论方法和实践活动，依托信息化平台在全产业链、价值链推动质量管理创新应用。注重分类引导和示范带动。引导企业结合自身条件制定方法路径，通过树立一批典型场景、质量标杆企业加强方向指引。注重开放合作和安全可控。完善覆盖全产业链、生态圈的质量协作机制，把握安全和发展的关系，加强企业信息安全保护。

二、明确质量管理数字化关键场景

（四）面向企业重点业务环节的质量管理数字化

处于数字化起步期的企业要根据实际需求，选择研发、设计、采购、生产、检测、仓储、物流、销售、服务中的重点业务环节，着力推进数字技术应用。充分运用数字化工具加强对业务环节质量信息的采集、分析和利用，开展数字化设计验证、质量控制、质量检验、质量分析和质量改进，提升质量过程控制的精细化、智能化水平，提高企业质量管理的效率和效益。

（五）面向产品全生命周期和全产业链的质量协同

已较好实现数字化并实现业务集成运作的企业，要推进基于数字化产品模型的研发、设计、生产、服务一体化，加强产品全生命周期的质量信息追溯，提升产业链供应链各环节质量数据的共享与开发利用，推进数据模型驱动的产品全生命周期、全产业链的质量策划、质量控制和质量改进，加强产业链供应链上下游质量管理联动，促进多样化、高附加值产品服务创新。

（六）面向社会化协作的质量生态建设与知识分享

具备平台化运行和社会化协作能力的企业，要推进质量管理相关资源、能力、业务的在线化、模块化和平台化，与生态圈合作伙伴共建质量管理平台，加强质量生态数据的收集整理、共享流通和开发利用，推动质量管理知识经验对外输出和迭代优化，构建客户导向、数据驱动、生态共赢的质量管理体系和商业模式，逐步打造形成质量共生共赢新生态。

重点行业质量管理数字化关键场景

原材料行业。面向钢铁、石化、化工、建材等行业，推进生产制造数字化质量管控。基于传感器、机器视觉、自动化控制、先进测量仪器等技术在生产环节深度应用，加强企业内部管控精细化程度，推进生产环节质量数据自动采集与处理，开展全流程质量在线监测、诊断与优化，以市场、过程质量指标为牵引设置智能预警的管控限制，持续提升质量控制水平。强化供应链上下游质量管理联动，联合上下游企业共建供应链管理系统及平台，打通供应链上下游企业间质量信息传递渠道，基于数据互联互通与有序流通共享，提升从采购寻源到生产销售的全过程质量协同管控、全生命周期质量追溯管理等水平。

装备制造行业。面向机械、交通设备制造等行业，推进基于数字模型的产品质量设计。推进人工智能、仿真等技术在产品研发设计环节的应用，搭建产品级、部件级数字仿真模型，开展失效模式分析预防、装配及物流仿真，识别最优设计方案，通过智能化质量策划提升质量设计水平，降低质量损失风险。推进生产制造数字化管控，基于传感器、机器视觉、自动化控制、先进测量仪器等技术在生产环节的深度应用，提升精益生产过程质量控制水平。推进基于产品全生命周期管理的服务质量提升。基于线上平台连接实现整机及零部件状态识别与跟踪，开展产品故障预警预测，保养服务预警提示等延伸服务，促进产品高端化。

消费品行业。面向轻工、纺织行业推进生产制造环节数字化质量管控。推广传感器、机器视觉、自动化控制技术等在轻纺生产环节的广泛应用，提高在线监控水平。面向医药、食品等行业，推进产品全生命周期质量追溯。联合上下游共建产品唯一标识规范，开展质量追溯体系建设，提供信息实时追溯和查询服务，强化全生命周期质量协同管控，让消费者放心消费。

三、完善企业质量管理数字化工作机制

（七）加强质量管理数字化组织领导

企业应结合两化融合的发展目标和规划部署，优化质量方针、质量目标，制定质量管理数字化的提升路径。明确推进质量管理数字化工作的责任部门、职责和权限，创新质量部门与业务部门协同推进组织模式，统筹规划并选择质量管理数字化关键场景，确定资源保障，分步推动实施。在质量管理体系运行管理中应定期评估数字化能力的提升效果，并向最高管理者报告。

（八）加强质量管理数字化活动策划

企业应以用户需求为导向，梳理关键场景的质量管理要求，运用两化融合管理体系等方法，开展包括流程优化、装备升级、信息系统集成、数据资源利用、操作规程更新在内的质量管理数字化活动策划，运用数字技术打通流程断点，加强业务流程状态跟踪、在线监控和动态优化，强化质量目标和质量活动的闭环管控。

（九）推动质量管理数字化资源整合

鼓励企业依托工业互联网平台、数据集成平台等，建设统一质量管理平台，实现质量管理知识、方法、经验等的模型化、平台化。加强数字设计工具的开发利用，运用数字分析建模、数字孪生、可靠性设计与仿真、质量波动分析等技术提高产品用户体验和质量设计水平。鼓励龙头企业建设产业链质量协同平台，推动企业间质量信息共享与知识共创，探索产业链质量管理联动新模式，提升产业链质量协同发展水平。

四、增强企业质量管理数字化运行能力

（十）提高岗位数字化作业技能

企业应加强质量管理数字化活动的全员参与，完善评价和激励机制，将推进质量管理数字化转变为员工主动创新、有能力创新的现实行动。结合数字化转型的发展需要，对影响质量的相关岗位人员制定数字化技能提升计划，提高运用信息化系统以及在数字化条件下应用质量管理技术方法的能力。对有重要影响的岗位人员实施适当的考核评价，以确保相关人员具有在数字化条件下履行质量职责的能力。

（十一）推进装备数字化改造升级

企业应按照质量管理数字化核心能力建设需求，加强必要的生产制造装备改造，提高工艺控制自动化、智能化、精准化水平，保证工艺稳定，减少质量波动。结合装备数字化改造过程，设计开发相应的质量管理系统平台，形成以数据为驱动的在线质量控制和自主决策能力，为工艺改进和产品创新夯实基础。

（十二）实施全流程物料数字化管理

企业应建立与数字化制造相适应的仓储物流系统，在采购、生产、仓储、物流、交付及售后服务全过程提高物料数字化追溯管理水平。与重要供应商建立协同的数字化管理系统，共享采购产品质量、批次、交期等信息。有条件的企业应对关键物料实施一物一码管理，实现全流程质量追溯。

（十三）强化检验测试数字化管理

企业应根据质量管理数字化要求，完善检验测试的方法和程序。推动在线检测、计量等仪器仪表升级，促进制造装备与检验测试设备互联互通，提高质量检验效率，提升测量精密度和动态感知水平。运用机器视觉、人工智能等技术，提升生产质量检测全面性、精准性和预判预警水平。

五、加强产品全生命周期质量数据开发利用

（十四）加强质量数据管理

企业应将质量数据纳入数据资产管理范畴，加强质量数据标准化管理，开展企业数据管理能力建设。加强质量数据采集、管理、处理、分析、应用等全过程管理，明确各环节的职责和权限，强化跨部门及部门内数据管理机制建设。完善数据架构设计，促进质量数据在业务活动之间高效率交换共享。

（十五）深化质量数据建模分析

企业应基于质量知识库的质量管控模型，开展基于大数据的全过程、全生命周期、全价值链质量分析、控制与改进，推进数据模型驱动的产业链供应链质量协同，深入挖掘质量数据价值，及时洞察质量风险和机遇。开发部署基于数据的质量控制和质量决策模型，提高质量响应和处理的及时性，降低质量业务决策风险，实施更加有效的质量预防和改进，提升用户体验，强化对不确定性的柔性响应能力和水平。

（十六）提升质量数据安全管理水平

企业应落实《中华人民共和国数据安全法》和有关行政法规要求，强化数据安全意识，履行数据安全保护义务。加强态势感知、测试评估、预警处置、灾难备份等安全能力建设，保障企业自身和用户的质量数据安全，构筑涵盖网络安全、系统安全、业务安全等的多方位质量数据安全保护屏障。

六、创新质量管理数字化公共服务

（十七）培育推广系统解决方案

鼓励装备制造商、软件服务商、企业、科研院所等围绕质量管理数字化发展需求，联合研制推广关键亟须的方法和工具，分行业、分场景开展联合攻关和测试验证，形成集架构设计、方案咨询、关键装备、核心软件、数据集成、流程优化、运营评估于一体的系统性解决方案并进行推广。鼓励各地工业和信息化主管部门组织开展质量管理数字化系统解决方案试点示范，分行业、分场景遴选和支持一批解决方案最佳应用实践，建设解决方案体验和推广中心，促进市场服务资源与企业需求精准对接。

（十八）探索平台化数据共享服务

在生物医药、新材料、航空航天、船舶与海洋工程、电子制造、新能源与智能网联汽车等领域，鼓励相关行业协会和龙头企业建设产品质量大数据公共服务平台，提供质量信息在线查询、质量风险分析、质量成本分析和质量追溯等服务。鼓励专业机构基于平台提供质量管理数字化水平测评、诊断等服务，不断构建和完善诊断对标模型，加强对中小企业质量管理数字化的诊断、培训和辅导，提升质量管理整体绩效。

（十九）完善标准和检测认证服务

在现有领域已发布的相关标准规范基础上，鼓励标准化组织、行业协会、社会团体、重点企业围绕质量管理数字化建立标准和规范，加强标准宣贯、应用服务和实施效果评估。面向产业集聚区，推动建立和完善面向质量管理数字化的标准研制、产业计量、检测认证等公共服务体系，培育提供咨询诊断、项目实施和运行维护等全流程质量管理数字化提升服务的专业机构。

七、完善政策保障和支撑环境

（二十）加强组织落实

各地工业和信息化主管部门要结合本地区实

际，加强与市场监管等相关部门在质量管理数字化发展中重大问题、重大政策和重大工程等方面的协调配合，建立健全政府、行业、企业、科研院所和专业机构的协同推进机制。充分利用现有财政资金、产业投资基金，加大对制造业质量管理数字化薄弱环节和公共服务平台的支持力度。

（二十一）强化宣贯引导

鼓励各地工业和信息化主管部门加大质量管理数字化推进力度，加强政策宣贯解读，普及质量管理数字化知识，提高企业推进质量管理数字化的意识和实践能力，持续扩大企业质量管理数字化的影响力。支持行业协会、产业联盟与企业共同推广质量管理数字化相关产品、技术、标准、服务，推动系统解决方案对外输出。

（二十二）创建标杆示范。

鼓励产业联盟、行业协会、专业机构等分行业建设质量管理数字化场景清单，持续开展质量管理数字化新模式遴选。总结提炼质量管理数字化的典型案例，培育和发现一批带动性强、可复制可推广的典型经验。加强交流推广，以成效显著的企业标杆引领推动行业整体质量水平提升，营造良好的质量管理数字化发展氛围。

（二十三）加强人才培养

推动产业联盟、行业协会与高校、科研院所等的深化合作，共建质量管理数字化创新联合实验室，开展数字化质量先进方法体系培训。鼓励校企联合建设一批数字技能实训基地，培养知识型、技能型、创新型的质量管理人才。

工业和信息化部办公厅

2021 年 12 月 30 日

〔来源：工业和信息化部〕

关于做好 2022 年工业质量提升和品牌建设工作的通知

工信厅科函〔2022〕88 号

为贯彻落实中央经济工作会议精神和全国工业和信息化工作会议部署，推动行业质量技术创新和管理进步，促进制造业高质量发展，现将 2022 年工业质量提升和品牌建设有关工作通知如下。

一、总体要求

坚持以习近平新时代中国特色社会主义思想为指导，全面贯彻党的十九大和十九届历次全会精神，立足新发展阶段，完整、准确、全面贯彻新发展理念，加快构建新发展格局，坚持稳中求进总基调，强化企业全面质量管理，提升制造业质量管理数字化水平和关键过程质量控制能力，促进制造业质量管理升级和产品可靠性“筑基”与“倍增”。加强工业品牌培育、创建与提升，推动“中国制造”向品质卓越和品牌卓著迈进，为工业经济平稳运行和提质升级，实施制造强国、质量强国战略奠定坚实基础。

二、重点任务

（一）推动企业质量管理体系升级

地方工业和信息化主管部门、行业协会和专业机构要推动企业落实质量主体责任，围绕提质升级和产业转型，加快全面质量管理体系建设，加强产业链上下游协同创新和质量管理联动，提升产业链供应链质量水平。面向人民生命健康，推动食品、医药等行业建立完善企业全过程质量信息反馈和质量追溯机制。支持行业协会和专业机构进一步发挥指导作用，强化以用户为中心的质量管理思想，开展“用户满意”和“用户体验”活动。持续推进质量专业人员能力评价及质量管理体系有效性和成熟度评价，推动企业质量管理体系改进与升级。加快推广首席质量官、首席品牌官等制度，深化“质量管理小组”“信得过班组”“全面质量管理知识竞赛”“现场管理”等群众性质量活动，提升企业全员全过程质量意识和素质。面向中小企业普及先进质量知识及方法，助力中小企业“专精特新”发展。

（二）实施制造业质量管理数字化行动

地方工业和信息化主管部门、行业协会和专业机构要贯彻落实《制造业质量管理数字化实施指南（试行）》（工信厅科〔2021〕59 号），在生物医药、新材料、电子制造、新能源和智能网联汽车等重点行业，引导企业在制造业数字化、智能化和绿色化趋势下，推动 5G、人工智能、大数据等新一代信息技术与质量管理融合。推进数字化质量管理所需的测量基础、软件平台、数据标准、辅助决策工具研究与应用，强化质量管理数字化关键业务场景创新。支持行业协会和专业机构开展制造业质量管理数字化“深度行”行动，利用沙龙论坛、线上公开课等多种形式宣贯解读，按应用场景设计凝练质量管理数字化优秀解决方案和方法工具，在 200 家以上企业试点推广。

（三）深化企业先进质量管理工具与方法运用

支持专业机构开展质量工程技术创新，开发推广全生命周期业务连续性管理、供应链管理、追溯管理等质量管理工具，鼓励企业运用先进适用的质量管理工具和质量工程技术，提升产品质量和质量管理水平。支持开展全国质量标杆遴选活动，鼓励地方工业和信息化主管部门和行业协会加强对制造业企业培育和创建全国质量标杆的指导，深化运用“六西格玛管理”“精益管理”“卓越绩效模式”等先进质量管理模式，加快培育和建设产品卓越、品牌卓著、创新领先、治理现代、有核心竞争力的优质企业。

（四）提高制造业产品可靠性水平

聚焦机械、电子、汽车等重点行业，推动实施可靠性“筑基工程”和“倍增计划”，加强关键基础材料、基础工艺攻关，提高核心基础零部件、核心基础元器件可靠性水平，促进整机装备可靠性关键指标提升。发挥标准对可靠性要求的约束和引领作用，组织编制制造业可靠性标准体系建设指南，加强可靠性设计、测试验证等基础标准研制和产业链上下游标准衔接。支持专业机构开展可靠性技术研究和联合攻关，开发试验工具，强化可靠性指标检测评价，提高可靠性综合服务能力。支持行业协会加强可靠性人才培训，开展质量与可靠性创新大赛、可靠性工作经验交流等活动，总结形成一批可靠性解决方案并加以推广，提高重点行业可靠性管理水平。

（五）提升制造业关键过程质量控制能力

支持专业机构在机械、电子、汽车等重点行业的深入分析对产品质量起决定性影响的制造过程，推动数据驱动的实时在线制造过程能力测量分析与控制，不断提高制造过程质量控制能力，提升产品制造的一致性、稳定性。以问题为导向，开展基于关键质量特性根因分析、质量诊断并实施改进，解决一批关键过程质量管控技术问题，助力打通重点产品质量提升的堵点卡点。支持行业协会和专业机构组织开展制造过程能力提升经验交流、培训等活动，总结形成一批制造关键过程能力提升优秀案例，在 100 家以上企业试点推广。

（六）提高质量公共服务效能

充分发挥工业产品质量控制和技术评价实验室作用，为关键核心技术攻关和科技成果转化及产业化提供问题诊断、分析试验、改进验证等技术支撑。鼓励行业协会、质量专业机构联合龙头企业研制先进团体标准，积极参与国际标准化工作，加快高水平质量标准供给，以高标准引领高质量。鼓励检测认证机构参与产业链供应链全过程质量技术攻关，针对新产业、新业态需求开发新型认证业务，开展高于行业通行标准的高端品质认证。鼓励开展重点行业质量诊断、质量分析比对、质量管理培训、品牌培育等活动，持续加强对制造业质量管理升级和产品质量提升的支撑服务能力。引导行业协会和专业机构开展质量分级评价，研制质量分级评价标准，增强质量信息传递，提升供给体系对个性化、品质化消费需求的适配性，促进企业向产品卓越迈进。

（七）推动重点行业质量提升

原材料行业，继续发挥测试评价平台在原材料工业质量提升中的作用，谋划布局测试评价平台区域中心。加快水泥等强制性标准制修订，推动行业智能化和绿色化改造。鼓励建立重点产品使用说明书规范机制，提高产品应用质量。

装备行业，围绕机械、航空和汽车等领域，支持仪器仪表及传感器性能评价公共服务平台、航空基础产品质量可靠性检测服务平台、工业机器人核心关键技术验证与支撑保障服务平台等建设，推动提升装备制造业质量和安全水平。

消费品行业，部署开展数字“三品”行动，统筹推进数据驱动、资源汇聚、平台搭建和产业融合，加快数字化赋能增品种、提品质、创品牌，引导企业开发更多适应市场发展、满足消费升级需要的产品。做好重点民生消费品和新冠疫苗等医疗物资保供工作，提升供给体系质量。

电子信息行业，积极开展健康管理与生活辅助标准体系研究，丰富适老化智能终端产品以及虚拟现实终端产品供给，提升用户体验。依托行业协会、专业机构和集成电路质量提升专家组，推广集成电路先进分析评价技术和方法，提高重点产品质量与可靠性水平。

（八）加快推进工业品牌培育

地方工业和信息化主管部门、行业协会和专业机构要积极推进品牌培育管理体系标准宣贯工作，举办品牌培育经验交流活动。探索建立品牌培育管理体系成熟度评价机制，总结推广优秀品牌培育典型案例，提高企业品牌建设能力。鼓励国家先进制造业集群、国家新型工业化产业示范基地、国家级经开区和高新区等产业集聚区，加强与行业协会、专业机构合作，开展品牌诊断、经验交流等活动，围绕主导产业加强检验检测、试验验证等质量基础能力建设，打造竞争力强、美誉度高的区域品牌。引导装备制造业培育系统集成方案领军品牌和智能制造、服务型制造标杆品牌，推动全球化布局和国际化运营；鼓励消费品行业开展个性定制、规模定制、中高端定制，优化用户体验，加强在化妆品、纺织服装、家用电器、食品等领域的品牌培育。

（九）持续提升“中国制造”品牌形象

地方工业和信息化主管部门、行业协会和专业机构要结合中国工业品牌之旅、全国品牌故事大赛、品牌创新成果发布、行业优质品牌培育等活动，宣传推广“中国制造”品牌，讲好“中国制造”品牌故事。充分发挥“中国品牌日”“全国质量月”等平台作用，加强与主流媒体合作，积极拓展“中国制造”的品牌传播渠道，宣传优秀“中国制造”品牌。支持行业协会、专业机构开展“中国制造”品牌现状调查，加强对制造业品牌建设成效的分析评估，研究卓著品牌的创建路径。加强装备制造等重点行业品牌宣传，持续做好中国汽车品牌向上发展专项行动，提升国产汽车品牌竞争力。

三、保障措施

（一）加强组织策划

各地工业和信息化主管部门、行业协会要结合地区和产业特点，加强工业产品质量政策和品牌战略研究，创新工作思路，制定年度工作方案，明确工作内容、工作目标和进度计划，系统部署工业质量提升和品牌建设工作。

（二）加大资源投入

各地工业和信息化主管部门要保障资源投入，结合本地区实际，制定配套政策和激励措施。项目和资金支持应优先向质量诚信好的企业倾斜，对发生质量安全事故的企业实行一票否决。

（三）抓好工作宣传

各地工业和信息化主管部门、行业协会和专业机构要加大对工业质量提升和品牌建设工作的宣传，总结提炼工作亮点和成效，推广优秀企业典型经验，为工业质量提升和品牌建设营造良好的社会氛围。

（四）强化组织落实

各单位要加强与地方有关部门的协同合作，落实地方政府关于质量考核的工作要求，加大对下级部门的指导督促，扎实推动相关工作落实。

科技司

2022 年 4 月 26 日

〔来源：工业和信息化部〕

关于加强中央企业质量品牌工作的指导意见

国资发综合〔2017〕191 号

品牌是企业竞争能力和国家综合实力的集中体现。质量是品牌的生命线，是品牌建设的基础。加强质量品牌工作是提高有效中高端供给和全要素生产率的重要手段，是塑造企业形象、提高品牌溢价能力的有效途径。为加强中央企业质量品牌工作，推动转型升级提质增效，加快培育具有全球竞争力的世界一流企业，特制定本指导意见。

一、总体要求

（一）指导思想

深入贯彻党的十九大精神和习近平新时代中国特色社会主义思想，全面落实党中央、国务院关于质量品牌工作的有关部署要求，大力推动中央企业增品种、提品质、创品牌，加快实现“中国制造向中国创造转变、中国速度向中国质量转变、中国产品向中国品牌转变”。到 2020 年，中央企业质量管理和品牌建设能力显著增强，产品、服务和工程质量水平明显提升，有效中高端供给大幅增加，高附加值和优质服务供给比重进一步提高，打造一批质量水平世界一流的公司，培育一批世界知名的自主品牌。

（二）基本原则

坚持企业主体。强化企业在质量品牌建设中的主体地位和作用，激发企业内生动力，运用新技术、新业态、新模式，提高企业质量品牌建设能力。

坚持分类指导。遵循质量品牌发展内在规律，结合生产制造、运营服务、工程建筑等行业企业特点，找准突破口和着力点，对质量品牌建设工作进行分类推进。

坚持统筹推进。统筹推进质量和品牌工作，注重质量和品牌的系统性、整体性、协调性，发挥合力，多措并举，实现叠加效应。

坚持循序渐进。立足当前，谋划长远，加强质量品牌建设工作前瞻性战略部署，循序渐进，分步实施，形成长效机制。

二、主要任务

（三）提升生产制造业质量管控水平

落实“中国制造 2025”战略，深化互联网与制造业融合发展，加快推动智能制造，运用云计算、大数据、物联网、移动互联网等信息技术，开展质量风险分析与控制、质量成本管理、质量管理体系升级等活动，提高产品质量在线监测、在线控制和全生命周期质量追溯能力。运用卓越绩效、精益管理等管理方法，建立持续追求卓越的质量经营和改进体系，提升质量管控水平。

军工企业要加强军民融合，建设完善的军品、民品质量控制共用平台，提升产品和系统的可靠性、一致性、稳定性。石油化工企业要加快装置升级，淘汰落后产能，提升油品、化工品供给质量。电子企业要着力提升集成电路、基础电子和工控软件等软硬件产品的质量水平。装备制造企业要提高工业机器人、高档数控机床的加工精度和精度保持能力，全面提升国产大飞机、高铁、核电、工程机械、汽车、特种设备等的质量水平。钢铁、有色金属、建材等企业要加快高端材料创新，提高质量稳定性，形成高性能、功能化、差别化的先进基础材料供给能力。

（四）提升运营服务业服务质量水平

健全质量治理和促进机制，持续优化服务流程，完善服务标准化体系，打造优质服务品牌。加快模式创新，推进“互联网 + 服务”等，拓展服务方式，创新服务措施。开展生产性服务业和生活性服务业服务升级，提高个性化、人性化、专业化服务能力，提升服务价值。实施服务标准自我声明公开，提升服务质量水平，壮大代表“央企服务”形象的优质企业。

电网企业要全面提高配电网供电能力和供电服务质量，提供社会满意的服务供给。电信企业要落实“宽带中国”战略，提升移动、宽带网络服务水平。航运企业要大力推进江海河、“公铁水”多式联运，打造门到门服务链。航空企业要加快从传统航空承运商向现代航空服务集成商转型，建立全球化、多元化国际航空服务体系。旅游企业要以客户为中心，推广实施优质服务承诺标识，提升旅游服务质量。商贸企业要转变外贸发展方式，加快成为具有专业品牌优势、增值服务能力和重大影响力、带动力的产业组织服务商、供应链综合服务商、商产融结合服务商。

（五）提升工程建筑业质量管理水平

建立标准化制度，提升工程质量标准化水平，健全质量管控体系。应用建筑信息模型（BIM）等信息技术，促进工程项目全生命周期数据共享，提高数字化、智能化管理水平。运用工程建设新技术、新工法，提升建筑质量保障能力。加快先进建造设备和智能设备的研发、制造和推广应用，提升各类施工机具的性能和效率，提高机械化施工程度。

工业建筑企业要结合国家重大工程，提升建设质量和运营管理质量，打造百年工程。民用建筑企业要加强前期工作质量，坚持科学论证、科学决策，健全质量监督管理机制，强化对工程建设全过程的质量监管。

（六）夯实品牌建设基础

树立以质量为核心的品牌理念，筑牢计量、标准、检验检测、认证认可等质量基础，加强全员、全过程、全方位的质量管理，全面提升质量和信誉，打造值得信赖的品牌形象。根据企业规模、组织结构、行业性质等特点，制定差异化品牌战略，发挥品牌引领作用，将品牌战略融入企业发展。实施创新驱动发展，加强自主创新、协同创新和“双创”，培育一批高附加值的尖端产品，助力“中国制造”向“中国创造”和“中国设计”转变，在新一轮更高层次的国际竞争中抢占制高点和主动权。统筹协调质量管理、生产、研发、销售、宣传等相关部门，统领质量管理、科技创新、诚信体系建设、企业文化建设和社会责任等工作，建设有持久生命力、广泛影响力和高附加值的品牌。积极履行社会责任，成为绿色、安全、诚信经营的表率，打造责任央企的品牌形象。

（七）提高品牌建设能力

建立全面品牌管理体系，关注品牌定位、品牌架构、品牌识别、品牌管理与维护、品牌传播、品牌评估等关键过程的建立、实施与改进，培育品牌建设环境，培养全员品牌意识，全面提升品牌管理水平。追求卓越品质，弘扬精益求精的工匠精神，培育具有国际竞争力的自主品牌。加快老字号创新发展，提升品牌附加值和软实力。落实“一带一路”倡议以及走出去战略，对标国际一流企业，提高国际竞争力和国际化经营能力，通过培育具有国际竞争力的品牌，掌握国际产业领域话语权、有效整合国际产业链、优化配置国际资源、提升出口竞争优势，增强国有经济控制力和影响力。

三、组织保障

（八）加强交流宣传

推动开展分级、分类质量管理和品牌建设培训、座谈和交流，提高质量品牌管理能力。组织质量管理小组活动和全面质量管理知识竞赛等，普及质量管理知识，强化全员质量意识。举办品牌故事大赛等，挖掘品牌故事，展示品牌建设成果，整体提升品牌形象。加大对相关工作的宣传力度，全面提升舆论宣传的引导力和影响力，营造积极参与质量品牌建设的良好氛围。

（九）加强标杆引领

积极开展标杆示范工作，推行卓越绩效模式、精益管理等先进质量管理方法，树立生产制造、运营服务、工程建筑企业质量标杆，积极发挥示范效应，全面提升质量管理水平。开展品牌建设有效性研究，培育品牌建设示范企业，积极推广品牌建设典型模式。

（十）强化考核评价

国资委将进一步完善考核制度，引导企业加强科技创新，对专利创造、国际标准制定等成绩突出的企业给予奖励。研究制定中央企业质量和品牌相关评价指标体系，发布中央企业质量品牌年度发展报告，推动企业加强质量品牌工作。开展品牌建设任期评价，对取得显著成效的前 10 家企业给予奖励，推动企业加快品牌建设。

（十一）加强组织领导

中央企业要加强质量品牌建设的组织领导和机构建设，配备专业团队和专职人员。加大质量品牌资金投入，确保质量品牌建设专项经费并纳入企业预算。强化专业人才体系建设，打造一支能力强、水平高的质量品牌建设专业队伍。

国资委成立由委领导和相关厅局负责同志等参加的推进中央企业质量品牌工作领导小组，统筹协调，督促落实工作任务，指导中央企业开展工作。小组办公室设在国资委综合局，负责具体开展指导督促工作。

国资委

2021 年 8 月 16 日

〔来源：国务院国有资产监督管理委员会〕

关于调整中央企业安全生产监管分类的通知

国资厅综合〔2017〕736 号

为认真贯彻《中共中央国务院关于推进安全生产领域改革发展的意见》（中发〔2016〕32 号）精神，切实加强中央企业安全生产工作，按照《中央企业安全生产监督管理暂行办法》（国资委令第 21 号，以下简称《暂行办法》）有关规定，针对中央企业改革发展的过程中生产经营范围、企业规模、业务领域、安全风险的变化，根据各中央企业安全生产实际情况，在征求各中央企业意见的基础上，对安全生产监管分类进行了调整（详见附件），并就有关工作要求通知如下。

一、中央企业安全生产监管分类的基本原则

（一）分类分级原则

国资委根据中央企业行业分布广、规模差异大、安全风险不同的特点，将普遍性要求与行业、企业特点结合起来，依据中央企业主营业务范围和安全生产风险程度将中央企业划分为三类。实施分类监管符合中央企业实际，得到广大中央企业的认可，并在企业内部得到推广借鉴。

（二）动态管理原则

中央企业兼并重组后要对安全生产风险的变化进行重新评估，依据安全风险情况及时向国资委申请调整安全生产监管分类；中央企业经营范围或业务领域发生重大变化，导致安全生产风险增加或下降的，要向国资委申请安全生产监管分类调整，并设置相应的安全生产管理机构或按规定配备足够的安全专职人员。

（三）与业绩考核挂钩原则

涉及中央企业的较大及以上生产安全责任事故，国资委根据各级政府有关部门对事故调查认定的性质、级别、责任等，在中央企业安全生产监管分类的基础上，在中央企业负责人经营业绩考核中依法依规予以扣分、降级处理，并将安全生产业绩考核结果与企业负责人薪酬挂钩。

二、中央企业安全生产监管分类的对应标准

（一）安全生产监管一类中央企业，集团总部应设置独立安全生产监督管理一级部门，设安全总监职位；所属企业应设置独立安全生产监督管理一级部门，全面推行安全总监制度。

（二）安全生产监管二类中央企业，应明确有关职能部门负责安全生产监督管理工作，设置二级安全生产监督管理处室；鼓励安全生产任务较重的企业设置独立安全生产监督管理部门，设安全总监职位。

（三）安全生产监管三类中央企业，应明确有关职能部门和处室负责安全生产监督管理工作，设置专职安全生产监督管理岗位；鼓励安全生产任务较重的企业设置安全生产监督管理部门，设安全总监职位。

三、中央企业安全生产监管分类的有关要求

（一）中央企业在转型升级、兼并重组过程中，必须坚持安全发展的原则，要结合企业安全生产风险的变化，将安全生产工作与其他业务整合同考虑、同部署、同落实，坚决防止在改革过程中弱化安全生产管理的现象发生。

（二）各中央企业主要负责人是企业安全生产第一负责人，要根据调整后的安全生产分类，及时设置相应的机构，配足专职安全生产管理人员。半年内未按照要求设置相应机构的中央企业，国资委将调整其安全生产监管分类，并通报中央企业。

（三）中央企业安全生产机构设置发生变化、分管负责人、部门主要负责人工作变动后，应当主动向国资委备案。国资委将不定期对中央企业安全生产机构设置、专职安全生产管理人员配置情况进行督导。

附件：中央企业安全生产监管分类（略）

国资委

2021 年 8 月 16 日

〔来源：国务院国有资产监督管理委员会〕

关于进一步深化法治央企建设的意见

国资发法规规〔2021〕80 号

为深入学习贯彻习近平法治思想，认真落实全面依法治国战略部署，持续深化法治央企建设，更好发挥法治工作对“十四五”时期中央企业改革发展的支撑保障作用，根据《法治中国建设规划（2020—2025 年）》《法治社会建设实施纲要（2020—2025 年）》等文件精神，现就进一步做好中央企业法治工作提出如下意见。

一、总体要求

（一）指导思想

坚持以习近平新时代中国特色社会主义思想为指导，认真落实习近平法治思想，深入贯彻党的十九大和十九届二中、三中、四中、五中全会精神，按照中央全面依法治国工作会议部署，立足新发展阶段，贯彻新发展理念，构建新发展格局，紧紧围绕国企改革三年行动和中央企业“十四五”发展规划，着力健全领导责任体系、依法治理体系、规章制度体系、合规管理体系、工作组织体系，持续提升法治工作引领支撑能力、风险管控能力、涉外保障能力、主动维权能力和数字化管理能力，不断深化治理完善、经营合规、管理规范、守法诚信的法治央企建设，为加快建设世界一流企业筑牢坚实法治基础。

（二）基本原则

坚持融入中心、服务大局。以服务国企改革三年行动和中央企业“十四五”发展规划为目标，牢固树立全局意识和系统观念，法治工作全面融入完善中国特色现代企业制度、深化混合所有制改革、科技创新、国际化经营等重点任务，充分发挥支撑保障作用。

坚持完善制度、夯基固本。以强化制度建设为基础，坚持遵法、学法、守法、用法，将行之有效的经验做法，及时转化为企业规章制度，嵌入业务流程，加强制度执行情况监督检查，强化制度刚性约束。

坚持突出重点、全面深化。以落实法治建设第一责任人职责、完善总法律顾问制度、健全法律风险防范机制、强化合规管理为重点，坚持问题导向，在做深、做细、做实上下更大功夫，真正发挥强管理、促经营、防风险、创价值作用。

坚持勇于创新、拓展升级。以适应市场化、

法治化、国际化发展需要为方向，结合实际拓宽法治工作领域，探索优化法务管理职能，创新工作方式，加快提升信息化、数字化、智能化水平。

（三）总体目标

“十四五”时期，中央企业法治理念更加强化、治理机制更加完善、制度体系更加优化、组织机构更加健全、管理方式更加科学、作用发挥更加有效，法治建设取得更大进展，部分企业率先达到世界一流水平，为企业深化改革、高质量发展提供更加有力的支撑保障。

二、着力健全法治工作体系

（四）着力健全领导责任体系

坚持企业党委（党组）对依法治企工作的全面领导，不断完善党委（党组）定期专题学法、定期听取工作汇报、干部任前法治谈话、述职必述法等制度，切实发挥党委（党组）把方向、管大局、促落实作用。强化董事会定战略、作决策、防风险职能，明确专门委员会推进法治建设职责，把法治建设纳入整体工作统筹谋划，将进展情况作为年度工作报告的重要内容。健全中央企业主要负责人履行推进法治建设第一责任人职责工作机制，党委（党组）书记、董事长、总经理各司其职，对重点问题亲自研究、部署协调、推动解决。将第一责任人职责要求向子企业延伸，把落实情况纳入领导人员综合考核评价体系，将法治素养和依法履职情况作为考察使用干部的重要内容。

（五）着力健全依法治理体系

高度重视章程在公司治理中的统领地位，切实发挥总法律顾问和法务管理机构专业审核把关作用，科学配置各治理主体权利、义务和责任，明晰履职程序和要求，保障章程依法制定、依法实施。多元投资主体企业严格依据法律法规、国有资产监管规定和公司章程，明确股东权利义务、股东会定位与职权，规范议事决策方式和程序，完善运作制度机制，强化决议执行和监督，切实维护股东合法权益。优化董事会知识结构，通过选聘法律专业背景人员担任董事、加强法律培训等方式，提升董事会依法决策水平。落实总法律顾问列席党委（党组）会、董事会参与研究讨论或审议涉及法律合规相关议题，参加总经理办公会等重要决策会议制度，将合法合规性审查和重大风险评估作为重大决策事项必经前置程序。依法对子企业规范行使股东权，认真研究制定子企业章程，严格按照公司治理结构，通过股东（大）会决议、派出董事监事、推荐高级管理人员等方式行权履职，切实防范公司人格混同等风险。

（六）着力健全规章制度体系

明确法务管理机构归口管理职责，健全规章制度制定、执行、评估、改进等工作机制，加强法律审核把关，强化对制度的全生命周期管理。根据适用范围、重要程度、管理幅度等，构建分层分类的制度体系框架，确保结构清晰、内容完整，相互衔接、有效协同，切实提高科学性和系统性。定期开展制度梳理，编制立改废计划，完善重点改革任务配套制度，及时修订重要领域管理规范，不断增强针对性和实效性。加强对规章制度的宣贯培训，定期对执行情况开展监督检查和综合评价，增强制度刚性约束，推动制度有效落实。

（七）着力健全合规管理体系

持续完善合规管理工作机制，健全企业主要负责人领导、总法律顾问牵头、法务管理机构归口、相关部门协同联动的合规管理体系。发挥法务管理机构统筹协调、组织推动、督促落实作用，加强合规制度建设，开展合规审查与考核，保障体系有效运行。强化业务部门、经营单位和项目一线主体责任，通过设置兼职合规管理员、将合规要求嵌入岗位职责和业务流程、抓好重点领域合规管理等措施，有效防范、及时处置合规风险。探索构建法律、合规、内控、风险管理协同运作机制，加强统筹协调，提高管理效能。推动合规要求向各级子企业延伸，加大基层单位特别是涉外机构合规管理力度，到 2025 年中央企业基本建立全面覆盖、有效运行的合规管理体系。

（八）着力健全工作组织体系

加大企业法律专业领导干部培养选拔力度，在市场化国际化程度较高、法律服务需求大的国有大型骨干企业，推进符合条件的具有法律教育背景或法律职业资格的专业人才进入领导班子。

持续完善总法律顾问制度，2022 年中央企业及其重要子企业全面写入章程，明确高级管理人员定位，由董事会聘任，领导法务管理机构开展工作。坚持总法律顾问专职化、专业化方向，直接向企业主要负责人负责，2025 年中央企业及其重要子企业全面配备到位，具有法律教育背景或法律职业资格的比例达到 80%。加强法务管理机构建设，中央企业及其重要子企业原则上独立设置，充实专业力量，配备与企业规模和需求相适应的法治工作队伍。健全法务管理职能，持续完善合同管理、案件管理、普法宣传等职能，积极拓展制度管理、合规管理等业务领域。加强队伍建设，拓宽法务人员职业发展通道，完善高素质法治人才市场化选聘、管理和薪酬制度，采取有效激励方式充分调动积极性、主动性。

三、全面提升依法治企能力

（九）着力提升引领支撑能力

坚持运用法治思维和法治方式深化改革、推动发展，紧盯国企改革三年行动、中央企业“十四五”发展规划重点工作，深入分析对企业提出的新任务新要求，提前研究可能出现的法律合规问题，及时制定应对方案和防范措施。法务人员全程参与混合所有制改革、投资并购等重大项目，加强法律审核把关，坚持依法依规操作，严控法律合规风险。加强对《中华人民共和国民法典》等法律法规的学习研究，深入分析对企业生产经营、业务模式可能产生的影响，推动从健全制度、强化管理等方面及时做出调整。结合企业、行业实际，对相关立法研究提出完善建议，为改革发展创造良好政策环境。

（十）着力提升风险管控能力

持续巩固规章制度、经济合同、重要决策法律审核制度，在确保 100% 审核率的同时，通过跟进采纳情况、完善后评估机制，反向查找工作不足，持续提升审核质量。常态化开展风险隐患排查处置，针对共性风险通过提示函、案件通报、法律建议书等形式及时开展预警，有效防范化解。加强知识产权管理，完善专利、商标、商号、商业秘密等保护制度，坚决打击侵权行为，切实维护企业无形资产安全和合法权益。严格落实重大法律合规风险事件报告制度，中央企业发生重大法律合规风险事件，应当及时向国资委报告。

（十一）着力提升涉外保障能力

加强涉外法律合规风险防范，健全工作机制，推动在境外投资经营规模较大、风险较高的重点企业、区域或项目设置专门机构，配备专职法务人员，具备条件的设立总法律顾问。完善涉外重大项目和重要业务法务人员全程参与制度，形成事前审核把关、事中跟踪控制、事后监督评估的管理闭环。深入研究、掌握运用所在国法律，加强国际规则学习研究，密切关注高风险国家和地区法律法规与政策变化，提前做好预案，切实防范风险。重视涉外法治人才培养，强化顶层设计，健全市场化选聘和激励制度，形成重视人才、吸引人才、留住人才的良好机制。

（十二）着力提升主动维权能力

加大法律纠纷案件处置力度，综合运用诉讼、仲裁、调解等多种手段妥善解决，探索建立集团内部纠纷调解机制。加强积案清理，健全激励机制，力争 2025 年中央企业历史遗留重大法律纠纷案件得到妥善解决。深化案件管理“压存控增、提质创效”专项工作，加强典型案件分析，及时发现管理问题，堵塞管理漏洞，推动“以案促管、以管创效”。严格落实案件报告制度，中央企业发生重大法律纠纷案件应当及时报告，按时报送年度法律纠纷案件综合分析报告。

（十三）着力提升数字化管理能力

运用区块链、大数据、云计算、人工智能等新一代信息技术，推动法务管理从信息化向数字化升级，探索智能化应用场景，有效提高管理效能。深化合同管理、案件管理、合规管理等重点领域信息化、数字化建设，将法律审核嵌入重大决策、重要业务管理流程，通过大数据等手段，实现法律合规风险在线识别、分析、评估、防控。推动法务管理系统向各级子企业和重要项目延伸，2025 年实现上下贯通、全面覆盖。推动法务管理系统与财务、产权、投资等系统的互联互通，做好与国资国企在线监管系统的对接，促进业务数据相互融合、风险防范共同响应。

四、保障任务顺利完成

（十四）加强组织领导

充分发挥法治建设领导机构作用，将法治工

作纳入中央企业“十四五”发展规划和年度计划统筹谋划、同步推进，加强部门协同，强化人员、资金等保障，形成工作合力。制定本企业未来五年法治建设实施方案，与“十四五”规划相衔接，提出目标任务，明确责任分工，细化工作措施。建立法治工作专项考评制度，将法治建设成效纳入对子企业考核体系。统筹推进法治工作与违规经营投资责任追究等监督工作，完善内部协同机制，提高责任追究体系效能。加大问责力度，对未经法律审核或未采纳正确法律意见、违法违规经营投资决策造成损失或其他严重不良后果的，严肃追究责任。

（十五）持续深化对标

综合分析国际大企业优秀实践，研究归纳世界一流企业法务管理基本要素和具体指标。立足行业特点、发展阶段、管理基础等实际，有针对性地制定对标举措，确保目标量化、任务明确、措施有力。将法务管理对标工作纳入本企业对标世界一流管理提升行动。国资委创建世界一流示范企业和国有资本投资、运营公司要充分发挥引领作用，率先在法治工作上达到世界一流水平。其他中央企业要全面开展对标，努力补齐短板，加快提升依法合规经营管理水平。

（十六）强化指导交流

国资委将根据企业法治建设实施方案，定期组织调研督导，深入了解落实情况，推动解决难点问题。完善法治讲堂、协作组等学习交流机制，聚焦重点难点，创新方式方法，增强交流实效。中央企业要进一步加强对子企业法治建设的督促指导，通过加大考核力度、细化工作要求、定期开展调研等方式，层层传导压力，确保目标任务在子企业真正落实到位。

（十七）厚植法治文化

深入学习宣传习近平法治思想，将培育法治文化作为法治建设的基础工程，使依法合规、守法诚信成为全体员工的自觉行为和基本准则。落实“八五”普法要求，进一步推进法治宣传教育制度化、常态化、多样化，将法治学习作为干部职工入职学习、职业培训、继续教育的必修课，广泛宣传与企业经营管理和职工切身利益密切相关的法律法规。总结法治建设典型做法、成功经验和进展成果，通过开展选树典型、评比表彰、集中宣传等形式，营造学习先进、争当先进、赶超先进的良好氛围。

地方国有资产监督管理机构参照本意见，积极推进所出资企业法治建设。

国资委

2021 年 11 月 11 日

〔来源：国务院国有资产监督管理委员会〕

关于中央企业规范实施企业年金的意见

国资发考分〔2018〕76 号

建立和完善企业年金，是贯彻落实党的十九大提出的在发展中保障和改善民生的重要举措，既有利于完善企业薪酬福利体系，增强企业对人才的吸引力，又有利于更好地保障职工退休后的生活，稳定职工队伍，是一项关系职工切身利益和企业长远发展的制度安排。近年来，中央企业积极探索实施企业年金，完善薪酬福利保障体系，对调动广大职工积极性，增强企业活力和竞争力，促进国有资产保值增值发挥了重要作用。为更好地指导中央企业建立和规范实施企业年金，根据《中共中央 国务院关于深化国有企业改革的指导意见》（中发〔2015〕22 号）、《国务院办公厅关于转发国务院国资委以管资本为主推进职能转变方案的通知》（国办发〔2017〕

38 号)、《企业年金办法》（人力资源社会保障部　财政部令第 36 号），提出以下意见。

一、总体要求

（一）指导思想

以习近平新时代中国特色社会主义思想为指导，全面贯彻党的十九大精神，认真落实党中央、国务院决策部署，按照深化国有企业改革、完善养老保险体系的要求，以增强中央企业活力、提高职工薪酬福利竞争力为中心，既尽力而为，又量力而行，建立更加充实、更有保障、更可持续的企业年金制度规范和管理运营体系，进一步提升职工获得感、幸福感、安全感，促进收入分配更合理、更有序。

（二）基本原则

坚持统筹规划、整体设计。中央企业应当根据经营发展战略规划、人力资源策略以及内部薪酬分配制度改革的需要，将企业年金纳入薪酬福利体系统筹规划，整体设计企业年金方案，根据实际情况因企施策，分步实施。

坚持保障适度、持续发展。实施企业年金应当正确处理国家、企业、职工三者的利益关系，充分考虑企业人工成本承受能力，合理确定与企业发展阶段相适应的保障水平，确保企业持续健康发展。

坚持自主建立、突出重点。鼓励中央企业在集体协商的基础上自主建立企业年金，企业年金待遇水平应当与企业效益及职工个人贡献挂钩，对关系企业长期发展的核心骨干人才可以适度倾斜。

坚持分级管理、权责清晰。健全企业年金分级管理制度，国资委以管资本为主完善企业年金制度规范并加强监督，中央企业集团公司依法依规负责企业年金的实施和管理运营，切实承担企业年金管理的主体责任。

二、明确企业年金实施条件

（三）具备相应的经济能力

中央企业实施企业年金应当以合并报表盈利、实现国有资产保值增值为前提，因经营性原因导致合并报表亏损或未实现国有资产保值增值的，集团总部以及亏损或未实现国有资产保值增值的所属企业，应当暂缓实施企业年金。

（四）人工成本承受能力较强

中央企业应当具有持续的企业年金缴费能力，年金缴费水平应当与企业人工成本承受能力相适应。人工成本投入产出效率在行业内处于较低水平的企业，应当暂缓实施企业年金。

（五）基础管理健全规范

中央企业应当建立完善的法人治理结构和有效的决策、监督制度，集体协商机制规范健全，企业和职工依法参加基本养老保险并履行缴费义务。

中央企业集团公司可以根据所属企业实际情况，对上述条款进行细化，提出切实可行的具体实施条件和要求。

三、科学设计企业年金方案

（六）合理确定缴费水平

企业年金所需费用由企业和职工个人共同缴纳，企业缴费每年最高不超过本企业职工工资总额的 8%；职工个人缴费不低于企业为其缴费的四分之一，以后年度逐步提高，最终与企业缴费相协调；企业和职工个人缴费合计每年最高不超过本企业职工工资总额的 12%。

中央企业应当根据发展阶段与经济效益状况，结合企业人工成本投入产出效率及经营业绩考核情况，动态调整企业缴费水平。因经营性原因导致合并报表亏损或未能实现国有资产保值增值的，集团总部以及亏损或未实现国有资产保值增值的所属企业应当中止缴费，其余所属企业由中央企业集团公司根据实际情况调整确定缴费比例，合理控制人工成本。

中止缴费的情况消失后，企业恢复缴费，并可以根据国家有关规定，按照中止缴费时的企业年金方案予以补缴。补缴的金额和年限应当根据恢复缴费年度的效益状况、人工成本承受能力以及中止缴费时间等因素合理确定，不得超过实际中止缴费的金额和年限，补缴不得影响企业当期及未来持续稳定发展。

（七）适度拉开分配差距

企业年金基金采用个人账户方式进行管理。企业缴费划入个人账户金额原则上根据职工的岗位责任、工作年限、考核结果等因素综合确定。鼓励企业缴费根据职工贡献适当向关键岗位和优秀人才倾斜。

企业应当合理确定当期缴费计入职工个人账户的最高额与平均额的差距，最高不超过5倍。平均额的计算口径一般按照中央企业集团所有参与年金计划单位的总体平均水平确定，确有需要的，集团总部平均额可以按照所在城市的全部所属法人单位平均水平确定，其他所属企业可以按照独立法人单位确定。

（八）合理界定归属条件

企业年金个人账户中企业缴费及其投资收益，应当根据职工工作年限决定归属个人比例，并随着职工在本企业工作年限的增加逐步归属于职工个人，完全归属于职工个人的期限最长不超过8年。

（九）平稳衔接各类人员待遇

中央企业实施企业年金，要统筹做好与其他养老福利保险制度的衔接，兼顾企业年金实施前后退休人员的福利保障水平。对于实施企业年金前已退休的人员，由企业发放的基本养老统筹外项目的水平原则上不再提高。对于实施企业年金后退休的人员，企业不得在基本养老保险统筹和企业年金之外，再支付任何养老性质的统筹外费用和补贴。

职工个人账户中企业缴费部分低于实施企业年金前基本养老统筹外项目水平的，可在企业年金方案中设计过渡期补偿缴费，补偿缴费的测算应当客观合理、量力而行，充分考虑各类人员薪酬福利保障水平的总体平衡。补偿缴费可以采取加速积累或一次性补偿的方式予以解决，过渡期原则上不超过10年，补偿缴费原则上不得一次性领取。使用工资结余进行过渡期缴费的，应当符合国家有关部门相关政策规定，并在企业年金方案中专项说明。

四、规范企业年金运营管理

（十）公开选择管理机构

中央企业应当按照公开、公平、公正的原则，采用市场化的方式，履行规范的程序，择优选择经国家有关监管部门认定的机构管理运营企业年金基金，并严格按照有关政策规定，明确企业年金基金各管理运营主体的职责及运作规则。

（十一）严格考核服务质量

中央企业应当代表委托人对受托人进行考核评价，并通过受托人对其他管理机构建立动态的考核评价机制，对管理机构的业绩进行评价，根据评价结果调整管理机构，确保各类管理机构恪尽职守，履行诚实、信用、谨慎、勤勉的义务。

（十二）全面管控运营风险

中央企业应当加强企业年金基金监管和规范运营，保障企业年金资产的安全运行。企业年金基金投资管理应当遵循谨慎、分散风险的原则，充分考虑企业年金基金财产的安全性、收益性和流动性，实行专业化管理，并建立企业年金基金定期报告和信息披露制度。

五、加强企业年金组织保障

（十三）加强组织领导

实施企业年金的中央企业应当成立由职工代表和相关部门组成的企业年金管理委员会，加强对所属企业实施企业年金的组织领导，促进企业年金稳步健康发展。企业可以选择法人受托机构或者成立企业年金理事会作为受托人，选择企业年金理事会受托方式的，企业年金理事会应当符合国家有关规范要求，并建立和完善内部稽核监控制度、风险控制制度以及选择、监督、评估、更换账户管理人、托管人、投资管理人的制度和流程，切实承担好受托管理职责，不得从事任何形式的营业性活动，不得从企业年金基金财产中提取管理费用。

（十四）落实监管责任

中央企业集团公司应当切实承担企业年金管理的主体责任，停止实施其他各类补充养老保险计划，确保企业年金管理符合国家政策法规要求。所属企业可以根据集团整体方案结合自身实际和行业特点制定具体年金实施方案，经中央企业集团公司审批同意后履行相应程序执行。国资委对中央企业规范实施年金情况进行指导和监督，中央企业违规实施企业年金的，国资委将责成企业进行整改，并且根据有关规定对相关责任人进行处理。

（十五）建立报告制度

中央企业按照国家政策规定和本意见要求制

定或调整企业年金方案的，应当将年金方案报送国资委备案，并将备案后的方案按规定报送人力资源社会保障部。企业年金年度实施情况应当于次年4月30日前向国资委报告。

本意见印发之日起，《关于中央企业试行企业年金制度的指导意见》（国资发分配〔2005〕135号）、《关于中央企业试行企业年金制度有关问题的通知》（国资发分配〔2007〕152号）废止。

国资委

2021年8月16日

〔来源：国务院国有资产监督管理委员会〕

关于中央企业加快建设世界一流财务管理体系的指导意见

国资发财评规〔2022〕23号

财务管理是企业管理的中心环节，是企业实现基业长青的重要基础和保障。近年来，中央企业认真贯彻落实党中央、国务院决策部署，高度重视财务管理工作，持续优化管理手段，不断创新管理模式，积极应用先进管理工具，财务报告、全面预算、资金管理、财务信息化、财务内控、财会队伍建设等工作取得显著成效，前瞻性、有效性稳步增强，规范化、标准化明显提高，有力支撑了中央企业持续健康发展。同时也要看到，部分中央企业集团化财务管控建设不到位、财务管理功能发挥不充分、财务管理手段落后于技术进步，与新时期中央企业高质量发展目标不匹配、不适应。为推动中央企业进一步提升财务管理能力水平，加快建设世界一流财务管理体系，现提出如下意见。

一、总体要求

以习近平新时代中国特色社会主义思想为指导，深入贯彻落实习近平总书记关于国有企业改革发展和党的建设重要论述，全面贯彻党的十九大和十九届历次全会精神，完整、准确、全面贯彻新发展理念，服务构建新发展格局，以高质量发展为主题，以深化供给侧结构性改革为主线，以更好履行经济责任、政治责任、社会责任为目标，坚定不移做强、做优、做大国有资本和国有企业，推动财务管理理念变革、组织变革、机制变革、手段变革，更好统筹发展和安全，更加注重质量和效率，更加突出“支撑战略、支持决策、服务业务、创造价值、防控风险”功能作用，以“规范、精益、集约、稳健、高效、智慧”为标准，以数字技术与财务管理深度融合为抓手，固根基、强职能、优保障，加快构建世界一流财务管理体系，有力支撑服务国家战略，有力支撑建设世界一流企业，有力支撑增强国有经济竞争力、创新力、控制力、影响力、抗风险能力。通过五年左右的努力，中央企业整体财务管理水平明显跃上新台阶，通过十到十五年左右的努力，绝大多数中央企业建成与世界一流企业相适应的世界一流财务管理体系，一批中央企业财务管理水平位居世界前列。

二、着力推动四个变革

（一）推动财务管理理念变革

立足实际。借鉴先进但不照搬照抄，坚持独立自主、贴合自身，建立与企业行业特点、愿景文化、战略规划、发展阶段、组织架构相适应，与中国特色现代企业制度相匹配的财务管理体系。

守正创新。既要坚守“支撑战略、支持决策、服务业务、创造价值、防控风险”的基本功能定位，更要积极顺应内外部环境变化，着眼未来，主动变革，把财务管理转型升级放到国资国企改革发展大局中去谋划、去推动。

开放协同。对内深化业财融合、产融协同，对外保持与投资者、债权人的有效沟通，强化产业链、供应链的有效链接，推动各方主体、各类资源、各种要素协同联动聚合发力，实现内外部利益相关者价值共生、共享。

精益求精。深入践行全员、全要素、全价值链精益管理理念，强化精准投入、精细作业、精确评价，实现资源配置更优化、业务管控更科学、考核导向更明确，促进企业不断提高劳动、资本、技术、管理、数据等全要素生产率。

技术赋能。主动运用大数据、人工智能、移动互联网、云计算、区块链等新技术，充分发挥财务作为天然数据中心的优势，推动财务管理从信息化向数字化、智能化转型，实现以核算场景为基础向业务场景为核心转换，努力成为企业数字化转型的先行者、引领者、推动者，为加快产业数字化、数字产业化注智赋能。

坚守底线。严守财经法纪，确保会计信息真实可靠；严把合规关口，强化经营管理活动监督与控制，促进依法合规经营理念深入人心；坚持底线思维，严控财务边界，有效保障经营稳健、资产安全，牢牢守住不发生重大风险的底线。

（二）推动财务管理组织变革

健全职能配置。树立“大财务”观，坚持不缺位、不越位、不错位，建立健全各级财务职能和岗位设置，不断夯实财务报告、资金管控、税务管理等基础保障职能，深化拓展成本管控、投融资管理、资本运作等价值创造职能，确保财务资源科学配置、财务运作高效协同。

优化管控模式。坚持集团化运作、集约化管理，强化集团重要财务规则制定权、重大财务事项管理权、重点经营活动监督权，实现集团对各级企业财务管控的“远程投放”和“标准化复制”；坚持因企施策、因业施策、因地制宜，区分不同业务特点、上市非上市、国际国内等情况，探索完善差异化管控模式，实现集中监管与放权授权相统一、管好与放活相统一。

转变运行机制。结合数字化时代企业管理转型需要，探索推动财务运行机制从金字塔模式向前中后台模式转变，从流程驱动为主向流程驱动与数据驱动并重转变，努力实现管理层级扁平化、管理颗粒精细化、管理视角多维化、管理场景动态化、管理信息实时化，确保反应敏捷、运转高效。

拓展服务对象。以资本和业务为纽带，将财务服务对象由单个企业或集团的利益相关者，延伸到整个产业链、供应链、生态链，促进数据、信息、技术、标准、金融等全方位协同融合，实现价值共生、共建、共享、共赢，努力促进企业成为产业发展的引领者、产业协同的组织者，助力打造原创技术“策源地”和现代产业链“链长”。

（三）推动财务管理机制变革

加强关键指标硬约束。坚持质量第一、效益优先，建立以资产负债率、净资产收益率、自由现金流、经济增加值等关键指标为核心的财务边界，科学测算投资、负债、利润、现金流等指标的平衡点，保持企业整体资本结构稳健、风险可控在控。

加强资源配置硬约束。坚守主责主业，建立资本收益目标约束，限制资源流向盈利低、占资多、风险高的业务领域，加强金融、境外等重点领域管控，加快低效资本回笼、无效资本清理、亏损资本止损，促进资本布局动态优化。

加强风控规则硬约束。统筹发展和安全，健全与公司治理架构及管控要求相适应的财务内控体系，扎紧扎牢制度的笼子，健全完善风险管理机制，以规则的确定性应对风险的不确定性。

加强政策激励软引导。科学制定个性化、差异化指标体系和激励措施，统筹利用财务资源，促进企业更好发挥在落实国家安全、国计民生等重大战略任务中的主力军作用，加强对创新能力体系建设和前瞻性战略性新兴产业投入的支持，助力科技自立自强和国有经济布局优化。

（四）推动财务管理功能手段变革

支撑战略。科学配置财务资源，平衡好资本结构，建立由战略规划到年度预算、由预算到考核的闭环联动机制，推动上下贯通、协调一致，促进企业实现发展质量、结构、规模、速度、效益、安全的有机统一。

支持决策。积极有效参与重大决策全过程，提供准确、高效、多维数据信息，主动、及时发表专业性、建设性意见，支持理性决策、科学决策。

服务业务。主动融入业务事前、事中、事后全流程，有效识别业务改进的机会和目标，帮助解决业务痛点和难点，为生产运行优化赋能。

创造价值。运用全面预算、成本管控、税务规划等有效工具，通过资金运作、资产管理、资源配置、资本运营等有效手段，主动创造财务价值，促进提升企业价值。

防控风险。健全风险防控体系，加强源头治理，强化穿透监测，实现经营、财务风险精准识别、及时预警、有效处置，为企业持续健康发展保驾护航。

三、重点强化五项职能

（一）强化核算报告，实现合规精准

建立健全统一的财务核算和报告体系，统一集团内同行业、同板块、同业务的会计科目、会计政策和会计估计，统一核算标准和流程，确保会计核算和报告规范化、标准化。优化核算和报告信息系统，实现会计核算智能化、报表编制自动化。强化决算管理，通过财务决算复盘经营成果、全面清查财产、确认债权债务、核实资产质量。加强审计管理，依规选聘、统一管理中介机构，做好审计沟通协调，抓好审计问题整改，充分发挥审计作用。完善财务稽核机制，加强会计信息质量监督检查，对违规问题严肃惩戒。构建业财融合的财务报告分析体系，利用报表、数据、模型、管理会计工具，建立纵贯企业全部经营管理链条，覆盖各个产品、市场、项目等的多维度指标体系，开展价值跟踪分析，准确反映价值结果，深入揭示价值成因。探索研究利益相关方和行业利益共生报表，更好地用财务语言反映企业发展生态。

（二）强化资金管理，实现安全高效

加强司库管理体系顶层设计，科学制定总体规划，完善制度体系和管理架构，建立总部统筹、平台实施、基层执行“三位一体”的组织体系和“统一管理、分级授权”的管理模式。加快推进司库管理体系落地实施，将银行账户管理、资金集中、资金预算、债务融资、票据管理等重点业务纳入司库体系，强化信息归集、动态管理和统筹调度，实现对全集团资金的集约管理和动态监控，提高资金运营效率、降低资金成本、防控资金风险。逐步将司库管理延伸到境外企业，加强境外资金动态监测，实现“看得到、管得住”。切实加强“两金”管控和现金流管理，强化客户和供应商信用风险管理，减少资金占用，做到应收尽收、“颗粒归仓”，实现收入、效益和经营现金流的协同增长。完善资金内控体系，将资金内控规则嵌入信息系统。建立健全资金舞弊、合规性、流动性、金融市场等风险监测预警机制。加强对担保、借款等重大事项的统一管理，严格落实各项监管规定。

（三）强化成本管控，实现精益科学

牢固树立过“紧日子”思想，坚持一切成本费用皆可控，坚持无预算不开支，健全全员、全要素、全价值链、全生命周期成本费用管控机制。注重源头管控，着力加强产品研发设计、工程造价等环节管理，实现前瞻性成本控制。抓好过程管控，通过科技创新、工艺优化、流程再造、采购协同、供应链管理、物流和营销渠道整合等方式，持续推进降本增效。创新管控方式，推进目标成本管理，强化对标管理，开展多维度成本分析。有效运用作业成本法、标准成本法、量本利分析、价值工程等工具，持续完善标准成本体系，细化成本定额标准。严控各项费用性开支和非生产性支出。强化考核激励，层层压实责任，激发内生动力。

（四）强化税务管理，实现规范高效

推进集团化税务管理，建立税务政策、资源、信息、数据的统筹调度和使用机制。加强财税政策研究，不断完善税务政策库、信息库，及时指导各级子企业用足用好优惠政策，做到“应缴尽缴，应享尽享”。完善对重大经营决策的税务支持机制，强化业务源头涉税事项管控，积极主动参与投资并购、改制重组等重大事项及新业务模式、交易架构、重大合同等前期设计规划，深入研判相关税务政策，提出专业意见。完善税务管理信息系统，努力实现税务管理工作流程、政策解读、计税规则等事项的统一，提高自动化处理水平。开展税务数据分析，挖掘税务数据价值。加强税务风险防控，分业务、分税种、分国别梳理涉税风险点，制定针对性防控措施，定期开展税务风险监督检查。注重加强境外税收政策研究和涉税事项管理，统筹风险控制与成本优化。

（五）强化资本运作，实现动态优化

加强制度和规则设计，立足国有经济布局优化和结构调整，服务企业战略，聚焦主责主业，遵循价值创造理念，尊重资本市场规律，适应财务承受能力，优化资本结构，激发资本活力。通过债务重组、破产重整、清算注销等法治化方式，主动减量；有效运用专业化整合、资产证券化等运作手段，盘活存量；有序推进改制上市、引战混改等改革措施，做优增量，促进资本在流动中增值，实现动态优化调整。加大“两非”剥离、“两资”清理工作力度，加快亏损企业治理、历史遗留问题处理，优化资产和业务质量，提升资本效益。强化上市公司管理，提升上市公司市值和价值创造能力。强化金融业务管理，严防脱实向虚，加大产融协同力度，实现产融衔接、以融促产。强化价值型、战略型股权管理，完善股权治理体系，优化股权业务结构、产业结构、地域结构，不断提高股权投资回报水平。强化参股企业管理，依法行使股东权责，严格财务监管，规范字号等无形资产使用，有效保障股东权益。

四、持续完善五大体系

（一）完善纵横贯通的全面预算管理体系

完善覆盖全部管理链条、全部企业和预算单元，跨部门协同、多方联动的全面预算组织体系、管理体系和制度体系，实现财务预算与业务、投资、薪酬等预算的有机融合。建立高效的资源配置机制，实现全面预算与企业战略、中长期发展规划紧密衔接。完善预算编制模型，优化预算指标体系，科学测算资本性支出预算，持续优化经营性支出预算，搭建匹配企业战略的中长期财务预测模型。统筹兼顾当期效益和中长期资本积累，以财务承受能力作为业务预算和投资预算的边界和红线。加强预算执行跟踪、监测、分析，及时纠偏。按照“无预算不开支、无预算不投资”原则，严控预算外经济行为。强化预算执行结果考核评价，增强刚性约束，实现闭环管理。

（二）完善全面有效的合规风控体系

建立健全财务内部控制体系，细化关键环节管控措施。提高自动控制水平，实现财务内控标准化、流程化、智能化。严格财务内控执行，定期开展有效性评价。严把合规关口，深度参与企业重要规章制度的制定，参与战略规划、改制重组、投资并购等重大事项决策，参与业务模式设计、项目评估、合同评审等重点环节，强化源头合规把控、过程合规管控、结果合规监控。完善债务风险、资金风险、投资风险、税务风险、汇率风险等各类风险管控体系，加强对重要子企业和重点业务管控，针对不同类型、不同程度的风险，建立分类、分级风险评估和应对机制。采用信息化、数字化手段，建立风险量化评估模型和动态监测预警机制，实现风险“早发现、早预警、早处置”。积极主动防范境外国有资产风险，合理安排境外资产负债结构，努力推动中高风险国家（地区）资产与负债相匹配，降低风险净敞口。加强财会监督与纪检、巡视、审计等监督主体的协同联动，形成合力。

（三）完善智能前瞻的财务数智体系

统筹制定全集团财务数字化转型规划，完善制度体系、组织体系和管控体系，加强跨部门、跨板块协同合作，建立智慧、敏捷、系统、深入、前瞻的数字化、智能化财务。统一底层架构、流程体系、数据规范，横向整合各财务系统、连接各业务系统，纵向贯通各级子企业，推进系统高度集成，避免数据孤岛，实现全集团“一张网、一个库、一朵云”。推动业财信息全面对接和整合，构建因果关系的数据结构，对生产、经营和投资活动实施主体化、全景化、全程化、实时化反映，实现业、财、技一体化管控和协同优化，推进经营决策由经验主导向数据和模型驱动转变。建立健全数据产生、采集、清洗、整合、分析和应用的全生命周期治理体系，完善数据标准、规则、组织、技术、模型，加强数据源端治理，提升数据质量，维护数据资产，激活数据价值。积极探索依托财务共享实现财务数字化转型的有效路径，推进共享模式、流程和技术创新，从核算共享向多领域共享延伸，从账务集中处理中心向企业数据中心演进，不断提高共享效率、拓展共享边界。加强系统、平台、数据安全管理，筑牢安全防护体系。具备条件的企业应探索建立基于自主可控体系的数字化、智能化财务。

（四）完善系统科学的财务管理能力评价体系

构建与企业战略和业务特点相适应、与财务管理规划和框架相匹配的财务管理能力评价体系，促进各级企业财务管理能力水平渐进改善、持续提升。科学设计评价指标，分类、分级制定评价标准、评价方式和分值权重。坚持导向性原则，充分满足财经法规约束和监管要求、体现财务管理发展目标；坚持系统性原则，覆盖全部财务管理职能要素、全级次企业、全业务板块，涵盖财务管理基本规范、过程表现及成效结果；坚持适用性原则，统筹通用性标准与个性化特点，根据不同子企业经营规模、业务特点等设置不同基础系数或差异化指标；坚持重要性原则，对重点子企业和关键流程，予以分值或权重倾斜。完善评价工作机制，建立健全制度体系、组织体系，深化评价结果应用。结合财务管理提升进程，动态优化评价体系。

（五）完善面向未来的财务人才队伍建设体系

健全财务人才选拔、培养、使用、管理和储备机制，打造政治过硬、作风优良、履职尽责、专业高效、充满活力的财务人才队伍，实现能力更多元、结构更优化，数量和质量充分适应时代进步、契合企业需求。科学构建与企业高质量发展目标相匹配的复合型财务人才能力提升框架，着重增强科学思维能力、创新提效能力、风险管控能力、统筹协调能力、国际经营能力。建立健全多层次财务人才培养培训体系。加强中高端财务人才队伍建设，提高中高级财务人才占比，推动财务人才结构从金字塔形向纺锤形转变。配强配优各级总会计师和财务部门负责人，深入开展重要子企业总会计师委派。加大轮岗交流力度，探索开展业务和项目派驻制。加强境外财务人才管理，全面落实向境外派出财务主管人员要求。加强履职管理，建立关键岗位任职资格要求和科学评价体系，强化正向引导激励，畅通职业发展通道。强化党建引领和文化建设，营造干事创业的良好环境，培养风清气正的团队氛围和健康向上的财务文化，推动财务人才不断提高政治素质和党性修养，坚守职业操守和道德底线。

五、做好组织实施

（一）加强组织领导

各中央企业要高度重视世界一流财务管理体系建设，强化组织领导，健全工作机制，主要负责人抓总负责，总会计师或分管财务工作负责人牵头落实，财务部门具体组织实施，各职能部门和各级子企业协同联动，共同推动落地见效。

（二）抓好贯彻落实

各中央企业要把建设世界一流财务管理体系列入重要议事日程，做好与各项改革发展工作的统筹结合，研究重大问题，把握改革方向，蹄疾步稳扎实推进。结合企业实际制定完善规划方案，明确工作目标，细化时间节点，分解工作任务，层层落实责任。

（三）强化培训交流

各中央企业要加强世界一流财务管理体系建设理念、方法、措施、任务的培训宣贯，统一思想，凝聚共识，营造良好氛围。深入总结企业财务管理先进经验，搭建沟通交流平台，对标先进找差距，相互交流促提升。鼓励具备条件的企业建立专门的财务研究机构。

（四）持续跟踪评估

各中央企业要将世界一流财务管理体系建设融入年度工作目标，及时跟进落地实施情况，分阶段评估执行效果，适当与企业内部绩效考核挂钩，探索建立财务管理提升的长效机制。

国资委将加强财务管理理论研究和实践总结，健全多层次财会人才队伍培训体系，适时开展成效评估，及时总结推广经验，加强工作指导，统筹推进落实。

国资委

2022 年 2 月 18 日

〔来源：国务院国有资产监督管理委员会〕

关于做好 2022 年中央企业违规经营投资责任追究工作的通知

国资厅发监责〔2022〕7 号

近年来，中央企业以习近平新时代中国特色社会主义思想为指导，深入贯彻党中央、国务院关于加强国有企业违规经营投资责任追究的决策部署，全面落实国企改革三年行动任务分工，取得积极成效。在国资委的指导推动和引领示范下，建立了全覆盖的出资人违规责任追究工作体系，切实筑牢国有资产安全防线，以追责促落实、促整改、促发展的监督效能不断增强，为做强做优做大国有资本和国有企业，促进中央企业依法合规经营和高质量发展提供了坚实保障。但有的中央企业还存在不敢追责、不愿追责、不会追责的“三不”问题，通过责任追究发挥“治已病、防未病”作用还不到位，责任追究队伍的力量配备和业务能力还有待进一步提升。为深入贯彻习近平总书记重要指示批示精神，落实中央企业负责人会议部署，指导中央企业扎实做好 2022 年违规经营投资责任追究工作，全面提升依法合规经营水平，促进企业持续健康发展，现就有关事项通知如下：

一、总体要求

以习近平新时代中国特色社会主义思想为指导，贯彻党的十九大和十九届历次全会精神，按照国企改革三年行动和国资央企“十四五”规划部署，落实中央企业负责人会议精神，持续深化中央企业违规经营投资责任追究工作，围绕监督效能更高、核查追责更准、协同贯通更顺、制度支撑更牢、队伍建设更强的工作目标，全面履行责任追究职责，切实维护国有资产安全，有效防范化解重大风险，为中央企业在新发展阶段和新发展格局中高质量发展提供坚强保障，以实际行动迎接党的二十大胜利召开。

二、重点任务

（一）做实违规问题线索初核工作

各中央企业要深化企业内部监督信息共享和协调联动，切实用好责任追究工作体系，做实做细违规问题线索初步核实工作，做到应核实尽核实、应立项尽立项、应追责尽追责。企业在接受出资人监督和纪检、巡视、审计等监督，以及开展内部监督工作中，要全面分析研判发现的违规问题线索，对其中造成资产损失风险或其他严重不良后果的进一步开展初步核实，按照规定提出分类处置建议和核查追责计划。各中央企业在收到国资委财务决算审核、内控体系有效性抽查评价等有关专项监督检查，以及审计署经济责任审计、财务收支审计的整改通知或审计报告 20 个工作日内，要向国资委提交相关违规问题线索初步核实专项工作报告，反映初步核实工作开展情况，提出深入核查项目以及后续责任追究工作计划。

（二）严肃查处重大违规问题线索

各中央企业要着力办好党中央、国务院关注和国资委移交的违规问题线索，集中查办中央企业有关综合治理专项行动工作中发现的违规问题，加大对境外违规经营投资问题线索的查处力度，坚决防止“破窗效应”。中央企业集团公司要采取直接核查、联合核查、挂牌督办等方式，强化对所属企业违规责任追究工作的督促指导，重点查处明知故犯、屡查屡犯和长期违规等典型问题线索。各中央企业集团公司每年从直接核查或联合核查违规问题线索中选择典型案例向国资委报送。

（三）深化管理提升建议书推广运用

各中央企业要把查办违规问题、完善内部控制、强化规范管理贯通起来，在以前年度探索经验基础上，不断深化管理提升建议书推广工作，更好发挥责任追究工作“防未病”作用。管理提升建议书要重点反映企业存在的突出违规问题，深入挖掘违规问题背后的制度缺失和管理漏洞，针对性提出强化管理和制度建设的意见建议（参考格式见附件）。2022 年，各中央企业将当年办结的一半以上核查项目形成管理提升建议书。

（四）健全完善责任追究工作机制

各中央企业要对标“稳、准、快”的核查追责工作要求，全面总结实践经验，健全责任追究相关工作机制。要创新违规问题线索核查方式，明确集团公司提级查办所属三级及以下子企业违规问题线索的情形，细化与所属企业开展联合核查的适用条件，有效发挥“以上查下”的监督权威。要研究建立责任追究简易程序，对违规情形单一、违规事实清楚，以及对违纪责任人追加违规处理等情形的问题线索，在确保责任追究质量前提下，优化核查追责程序，提升工作效率。对离职退休人员违规责任追究，损失认定、责任认定工作规范，以及境外、参股、金融类子企业责任追究工作等开展专题研究，做好相关制度机制储备。

（五）有效应用监督追责信息系统

各中央企业要持续加强监督追责信息系统建设，按照国资监管数字化智能化提升的目标要求，于 2021 年 6 月底前全面建成监督追责信息系统，并与国资委系统完成对接。要促进信息化与监督追责业务有机融合，不断延伸穿透，丰富完善数据采集和统计分析的广度和深度，努力实现监督追责业务信息化监管全覆盖。要进一步推动业务数据在集团公司和所属企业间交互共享，实现业务数据的实时在线采集和定期汇总分析，不断强化业务数据集成，逐步提高监督追责数字化水平。

（六）强化违规责任追究报告工作

违规经营投资责任追究定期报告是全面反映责任追究工作开展情况和取得成效的重要载体，各中央企业要按照时限要求，高质量报送定期报告。为进一步提高报告工作时效，国资委将探索依托监督追责信息系统实时收集中央企业责任追究工作情况，了解掌握企业责任追究相关违规问题线索受理、立项、核查等动态进展，精准督导和定向指导企业责任追究工作。各中央企业要根据后续工作要求，组织做好本企业责任追究报告工作，及时、准确反映企业违规责任追究工作情况。

（七）持续加强责任追究队伍建设

各中央企业要切实拿出有力措施，采取多种方式，配备与企业规模体量、所处行业特点、集团管控需要、问题发生频次等相适应的责任追究工作力量。集团公司和重要子企业应当明确责任追究工作机构和专门岗位，配齐配强专职工作人员，并持续加大培训力度。要研究组建可由集团公司统一调配的企业责任追究工作专业人才库，选择财务、投资、金融、内控、法律、合规等专业人员入库并参与违规问题核查，作为责任追究队伍的有效补充。要保证必要的经费投入，聘用有资质的中介机构参与核查工作，充实核查力量。

三、组织保障

（一）加强组织领导

各中央企业要高度重视违规责任追究工作，认真落实有关国企改革文件要求，切实加强党对责任追究工作的领导，企业党委（党组）要履行主体责任，加强对年度工作计划、重点任务等重要事项的研究和指导，审议重大问题线索核查结论、违规责任追究意见等，把党的政治优势、组织优势作为提升监督权威性、有效性的重要保证。要进一步强化董事会作用，推动完善违规经营投资责任追究工作体系，以相关专门委员会为抓手，部署和推动责任追究重点工作，不断提高防范化解重大风险的能力和水平。

（二）明确责任分工

各中央企业要主动作为，结合实际细化本通知重点任务，制定分工方案，提出可操作、可检验、可衡量的成果形式，明确时间节点、落实路径和责任主体。责任追究职能部门要承担工作主责，牵头做好重点任务的落地落细，加强与外部监督检查机构的沟通协调、与集团相关职能部门的协同配合、对所属企业责任追究工作的督促指导，推动解决“三不”问题。责任追究工作人员要以本领高强为目标，忠于职守，锤炼敢于较真碰硬的精气神，持续学习，不断提升责任追究工作能力水平，既要敢追责，又要善追责，为全面履职尽责奠定坚实基础。

（三）强化总结报告

各中央企业要做好重点任务落实情况的报告，除已明确报告形式及报告时限的单项任务外，其他工作任务完成情况均纳入年度责任追究工作定期报告。要注重总结提炼责任追究工作的经验做法，形成的工作成效和创新成果及时报送国资委，遇到的问题及相关工作意见建议请沟通反映。

（四）深入指导交流

国资委将强化中央企业责任追究工作的指导督促，通过培训会议、座谈交流等形式对重点工作的落实情况开展调研检查，并就有关问题适时予以通报；按行业组建中央企业责任追究工作交流组，利用《国资工作交流》等信息载体推广先进典型经验，形成常态化的沟通交流平台。各中央企业要创新对所属企业责任追究工作的督促指导方式，抽查评估所属企业责任追究工作情况，重点关注违规问题线索“零报告、零查处、零追责”企业，以及已查处问题线索的办理质量，提高责任追究工作整体水平。

附件：管理提升建议书（参考格式）（略）

国资委

2021 年 3 月 21 日

〔来源：国务院国有资产监督管理委员会〕

提高央企控股上市公司质量工作方案

经过多年公司制股份制改革，中央企业的许多核心资产已经进入上市公司，进一步提高央企控股上市公司质量对于实现中央企业高质量发展、助力资本市场健康发展、维护国民经济平稳运行都具有重要意义。近年来，国资委指导中央企业深入贯彻党中央、国务院决策部署，认真落实《国务院关于进一步提高上市公司质量的意见》和国企改革三年行动要求，积极利用资本市场深化改革、促进发展，多措并举提高上市公司质量，取得明显成效。但也要看到，部分中央企业内部上市平台定位不清、分布散乱、实力较弱，一些央企控股上市公司创新发展能力不强、经营和治理不规范、市场配置资源功能发挥不充分、价值实现与价值创造不匹配等问题仍较突出。为以实际行动推动央企控股上市公司高质量发展走深走实、行稳致远，制定本方案。

一、总体要求

以习近平新时代中国特色社会主义思想为指导，深入贯彻落实习近平总书记关于国企改革发展和资本市场建设的重要论述，全面贯彻党的十九大和十九届历次全会精神，立足新发展阶段，完整、准确、全面贯彻新发展理念，坚持稳中求进工作总基调，坚持市场化、法治化方向，坚持问题导向、系统思维，聚焦影响央企控股上市公司高质量发展的短板弱项，在 3 年内分类施策、精准发力，推动上市公司内强质地、外塑形象，争做资本市场主业突出、优强发展、治理完善、诚信经营的表率，让投资者走得近、听得懂、看得清、有信心，打造一批核心竞争力强、市场影响力大的旗舰型龙头上市公司，培育一批专业优势明显、质量品牌突出的专业化领航上市公司，为提升中央企业可持续发展能力和整体实力，做强做优做大国有资本和国有企业，助力建设规范、透明、开放、有活力、有韧性的资本市场，服务构建新发展格局，为促进经济高质量发展做出新的更大贡献。

二、指导原则

坚持做优存量与做精增量结合。统筹未上市

和已上市资源，合理规划上市公司平台数量和战略定位，按照“做强做优一批、调整盘活一批、培育储备一批”的总体思路，积极做优存量，有进有退、有所为有所不为，促进上市平台完善产业布局、提升资产质量和运营效率；稳步做精增量，继续孵化和推动更多优质资产对接多层次资本市场。

坚持价值创造与价值实现兼顾。一手抓夯实价值创造基础，深耕细作、苦练内功，不断改善经营，做优基本面，提升上市公司内在价值；一手抓促进市场价值实现，重视市场反馈，合理引导预期，传递公司价值，增进各方认同，促进内在价值与市场价值齐头并进、共同成长。积极维护股东权益，形成高质量发展的良性循环。

坚持依法合规与改革创新并重。坚守合规底线，严守防止国有资产流失红线，依法维护各类投资者权益，不断提升公司治理水平、信息披露质量和规范运作能力，防范化解重大风险；以市场为导向、以企业为主体，鼓励上市公司根据自身发展状况和改革需要，大胆创新，主动作为，探索更多符合实际的改革实践，最大程度激发蕴藏在基层的创新力量。

三、工作内容

（一）推动上市平台布局优化和功能发挥

1. 加强顶层设计，建立资本运作规划制定机制。中央企业集团公司要结合自身“十四五”发展规划，对未上市和已上市资源及其发展现状进行系统梳理，指导各上市平台明晰战略定位和发展方向，合理划分业务范围与边界；建立集团定期制定资本运作规划机制，明确资产整合路径和资本运作安排，涉及资本市场公开承诺事项的，督促上市公司挂图作战、对表推进，切实履行相关承诺。建立健全上市公司绩效评价体系，并纳入相关子企业业绩考核，持续推动上市公司高质量发展。

2. 分类推进上市平台建设，形成梯次发展格局。做强做优一批，以优势上市公司为核心，通过资产重组、股权置换等多种方式，加大专业化整合力度，推动更多优质资源向上市公司汇聚，剥离非主业、非优势业务，解决同业竞争、规范关联交易，大力优化产业布局、提升运营质量，推动上市公司核心竞争力、市场影响力迈上新台阶，力争成为行业领军企业。调整盘活一批，梳理业务协同度弱、管理链条过长、缺乏持续经营能力、长期丧失融资功能、存在失管失控风险等情况的上市平台，列出清单，因企制宜制定调整计划，2024 年年底前基本完成调整，支持通过吸收合并、资产重组、跨市场运作等方式盘活，或通过无偿划转、股权转让等方式退出，进一步聚焦主责主业和优势领域。培育储备一批，中央企业集团公司要对子企业上市工作进行统筹，建立对相关资源上市必要性、可行性和上市方式的研究评估机制，在加强上市资源储备管理，继续孵化更多具有发展潜力、专业优势突出的优质资源对接资本市场的同时，引导子企业树立正确理念，明确上市是改革发展手段而非目的，防止盲目追求单独上市。支持各类纳入改革试点和改革专项工程的重点企业，以及在产业链、供应链关键环节和中高端领域布局的企业到相应层次资本市场上市，可注入现有上市公司平台，必要的也可单独上市。对上市公司拟分拆子企业上市的要充分论证，结合战略定位、拟分拆业务独立性和成长性、分拆后的治理安排和管理成本等因素统筹考虑，支持有利于理顺业务架构、突出主业优势、优化产业布局、促进价值实现的子企业分拆上市。

3. 充分发挥上市平台功能，支持主业发展。引导上市公司切实发挥资本市场服务企业发展和优化资源配置的功能，实现产业经营与资本运营融合发展、相互促进，助力做强做精主业。兼顾发展需要和市场状况开展股权或债务融资，灵活运用发行股债结合产品、探索不动产投资信托基金（REITs）等多种手段，优化融资安排，改善资本结构，提升直接融资比重。科学运用上市平台并购功能，围绕主业及产业链、供应链关键环节实施主业拓展和强链补链，促进转型发展。

（二）促进上市公司完善治理和规范运作

1. 完善中国特色现代企业制度，健全国有控股上市公司治理机制。全面贯彻“两个一以贯之”，充分发挥党委（党组）把方向、管大局、促落实领导作用，建立完善党委（党组）前置研究讨论事项清单，科学界定上市公司治理相关方的权责；强化章程在公司治理中的基础性作用，进一步厘清国有股东对上市公司的管理边界，切实维护上市公司独立性。到2024年年底前，原则上央企控股上市公司要在董事会规范运作的前提下全面依法落实董事会各项权利；依规设立董事会审计委员会，鼓励根据实际情况设立其他专门委员会，积极履行建议、监督等职责；优化独立董事资格条件，拓宽选聘来源，强化独立董事履职支撑，促进其诚信勤勉履职，更好发挥作用，鼓励让独立董事提前参与重大复杂项目研究论证等环节。

2.调整优化股权结构，引入积极股东完善治理。中央企业集团公司要结合上市公司功能定位，对其股权结构和治理状况进行评估，根据评估结果提出动态优化股权结构、促进治理结构相互制衡和提升效率的举措。鼓励通过出让存量、引进增量、换股等多种方式，引入高匹配度、高认同感、高协同性的战略投资者作为积极股东，达到一定持股比例、在股权结构中具有重要地位的，支持其依法合规提名董事人选，促进治理结构改善、经营机制转换；鼓励积极股东与上市公司建立互利共赢的长期战略合作关系，在科研、生产、销售、资本运营等各方面发挥协同作用，促进上市公司核心竞争力提升。

3.持续提高信息披露质量，提升上市公司透明度。中央企业集团公司要优化完善与上市公司的沟通传导机制，支持、配合上市公司依法依规履行信息披露义务，督促上市公司健全信息披露制度，以投资者需求为导向，优化披露内容，真实、准确、完整、及时、公平披露信息，做到简明清晰、通俗易懂，力争“接地气”，避免“炒概念”“蹭热点”；同时，处理好信息披露与保守国家秘密、保护商业秘密的关系，将保密管理有效纳入信息披露体系，提高依法治密水平，严防失泄密事件。到2024年年底前，中央企业要将证券交易所年度信息披露工作考核结果纳入上市公司绩效评价体系。

4.贯彻落实新发展理念，探索建立健全ESG体系。中央企业集团公司要统筹推动上市公司完整、准确、全面贯彻新发展理念，进一步完善环境、社会责任和公司治理（ESG）工作机制，提升ESG绩效，在资本市场中发挥带头示范作用；立足国有企业实际，积极参与构建具有中国特色的ESG信息披露规则、ESG绩效评级和ESG投资指引，为中国ESG发展贡献力量。推动央企控股上市公司ESG专业治理能力、风险管理能力不断提高；推动更多央企控股上市公司披露ESG专项报告，力争到2023年相关专项报告披露“全覆盖”。

5.坚持依法合规经营，防范化解重大风险。中央企业集团公司要指导上市公司以证监会上市公司治理专项行动排查出的问题为基础，重点围绕关联交易、对外并购、重大投资、重大担保、财务管理、内幕信息管理、债务风险、子公司管控、依法纳税及内部监督等上市公司治理的关键环节，列出治理问题清单，制定整改方案，严格推进落实，2022年年底前完成对账销号，促进上市公司审计、内控、合规和风控体系规范完善。涉及集团财务公司与所控股上市公司开展业务的中央企业，要按照“依法合规、公允定价”的原则运作，在实现集团资金集中管理和高效使用目标的同时，确保符合上市公司独立性、关联交易、信息披露等方面要求。督促上市公司强化合规管理和内部监督，严格遵守国资监管政策和证券监管规则，持续提升诚信经营的能力和水平，确保会计信息真实可靠，严禁财务造假，严禁违规运作，严禁内幕交易。加强风险管控，增强风险识别、分析和处置能力，抓好境外合规风险防范；对于未能履行资本市场公开承诺、存在持续亏损、出现违规事项或可能面临退市等风险的上市公司，中央企业集团公司要紧密跟踪，提前谋划，指导上市公司多措并举扭亏增盈、妥善应对、化解风险。对违反规定、未履行或未正确履行职责造成国有资产损失、损害投资者合法权益或其他严重不良后果的，严肃追究责任。

（三）强化上市公司内生增长和创新发展

1.深化提质增效，提高综合经营管理水平。积极推动上市公司在稳产增收、降本节支、资产盘活、科技创新、管理提升等方面持续发力，不断提高盈利能力和经营效率，增强抗周期、抗波动、抗风险能力，力争效率效益类指标进一步提升且优于市场同行业可比上市公司平均水平。上市公司应制定科学合理的长期业务发展战略，提炼并宣贯符合公司实际情况的企业文化，确保公司战略定位、发展方向等保持延续性和相对稳定。

2. 提升自主创新能力，当好科技创新国家队。引导上市公司稳步加大科技研发投入，加快打造原创技术策源地，努力在关键核心技术、"卡脖子"环节取得突破；带头落实国家战略性新兴产业集群发展工程和龙头企业保链稳链工程，打造现代产业链链长，促进上中下游、大中小企业融通创新、协同发展；以获取关键技术、核心资源、知名品牌等为重点，依法有序开展兼并重组，引进先进科技资源，提升科技创新实力。2024 年央企控股上市公司科技投入强度原则上不低于市场同行业可比上市公司平均水平。加大探索科研院所改制或资产上市路径的力度，建立健全科研成果转化机制，利用资本市场工具和上市公司平台，加快打通科技成果向生产力转化的"最后一公里"。

3. 健全激励约束机制，加强人才队伍建设。上市公司应全面实行经理层成员任期制和契约化管理，科学合理设定年度和任期考核指标及目标等，强化刚性激励约束，严格退出管理。支持符合条件的上市公司科学高效规范地开展中长期激励，建立健全覆盖经营管理骨干和核心科研技术人员的激励机制，统筹运用上市公司股权激励以及科技型企业股权和分红政策，加大对科研人员的激励力度，充分调动关键岗位核心人员的积极性和创造性，更好吸引和留住人才。中央企业要建立健全资本市场人才引进、培养和常态化培训制度，引导上市公司选优配强董事会秘书、证券事务及资本运营等连接资本市场的关键岗位人员，形成一支精通资本市场运行规则和上市公司业务的专业人才队伍。

（四）增进上市公司市场认同和价值实现

1. 强化投资者关系管理，建立多层次良性互动机制。鼓励中央企业根据实际情况制定上市公司投资者关系管理指导意见，督促上市公司建立各部门协调机制，明确投资者关系工作责任部门及责任人员，每年制定投资者沟通工作方案，所组织的投资者交流活动应有较广覆盖面。鼓励上市公司结合自身特点，探索切实可行的交流形式，通过法定信息披露平台以及股东大会、投资者说明会、路演、反向路演（公司开放日）、分析师会议、接待来访、公司网站专栏、新媒体平台等多种途径与投资者加强交流，积极听取投资者意见建议，及时回应投资者诉求，加强重要投资者日常维护。鼓励具备条件的中央企业组织所控股上市公司开展集中路演、召开集体业绩说明会，探索、推动同行业央企控股上市公司联合组织投资者沟通交流活动。

2. 推动业绩说明会常态化召开，使高质量业绩说明会成为央企标配。上市公司应当在年度报告披露后及时召开业绩说明会，鼓励召开半年度业绩说明会；广泛邀请投资者特别是中小投资者，有条件的可以组织行业分析师、媒体等相关方参加，董事长、总经理原则上应出席，直接与投资者对话，鼓励更多独立董事参会；灵活采用线上线下相结合的方式，充分利用数字化技术，通过直播、视频会、电话会等多种形式，积极与投资者交流互动，境内外多地上市公司应同步召开业绩说明会，保障各类投资者合法权益。

3. 树立科学市场价值观，合力打造价值实现新局面。中央企业和上市公司要树立科学市场价值观，既要重视资本市场表现，努力推动上市公司市场价值与内在价值相匹配，积极维护股东权益，促进国有资产保值增值，又要尊重市场规律，充分认识到上市公司的市场表现受宏观经济、行业周期等多重因素影响，以客观务实的态度看待市场价值。中央企业、上市公司要提升处理应对资本市场复杂情况的能力，提高反应速度、决策效率和执行效率，依法依规、适时运用上市公司回购、控股股东及董事和高级管理人员增减持等手段，引导上市公司价值合理回归，助力企业良性发展。支持上市公司综合考虑行业特点、经营模式、所处发展阶段、盈利水平、资金需求等因素，制定合理持续的利润分配政策，鼓励符合条件的上市公司通过现金分红等多种方式优化股东回报。上市公司要加强与行业分析师的定期互动，拓宽分析师覆盖范围，及时跟进深度研究报告的发布情况，提升投资者对公司战略和长期投资价值的认同感。鼓励中央企业探索将价值实现因素纳入上市公司绩效评价体系，建立长效化、差异化考核机制，引导上市公司依法合规、科学合理推动市场价值实现，避免单纯以市值绝对值作为衡量标准，严禁操纵股价。

四、组织保障

一是加强组织领导。各中央企业要抓实抓好上市公司高质量发展工作，建立以主要负责同志为第一责任人、分管负责同志为直接责任人，上市公司业务归口管理部门牵头落实，战略、业务、财务、法律、风控、科技等相关部门协同联动配合的工作机制，结合所控股上市公司情况，对照本方案要求编制本集团工作方案，并指导上市公司一企一策制定具体实施方案，梳理问题、明确目标、细化措施、排出计划、压实责任，确保工作落实落地，取得实实在在成效。组织过程中应高度重视上市公司运作事项的敏感性，加强内幕信息管理，切实依法合规操作。

二是强化督导考核。请各中央企业集团公司于 2022 年 8 月底前将本集团工作方案报送国资委。国资委强化对方案落实情况的跟踪督促、考核评价，定期组织开展专项督查和央企经验交流分享，加强指导督促，统筹协调解决方案落实过程中的重大问题，2024 年年底全面验收评价；试点将上市公司发展质量纳入中央企业负责人经营业绩考核。

三是形成工作合力。国资委进一步落实以管资本为主的要求，持续完善上市公司监管政策体系，不断丰富政策“工具箱”，切实提高监管效能；支持国有资本运营公司在服务央企控股上市公司优化布局、完善治理、提高股权流动性、提升资本实力、增强资本市场沟通运作能力、发现市场价值等方面更好发挥作用；加强与证券监管等部门的政策协同和信息共享，加大工作支持力度，共同为企业改革发展创造良好环境；加强舆论宣传引导，推广一批最佳实践案例，讲好央企故事，营造促进央企控股上市公司高质量发展的良好氛围。

央企控股的境外上市公司参照执行，操作时应当注意与上市地相关法律法规规定做好衔接。

国资委

2022 年 5 月 27 日

〔来源：国务院国有资产监督管理委员会〕

中央企业境外投资监督管理办法

国务院国有资产监督管理委员会令

第 35 号

第一章 总 则

第一条 为加强中央企业境外投资监督管理，推动中央企业提升国际化经营水平，根据《中华人民共和国公司法》《中华人民共和国企业国有资产法》《关于深化国有企业改革的指导意见》（中发〔2015〕22 号）和《关于改革和完善国有资产管理体制的若干意见》（国发〔2015〕63 号）等法律法规和文件，制定本办法。

第二条 本办法所称中央企业是指国务院国有资产监督管理委员会（简称国资委）代表国务院履行出资人职责的国家出资企业。本办法所称境外投资是指中央企业在境外从事的固定资产投资与股权投资。本办法所称境外重大投资项目是指中央企业按照本企业章程及投资管理制度规定，由董事会研究决定的境外投资项目。本办法所称主业是指由中央企业发展战略和规划确定并经国资委确认公布的企业主要经营业务；非主业是指主业以外的其他经营业务。

第三条 国资委按照以管资本为主加强监管的原则，以把握投资方向、优化资本布局、严格决策程序、规范资本运作、提高资本回报、维护资本安全为重点，依法建立信息对称、权责对等、运行规范、风险控制有力的中央企业境外投资监督管理体系，推动中央企业强化境外投资行为的全程全面监管。

第四条 国资委指导中央企业建立健全境外投资管理制度，强化战略规划引领、明确投资决策程序、规范境外经营行为、加强境外风险管控、推动走出去模式创新，制定中央企业境外投资项目负面清单，对中央企业境外投资项目进行分类监管，监督检查中央企业境外投资管理制度的执行情况、境外重大投资项目的决策和实施情况，组织开展对境外重大投资项目后评价，对境外违规投资造成国有资产损失以及其他严重不良后果的进行责任追究。

第五条 中央企业是境外投资项目的决策主体、执行主体和责任主体。中央企业应当建立境外投资管理体系，健全境外投资管理制度，科学编制境外投资计划，研究制定境外投资项目负面清单，切实加强境外项目管理，提高境外投资风险防控能力，组织开展境外检查与审计，按职责进行责任追究。

第六条 中央企业境外投资应当遵循以下原则：

（一）战略引领。符合企业发展战略和国际化经营规划，坚持聚焦主业，注重境内外业务协同，提升创新能力和国际竞争力。

（二）依法合规。遵守我国和投资所在国（地区）法律法规、商业规则和文化习俗，合规经营，有序发展。

（三）能力匹配。投资规模与企业资本实力、融资能力、行业经验、管理水平和抗风险能力等相适应。

（四）合理回报。遵循价值创造理念，加强投资项目论证，严格投资过程管理，提高投资收益水平，实现国有资产保值增值。

第二章 境外投资监管体系建设

第七条 中央企业应当根据本办法规定，结合本企业实际，建立健全境外投资管理制度。企业境外投资管理制度应包括以下主要内容：

（一）境外投资应遵循的基本原则；

（二）境外投资管理流程、管理部门及相关职责；

（三）境外投资决策程序、决策机构及其职责；

（四）境外投资项目负面清单制度；

（五）境外投资信息化管理制度；

（六）境外投资风险管控制度；

（七）境外投资项目的完成、中止、终止或退出制度；

（八）境外投资项目后评价制度；

（九）违规投资责任追究制度；

（十）对所属企业境外投资活动的授权、监督与管理制度。

企业境外投资管理制度应经董事会审议通过后报送国资委。

第八条 国资委和中央企业应当建立并优化投资管理信息系统，提升境外投资管理信息化水平，采用信息化手段实现对境外投资项目的全覆盖动态监测、分析与管理，对项目面临的风险实时监控，及时预警，防患于未然。中央企业按本办法规定向国资委报送的有关纸质文件和材料，应同时通过中央企业投资管理信息系统报送电子版信息。

第九条 国资委根据国家有关规定和监管要求，建立发布中央企业境外投资项目负面清单，设定禁止类和特别监管类境外投资项目，实行分类监管。列入负面清单禁止类的境外投资项目，中央企业一律不得投资；列入负面清单特别监管类的境外投资项目，中央企业应当报送国资委履行出资人审核把关程序；负面清单之外的境外投资项目，由中央企业按照企业发展战略和规划自主决策。中央企业境外投资项目负面清单的内容保持相对稳定，并适时动态调整。

中央企业应当在国资委发布的中央企业境外

投资项目负面清单基础上，结合企业实际，制定本企业更为严格、具体的境外投资项目负面清单。

第十条 国资委建立完善投资监管联动机制，发挥战略规划、法律合规、财务监督、产权管理、考核分配、资本运营、干部管理、外派监事会监督、纪检监察、审计巡视等相关监管职能合力，实现对中央企业境外投资活动过程监管全覆盖，及时发现投资风险，减少投资损失。

第三章 境外投资事前管理

第十一条 中央企业应当根据国资委制定的中央企业五年发展规划纲要、企业发展战略和规划，制定清晰的国际化经营规划，明确中长期国际化经营的重点区域、重点领域和重点项目。中央企业应当根据企业国际化经营规划编制年度境外投资计划，并纳入企业年度投资计划，按照《中央企业投资监督管理办法》管理。

第十二条 列入中央企业境外投资项目负面清单特别监管类的境外投资项目，中央企业应当在履行企业内部决策程序后、在向国家有关部门首次报送文件前报国资委履行出资人审核把关程序。中央企业应当报送以下材料：

（一）开展项目投资的报告；

（二）企业有关决策文件；

（三）项目可研报告（尽职调查）等相关文件；

（四）项目融资方案；

（五）项目风险防控报告；

（六）其他必要的材料。

国资委依据相关法律、法规和国有资产监管规定等，从项目风险、股权结构、资本实力、收益水平、竞争秩序、退出条件等方面履行出资人审核把关程序，并对有异议的项目在收到相关材料后20个工作日内向企业反馈书面意见。国资委认为有必要时，可委托第三方咨询机构对项目进行论证。

第十三条 中央企业应当根据企业发展战略和规划，按照经国资委确认的主业，选择、确定境外投资项目，做好境外投资项目的融资、投资、管理、退出全过程的研究论证。对于境外新投资项目，应当充分借助国内外中介机构的专业服务，深入进行技术、市场、财务和法律等方面的可行性研究与论证，提高境外投资决策质量，其中股权类投资项目应开展必要的尽职调查，并按要求履行资产评估或估值程序。

第十四条 中央企业原则上不得在境外从事非主业投资。有特殊原因确需开展非主业投资的，应当报送国资委审核把关，并通过与具有相关主业优势的中央企业合作的方式开展。

第十五条 中央企业应当明确投资决策机制，对境外投资决策实行统一管理，向下授权境外投资决策的企业管理层级原则上不超过二级。各级境外投资决策机构对境外投资项目做出决策，应当形成决策文件，所有参与决策的人员均应当在决策文件上签字背书，所发表意见应记录存档。

第四章 境外投资事中管理

第十六条 国资委对中央企业实施中的境外重大投资项目进行随机监督检查，重点检查企业境外重大投资项目决策、执行和效果等情况，对发现的问题向企业进行提示。

第十七条 中央企业应当定期对实施、运营中的境外投资项目进行跟踪分析，针对外部环境和项目本身情况变化，及时进行再决策。如出现影响投资目的实现的重大不利变化时，应研究启动中止、终止或退出机制。中央企业因境外重大投资项目再决策涉及年度投资计划调整的，应当将调整后的年度投资计划报送国资委。

第十八条 中央企业应当建立境外投资项目阶段评价和过程问责制度，对境外重大投资项目的阶段性进展情况开展评价，发现问题，及时调整，对违规违纪行为实施全程追责，加强过程管控。

第十九条 中央企业应当按照国资委要求，分别于每年一、二、三季度终了次月10日前将季度境外投资完成情况通过中央企业投资管理信息系统报送国资委。季度境外投资完成情况主要包括固定资产投资、股权投资、重大投资项目完成情况，以及需要报告的其他事项等内容。部分重点行业的中央企业应当按要求报送季度境外投资分析情况。

第五章　境外投资事后管理

第二十条　中央企业在年度境外投资完成后，应当编制年度境外投资完成情况报告，并于下一年 1 月 31 日前报送国资委。年度境外投资完成情况报告包括但不限于以下内容：

（一）年度境外投资完成总体情况；

（二）年度境外投资效果分析；

（三）境外重大投资项目进展情况；

（四）年度境外投资后评价工作开展情况；

（五）年度境外投资存在的主要问题及建议。

第二十一条　境外重大投资项目实施完成后，中央企业应当及时开展后评价，形成后评价专项报告。通过项目后评价，完善企业投资决策机制，提高项目成功率和投资收益，总结投资经验，为后续投资活动提供参考，提高投资管理水平。国资委对中央企业境外投资项目后评价工作进行监督和指导，选择部分境外重大投资项目开展后评价，并向企业通报后评价结果，对项目开展的有益经验进行推广。

第二十二条　中央企业应当对境外重大投资项目开展常态化审计，审计的重点包括境外重大投资项目决策、投资方向、资金使用、投资收益、投资风险管理等方面。

第二十三条　国资委建立中央企业国际化经营评价指标体系，组织开展中央企业国际化经营年度评价，将境外投资管理作为经营评价的重要内容，评价结果定期报告和公布。

第六章　境外投资风险管理

第二十四条　中央企业应当将境外投资风险管理作为投资风险管理体系的重要内容。强化境外投资前期风险评估和风控预案制定，做好项目实施过程中的风险监控、预警和处置，防范投资后项目运营、整合风险，做好项目退出的时点与方式安排。

第二十五条　中央企业境外投资项目应当积极引入国有资本投资、运营公司以及民间投资机构、当地投资者、国际投资机构入股，发挥各类投资者熟悉项目情况、具有较强投资风险管控能力和公关协调能力等优势，降低境外投资风险。对于境外特别重大的投资项目，中央企业应建立投资决策前风险评估制度，委托独立第三方有资质咨询机构对投资所在国（地区）政治、经济、社会、文化、市场、法律、政策等风险做全面评估。纳入国资委债务风险管控的中央企业不得因境外投资推高企业的负债率水平。

第二十六条　中央企业应当重视境外项目安全风险防范，加强与国家有关部门和我国驻外使（领）馆的联系，建立协调统一、科学规范的安全风险评估，监测预警和应急处置体系，有效防范和应对项目面临的系统性风险。

第二十七条　中央企业应当根据自身风险承受能力，充分利用政策性出口信用保险和商业保险，将保险嵌入企业风险管理机制，按照国际通行规则实施联合保险和再保险，减少风险发生时所带来的损失。

第二十八条　中央企业应当树立正确的义利观，坚持互利共赢原则，加强与投资所在国（地区）政府、媒体、企业、社区等社会各界公共关系建设，积极履行社会责任，注重跨文化融合，营造良好的外部环境。

第七章　责任追究

第二十九条　中央企业违反本办法规定，未履行或未正确履行投资管理职责造成国有资产损失以及其他严重不良后果的，依照《中华人民共和国企业国有资产法》《国务院办公厅关于建立国有企业违规经营投资责任追究制度的意见》（国办发〔2016〕63 号）等有关规定，由有关部门追究中央企业经营管理人员的责任。对瞒报、谎报、不及时报送投资信息的中央企业，国资委予以通报批评。

第三十条　国资委相关工作人员违反本办法规定造成不良影响的，由国资委责令其改正；造成国有资产损失的，由有关部门按照干部管理权限给予处分；涉嫌犯罪的，依法移送司法机关处理。

第八章　附　则

第三十一条　本办法由国资委负责解释。

第三十二条　本办法自公布之日起施行。国资委于2012年公布的《中央企业境外投资监督管理暂行办法》（国资委令第28号）同时废止。

国资委

2021年8月11日

〔来源：国务院国有资产监督管理委员会〕

中央企业投资监督管理办法
国务院国有资产监督管理委员会令
第34号

第一章　总　则

第一条　为依法履行出资人职责，建立完善以管资本为主的国有资产监管体制，推动中央企业规范投资管理，优化国有资本布局和结构，更好地落实国有资本保值增值责任，根据《中华人民共和国公司法》《中华人民共和国企业国有资产法》《关于深化国有企业改革的指导意见》（中发〔2015〕22号）和《关于改革和完善国有资产管理体制的若干意见》（国发〔2015〕63号）等法律法规和文件，制定本办法。

第二条　本办法所称中央企业是指国务院国有资产监督管理委员会（简称国资委）代表国务院履行出资人职责的国家出资企业。本办法所称投资是指中央企业在境内从事的固定资产投资与股权投资。

本办法所称重大投资项目是指中央企业按照本企业章程及投资管理制度规定，由董事会研究决定的投资项目。本办法所称主业是指由中央企业发展战略和规划确定并经国资委确认公布的企业主要经营业务；非主业是指主业以外的其他经营业务。

第三条　国资委以国家发展战略和中央企业五年发展规划纲要为引领，以把握投资方向、优化资本布局、严格决策程序、规范资本运作、提高资本回报、维护资本安全为重点，依法建立信息对称、权责对等、运行规范、风险控制有力的投资监督管理体系，推动中央企业强化投资行为的全程全面监管。

第四条　国资委指导中央企业建立健全投资管理制度，督促中央企业依据其发展战略和规划编报年度投资计划，对中央企业年度投资计划实行备案管理，制定中央企业投资项目负面清单，对中央企业投资项目进行分类监管，监督检查中央企业投资管理制度的执行情况、重大投资项目的决策和实施情况，组织开展对重大投资项目后评价，对违规投资造成国有资产损失以及其他严重不良后果的进行责任追究。

第五条　中央企业投资应当服务国家发展战略，体现出资人投资意愿，符合企业发展规划，坚持聚焦主业，大力培育和发展战略性新兴产业，严格控制非主业投资，遵循价值创造理念，严格遵守投资决策程序，提高投资回报水平，防止国有资产流失。

第六条　中央企业是投资项目的决策主体、

执行主体和责任主体，应当建立投资管理体系，健全投资管理制度，优化投资管理信息系统，科学编制投资计划，制定投资项目负面清单，切实加强项目管理，提高投资风险防控能力，履行投资信息报送义务和配合监督检查义务。

第二章 投资监管体系建设

第七条 中央企业应当根据本办法规定，结合本企业实际，建立健全投资管理制度。企业投资管理制度应包括以下主要内容：

（一）投资应遵循的基本原则；

（二）投资管理流程、管理部门及相关职责；

（三）投资决策程序、决策机构及其职责；

（四）投资项目负面清单制度；

（五）投资信息化管理制度；

（六）投资风险管控制度；

（七）投资项目完成、中止、终止或退出制度；

（八）投资项目后评价制度；

（九）违规投资责任追究制度；

（十）对所属企业投资活动的授权、监督与管理制度。

企业投资管理制度应当经董事会审议通过后报送国资委。

第八条 国资委和中央企业应当建立并优化投资管理信息系统。

国资委建立中央企业投资管理信息系统，对中央企业年度投资计划、季度及年度投资完成情况、重大投资项目实施情况等投资信息进行监测、分析和管理。中央企业建立完善本企业投资管理信息系统，加强投资基础信息管理，提升投资管理的信息化水平，通过信息系统对企业年度投资计划执行、投资项目实施等情况进行全面全程的动态监控和管理。

中央企业按本办法规定向国资委报送的有关纸质文件和材料，应当同时通过中央企业投资管理信息系统报送电子版信息。

第九条 国资委根据国家有关规定和监管要求，建立发布中央企业投资项目负面清单，设定禁止类和特别监管类投资项目，实行分类监管。列入负面清单禁止类的投资项目，中央企业一律不得投资；列入负面清单特别监管类的投资项目，中央企业应报国资委履行出资人审核把关程序；负面清单之外的投资项目，由中央企业按照企业发展战略和规划自主决策。中央企业投资项目负面清单的内容保持相对稳定，并适时动态调整。

中央企业应当在国资委发布的中央企业投资项目负面清单基础上，结合企业实际，制定本企业更为严格、具体的投资项目负面清单。

第十条 国资委建立完善投资监管联动机制，发挥战略规划、法律合规、财务监督、产权管理、考核分配、资本运营、干部管理、外派监事会监督、纪检监察、审计巡视等相关监管职能合力，实现对中央企业投资活动过程监管全覆盖，及时发现投资风险，减少投资损失。

第三章 投资事前管理

第十一条 中央企业应当按照企业发展战略和规划编制年度投资计划，并与企业年度财务预算相衔接，年度投资规模应与合理的资产负债水平相适应。企业的投资活动应当纳入年度投资计划，未纳入年度投资计划的投资项目原则上不得投资，确需追加投资项目的应调整年度投资计划。

第十二条 中央企业应当于每年 3 月 10 日前将经董事会审议通过的年度投资计划报送国资委。年度投资计划主要包括以下内容：

（一）投资主要方向和目的；

（二）投资规模及资产负债率水平；

（三）投资结构分析；

（四）投资资金来源；

（五）重大投资项目情况。

第十三条 国资委依据中央企业投资项目负面清单、企业发展战略和规划，从中央企业投资方向、投资规模、投资结构和投资能力等方面，对中央企业年度投资计划进行备案管理。对存在问题的企业年度投资计划，国资委在收到年度投资计划报告（含调整计划）后的 20 个工作日内，向有关企业反馈书面意见。企业应根据国资委意见对年度投资计划做出修改。

进入国资委债务风险管控“特别监管企业”名单的中央企业，其年度投资计划需经国资委审批后方可实施。

第十四条 列入中央企业投资项目负面清单特别监管类的投资项目，中央企业应在履行完企业内部决策程序后、实施前向国资委报送以下材料：

（一）开展项目投资的报告；

（二）企业有关决策文件；

（三）投资项目可研报告（尽职调查）等相关文件；

（四）投资项目风险防控报告；

（五）其他必要的材料。

国资委依据相关法律、法规和国有资产监管规定，从投资项目实施的必要性、对企业经营发展的影响程度、企业投资风险承受能力等方面履行出资人审核把关程序，并对有异议的项目在收到相关材料后20个工作日内向企业反馈书面意见。国资委认为有必要时，可委托第三方咨询机构对投资项目进行论证。

第十五条 中央企业应当根据企业发展战略和规划，按照国资委确认的各企业主业、非主业投资比例及新兴产业投资方向，选择、确定投资项目，做好项目融资、投资、管理、退出全过程的研究论证。对于新投资项目，应当深入进行技术、市场、财务和法律等方面的可行性研究与论证，其中股权投资项目应开展必要的尽职调查，并按要求履行资产评估或估值程序。

第十六条 中央企业应当明确投资决策机制，对投资决策实行统一管理，向下授权投资决策的企业管理层级原则上不超过两级。各级投资决策机构对投资项目做出决策，应当形成决策文件，所有参与决策的人员均应在决策文件上签字背书，所发表意见应记录存档。

第四章 投资事中管理

第十七条 国资委对中央企业实施中的重大投资项目进行随机监督检查，重点检查企业重大投资项目决策、执行和效果等情况，对发现的问题向企业进行提示。

第十八条 中央企业应当定期对实施、运营中的投资项目进行跟踪分析，针对外部环境和项目本身情况变化，及时进行再决策。如出现影响投资目的的实现的重大不利变化时，应当研究启动中止、终止或退出机制。中央企业因重大投资项目再决策涉及年度投资计划调整的，应当将调整后的年度投资计划报送国资委。

第十九条 中央企业应当按照国资委要求，分别于每年一、二、三季度终了次月10日前将季度投资完成情况通过中央企业投资管理信息系统报送国资委。季度投资完成情况主要包括固定资产投资、股权投资、重大投资项目完成情况，以及需要报告的其他事项等内容。部分重点行业的中央企业应按要求报送季度投资分析情况。

第五章 投资事后管理

第二十条 中央企业在年度投资完成后，应当编制年度投资完成情况报告，并于下一年1月31日前报送国资委。年度投资完成情况报告包括但不限于以下内容：

（一）年度投资完成总体情况；

（二）年度投资效果分析；

（三）重大投资项目进展情况；

（四）年度投资后评价工作开展情况；

（五）年度投资存在的主要问题及建议。

第二十一条 中央企业应当每年选择部分已完成的重大投资项目开展后评价，形成后评价专项报告。通过项目后评价，完善企业投资决策机制，提高项目成功率和投资收益，总结投资经验，为后续投资活动提供参考，提高投资管理水平。国资委对中央企业投资项目后评价工作进行监督和指导，选择部分重大投资项目开展后评价，并向企业通报后评价结果，对项目开展的有益经验进行推广。

第二十二条 中央企业应当开展重大投资项目专项审计，审计的重点包括重大投资项目决策、投资方向、资金使用、投资收益、投资风险管理等方面。

第六章 投资风险管理

第二十三条 中央企业应当建立投资全过程

风险管理体系，将投资风险管理作为企业实施全面风险管理、加强廉洁风险防控的重要内容。强化投资前期风险评估和风控方案制定，做好项目实施过程中的风险监控、预警和处置，防范投资后项目运营、整合风险，做好项目退出的时点与方式安排。

第二十四条　国资委指导督促中央企业加强投资风险管理，委托第三方咨询机构对中央企业投资风险管理体系进行评价，及时将评价结果反馈中央企业。相关中央企业应按照评价结果对存在的问题及时进行整改，健全完善企业投资风险管理体系，提高企业抗风险能力。

第二十五条　中央企业商业性重大投资项目应当积极引入社会各类投资机构参与。中央企业股权类重大投资项目在投资决策前应当由独立第三方有资质咨询机构出具投资项目风险评估报告。纳入国资委债务风险管控的中央企业不得因投资推高企业的负债率水平。

第七章　责任追究

第二十六条　中央企业违反本办法规定，未履行或未正确履行投资管理职责造成国有资产损失以及其他严重不良后果的，依照《中华人民共和国企业国有资产法》《国务院办公厅关于建立国有企业违规经营投资责任追究制度的意见》（国办发〔2016〕63号）等有关规定，由有关部门追究中央企业经营管理人员的责任。对瞒报、谎报、不及时报送投资信息的中央企业，国资委予以通报批评。

第二十七条　国资委相关工作人员违反本办法规定造成不良影响的，由国资委责令其改正；造成国有资产损失的，由有关部门按照干部管理权限给予处分；涉嫌犯罪的，依法移送司法机关处理。

第八章　附　则

第二十八条　本办法由国资委负责解释。

第二十九条　本办法自公布之日起施行。国资委于2006年公布的《中央企业投资监督管理暂行办法》（国资委令第16号）同时废止。

国资委

2021年8月11日

〔来源：国务院国有资产监督管理委员会〕

中央企业重大经营风险事件报告工作规则

国资发监督规〔2021〕103号

第一条　为规范中央企业重大经营风险事件报告工作，建立健全重大经营风险管控机制，及时采取应对措施，有效防范和化解重大经营风险，根据《关于印发〈关于加强中央企业内部控制体系建设与监督工作的实施意见〉的通知》（国资发监督规〔2019〕101号），制定本规则。

第二条　本规则所称中央企业，是指国务院国有资产监督管理委员会（简称国资委）代表国务院履行出资人职责的国家出资企业（简称企业）。

第三条　本规则所称重大经营风险事件，是指企业在生产经营管理活动中发生的，已造成或可能造成重大资产损失或严重不良影响的各类生产经营管理风险事件。

第四条　企业是重大经营风险事件报告工作的责任主体，负责建立重大经营风险事件报告工作制度和运行机制，明确责任分工、畅通报告渠道。企业主要负责人应当对重大经营风险事件报告的真实性、及时性负责。

第五条　国资委对企业重大经营风险事件报

告及处置工作实施监督管理，督促指导企业建立重大经营风险事件报告责任体系，做好重大经营风险事件的研判报送、应对处置、跟踪监测、警示通报及问责整改等工作，对于涉及违规经营投资的风险事件，按有关规定开展责任追究。

第六条 企业发生重大经营风险事件后应当快速反应、及时报告，客观准确反映风险事件情况，确保国资委及企业集团能够及时研判、有效应对、稳妥处置，并举一反三做好风险预警通报工作。

第七条 企业生产经营管理过程中，有下列风险情形之一的，应当确定为重大经营风险事件并及时报告：

（一）可能对企业资产、负债、权益和经营成果产生重大影响，影响金额占企业总资产或者净资产或者净利润10%以上，或者预计损失金额超过5 000万元。

（二）可能导致企业生产经营条件和市场环境发生特别重大变化，影响企业可持续发展。

（三）因涉嫌严重违法违规被司法机关或者省级以上监管机构立案调查，或者受到重大刑事处罚、行政处罚。

（四）受到其他国家、地区或者国际组织机构管制、制裁等，对企业或者国家形象产生重大负面影响。

（五）受到国内外媒体报道，造成重大负面舆情影响。

（六）其他情形。

第八条 重大经营风险事件报告按照事件发生的不同阶段，分为首报、续报和终报三种方式。

第九条 首报应当在事件发生后2个工作日内向国资委报告，报告内容包括：事件发生的时间、地点、现状以及可能造成的损失或影响，向企业董事会及监管部门报告情况，以及采取的紧急应对措施等情况。对于特别紧急的重大经营风险事件，应当在第一时间内以适当便捷的方式报告国资委。

第十条 续报应当在事件发生后5个工作日内向国资委报告，报告内容包括：事发单位基本情况，事件起因和性质，基本过程、发展趋势判断、风险应对处置方案、面临问题和困难及建议等情况。

对于需要长期应对处置或整改落实的，应当纳入重大经营风险事件月度或季度监测台账，跟踪监测事件处置进度，并定期报告重大经营风险事件处置进展情况。

第十一条 终报应当在事件处置或整改工作结束后10个工作日内向国资委报告，报告内容包括：事件基本情况、党委（党组）或董事会审议情况、已采取的措施及结果、涉及的金额及造成的损失及影响、存在的主要问题和困难及原因分析、问题整改情况等。涉及违规违纪违法问题的应当一并报告问责情况。

重大经营风险事件报告，应当由企业主要负责人签字并加盖企业公章后报送国资委。

第十二条 国资委根据重大经营风险事件报告质量评估情况，及时提出处理意见并反馈企业。对于重大经营风险事件报告存在质量问题的，要求企业及时进行修改或重新编制报送。

第十三条 企业在重大经营风险事件报告及处置阶段，应当视情向所属企业及时预警提示或通报重大风险事件情况，做到重大风险早发现、早预警、早处置，并认真总结经验教训，不断完善重大经营风险事件报告及应对处置工作。

第十四条 国资委对企业报送的重大经营风险事件进行初步评估，按有关职能和工作分工，由相关厅局督促指导企业做好重大经营风险事件应对工作，跟踪处置情况，加强重大经营风险管控和防范。对具有典型性、普遍性的重大经营风险事件，深入分析原因、研究管理措施，视情及时向企业预警提示或通报。

第十五条 存在以下情形之一的，国资委将印发提示函、约谈或通报，情形严重的依规追究责任：

（一）严重迟报、漏报、瞒报和谎报的。

（二）对重大经营风险事件报告工作敷衍应付，导致发生重大资产损失或严重不良后果的。

（三）重大经营风险事件应对处置不及时、措施不得力，造成重大资产损失或严重不良后果的。

（四）需要追究责任的其他情形。

第十六条 企业重大经营风险事件报告工作

应当严格落实国家保密管理有关规定和要求。

第十七条 企业安全生产、节能减排、环境保护、维稳事件等相关风险事件报告工作不适用本规则。

第十八条 本规则自印发之日起施行。《关于加强重大经营风险事件报告工作有关事项的通知》（国资厅发监督〔2020〕17号）同时废止。

国资委

2022年1月28日

〔来源：国务院国有资产监督管理委员会〕

中央企业专职外部董事薪酬管理暂行办法

国资发考分〔2017〕193号

第一章 总 则

第一条 为贯彻《中共中央国务院关于深化国有企业改革的指导意见》（中发〔2015〕22号）和深化中央企业负责人薪酬制度改革精神，推进中央企业建设规范董事会工作，加强专职外部董事薪酬管理，根据《中华人民共和国公司法》《中华人民共和国企业国有资产法》《企业国有资产监督管理暂行条例》和中央企业专职外部董事有关管理办法等法律法规和规范性文件，制定本办法。

第二条 本办法适用于国务院国有资产监督管理委员会（简称国资委）任命或聘任的专职外部董事的薪酬管理。

第三条 国资委决定专职外部董事薪酬有关事项，委托有关机构（简称受委托机构）负责专职外部董事薪酬的发放及管理。

第四条 专职外部董事薪酬由年度薪酬和任期激励收入构成。

第五条 专职外部董事薪酬管理遵循以下原则：

（一）坚持与中央企业负责人薪酬制度改革精神相一致。参照中央企业负责人薪酬管理制度，根据专职外部董事管理实际，合理确定薪酬结构和水平，构建科学的薪酬确定机制。

（二）坚持责、权、利相统一。依据专职外部董事职责特点，将薪酬与履职评价结果、岗位责任和贡献紧密挂钩，实现有效的激励约束。

（三）坚持与完善中央企业法人治理结构相适应。深入推进董事会建设，强化专职外部董事依法履职责任，推动中央企业建立健全中国特色现代国有企业制度。

（四）坚持短期激励与中长期激励相结合。注重专职外部董事当期收入与任期收入的有效平衡，调动专职外部董事履职的积极性，促进专职外部董事队伍的建设和稳定。

第二章 年度薪酬

第六条 专职外部董事年度薪酬由基本年薪和评价年薪构成。

第七条 基本年薪是专职外部董事的年度基本收入，根据上年度中央企业在岗职工平均工资的2倍确定，原则上每年核定一次，按月支付。上年度中央企业在岗职工平均工资以人力资源社会保障部发布的数据为准。

第八条 评价年薪是与专职外部董事年度评价结果相联系的收入，以基本年薪为基数，根据专职外部董事年度履职评价结果、任职企业负责人经营业绩考核结果并结合评价年薪调节系数确定。

第九条 专职外部董事评价年薪核定公式如下：

评价年薪 = 基本年薪 × 年度综合评价系数 × 评价年薪调节系数。

（一）年度综合评价系数依据专职外部董事在各任职企业年度评价结果和国资委对各任职企业负责人年度经营业绩考核结果综合确定，最高不超过 2.0。

年度综合评价系数 = ∑（专职外部董事在任职企业的年度评价系数 ×80% + 任职企业负责人年度考核评价系数 ×20%）/ 任职企业户数。其中：

专职外部董事在任职企业年度履职评价结果为优秀的，年度评价系数为 2.0；

专职外部董事在任职企业年度履职评价结果为良好的，年度评价系数为 1.5；

专职外部董事在任职企业年度履职评价结果为基本称职的，年度评价系数为 1.0；

专职外部董事在任职企业年度履职评价结果为不称职的，年度评价系数为 0。

任职企业负责人年度考核评价系数按照中央企业负责人经营业绩考核实施方案有关规定执行。

（二）评价年薪调节系数根据专职外部董事任职企业户数、专职外部董事在董事会或者董事会专门委员会任职岗位等因素确定，最高不超过 1.5。

评价年薪调节系数 = 任职户数系数×任职岗位系数×调控系数。

1. 任职户数系数依据专职外部董事任职企业户数确定。

专职外部董事在 1 户企业任职的，任职户数系数为 0.8；

专职外部董事在 2 户企业任职的，任职户数系数为 1.0；

专职外部董事在 3 户企业任职的，任职户数系数为 1.2。

2. 任职岗位系数依据专职外部董事在董事会或者董事会专门委员会任职情况确定。

任职岗位系数 = ∑专职外部董事任职岗位系数/任职企业户数。

担任中央企业外部董事召集人的，任职岗位系数为 1.1；

担任董事会专门委员会主任的，任职岗位系数为 1.05；

其他外部董事，任职岗位系数为 1.0。

3. 调控系数原则上为 1.0，国资委根据中央企业负责人薪酬调控政策、专职外部董事管理要求等，可适当调整。

第十条 专职外部董事在任职企业年度履职评价结果均为不称职的，不得领取评价年薪。

第三章 任期激励收入

第十一条 任期激励收入是与专职外部董事任期评价结果相联系的收入。

第十二条 任期激励收入在不超过专职外部董事任期内年度薪酬总水平的 30% 以内确定，一次性支付。

第十三条 专职外部董事任期激励收入核定公式如下：

任期激励收入 =30%×任期内年度薪酬总水平×专职外部董事任期激励系数。其中，

专职外部董事任期评价结果为优秀的，任期激励系数为 1.0；

专职外部董事任期评价结果为良好的，任期激励系数为 0.8；

专职外部董事任期评价结果为基本称职的，任期激励系数为 0.6；

专职外部董事任期评价结果为不称职的，任期激励系数为 0。

第十四条 专职外部董事因非本人原因任期未满的，根据专职外部董事实际任职时间及评价结果核定任期激励收入。因本人原因三年任期未满的，不得实行任期激励。

第四章 福利性待遇

第十五条 专职外部董事按照国家有关规定参加基本养老保险、基本医疗保险等基本社会保险以及缴存住房公积金。专职外部董事的各项基本社会保险和住房公积金缴费，应当由个人承担的部分，由受委托机构从其基本年薪中代扣代缴；应当由单位承担的部分，由受委托机

构支付。

第十六条　受委托机构为专职外部董事缴存住房公积金比例最高不得超过缴存基数的 12%，缴存基数最高不得超过受委托机构所在地统计部门公布的上一年度职工月平均工资的 3 倍。

第十七条　受委托机构按照国家有关规定为专职外部董事建立企业年金的，其年金缴费比例不得超过国家统一规定的标准，符合国资委有关要求。

第十八条　受委托机构按照国家规定为专职外部董事建立补充医疗保险的，其缴费比例不得超过国家统一规定的标准，专职外部董事补充医疗保险待遇按规定执行。

第十九条　受委托机构不得为专职外部董事购买商业性补充养老保险。

第二十条　专职外部董事享受的符合国家规定的企业年金、补充医疗保险和住房公积金等福利待遇，一并纳入薪酬体系统筹管理。

第五章　管理与监督

第二十一条　受委托机构要严格按照国资委核定的薪酬方案兑现专职外部董事薪酬。薪酬方案经国资委核定后，统一抄送外派监事会。

第二十二条　受委托机构根据有关规定对专职外部董事评价年薪按照一定标准实施预发。专职外部董事年度评价结果确定后，受委托机构根据国资委核定的评价年薪进行清算。

第二十三条　自国资委向受委托机构下发专职外部董事任职文件之月起，至专职外部董事受聘到中央企业任职前，专职外部董事除领取基本年薪外，按照基本年薪的 1 倍标准核定评价年薪。

第二十四条　专职外部董事因工作需要发生岗位变动的，工资关系不再保留在受委托机构，应当自下发职务调整文件次月起，将工资关系转出至其他单位，除按当年实际工作月数计提的薪酬外，不得继续在受委托机构领取薪酬。

第二十五条　专职外部董事退休后，自下发职务调整文件次月起，按规定领取养老金，除按当年实际工作月数计提的评价年薪、任期激励收入外，不得继续在受委托机构领取薪酬。

第二十六条　专职外部董事发生岗位变动或退休的，其任期激励收入应当待任期评价结果确定后兑现。

第二十七条　专职外部董事的薪酬为税前收入，应当依法缴纳个人所得税。受委托机构应当依法为专职外部董事代扣代缴个人所得税。

第二十八条　受委托机构应当根据《中央企业负责人履职待遇、业务支出管理办法》和国资委有关要求，结合专职外部董事履职特点，制定专职外部董事履职待遇、业务支出管理办法，报国资委备案后实施，并负责日常管理。任职企业应当为专职外部董事提供必要的工作条件，但是不得向其支付任何货币性收入。

第二十九条　受委托机构按照中央企业公务用车制度改革精神，根据专职外部董事履职和公务活动需要，合理确定专职外部董事公务交通保障方式。

采取配备公务用车方式的，要严格执行中央及国资委关于公务用车配备的有关规定，车辆由受委托机构集中统一管理，不得发放任何形式的公务交通补贴。

采取发放公务交通补贴方式的，取消配备公务用车，公务交通补贴标准报国资委备案后执行。

第三十条　受委托机构应当设置专职外部董事薪酬、福利待遇、履职待遇及业务支出管理台账，在财务统计中单列科目、单独核算。

第三十一条　受委托机构对专职外部董事薪酬和履职待遇、业务支出等实行预算管理。每年根据有关规定制定专职外部董事薪酬和履职待遇、业务支出方案，报国资委审核批准。报送的方案应当包括以下主要内容：

（一）专职外部董事的任职情况；

（二）专职外部董事的年度薪酬兑现方案；

（三）专职外部董事的任期激励收入兑现方案；

（四）专职外部董事的福利保障方案；

（五）专职外部董事的履职待遇、业务支出预算方案；

（六）国资委要求的其他材料。

第三十二条　专职外部董事离任后，其薪酬方案和薪酬兑现的原始资料至少保存 15 年。

第三十三条 受委托机构不得在国资委核定的薪酬方案之外，向专职外部董事支付其他任何名义和形式的货币性收入。

第三十四条 专职外部董事应当遵守国有企业领导人员廉洁从业的有关规定。专职外部董事不得接受任职企业、任职企业所出资企业以及其他单位给予的收入、福利等任何形式的物质性利益，不得让任职企业或者与任职企业有业务往来的单位承担应当由个人负担的任何费用，不得接受任职企业以及与任职企业有业务往来的单位的馈赠。

第三十五条 专职外部董事违反国家有关法律法规及政策规定的，按照有关规定给予纪律处分、组织处理、禁入限制和经济处罚，并追回违规所得收入。专职外部董事因违纪违规受到党纪政纪处分的，参照国资委关于受党纪政纪处分的中央企业负责人薪酬扣减有关规定执行。

第三十六条 国资委加强对专职外部董事薪酬情况的监督检查，将专职外部董事薪酬、福利等情况纳入外派监事会、审计和巡视等监督检查范围。对在专职外部董事薪酬管理过程中存在弄虚作假、违法违规等行为的，将严肃追究相关人员责任。

第六章 附 则

第三十七条 受委托机构应当按照本办法要求，完善专职外部董事薪酬管理及履职待遇、业务支出工作制度和程序，规范管理。

第三十八条 本办法自印发之日起施行。《关于印发〈建设规范董事会中央企业专职外部董事薪酬管理暂行办法〉的通知》（国资发分配〔2011〕134 号）同时废止。

国资委

2021 年 8 月 16 日

〔来源：国务院国有资产监督管理委员会〕

中央企业合规管理指引（试行）

国资发法规〔2018〕106 号

第一章 总 则

第一条 为推动中央企业全面加强合规管理，加快提升依法合规经营管理水平，着力打造法治央企，保障企业持续健康发展，根据《中华人民共和国公司法》《中华人民共和国企业国有资产法》等有关法律法规规定，制定本指引。

第二条 本指引所称中央企业，是指国务院国有资产监督管理委员会（简称国资委）履行出资人职责的国家出资企业。

本指引所称合规，是指中央企业及其员工的经营管理行为符合法律法规、监管规定、行业准则和企业章程、规章制度以及国际条约、规则等要求。

本指引所称合规风险，是指中央企业及其员工因不合规行为，引发法律责任、受到相关处罚、造成经济或声誉损失以及其他负面影响的可能性。

本指引所称合规管理，是指以有效防控合规风险为目的，以企业和员工经营管理行为为对象，开展包括制度制定、风险识别、合规审查、风险应对、责任追究、考核评价、合规培训等有组织、有计划的管理活动。

第三条 国资委负责指导监督中央企业合规管理工作。

第四条 中央企业应当按照以下原则加快建立健全合规管理体系：

（一）全面覆盖。坚持将合规要求覆盖各业务领域、各部门、各级子企业和分支机构、全体员工，贯穿决策、执行、监督全流程。

（二）强化责任。把加强合规管理作为企业主要负责人履行推进法治建设第一责任人职责的重要内容。建立全员合规责任制，明确管理人员和各岗位员工的合规责任并督促有效落实。

（三）协同联动。推动合规管理与法律风险防范、监察、审计、内控、风险管理等工作相统筹、相衔接，确保合规管理体系有效运行。

（四）客观独立。严格依照法律法规等规定对企业和员工行为进行客观评价和处理。合规管理牵头部门独立履行职责，不受其他部门和人员的干涉。

第二章　合规管理职责

第五条　董事会的合规管理职责主要包括：

（一）批准企业合规管理战略规划、基本制度和年度报告；

（二）推动完善合规管理体系；

（三）决定合规管理负责人的任免；

（四）决定合规管理牵头部门的设置和职能；

（五）研究决定合规管理有关重大事项；

（六）按照权限决定有关违规人员的处理事项。

第六条　监事会的合规管理职责主要包括：

（一）监督董事会的决策与流程是否合规；

（二）监督董事和高级管理人员合规管理职责履行情况；

（三）对引发重大合规风险负有主要责任的董事、高级管理人员提出罢免建议；

（四）向董事会提出撤换公司合规管理负责人的建议。

第七条　经理层的合规管理职责主要包括：

（一）根据董事会决定，建立健全合规管理组织架构；

（二）批准合规管理具体制度规定；

（三）批准合规管理计划，采取措施确保合规制度得到有效执行；

（四）明确合规管理流程，确保合规要求融入业务领域；

（五）及时制止并纠正不合规的经营行为，按照权限对违规人员进行责任追究或提出处理建议；

（六）经董事会授权的其他事项。

第八条　中央企业设立合规委员会，与企业法治建设领导小组或风险控制委员会等合署，承担合规管理的组织领导和统筹协调工作，定期召开会议，研究决定合规管理重大事项或提出意见建议，指导、监督和评价合规管理工作。

第九条　中央企业相关负责人或总法律顾问担任合规管理负责人，主要职责包括：

（一）组织制定合规管理战略规划；

（二）参与企业重大决策并提出合规意见；

（三）领导合规管理牵头部门开展工作；

（四）向董事会和总经理汇报合规管理重大事项；

（五）组织起草合规管理年度报告。

第十条　法律事务机构或其他相关机构为合规管理牵头部门，组织、协调和监督合规管理工作，为其他部门提供合规支持，主要职责包括：

（一）研究起草合规管理计划、基本制度和具体制度规定；

（二）持续关注法律法规等规则变化，组织开展合规风险识别和预警，参与企业重大事项合规审查和风险应对；

（三）组织开展合规检查与考核，对制度和流程进行合规性评价，督促违规整改和持续改进；

（四）指导所属单位合规管理工作；

（五）受理职责范围内的违规举报，组织或参与对违规事件的调查，并提出处理建议；

（六）组织或协助业务部门、人事部门开展合规培训。

第十一条　业务部门负责本领域的日常合规管理工作，按照合规要求完善业务管理制度和流程，主动开展合规风险识别和隐患排查，发布合规预警，组织合规审查，及时向合规管理牵头部门通报风险事项，妥善应对合规风险事件，做好本领域合规培训和商业伙伴合规调查等工作，组织或配合进行违规问题调查并及时整改。

监察、审计、法律、内控、风险管理、安全生产、质量环保等相关部门，在职权范围内履行合规管理职责。

第三章　合规管理重点

第十二条　中央企业应当根据外部环境变化，结合自身实际，在全面推进合规管理的基础上，突出重点领域、重点环节和重点人员，切实防范合规风险。

第十三条　加强对以下重点领域的合规管理：

（一）市场交易。完善交易管理制度，严格履行决策批准程序，建立健全自律诚信体系，突出反商业贿赂、反垄断、反不正当竞争，规范资产交易、招投标等活动；

（二）安全环保。严格执行国家安全生产、环境保护法律法规，完善企业生产规范和安全环保制度，加强监督检查，及时发现并整改违规问题；

（三）产品质量。完善质量体系，加强过程控制，严把各环节质量关，提供优质产品和服务；

（四）劳动用工。严格遵守劳动法律法规，健全完善劳动合同管理制度，规范劳动合同签订、履行、变更和解除，切实维护劳动者合法权益；

（五）财务税收。健全完善财务内部控制体系，严格执行财务事项操作和审批流程，严守财经纪律，强化依法纳税意识，严格遵守税收法律政策；

（六）知识产权。及时申请注册知识产权成果，规范实施许可和转让，加强对商业秘密和商标的保护，依法规范使用他人知识产权，防止侵权行为；

（七）商业伙伴。对重要商业伙伴开展合规调查，通过签订合规协议、要求做出合规承诺等方式促进商业伙伴行为合规；

（八）其他需要重点关注的领域。

第十四条　加强对以下重点环节的合规管理：

（一）制度制定环节。强化对规章制度、改革方案等重要文件的合规审查，确保符合法律法规、监管规定等要求；

（二）经营决策环节。严格落实“三重一大”决策制度，细化各层级决策事项和权限，加强对决策事项的合规论证把关，保障决策依法合规；

（三）生产运营环节。严格执行合规制度，加强对重点流程的监督检查，确保生产经营过程中照章办事、按章操作；

（四）其他需要重点关注的环节。

第十五条　加强对以下重点人员的合规管理：

（一）管理人员。促进管理人员切实提高合规意识，带头依法依规开展经营管理活动，认真履行承担的合规管理职责，强化考核与监督问责。

（二）重要风险岗位人员。根据合规风险评估情况明确界定重要风险岗位，有针对性加大培训力度，使重要风险岗位人员熟悉并严格遵守业务涉及的各项规定，加强监督检查和违规行为追责。

（三）海外人员。将合规培训作为海外人员任职、上岗的必备条件，确保遵守我国和所在国法律法规等相关规定。

（四）其他需要重点关注的人员。

第十六条　强化海外投资经营行为的合规管理：

（一）深入研究投资所在国（地区）法律法规及相关国际规则，全面掌握禁止性规定，明确海外投资经营行为的红线、底线；

（二）健全海外合规经营的制度、体系、流程，重视开展项目的合规论证和尽职调查，依法加强对境外机构的管控，规范经营管理行为；

（三）定期排查梳理海外投资经营业务的风险状况，重点关注重大决策、重大合同、大额资金管控和境外子企业公司治理等方面存在的合规风险，妥善处理、及时报告，防止扩大蔓延。

第四章　合规管理运行

第十七条　建立健全合规管理制度，制定全员普遍遵守的合规行为规范，针对重点领域制定专项合规管理制度，并根据法律法规变化和监管动态，及时将外部有关合规要求转化为内部规章制度。

第十八条 建立合规风险识别预警机制，全面系统梳理经营管理活动中存在的合规风险，对风险发生的可能性、影响程度、潜在后果等进行系统分析，对于典型性、普遍性和可能产生较严重后果的风险及时发布预警。

第十九条 加强合规风险应对，针对发现的风险制定预案，采取有效措施，及时应对处置。对于重大合规风险事件，合规委员会统筹领导，合规管理负责人牵头，相关部门协同配合，最大程度化解风险、降低损失。

第二十条 建立健全合规审查机制，将合规审查作为规章制度制定、重大事项决策、重要合同签订、重大项目运营等经营管理行为的必经程序，及时对不合规的内容提出修改建议，未经合规审查不得实施。

第二十一条 强化违规问责，完善违规行为处罚机制，明晰违规责任范围，细化惩处标准。畅通举报渠道，针对反映的问题和线索，及时开展调查，严肃追究违规人员责任。

第二十二条 开展合规管理评估，定期对合规管理体系的有效性进行分析，对重大或反复出现的合规风险和违规问题，深入查找根源，完善相关制度，堵塞管理漏洞，强化过程管控，持续改进提升。

第五章 合规管理保障

第二十三条 加强合规考核评价，把合规经营管理情况纳入对各部门和所属企业负责人的年度综合考核，细化评价指标。对所属单位和员工合规职责履行情况进行评价，并将结果作为员工考核、干部任用、评先选优等工作的重要依据。

第二十四条 强化合规管理信息化建设，通过信息化手段优化管理流程，记录和保存相关信息。运用大数据等工具，加强对经营管理行为依法合规情况的实时在线监控和风险分析，实现信息集成与共享。

第二十五条 建立专业化、高素质的合规管理队伍，根据业务规模、合规风险水平等因素配备合规管理人员，持续加强业务培训，提升队伍能力水平。

海外经营重要地区、重点项目应当明确合规管理机构或配备专职人员，切实防范合规风险。

第二十六条 重视合规培训，结合法治宣传教育，建立制度化、常态化培训机制，确保员工理解、遵循企业合规目标和要求。

第二十七条 积极培育合规文化，通过制定发放合规手册、签订合规承诺书等方式，强化全员安全、质量、诚信和廉洁等意识，树立依法合规、守法诚信的价值观，筑牢合规经营的思想基础。

第二十八条 建立合规报告制度，发生较大合规风险事件，合规管理牵头部门和相关部门应当及时向合规管理负责人、分管领导报告。重大合规风险事件应当向国资委和有关部门报告。

合规管理牵头部门于每年年底全面总结合规管理工作情况，起草年度报告，经董事会审议通过后及时报送国资委。

第六章 附 则

第二十九条 中央企业根据本指引，结合实际制定合规管理实施细则。

地方国有资产监督管理机构可以参照本指引，积极推进所出资企业合规管理工作。

第三十条 本指引由国资委负责解释。

第三十一条 本指引自公布之日起施行。

国资委

2021 年 8 月 16 日

〔来源：国务院国有资产监督管理委员会〕

中央企业做强做优、培育具有国际竞争力的世界一流企业要素指引

第一章　公司治理

【目标】 公司治理各组成部分权责明确、各司其职、有效制衡、协调运转，形成科学高效的决策、执行、监督体系，保障企业拥有持续竞争优势和卓越价值创造能力，引领企业不断做强做优、向着具有国际竞争力的世界一流企业目标扎实迈进。

【指导原则】 加快公司制股份制改革，推进国有资本和股权结构战略调整，优化公司治理基础。依法合规，诚实守信，兼顾股东和相关方利益，促进企业价值最大化。既体现中国和国有企业特色，又借鉴国际标准和最佳实践，既加强结构与制度建设，又致力于优秀企业家、高管团队和核心理念的培育建设，既有效制衡，又力求高效，既注重激励，又依规问责，促进科学治理。

【董事会建设】 完善外部董事占多数的董事会建设，选聘具有全球视野和创新思维、管理经验丰富或专业精湛、决策能力强并能承担决策责任、勤勉尽职又谨遵法度的人为董事，优化董事队伍知识能力结构。加强制度建设，完善基础工作，使董事及董事会决策信息对称，审议讨论充分，战略管控到位，沟通协调顺畅，风险控制有效。充分发挥专门委员会的功能。选聘、造就高素质经理层，激发其积极性创造性。

【领导力提升】 塑造并恪守立意高远、能够凝聚共识、指引方向、内生动力的企业使命、核心价值观和愿景，以此为内核培育企业文化、指导发展战略、制定行为规范。高层管理者要以身作则，增强组织学习力，提升执行力、创新力，并转化为持续竞争力和卓越绩效。营造员工聪明才智得以充分发挥、富有成就感和人才辈出的机制环境，完备领导人才开发与继任计划，支撑企业可持续发展。

【有效监督】 加强董事会对重大决策执行的监督。完善监事会功能，提高监督的效果。充分发挥外派监事会的优势和作用，并随着改革深化不断完善创新。有效利用、整合企业内外各类监督资源，强化监督的独立性、权威性、协同性，为企业改革管理发展提供有力保障。

附：公司治理要素逻辑框架表

目标	治理结构目标	公司治理各组成部分权责明确、各司其职，有效制衡，协调运转，形成科学高效的决策、执行、监督体系
	治理绩效目标	保障企业拥有持续竞争优势和卓越价值创造能力，引领企业不断做优做强、向着具有国际竞争力的世界一流企业目标扎实迈进
指导原则	优化治理基础	加快公司制股份制改革，推进国有资本和股权结构战略调整
	基本原则	依法合规，诚实守信 兼顾股东和相关方利益，促进企业价值最大化

（续）

指导原则	兼容互补	既体现中国和国有企业特色，又借鉴国际标准和最佳实践，既加强结构与制度建设，又致力于优秀企业家、高管团队和核心理念培育建设，既有效制衡，又力求高效，既注重激励，又依规问责
关键举措	董事会建设	①完善外部董事占多数的董事会建设，选聘具有全球视野和创新思维、管理经验丰富或专业精湛、决策能力强并能承担决策责任、勤勉尽职又谨遵法度的人为董事，优化董事队伍知识能力结构 ②加强制度建设，完善基础工作，使董事及董事会决策信息对称，审议讨论充分，战略管控到位，沟通协调顺畅，风险控制有效 ③充分发挥专门委员会的功能 ④选聘、造就高素质经理层，激发其积极性创造性
	领导力提升	①塑造并恪守企业使命、核心价值观和愿景，以此为内核培育企业文化，指导发展战略，制定行为规范 ②高层管理者以身作则 ③增强组织学习力，提升执行力、创新力 ④营造员工聪明才智得以充分发挥、富有成就感和人才辈出的机制环境，完备领导人才开发与继任计划
	有效监督	①加强董事会对重大决策执行的监督 ②完善监事会功能，提高监督的效果 ③充分发挥外派监事会的优势和作用，不断完善创新 ④有效利用、整合监督资源，强化独立性、权威性、协同性
要素关联度		☆☆☆☆：社会责任 ☆☆☆：人才开发与企业文化、业务结构、风险管理、绩效衡量与管理 ☆☆：集团管控、管理与商业模式 ☆：其他5个要素

注：☆号表示关联度，☆号越多关联度越高，供研究与运用参考，下同。

第二章　人才开发与企业文化

【目标】　通过培育富有激励、具有特色、积极向上的企业文化和构建高端引领、结构合理、素质优良的人才队伍体系，实现人与文化的和谐发展、整体提升，为做强做优、培育具有国际竞争力的世界一流企业提供有效支撑保障。

【指导原则】　企业文化和人才开发应与发展战略相互适应，成为企业软实力和核心竞争力的重要源泉。企业文化应体现先进的价值主张，与管理制度、流程相融合。促进人才优先发展，梯次结构科学合理。

【人才开发】　制定并不断完善人才发展规划。建立量才选用、人尽其才的动态管理机制，逐步实现人才资源的全球优化配置。打造具有全球视野和战略思维的高层领导人才、科技领军人才、复合型管理人才、职业化专业人才和高素质技能人才队伍。健全培训开发体系，制定职业生涯规划，促进员工全面发展。以能力和绩效为核心，完善考核评价体系，健全薪酬激励机制，促使员工能力与企业业绩相互促进、提升。

【文化培育】　以责任、创新、卓越为核心元素，塑造各具特色的企业文化，充分发挥引导、凝聚、激励、规范等作用。培育文化对战略的匹配能力，对人才开发潜移默化的影响力以及持续向外部环境学习的导向作用。以领导垂范为基础、全员践行为目标，建设有效的企业文化传播与落地系统。

【支撑保障】　建立以一流文化吸引一流人

才、一流人才成就一流文化的相互支撑促进的体制机制。构建高层团队积极推动、各级管理者共同承担的责任体系和资源保障体系，形成专业化的管理团队和职能机构，健全评价体系，创新方式方法，推动人才开发与企业文化建设持续优化改善。

附：人才开发与企业文化要素逻辑框架表

<table>
<tr><td rowspan="3">目标</td><td>人才目标</td><td>构建高端引领、结构合理、素质优良的人才队伍</td></tr>
<tr><td>文化目标</td><td>培育富有激励、具有特色、积极向上的企业文化</td></tr>
<tr><td>整体绩效目标</td><td>人与文化和谐发展、整体提升，为做强做优、培育具有国际竞争力的世界一流企业提供有效支撑与保障</td></tr>
<tr><td rowspan="3">指导原则</td><td>战略契合</td><td>与发展战略相互适应，成为软实力和核心竞争力重要源泉</td></tr>
<tr><td>企业文化原则</td><td>企业文化应体现先进的价值主张，与管理制度、流程相融合</td></tr>
<tr><td>人才开发原则</td><td>促进人才优先发展，梯次结构科学合理</td></tr>
<tr><td rowspan="2">关键举措</td><td>人才开发</td><td>①制定并不断完善人才发展规划
②建立量才选用、人尽其才的动态管理机制
③打造五类人才：全球视野和战略思维的高层领导人才、科技领军人才、复合型管理人才、职业化专业人才、高素质技能人才
④促进全面发展：健全培训开发体系，制定职业生涯规划
⑤评价激励机制：以能力和绩效为核心，完善考核评价体系，健全薪酬激励机制，促使员工能力与企业业绩相互促进、提升
⑥逐步实现人才资源全球优化配置</td></tr>
<tr><td>文化培育</td><td>①以责任、创新、卓越为核心元素，塑造各具特色的企业文化
②充分发挥引导、凝聚、激励、规范等作用，培育文化对战略的匹配能力，对人才开发潜移默化的影响力以及持续向外部环境学习的导向作用
③领导垂范为基础、全员践行为目标，建设有效的企业文化传播与落地系统</td></tr>
<tr><td colspan="2">支撑保障</td><td>①体制机制：建立以一流文化吸引一流人才、一流人才成就一流文化的相互支撑促进的体制机制
②组织资源保障：构建高层团队积极推动、各级管理者共同承担的责任体系和资源保障体系，形成专业化管理团队和职能机构
③持续优化：健全评价体系，创新方式方法，推动人才开发与企业文化建设持续优化改善</td></tr>
<tr><td colspan="2">要素关联度</td><td>☆☆☆：公司治理、管理与商业模式
☆☆：自主研发、集团管控、风险管理、国际化、社会责任
☆：其他 5 个要素</td></tr>
</table>

第三章　业务结构

【目标】 核心业务及业务结构基于国家战略、国有经济布局结构调整发展战略和企业总体战略而确定，在国内外同行业具有较强竞争优势和价值创造能力，能够保障企业可持续发展，具备条件的要努力成为行业引领者和价值链整合者。

【指导原则】 推动国有资本向关系国家安全和国民经济命脉的重要行业和关键领域集中，向附加值高、具有较强带动力和影响力的产业链高端领域延伸，统筹兼顾现有核心业务、发展业务和战略性新兴业务。以建设强有力的核心能力体系为支撑，充分发挥集团整体效能，促进整体价值最大化。通过结构调整和发展方式转变赢得主动、赢得优势、赢得未来。

【核心业务】 根据市场与客户需求、自身核心能力确定企业发展战略，根据发展战略和发展阶段确定核心业务区。通过剥离、整合、并购、联盟等措施调整存量，突出、优化核心业务。将增量资源集中或优先配置于核心业务区。通过向与核心业务紧密关联的服务业特别是现代服务业延伸、产融结合以及可带来良好现金流的业务组合，支撑、促进核心业务发展。推动非核心业务、不具备优势的资产向优势企业合理流动。

【新兴产业】 把发展战略性新兴产业作为承担国家赋予的重要使命、赶超世界一流的历史机遇、谋划长远发展的关键举措，集中力量，合作创新，重点突破，率先掌握一批核心技术，逐步实现产业化。

【支撑保障】 培育具有企业特色和竞争优势的核心能力体系，着力增强自主创新能力，努力提高资源配置与业务整合能力，强化集团管控和风险防范能力，保持健全的财务结构。

附：业务结构要素逻辑框架表

目标	契合战略	根据国家战略、国有经济布局结构调整发展战略和企业总体战略确定核心业务及业务结构
	绩效目标	在国内外同行业具有较强竞争优势和价值创造能力，保障企业可持续发展，具备条件的要努力成为行业引领者和价值链整合者
指导原则	战略调整	向关系国家安全和国民经济命脉的重要行业和关键领域集中，向附加值高、具有较强带动力和影响力的产业链高端领域延伸
	统筹兼顾	统筹兼顾现有核心业务、发展业务和战略性新兴业务
	突出整体优势	以建设强有力的核心能力体系为支撑，发挥集团整体效能，促进整体价值最大化
	调结构转方式	通过结构调整和发展方式转变赢得主动、赢得优势、赢得未来
关键举措	核心业务	①基于市场与客户需求、自身核心能力确定发展战略，根据发展战略和发展阶段确定核心业务区 ②通过剥离、整合、并购、联盟等手段调整存量，突出、优化核心业务 ③增量资源集中或优先配置于核心业务区 ④通过向与核心业务紧密关联的服务业特别是现代服务业延伸、产融结合以及可带来良好现金流的业务组合，支撑、促进核心业务发展 ⑤推动非核心业务、不具备优势的资产向优势企业合理流动
	新兴产业	①发展战略性新兴产业是国家赋予的重要使命，是赶超世界一流的历史机遇，是谋划长远发展的关键举措 ②集中力量，合作创新，重点突破，率先掌握一批核心技术，逐步实现产业化
支撑保障		①培育具有企业特色和竞争优势的核心能力体系，着力增强自主创新能力，努力提高资源配置与业务整合能力 ②强化集团管控和风险防范能力 ③保持健全的财务结构
要素关联度		☆☆☆：公司治理、自主研发、管理与商业模式、社会责任 ☆☆：自主品牌、集团管控、风险管理、并购重组、国际化、绩效衡量与管理 ☆：其他 2 个要素

第四章　自主研发

【目标】 企业应不断提升和保持自主创新能力，使核心业务、主导产品拥有自主知识产权的核心技术，支撑、带动产品乃至产业升级，适应和创造市场需求，具备条件的要努力成为国际标准的制定者、主导者。

【指导原则】 根据国家战略、市场需求与企业实际，以自主创新、重点跨越、支撑发展、引领未来为指导，着力增强原始创新，积极推进集成创新，技术引进着眼于提升自主创新能力，更加注重协同创新，构建企业为主体、产学研相结合的开放的技术创新体系。

【路径举措】 加强自主创新体系建设，形成前瞻性研究、应用基础研究、技术开发与转化相配套的梯次研发结构。运用先进适用技术和高新技术改造提升传统产业，在战略性新兴产业领域依靠自主创新实现技术跨越、抢占先机。充分利用外部创新资源，通过战略联盟、合作、并购等多种途径提升企业自主创新能力，逐步实现研发资源全球优化配置。研究制定有效的市场进入策略和商业模式，实现新技术新产品新业务的产业化、规模化发展。

【能力建设】 造就具有战略眼光、创新精神的企业家和科技领军人才队伍，打造目标导向、组织灵活、运作高效的创新团队。持续加大研发投入，能够有力支撑自主创新能力提升、“做强做优、世界一流”目标的实现。围绕核心业务领域和未来发展方向，健全研发组织管理体系，加强研发平台建设，实施知识产权战略。有条件的企业可设立以战略性、前瞻性和关键技术研究为重点的研究院。借助信息化、网络化平台，构建高效集成的协同研发体系，加强知识管理和标准化体系建设。

【机制文化】 营造敢为人先、争创一流、崇尚创新、宽容失败的创新文化，激发科研人员乃至全体员工的创新热情，并以技术入股、分红权等有效措施和政策体系，形成鼓励创新的长效激励机制，促使人才价值与企业价值融合统一。

附：自主研发要素逻辑框架表

<table>
<tr><td rowspan="2">目标</td><td>核心技术目标</td><td>核心业务、主导产品拥有自主知识产权的核心技术
具备条件的要努力成为国际标准的制定者、主导者</td></tr>
<tr><td>市场绩效目标</td><td>产品、产业不断升级，能够适应并创造市场需求</td></tr>
<tr><td rowspan="3">指导原则</td><td>工作方针</td><td>根据国家战略、市场需求与企业实际，以自主创新、重点跨越、支撑发展、引领未来为指导</td></tr>
<tr><td>自主创新</td><td>着力增强原始创新，积极推进集成创新，技术引进着眼于提升自主创新能力，更加注重协同创新</td></tr>
<tr><td>体系建设</td><td>构建企业为主体、产学研相结合的开放的技术创新体系</td></tr>
<tr><td colspan="2">实现路径与关键举措</td><td>①自主创新体系：形成前瞻性研究、应用基础研究、技术开发与转化相配套的梯次研发结构
②促进转型升级：运用先进适用技术和高新技术改造提升传统产业，战略性新兴产业领域依靠自主创新实现技术跨越、抢占先机
③利用外部资源：通过战略联盟、合作、并购等多种途径提升企业自主创新能力，逐步实现研发资源全球优化配置
④市场化产业化：研究制定有效的市场进入策略和商业模式，实现新技术新产品新业务的产业化、规模化发展</td></tr>
<tr><td rowspan="2">支撑保障</td><td>能力建设</td><td>①队伍建设：造就具有战略眼光、创新精神的企业家和科技领军人才队伍，打造目标导向、组织灵活、运作高效的创新团队
②研发投入：持续加大投入，能够有力支撑自主创新能力提升、“做强做优、世界一流”目标的实现
③组织保障：围绕核心业务领域和未来发展方向健全研发组织管理体系，加强研发平台建设，实施知识产权战略。有条件的企业可设立以战略性、前瞻性和关键技术研究为重点的研究院
④基础管理：借助信息化、网络化平台构建协同研发体系，加强知识管理和标准化体系建设</td></tr>
<tr><td>机制文化</td><td>①文化：营造敢为人先、争创一流、崇尚创新、宽容失败的文化
②机制：以技术入股、分红权等有效措施和政策体系，形成鼓励创新的长效激励机制</td></tr>
<tr><td colspan="2">要素关联度</td><td>☆☆☆：人才开发与企业文化、管理与商业模式、风险管理
☆☆：业务结构、自主品牌、信息化、并购重组
☆：其他 5 个要素</td></tr>
</table>

第五章 自主品牌

【目标】 把自主品牌作为企业软实力和无形资产核心组成部分，通过实施品牌战略，努力使企业品牌成为具有卓越价值创造力、国际竞争力和可持续发展能力的有效保障和显著标志。

【指导原则】 持续关注客户利益、需求与变化，以一流的产品质量、服务和研发为基础，实施有效的品牌规划、管理和传播，建设具有持久生命力的强势品牌。

【品牌推广】 以企业整体发展战略和竞争战略为指导，充分开展市场、客户和竞争对手调研分析，研究制定以品牌知名度为基础、美誉度为核心、定位准确、着眼前瞻价值的品牌规划及推广方案，并根据市场变化、环境变迁、科技变革动态优化。

【实施要点】 企业主要负责人及各级管理者要把品牌建设作为提升核心竞争力关键举措给予高度重视，通过内强素质、外塑形象，使组织各单元和每一个员工都成为一流品牌的坚强支撑和有效承载体。整合行业与社会力量，发挥专业机构作用，搞好品牌策划。合理运用传播手段，高度关注和有效利用新兴传媒影响，提高品牌社会接受力和影响力。制定和完善品牌危机防范预案，形成快捷灵敏的响应机制。

【支撑保障】 健全组织机构，促进品牌管理部门与生产、研发、营销等相关部门的高效协同。以合理预算保障品牌建设。加强品牌知识产权的保护、品牌维护的监督，适时全面评估品牌管理的有效性，不断完善品牌保障体系。

附：自主品牌要素逻辑框架表

目标	品牌战略定位	实施品牌战略，使自主品牌成为软实力和无形资产核心组成部分
	品牌绩效	企业品牌要成为具有卓越价值创造力、国际竞争力和可持续发展能力的有效保障和显著标志
指导原则	品牌建设驱动力	客户利益、需求与变化是品牌建设主要驱动源，因而要持续关注
	品牌建设基础与重点	①持续一流的产品质量、服务和研发是基础 ②实施有效的品牌规划、管理和传播
关键举措	品牌推广	研究制定和实施品牌规划及推广方案，要 ——以整体发展战略和竞争战略为指导； ——以充分的市场、客户和竞争对手调研分析为基础； ——以知名度、美誉度、定位准确和着眼前瞻价值为重要内容； ——并根据市场变化、环境变迁、科技变革动态优化
	实施要点	①领导重视：企业主要负责人及各级管理者要把品牌建设作为提升核心竞争力关键举措给予高度重视 ②全员参与：各组织单元和每一个员工都是坚强支撑和有效载体 ③专业策划：整合行业与社会力量，发挥专业机构作用 ④有效传播：合理运用传播手段，高度关注和有效利用新兴传媒影响，提高品牌社会接受力和影响力 ⑤危机防范：制定和完善品牌危机防范预案，形成快捷灵敏的响应机制
支撑保障		①组织保障：健全组织机构，促进品牌管理部门与生产、研发、营销等相关部门高效协同 ②资源保障：以合理预算保障品牌建设 ③维护完善：加强品牌知识产权的保护、品牌维护的监督，适时全面评估品牌管理有效性，不断完善品牌保障体系
要素关联度		☆☆☆：自主研发、管理与商业模式、国际化 ☆☆：人才开发与企业文化、业务结构、集团管控、并购重组 ☆：其他 5 个要素

第六章 管理与商业模式

【目标】 通过管理改进与创新，不断提升管理科学化、现代化水平，高效率地实现企业绩效与发展目标。把商业模式创新作为管理创新的重要内容和提升核心竞争力的重要途径，促使业务发展、价值创造模式适时优化创新，形成独特而持续的竞争优势。

【指导原则】 根据市场环境变化和发展趋势推进管理变革，坚持客户至上、以人为本、价值为先。持续激发企业活力，着力培育软实力，不断固本培元。促进精益化、简约化管理，实现高效运行、科学发展。

【管理改进与创新】 持续推进制度化、标准化、流程化、信息化的管理体系建设，为转型升级和商业模式创新提供支撑保障。通过创新驱动不断深化和丰富管理内涵，形成战略中心型组织。以商业模式创新牵引管理创新。在各个管理领域持续改进、动态优化。构建绩效导向、追求卓越、永不满足的内在动力机制。

【商业模式创新】 根据行业和企业实际，不断寻求价值创造和收益实现的更好方式，构建企业内外多要素、多环节的有效竞争策略组合及运营体系，使传统业务焕发新的生命力，新兴产业走上稳定高效的发展轨道。通过重新定义目标市场、产品服务和顾客价值，重构价值链和产业链，创新收入方式，打造要素集聚平台，促进行业和跨行业整合，推进内部和外部协同，掌控技术和市场标准等方式或方式组合，创新商业模式，获得领先优势，促进高效发展。

【支撑保障】 深化企业改革，完善决策、执行、监督体系，健全能够持续推进管理改进与创新的动力机制保障。将市场机会的把握、价值创造的洞见和内部资源的积累整合、核心能力的培育开发等有机结合起来，实现商业模式的不断优化与创新。

附：管理与商业模式要素逻辑框架表

目标	改进创新目标	不断提升管理科学化、现代化水平，高效率地实现企业绩效与发展目标
	商业模式目标	商业模式创新成为管理创新和提升核心竞争力的重要内容和途径 优化创新业务发展、价值创造模式，形成独特、持续的竞争优势
指导原则	保持核心推进变革	根据市场环境变化和发展趋势推进管理变革，坚持客户至上、以人为本、价值为先
	激发活力	持续激发企业活力，着力培育软实力，不断固本培元
	精益简约	促进精益化、简约化管理，实现高效运行、科学发展
关键举措	管理改进与创新	①持续推进制度化、标准化、流程化、信息化的管理体系建设 ②不断深化和丰富管理内涵，形成战略中心型组织 ③以商业模式创新牵引管理创新 ④在各个管理领域持续改进、动态优化 ⑤构建绩效导向、追求卓越、永不满足的内在动力机制
	商业模式创新	①根据行业和企业实际，不断寻求价值创造和收益实现更好方式 ②构建企业内外多要素多环节的有效竞争策略组合及运营体系 ③促使传统业务焕发新的生命力，新兴产业稳定高效发展 ④商业模式创新的主要方式： ——重新定义目标市场、产品服务和顾客价值； ——重构价值链和产业链； ——创新收入方式； ——打造要素集聚平台； ——促进行业和跨行业整合； ——推进内部和外部协同； ——掌控技术和市场标准等

（续）

支撑保障	①管理改进创新支撑保障：深化改革，完善决策、执行、监督体系，健全能够持续推进管理改进与创新的动力机制保障 ②商业模式创新支撑保障：将市场机会的把握、价值创造的洞见和内部资源的积累整合、核心能力的培育开发等有机结合起来，实现商业模式的不断优化和创新
要素关联度	☆☆☆：公司治理、业务结构、集团管控、信息化 ☆☆：人才开发与企业文化、自主研发、自主品牌、风险管理、国际化、绩效衡量与管理 ☆：其他 2 个要素

第七章　集团管控

【目标】 集团管控要与企业发展阶段、发展战略、业务结构、组织文化等相适应，通过对业务单元的有效管理、控制，充分发挥总部统筹协同和资源优化配置作用，实现集团整体价值最大化。

【指导原则】 集团管控应针对企业实际，坚持战略导向、责权匹配、简洁高效，并根据业务发展动态优化调整。构建管控层级合理、功能定位明确、责权关系清晰、专业能力胜任的管控体系。国际化战略的实施应与境外管控体系建设同步推进。

【模式选择】 管控模式选择应与集团主营业务、核心能力相吻合。战略管控模式一般应成为中央企业的主要或主导模式，适合采用其他管控模式的，或具有较大差异性业务的，可根据需要另行选择更适用的模式。

【有效实施】 依据管控模式设计调整组织结构、管理流程，加强支撑管控模式的核心流程、关键节点的控制，明晰部门、业务单元及岗位的相应功能和职责，并促进相互协同。管控措施要与管控模式相适应，不同的管控模式采取相应的管控措施来支撑、落实。实行战略管控模式的企业总部要强化公司战略发展、业务组合管理和战略绩效控制的能力，以确保卓有成效的集团管控。

【支撑保障】 加强制度体系的一体化建设，健全预算管理和业绩考核评价体系，促使集团上下按照统一的目标与规范协调运作。加强人才队伍建设，提升能力素质，确保制度体系得到有效落实。加强分散职能的服务共享，通过有效整合、集中管理，促进降本增效和信息集成。

附：集团管控要素逻辑框架表

目标	适应性目标	适应企业发展阶段、发展战略、业务结构、组织文化
	绩效目标	有效管理、控制业务单元，充分发挥总部统筹协同和资源优化配置作用，实现集团整体价值最大化
指导原则	基本原则	战略导向、责权匹配、简洁高效，并根据业务发展动态优化调整
	体系构建	构建管控层级合理、功能定位明确、责权关系清晰、专业能力胜任的管控体系
	境外管控	国际化战略的实施应与境外管控体系建设同步推进
关键举措	模式选择	①与集团主营业务、核心能力相吻合 ②战略管控模式一般应成为中央企业的主要或主导模式 ③适合采用其他管控模式的，或具有较大差异性业务的，可根据需要另行选择更适用的模式
	有效实施	①组织载体：依据管控模式设计、优化或调整组织结构与管理流程，加强支撑管控模式的核心流程、关键节点的控制，明晰部门、业务单元及岗位的相应功能和职责，并促进相互协同 ②管控措施：不同的管控模式应采取相应的管控措施来支撑、落实。实行战略管控模式的企业总部要强化公司战略发展、业务组合管理和战略绩效控制的能力，以确保卓有成效的集团管控

（续）

支撑保障	①制度建设：加强制度体系一体化建设，健全预算管理和业绩考核评价体系，促使集团上下按照统一的目标与规范协调运作 ②队伍建设：加强人才队伍建设，提升能力素质，确保制度体系有效落实 ③共享服务：加强分散职能的服务共享，通过有效整合、集中管理，促进降本增效和信息集成
要素关联度	☆☆☆：人才开发与企业文化、业务结构、管理与商业模式 ☆☆：公司治理、风险管理、信息化、国际化、绩效衡量与管理 ☆：其他 4 个要素

第八章　风险管理

【目标】 风险管理要成为覆盖从战略决策到岗位操作的全过程、全方位、全员的管理，防范损失、创造价值，为企业可持续发展提供保障。

【指导原则】 遵循国资委和相关部委、监管机构发布的风险管理规则要求，并根据企业发展战略和管理需要，借鉴国内外最佳实践，将风险管理融入制度建设、流程优化和生产经营全过程，持续提升风险管控能力。

【体系建设】 公司治理、集团管控和组织设计能满足风险管理要求，内部控制覆盖全面、合规有效，风险管理策略清晰并具有量化的风险承受度，以信息化手段确保风险管理体系的规范高效运行。

【重点监控】 明确各层级风险管控的重点领域、环节、事项和关键岗位，有效配置管控资源，构建预警指标体系并不断完善，持续监测评估风险，制定应对措施和预案并适时评价其有效性，防范和化解重大风险。

【制度文化】 加强风险防范制度建设，完善风险防范机制，提高依法治企水平。着力培育与企业文化融为一体、支持风险管理体系有效运行的风险文化。不断强化员工风险意识，使管控风险成为全员自觉行为。

附：风险管理要素逻辑框架表

目标	管理目标	成为覆盖从战略决策到岗位操作的全过程、全方位、全员的管理
	绩效目标	防范损失、创造价值
	战略目标	为企业可持续发展提供保障
指导原则	规范合规	遵循国资委和相关部委、监管机构发布的风险管理规则要求
	契合战略管理需要	适合企业特点，契合发展战略和管理需要，同时借鉴最佳实践
	融入制度流程和管理	将风险管理融入制度建设、流程优化和生产经营全过程
关键举措	体系建设	①体系镶嵌：嵌入公司治理和集团管控、组织设计等管理体系 ②内部控制：做到覆盖全面、合规有效 ③风险策略：风险管理策略清晰并具有量化的风险承受度 ④信息化：以信息化手段确保风险管理体系的规范高效运行
	重点监控	①关键控制：明确各层级风险管控的重点领域、环节、事项和关键岗位并有效配置管控资源 ②持续监测：构建预警指标体系并不断完善，持续监测评估风险 ③预防重大风险：制定应对措施和预案并适时评价其有效性，防范和化解重大风险
	制度文化	①加强风险防范制度建设，完善风险防范机制，提高依法治企水平 ②培育与企业文化融合、支持风险管理体系有效运行的风险文化 ③不断强化员工风险意识，使管控风险成为全员自觉行为
要素关联度		☆☆☆：公司治理、管理与商业模式、集团管控、信息化、并购重组、国际化、绩效衡量与管理 ☆☆：人才开发与企业文化、业务结构、自主研发 ☆：其他 2 个要素

第九章　信息化

【目标】 信息化要成为支撑企业战略决策、研发设计、生产过程、经营管理、外部协同、客户服务等的有效平台，达到国内外行业先进水平，具备条件的要达到国际领先水平。

【指导原则】 信息化要与业务结构、行业特征相适应，按照集中统一的指导原则，以管理规范化、标准化为基础，与业务发展、流程优化、管理变革等统筹规划，同步推进。

【主要功能】 以信息化促进高效管理，提升运营效率、集团管控能力和全面风险管理水平，支持管理模式、商业模式创新，加强对国际化、并购重组、资金运作、安全生产等重点领域、重要环节的管控。

【关键举措】 加强信息化建设的组织领导，企业主要负责人要高度重视并发挥不可替代的重要作用，具备条件的企业要设立首席信息官（CIO）岗位并充分发挥其在战略管理中的作用。明确业务部门和信息部门职责，形成协同推进的工作机制。信息安全管理体系健全，技术保障措施有效。

【持续优化】 企业要加强对信息化能力与水平的自我评估，密切跟踪、适时应用先进信息技术，注重实效，成本合理，安全可靠，持续优化信息化系统，不断提升管理现代化水平。

附：信息化要素逻辑框架表

目标	全覆盖平台	成为支撑战略决策、研发设计、生产过程、经营管理、外部协同、客户服务等的有效平台
	支撑水平	达到国内外行业先进水平，具备条件的要达到国际领先水平
指导原则	适应业务	信息化要与业务结构、行业特征相适应
	集中统一	集团信息化建设应按照集中统一的指导原则推进
	夯实基础	以管理规范化、标准化作为信息化建设的重要基础
	统筹推进	信息化建设应与业务发展、流程优化、管理变革统筹规划，同步推进
主要功能		①基础功能：以信息化促进高效管理，提升运营效率、集团管控能力和全面风险管理水平 ②创新功能：支持管理模式、商业模式等的创新 ③重点管控功能：促进和有效实现对国际化、并购重组、资金运作、安全生产等重点领域、重要环节的管控
关键举措		①加强领导：企业主要负责人要对信息化建设高度重视并发挥不可替代的重要作用 ②设立 CIO：具备条件的要设立首席信息官（CIO）岗位并充分发挥其在战略管理中的作用 ③协同推进：明确业务部门和信息部门职责，形成协同推进的工作机制 ④安全保障：信息安全管理体系健全，技术保障措施有效
持续优化		①加强对信息化能力与水平的自我评估 ②密切跟踪、适时应用先进信息技术持续优化 ③成本合理，注重实效，不断提升 ④安全可靠，符合国家信息安全审查要求
要素关联度		☆☆☆：管理与商业模式、集团管控 ☆☆：自主研发、风险管理 ☆：其他 8 个要素

第十章　并购重组

【目标】 根据企业发展战略和提升核心能力需要，适时发现和把握并购重组机会，并通过高效整合，不断优化资源配置，获取战略优势，实现预期收益。

【指导原则】 符合企业发展战略，比内部发展能更有效地达到目标，契合核心业务区，有利于发挥集团整体优势。依法合规，有效管控风险，充分考虑相关方利益。

【战略决策】 战略选择、并购实施、系统整合同步研究、同步决策、有序推进。完善相关信息收集、跟踪与分析系统，根据总体战略、能力条件确定并购重组优先级，并从交易条件基本可行、有利整合出发选择目标企业。非主业资产、低效资产有效剥离、合理流动也应作为一项重要战略选择而适时推进。

【有效实施】 以客户、市场和价值创造为导向，做好尽职调查与价值评估，确定合理的风险可控的交易结构。注重发挥目标企业管理团队作用，高度重视和有效管理无形资产，避免人才和客户、技术等重要资源流失。加强沟通协调，推进人力资源、技术资源、品牌、文化及业务流程、管理制度等的整合，最大限度地追求协同效应和战略优势。

【支撑保障】 建立健全相关制度、流程和组织体系，培育、搭建结构合理的专业团队，善于借助发挥外部专业机构作用，使并购重组能力成为企业一项重要的竞争力。

附：并购重组要素逻辑框架表

目标	战略目标	契合发展战略，有利于提升核心能力，使并购重组能力成为企业一项重要的竞争力
	绩效目标	通过并购重组、高效整合，优化资源配置，获取战略优势，实现预期收益
指导原则	机会把握	①符合企业发展战略 ②相比内部发展能更有效地达到目标 ③契合核心业务区 ④有利于发挥集团整体优势
	风险管控	依法合规，有效管控风险，充分考虑相关方利益
关键举措	战略决策	①战略选择、并购实施、系统整合同步研究、同步决策、有序推进 ②完善相关信息收集、跟踪与分析系统 ③根据企业总体战略、能力条件确定并购重组优先级 ④从交易条件基本可行、有利整合出发选择目标企业 ⑤非主业资产、低效资产有效剥离应作为一项重要战略选择而适时推进
	有效实施	①以客户、市场和价值创造为导向，做好尽职调查与价值评估，确定合理的风险可控的交易结构 ②注重发挥目标企业管理团队作用，高度重视和有效管理无形资产，避免人才和客户、技术等重要资源流失 ③加强沟通协调，推进人力资源、技术资源、品牌、文化及业务流程、管理制度等的整合，最大程度地追求协同效应和战略优势
支撑保障		①建立健全并购重组相关制度、流程和组织体系 ②搭建结构合理的专业团队，善于借助发挥外部专业机构作用
要素关联度		☆☆☆：业务结构、风险管理 ☆☆：人才开发与企业文化、自主研发、管理与商业模式、集团管控，国际化 ☆：其他 5 个要素

第十一章　国际化

【目标】 通过国际化战略的实施，逐步实现全球资源优化配置，发展成为具有国际知名品牌和较强国际化经营能力、在国际同行业综合指标居于先进水平的一流企业，努力成为全球行业价值链整合者。

【指导原则】 符合国家和企业长远发展战略。依法合规、规范决策、风险可控。国内外统筹优化，全球化与本土化有机结合。量力而行，有序推进，价值驱动，合作共赢。

【途径选择】 基于企业国际化进程和优势，在对目标企业及所在国（地区）深入调查、综合研判基础上，选择国际贸易、工程服务、跨国并购、投资新建及战略联盟等一种或多种方式。创新业务模式，向价值链高端发展。统筹权衡政治、经济、法律、社会、文化、安全及用工等风险，优化设计资金筹措、税务安排、资本结构或股权结构。联手中央企业或国内其他优势企业，沿产业链或相关产业共同开发。

【支撑保障】 着力培育软实力，支撑提升国际化能力。加强国际化管理团队和人才队伍建设，既要积极培养国际化人才，又要促进人才国际化，建立有效激励机制。熟悉相关法律法规、惯例规则。营造开放包容的企业文化，促进文化融合。完善国际化管控体系，加强关键业务流程特别是投资、资金等环节的控制，形成集团管控有力、当地市场响应及时高效的机制。加强外派人员人文关怀，善待外籍雇员，模范履行社会责任。防范安全及各种突发事件，建立快速反应机制。加强与境外利益相关方及媒体等的沟通协调，促进和谐发展。

【跨国指数】 不断增强企业国际化经营能力，促进境外资产资源掌控能力及集团境外资产比重、外籍雇员比重、销售收入比重和国际市场绩效水平、集团整体绩效水平稳步提升。中央企业来自于境外的销售收入、利润在集团所占比重努力做到不低于 30%。

附：国际化要素逻辑框架表

<table>
<tr><td rowspan="3">目标</td><td>战略目标</td><td>逐步实现全球资源优化配置、具有国际知名品牌，具备条件的努力成为全球行业价值链整合者</td></tr>
<tr><td>绩效目标</td><td>具有较强国际化经营能力，在国际同行业综合指标居于先进水平</td></tr>
<tr><td>跨国指数</td><td>①稳步提升境外资产资源掌控能力及集团境外资产比重、外籍雇员比重、销售收入比重
②稳步提升国际市场绩效水平、集团整体绩效水平，来自境外的销售收入、利润在集团所占比重努力做到不低于 30%</td></tr>
<tr><td rowspan="3">指导原则</td><td>契合战略</td><td>符合国家和企业长远发展战略</td></tr>
<tr><td>决策规范</td><td>依法合规、规范决策、风险可控</td></tr>
<tr><td>高效操作</td><td>①国内外统筹优化
②全球化与本土化有机结合
③量力而行，有序推进，价值驱动，合作共赢</td></tr>
<tr><td colspan="2">途径选择</td><td>①选择基准：基于企业国际化进程和优势，对目标企业及所在国深入调查、综合研判，统筹权衡政治、经济、法律、社会、文化、安全及用工等风险
②选择方向：选择国际贸易、工程服务、跨国并购、投资新建及战略联盟等一种或多种方式
③业务模式：创新业务模式，向价值链高端发展
④优化设计：优化资金筹措、税务安排、资本结构或股权结构
⑤合作开发：联手中央企业或国内其他优势企业，沿产业链或相关产业共同开发</td></tr>
<tr><td colspan="2">支撑保障</td><td>①着力培育软实力，支撑提升国际化能力
②加强国际化管理团队和人才队伍建设，既要积极培养国际化人才，又要促进人才国际化，建立有效激励机制
③熟悉相关法律法规、惯例规则
④营造开放包容的企业文化，促进文化融合
⑤完善国际化管控体系，加强关键业务流程特别是投资、资金等环节的控制，形成集团管控有力、当地市场响应及时高效的机制
⑥加强外派人员人文关怀，善待外籍雇员，模范履行社会责任
⑦防范安全及各种突发事件，建立快速反应机制
⑧加强与境外利益相关方及媒体等沟通协调，促进和谐发展</td></tr>
<tr><td colspan="2">要素关联度</td><td>☆☆☆☆：自主品牌、风险管理
☆☆☆：人才开发与企业文化、业务结构、管理与商业模式、集团管控
☆☆：信息化、并购重组、社会责任
☆：其他 3 个要素</td></tr>
</table>

第十二章　社会责任

【目标】　把社会责任作为企业使命、核心价值观和愿景的重要组成部分，持续提高经济绩效与模范履行社会、环境责任和谐统一、平衡发展，促进企业核心竞争力提升，实现可持续发展。

【指导原则】　以诚信为基础，合规为底线，崇高的责任理念和道德水准为指导，与加快转变发展方式、促进转型升级、加强生态文明建设相结合，与企业自身能力相匹配，与核心能力和发展机会的培育转化相统一，融入战略管理和日常经营管理全过程。遵循或参照国际标准和规范，适应经营地法律框架和文化环境要求，统筹兼顾各相关方利益。

【责任治理】　健全社会责任决策机制，成立由主要负责人挂帅的社会责任委员会，审议决策社会责任重大事项，包括审定发展规划、审批管理办法、构建组织和资源保障体系，形成计划、实施、评估和改进提升的闭环治理系统。

【有效推进】　社会责任要落实到各业务单元、各级管理者及各岗位，并向产业链、供应链及相关方延伸，加强重点领域、关键环节的责任推进。将社会责任履行纳入考核评价体系，奖惩兑现。加强社会责任专职队伍建设，归口管理部门要切实履行规划、指导、服务、沟通等职能。研究制定社会责任行为规范，加强培训、强化意识、增强能力、全员参与，推进诚信、绿色、平安、活力、责任和廉洁建设。

【加强沟通】　高度重视与内外利益相关方的沟通，定期发布履行社会责任的报告，提高透明度和公信力，有条件的要通过第三方审验。建立日常信息和重大、突发事件披露制度，充分利用、发挥互联网等媒体的传播影响作用。

附：社会责任要素逻辑框架表

目标	目标定位	把社会责任作为企业使命、核心价值观和愿景的重要组成部分，持续提高经济绩效与模范履行社会、环境责任和谐统一、平衡发展
	战略绩效	促进企业核心竞争力提升，实现可持续发展
指导原则	指导基准	以诚信为基础，合规为底线，崇高的责任理念和道德水准为指导
	结合统一	①与加快转变发展方式、促进转型升级、加强生态文明建设相结合 ②与企业自身能力相匹配 ③与核心能力和发展机会培育转化相统一 ④融入战略管理和日常经营管理全过程 ⑤适应经营地法律框架和文化环境要求，统筹兼顾各相关方利益
关键举措	建立责任治理体系	①健全决策机制：成立由主要负责人挂帅的社会责任委员会 ②审议决策重大事项：审定社会责任发展规划、审批管理办法、构建组织和资源保障体系等 ③形成闭环治理系统：建立健全计划、实施、评估和改进提升的闭环治理系统
	有效实施	①社会责任落实到各业务单元、各级管理者及各岗位 ②延伸到产业链、供应链及相关方 ③加强重点领域、关键环节的责任推进 ④将社会责任履行纳入考核评价体系，奖惩兑现 ⑤加强专职队伍建设，归口管理部门要切实履行规划、指导、服务、沟通等职能 ⑥研究制定社会责任行为规范 ⑦加强培训、强化意识、增强能力、全员参与 ⑧推进诚信、绿色、平安、活力、责任和廉洁建设
	加强沟通	①高度重视与内外利益相关方沟通，提高透明度和公信力 ②定期发布履行社会责任报告，有条件的要通过第三方审验 ③建立日常信息和重大、突发事件披露制度，充分利用、发挥互联网等媒体的传播影响作用

（续）

要素关联度	☆☆☆☆：公司治理 ☆☆☆：人才开发与企业文化、业务结构、国际化、绩效衡量与管理 ☆☆：管理与商业模式、风险管理、并购重组 ☆：其他 4 个要素

第十三章　绩效衡量与管理

【目标】　企业应将绩效作为衡量上述十二个要素乃至一切经营管理活动的基本宗旨和标准。通过价值驱动的绩效管理过程，不断超越自我、赶超先进，逐步接近、达到做强做优、发展成为具有国际竞争力的世界一流企业的目标。

【指导原则】　以战略为导向，价值为核心，持久稳定的股东回报为基础，体现经济效益与社会责任、长期发展与短期目标、财务与非财务、个人与组织、结果考核与过程管理的综合、有效平衡。将价值创造贯穿于经营管理全过程，持续改善、逐步积累、稳步提升，尤其关注核心能力建设，注重无形资产的开发培育。

【关键流程】　企业长远发展目标要落实到运营管理层面，以有效的经营管理计划、流程，特别是关键业务流程来支撑。长期或年度绩效目标的设定应具有挑战性，将变革创新作为关键举措，以全面预算管理支持促进绩效目标的实现。基于驱动因素对目标层层分解，形成各级组织的关键绩效指标，并由明确的个人责任、工作目标予以保障。加强目标实施过程的监控、分析，因应市场环境变化适时调整。严格考核，奖惩及时兑现。加强绩效结果应用，不断提升绩效水平。

【标杆管理】　企业及各业务单元、职能部门应将标杆管理作为绩效管理的有效工具，通过与企业内部、国内外同行业或跨行业先进企业、单位的最佳实践对标，寻找差距与不足。重点对比关键业务流程与关键绩效指标，追溯导致指标差异的深层次原因特别是关键驱动因素，根据企业实际制定改进或创新措施，挖掘绩效潜力，努力实现跨越式提升。

【支撑保障】　倡导将业绩导向、追求卓越作为企业文化建设重要内容，并以相配套的制度、管理加以推动，以技术创新、商业模式创新和业务结构的优化调整为重要支撑保障，实现并保持卓越绩效，促进企业基业长青。

附：绩效衡量与管理要素逻辑框架表

目标	绩效衡量基准	将绩效作为衡量上述十二个要素乃至一切经营管理活动的基本宗旨和标准
	战略目标	通过价值驱动的绩效管理过程，不断超越自我、赶超先进，逐步接近、达到做强做优、发展成为具有国际竞争力的世界一流企业
指导原则	基本原则	以战略为导向，价值为核心，持久稳定的股东回报为基础
	综合平衡	体现经济效益与社会责任、长期发展与短期目标、财务与非财务、个人与组织、结果考核与过程管理的综合、有效平衡
	价值创造方法重点	将价值创造贯穿于经营管理全过程，持续改善、逐步积累、稳步提升，尤其关注核心能力建设，注重无形资产开发培育
关键举措	关键流程	①以有效的经营管理计划、流程特别是关键业务流程支撑长远发展目标的落实 ②长期或年度绩效目标的设定应具有挑战性，将变革创新作为关键举措，用全面预算管理来支持促进绩效目标的实现 ③基于驱动因素对目标层层分解，形成各级组织的关键绩效指标，并由明确的个人责任、工作目标予以保障 ④加强目标实施过程的监控、分析，因应市场环境变化适时调整 ⑤严格考核，奖惩及时兑现 ⑥加强绩效结果应用，不断提升绩效水平

（续）

关键举措	标杆管理	①绩效管理工具：企业及各业务单元、职能部门应将标杆管理作为绩效管理的有效工具 ②标杆选择：与企业内部、国内外同行业或跨行业先进企业、单位的最佳实践对标 ③寻找差距不足：重点对比关键业务流程与关键绩效指标，追溯导致指标差异的深层次原因特别是关键驱动因素 ④制定措施：根据企业实际制定改进或创新措施，挖掘绩效潜力，努力实现跨越式提升
支撑保障		①倡导将业绩导向、追求卓越作为企业文化建设重要内容，以相配套的制度、管理加以推动 ②以技术创新、商业模式创新和业务结构的优化调整为支撑保障
要素关联度		☆☆☆☆：公司治理 ☆☆☆：业务结构、管理与商业模式、集团管控、社会责任 ☆☆：人才开发与企业文化、自主研发、绩效衡量与管理 ☆：其他 4 个要素

国资委

2021 年 8 月 13 日

〔来源：国务院国有资产监督管理委员会〕

2022 年中国机械工业百强企业名单

序号	企业名称	省份	2021 年营业收入（亿元）
1	中国机械工业集团有限公司	北京市	3 705.45
2	潍柴控股集团有限公司	山东省	3 055.98
3	上海电气控股集团有限公司	上海市	1 634.95
4	三一集团有限公司	湖南省	1 545.60
5	徐工集团工程机械有限公司	江苏省	1 167.96
6	新疆特变电工集团有限公司	新疆维吾尔自治区	756.95
7	中联重科股份有限公司	湖南省	671.31
8	正泰集团股份有限公司	浙江省	532.69
9	人民电器集团有限公司	浙江省	508.17
10	新疆金风科技股份有限公司	新疆维吾尔自治区	505.71
11	中国东方电气集团有限公司	四川省	492.64
12	广西玉柴机器集团有限公司	广西壮族自治区	478.45
13	远东控股集团有限公司	江苏省	476.69
14	中国一重集团有限公司	黑龙江	418.57
15	临沂临工机械集团	山东省	407.07
16	三花控股集团有限公司	浙江省	401.75
17	白云电气集团有限公司	广东省	349.74

（续）

序号	企业名称	省份	2021 年营业收入（亿元）
18	浙江省机电集团有限公司	浙江省	349.19
19	江苏上上电缆集团有限公司	江苏省	304.17
20	海天塑机集团有限公司	浙江省	293.65
21	郑州煤矿机械集团股份有限公司	河南省	292.94
22	广西柳工集团有限公司	广西壮族自治区	289.16
23	陕西鼓风机（集团）有限公司	陕西省	283.11
24	哈尔滨电气集团有限公司	黑龙江省	247.98
25	大全集团有限公司	江苏省	238.81
26	人本集团有限公司	浙江省	215.71
27	中国西电集团有限公司	陕西省	180.04
28	山东电工电气集团有限公司	山东省	176.07
29	安徽天康（集团）股份有限公司	安徽省	166.93
30	云南云内动力集团有限公司	云南省	165.98
31	卫华集团有限公司	河南省	163.34
32	安徽叉车集团有限责任公司	安徽省	153.65
33	太原重型机械集团有限公司	山西省	150.53
34	许继集团有限公司	河南省	146.15
35	德力西集团有限公司	浙江省	145.53
36	杭叉集团股份有限公司	浙江省	144.90
37	南京高速齿轮制造有限公司	江苏省	141.94
38	山东时风（集团）有限责任公司	山东省	141.49
39	沈阳鼓风机集团股份有限公司	辽宁省	121.05
40	杭氧集团股份有限公司	浙江省	118.78
41	青岛汉河集团股份有限公司	山东省	118.11
42	平高集团有限公司	河南省	116.22
43	山河智能装备股份有限公司	湖南省	114.08
44	福建龙净环保股份有限公司	福建省	112.97
45	福建南平太阳电缆股份有限公司	福建省	112.25
46	大连冰山集团有限公司	辽宁省	112.01
47	北京京城机电控股有限责任公司	北京市	106.76
48	兰州兰石集团有限公司	甘肃省	103.28
49	江苏沃得农业机械股份有限公司	江苏省	99.43
50	天津市金桥焊材集团股份有限公司	天津市	97.26
51	中国铁建重工集团股份有限公司	湖南省	95.17
52	江苏恒立液压股份有限公司	江苏省	93.09
53	风帆有限责任公司	河北省	92.53

（续）

序号	企业名称	省份	2021 年营业收入（亿元）
54	山推工程机械股份有限公司	山东省	91.60
55	大连重工装备集团有限公司（更名）	辽宁省	91.33
56	山东五征集团	山东省	89.49
57	无锡华光环保能源集团股份有限公司	江苏省	83.77
58	中信重工机械股份有限公司	河南省	75.50
59	杭州电缆股份有限公司	浙江省	74.43
60	杭州东华链条集团有限公司	浙江省	68.09
61	烟台冰轮集团有限公司	山东省	66.15
62	西子清洁能源装备制造股份有限公司	浙江省	65.78
63	中国四联仪器仪表集团有限公司	重庆市	65.75
64	开山控股集团股份有限公司	浙江省	61.56
65	泰豪科技股份有限公司	江西省	60.63
66	山东豪迈机械科技股份有限公司	山东省	60.08
67	杭州汽轮动力集团股份有限公司	浙江省	57.88
68	瓦房店轴承集团有限责任公司	辽宁省	57.72
69	无锡市华美电缆有限公司	江苏省	57.67
70	天津大桥焊材集团有限公司	天津市	55.32
71	安徽全柴集团有限公司	安徽省	55.18
72	四川空分设备（集团）有限责任公司	四川省	54.19
73	江苏华朋集团有限公司	江苏省	51.97
74	秦川机床工具集团	陕西省	50.52
75	洛阳 LYC 轴承有限公司	河南省	50.20
76	济南二机床集团有限公司	山东省	46.62
77	上海凯泉泵业（集团）有限公司	上海市	46.33
78	浙江中控技术股份有限公司	浙江省	45.19
79	湘电集团有限公司	湖南省	43.27
80	南京汽轮电机（集团）有限责任公司	江苏省	39.84
81	东睦新材料集团股份有限公司	浙江省	35.91
82	江麓机电集团有限公司	湖南省	35.01
83	日立建机（中国）有限公司	安徽省	34.32
84	浙江菲达环保科技股份有限公司	浙江省	33.84
85	一汽解放大连柴油机有限公司	辽宁省	33.65
86	沈阳新松机器人自动化股份有限公司	辽宁省	32.98
87	和利时科技集团有限公司	北京市	32.90
88	豫飞重工集团有限公司	河南省	32.74
89	重庆康明斯发动机有限公司	重庆市	31.27
90	华立科技股份有限公司	浙江省	30.73

（续）

序号	企业名称	省份	2021 年营业收入（亿元）
91	南方泵业股份有限公司	浙江省	30.28
92	江苏常发农业装备股份有限公司	江苏省	29.88
93	江苏国茂减速机股份有限公司	江苏省	29.44
94	常州东风农机集团有限公司	江苏省	29.02
95	常熟开关制造有限公司（原常熟开关厂）	江苏省	28.09
96	扬力集团股份有限公司	江苏省	27.80
97	张家港广大特材股份有限公司	江苏省	27.37
98	北京精雕科技集团有限公司	北京市	25.70
99	苏州海陆重工股份有限公司	江苏省	25.33
100	北京电力设备总厂有限公司	北京市	25.10

〔来源：机经网〕

2022 年中国 500 强前 100 强排行榜

2022 年 500 家上榜的中国上市公司总营业收入达到 62 万亿元，比 2021 年上榜公司的总营业收入约增长 17.4%；2022 年上榜公司的净利润达到了 4.7 万亿元，较 2021 年约增长 9.2%。与 2021 年上榜的公司相比，2022 年上榜公司营业收入和净利润均有较大提高。2022 年上榜公司的年营业收入门槛接近 228 亿元，比 2021 年的近 174 亿元的门槛提高了 31%。2021 年中国 GDP 突破 110 万亿元，2022 年上榜的 500 家企业在 2021 年的收入总和达 62 万亿元，超过了 2021 年中国 GDP 的一半。

2022 年榜单排名前 3 位的格局并未改变，依次是：中国石油化工股份有限公司、中国石油天然气股份有限公司和中国建筑股份有限公司。中国平安保险（集团）股份有限公司列第 4 位，仍排在非国有企业第 1 位。两家民营上市企业京东集团股份有限公司和阿里巴巴集团控股有限公司的排名均有提升，其中，京东集团股份有限公司排名升至第 7 位，首次进入榜单前 10 位；阿里巴巴集团控股有限公司名列第 11 位。

2022 年共有 49 家新上榜和重新上榜的公司，其中，滴滴全球有限公司首次上榜，并以 1 738 亿元的总收入排名第 75 位。科兴控股生物技术有限公司以 1 250 亿元的营业收入，首次上榜并位居第 109 位。

新能源汽车领域，蔚来集团和理想汽车双双首次上榜，分别位列第 344 位和第 427 位。

在盈利能力方面，最赚钱的 10 家上榜公司中，除 6 家商业银行和保险公司之外，腾讯控股有限公司以 2 248 亿元的归母净利润排在利润榜第 4 位。2022 年利润榜的前 10 位出现了中国石油天然气股份有限公司和中远海运控股股份有限公司，分列该子榜的第 9 位、第 10 位。在 2021 年榜单上这 10 家公司的总利润约为 1.85 万亿元，约占上榜公司利润总和的 39%，比往年略有下降。榜单上商业银行的利润总和达到了所有 500 家上市公司利润的 38%，即超过 1/3 的中国 500 强利润来自榜单上的商业银行。净利润率方面，排位最高的是中国生物制药，净利润率高达54%；位居净利润率榜第 2 位的是贵州茅台酒股份有限公司，净利润率约为 48%。

此次榜单共计有 49 家上市公司未能盈利，亏损总额约 4 363 亿元。以各家公司财报显示的亏损数字为统计依据，居亏损榜首位的是北京快手科技有限公司，亏损额超过 780 亿元；滴滴（中国）科技有限公司亏损 493 亿元，位列亏损榜第 2 位；苏宁易购亏损 432 亿元，位列亏损榜第 3 位。陷入债务困境的华夏幸福基业股份有限公司位列亏损榜第 4 位。

在所有上榜公司中，位居净资产收益率（ROE）榜榜首的是北京科兴生物制品有限公司，疫苗接种为该公司短期带来巨大营业收入和利润，该公司 ROE 接近 92%。另外两家疫苗相关公司，重庆智飞生物（ROE 为 58%）和中国生物制药有限公司（ROE 为 48%）也出现在榜单前 10 之中。

由于国际运价上涨，东方海外（国际）和中远海运控股分别以 74.6% 和 67.1% 位列 ROE 榜第 2 位、第 3 位。2021 年 ROE 榜排名前 10 位公司中房地产企业占了 5 家，2022 年没有一家房地产公司出现在 ROE 榜前 40 名中，部分原因是多家大型地产公司因为自身原因推迟年报发布，而没有登上 2022 年的榜单。2022 年中国 500 强前 100 强排行榜见表 1。

表 1　2022 年中国 500 强前 100 强排行榜

排名		公司名称（中文）	营业收入（百万元）	利润（百万元）
2021 年	2022 年			
1	1	中国石油化工股份有限公司	2 740 884.00	71 208.00
2	2	中国石油天然气股份有限公司	2 614 349.00	92 161.00
3	3	中国建筑股份有限公司	1 891 338.97	51 407.66
4	4	中国平安保险（集团）股份有限公司	1 180 444.00	101 618.00
5	5	中国中铁股份有限公司	1 073 271.73	27 617.61
6	6	中国铁建股份有限公司	1 020 010.18	24 690.56
11	7	京东集团股份有限公司	951 592.00	-3 560.00
7	8	中国工商银行股份有限公司	942 762.00	348 338.00
8	9	中国人寿保险股份有限公司	858 505.00	50 921.00
9	10	中国移动有限公司	848 258.00	116 148.00
14	11	阿里巴巴集团控股有限公司	836 405.00	65 736.00
10	12	中国建设银行股份有限公司	824 246.00	302 513.00
12	13	上海汽车集团股份有限公司	779 845.79	24 533.10
13	14	中国农业银行股份有限公司	719 915.00	241 183.00
24	15	厦门建发股份有限公司	707 844.50	6 098.09
15	16	中国交通建设股份有限公司	685 639.00	17 993.09
17	17	中国银行股份有限公司	605 559.00	216 559.00
16	18	中国人民保险集团股份有限公司	597 691.00	21 638.00
19	19	中国中信股份有限公司	588 416.88	58 284.26

（续）

排名		公司名称（中文）	营业收入（百万元）	利润（百万元）
2021 年	2022 年			
28	20	物产中大集团股份有限公司	562 537.90	3 984.99
20	21	腾讯控股有限公司	560 118.00	224 822.00
23	22	绿地控股集团股份有限公司	544 755.84	6 179.03
21	23	碧桂园控股有限公司	523 064.00	26 797.00
22	24	国药控股股份有限公司	521 051.24	7 758.65
30	25	中国冶金科工股份有限公司	500 571.65	8 374.97
27	26	联想控股股份有限公司	489 871.68	5 754.89
33	27	厦门国贸集团股份有限公司	464 755.64	3 411.62
32	28	厦门象屿股份有限公司	462 516.23	2 160.27
26	29	万科企业股份有限公司	452 797.77	22 524.03
29	30	中国电力建设股份有限公司	448 980.31	8 632.10
35	31	江西铜业股份有限公司	442 767.67	5 635.57
4	32	中国太平洋保险（集团）股份有限公司	440 643.00	26 834.00
31	33	中国电信股份有限公司	439 552.00	25 948.00
40	34	宝山钢铁股份有限公司	365 342.22	23 632.00
39	35	美的集团股份有限公司	343 360.83	28 573.65
48	36	中国神华能源股份有限公司	335 216.00	50 269.00
68	37	中远海运控股股份有限公司	333 693.61	89 296.14
27	38	招商银行股份有限公司	331 253.00	119 922.00
45	39	小米集团	328 309.15	19 339.32
36	40	中国联合网络通信股份有限公司	327 854.49	6 305.47
41	41	中国能源建设股份有限公司	322 318.57	6 504.10
38	42	中国邮政储蓄银行股份有限公司	318 762.00	76 170.00
46	43	保利发展控股集团股份有限公司	285 024.10	27 387.84
49	44	上海建工集团股份有限公司	281 055.47	3 768.77
42	45	中国建材股份有限公司	273 683.40	16 218.36
59	46	中国铝业股份有限公司	269 748.23	5 079.56
44	47	交通银行股份有限公司	269 390.00	87 581.00
47	48	中国太平保险控股有限公司	262 161.82	6 236.37
74	49	中国海洋石油有限公司	246 111.00	70 320.00
80	50	中国中煤能源股份有限公司	231 127.30	13 281.91

（续）

排名		公司名称（中文）	营业收入（百万元）	利润（百万元）
2021 年	2022 年			
53	51	海尔智家股份有限公司	227 556.14	13 067.04
51	52	中国中车股份有限公司	225 731.76	10 302.61
67	53	紫金矿业集团股份有限公司	225 102.49	15 672.87
61	54	龙湖集团控股有限公司	223 375.48	23 853.69
54	55	新华人寿保险股份有限公司	222 380.00	14 947.00
55	56	兴业银行股份有限公司	221 236.00	82 680.00
83	57	京东方科技集团股份有限公司	219 309.80	25 830.94
73	58	比亚迪股份有限公司	216 142.40	3 045.19
58	59	上海医药集团股份有限公司	215 824.26	5 093.47
62	60	华润置地有限公司	212 108.36	32 401.24
75	61	顺丰控股股份有限公司	207 186.65	4 269.10
70	62	华能国际电力股份有限公司	204 605.08	-10 264.37
56	63	潍柴动力股份有限公司	203 547.70	9 254.49
76	64	恒力石化股份有限公司	197 996.55	15 531.08
63	65	华润医药集团有限公司	196 549.12	3 128.18
57	66	上海浦东发展银行股份有限公司	190 982.00	53 003.00
69	67	珠海格力电器股份有限公司	189 654.03	23 063.73
90	68	美团	179 128.00	-23 538.38
97	69	浙商中拓集团股份有限公司	178 270.16	819.14
101	70	荣盛石化股份有限公司	177 024.28	12 823.55
65	71	万洲国际有限公司	176 080.79	6 890.20
64	72	北京汽车股份有限公司	175 915.69	3 858.18
77	73	中升集团控股有限公司	175 103.06	8 328.95
92	74	洛阳栾川钼业集团股份有限公司	173 862.59	5 106.02
-	75	滴滴全球有限公司	173 827.38	-49 343.66
34	76	海航科技股份有限公司	171 661.72	3 080.19
88	77	湖南华菱钢铁股份有限公司	171 575.07	9 679.80
78	78	新城发展控股有限公司	169 537.32	8 590.62
60	79	中国民生银行股份有限公司	168 804.00	34 381.00
111	80	苏美达股份有限公司	168 682.00	767.07
89	81	国电电力发展股份有限公司	168 185.48	-1 845.35

（续）

排名		公司名称（中文）	营业收入（百万元）	利润（百万元）
2021 年	2022 年			
66	82	安徽海螺水泥股份有限公司	167 952.66	33 267.07
71	83	中国再保险（集团）股份有限公司	163 973.62	6 362.78
119	84	中国国际海运集装箱（集团）股份有限公司	163 695.98	6 665.32
145	85	TCL 科技集团股份有限公司	163 690.64	10 057.44
83	86	复星国际有限公司	161 291.15	10 089.92
85	87	招商局蛇口工业区控股股份有限公司	160 643.41	10 372.25
86	88	陕西建工集团股份有限公司	159 477.90	3 476.72
72	89	广汇汽车服务集团股份公司	158 436.69	1 608.52
122	90	立讯精密工业股份有限公司	153 946.10	7 070.52
79	91	中国光大银行股份有限公司	152 751.00	43 407.00
117	92	陕西煤业股份有限公司	152 266.42	21 139.69
52	93	兖矿能源集团股份有限公司	151 990.80	16 258.91
100	94	河钢股份有限公司	149 626.21	2 688.12
153	95	万华化学集团股份有限公司	145 537.82	24 648.75
43	96	苏宁易购集团股份有限公司	138 904.34	-43 264.61
96	97	昆仑能源有限公司	138 547.00	23 016.00
94	98	中国化学工程股份有限公司	137 918.59	4 633.42
107	99	鞍钢股份有限公司	136 674.00	6 925.00
103	100	长城汽车股份有限公司	136 404.66	6 726.09

注：1. 中国 500 强排行榜由中金财富与《财富》（中文版）合作编制完成。

2. 本排行榜覆盖范围包括在中国境内外上市的所有中国公司。

3. 本榜所依据数据为上市公司在各证券交易所正式披露的最新年报。

4. 本榜以人民币为统一计价标准；除另有注明外，营业收入与利润所涉及人民币汇率均按 2021 年平均汇率（中国人民银行公布的交易中间价）换算，其中：1 港币 =0.830 0 元人民币；1 美元 =6.451 5 元人民币；1 新加坡元 =4.800 3 元人民币；总资产与股东权益所涉及人民币汇率均按 2021 年最后一个交易日中国人民银行公布的交易中间价换算。

5. 本榜所采用财务数据，以该公司公布的中国国内会计准则核算之数据为首选，以国际会计准则核算之数据为候选。

6. 本榜所采用的市值数据以该公司 2021 年最后一个交易日收盘价数据为准，对于多地上市公司，区分不同地区上市的股份价格和股份数量分别计算市值，然后加总。2022 年新上市公司，采用上市首日收盘价计算市值。

7. 本榜排名不构成对相关公司二级市场的任何操作建议。

8. 凡财务年度截止日非 12 月 31 日的公司均按其季报及中报数据调整为自然年度对应数据，如阿里巴巴、玖龙纸业等。

9. 因好未来无法调整为自然年对应数据，并且财务年截止日为 2022 年 2 月 28 日，因此统计口径调整为 2021 年 3 月 1 日至 2022 年 2 月 28 日。

10. 本排行榜统计截止日为 2022 年 5 月 20 日，部分公司因未发最新年报未纳入统计范围。

11. 上市公司市值仅供参考。

〔来源：财富中文网〕

2022 年世界 500 强中国上榜企业名单

2021 年，新冠肺炎疫情在全球蔓延，但是世界经济在疫情中艰难重启。2022 年公布的《财富》世界 500 强排行榜中企业的营业收入总和约为 37.8 万亿美元，相当于当年全球 GDP 的 2/5，接近中国和美国 GDP 之和。进入排行榜的门槛（最低销售收入）也从 240 亿美元跃升至 286 亿美元。

2022 年上榜企业的总营业收入比上年上涨 19.2%，这是该榜单有史以来最大的涨幅；净利润总和达 3.1 万亿美元，净利润总和比上年上涨 88%，是 2004 年以来最大的涨幅。中国上榜企业的营业收入占上榜企业总营业收入的 31%，首次超过美国。美国上榜企业的营业收入占上榜企业总营业收入的 30%。

沃尔玛百货有限公司连续第 9 年成为全球最大公司，亚马逊公司上升至第 2 位。榜单前 5 名中，有 3 家企业来自中国，分别是国家电网有限公司（简称国家电网）、中国石油天然气集团有限公司（简称中石油）、中国石油化工集团有限公司（简称中石化）。中国的国家电网位居榜单第 3 位，中石油、中石化分别位居第 4 位和第 5 位。大众汽车的排名（第 8 位）超过丰田汽车（第 13 位），成为“全球最大汽车生产商”。中国的互联网巨头京东集团股份有限公司、阿里巴巴集团控股有限公司和腾讯控股有限公司，在 2022 年榜单上的排名均有上升，分别位列第 46 位、第 55 位和第 121 位。这是该 3 家企业登上榜单以来，名次最高的一年。特斯拉第 2 次登上榜单，排名跃升 150 位至第 242 位，2021 年，该公司营业收入涨幅达 71%。

在盈利方面，沙特阿拉伯国家石油公司以约 1 054 亿美元的利润位居榜首。苹果公司位居利润榜第 2 位，利润超过 946 亿美元，伯克希尔－哈撒韦以约 898 亿美元的利润位居第 3 位。谷歌母公司 Alphabet 和微软分列利润榜第 4 位和第 5 位，利润均超过 600 亿美元。中国工商银行、中国建设银行、中国农业银行三大中国商业银行继续位列利润榜前 10 位，其中中国工商银行的利润高达 540 亿美元。在利润榜的前 10 名中，中国和美国的上榜企业占了 9 家。

中国大陆公司上榜数量增长幅度有所下降，与 2021 年相比（增长 11 家），2022 年只增加了 1 家，上榜企业达到 136 家；加上台湾地区企业，中国共有 145 家企业上榜，大企业数量继续位居各国之首。2022 年美国共计 124 家企业上榜，比上一年增加 2 家。北京、东京、纽约、伦敦、首尔的上榜企业数量，接近上榜企业总数的 1/3。

自 1995 年起，有 151 家企业从未落榜。此次榜单共有 44 家新上榜和重新上榜企业，其中有 14 家中国企业，分别是中国中化控股有限责任公司、苏商建设集团有限公司、杭州钢铁集团有限公司、蜀道投资集团有限责任公司、中国航空油料集团有限公司、湖南钢铁集团有限公司、潞安化工集团有限公司、新疆中泰（集团）有限责任公司、比亚迪股份有限公司、顺丰控股股份有限公司、山东高速集团有限公司、成都兴城投资集团有限公司、上海德龙钢铁集团有限公司、台湾中油股份有限公司。

2022 年上榜的中国大陆企业的平均营业收入达到 809.8 亿美元，平均总资产 3 580 亿美元，平均净资产 431.8 亿美元，均超过世界 500 强的平均水平。

中国企业的盈利能力与世界 500 强企业平均水平的差距拉大。中国 145 家上榜企业的平均利润约 41 亿美元，虽然与自身相比有所提升，但是世界 500 强平均利润同期上升至 62 亿美元。以部分国家作为比较对象：上榜的德国企业平均利润为44亿美元，英国企业为69.6亿美元，加拿大企业为47.5亿美元，法国企业为48.5亿美元，巴西企业为84.8亿美元等，均高于中国企业；与上榜的美国企业相比，2022年上榜的124家美国企业平均利润达100.5亿美元，接近中国上榜企业的2.5倍。中国上榜企业利润及其增速远低于美国和世界平均水平。

根据以上数据计算，中国大陆上榜企业平均销售收益率为5.1%，总资产收益率为1.15%，净资产收益率则为9.5%，这3个指标都落后于《财富》世界500强平均水平。与美国上榜企业相比，124家上榜的美国企业的3个指标分别为11%、3.21%和21.9%，经营状况明显优于上榜的中国企业。2021年，其他国家企业特别是美国企业，迅速恢复全球经营，因此，上榜的中国企业与它们的差距在上年缩小的基础上又重新拉开。榜单前50名企业的总营业收入和总利润，分别占全部上榜公司总营业收入和总利润的31%和33%。

2022年进入榜单的中国银行共有10家，这10家银行利润占全部上榜中国大陆企业利润总额的41.7%，上榜银行利润占比仍然很高。而银行利润过高必然挤压非金融企业的利润。如果不计算银行所得利润，2021年中国大陆上榜的126家非银行企业平均利润只有26亿美元。作为对比，117家美国非银行企业平均利润接近92亿美元，超过中国大陆非银行企业的3.5倍。中国工商银行、中国银行、中国建设银行和中国农业银行总利润达1 719亿美元。这4家中国的银行，每家在资产负债表上的资产均不低于4万亿美元。

在净资产收益率（ROE）榜上，美源伯根公司以约690%的净资产收益率跃升至首位，甲骨文公司排名第2位，苹果公司名列第3位；中国企业排位前10的是中国医药集团有限公司、联想集团有限公司、山东钢铁集团有限公司、青山控股集团有限公司、腾讯控股有限公司、台积电公司、华为投资控股有限公司、恒力集团有限公司、浙江荣盛控股集团有限公司、上海德龙钢铁集团有限公司。

在利润率榜上，排名最高的是瑞典瓦伦堡家族的瑞典银瑞达集团，利润率高达85.9%，该公司是首次上榜；诺华公司位居第2位，巴西淡水河谷公司位列第3位，腾讯控股有限公司以超过40%的利润率位列第4位。在中国上榜公司中利润率排前10位的公司除了腾讯控股有限公司、台积电公司和华为投资控股有限公司外，其余都是商业银行。沙特阿拉伯国家石油公司以约1 054亿美元的利润成为榜单上“最赚钱的公司”。苹果公司从2021年利润榜的榜首下降为第2位，利润为946.8亿美元。有7个行业的年利润增长不低于200%，分别是能源、交通、商业服务、媒体、航天与防务、化学、汽车及零部件。上榜的航天与防务企业总营业收入增长9%，总利润增长达298%；上榜的汽车及零部件企业总营业收入增长16%，总利润增长达242%。

在排名位次的变化上，2022年上升最快的是鞍钢集团有限公司，跃升183位，位列第217位；法国达飞海运集团上升165名，位列第228位；中国中煤能源集团有限公司上升154位，位列第297位；特斯拉上升了150名，到第242位。其余上升超过百位的中国企业有：浙江省交通投资集团有限公司、中国电子科技集团有限公司、中国远洋海运集团有限公司和广州市建筑集团有限公司。

行业层面，通过中美行业结构对比可以发现：中国有19家金属制品企业上榜，平均利润11亿美元；美国在该分类下仅有纽柯一家钢铁企业，其利润达到70亿美元。中国有12家建筑工程企业和6家煤炭开采企业，美国在这些类别下均无上榜企业。保险（51家）、银行（44家）、车辆与零部件制造（33家）、炼油（30家）、金属（27家）行业拥有最多的上榜企业。

同时，榜单上的房地产企业均来自中国。2022年榜单上中国房地产企业共有5家，比2021年少了3家。相比2021年，这些房地产企业的平均营业收入有所上升，达到678.8亿美元，但是平均利润下降到28.7亿美元。主要原因是改革开放以来，特别是加入世界贸易组织以来，中国经济发展经历了大规模工业化和城市化过程。房地产、建筑材料、金属制品、矿业、工程建设等行业迅速崛起，形成了一批规模巨大的龙头企业。近年来，随着工业化和城市化基本完成，这些行业所属企业经营业绩下滑，部分退出榜单，在榜的则拖累了上榜中国企业整体的经营业绩。

放眼前沿行业，2022 年上榜的互联网企业共有 6 家，分别是美国的亚马逊、Alphabet 公司、Meta Platforms 公司，以及中国的京东集团股份有限公司、阿里巴巴集团控股有限公司、腾讯控股有限公司。这些中美互联网大企业的排名较 2021 年均有提升。

延续 2021 年对信息和通信技术产业（ICT）企业的关注，在这个全球竞争最为激烈的高新技术产业领域中，美国有 19 家上榜企业，平均营业收入 1 262 亿美元，平均利润达到 237 亿美元，中国有 12 家上榜企业，平均营业收入 787 亿美元，平均利润 77 亿美元。虽然这些中国企业的经营业绩明显进步，但是该类别下美国企业的平均利润是中国企业的 3 倍；考虑到美国及其他先进国家掌握着产业的核心零部件以及关键技术，并且对中国企业的监管持续加强，中国 ICT 企业需要持续努力以缩小与美国等西方国家企业的差距。

此外，航天与防务企业总营业收入增长 9%，总利润增长 298%；上榜的汽车及零部件企业总营业收入增长 16%，总利润增长 242%。

最后，对中国大陆国企和民企进行比较：2022 年有 86 家国有企业上榜，平均营业收入为 923 亿美元、营业利润为 39.5 亿美元、总资产 4 153 亿美元、净资产 508 亿美元；上榜的 50 家民营企业平均营业收入为 614 亿美元、营业利润为 44.2 亿美元、总资产为 2 608 亿美元、净资产为 349 亿美元。根据这些数据得出，上榜民营企业的销售收益率是 7.2%，总资产收益率是 1.7%，净资产收益率是 12.7%；上榜国有企业的 3 个指标则分别为 4.3%、0.95% 和 7.8%。显然，上榜民营企业的经营状况优于国企，盈利能力强于国企。

总体看，2022 年《财富》世界 500 强排行榜上的中国企业数量增加、规模扩大。但是，全球产业链正在重组，全球企业竞争规则也将重构。未来的中国企业必然将面临更严峻的挑战。2022 年世界 500 强中国上榜企业名单见表 1。

表 1　2022 年世界 500 强中国上榜企业名单

排名		公司名称（中英文）	营业收入（百万美元）	总部所在城市
2022 年	2021 年			
3	2	国家电网有限公司（STATE GRID）	460 616.9	北京
4	4	中国石油天然气集团有限公司（CHINA NATIONAL PETROLEUM）	411 692.9	北京
5	5	中国石油化工集团有限公司（SINOPEC GROUP）	401 313.5	北京
9	13	中国建筑集团有限公司（CHINA STATE CONSTRUCTION ENGINEERING）	293 712.4	北京
20	22	鸿海精密工业股份有限公司（HON HAI PRECISION INDUSTRY）	214 619.2	新北
22	20	中国工商银行股份有限公司（INDUSTRIAL & COMMERCIAL BANK OF CHINA）	209 000.4	北京
24	25	中国建设银行股份有限公司（CHINA CONSTRUCTION BANK）	200 434.0	北京
25	16	中国平安保险（集团）股份有限公司（PING AN INSURANCE）	199 629.4	深圳
28	29	中国农业银行股份有限公司（AGRICULTURAL BANK OF CHINA）	181 411.7	北京
31	-	中国中化控股有限责任公司（SINOCHEM HOLDINGS）	172 260.3	北京
34	35	中国铁路工程集团有限公司（CHINA RAILWAY ENGINEERING GROUP）	166 452.1	北京
39	42	中国铁道建筑集团有限公司（CHINA RAILWAY CONSTRUCTION）	158 203.0	北京
40	32	中国人寿保险（集团）公司（CHINA LIFE INSURANCE（GROUP）COMPANY）	157 095.3	北京
42	39	中国银行股份有限公司（BANK OF CHINA）	152 409.3	北京

（续）

排名		公司名称（中英文）	营业收入（百万美元）	总部所在城市
2022 年	2021 年			
44	72	中国宝武钢铁集团有限公司（CHINA BAOWU STEEL GROUP）	150 730.0	上海
46	59	京东集团股份有限公司（JD.COM，INC.）	147 526.2	北京
55	63	阿里巴巴集团控股有限公司（ALIBABA GROUP HOLDING）	132 935.7	杭州
57	56	中国移动通信集团有限公司（CHINA MOBILE COMMUNICATIONS）	131 913.4	北京
58	65	中国五矿集团有限公司（CHINA MINMETALS）	131 800.4	北京
60	61	中国交通建设集团有限公司（CHINA COMMUNICATIONS CONSTRUCTION）	130 664.1	北京
65	92	中国海洋石油集团有限公司（CHINA NATIONAL OFFSHORE OIL）	126 920.1	北京
68	60	上海汽车集团股份有限公司（SAIC MOTOR）	120 900.2	上海
69	70	山东能源集团有限公司（SHANDONG ENERGY GROUP）	120 012.3	济南
70	69	中国华润有限公司（CHINA RESOURCES）	119 601.2	香港
75	67	恒力集团有限公司（HENGLI GROUP）	113 536.0	苏州
76	68	正威国际集团有限公司（AMER INTERNATIONAL GROUP）	112 049.2	深圳
77	148	厦门建发集团有限公司（XIAMEN C&D）	111 556.5	厦门
79	66	中国第一汽车集团有限公司（CHINA FAW GROUP CORPORATION）	109 404.7	长春
80	109	中国医药集团有限公司（SINOPHARM）	108 779.3	北京
81	74	中国邮政集团有限公司（CHINA POST GROUP）	108 669.0	北京
85	101	国家能源投资集团有限责任公司（CHINA ENERGY INVESTMENT）	107 094.5	北京
89	91	中国南方电网有限责任公司（CHINA SOUTHERN POWER GRID）	104 118.8	广州
91	112	中粮集团有限公司（COFCO）	103 087.3	北京
96	44	华为投资控股有限公司（HUAWEI INVESTMENT & HOLDING）	98 724.7	深圳
100	107	中国电力建设集团有限公司（POWERCHINA）	96 421.7	北京
102	115	中国中信集团有限公司（CITIC GROUP）	96 125.8	北京
106	171	厦门国贸控股集团有限公司（XIAMEN ITG HOLDING GROUP）	93 791.3	厦门
110	90	中国人民保险集团股份有限公司（PEOPLE’S INSURANCE CO.OF CHINA）	92 182.3	北京
120	170	物产中大集团股份有限公司（WUCHAN ZHONGDA GROUP）	87 210.7	杭州
121	132	腾讯控股有限公司（TENCENT HOLDINGS）	86 835.6	深圳
122	85	东风汽车集团有限公司（DONGFENG MOTOR CORPORATION）	86 122.0	武汉
125	142	绿地控股集团股份有限公司（GREENLAND HOLDING GROUP）	84 454.0	上海
127	231	中国远洋海运集团有限公司（CHINA COSCO SHIPPING）	84 129.5	上海
131	126	中国电信集团有限公司（CHINA TELECOMMUNICATIONS）	83 596.3	北京
136	127	中国兵器工业集团有限公司（CHINA NORTH INDUSTRIES GROUP）	81 785.2	北京
138	139	碧桂园控股有限公司（COUNTRY GARDEN HOLDINGS）	81 091.1	佛山
139	198	中国铝业集团有限公司（ALUMINUM CORP.OF CHINA）	80 406.5	北京
144	140	中国航空工业集团有限公司（AVIATION INDUSTRY CORP.OF CHINA）	79 332.2	北京

（续）

排名		公司名称（中英文）	营业收入（百万美元）	总部所在城市
2022 年	2021 年			
150	149	太平洋建设集团有限公司（PACIFIC CONSTRUCTION GROUP）	77 072.9	乌鲁木齐
152	163	招商局集团有限公司（CHINA MERCHANTS GROUP）	76 766.9	香港
155	137	交通银行股份有限公司（BANK OF COMMUNICATIONS）	75 986.2	上海
160	189	厦门象屿集团有限公司（XMXYG）	75 094.3	厦门
162	124	北京汽车集团有限公司（BEIJING AUTOMOTIVE GROUP）	74 687.3	北京
163	138	晋能控股集团有限公司（JINNENG HOLDING GROUP）	74 588.2	大同
171	159	联想集团有限公司（LENOVO GROUP）	71 618.2	香港
174	162	招商银行股份有限公司（CHINA MERCHANTS BANK）	71 063.8	深圳
176	225	江西铜业集团有限公司（JIANGXI COPPER）	70 914.0	贵溪
178	160	万科企业股份有限公司（CHINA VANKE）	70 197.6	深圳
180	255	浙江荣盛控股集团有限公司（ZHEJIANG RONGSHENG HOLDING GROUP）	69 503.2	杭州
181	174	中国保利集团有限公司（CHINA POLY GROUP）	69 006.9	北京
182	158	中国太平洋保险（集团）股份有限公司［CHINA PACIFIC INSURANCE（GROUP）］	68 313.3	上海
186	176	广州汽车工业集团有限公司（GUANGZHOU AUTOMOBILE INDUSTRY GROUP）	66 955.2	广州
189	200	河钢集团有限公司（HBIS GROUP）	66 149.7	石家庄
196	177	中国建材集团有限公司（CHINA NATIONAL BUILDING MATERIAL GROUP）	64 416.6	北京
199	282	山东魏桥创业集团有限公司（SHANDONG WEIQIAO PIONEERING GROUP）	63 738.6	滨州
208	196	兴业银行股份有限公司（INDUSTRIAL BANK）	61 330.5	福州
209	220	陕西煤业化工集团有限责任公司（SHAANXI COAL & CHEMICAL INDUSTRY）	61 299.0	西安
210	194	中国光大集团股份公司（CHINA EVERBRIGHT GROUP）	61 193.8	北京
215	248	中国华能集团有限公司（CHINA HUANENG GROUP）	60 048.5	北京
217	400	鞍钢集团有限公司（ANSTEEL GROUP）	59 447.7	鞍山
224	284	中国机械工业集团有限公司（SINOMACH）	57 446.0	北京
225	251	台湾积体电路制造股份有限公司（TAIWAN SEMICONDUCTOR MANUFACTURING）	56 836.8	新竹
226	201	上海浦东发展银行股份有限公司（SHANGHAI PUDONG DEVELOPMENT BANK）	56 795.3	上海
229	239	浙江吉利控股集团有限公司（ZHEJIANG GEELY HOLDING GROUP）	55 860.1	杭州
233	354	中国电子科技集团有限公司（CHINA ELECTRONICS TECHNOLOGY GROUP）	55 457.2	北京
238	279	青山控股集团有限公司（TSINGSHAN HOLDING GROUP）	54 573.6	温州
241	311	盛虹控股集团有限公司（SHENGHONG HOLDING GROUP）	53 947.5	苏州
243	240	中国船舶集团有限公司（CHINA STATE SHIPBUILDING）	53 670.9	上海
245	288	美的集团股份有限公司（MIDEA GROUP）	53 231.5	佛山
257	234	陕西延长石油（集团）有限责任公司［SHAANXI YANCHANG PETROLEUM（GROUP）］	51 813.4	西安
260	293	国家电力投资集团有限公司（STATE POWER INVESTMENT）	51 518.2	北京

（续）

排名		公司名称（中英文）	营业收入（百万美元）	总部所在城市
2022 年	2021 年			
264	309	浙江恒逸集团有限公司（ZHEJIANG HENGYI GROUP）	50 974.1	杭州
266	338	小米集团（XIAOMI）	50 898.1	北京
267	260	中国联合网络通信股份有限公司（CHINA UNITED NETWORK COMMUNICATIONS）	50 827.6	北京
269	301	中国能源建设集团有限公司（CHINA ENERGY ENGINEERING GROUP）	50 344.7	北京
273	224	中国民生银行股份有限公司（CHINA MINSHENG BANKING）	50 079.2	北京
288	213	友邦保险控股有限公司（AIA GROUP）	47 525.0	香港
291	308	江苏沙钢集团有限公司（JIANGSU SHAGANG GROUP）	47 072.2	张家港
297	451	中国中煤能源集团有限公司（CHINA NATIONAL COAL GROUP）	46 664.8	北京
299	-	苏商建设集团有限公司（SUSUN CONSTRUCTION GROUP）	46 478.1	上海
302	433	浙江省交通投资集团有限公司（ZHEJIANG COMMUNICATIONS INVESTMENT GROUP）	46 381.6	杭州
311	235	和硕（PEGATRON）	45 247.0	台北
315	351	中国兵器装备集团公司（CHINA SOUTH INDUSTRIES GROUP）	44 374.4	北京
317	339	仁宝电脑（COMPAL ELECTRONICS）	44 243.1	台北
321	363	上海建工集团股份有限公司（SHANGHAI CONSTRUCTION GROUP）	43 572.3	上海
322	307	中国航天科技集团有限公司（CHINA AEROSPACE SCIENCE & TECHNOLOGY）	43 419.5	北京
324	334	中国电子信息产业集团有限公司（CHINA ELECTRONICS）	43 118.4	深圳
326	352	中国华电集团有限公司（CHINA HUADIAN）	42 855.3	北京
328	411	首钢集团有限公司（SHOUGANG GROUP）	42 090.3	北京
332	384	山东钢铁集团有限公司（SHANDONG IRON & STEEL GROUP）	41 318.7	济南
334	344	中国太平保险集团有限责任公司（CHINA TAIPING INSURANCE GROUP）	41 090.8	香港
336	-	杭州钢铁集团有限公司（HANGZHOU IRON AND STEEL GROUP）	41 008.5	杭州
339	336	金川集团股份有限公司（JINCHUAN GROUP）	40 957.8	金昌
341	320	中国航天科工集团有限公司（CHINA AEROSPACE SCIENCE & INDUSTRY）	40 856.1	北京
346	343	泰康保险集团股份有限公司（TAIKANG INSURANCE GROUP）	40 607.7	北京
349	324	广达电脑公司（QUANTA COMPUTER）	40 439.7	桃园
353	315	安徽海螺集团有限责任公司（ANHUI CONCH GROUP）	39 699.5	芜湖
356	390	新希望控股集团有限公司（NEW HOPE HOLDING GROUP）	39 168.9	成都
360	460	广州市建筑集团有限公司（GUANGZHOU MUNICIPAL CONSTRUCTION GROUP）	38 624.0	广州
363	431	北京建龙重工集团有限公司（BEIJING JIANLONG HEAVY INDUSTRY GROUP）	38 356.6	北京
364	371	中国核工业集团有限公司（CHINA NATIONAL NUCLEAR）	38 327.5	北京
372	396	深圳市投资控股有限公司（SHENZHEN INVESTMENT HOLDINGS）	37 599.3	深圳
376	346	国泰金融控股股份有限公司（CATHAY FINANCIAL HOLDING）	37 533.6	台北
385	349	中国中车集团有限公司（CRRC GROUP）	36 963.9	北京

（续）

排名		公司名称（中英文）	营业收入（百万美元）	总部所在城市
2022 年	2021 年			
386	375	敬业集团有限公司（JINGYE GROUP）	36 882.1	石家庄
393	353	长江和记实业有限公司（CK HUTCHISON HOLDINGS）	36 133.9	香港
397	372	怡和集团（JARDINE MATHESON）	35 862.0	香港
400	407	铜陵有色金属集团控股有限公司（TONGLING NONFERROUS METALS GROUP）	35 511.2	铜陵
405	405	海尔智家股份有限公司（HAIER SMART HOME）	35 278.2	青岛
407	486	紫金矿业集团股份有限公司（ZIJIN MINING GROUP）	34 897.8	龙岩
411	435	中国大唐集团有限公司（CHINA DATANG）	34 699.8	北京
412	456	龙湖集团控股有限公司（LONGFOR GROUP HOLDINGS）	34 630.1	北京
413	–	蜀道投资集团有限责任公司（SHUDAO INVESTMENT GROUP）	34 549.4	成都
414	–	中国航空油料集团有限公司（CHINA NATIONAL AVIATION FUEL GROUP）	34 519.2	北京
416	415	新华人寿保险股份有限公司（NEW CHINA LIFE INSURANCE）	34 475.8	北京
421	–	湖南钢铁集团有限公司（HUNAN IRON & STEEL GROUP）	34 061.2	长沙
422	–	潞安化工集团有限公司（LU’AN CHEMICAL GROUP）	34 043.3	长治
430	437	上海医药集团股份有限公司（SHANGHAI PHARMACEUTICALS HOLDING）	33 459.4	上海
431	403	山西焦煤集团有限责任公司（SHANXI COKING COAL GROUP）	33 380.0	太原
434	–	新疆中泰（集团）有限责任公司（XINJIANG ZHONGTAI GROUP）	32 890.2	乌鲁木齐
436	–	比亚迪股份有限公司（BYD）	32 758.0	深圳
440	388	富邦金融控股股份有限公司（FUBON FINANCIAL HOLDING）	32 223.4	台北
441	–	顺丰控股股份有限公司（S.F.HOLDING）	32 120.3	深圳
445	439	广西投资集团有限公司（GUANGXI INVESTMENT GROUP）	31 962.1	南宁
447	471	云南省投资控股集团有限公司（YUNNAN PROVINCIAL INVESTMENT HOLDING GROUP）	31 883.7	昆明
452	425	潍柴动力股份有限公司（WEICHAI POWER）	31 556.2	潍坊
453	444	新疆广汇实业投资（集团）有限责任公司（XINJIANG GUANGHUI INDUSTRY INVESTMENT）	31 505.9	乌鲁木齐
458	–	山东高速集团有限公司（SHANDONG HI-SPEED GROUP）	31 135.8	济南
459	428	海亮集团有限公司（HAILIANG GROUP）	31 048.6	杭州
462	421	纬创集团（WISTRON）	30 866.6	台北
466	–	成都兴城投资集团有限公司（CHENGDU XINGCHENG INVESTMENT GROUP）	30 552.6	成都
467	468	广州医药集团有限公司（GUANGZHOU PHARMACEUTICAL HOLDINGS）	30 466.4	广州
469	–	上海德龙钢铁集团有限公司（SHANGHAI DELONG STEEL GROUP）	30 343.0	上海
475	–	台湾中油股份有限公司（CPC）	30 021.2	高雄
487	488	珠海格力电器股份有限公司（GREE ELECTRIC APPLIANCES）	29 402.2	珠海

〔来源：财富中文网〕

2022 年度 ENR 全球最大 250 家国际承包商中国企业上榜名单

2022年度美国《工程新闻纪录（ENR）》“全球最大 250 家国际承包商”榜单于美国当地时间 8 月 24 日发布。中国内地企业（以下简称中国企业）中，共有 79 家企业入围 2022 年度“全球最大 250 家国际承包商”。

榜单情况显示，2021 年国际基建行业整体呈复苏态势，250 家上榜企业 2021 年的国际新签合同总额为 5 472 亿美元，较 2020 年增长 5.1%；国际营业总额为 3 979 亿美元，较 2020 年下降 5.4%，降幅明显收窄（2020 年度降幅 11.1%）；在近两年连续上榜的 236 家企业中，62.3% 的上榜企业国际营业额有所提升。

中国企业上榜数量较上年度增加 1 家，继续蝉联各国榜首，土耳其以 42 家上榜企业居第 2 位，美国列第 3 位（41 家），意大利列第 4 位（13 家），韩国列第 5 位（12 家）。从各国上榜企业国际营业总额来看，中国企业在 2021 年实现国际营业额 1 129.5 亿美元，同比增长 5.1%，占全部上榜企业国际营业总额的 28.4%，较 2020 年提升 2.8 个百分点；西班牙企业以 517.8 亿美元位居次席，占上榜企业国际营业总额的 13%；法国企业以 504.3 亿美元列第 3 位，占比为 12.7%；美国企业以 241.9 亿美元排第 4 位，占比为 6.1%；韩国企业则以 227.3 亿美元列第 5 位，占比为 5.7%。

4 家中国企业进入榜单前 10 强，分别是中国交通建设集团有限公司（排名第 3 位，国际营业额为 219 亿美元）、中国电力建设集团有限公司（排名第 6 位，国际营业额为 137 亿美元）、中国建筑股份有限公司（排名第 7 位，国际营业额为 123.2 亿美元）、中国铁建股份有限公司（排名第 10 位，国际营业额为 90.1 亿美元）；共有 12 家中国企业进入榜单 50 强。西班牙企业 ACS 与其控股的德国企业霍赫蒂芙（HOCHTIEF）首次共同申报，以 327.5 亿美元的国际营业额排名榜首，法国企业万喜（VINCI）以 274.1 亿美元的国际营业额位居第 2 位。

上榜的 79 家中国企业平均国际营业额为 14.3 亿美元，同比提高 3.7%，平均国际业务占比（国际营业额/全球营业额）为 8%。上榜的前 10 家中国企业平均国际营业额为 83.7 亿美元，平均国际业务占比为 9.8 %；榜单前 10 位的外国企业平均国际营业额为 137.7 亿美元，平均国际业务占比为 61.9%。

地区市场业务规模方面，欧洲市场占据首位，250 家上榜企业在欧洲市场的营业额为 1 131 亿美元，占营业总额的 28.4%；亚洲市场排第 2 位，占营业总额的 18.7%；其后是美国市场、中东市场、非洲市场、澳大利亚/大洋洲市场，占比分别为 12.8%、12.2%、11.8%、5.8%。在地区市场业务前 10 强榜单中，中国企业除未能进入美国、加拿大市场外，在其他市场均占有席位。在非洲市场，中国企业业务依旧领先，中国交通建设集团有限公司、中国电力建设集团有限公司、中国建筑股份有限公司、中国铁建股份有限公司、中国中铁股份有限公司、中国中材国际工程股份有限公司 6 家企业入围；在亚洲市场，中国交通建设集团有限公司、中国建筑股份有限公司、中国电力建设集团有限公司、中国中铁股份有限公司、中国能源建设股份有限公司 5 家企业入围；在中东市场，中国企业表现也可圈可点，中国电力建设集团有限公司、上海电气集团股份有限公司、中国能源建设股份有限公司、中国建筑股份有限公司、中国铁建股份有限公司 5 家企业上榜；在拉丁美洲和加勒比市场，中国交通建设集团有限公司、中国铁建股份有限公司、中国电建集团有限公司 3 家企业上榜；在澳大利亚/大洋洲市场，中国交通建设集团有限公司、中国铁建股份有限公司 2 家企业上榜。在欧洲市场，中国铁建股份有限公司上榜，实现了中国企业在欧洲市场前 10 强榜单的突破。各国承包商在各区域市场各有所长，中国企业在非洲、亚洲和中东市场继续保持领先地位，市场份额分别达到 59.3%、55.3% 和 40%；欧洲企业在美国、欧洲、澳大利亚/大洋洲、拉丁美洲和加勒比市场业务优势较为明显，市场份额分别达到 74.5%、73.9%、64.3% 和 43.1%；美国企业业务主要集中在加拿大、拉丁美洲及加勒比市场，市场份额分别为 48.3%、25.9%。

专业业务领域方面，上榜企业在交通运输建设领域的营业额合计为 1 321.7 亿美元，占营业总额的 33.2%，其次是房屋建筑、石油化工、电力工程领域，上述 4 个领域营业额合计占比为 80.1%。在各业务领域排名前 10 强榜单中，均有中国企业，表明中国企业在各业务领域均具有一定竞争力。其中，在交通运输建设领域，中国交通建设集团有限公司、中国铁建股份有限公司、中国中铁股份有限公司、中国电力建设集团有限公司 4 家企业上榜；在电力工程领域，中国电力建设集团有限公司、中国能源建设股份有限公司、上海电气集团股份有限公司、中国机械工业集团有限公司 4 家企业上榜；在水利工程领域，中国电力建设集团有限公司、江西中煤建设集团有限公司、中国能源建设股份有限公司 3 家企业上榜；在房屋建筑领域，中国建筑股份有限公司、中国交通建设集团有限公司 2 家企业上榜；在石油化工领域，中国化学工程集团有限公司、中国石油集团工程股份有限公司 2 家企业上榜；在制造加工领域，中国交通建设集团有限公司、中材国际工程股份有限公司 2 家企业上榜；在供排水与污水处理领域，中国交通建设集团有限公司上榜；在工业建设领域，中国冶金科工集团有限公司上榜；在通信工程领域，浙江省建设投资集团股份有限公司上榜。

与 2021 年度榜单相比，79 家上榜中国企业中，有 47 家企业排名上升，26 家企业排名下降，1 家企业排名持平，5 家为新上榜企业。其中，排名上升幅度最大的为山西建设投资集团有限公司，从第 173 位上升至第 134 位，其次为绿地大基建集团有限公司，排名从第 207 位上升至 183 位；中国东方电气集团有限公司排名从第 123 位上升至 101 位。在 2021 年新冠肺炎疫情全球持续蔓延与国际政治格局深度调整等因素的叠加影响下，我国对外承包工程行业整体表现企稳回升，展现了行业发展的强大韧性。2022 年度 ENR 全球最大 250 家国际承包商上榜中国企业名单见表 1。

表 1　2022 年度 ENR 全球最大 250 家国际承包商上榜中国企业名单

序号	2022 年	2021 年	企业名称
1	3	4	中国交通建设集团有限公司
2	6	7	中国电力建设集团有限公司
3	7	9	中国建筑股份有限公司
4	10	11	中国铁建股份有限公司
5	11	13	中国中铁股份有限公司
6	17	21	中国能源建设股份有限公司
7	20	19	中国化学工程集团有限公司
8	28	35	中国机械工业集团有限公司
9	30	33	中国石油集团工程股份有限公司
10	40	51	上海电气集团股份有限公司
11	44	60	中国中材国际工程股份有限公司

（续）

序号	2022 年	2021 年	企业名称
12	47	53	中国冶金科工集团有限公司
13	67	72	中国江西国际经济技术合作有限公司
14	68	75	江西中煤建设集团有限公司
15	69	84	浙江省建设投资集团股份有限公司
16	72	81	北方国际合作股份有限公司
17	74	73	中国电力技术装备有限公司
18	75	90	山东高速集团有限公司
19	78	55	中国中原对外工程有限公司
20	80	63	中信建设有限责任公司
21	85	78	哈尔滨电气国际工程有限责任公司
22	87	94	青建集团股份公司
23	90	86	中石化炼化工程（集团）股份有限公司
24	92	93	上海建工集团股份有限公司
25	97	100	中国地质工程集团有限公司
26	98	109	北京城建集团有限责任公司
27	101	123	中国东方电气集团有限公司
28	104	113	新疆生产建设兵团建设工程（集团）有限责任公司
29	105	67	中国通用技术（集团）控股有限责任公司
30	106	105	中石化中原石油工程有限公司
31	107	107	江苏省建筑工程集团有限公司
32	109	111	特变电工股份有限公司
33	112	119	烟建集团有限公司
34	113	108	江苏南通三建集团股份有限公司
35	116	117	北京建工集团有限责任公司
36	119	121	中国河南国际合作集团有限公司
37	121	135	中鼎国际工程有限责任公司
38	122	106	云南省建设投资控股集团有限公司
39	123	143	中地海外集团有限公司
40	128	89	中国水利电力对外有限公司
41	131	132	江西省水利水电建设集团有限公司
42	134	173	山西建设投资集团有限公司
43	137	124	中国江苏国际经济技术合作集团有限公司
44	139	147	上海城建（集团）公司
45	142	129	中国武夷实业股份有限公司
46	143	159	中国航空技术国际工程有限公司

（续）

序号	2022 年	2021 年	企业名称
47	152	148	中钢设备有限公司
48	154	172	中国成套设备进出口集团有限公司
49	164	—	山东电力工程咨询院有限公司
50	166	176	龙信建设集团有限公司
51	170	177	山东淄建集团有限公司
52	172	174	安徽建工集团股份有限公司
53	173	155	中国有色金属建设股份有限公司
54	176	171	沈阳远大铝业工程有限公司
55	179	—	陕西建工控股集团有限公司
56	180	194	江西省建工集团有限责任公司
57	181	175	山东高速德建集团有限公司
58	182	180	湖南建工集团有限公司
59	183	207	绿地大基建集团有限公司
60	184	192	湖南路桥建设集团有限责任公司
61	189	167	西安西电国际工程有限责任公司
62	191	199	天元建设集团有限公司
63	193	210	正太集团有限公司
64	195	190	浙江交工集团股份有限公司
65	197	200	重庆对外建设（集团）有限公司
66	198	189	南通建工集团股份有限公司
67	199	202	中国甘肃国际经济技术合作有限公司
68	201	211	南通四建集团有限公司
69	206	184	浙江省东阳第三建筑工程有限公司
70	211	193	江苏中南建筑产业集团有限责任公司
71	212	213	四川公路桥梁建设集团有限公司
72	217	—	中天建设集团有限公司
73	222	197	中国建材国际工程集团有限公司
74	227	232	江苏南通二建集团有限公司
75	229	—	龙建路桥股份有限公司
76	233	127	安徽省华安外经建设（集团）有限公司
77	237	242	江联重工集团股份有限公司
78	238	—	中亿丰建设集团股份有限公司
79	249	186	河北建工集团有限责任公司

注：“—”表示该企业 2021 年度未入围榜单。

〔来源：中国对外承包工程商会官网〕

2021 年度中国机械工业科学技术奖授奖项目目录

2021 年度中国机械工业科学技术奖技术发明类
特等奖（1 项）

项目编号	项目名称	完成单位
2115001	航天对接机构地面测试关键技术与系列装备	哈尔滨工业大学、上海宇航系统工程研究所

2021 年度中国机械工业科学技术奖技术发明类
一等奖（11 项）

项目编号	项目名称	完成单位
2101006	多维超声精密加工系统设计理论与方法	河南理工大学、中南大学、北京工研精机股份有限公司、北京卫星制造厂有限公司
2102067	1 100kV 频繁投切滤波器组断路器	西安西电高压开关有限责任公司、平高集团有限公司、中国电力科学研究院有限公司、天水西电长城合金有限公司、沈阳工业大学、国网经济技术研究院有限公司、中国电力工程顾问集团华东电力设计院有限公司、中国地质大学（北京）、中国电力工程顾问集团中南电力设计院有限公司
2102076	永磁电机品质提升关键技术与设计方法研究和工程应用	沈阳工业大学、卧龙电气驱动集团股份有限公司、广州数控设备有限公司、沈阳蓝光驱动技术有限公司、江西工埠机械有限责任公司、安徽明腾永磁机电设备有限公司、抚顺煤矿电机制造有限责任公司
2103017	超大尺寸菲涅尔透镜“超精工程”创新平台与高性能激光电视屏幕创新	成都菲斯特科技有限公司
2104026	永磁驱动提升机成套装备	太原理工大学、贵阳高原矿山机械股份有限公司、安徽理工大学、中国矿业大学、贵州高矿重工（长顺）有限公司
2107034	高承载超稳定可调控气体动压轴承关键技术及应用	湖南大学、珠海格力电器股份有限公司、新奥能源动力科技（上海）有限公司、上海优社动力科技有限公司、中国科学院兰州化学物理研究所
2107076	大功率高动载车船湿式离合传动组件关键技术及应用	重庆大学、中国北方车辆研究所、重庆齿轮箱有限责任公司
2109006	核燃料组件格架条带冲制工艺与模具设计制造关键技术及应用	湖南大学、中核北方核燃料元件有限公司、中核包头核燃料元件股份有限公司、上海核工程研究设计院有限公司、国核宝钛锆业股份公司、河北工业大学
2109028	航天器复杂管路制造关键技术及其自动化生产线装备	北京理工大学、北京卫星制造厂有限公司、大连理工大学

（续）

项目编号	项目名称	完成单位
2115017	微创手术机器人关键技术及应用	哈尔滨工业大学、苏州大学、哈尔滨思哲睿智能医疗设备有限公司、苏州康多机器人有限公司、北京航空航天大学、民航总医院
2115033	锂离子动力电池极片高性能制造技术与装备	华中科技大学、深圳市信宇人科技股份有限公司、深圳市浩能科技有限公司、上海交通大学、深圳市比亚迪锂电池有限公司、湖北亿纬动力有限公司、天津力神电池股份有限公司

2021 年度中国机械工业科学技术奖技术发明类二等奖（12 项）

项目编号	项目名称	完成单位
2101008	超精密天然金刚石工具制造工艺与装备技术	哈尔滨工业大学、中国航空工业集团公司北京航空精密机械研究所、中国工程物理研究院激光聚变研究中心、上海舒伯哈特工具有限公司
2101018	大幅面激光振镜协同控制关键技术及应用	清华大学、北京航空航天大学、山东大学、安徽合力股份有限公司
2103006	配电网电能质量测评与提升关键技术及装备	云南电网有限责任公司、深圳市盛弘电气股份有限公司、华南理工大学、昆明理工大学、西安森宝电气工程有限公司、思源电气股份有限公司、安徽一天电气技术股份有限公司
2104032	高性能低能耗重载伺服液压缸及其系统开发与应用	中国重型机械研究院股份公司※
2105006	园林绿篱智能修剪装备关键技术及工程应用	广西大学、东风柳州汽车有限公司、广西机械工业研究院有限责任公司
2107055	高精密滚动轴承精度设计技术及应用	河南科技大学、洛阳轴承研究所有限公司※、洛阳 LYC 轴承有限公司
2109021	基于自组装的功能涂层制备技术	清华大学、清华大学天津高端装备研究院、天津清科环保科技有限公司
2109023	玻璃微纳结构模压成形技术及应用	北京理工大学、北京航空航天大学、北方导航控制技术股份有限公司、云南北方驰宏光电有限公司、成都光明光电股份有限公司
2109046	高能速内孔柔性旋转等离子喷涂技术研发及应用	中国人民解放军陆军装甲兵学院、中国民用航空飞行学院、中国航发动力股份有限公司、中油国家油气钻井装备工程技术研究中心有限公司
2109082	机械设备用润滑油仿生破乳分离关键技术及应用	湖北大学、湖北弗顿生化科技有限公司、中国科学院兰州化学物理研究所
2115049	大视场高能 X 射线层析成像快速高精度检测关键技术及应用	北京航空航天大学、北京固鸿科技有限公司、西安航天化学动力有限公司、中国航天科工集团第六研究院三八九厂、航天特种材料及工艺技术研究所、中国航发北京航空材料研究院、中国航空制造技术研究院
2115050	机械制造车间高效低碳智能制造执行系统关键技术及应用	重庆大学、北京机械工业自动化研究所有限公司、中机生产力促进中心、重庆海特克制造业信息化生产力促进中心有限公司、重庆赛宝工业技术研究院有限公司、重庆邮电大学、重庆铁马工业集团有限公司

2021 年度中国机械工业科学技术奖技术发明类三等奖（8 项）

项目编号	项目名称	完成单位
2103028	大型悬吊式超高压换流阀动态监测系统及阀厅壁面尘控技术及应用	浙江工业大学、国网宁夏电力有限公司检修公司、北京智芯微电子科技有限公司、浙江维思无线网络技术有限公司、国网宁夏电力有限公司信息通信公司
2105003	系列智能化自主移动式水产养殖自动作业船关键技术及应用	江苏大学、常州信息职业技术学院、金湖小青青机电设备有限公司、江苏叁拾叁信息技术有限公司
2105004	OK104-3CX 系列高地隙自走式玉米抽雄关键技术研发及产业化	酒泉奥凯种子机械股份有限公司
2107009	圆锥滚子轴承焊接保持架成型关键技术及设备研发与应用	江苏省社渚轴承有限公司
2111017	内燃机高原环境模拟技术与应用	中国人民解放军陆军军事交通学院、北京库蓝科技有限公司
2112004	一种基于数控机床的刀具补偿参数的校验方法和系统	上海电气电站设备有限公司上海汽轮机厂
2112013	汽轮机高温合金材质叶片的加工攻关	哈尔滨汽轮机厂有限责任公司
2115036	核电旋转机械设备故障智能预警技术与应用	中广核工程有限公司、华南理工大学、陕西卫峰核电子有限公司

2021 年度中国机械工业科学技术奖科技进步类特等奖（2 项）

项目编号	项目名称	完成单位
2104018	800MN 大型模锻压机关键技术及工程应用	中国第二重型机械集团有限公司※、中国机械科学研究总院集团有限公司、中南大学、重庆大学、燕山大学、中国重型机械研究院股份公司※、华中科技大学、山东泰丰智能控制股份有限公司、中国商飞上海飞机设计研究院
2110055	隧道施工智能化作业机群自主研制及产业化应用	中国铁建重工集团股份有限公司、武九铁路客运专线湖北有限责任公司、中南大学、哈尔滨工业大学、湖南大学、西南交通大学、中铁十二局集团有限公司

2021 年度中国机械工业科学技术奖科技进步类
一等奖（25 项）

项目编号	项目名称	完成单位
2101001	数控机床及其关键功能部件可靠性技术与试验装备	吉林大学、沈阳机床股份有限公司、沈阳机床（集团）有限责任公司、烟台环球机床装备股份有限公司、长春禹衡光学有限公司
2101025	航天复杂构件五轴高质高效精密加工成套工艺与制造系统及应用	北京动力机械研究所、科德数控股份有限公司、清华大学、苏州千机智能技术有限公司、武汉华中数控股份有限公司、北京市电加工研究所、北京理工大学
2102047	基于全生命周期管理的用户端电器数字化设计/制造关键技术研究及示范应用	上海电器科学研究所（集团）有限公司、浙江正泰电器股份有限公司、常熟开关制造有限公司（原常熟开关厂）、上海电器科学研究院、上海电科智能装备科技有限公司
2102075	电力变压器多场耦合机理及耐受短路能力关键技术与应用	沈阳工业大学、沈阳变压器研究院股份有限公司、机械工业北京电工技术经济研究所、特变电工沈阳变压器集团有限公司、云南电网有限责任公司电力科学研究院、明珠电气股份有限公司、山东电力设备有限公司
2102093	直流输电工程深井接地极技术及应用	南方电网科学研究院有限责任公司、武汉大学、中国能源建设集团广东省电力设计研究院有限公司、中国南方电网有限责任公司超高压输电公司、广东科诺勘测工程有限公司、武汉亿之烽科技有限公司、苏州南智传感科技有限公司
2102102	基于高效复合加载叶型的新型反动式汽轮机	东方电气集团东方汽轮机有限公司
2104028	高端金属板带关键后处理装备及核心生产工艺的研发与应用	中国重型机械研究院股份公司※、燕山大学
2105008	传统条状米面制品智能化加工关键技术装备研发与集成应用	中国农业机械化科学研究院、青岛海科佳智能装备科技有限公司、克明面业股份有限公司、山东鲁花（延津）面粉食品有限公司、中国包装和食品机械有限公司
2106019	光学级塑料零件形性控制技术与成型装备的研发及产业化	北京化工大学、泰瑞机器股份有限公司、杭州电子科技大学
2106028	高压（12.8MPa）大截面铝制板翅式换热器研制	杭州制氧机集团股份有限公司
2106053	粉煤气化工艺高压浓相粉煤控制阀关键技术及应用	合肥通用机械研究院有限公司※、华东理工大学、吴忠仪表有限责任公司、华中科技大学、苏州安特威阀门有限公司、合肥通用环境控制技术有限责任公司※、国家能源集团宁夏煤业有限责任公司、中国石油化工股份有限公司安庆分公司、中安联合煤化有限责任公司、安徽理工大学
2107013	高性能电液主动转向系统关键技术及推广应用	南京航空航天大学、郑州宇通客车股份有限公司、浙江世宝股份有限公司、浙江万达汽车方向机股份有限公司
2107058	挖掘机液压元件关键技术与产业化	浙江大学、江苏恒立液压股份有限公司、江苏恒立液压科技有限公司
2108002	红旗全新智能化工厂项目	中国第一汽车集团有限公司、机械工业第九设计研究院股份有限公司

（续）

项目编号	项目名称	完成单位
2109013	新一代发动机用高性能钛合金关键件精密铸造技术	沈阳铸造研究所有限公司、沈阳真空技术研究所有限公司、北京航天动力研究所、中国航发哈尔滨东安发动机有限公司
2109079	车用高功率氢燃料电池电堆精准设计制造及产业化	上海交通大学、新源动力股份有限公司、广东国鸿氢能科技有限公司、上海捷氢科技有限公司、上海氢晨新能源科技有限公司、无锡先导智能装备股份有限公司、上海重塑能源科技有限公司、律致新能源科技（上海）有限公司
2110014	工程机械再制造协同设计与质量保障关键技术及产业化	江苏徐工工程机械研究院有限公司、合肥工业大学、山东大学、中国人民解放军陆军装甲兵学院
2110069	大柔度臂架类工程机械智能化作业关键技术及应用	中联重科股份有限公司
2111004	商用车低排放尾气后处理系统关键技术及应用	凯龙高科技股份有限公司、同济大学、山东大学、潍柴动力股份有限公司、潍柴动力空气净化科技有限公司、凯龙蓝烽新材料科技有限公司
2111026	内燃机曲轴超精密加工关键技术与应用	山东理工大学、天润工业技术股份有限公司、郑州磨料磨具磨削研究所有限公司※、齐鲁工业大学
2112002	内燃机高温运动件动态测量技术研究及应用	潍柴动力股份有限公司
2113039	GB/T 35381—2017《农林拖拉机和机械　串行控制和通信数据网络》系列标准	中国农业机械化科学研究院※、河南科技大学、中国一拖集团有限公司※、洛阳西苑车辆与动力检验所有限公司
2113051	纳米检测台阶高度国家一级标准物质系列	西安交通大学、中国计量科学研究院
2113053	工业机器人精密减速器测试方法与性能提升技术研究	中机生产力促进中心、江苏中工高端装备研究院有限公司（江苏省减速机产品质量监督检验中心）、秦川机床工具集团股份公司、中车戚墅堰机车车辆工艺研究所有限公司、北京工业大学、北京中技克美谐波传动股份有限公司、工业和信息化部电子第五研究所
2114009	《电动汽车工程手册》（全10卷）	北京理工大学、机械工业出版社、中国汽车工程研究院股份有限公司、中国电子科技集团公司第十八研究所、清华大学、中国汽车技术研究中心有限公司、同济大学、北京交通大学

2021年度中国机械工业科学技术奖科技进步类二等奖（113项）

项目编号	项目名称	完成单位
2101023	飞机复杂结构件数控加工单元技术、装备及应用	沈阳机床（集团）有限责任公司、沈阳飞机工业（集团）有限公司、沈阳机床股份有限公司、中捷机床有限公司、沈阳中捷航空航天机床有限公司
2101033	高柔性高性能板料折边单元	江苏亚威机床股份有限公司、东南大学、扬州大学
2102006	全燃新疆高碱煤高效超超临界锅炉研制及应用	哈尔滨锅炉厂有限责任公司

（续）

项目编号	项目名称	完成单位
2102008	大型燃煤机组耦合生物质气化发电技术创新及产业化	哈尔滨锅炉厂有限责任公司、大唐东北电力试验研究院有限公司、大唐长山热电厂
2102012	电力系统工控安全智能防护关键技术与装备及其应用	湖南大学、全球能源互联网研究院有限公司、国网湖南省电力有限公司、湖南匡安网络技术有限公司、北京智芯微电子科技有限公司、南京南瑞信息通信科技有限公司、南京理工大学
2102038	高可靠性银基电触头材料研究及产业化	桂林电器科学研究院有限公司※、桂林金格电工电子材料科技有限公司※
2102044	长寿命抗老化电缆基础理论、关键技术及装备	四川大学、尚纬股份有限公司、上海电缆研究所有限公司、中航宝胜（四川）电缆有限公司、四川新蓉电缆有限责任公司、成都金发科技新材料有限公司、国网四川省电力公司电力科学研究院
2102046	高压直流输电控制保护仿真测试关键技术及应用	许昌开普检测研究院股份有限公司、许昌开普电气研究院有限公司、许昌学院
2102058	ODFPS-1000000/1000 方便运输的现场组装式特高压变压器	保定天威保变电气股份有限公司
2102063	超大型城市内高可靠抽水蓄能机组关键技术研究与工程应用	深圳蓄能发电有限公司、哈尔滨电机厂有限责任公司、东方电气集团东方电机有限公司
2102066	GIS/GIL 紧凑化绝缘设计关键技术及应用	南方电网科学研究院有限责任公司、西安交通大学、华南理工大学、中国南方电网有限责任公司超高压输电公司、广东电网有限责任公司电力科学研究院、山东泰开高压开关有限公司
2102082	超宽幅铝板带轧机控制关键技术与应用	天津电气科学研究院有限公司※、河南明泰铝业股份有限公司、燕山大学、天津天传电控设备检测有限公司※
2102085	高转矩低脉动直驱永磁电机关键技术及应用	华中科技大学、武汉登奇机电技术有限公司、湘潭电机股份有限公司、卧龙电气（济南）电机有限公司、江苏亚威机床股份有限公司、襄阳中车电机技术有限公司、佛山登奇机电技术有限公司
2102088	电力变压器运行可靠性提升关键技术及应用	广东电网有限责任公司电力科学研究院、重庆大学、西安交通大学、沈阳变压器研究院股份有限公司、特变电工衡阳变压器有限公司
2102091	特高压换流站高海拔高地震烈度关键技术及装备研究应用	中国南方电网有限责任公司超高压输电公司、南方电网科学研究院有限责任公司、中国电力工程顾问集团西南电力设计院有限公司、西安西电电力系统有限公司、广州白云电器设备股份有限公司、桂林电力电容器有限责任公司、北京电力设备总厂有限公司
2102094	海洋工程与装备用复合缆测试服务平台	上海电缆研究所有限公司、上海国缆检测股份有限公司、江苏中天科技股份有限公司、中天科技海缆股份有限公司
2102111	亚临界 600MW 等级跨代升级改造高效高参数汽轮机研制	上海电气电站设备有限公司
2102112	全新配 BEST 双机回热百万等级超超临界汽轮机组研制	上海电气电站设备有限公司
2102121	特高压大容量 320Mvar 1 100kV 并联电抗器关键技术研究及工程应用	特变电工沈阳变压器集团有限公司、沈阳工业大学、特变电工股份有限公司
2102123	大规模清洁能源友好并网及可靠传输关键技术与装备研发	南方电网科学研究院有限责任公司、广西电网有限责任公司电力科学研究院、清华大学、广西桂冠电力股份有限公司

（续）

项目编号	项目名称	完成单位
2102127	城轨永磁同步牵引系统平台研制	株洲中车时代电气股份有限公司、徐州地铁集团有限公司、佛山市铁路投资建设集团有限公司、宁波市轨道交通集团有限公司运营分公司
2103004	开关柜监控智能化关键技术及产业化	哈尔滨电工仪表研究所有限公司、东北电力大学、杭州电力设备制造有限公司、国网浙江杭州市余杭区供电有限公司、黑龙江省电工仪器仪表工程技术究中心有限公司、吉林德蕴电气团股份有限公司、黑龙江科技大学
2103011	新一代宽谱定量飞行时间质谱平台QuanTOF	融智生物科技（青岛）有限公司
2103022	手持全自动压力校验仪	北京康斯特仪表科技股份有限公司
2103023	直流电能计量检测方法、标准设备及工程应用研究	广东电网有限责任公司计量中心、华南理工大学、哈尔滨电工仪表研究所有限公司、广东省计量科学研究院、国网湖北省电力有限公司营销服务中心（计量中心）、国网四川省电力公司营销服务中心（计量中心）、南方电网电动汽车服务有限公司
2103031	深井勘探用无线随钻泥浆脉冲发生器关键技术及应用	中国船舶重工集团公司第七一八研究所
2104004	冶炼镍铁合金高效节能关键技术及应用	大连重工机电设备成套有限公司、东北大学
2104005	智能环保焦炉机械设备	大连华锐重工焦炉车辆设备有限公司
2104006	大型高炉炉顶新型装料装置研制及应用	宝钢湛江钢铁有限公司、中冶赛迪工程技术股份有限公司、秦皇岛秦冶重工有限公司
2104011	面向露天重载工况的矿用液压挖掘机关键技术研究及应用	徐州徐工矿业机械有限公司、中国矿业大学、包钢（集团）公司白云鄂博铁矿
2104034	堆取料机及其系统智能化协同技术研究与应用	华电重工股份有限公司、苏州大学应用技术学院、同济大学、上海瞳骋智能科技有限公司
2104039	大口径直缝焊管辊式成型柔性生产关键技术及成套装备	太原重工股份有限公司、太原科技大学、太原理工大学、河北华洋钢管有限公司
2104047	大型智能高效液压圆锥破碎机的研究开发	洛阳理工学院、洛阳大华重工科技股份有限公司
2104049	超长距离大跨距脱挂式客运索道关键技术研究	北京起重运输机械设计研究院有限公司※
2105007	秸秆高效捆烧清洁供暖关键技术装备	中国农业科学院农业环境与可持续发展研究所、吉林大学、河南农业大学、农业农村部农业生态与资源保护总站、铁岭众缘环保设备制造有限公司、承德市本特生态能源技术有限公司
2106001	高腐蚀介质下的超重超长沸腾床渣油加氢反应器	二重（德阳）重型装备有限公司※
2106023	地下储气库大功率注气压缩机组自主研发与产业化	中国石油集团济柴动力有限公司成都压缩机分公司、西安交通大学、华北石油管理局有限公司储气库管理处、塔里木油田分公司迪那油气开发部、中国石油辽河油田公司储气库公司、中国石油天然气股份有限公司西南油气田分公司储气库管理处、台州环天科技股份有限公司
2106024	页岩气地面工程高效撬装化设备及工业应用	武汉工程大学、中石化江汉石油工程设计有限公司、中石化重庆涪陵页岩气勘探开发有限公司、武汉海王机电工程技术有限公司

（续）

项目编号	项目名称	完成单位
2106029	大面积触摸屏盖板玻璃镀膜关键技术及成套装备	湘潭宏大真空技术股份有限公司
2106033	大型电液混合动力塑料注射成型智能装备关键技术及产业化	宁波长飞亚塑料机械制造有限公司、中国科学院宁波材料技术与工程研究所、海天塑机集团有限公司
2106048	年产 220 万 t 大型甲醇合成塔关键制造技术及应用	东方电气集团东方锅炉股份有限公司、中国成达工程有限公司
2106058	高性能重型渣浆泵关键技术研究与工程应用	江苏大学、南通大学、襄阳五二五泵业有限公司、江西耐普矿机股份有限公司、山东心传矿山机电设备有限公司、江苏远东电机制造有限公司
2106069	核级管道破裂预防关键技术研究与应用	中广核工程有限公司、西安交通大学
2106075	餐厨垃圾资源化处理成套技术装备及产业化应用	维尔利环保科技集团股份有限公司
2107008	高速低耗能长寿命精密脂润滑深沟球轴承关键技术及产业化	人本股份有限公司、河南科技大学、上海大学、哈尔滨工业大学、上海思博特轴承技术研发有限公司、杭州人本轴承有限公司、温州人本轴承有限公司
2107014	大功率风力发电机三排圆柱滚子主轴轴承的研制及产业化	洛阳新强联回转支承股份有限公司、洛阳圣久锻件有限公司
2107020	液压系统多级故障在线检测与不确定故障容错控制共性技术	电子科技大学、北京航空航天大学、扬州市江都永坚有限公司、油威力液压科技股份有限公司
2107028	面向航天的微小流体控制元件关键技术及应用	哈尔滨工业大学、沈阳航天新光集团有限公司
2107035	节能汽车微发泡成形模具技术	浙江凯华模具有限公司
2107036	特种车辆液力机械变速箱工作性能劣化评估与调控关键技术及应用	北京信息科技大学、北京理工大学、中国北方车辆研究所、江麓机电集团有限公司、北京北方车辆集团有限公司、中国石油集团济柴动力有限公司传动与应急动力事业部、新乡北方车辆仪表有限公司
2107037	创新五号遥感卫星转台分系统用 45Nms 平衡轮的研制	洛阳轴承研究所有限公司※
2107061	磁悬浮轴承关键技术在磁悬浮离心鼓风机等动力装备中的应用研究	山东天瑞重工有限公司、天瑞磁悬浮智能科技（山东）有限公司、山东磁悬浮产业技术研究院有限公司、潍坊学院
2107067	大型矿山智能化带式输送机用高端减速器关键技术研发	山东华成中德传动设备有限公司、山东理工大学、中国矿业大学
2107068	高性能抗冲击电动工具小型齿轮箱成套技术及产业化	浙江丰立智能科技股份有限公司、北京工业大学
2107072	新能源客车同轴式减速器用轴承研发及应用	瓦房店轴承集团国家轴承工程技术研究中心有限公司、瓦房店轴承集团有限责任公司、瓦房店轴承集团有限责任公司汽车轴承事业部
2108001	工业园区污水难降解有机物资源化与低碳深度净化关键技术及应用	中机国际工程设计研究院有限责任公司※、湖南师范大学
2108006	大功率压气机试验平台	东方电气集团东方汽轮机有限公司
2108015	纸盒干式喷房关键技术研究及在涂装车间的应用	中国汽车工业工程有限公司※、机械工业第四设计研究院有限公司※

（续）

项目编号	项目名称	完成单位
2108017	大型岩土工程安全建造与智能感知关键装备及技术	西南石油大学、中节能建设工程设计院有限公司、中铁隧道集团二处有限公司、四川自然空间数字技术有限公司
2108023	临淄生活垃圾焚烧发电项目	中国联合工程有限公司※、浙能锦江环境控股有限公司
2108031	东南亚炭质板岩工程特性研究与围岩稳定安全控制技术	机械工业勘察设计研究院有限公司※、中国重型机械有限公司※、中国电建集团昆明勘测设计研究院有限公司
2109015	高铁装备典型构件环境适应性设计与长效防护关键技术及应用	武汉材料保护研究所有限公司、北京科技大学、中铁第四勘察设计院集团有限公司、株洲中车时代电气股份有限公司、中车青岛四方机车车辆股份有限公司、武汉科技大学
2109027	超长服役飞机维修设计与效能恢复关键技术及应用	国营芜湖机械厂、中国科学技术大学、中国航空工业集团公司沈阳飞机设计研究所、中国人民解放军空军研究院航空兵研究所、芜湖双翼航空装备科技有限公司
2109035	大型结构件自动焊用无轨导全位置爬行焊接机器人关键技术及应用	北京博清科技有限公司、清华大学、中石化炼化工程（集团）股份有限公司
2109042	航天器轻质复杂薄壁多孔一体化结构关键技术及应用	北京卫星制造厂有限公司、北京空间飞行器总体设计部、北京理工大学
2109048	轻量化高强度汽车铝合金轮毂系列化设计制造关键技术研究	浙江大学、浙江今飞凯达轮毂股份有限公司、浙江省机电设计研究院有限公司、中策橡胶集团有限公司、浙江今泰汽车零部件制造有限公司、云南富源今飞轮毂制造有限公司
2109049	高端液压成形成套装备耦合集成控制与运维服务关键技术及应用	合肥工业大学、合肥合锻智能制造股份有限公司、工业和信息化部电子第五研究所
2109064	长寿命金刚石工具用活性粉末制备关键技术及应用	郑州机械研究所有限公司、河南黄河旋风股份有限公司、哈尔滨焊接研究院有限公司、华北水利水电大学
2109083	自润滑复合材料和高性能球铁关键技术及其工程应用	合肥工业大学、合肥波林新材料股份有限公司、江苏恒立液压股份有限公司、安徽合力股份有限公司、合肥合锻智能制造股份有限公司、安徽合力股份有限公司合肥铸锻厂、合肥长源液压股份有限公司
2110001	面向露天矿山碎石路面施工的大型平地机关键技术研究及产业化	徐州徐工筑路机械有限公司
2110003	高性能大臂长轮式起重机吊臂伸缩关键技术研究及应用	徐州重型机械有限公司
2110007	新一代E系列旋挖钻机关键技术研究及产业化	徐州徐工基础工程机械有限公司
2110012	超高风电安装用履带起重机关键技术研究及产业化	徐工集团工程机械股份有限公司建设机械分公司
2110013	智能节能型混凝土泵车关键技术研发及产业化	徐州徐工施维英机械有限公司
2110018	TL88系列非公路宽体自卸车研发及产业化	陕西同力重工股份有限公司
2110022	智能推土机关键技术及应用	山推工程机械股份有限公司
2110049	可扩展组合式PC构件智能化柔性生产线及装备开发	上海建工建材科技集团股份有限公司、上海理工大学、上海建工集团股份有限公司、上海市建筑科学研究院有限公司、河北新大地机电制造有限公司

（续）

项目编号	项目名称	完成单位
2110058	大直径土压平衡盾构自主设计制造关键技术及应用	中铁工程装备集团有限公司、中铁六局集团有限公司
2110064	基于混合平台架构的XC系列新能源叉车关键技术研究及应用	杭叉集团股份有限公司、郑州嘉晨电器有限公司、杭州鹏成新能源科技有限公司、宁德时代新能源科技股份有限公司
2111002	车用小型高效增压发动机关键技术开发及低碳燃料应用	浙江吉利控股集团有限公司、浙江吉利动力总成有限公司、宁波吉利罗佑发动机零部件有限公司、浙江义利汽车零部件有限公司、上海交通大学、清华大学、同济大学
2111013	新一代170系列船用柴油机开发及产业化	潍柴重机股份有限公司
2111016	乘用车高性能插电式混合动力系统关键技术	比亚迪汽车工业有限公司、华南农业大学、清华大学、东北大学
2111023	高效内燃机气缸套关键技术及装备	中原内配集团股份有限公司、三明学院、中国汽车技术研究中心有限公司、河南科技大学、中原内配集团鼎锐科技有限公司、福州大学、福建汇华集团东南汽车缸套有限公司
2111025	高性能π系列轻型柴油机关键技术及应用	上海汽车集团股份有限公司、上海柴油机股份有限公司
2111035	面向用户感知的电气化高效清洁混动蓝鲸动力平台关键技术及产业化项目	重庆长安汽车股份有限公司
2111043	新一代高可靠性内燃机活塞关键技术研发及应用	滨州渤海活塞有限公司
2112014	定制化车身快速制造技术及应用	北京汽车集团越野车有限公司
2112024	基于“预测维修”的机电装备运行稳定性智能监控技术研发与应用	中国第一汽车股份有限公司红旗工厂
2112029	小孔大背面结构件折叠反刮刀具的应用	徐州重型机械有限公司
2113007	《智能传感器》（GB/ T 33905.1～GB/T 33905.5）	机械工业仪器仪表综合技术经济研究所、上海工业自动化仪表研究院有限公司、福建上润精密仪器有限公司、沈阳仪表科学研究院有限公司※
2113020	土方机械再制造国际标准（ISO 10987-2:2017）	天津工程机械研究院有限公司※、广西柳工机械股份有限公司、山东临工工程机械有限公司、中国龙工控股有限公司、厦门市产品质量监督检验院、厦门厦金机械股份有限公司、福建省闽旋科技股份有限公司
2113024	文物保护装备需求与高质量发展研究	机械工业仪器仪表综合技术经济研究所、敦煌研究院、中国电子科技集团公司第二十六研究所
2113030	机器人设计平台集成技术标准	北京机械工业自动化研究所有限公司、北京航空航天大学、山东山大华天软件有限公司
2113035	ISO 128-15《技术产品文件船体制图画法》等两项国际标准研制	大连海事大学、中机生产力促进中心、中国船舶工业集团公司第七〇八研究所、大连理工大学、大连船舶重工集团有限公司、万向集团公司
2113055	《中低压直流配电电压导则》（GB/T 35727—2017）	中国科学院电工研究所、中机生产力促进中心、中国电力科学研究院有限公司、国网经济技术研究院有限公司、许继集团有限公司、华北电力大学、北京北变微电网技术有限公司

（续）

项目编号	项目名称	完成单位
2113059	ISO 129-5:2018《金属构件的尺寸标注》国际标准研制	江苏徐工工程机械研究院有限公司、中机生产力促进中心、北京无线电测量研究所
2113063	《交流电弧炉供电技术导则》（标准号：NB/T41007、NB/T 41008、NB/T 41010）系列标准	中机生产力促进中心、安徽大学、中冶京诚工程技术有限公司、西安博宇电气有限公司、国网河北省电力有限公司电力科学研究院、中冶赛迪工程技术股份有限公司、国网江苏省电力有限公司电力科学研究院
2113068	数控机床精度检验系列国家标准	国家机床质量监督检验中心、四川普什宁江机床有限公司、南通航智装备科技有限公司、沈机集团昆明机床股份有限公司
2113070	《机械安全　生产设备安全》通则（GB/T 35076—2018）	中国机械科学研究总院集团有限公司、如皋市包装食品机械有限公司、广东产品质量监督检验研究院、佛山市顺德区万怡家居用品有限公司、泉州市中标标准化研究院有限公司、华测检测认证集团股份有限公司、广州市贝力机床有限公司
2114001	《摩擦学原理》（第 5 版）	清华大学、清华大学出版社
2114003	《面向煤机装备的虚拟现实装配技术与系统》	太原理工大学、中国科技出版传媒股份有限公司、太重煤机有限公司、山西煤矿机械制造股份有限公司、山西量界数字科技有限公司
2114010	《数控机床功能部件优化设计选型应用手册》	南京理工大学、清华大学、南京工业大学、南京工艺装备制造有限公司、陕西汉江机床有限公司、烟台环球机床附件集团有限公司、洛阳轴承研究所有限公司※
2114018	中国大科学装置出版工程	浙江教育出版社集团有限公司
2114023	《金属加工（冷加工）》	金属加工编辑部
2114028	《中国机械工程》	中国机械工程杂志社
2114037	《汽车工程》	中国汽车工程学会
2115002	高端数控装备运行状态智能感知与运维关键技术及应用	北京信息科技大学、成都飞机工业（集团）有限责任公司、北京航天拓扑高科技有限责任公司、机科发展科技股份有限公司、天津博诺智创机器人技术有限公司、沈阳中捷航空航天机床有限公司
2115007	动车组车体数字化、柔性化制造关键技术及装备	中车唐山机车车辆有限公司、机科发展科技股份有限公司、廊坊智通机器人系统有限公司、燕山大学
2115018	工业机器人高性能伺服驱动系统核心关键技术研究及产业化	中国科学院深圳先进技术研究院、武汉华中数控股份有限公司、深圳华数机器人有限公司、广州中国科学院先进技术研究所、大富科技（安徽）股份有限公司、深圳配天智能技术研究院有限公司
2115020	机械行业智能制造运营管理平台关键技术及应用	国机智能技术研究院有限公司※、国机智能科技有限公司※、中国一拖集团有限公司※、郑州磨料磨具磨削研究所有限公司※、宁夏力成电气集团有限公司
2115039	基于智能排产适应多业务场景的制造执行系统	北京机械工业自动化研究所有限公司、北京交通大学、北京理工大学、北京邮电大学
2115048	面向商用车混线生产的可配置数字化工艺关键技术及应用	北汽福田汽车股份有限公司、机械工业仪器仪表综合技术经济研究所、上海睿励信息技术有限公司、迈赫机器人自动化股份有限公司
2115051	面向可再生能源消纳的电热柔性可控装备、控制与应用	东北大学、沈阳鼓风机集团股份有限公司、卧龙电气集团辽宁荣信电气传动有限公司、国网电力科学研究院武汉能效测评有限公司、国网辽宁省电力有限公司、中国科学院深圳先进技术研究院、沈阳兰昊新能源科技有限公司

2021 年度中国机械工业科学技术奖科技进步类三等奖（193 项）

项目编号	项目名称	完成单位
2101005	300MN 超塑性等温锻造智能成型工艺技术与成套装备	天津市天锻压力机有限公司、天津职业技术师范大学、天津中德应用技术大学
2101009	多总线可配置高档数控系统研制及产业化	广州数控设备有限公司
2101016	高性能数控机床切削工具质量检测平台的应用基础研究	江苏大学、成都工具研究所有限公司 ※
2101022	R9230F24 型智能化浇注机	山东杰创机械有限公司、山东省机械设计研究院
2101029	CK93200×50/20L-NC 数控气缸套镗车床	齐重数控装备股份有限公司
2101032	69 000kN 伺服高速冲压线关键技术及产业化	济南二机床集团有限公司
2101034	磨削大浇注口专用涂附磨具	苏州远东砂轮有限公司
2102001	大型发电机转子线圈自动成形关键技术及装备	中国电子科技集团公司第十四研究所、南京工程学院、山东齐鲁电机制造有限公司
2102003	基于多源海量数据的变电设备智能评估技术研发与应用	南方电网科学研究院有限责任公司、中国南方电网有限责任公司
2102010	126kV 及以下系列真空灭弧室关键技术	天津平高智能电气有限公司、平高集团有限公司
2102015	252kV 百千安级大容量短路电流开断装置研发及工程应用	广东电网有限责任公司广州供电局、华中科技大学、西安西电电气研究院有限责任公司、西安西电变压器有限责任公司、西安高压电器研究院有限责任公司
2102019	高比例新能源接入交直流混合电网运行控制关键技术及规模化应用	许继集团有限公司、国网浙江省电力有限公司电力科学研究院、国网河南省电力公司电力科学研究院、国网湖南省电力有限公司电力科学研究院、国网宁夏电力有限公司电力科学研究院
2102023	YFD 系列扶梯用三相异步电机关键技术研究	上海电机学院、无锡天宝电机有限公司
2102026	大型接地网阻抗精确测试、缺陷检测定位与评价关键技术及应用	国网上海市电力公司、华东电力试验研究院有限公司、国网陕西省电力公司电力科学研究院、国网河南省电力公司电力科学研究院、国网重庆市电力公司电力科学研究院
2102028	复杂海域大型风电场施工关键技术与装备研发及应用	南通大学、江苏韩通船舶重工有限公司、南通理工学院
2102029	超大型海上风电机组用高压耐扭电缆与材料国产化关键技术及应用研究	远东电缆有限公司、上海国缆检测股份有限公司
2102033	三相无电解电容变频技术在商用空调中的应用研究	青岛海尔空调电子有限公司
2102049	城市集约型智能配用电与高效节能关键技术及装备研制	华翔翔能科技股份有限公司、湖南大学、湘潭大学、国网湖南省电力有限公司经济技术研究院、湖南大云信息科技有限公司
2102052	特高压 GIS 电磁式电压互感器关键技术及推广应用	江苏思源赫兹互感器有限公司、南通大学、思源电气股份有限公司

（续）

项目编号	项目名称	完成单位
2102065	特高压大容量电气设备现场整体绝缘试验关键技术及应用	国网江苏省电力有限公司电力科学研究院、西安交通大学、中国电力科学研究院有限公司、华北电力大学、哈尔滨工业大学
2102074	煤矿配电设备智能动力系统及短路电流开断能力试验技术	沈阳工业大学、中煤科工集团沈阳研究院有限公司、国网辽宁省电力有限公司电力科学研究院、沈阳昊诚电气有限公司、淮南万泰电子股份有限公司
2102080	超高压油浸式变压器减振降噪关键技术及工程应用	中国电力科学研究院有限公司、北京绿创声学工程股份有限公司、常州东芝变压器有限公司、中国科学院上海高等研究院、山东电力设备有限公司
2102083	分散式储能高效聚合关键技术及工程化应用	北方工业大学、南京工程学院、中国电力科学研究院有限公司、国网江苏省电力有限公司电力科学研究院、沃太能源南通有限公司
2102084	非晶配电变压器铁心国产化替代及综合环保再利用关键技术与应用	上海置信电气非晶有限公司、国网上海市电力公司、青岛云路先进材料技术股份有限公司、上海大学、上海置信智能电气有限公司
2102086	高压超高速开关关键技术及装备	南京南瑞继保电气有限公司、国网浙江省电力有限公司、常州博瑞电力自动化设备有限公司
2102095	应用光纤传感技术的电力电缆状态监测技术研究及装备研制	上海电缆研究所有限公司、上海理工大学、上海森首科技股份有限公司、浙江大有实业有限公司电缆工程分公司
2102096	通信系统高效高质供电关键技术及应用	杭州电子科技大学、深圳市英威腾电源有限公司、浙江大学、杭州中恒电气股份有限公司、深圳市英威腾网能技术有限公司
2102098	燃用高硫煤的高效超超临界煤粉锅炉关键技术及应用	东方电气集团东方锅炉股份有限公司
2102100	大型贯流式水轮发电机阻尼系统故障抑制关键技术及其应用	西华大学、东方电气集团东方电机有限公司、重庆大学
2102103	65～100MW 冶金低热值煤气高参数再热工业汽轮发电机组及产业化	东方电气集团东方汽轮机有限公司
2102113	高效灵活 660MW 等级超超临界二次再热汽轮机研制	上海电气电站设备有限公司
2102115	智能外转子直驱传动技术及工程应用	上海电机系统节能工程技术研究中心有限公司、江苏嘉轩智能工业科技股份有限公司、苏州通润驱动设备股份有限公司、上海电科电机科技有限公司、浙川中联水泥有限公司
2102120	先进智能锂电工具的关键技术研究与产业化	上海电动工具研究所（集团）有限公司、上海大学、广东赛微微电子股份有限公司、浙江三锋实业股份有限公司、浙江明磊锂能源科技股份有限公司
2102126	新能源公交客车电动门系统关键技术研发及应用	南京康尼机电股份有限公司、南京工程学院
2103015	陶瓷渗花墨水制备方法与控制技术研究及产业化	华南理工大学、广东道氏技术股份有限公司
2103016	脱气氢电导率在线监测仪	北京华科仪科技股份有限公司
2103019	用于精密制造检测的微焦点 X 射线源关键技术及应用	无锡日联科技股份有限公司、中国科学院空天信息创新研究院、华中科技大学
2103021	核电厂安全级 DCS 模拟机研制及应用	北京广利核系统工程有限公司
2103030	ZTYBGF-SXD 型家庭屋顶光伏专用并网计量箱	浙江正泰仪器仪表有限责任公司、浙江省计量科学研究院
2103035	钢轨探伤探轮自动对中系统研制	株洲时代电子技术有限公司

（续）

项目编号	项目名称	完成单位
2103036	微纳元件超高温汽车尾气温度传感器关键技术及应用	首凯汽车零部件（江苏）有限公司
2103038	NB-IoT 智能水表	宁波水表（集团）股份有限公司
2104003	面向多规格不连续石墨电极的智能编组及搬运装备关键技术研发	河南卫华重型机械股份有限公司
2104007	交流变频电牵引掘锚一体机的创新研发	中国煤炭科工集团太原研究院有限公司、山西天地煤机装备有限公司
2104016	清洁煤粉高效制备成套设备开发及产业化	河南黎明重工科技股份有限公司、郑州机械研究所有限公司、哈尔滨工业大学、安徽工业大学
2104025	煤矿井下窄机身全工况定向钻机成套装备研发及应用	中煤科工集团重庆研究院有限公司
2104033	长寿命高可靠性刮板输送机及其关键技术开发	山西煤矿机械制造股份有限公司、太原理工大学、山西维达机械制造有限公司
2104035	大型高频振动筛关键技术研究与应用	天地（唐山）矿业科技有限公司、中煤科工集团唐山研究院有限公司
2104036	大型化、系列化煤用机械搅拌式浮选机及其控制技术	天地（唐山）矿业科技有限公司
2104038	高精度铜板带轧机关键技术研发及应用	大连华锐重工集团股份有限公司、燕山大学
2104045	高效折返式双车翻车机系统	中国电建集团武汉重工装备有限公司
2104046	MLL1200 螺旋立式磨机	北方重工集团有限公司
2104048	大型医药工厂无人化高效仓储物流系统	北京起重运输机械设计研究院有限公司 ※
2104052	新型大型矿用磨机衬板关键技术研究与产业化	中信重工机械股份有限公司、洛阳矿山机械工程设计研究院有限责任公司、中信重工洛阳重铸铁业有限责任公司、河南科技大学
2104058	MG450/1050-WD 型薄煤层大功率采煤机研制	中煤科工集团上海研究院有限公司、中煤科工集团上海有限公司、天地上海采掘装备科技有限公司
2104063	基于人工智能的全系列绿色节能工业起重机研发及产业化	纽科伦（新乡）起重机有限公司
2105005	水果品质无损检测与高通量分选关键技术及装备	华东交通大学、北京福润美农科技有限公司
2105013	BP33 系列气流铺装机	苏州苏福马机械有限公司 ※
2106003	短纤维定向取向增强轮胎性能关键技术装备及产业化	青岛科技大学、青岛双星轮胎工业有限公司
2106004	高效紧凑微通道蒸发器关键技术及产业化	杭州三花微通道换热器有限公司
2106005	核岛高端大口径电动截止阀自主研发及应用	大连大高阀门股份有限公司、中广核工程有限公司
2106011	液化天然气用关键阀门国产化研制：深冷蝶阀	重庆川仪调节阀有限公司
2106012	液态食品无菌纸盒包装关键技术及其智能成套装备研发	山东碧海机械科技有限公司、山东省计算中心（国家超级计算济南中心）、曲阜师范大学、江南大学、山东省现代农业农村发展研究中心

（续）

项目编号	项目名称	完成单位
2106013	超频振动膜高效浓缩与分离成套技术装备	江苏众志新禹环境科技有限公司
2106016	大型石油化工行业用智能控制超低温撑开式球面闸阀	浙江石化阀门有限公司
2106022	秸秆类废弃物大规模转化炭材料和肥料系列关键技术及装备开发	鲁东大学、山东省科学院能源研究所、重庆市科学技术研究院、徐州市芭田生态有限公司、山东佐田氏生物科技有限公司
2106036	LNG 用低温高压调节阀	杭州杭氧工装泵阀有限公司
2106037	车用卧式转子压缩机及其关键技术	上海海立电器有限公司
2106041	煤气透平与电动机同轴驱动大型高炉鼓风机的高效节能技术及其应用	西安陕鼓动力股份有限公司、河北津西钢铁集团股份有限公司
2106045	退役锂电池全组分循环利用关键技术及装备应用	广东邦普循环科技有限公司、广州大学、广州中国科学院沈阳自动化研究所分所、佛山科学技术学院
2106046	超高效智能环控系统与智慧运维云平台关键技术及产业化	广东美的暖通设备有限公司、广州地铁集团有限公司、广东美控智慧建筑有限公司、重庆美的通用制冷设备有限公司
2106047	深部油气藏提高采收率智能控水完井装备研制及工业化应用	中国石油化工股份有限公司石油工程技术研究院
2106062	高压大型智能化液环压缩机成套设备关键技术及应用	淄博水环真空泵厂有限公司、山东理工大学
2106066	海上平台用撬装化离心式天然气压缩机组	沈阳鼓风机集团股份有限公司、沈阳透平机械股份有限公司
2106068	煤化工苛刻工况高性能长寿命特种阀的研发与应用	北京航天动力研究所、北京航天石化技术装备工程有限公司
2106070	低控源截污强度下水体治理技术及成套装备产业化	常州大学、安徽黄河水处理科技股份有限公司、江苏今创嘉蓝环保科技有限公司、维尔利环保科技集团股份有限公司、常州环保科技开发推广中心
2106071	建筑固废处置与资源化可持续性多代利用关键技术及其产业化	常州大学、中国十九冶集团有限公司、常州市建筑科学研究院集团有限公司、江苏绿和环境科技有限公司
2106072	智能化油气密闭装卸与回收关键技术及成套装备	常州大学、连云港天邦科技开发有限公司、连云港远洋流体装卸设备有限公司、江苏海洋大学、常州一烃环保科技有限公司
2107001	大吨位装载机用液力变矩器配套技术研究与应用	山推工程机械股份有限公司
2107004	谐波减速器用低摩擦高刚度交叉滚子轴承关键技术研究及应用	洛阳鸿元轴承科技有限公司、国创（洛阳）轴承产业技术研究院有限公司
2107005	高速动车组高可靠粉末冶金制动闸片制造工艺关键技术及应用	中车戚墅堰机车车辆工艺研究所有限公司、常州中车铁马科技实业有限公司
2107011	大型重载尼曼蜗轮蜗杆副关键技术及应用	江苏省金象传动设备股份有限公司、淮阴工学院
2107012	低逸散阀杆组合填料	浙江国泰萧星密封材料股份有限公司
2107016	汽车用链传动系统关键技术研发与应用	杭州东华链条集团有限公司、武汉铭高新材料有限公司
2107021	百吨级以上起重机液压缸关键技术攻关及产业化	徐州徐工液压件有限公司

（续）

项目编号	项目名称	完成单位
2107026	电动汽车电机轴承动态承载性能试验方法研究与模拟台架研发	浙江省机电设计研究院有限公司、浙江省机电产品质量检测所有限公司、杭州人本电机轴承有限公司
2107032	高速高精度圆锥滚子轴承	浙江天马轴承集团有限公司
2107033	固体润滑和精密制造技术在医疗器械轴承上的应用	上海天安轴承有限公司
2107039	大型全地面汽车起重机用六排圆柱滚子转盘轴承的开发研制	洛阳轴承研究所有限公司※、河南科技大学
2107041	低摩擦新型轮毂轴承单元	浙江万向精工有限公司
2107049	免胶框电视背板成型技术研究及产业化	青岛海信模具有限公司、山东大学
2107057	航空发动机传动件花键副薄膜技术研究与应用	北京金轮坤天特种机械有限公司、哈尔滨工业大学、中国航发哈尔滨东安发动机有限公司
2107062	风电装备高强度紧固件智能制造关键技术及应用	湖南飞沃新能源科技股份有限公司、中南大学
2107063	基于互联网的自升式海洋工程平台安全关键技术开发与示范应用	浙江海洋大学、山东建筑大学、中石化胜利石油工程有限公司井下作业公司、金海智造股份有限公司
2107065	大尺寸薄壁复杂新能源汽车铝合金结构件制备技术研发与产业化	江苏文灿压铸有限公司、华南理工大学、雄邦压铸（南通）有限公司、天津雄邦压铸有限公司、南通大学
2107069	高可靠性免解体维护轧机工作辊系列轴承研发与应用	瓦房店轴承集团国家轴承工程技术研究中心有限公司、重庆大学、北京首钢股份有限公司、瓦房店轴承集团有限责任公司、瓦房店轴承股份有限公司
2108005	车身分配中心智能仓储系统集成及开发应用	东风设计研究院有限公司
2108008	国网青海电科院高海拔高电压实验室高压试验大厅项目	中国启源工程设计研究院有限公司
2108010	中国航天 1 200kN 液氧/煤油高压补燃发动机试车台工程项目	中国启源工程设计研究院有限公司、新时代（西安）设计研究院有限公司
2108014	饮用水中痕量有机物及氯化消毒副产物高效去除技术及应用	上海理工大学、上海市政工程设计研究总院（集团）有限公司、华侨大学
2108019	基于 RFID 的汽车工厂全过程物料智能化管理应用研究	机械工业第九设计研究院股份有限公司、中国第一汽车集团红旗工厂、上海烁逸电子科技有限公司、广东思谷智能技术有限公司
2108025	福建申远新材料有限公司二期年产 40 万 t 聚酰胺一体化项目动力车间工程	中国联合工程有限公司※
2108027	低温绝热气瓶、罐箱自动化生产线关键技术研究及其产业化	中国联合工程有限公司※
2108029	苏州大学附属第二医院高新区医院扩建医疗项目	中国中元国际工程有限公司※
2108035	西北地区近零能耗建筑示范研究——富平热电厂办公楼	中联西北工程设计研究院有限公司※
2109007	汽车高强钢管精密超重型系列制造机组的关键技术研发	江苏薪泽奇机械股份有限公司、江苏科技大学、张家港江苏科技大学产业技术研究院
2109011	千吨级液相色谱分离纯化装备关键技术研发及应用	江苏汉邦科技有限公司、南京工程学院、江南大学、淮阴工学院

（续）

项目编号	项目名称	完成单位
2109012	汽车铸件用绿色无机粘结剂关键技术及产品	沈阳铸造研究所有限公司、一汽铸造有限公司
2109014	反应堆控制棒驱动机构励磁装置用关键材料开发及部件产业化	沈阳铸造研究所有限公司、上海第一机床厂有限公司
2109018	面结构光与全息干涉自驱动互融合的叶片精确快速三维测量技术及装备	岭南师范学院、华中科技大学、上海交通大学、黑龙江科技大学、哈尔滨汽轮机厂有限责任公司
2109019	铝合金低压铸造及热处理一体化技术与装备	烟台路通精密科技股份有限公司、中机第一设计研究院有限公司、北京机电研究所有限公司、威海万丰镁业科技发展有限公司
2109026	金属微纳米加工关键技术及应用	湖南工程学院、中南大学、湖南工业大学、湖南湘投金天钛金属股份有限公司
2109041	新型铝/镁基复合材料复杂构件半固态成型技术及应用	中北大学、山西瑞格金属新材料有限公司、山西神舟航天科技有限公司
2109056	高速重载列车齿轮材料开发和关键工艺技术研究	中车戚墅堰机车车辆工艺研究所有限公司
2109059	新能源汽车线控电液制动系统	万向钱潮股份有限公司、浙江万向精工有限公司
2109065	轨道交通用超低温高强韧球铁材料绿色成型与应用	常州朗锐铸造有限公司、东南大学、中车戚墅堰机车车辆工艺研究所有限公司
2109074	大尺寸半导体直拉硅单晶生长关键技术研发及产业化	浙江晶盛机电股份有限公司、浙江大学、杭州慧翔电液技术开发有限公司
2109085	深渊装备耐压舱及其组件关键技术研发与应用	上海海洋大学、江苏科技大学、中电科（宁波）海洋电子研究院有限公司、上海彩虹鱼科考船科技服务有限公司、宝钛装备制造（宝鸡）有限公司
2109087	薄壁复杂铸钢件自动化负压反重力铸造成套技术与装备开发	科华控股股份有限公司、西北工业大学、机械科学研究总院江苏分院有限公司
2110002	120t 级交流电传动自卸车关键技术研究与产业化	徐州徐工矿业机械有限公司、东南大学
2110004	基于轻量化及超大参数桥梁检测车关键技术研究及应用	徐州徐工随车起重机有限公司
2110006	基于技术平台驱动的 S 系列塔式起重机产品研发及产业化	徐州建机工程机械有限公司
2110010	基于智能操控技术的 XM200K Ⅱ路面铣刨机	徐州徐工筑路机械有限公司
2110011	基于在役运行大数据的挖掘机能效控制策略研究及应用	徐州徐工挖掘机械有限公司
2110019	面向应急救援的中大型多功能遥控挖掘机关键技术及产业化	贵州詹阳动力重工有限公司、中国安能集团第一工程局有限公司、贵州大学
2110024	受限空间大吨位多关节超长伸缩臂起重机 HCZ4500	江苏宏昌天马物流装备有限公司
2110029	基于 CPS 的大型露天矿用自卸车关键技术开发及应用	内蒙古北方重型汽车股份有限公司、暨南大学、天津科技大学
2110033	UJ-200-S 移动颚式破碎斗	山东铭德机械有限公司
2110037	曲臂式智能升降工作平台关键技术研发及应用	湖南星邦智能装备股份有限公司、湖南大学、中南大学

（续）

项目编号	项目名称	完成单位
2110041	G 系列 1～10t 电动平衡重式叉车关键技术研发及产业化	安徽合力股份有限公司、合肥工业大学
2110044	G 系列 2～3.2t 小轴距蓄电池平衡重叉车	安徽合力股份有限公司
2110045	气粉复合爆炸性环境用防爆叉车关键技术及应用	衡阳合力工业车辆有限公司
2110050	超小转弯半径无人驾驶堆垛车	诺力智能装备股份有限公司
2110057	跨海大桥双幅大吨位箱梁架运成套设备	中铁高新工业股份有限公司、中铁工程机械研究设计院有限公司、中铁科工集团有限公司
2110059	全断面掘进机刀具智能诊断系统	中铁工程装备集团有限公司、中铁隧道股份有限公司、中铁一局集团有限公司、宏润建设集团股份有限公司
2110066	智能环卫扫路机关键技术研究及应用	长沙中联重科环境产业有限公司、广东盈峰智能环卫科技有限公司
2110067	14～26m 系列臂式高空作业平台	中联重科股份有限公司
2111003	混合电源系统关键技术及产业化	北京理工大学、江苏大学、广西玉柴机器股份有限公司、广西军融特种装备有限公司、郑州佛光发电设备有限公司
2111006	高效大功率国六天然气发动机开发与产业化	中国重型汽车集团有限公司
2111008	WP10.5H 系列商用车柴油机开发	潍柴动力股份有限公司
2111021	新型高效低排船用高速柴油机研发及产业化	淄柴动力有限公司、淄柴机器有限公司
2111028	技术中心试验能力建设	上海柴油机股份有限公司
2111030	高效环保商用车柴油机关键技术研究及应用	广西玉柴机器股份有限公司、东风柳州汽车有限公司
2111032	JQ46A 汽油机涡轮增压技术开发与应用	湖南天雁机械有限责任公司
2111036	H 系列高效清洁发动机开发	重庆长安汽车股份有限公司
2111037	基于高效清洁的缸内燃烧国六发动机关键技术及其产业化	重庆长安汽车股份有限公司
2111041	乘用车国六排放控制关键技术及产业化应用	广州汽车集团股份有限公司
2112001	风力发电机新型多丝埋弧焊焊接工艺方法研究及应用	湘电集团有限公司
2112007	试验室物联网系统开发及应用	潍柴动力股份有限公司
2112010	一种胶管计米自动切割机	山东唐骏欧铃汽车制造有限公司
2112011	汽车被动安全系统核心精密组件的模具设计与成型技术	大连銮艺精密模塑制造有限公司
2112015	小夹角斜面钻细长深孔方法的研究	中国第一汽车股份有限公司研发总院
2112016	产品试制中 CNC 快速成型加工技术应用	中国第一汽车股份有限公司研发总院
2112018	变（减）速器主减速从动齿轮制造技术研究	中国第一汽车股份有限公司

（续）

项目编号	项目名称	完成单位
2112019	智能双闭环发动机试验进气空调系统开发	中国第一汽车股份有限公司研发总院
2112032	液压缸多结构精密薄壁缸筒填充稳态光整加工技术及应用	山西航天清华装备有限责任公司
2113001	GB/T 12734—2017《同步带传动　汽车同步带》等三项系列标准	中机生产力促进中心、无锡市贝尔特胶带有限公司、宁波裕江特种胶带有限公司、浙江丰茂科技股份有限公司、宁波凯驰胶带有限公司
2113002	《食品真空冷冻干燥设备》等三项冷链设备系列标准	合肥通用机械研究院有限公司※、合肥通用机电产品检测院有限公司※、合肥通用环境控制技术有限责任公司※、冰山冷热科技股份有限公司、青岛海尔特种电冰柜有限公司
2113003	城市配电自动化终端智能运维关键技术研究与应用	广东电网有限责任公司广州供电局、华侨大学、武汉理工大学、广州昂立新普电气自动化有限公司
2113004	液化天然气用阀门系列标准	合肥通用机械研究院有限公司※、中国寰球工程有限公司、中国石化青岛液化天然气有限责任公司、中核苏阀科技实业股份有限公司、保一集团有限公司
2113008	脉冲功率装置强电磁场测试技术研究	天津大学、中国工程物理研究院激光聚变研究中心、四川蜀兴优创安全科技有限公司、中国工程物理研究院计量测试中心
2113012	汽车电磁抗扰性能测试与开发关键技术研究及应用	中国汽车技术研究中心有限公司、中国电子技术标准化研究院、北京新能源汽车股份有限公司、天津大学、苏州泰思特电子科技有限公司
2113015	《钢质冷挤压件　工艺规范》（GB/T 35082—2018）	上海交通大学、江苏太平洋精锻科技股份有限公司、江苏龙城精锻有限公司、北京机电研究所有限公司、芜湖禾田汽车工业有限公司
2113018	国家智能网联汽车产业标准体系建设指南研究与应用	中国汽车技术研究中心有限公司
2113031	《铸件　射线照相检测》（GB/T 5677—2018）等三项铸件射线检测系列国家标准	沈阳铸造研究所有限公司、中车戚墅堰机车车辆工艺研究所有限公司、重庆大学、中信戴卡股份有限公司、中铁宝桥集团有限公司
2113034	电力设备X射线三维影像重构与层析成像技术研究及应用	云南电网有限责任公司、华北电力大学（保定）、国网河南省电力公司电力科学研究院、云南电力技术有限责任公司、云南电网有限责任公司昆明供电局
2113036	复杂大气环境下输变电设备金属材料可靠性评估与防护	广东电网有限责任公司电力科学研究院、中国电器科学研究院股份有限公司※、国网湖南省电力有限公司电力科学研究院、华南理工大学、中国南方电网有限责任公司超高压输电公司检修试验中心
2113040	土方机械可靠性评估及节能减排技术研究与应用	中机科（北京）车辆检测工程研究院有限公司、中国工程机械工业协会、中机生产力促进中心
2113044	机械制造行业能源管理体系技术研究及示范应用	中汽认证中心有限公司、中联认证中心（北京）有限公司
2113049	GB/T 10089—2018《圆柱蜗杆、蜗轮精度》等六项蜗杆蜗轮国家标准	重庆机床（集团）有限责任公司、郑州机械研究所有限公司、北京工业大学、杭州杰牌传动科技有限公司
2113052	风力发电设备特殊环境条件及耐久性评价系列标准	中国电器科学研究院股份有限公司※、机械工业北京电工技术经济研究所、北京科技大学
2113054	GB/T 35021—2018《增材制造　工艺分类及原材料》等三项国家标准	中机生产力促进中心、无锡市产品质量监督检验院、青岛海尔智能技术研发有限公司、西安铂力特增材技术股份有限公司、中国机械科学研究总院集团有限公司

（续）

项目编号	项目名称	完成单位
2113073	《电动平衡车安全要求及测试方法》（GB/T 34668—2017）	纳恩博（北京）科技有限公司、北京机械工业自动化研究所有限公司、北京航空航天大学、上海新世纪机器人有限公司、江苏中科院智能科学技术应用研究院
2114006	《机械可靠性设计与 MATLAB 算法》	湖南大学、机械工业出版社
2114007	《机械创新设计》第 3 版	北京理工大学、机械工业出版社
2114012	《2049 年中国科技与社会愿景：航空科技与未来航空》	中国航空学会
2114020	《高端锻压制造装备及其智能化》	西安交通大学、机械工业出版社
2114021	《制造业智能化管控设计与优化》	上海电机学院
2114022	《现代制造》	机械工业信息研究院现代制造杂志社
2114025	《金属热处理》	北京机电研究所有限公司、《金属热处理》编辑部
2114030	《高压电器》	西安高压电器研究院有限责任公司
2114038	《液压与气动》	北京机械工业自动化研究所有限公司
2114039	《焊接学报》	哈尔滨焊接研究院有限公司
2115004	热水器内胆钣金成型数字化生产线智能制造装备系统	中船重工鹏力（南京）智能装备系统有限公司
2115005	面向复杂场景的配电网故障高效可靠处理关键技术与应用	广西电网有限责任公司电力科学研究院、中国石油大学（华东）、山东科汇电力自动化股份有限公司
2115006	智能 3D 电子内窥镜手术机器人系统关键技术研究与应用	上海微创医疗机器人（集团）股份有限公司、上海海事大学、苏州微创脊柱创伤医疗科技有限公司
2115030	新型智能精密铸造制壳系统的研发及应用	泰州鑫宇精工股份有限公司、奥徕智能科技江苏有限公司
2115034	基于云计算的高速服务器用多层印刷线路板精密制造技术及应用	重庆科技学院、重庆方正高密电子有限公司、重庆德凯实业股份有限公司、哈尔滨焊接研究院有限公司
2115035	核工业遥操作电随动机械手关键技术及重大工程应用	杭州景业智能科技股份有限公司、中国核电工程有限公司、浙江大学
2115037	柔性材料多刀头智能数控切割装备技术研发与产业化	广东工业大学、广东瑞洲科技有限公司、佛山世科智能技术有限公司、天创时尚股份有限公司、佛山市南海区永正制鞋机械设备有限公司
2115043	新一代低碳、环保超灵便型散货船研发及产业化	浙江国际海运职业技术学院、杭州电子科技大学、扬帆集团股份有限公司、舟山中远海运重工有限公司
2115044	全效冷热均衡利用型智能水源多联式空调机组的关键技术及应用	青岛海信日立空调系统有限公司、中国家用电器研究院
2115054	配电物资智能协同检测关键技术及应用	国网电力科学研究院武汉南瑞有限责任公司、国网江苏省电力有限公司电力科学研究院、国网山东省电力公司、南京航空航天大学、国网北京市电力公司电力科学研究院

注：标※单位为国机集团子公司。

2022

中国机械工业集团有限公司年鉴

CHINA NATIONAL MACHINERY INDUSTRY CORPORATION LTD.YEARBOOK

第九篇

企业风采

树立国机之品牌 展示企业之风采

国机集团
SINOMACH

广告

中国机械设备工程股份有限公司
China Machinery Engineering Corporation

中国机械设备工程股份有限公司，简称中设集团或CMEC，成立于1978年，是我国早期成立的工贸公司，是世界500强企业国机集团的核心子公司。

历经40多年发展，中设集团已经成为一家以工程承包和产业开发业务为核心，以贸易、设计、勘察、物流、研发等全产业链支撑的大型国际化综合性企业集团，能够提供区域综合开发及各种类型工程项目的前期规划、设计、投资、融资、建设、运营、维护等“一站式”定制化解决方案。

中设集团打造了以工程承包、贸易与服务、设计咨询、投资和资产运营以及新兴业务组成的“4+X”业务组合，并以“一带一路”沿线国家和国内重点区域为主要市场，积极服务“双循环”新发展格局的构建，在国内外市场均有亮眼业绩。

作为“一带一路”倡议的先行者，中设集团业务遍布160多个国家和地区，在近60个国家和地区拥有海外工程项目业绩，设立了9个海外区域中心和100多个海外派驻机构，并在继续加大区域化、属地化建设，以深度掌控全球产业链供应链，服务构建“双循环”。

在国内市场，中设集团在京津冀、大湾区、长三角、长江经济带、黄河流域、海南自贸区等国家区域协调发展重点领域，均有开发和建设项目。公司还在北京、深圳、长沙、上海、西安投资建设了六座中设广场，成为所在地高新产业园区驻在点。

中工国际工程股份有限公司
CHINA CAMC ENGINEERING CO.,LTD.

中工国际工程股份有限公司（简称中工国际，股票代码 002051）隶属于中国机械工业集团有限公司。中工国际于2001年5月22日成立，2006年6月19日在深圳证券交易所上市。中工国际拥有主要经营性子公司9家，公司全系统共有8家国家高新技术企业。其中，中国中元国际工程有限公司（原机械工业部门设计研究总院）是全国综合设计咨询的头部单位之一，在医养建筑、民用建筑、工业建筑、能源环境、物流工程等领域拥有雄厚技术实力；北京起重运输机械设计研究院有限公司是我国起重运输机械行业综合技术实力强的企业之一，引领着我国物料搬运机械行业的技术进步。中工国际承担了数百项国际、国家和行业标准的编制修订工作，并在工程相关领域获得了千余项国家和省部级奖项。在境内设立分支机构 40 余家，境外设立分支机构 70 余家，境内外员工近万人（含外籍员工）。

伴随着我国改革开放进程和经济全球化的步伐，中工国际不断发展壮大。20年来，中工国际积极践行“走出去”和“一带一路”倡议，积极服务京津冀协同、长三角一体化、粤港澳大湾区、海南自贸港等国家区域发展战略，聚焦设计咨询与工程承包、先进工程技术装备开发与应用、工程投资与运营三大业务板块，为客户提供勘察设计、规划咨询、融资投资、成套设备采购供应、施工与项目管理、运营维护等综合服务，在海外建设了百余个交钥匙总承包工程，涉及全球五大洲 70 余个国家和地区。

面向未来，中工国际将以“创造中国工程价值、建设人类美好生活”为使命，秉持“价值导向、创新驱动、责任担当、追求卓越”四大核心价值观，贯彻落实“转型发展、融合发展、高质量发展”三大发展战略，遵循市场规律，崇尚价值创造，不断推进科技创新、商业模式创新和管理创新，构建国内国际双循环相互促进的新发展格局，形成以一流的设计咨询为牵引，以先进工程技术为支撑，以工程总承包为载体的全价值链运作模式，矢志成为具有国际竞争力、科工贸一体化、投建营全价值链运作的卓越工程引领者。

设计咨询与工程承包

国际工程承包

委内瑞拉比西亚联合循环电站

国内工程总承包

吉林长白山山水林田湖草生态保护修复

设计咨询

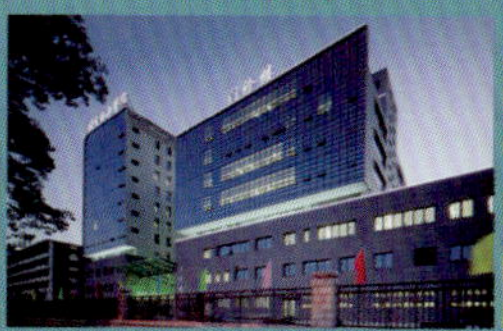

北京协和医院新门诊楼

贸易与服务

农业机械　工程机械　医疗设备

畜产品　农产品　索道设备

先进工程技术装备开发与应用

关键核心装备研发与制造

有轨巷道堆垛机与托盘输送系统

先进工程技术装备开发与应用

佛山市消防救援指挥中心消防大数据综合应用平台

工程投资与运营

江苏省邳州市污水处理厂 BOT 项目

地址：北京市海淀区丹棱街3号　邮编：100080　电话：010-82688866
传真：010-82688588/82688688　https://www.camce.com.cn

广告
中国恒天集团有限公司
CHINA HI-TECH GROUP CORPORATION
中国恒天
中国恒天集团有限公司（简称中国恒天）成立于1998年，是国内以纺织装备为核心主业的中央企业。2017年6月29日，中国恒天集团有限公司整体并入中国机械工业集团有限公司，成为其全资子公司。
中国恒天组建以来，通过股权划转、并购重组、战略合作等多种方式，整合了境内外20余家纺织机械、商用汽车、纤维材料、纺织服装、金融信托等企业，规模实力迅速增强，业务范围不断拓展，涵盖纺织机械、纺织贸易、新型纤维材料、商用汽车及工程机械、金融投资、资产管理等业务单元。其中，纺机业务在国内综合实力领先、业务规模大、成套能力强，具有较强的行业影响力和话语权；贸易业务具备了细分行业领域内较强的市场地位和影响力，从纺织原料、服装到农产品、化工产品，贸易产业链不断延伸；新材料业务完成了莱赛尔、莫代尔、聚乳酸、碳纤维等新型纤维产品的规划布局、技术储备，形成了生产装备、技术研发和工程设计优势；金融投资业务已逐渐发展成为涵盖信托、证券投资、融资租赁、私募股权基金的综合金融业务板块，多功能的恒天金融新格局正逐步形成。
中国恒天秉承“业绩、规则、诚信”的核心价值观和“协同、创新、卓越”的企业精神，努力建设成为具有国际竞争力的世界一流企业。
主要业务板块：
纺织机械、纺织贸易、新型材料、
汽车与工程机械、文化创意与投资、
金融与资产管理
地址：北京市朝阳区建国路99号中服大厦
邮编：100020
HTTP://WWW.CHTGC.COM

中国福马机械集团有限公司
CHINA FOMA (GROUP) CO., LTD.

中国福马机械集团有限公司（简称中国福马）成立于1979年，前身为林业部门机械公司。2007年与中国机械工业集团有限公司重组，成为其全资子公司。中国福马总部位于北京市，目前拥有二、三级企业19家，其中，林海股份有限公司为上市公司。2019年12月，中国福马对中国国机重工集团有限公司实施托管。

中国福马是中国专用设备研发、制造、销售的大型中央企业，是中国林业机械协会的会长单位。公司业务主要由农业机械、动力装备和车辆、人造板机械、工程贸易、工程机械五大业务板块组成。多次被中国质量协会用户委员会认定为“全国用户满意产品”。产品出口到美国、加拿大、日本、欧洲、南亚、东南亚等130个国家和地区，享有较高市场声誉。

中国福马拥有先进的生产制造系统，在江苏泰州、苏州、镇江、常州，天津等地拥有多个生产基地。动力机械板块拥有40余条自动化水平较高的专业生产线和柔性生产线。林业装备板块拥有多种“精、大、稀”加工和检测设备，在国内同行业中加工能力位居前列。

地址：北京市朝阳区安苑路20号世纪兴源大厦
邮编：100029　电话：010-84898622　传真：010-84898421
HTTP://WWW.CHINAFOMA.COM

广告

和谐传递力量　创新提升价值

中国海洋航空集团有限公司（简称中国海航）的前身是1985年由海军组建成立的中国海洋航空公司，现为世界500强中央企业 —— 中国机械工业集团有限公司的全资二级子公司，总部设在北京，子公司及分支机构主要分布于大连、秦皇岛、青岛、北京、上海、巢湖、苏州、重庆、宁波、厦门、广州、海口和三亚等地，多数单位分布在沿海地区。

中国海航的业务领域涉及工程承包、医药健康、国际贸易、文化旅游、航运物流、置业管理等。工程承包领域拥有港口与航道、建筑和市政施工总承包和钢结构工程专业承包等6个一级资质及8个二级资质，承建了大量的港口、码头、机场、道路、桥梁、核电水工、地下洞库、工业与民用建筑等工程建设任务，多次获中国建设工程鲁班奖、国家优质工程奖金奖，特别是在核电水工领域处于国内领先地位。医药健康领域拥有两家医药生产和一家医药流通企业，25项医药研发专利，三类医疗器械生产资质和三类经营资质。国际贸易领域，业务范围辐射亚洲、非洲、拉丁美洲、北美洲、欧洲等多个地区。在文化旅游服务领域，具有境内外旅行社业务经营许可，并具备酒店、餐饮、食品、城市客运和汽车租赁服务等特营资质。在航运物流领域，拥有多种类型船舶组成的运输船队，可为中外客户承运油料、粮食等各种商品；参股的航空公司下属上市企业 —— 中信海洋直升机股份公司，可为海洋石油勘探开发和各类应急救援提供直升机专业飞行服务。在置业管理服务领域，拥有房地产开发和物业服务二级资质及分布在沿海城市的多处物业及数十家宾馆。

中国海航秉承“合力同行，创新共赢”的企业理念，致力于“严、和、实”企业文化建设，矢志打造成为“国内一流、国际知名的工程承包商和综合性服务企业集团”，竭力为社会和客户提供精品工程和优质服务。

重庆市新大江水厂一期工程土建及安装项目

青岛海西湾造船基地30万t、50万t船坞项目

海虹城客车辆服务工作提前演练

“中意”轮

巴基斯坦卡拉奇K-2K-3取排水EPC项目

参与建设的广东自贸区南沙新区明珠湾大桥

中国海洋航空集团有限公司
China Ocean Aviation Group Limited

帮助您了解中国海航　欢迎您关注中国海航官方微信
地址：北京市丰台区南四环路128号诺德中心2号楼10层
邮编：100070　电话：010-83921899　传真：010-83921898
网址：www.coagi.com.cn

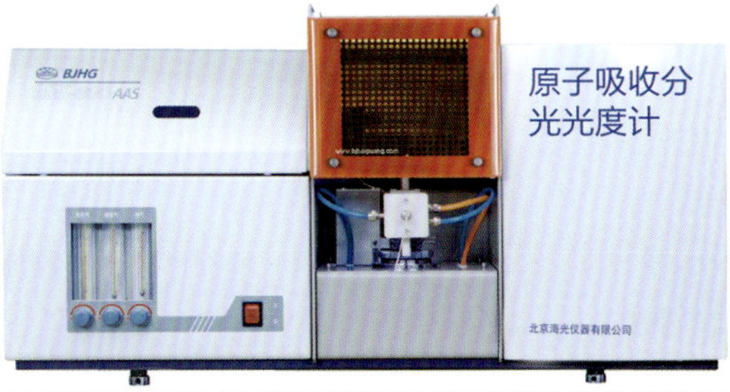

中国地质装备集团有限公司（简称中地装集团），成立于1987年，前身是原地质矿产部门中国地质机械仪器工业公司，1999年并入中国机械工业集团有限公司，成为其全资子公司。中地装集团的产品涵盖了地质勘探的主要流程，从地面地球物理勘探，到地质钻探、取岩心，再到井中探测，以至于矿产的化学分析。中地装集团拥有地质装备行业“国家认定企业技术中心”，建有国际先进水平的超低磁实验室和电子测试实验室，担负关键技术装备的研究、开发、试验工作。中地装集团是第一批由国家二十三个部门联合认定的国家工程实践教育中心，是中国矿业联合会地质与矿山装备分会的理事长单位。

1 电传动钻井平台　2 海底地震仪　3 移动式污水处理车

4 微型履带多功能钻机　5 绳索取心钻具及配件　6 海洋功能钻机

地址：北京市朝阳区酒仙桥东路1号1幢2层102号　邮编：100016
电话：010-64789939　传真：010-64789866　http://www.cgeg.com.cn

中国机械工业建设集团有限公司
China Machinery Industry Construction Group Inc.

中国机械工业建设集团有限公司(简称中国建设，SINOCONST)是我国早期成立的大型国有施工企业之一，是国家有关部门批准的工程施工总承包特级企业。拥有建筑工程施工总承包特级资质、建筑行业设计甲级资质、冶金工程施工总承包一级资质、市政公用工程施工总承包一级资质、石油化工工程施工总承包一级资质、机电工程施工总承包一级资质、AAA级资信等级和商务部门批准的对外经营权。公司倡导以高素质的队伍提供高效率的服务，以高效率的服务建设高品质的工程，以高品质的工程发展高效益的企业。我们始终致力于与各界朋友合力同行，创新共赢！

机电工程

电力工程

矿产冶炼工程

化工石油工程

基础设施工程

公共与民用建筑工程

地址 Add： 中国 北京 西城区三里河路南5巷5号
邮编 PostCode：100045 电话 Tel:0086-010-68595600
传真 Fax:0086-010-68524881
网址 Web site： http://www.sinoconst.com.cn

中国自控系统工程有限公司
China CACS Engineering Corporation

中国自控系统工程有限公司（简称中国自控）

前身是成立于1980年的中国自动化控制系统总公司，现隶属于中国机械工业集团有限公司，是以工程承包为核心业务，集贸易、研发以及技术服务为一体的国有独资公司。

中国自控自成立以来，完成工程承包、设备成套、进出口贸易、软件开发、技术服务等国内外项目数千余项，市场遍及亚洲、非洲、美洲等100多个国家和地区，业务范围涵盖输变电工程、新能源与环境工程、自动化工程、智能建筑工程、安防工程及信息系统集成等，业务领域涉及交通、石化、建材、电力、市政、信息处理与应用、智能制造和智慧工业。其工程业绩曾多次荣获国家各类奖项及省市级各类奖项。

地址：北京市朝阳区团结湖北路2号　电话：010-65823388　邮编：100026　传真：010-65821616

国机财务有限责任公司
SINOMACH FINANCE CO.,LTD.

国机财务有限责任公司（简称国机财务公司）于2003年7月经中国银行业监督管理委员会批准成立，是具有企业法人地位的非银行金融机构。股东为中国机械工业集团有限公司（简称国机集团）及其下属25家成员单位，注册资本15亿元。公司以“依托集团资源，服务集团发展”为宗旨，坚持“规范、服务、发展、创新”的经营理念，不断深入国机集团成员企业经营链条，努力为国机集团和成员企业提供优质高效的特色金融服务，成功开发并推广融资租赁、买方信贷、票据承兑与贴现、厂商一票通、转开函证、母子公司资金池等一系列创新金融产品，为成员企业的发展提供有力金融支持，深化公司与成员企业合作。

2021年8月7日，国机财务公司用笔墨绘写第二个“机械工业纪念日”的祝福

2021年10月23日，百年征程守初心 团结奋进新时代——国机财务公司绿色低碳健步走活动

国机汽车股份有限公司
SINOMACH AUTOMOBILE CO.,LTD.

国机汽车股份有限公司（简称国机汽车）是世界500强企业中国机械工业集团有限公司旗下一家大型汽车综合服务企业。2020年，国机汽车在《财富》中国发布的中国500强中排名第197位，2021年在中国汽车流通协会发布的“2021中国汽车经销商集团百强排行榜”中位列第九。

国机汽车是行业领先的进口汽车贸易服务商，业务涵盖多品牌汽车进口贸易服务、汽车零售、整车及零部件出口、汽车租赁和二手车、汽车金融服务等领域，是国内业务链完整的服务于汽车行业的工程公司之一，从事“技术+ 服务” 的工程设计、装备及系统供货和 EPC 工程总承包业务，拥有国家颁发的工程设计综合甲级以及咨询、勘察、监理、施工总承包、规划、工程造价、特种设备等涵盖建设工程全领域的国家高等级资质证书，是我国实力强的工业设计院和机械行业规模较大、拥有甲级资质较多的工程公司之一。

秉持“为造车人服务、为卖车人服务、为用车人服务”的企业使命和“创新、增值、吃亏、共生”的企业文化，以“让汽车生活更美好”为企业愿景，国机汽车将努力打造行业领先、业务链条完备，具有核心能力和行业综合优势的汽车贸易服务和制造服务领先企业。

让汽车生活更美好

MAKE CAR LIFE BETTER

国机汽车官方微信

广告

责任　创新　协同　共享

中国机械国际合作股份有限公司（简称中机国际）隶属于中国机械工业集团有限公司。公司以“展览+”为特色，近年来连续获得“中国会展业十大影响力会展公司”“中国十佳品牌展览工程企业”等荣誉，已经发展成为中国会展界展览规模巨大的中央企业。

商业会展是中机国际的核心主业。公司拥有近70年办展经验的专业化团队，已形成境内外自主办展、代理出国展览、展览工程服务等完整的展览业务体系。同时，2021年举办自办展项目42个，服务国家、区域重大战略项目20个，展出面积233.9万m^2，同比增长15.63%，举办线上展会及活动22个，新开拓自办展项目10个。

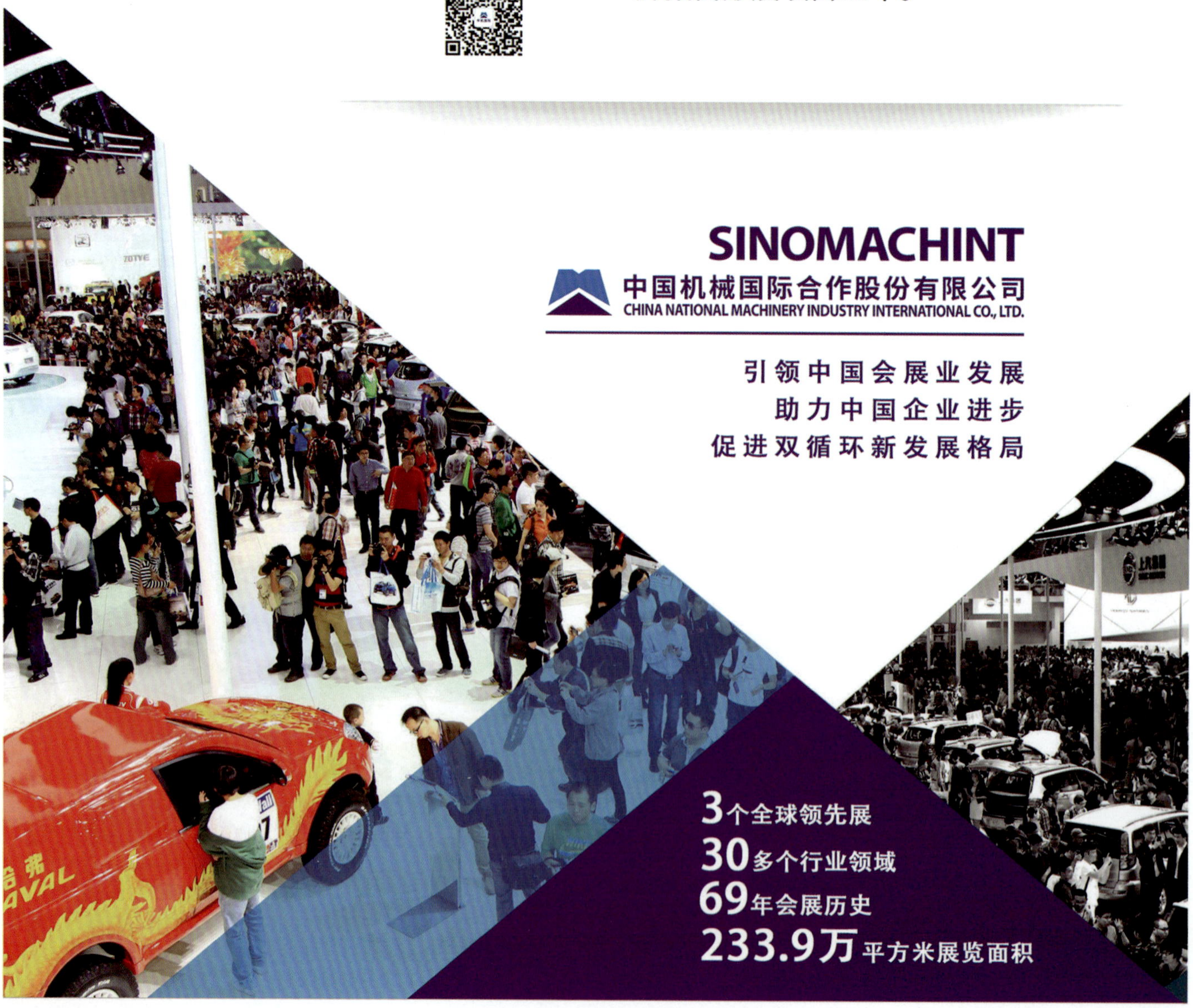

SINOMACHINT
中国机械国际合作股份有限公司
CHINA NATIONAL MACHINERY INDUSTRY INTERNATIONAL CO., LTD.

引领中国会展业发展
助力中国企业进步
促进双循环新发展格局

广告

国机资产管理有限公司
SINOMACH CAPITAL MANAGEMENT CORPORATION

公司简介

国机资产管理有限公司（简称国机资产）成立于2011年1月26日，是中国机械工业集团有限公司（简称国机集团）的全资子公司，为国机集团的资产管理战略平台，是一家以资产处置、资产运营、资产投资为核心业务的专业化综合性资产管理公司。

国机资产根据国有经济结构布局战略性调整要求，围绕国企改革重组总体部署，坚持市场化、企业化运作原则，积极服务国机集团内部改革发展，主动寻求外部市场机会，有效促进资产流转和资本流动，参与新兴产业孵化培育，广泛开展专业化的资产管理与运营。

秉承“创新、责任、共赢”的核心价值观，贯彻创新、协调、绿色、开放、共享的新发展理念，积极探索资产管理新方法、新模式，以服务集团战略所需为主题，以提升能力建设为主线，以改革激发活力为根本动力，致力于打造“央企一流资产管理公司”。

联系电话 010－65802288

地址：北京市西城区广安门外大街178号11、12层

邮编：100055　传真：010-65802010　http://www.sino-capital.com.cn

广告

中国农业机械化科学研究院集团有限公司
Chinese Academy of Agricultural Mechanization Sciences Group Co., Ltd.

中国农业机械化科学研究院集团有限公司（简称中国农机院），前身为第一机械工业部门的农业机械化研究所，成立于1956年。1962年，为响应“农业的根本出路在于机械化”的重要论断，原农业机械化研究所与中国农业科学院农业机械化研究所合并，更名为“中国农业机械化科学研究院”，1999年由科研事业单位整体转制为中央直属科技企业，2021年完成公司化改制。中国农机院始终秉承“推动中国农业机械技术进步及产业升级”的使命，立足农业、矢志科研，持续打造农业机械行业“战略策源中心、技术创新中心、数字赋能中心、产品孵化中心和国际交流中心”，为我国农业机械化事业发展做出了积极贡献。

粮为民本，器利农桑！当前，中国农机院正全面落实国家领导人关于“大力推进农业机械化、智能化，给农业现代化插上科技的翅膀”重要指示精神，按照“科技立院、人才兴院、引领产业、服务农业”的战略方针，聚焦“创新与服务、高端装备、农业工程”三大业务板块，创新引领，强化技术供给、护航粮食安全、助力乡村振兴，以创新者的气魄、奋斗者的姿态，为实现“播种绿色、收获健康”的美好愿景不懈奋斗。

行圆包式采棉机

云南滇中数字化现代农业示范项目

试验智能装备

大型油料挤压膨化机

国机集团科学技术研究院有限公司

SINOMACH Academy of Science and Technology Co.,Ltd.

广告

五大核心产业

关键基础材料　重要元器件　高端装备　智能制造　科技服务

六大平台

国家需求对接　科技资源整合　核心技术研发
高端人才聚集　体制机制改革　科技服务/咨询

公司简介 Company Profile

国机集团科学技术研究院有限公司（简称国机研究院）源于2010年12月成立的国机集团中央研究院，2013年4月注册为现名。国机研究院是中国机械工业集团有限公司（简称国机集团）向“创新型国机”迈进的重要战略部署，是充分发挥国机集团科技资源行业优势的高层战略执行平台，是增强国机集团整体技术创新能力的重要创新主体。

国机研究院现拥有二级企业9家，其中，8家为原机械工业部门直属研究院所。截至2021年年底，国机研究院资产总额39.07亿元，净资产17.57亿元，员工总数2 198人，其中，工程技术人员941人、研发人员579人；入选“国家百千万人才工程”3人、享受国务院政府特殊津贴36人、正高级职称123人、高级工程师352人、博士研究生24人。2021年，国机研究院实现主营业务收入18.72亿元，经营利润4 000万元。

国机研究院积极推进科技创新体系建设。现有国家工程（技术）中心3家、国家重点实验室1家、国家企业技术中心2家、国家地方联合工程实验室1家、博士后工作站3家、国家和行业生产力促进中心各1家、行业质检中心8个（其中国家6个）、国际标准委员会1家、全国标准化委员会8家、全国标准委员会分委会2家、行业标准委员会4家、各类省部级科研平台25个。

广告

国机集团
SINOMACH
国机资本控股有限公司
Sinomach Capital Holdings Co., Ltd.

国机融资租赁有限公司 Sinomach Financial Leasing Co., Ltd.

国机商业保理有限公司 Sinomach Commercial Factoring Co., Ltd.

国机融资租赁有限公司（简称国机租赁）是中国机械工业集团有限公司（简称国机集团）在产融投资板块打造的融资租赁平台，2018年5月在天津市自贸区东疆港区成立，其中国机集团持股92.53%。

国机商业保理有限公司（简称国机保理）是国机集团所属的商业保理平台，2020年12月在北京市通州区成立，注册资本金为5亿元，是国机集团全资子公司。

国机租赁和国机保理（简称公司）依托国机集团的产业资源优势，以良好的品牌、风险管控和信用状况与多家银行、金融机构等建立战略合作关系，注重打造专业化的人才团队和“融资、融物、融智，融合、融汇、融通”的服务理念，塑造公司的核心竞争力。除服务于国机集团内企业外，公司积极贯彻落实“乡村振兴”“碳达峰、碳中和”等国家战略，积极助力国机集团打造农业机械、纺织机械等装备供应链“链长”，稳步开展设备设施、工程贸易等融资租赁及商业保理业务，为客户提供全方位、专业化、多元化的金融服务。

坚持一个宗旨
——服务集团战略，助力主业发展

服务两类循环
——国际国内双循环、集团内外双循环

用好三块牌照
——融资租赁、商业保理、私募基金

发挥“四器”作用
——存量业务的“推进器”、增量业务的“孵化器”、业务风险的“降压器”、内部协同的“链接器”

聚焦五大方向
——工程承包“投融建营”一体化发展方向，装备制造产业链“链长”打造方向，“稳外耕内”业务拓展方向，助力更高水平科技自立自强方向，双碳环保、乡村振兴、大健康等新领域探索方向

巩固六种优势
——产品灵活、程度高效、模式创新、服务优质、价格合理、投贷联动

推进器

大型丙烷脱氢一期建设项目
服务单位：国机重装、苏美达

孵化器

顺义26.88MW农村分布式户用光伏项目
服务单位：CMEC、国机资本

降压器

PTHY3万锭纺纱设备项目
服务单位：中国恒天(经纬纺机)

链接器

年产万吨级铸铁管及管件项目
服务单位：苏美达、中机六院、国机铸锻

地址：北京市西城区广安门外大街178号
邮编：100055
电话：010-63328801
邮箱：gjzl@sinomach-leasing.com

广告

苏美达股份有限公司
SUMEC CORPRATION LIMITED

苏美达股份有限公司是国机集团的重要成员企业。经过40多年的蓬勃发展和几代苏美达人的接续奋斗，业已发展成为一家在产业链拓展与供应链运营领域颇具市场规模和品牌影响力的国际化、多元化企业集团。截至2021年年底，苏美达股份有限公司共拥有业务子公司12家，海外机构41家，海内外全资及控股实业工厂40家，在职员工20000多人，市场覆盖150多个国家和地区。2021年实现营业收入1686.82亿元，进出口总额134.65亿美元，位列2022《财富》中国500强企业第80位，进出口总额连续多年位列江苏省属重点联系企业前列。

500强企业
2022年《财富》中国500强企业第80位

标杆企业
国资部门国有重点企业管理标杆创建行动标杆企业

示范企业
国资部门国有企业公司治理示范企业

实践企业
全国企业文化优秀实践企业

全国脱贫攻坚先进集体　全国文明单位　全国五四红旗团委　十佳钢铁贸易企业
全国企业文化优秀成果特等奖　全国招标代理机构十大品牌　全国供应链创新与应用示范企业
国家工业设计中心　国家地方联合工程研究中心　博士后科研工作站

机电设备进口

大宗商品运营

服装

家用纺织品

校园服饰

发电设备

备用电源项目

动力工具

生态环保工程

清洁能源

船舶建造与运力经营

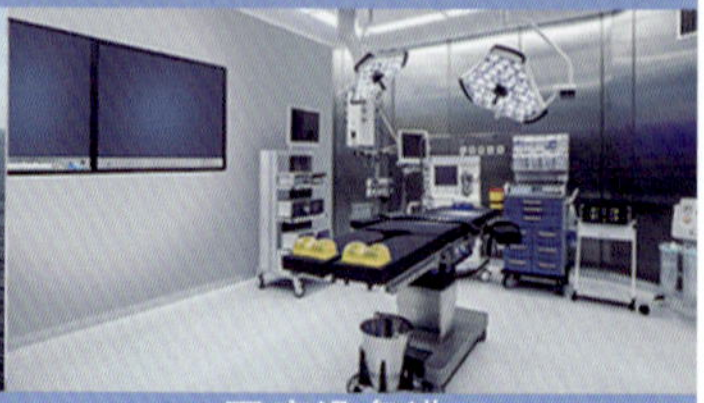
医疗设备进口

中国浦发机械工业股份有限公司
China Perfect Machinery Industry Corp., Ltd.

中国浦发机械工业股份有限公司（以下简称中国浦发）成立于1992年10月28日。成立之初，中国浦发主要负责上海市浦东新区自由贸易试验区金桥出口加工区浦发金桥工业城的开发工作。国家领导人曾为“浦发金桥工业城”题名。自诞生之日起，“浦发金桥工业城”就肩负起振兴中国机械工业的使命，先后引进拜耳（中国）总部和聚合物（亚太）研发总部、联合汽车电子，欧姆龙（上海）、松下等一批具有现代化生产和管理水平的工业制造企业。

1997年中央部委体制改革以后，中国浦发隶属于中国机械工业集团有限公司，是国机集团在上海的重要二级企业成员，历经近三十年的探索创新，中国浦发始终以“发挥浦东优势、参与国际竞争”为发展理念，已成长为以高端装备研发制造和工程服务为主体，特种设备检验检测、项目运维管理、工程设计咨询、工业园区开发、国内外贸易等多种业务共同发展的装备研发制造企业，在多个领域拥有甲级设计资质和工程总承包能力。

工程承包

空分、低温、环保、化工、房建工程

装备制造

石油钻采机械、炼油化工设备、海洋与沙漠石油装备、大型天然气设备制造

做优做强国有企业
为同行者创造价值

运维与服务

特种设备检验检测、特色小镇开发运营、污水处理运维

贸易服务

机械设备进出口产品贸易

地址：上海市普陀区中山北路1759号d座24楼
邮编：200061
电话：021-61397700
传真：021-61390988
http://www.chinaperfect.com.cn

中国联合工程有限公司
CHINA UNITED ENGINEERING CORPORATION LIMITED

中国联合工程有限公司（简称中国联合）是以原机械工业第二设计研究院为核心，联合多家国家甲级勘察设计单位组建的大型科技型工程公司，隶属于中央大型企业集团、世界500强企业——中国机械工业集团有限公司，总部设在杭州。

中国联合现有员工6500人，专业技术人员占95%以上。曾在公司工作过的中国工程院和中国科学院院士有7人、有全国工程勘察设计大师8人，现在职全国工程勘察设计大师1人、国家“新世纪百千万人才工程”入选1人、在职享受政府特殊津贴专家11人、在职具有高级技术职称的专家2057人（含正高228人、高工1808人），在职各类国家注册工程技术人员2505人次。具有美国项目管理专业协会（PMI）认证项目管理专业人士（PMP）80人。

中国联合具有工程设计综合甲级资质；具有多个行业的工程资询甲级资信和工程造价咨询甲级资质；具有城乡规划编制甲级资质；具有工程勘察专业类（岩土工程）甲级资质；具有施工图审查、压力管道等专项设计资质；具有建筑工程施工总承包壹级、工程监理综合资质；具有直接对外经营权。是浙江省工程总承包第一批试点企业、全过程工程咨询试点企业。

作为我国早期组建的国家大型综合性设计单位之一，经过近70年的纵横驰骋和市场竞争的风雨磨砺，公司服务领域早已从单一的机械行业扩展到建筑、电力、规划、市政等20多个行业。服务方式也从工程设计向前后延伸到工程咨询、勘察、规划、建设监理、项目管理、项目代建、建筑施工、采购、试车、工程总承包和全过程工程咨询等。公司为适应我国勘察设计产业改革与发展新形势，不断调整业务结构，在继续做精做强设计咨询业务的同时，积极开拓工程总承包、项目管理和项目代建业务，大力提升EPC总承包和全过程工程咨询服务能力，积极参与国际竞争。

多年来，中国联合遵循“与顾客共同创造价值”的经营理念和“设计精湛，构筑经典，超越期望，追求卓越；生态和谐，节能降耗，绿色环保，创新发展；安全第一，预防为主，以人为本，综合治理”的管理方针，完成了20000多项工程；主编、参编国家、地方和行业标准、规范100余项；获得国家科技进步奖28项（一等奖2项）、国家各类工程技术奖100多项、 各类省部级奖1000多项。

公司连年被授予“重合同守信用”企业称号，获得AAA企业信用评定等级。在住建部门对全国一万多家勘察设计单位综合实力和营业收入排名中，连年进入百强榜，2020年公司位列第11位；在美国《工程新闻记录》（ENR）对中国工程设计企业60强的统计排名中，连年位于榜单前列。

公司将凭借强大的综合优势，竭诚为国内外业主提供各类工程建设全方位、全过程服务。

浙江美术馆

杭州国际会议中心

杭州来福士广场

阿里巴巴西溪园区

与顾客共同创造价值
CUC CREATE VALUE WITH CUSTOMERS

超速动平衡实验室

三峡水电站大型水轮机转轮整体热处理炉

印度尼西亚T.J.AWAR煤电厂

机械工业第六设计研究院有限公司
SIPPR ENGINEERING GROUP CO., LTD.

广告

企业风采

郑州国际文化交流中心项目

时代上汽动力先进动力电池产业化项目

郑州大学第一附属医院惠济院区项目

"一带一路"亚蓉欧（成都）国际冷链产业园项目

湖北中烟三峡卷烟厂易地技术改造EPC项目

中科空天飞行科技产业化基地项目

企业简介

机械工业第六设计研究院有限公司（简称中机六院）成立于1951年，是我国早期成立的工厂设计机构，2000年进入中国机械工业集团有限公司，主要从事工程咨询、工程设计、工程监理、项目管理、工程总承包等业务，致力于打造"国内一流的绿色与智能工程服务商"。

中机六院现有员工2000余人，其中，中国工程院院士1人、中国工程设计大师2人、省勘察设计大师3人、享受政府特殊津贴专家23人、正高级工程师103人、高级工程师717人，各类国家注册工程师1400余人。

中机六院拥有我国工程设计综合甲级资质以及工程监理综合资质、建筑工程施工总承包一级资质、工程造价咨询甲级等10余项工程建设全过程服务所需的资质。业务涵盖工业、民用与市政工程等领域。先后承担工程项目20000余项，建设投资上万亿元，项目遍布全国各地，服务区域涵盖70个国家和地区。

中机六院牵头承担或参与国家绿色与智能制造重大科技专项45项，主编或参编国家、地方和行业标准62项，建有绿色建筑信息模型化国家地方联合工程实验室、博士后科研工作站、工业互联网平台应用创新推广中心等国家科研平台；荣获国家科学技术进步奖6项、国家优秀工程设计金银铜奖10项、詹天佑奖2项、鲁班奖及国家优质工程奖37项、各类省部级奖900余项，获得授权专利327项、软件著作权登记336项；在智能与信息化、绿色工业建筑、工厂和园区规划、高难度结构、暖通空调、工业除尘、市政热力、市政给排水等方面具有国内一流技术水平，在绿色与智能工厂系统集成、工艺流程再造、铸造与无机非金属材料及恒温恒湿厂房等方面处于行业领先地位。

2021年是中机六院成立70周年，也是国家"十四五"规划开局和全面建设社会主义现代化国家新征程的第一年。中机六院立足新发展阶段，面对新发展形势，坚持战略引领，保持战略定力，咬定目标不放松，鼓足干劲开新局，扎实推进一系列改革发展举措，全年新签合同额30.3亿元，同比增长142%；完成营业收入16.7亿元，同比增长114%；实现利润总额1.9亿元，同比增长126%；实现净利润1.6亿元，同比增长126%；完成EVA 1.8亿元，同比增长115%，为"十四五"高质量发展打下了坚实基础。

电话：0371-67606888/67606088/67606087　网址：www.sippr.cn　地址：河南省郑州市中原西路126号　邮编：450007

广告

合肥通用机械研究院有限公司
Hefei General Machinery Research Institute Co.,Ltd.

合肥通用机械研究院有限公司（简称合肥通用院）1956年成立于北京市，1969年搬迁至合肥市，是原机械部门直属的国家一类科研院所，1999年转制为科技型企业，同年加入国机集团。2018年1月，合肥通用院改制为国机集团独资的有限责任公司。

合肥通用院主要从事石化、能源、冶金、燃气、环保、国防军工等行业通用机械及化工设备的设计开发、产品研制、检验检测、设备监理、工程承包、设备成套和职业教育等，工程技术研发涵盖压力容器与管道、流体机械、包装食品机械及石油装备等领域的20多个专业。截至2021年年底，拥有上市公司“国机通用”（股票代码：600444）和16家全资及控股子公司，全院在职职工1400余人，研发人员占80%以上，其中，博士50人、硕士300余人。

合肥通用院是国家创新型企业、高新技术企业、国家技术创新示范企业、国家火炬计划重点高新技术企业、国家企业技术中心，是国家压力容器与管道安全工程技术研究中心、压缩机技术国家重点实验室、国家国际科技合作基地（国际联合研究中心）、压力容器与管道安全安徽省技术创新中心、压缩机技术安徽省实验室等国家及省部级研发平台的依托单位，设有压缩机制冷设备、泵阀和密封件产品等3个国家质量监督检验中心，是工信部门认定的产业技术基础公共服务平台、服务型制造示范平台、国家中小企业公共服务示范平台（第二批），是科技部门认定的科技服务业行业试点单位（第二批），是国家“极端环境重大承压设备设计制造与维护技术创新战略联盟”的理事长单位。设有安徽省、中国机械工业联合会、中国石化等机构和单位批准建立的20余个省部级科研检测平台；是1个国际标委会（ISO/TC86/SC4）、10个全国标委会、4个全国标委会分会以及中国机械工程学会压力容器分会、流体工程分会等10余个行业学会、协会的支持单位，拥有院士工作站、博士后科研工作站（可独立招生）、国家创新人才培养示范基地、研究生联合培养点等人才培养平台。

建院60多年来，合肥通用院共取得各类科研成果3000余项，其中获国家科技奖励48项、省部级科技进步奖400余项，项目成果均在石化、能源、冶金、燃气、环保、国防军工等领域得到广泛应用。

2021年，合肥通用院立足新发展阶段，完整全面准确贯彻新发展理念，加快融入新发展格局，在国机集团和院董事会的坚强领导下，在省市地方政府的大力支持下，优化业务布局，强化科技创新，抓好稳增长、防风险等各项工作，圆满完成了国机集团下达的经济考核指标，再次被评为国机集团“先进单位”，这是自2009年以来连续第13次获此殊荣。

工程承包和设备成套

技术服务

装备研发与制造

职业教育

地址：安徽省合肥市长江西路888号
http://www.hgmri.com
ADD:888 West Changjiang Road Hefei,Anhui,China
邮编：230031　　联系电话：0551-65335681

国机精工股份有限公司

SINOMACH Precision Industry Co.,Ltd.

股票代码：国机精工002046

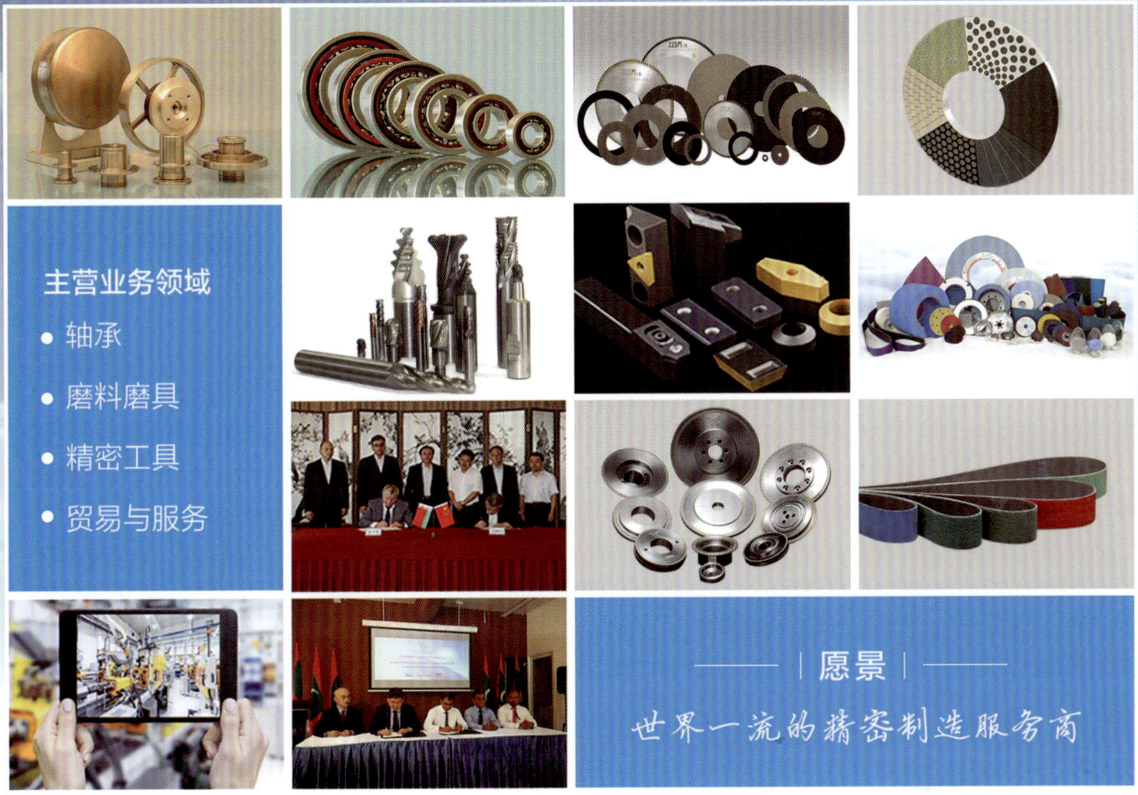

国机精工股份有限公司（简称国机精工），前身为洛阳轴研科技股份有限公司，2020年12月完成更名，是涵盖轴承、磨料磨具、精密工具、贸易与服务等领域的多元化、国际化的科技型、创新型企业。

产品主要应用范围

航空航天、汽车与轨道交通、能源环保、船舶兵器、机床工具、石油化工、电子、冶金、建筑等国民经济重要产业。

主要成员企业

国机精工有限公司
洛阳轴承研究所有限公司
中国机械工业国际合作有限公司
郑州磨料磨具磨削研究所有限公司
白鸽磨料磨具有限公司
成都工具研究所有限公司
国机精工（伊川）新材料有限公司
河南爱锐科技有限公司

地址：河南省郑州市新材料产业园区科学大道121号　服务热线：0371-67619231

广告

企业简介
Company Profile

中国电器科学研究院股份有限公司（简称中国电研）始建于1958年，隶属于中国机械工业集团有限公司，是集科技研发、科技服务和科技产业为一体的国家创新型企业。2019年成功登陆上交所科创板（股票代码688128）。

中国电研深耕电器产品环境适应性研究，致力于提升电器及相关产品质量技术，围绕电器及相关行业技术标准、检测评价、制造装备、防护材料等关键技术领域开展科学研究，形成质量技术服务、智能装备、环保涂料及树脂三大业务，提供电器产品质量提升整体解决方案，是国内领先的电器行业专业技术服务商。

公司建有工业产品环境适应性国家重点实验室、国家技术标准创新基地（家用电器及电器附件国际标准化）、国家日用电器质量监督检验中心、国家智能汽车零部件质量监督检验中心、国家工业设计中心等14个国家科技研发和技术服务平台，15个IEC国际标准对接平台和11个国家标准平台，是我国电器行业接轨国际、提高国际话语权的重要支撑平台，国内电器领域领先的应用型研究机构和技术创新平台。

质量技术服务

集基础研究、标准化、检测、认证、检验、计量、能力验证及质量提升延伸服务（实验室技术服务、培训等）为一体的权威第三方质量技术服务品牌。服务领域覆盖智能家居、智能汽车、5G通信、智能装备、医疗健康、消费用品、轨道交通等行业。

中国强制性产品认证指定认证机构及指定实验室，IECEE—CB体系国家认证机构（NCB），也是中国早期CB试验室（CBTL）。

智能装备

家电智能工厂解决方案：智能制造与试验装备、定制化零部件、家电智能装配生产线、智能涂装线、智能专机设备、家电智能检测系统、环境试验设备和试验室。

励磁装备与新能源电池自动检测系统：电站电网设备、大功率电源设备、新能源设备。

公司入选工信部门推荐的“第一批智能制造系统解决方案供应商推荐目录”。

环保涂料及树脂

材料领域：粉末涂料、聚酯树脂、水性涂料，聚酯树脂产品源于国家“863”计划科研成果，是国内知名的环保涂料制造商，多个产品获得“广东省名牌产品”“中国粉末涂料十大特色产品”等殊荣。

汽车铝轮毂粉末涂料、卷钢高速彩涂粉末涂料技术引领行业；铝型材粉末涂料用聚酯树脂、不含有机锡环保聚酯树脂以及功能性聚酯树脂等技术引领行业。

地址：广东省广州市海珠区新港西路204号 电话：020-89050853 邮编：510300 网址：www.cei1958.com

企业风采

工业强基报国　智能引领未来

国机智能科技有限公司(简称国机智能)隶属于中央直管国有重要骨干企业、世界500强企业——中国机械工业集团有限公司。是国家先期转制科研院所，前身为创建于1958年的广州机床研究所，与旗下创建于1958年的苏州电加工机床研究所同属新中国成立之初机床工具行业“七所一院”成员。

国机智能是国家创新型企业、国家高新技术企业、国家技术创新示范企业，拥有8个国家平台，28个省部级平台，4本核心期刊。近年获得授权专利400余项，制修订国家标准70余项、行业标准80余项，先后承担了大批国家及省部级科技攻关任务，攻克了多项“卡脖子”关键核心技术，产品广泛服务于国家重大装备、重大工程，多项成果处于国际先进或领先水平，荣获了多项省部级科技奖励，展现了国家战略科技实力。

三基业务

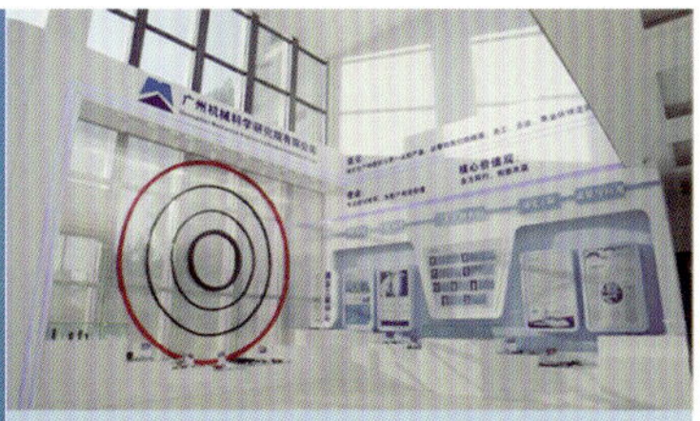

密封（密封件、密封胶）

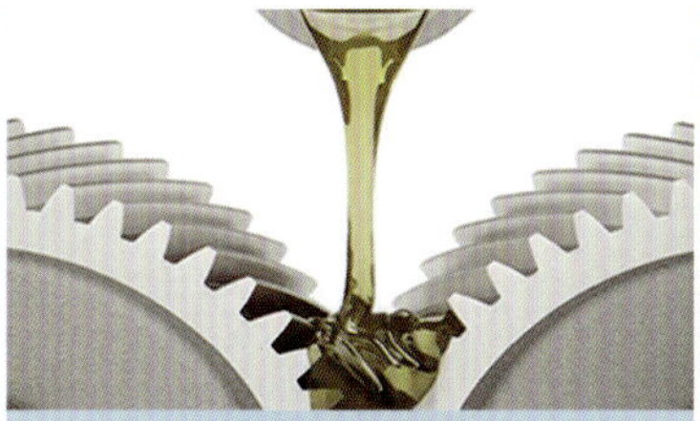

润滑（润滑油、润滑脂）

液压（机电液压系统）

检验检测

油液检测

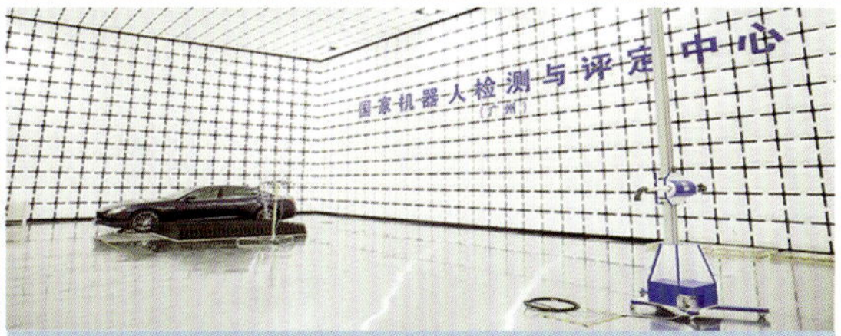

机器人及汽车零部件检测

智能制造

智能装备

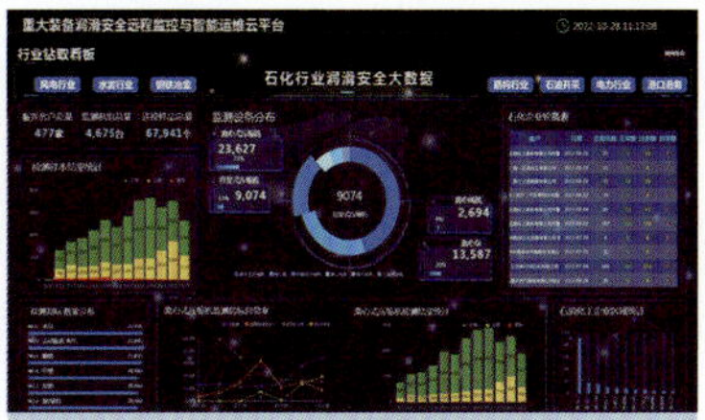

重大装备在线健康监测

系统集成及智能工厂

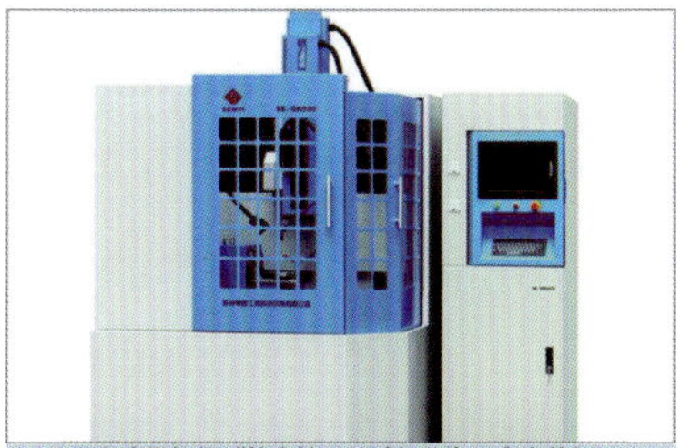

公司牵头承担的“航空航天关键部件先进电火花加工制造技术与装备”项目荣获江苏省科学技术奖二等奖

企业数字化转型

十大成果

中国海油的秦皇岛32-6智能油田建设实践
中国移动的基于梧桐大数据隐私增强计算的应用生态系统建设
中国电子的基于PKS体系的重型燃气轮机国产化控制系统
国机集团的基于工业互联网的重大装备润滑安全智能运维平台
南航集团的“南航e行”让出行更美好
华润集团自主研发的Resolink工业互联网平台及RunDB国产高性能时序数据库
中国信科 的光迅科技供应链数字化转型实践
建设科技集团的XCUBE BIM设计平台
中国检验的“数字中检”业务管理模型建设
中兴通讯的“用5G制造5G”全球5G智能制造基地创新实践等。

入选国家国资部门2020年度数字化转型优秀案例

荣获智能制造创新大赛全国总决赛二等奖

国机智能科技有限公司
SINOMACH Intelligence Technology Co., Ltd.
电话：020-32387859　网址:www.sinomach-it.com
地址：广东省广州市黄埔区科学城新瑞路2号（510535）

2021年4月19日国机海南与琼中黎族苗族自治县签署战略合作协议

2021年4月28日国机集团总经理吴永杰带队考察海口马村港散货码头

2021年4月13日海南自由贸易港重点项目集中签约活动

2021年10月22日国机海南与海南港航控股有限公司在海口签署战略合作协议

公司简介

国机海南发展有限公司（简称国机海南）成立于2020年11月20日，是国机集团响应海南自贸港建设号召而设立的全资二级子公司，注册资本2亿元人民币，下设中国成套工程有限公司（简称中国成套）和中国机械工业海南股份有限公司（简称中机海南）两家子公司。

国机海南秉承“和谐发展、共赢未来”的核心价值观和经营理念，以服务国家重大战略需求和海南自由贸易港建设为使命，围绕国内农产品领域战略需求缺口，打造国际供应通道安全的“国家队”；围绕海南自贸港建设，打造海南区域发展及国机集团在海南业务协同的“指挥部”，致力成为联通国际与国内的世界一流农产品供应链集成服务商。

地址：海南省海口市龙华区国贸路22号国机海南大厦

国机集团
SINOMACH